W0278105

Die Bonus-Seite

Ihr Vorteil als Käufer dieses Buches

Auf der Bonus-Webseite zu diesem Buch finden Sie zusätzliche Informationen und Services. Dazu gehört auch ein kostenloser **Testzugang** zur Online-Fassung Ihres Buches. Und der besondere Vorteil: Wenn Sie Ihr **Online-Buch** auch weiterhin nutzen wollen, erhalten Sie den vollen Zugang zum **Vorzugspreis**.

So nutzen Sie Ihren Vorteil

Halten Sie den unten abgedruckten Zugangscode bereit und gehen Sie auf **www.galileocomputing.de**. Dort finden Sie den Kasten **Die Bonus-Seite für Buchkäufer**. Klicken Sie auf **Zur Bonus-Seite / Buch registrieren**, und geben Sie Ihren **Zugangscode** ein. Schon stehen Ihnen die Bonus-Angebote zur Verfügung.

Ihr persönlicher **Zugangscode** e4jh-k6iq-2rgz-3fx8

Florian Franke, Johannes Ippen

Apps mit HTML5 und CSS3

für iPad, iPhone und Android

Galileo Press

Liebe Leserin, lieber Leser,

wäre es nicht schön, wenn Sie Apps für alle mobilen Betriebssysteme entwickeln könnten? Plattformübergreifend für Android, iOS und sogar Windows Phone? Apps, die sowohl auf Tablets als auch Smartphones funktionieren? Herzlichen Glückwunsch! Mit diesem Buch haben Sie die richtige Entscheidung getroffen, denn HTML5 und CSS3 ermöglichen es Ihnen, flexible WebApps zu entwickeln, die auf allen Systemen im Webbrowser laufen. Sie erfordern keine Installation und benötigen somit keine lästigen Updates.

Unsere erfahrenen Autoren Florian Franke und Johannes Ippen geben Ihnen in dieser 2., aktualisierten und erweiterten Auflage alles an die Hand, damit Sie erfolgreiche Anwendungen programmieren können: von den notwendigen Grundlagen von HTML5 und CSS3 über die Konzeption und Gestaltung von Apps bis zur hilfreichen Nutzung von Frameworks, wie jQuery Mobile und Sencha Touch. Ausgefallene Praxisbeispiele zeigen Ihnen, wie Sie grundlegende Funktionen implementieren und auf den unterschiedlichen Gerätetypen testen können. Abgerundet wird das Ganze durch eine Anleitung, die Ihnen zeigt, wie Sie Ihre Anwendung in Apples App Store und Google Play veröffentlichen können. Trotz der vielen Arbeitsschritte brauchen Sie sich keine Sorgen zu machen, unser Buch führt Sie stets verständlich und vor allem unterhaltsam an das gewünschte Ziel. Lassen Sie sich inspirieren!

Um die Qualität unserer Bücher zu gewährleisten, stellen wir stets hohe Ansprüche an Autoren und Lektorat. Falls Sie dennoch Anmerkungen und Vorschläge zu diesem Buch formulieren möchten, so freue ich mich über Ihre Rückmeldung.

Ihr Stephan Mattescheck
Lektorat Galileo Computing

stephan.mattescheck@galileo-press.de
www.galileocomputing.de
Galileo Press · Rheinwerkallee 4 · 53227 Bonn

Auf einen Blick

Wir hoffen sehr, dass Ihnen dieses Buch gefallen hat. Bitte teilen Sie uns doch Ihre Meinung mit. Eine E-Mail mit Ihrem Lob oder Tadel senden Sie direkt an den Lektor des Buches: *stephan.mattescheck@galileo-press.de*. Im Falle einer Reklamation steht Ihnen gerne unser Leserservice zur Verfügung: *service@galileo-press.de*. Informationen über Rezensions- und Schulungsexemplare erhalten Sie von: *britta.behrens@galileo-press.de*.

Informationen zum Verlag und weitere Kontaktmöglichkeiten finden Sie auf unserer Verlagswebsite *www.galileo-press.de*. Dort können Sie sich auch umfassend und aus erster Hand über unser aktuelles Verlagsprogramm informieren und alle unsere Bücher versandkostenfrei bestellen.

An diesem Buch haben viele mitgewirkt, insbesondere:

Lektorat Stephan Mattescheck, Erik Lipperts
Korrektorat Monika Klarl
Herstellung Iris Warkus
Einbandgestaltung Mai Loan Nguyen Duy
Titelbild iStockfoto 2622356, Konstantin Inozemtsev
Typografie und Layout Vera Brauner
Satz Typographie & Computer, Krefeld
Druck und Bindung Beltz Druckpartner, Hemsbach

Dieses Buch wurde gesetzt aus der TheAntiquaB (9,35 pt/13,7 pt) in FrameMaker.
Gedruckt wurde es auf chlorfrei gebleichtem Offsetpapier (80/90 g/m²).

Der Name Galileo Press geht auf den italienischen Mathematiker und Philosophen Galileo Galilei (1564–1642) zurück. Er gilt als Gründungsfigur der neuzeitlichen Wissenschaft und wurde berühmt als Verfechter des modernen, heliozentrischen Weltbilds. Legendär ist sein Ausspruch *Eppur si muove* (Und sie bewegt sich doch). Das Emblem von Galileo Press ist der Jupiter, umkreist von den vier Galileischen Monden. Galilei entdeckte die nach ihm benannten Monde 1610.

Bibliografische Information der Deutschen Nationalbibliothek:
Die Deutsche Nationalbibliothek verzeichnet diese Publikation in der Deutschen Nationalbibliografie; detaillierte bibliografische Daten sind im Internet über *http://dnb.d-nb.de abrufbar*.

ISBN 978-3-8362-2237-2
2., aktualisierte und erweiterte Auflage 2013

Inhalt

Vorwort

Herzlich willkommen, und schön, dass Sie da sind! Das Cover hat Ihre Neugierde geweckt, stimmt's? Sehr gut!

WebApps sind Apps, die lediglich mit Webtechnologien funktionieren und mittlerweile eine echte Alternative zu nativen Apps darstellen. Die immer bessere Leistung der Endgeräte, aber auch die neuen Funktionen und Gestaltungsmöglichkeiten durch HTML5 und CSS3 ermöglichen Apps, die offline funktionieren, schnell sind und sogar die Daten von Positions- und Bewegungssensoren auslesen können. Zudem funktionieren sie auf einer Vielzahl verschiedener Geräte mit unterschiedlichen Betriebssytemen, ob nun auf einem Tablet, Smartphone, Android, iOS oder sogar Windows Phone. Der gemeinsame Nenner all dieser Geräte und Plattformen sind HTML5 und CSS3.

Doch nicht nur die große Flexibilität von WebApps ist ihr entscheidender Vorteil; als angehender WebApps-Entwickler können Sie Ihre bereits bestehenden HTML-Kenntnisse nutzen, um Apps zu entwickeln. Sie müssen also nicht noch eine neue Programmiersprache lernen, sondern können auf Ihre bisherigen Erfahrungen zurückgreifen.

All das und noch vieles mehr machen WebApps so attraktiv. Was noch alles? Eins nach dem anderen; es wäre ja langweilig, an dieser Stelle schon alles zu verraten.

Ziel des Buches

Das Ziel dieser zweiten Buchauflage (und auch unser Anspruch) ist es, Ihnen die Programmierung von WebApps zu ermöglichen. Dabei werden Sie Schritt für Schritt an die Materie herangeführt. Neben technischen Grundlagen lernen Sie auch Tipps und Tricks kennen, wie Sie Ihre App zu Beginn konzipieren und welche verschiedenen Bedienmuster Sie für Ihre WebApp nutzen können.

Sie werden am Ende des Buches eine Reihe von verschiedenen WebApps programmiert haben, die Ihnen dabei helfen werden sich zurechtzufinden, im Supermarkt beim Einkauf keinen Artikel mehr zu vergessen oder aber die Nostalgie eines alten Polaroidfotos wieder aufleben zu lassen. Unterm Strich werden Sie vor allem eins haben: eine Menge Erfolgserlebnisse und eine gehörige Portion Spaß.

Danksagung

Vielen Dank an alle, die uns unterstützt haben: der Verlag, aber auch Freunde, Eltern und Partner, die das eine oder andere Mal, etwa bei einer abendlichen Weinsession, auf uns verzichten mussten.

HTML5 rockt! Die Website zum Buch

Wir meinen es ernst: HTML5 rockt! Wir glauben an die Energie und Zukunft von Webtechnologien und haben deswegen eine eigene kleine Website zum Thema eingerichtet. Auf *http://www.html5-rockt.de* finden Sie alle Beispiele dieses Buches zum Download. Zusätzlich weisen wir auf der Website auch auf etwaige Tippfehler hin und ergänzen das Buch durch weitere nützliche Links und Hinweise. Die Beispieldateien finden Sie natürlich auch auf der beiliegenden DVD.

Florian Franke, Johannes Ippen

Bevor's richtig losgeht – Installation von XAMPP

Bevor Sie richtig durchstarten können, benötigen Sie einen Webserver, auf dem Sie die zahlreichen Beispiele dieses Buches selbst ausprobieren können. Die eine Möglichkeit ist es, Ihren bestehenden Webspace zu nutzen und die Dateien immer auf diesen hochzuladen. Eine andere, schnellere Alternative ist es, einen lokalen, auf Ihrem Computer installierten Webserver zu installieren. Das Testen Ihrer Apps geht mit diesem schneller, weil Sie die Daten nicht immer auf einen externen Server hochladen müssen. Wir zeigen Ihnen nun als erste Amtshandlung, wie Sie den lokalen Webserver *XAMPP* installieren. Am Ende der Installation können Sie den Inhalt des Unterordners *htdocs* in Ihrem XAMPP-Ordner über einen Webbrowser aufrufen.

Die Installation von XAMPP unter Windows

1. **Installationsdatei herunterladen**

   Rufen Sie zunächst die Webseite von XAMPP unter *http://www.apachefriends.org/de/* auf (siehe Abbildung 1), und laden Sie das Installationspaket für Windows herunter. Wir empfehlen die *Installer-Version*, da diese am einfachsten und schnellsten zu konfigurieren ist. Sie wollen ja schließlich zeitnah loslegen.

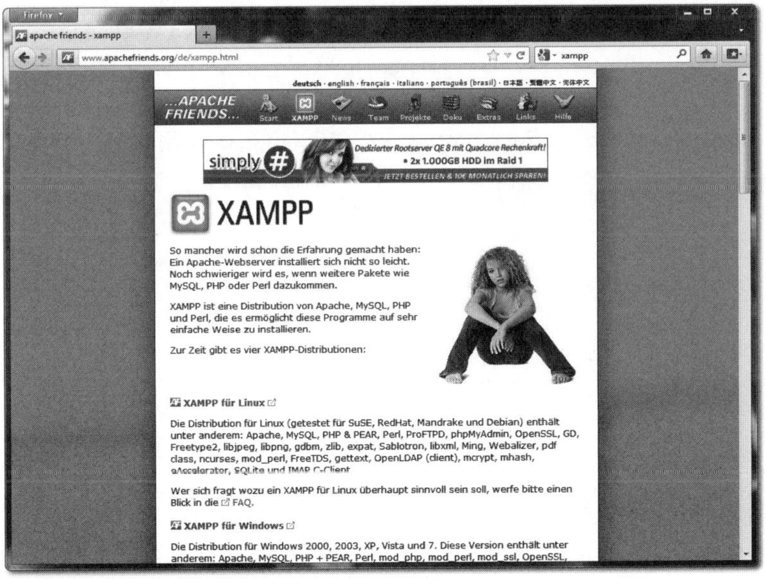

Abbildung 1 Die Startseite von XAMPP

2. **Installation**

   Öffnen Sie die heruntergeladene Datei, und installieren Sie XAMPP (siehe Abbildung 2). Sie müssen keinerlei besondere Einstellungen vornehmen und können mit gutem Gewissen bei allen Schritten immer auf WEITER klicken.

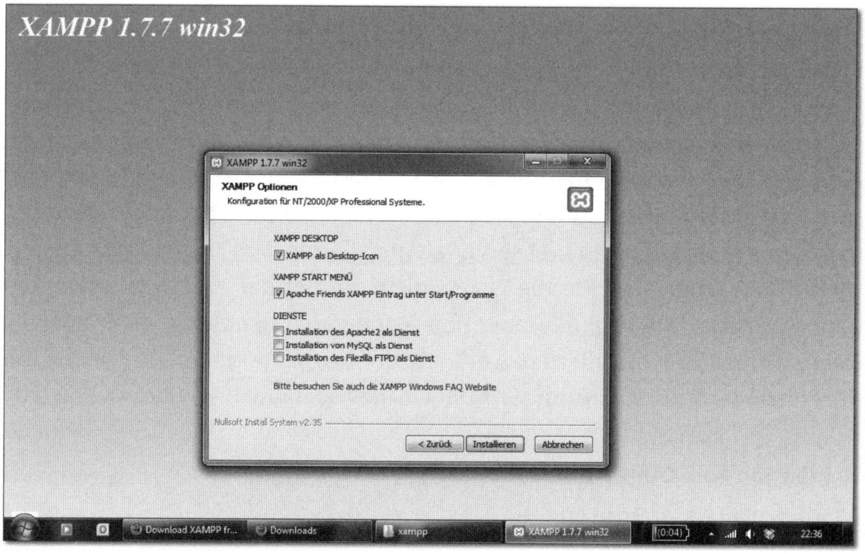

Abbildung 2 Die Installation unter Windows

3. **Das Control Panel**

   Nach der Installation werden Sie gefragt, ob Sie das *Control Panel* aufrufen möchten. Über das Control Panel starten Sie die einzelnen Dienste von XAMPP (siehe Abbildung 3). Neben dem normalen Webserver (Apache) können Sie hier noch das Datenbankmodul (MySQL) oder einen FTP-Server (FileZilla) aktivieren. Für die Beispiele in diesem Buch benötigen Sie lediglich Ihren treuen Indianer, den Webserver Apache.

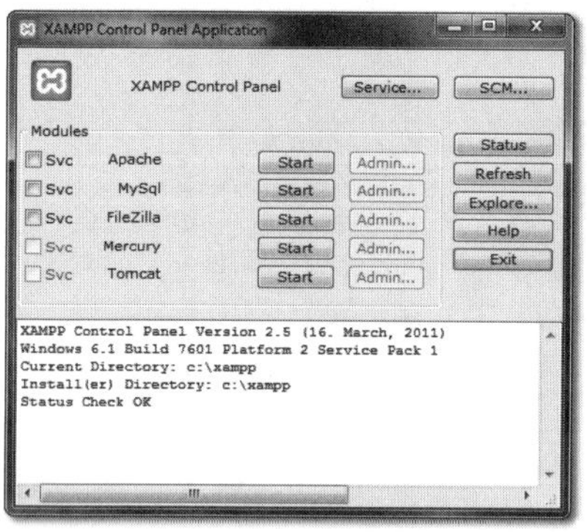

Abbildung 3 Das Control Panel von XAMPP. Hier starten und stoppen Sie die einzelnen Dienste, wie z. B. den Webserver Apache.

4. **Netzwerkkonfiguration**

   Bevor andere Geräte auf Ihren Computer und damit auf XAMPP zugreifen können, müssen Sie diesen noch den Zugang erlauben. Öffnen Sie dafür die Datei *httpd-xampp.conf* in Ihrem XAMPP-Ordner unter APACHE • CONF • EXTRA. Am Ende der Datei finden Sie zwei Einträge, die über die Sicherheitseinstellungen von XAMPP entscheiden (siehe Abbildung 4). Um nun Zugriffe von anderen Geräten zu ermöglichen, müssen Sie die folgende Eigenschaft in den letzten beiden Codeblöcken bearbeiten:

   ```
   Allow from ::1 127.0.0.0/8
   ```

   Ändern Sie diese Zeilen wie folgt um, und speichern Sie die Datei:

   ```
   Allow from all
   ```

   Wechseln Sie nun zurück zum Control Panel, und starten Sie den Apache-Webserver mit einem Klick auf START.

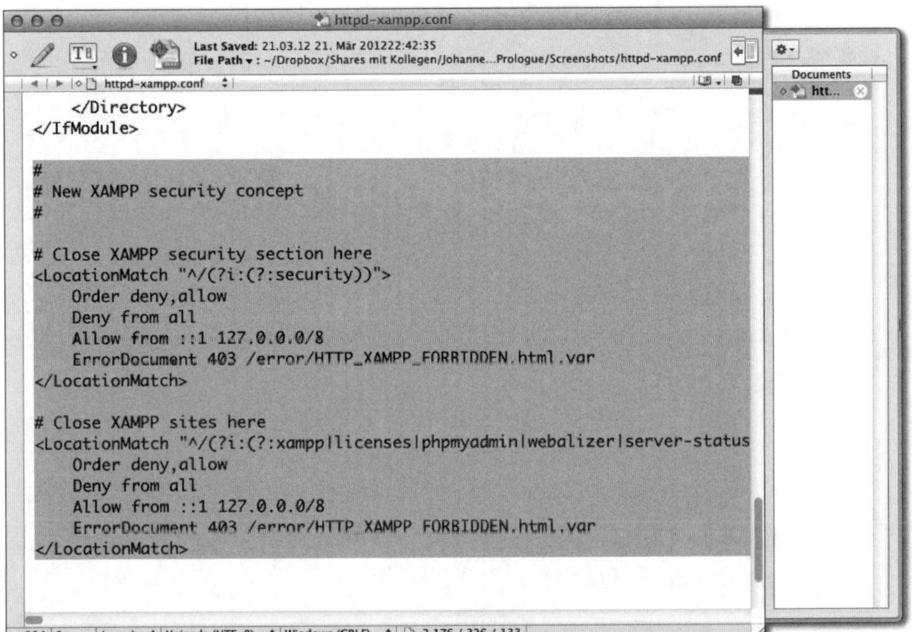

Abbildung 4 Die relevante Passage in der httpd-xampp.conf-Datei

> **Wichtig**
>
> Sollten Sie bereits vorher den Apache-Webserver gestartet haben, müssen Sie ihn erneut starten, damit die Änderungen an der Datei *httpd-xampp.conf* Wirkung zeigen.

5. **Den Webserver über den Browser aufrufen**

   Sie können den Webserver bereits von dem Computer aus, auf dem Sie XAMPP installiert haben, über *http://localhost* aufrufen. Um den Server nun auch über Ihr Smartphone oder Ihr Tablet zu erreichen, benötigen Sie noch die IP-Adresse des Computers, auf dem der XAMPP-Server installiert wurde. Die IP-Adresse finden Sie heraus, indem Sie das Kommandozeilentool von Windows über START • AUSFÜHREN oder über die Suche mit dem Eintrag »cmd.exe« starten und dort `ipconfig` eingeben. Daraufhin wird die IP-Adresse Ihres Rechners angezeigt (siehe Abbildung 5). Wenn Sie diese Adresse (wahrscheinlich ähnlich zu 192.168.XXX.XXX) in den Browser Ihres Smartphones oder Tablets eingeben, wird ebenfalls der Webserver aufgerufen.

Abbildung 5 Ermitteln Sie Ihre IP-Adresse über das Kommandozeilentool von Windows.

6. **Das war's!**

   Einfach, oder? Sie haben nun Ihren eigenen Webserver (siehe Abbildung 6). Denken Sie daran, den Apache-Webserver nach einem Neustart oder nach dem Wechseln Ihres Computers in den Ruhezustand neu zu aktivieren.

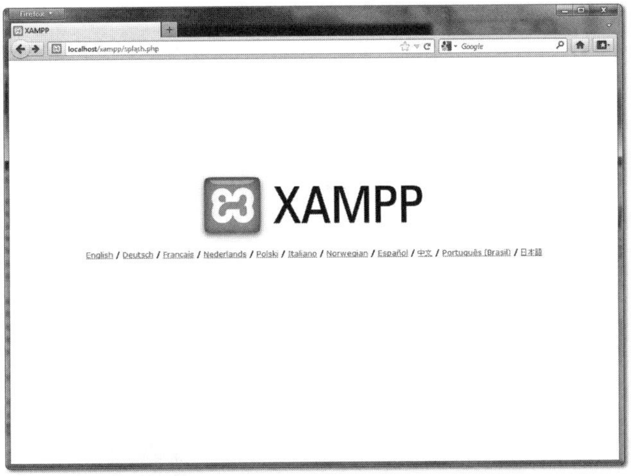

Abbildung 6 Die Startseite von XAMPP von dem Computer aus, auf dem der Server installiert wurde

Die Installation von XAMPP unter Mac OS X

1. **Installationsdatei herunterladen**

   Öffnen Sie die Webseite von XAMPP unter *http://www.apachefriends.org/de/*, und laden Sie das Installationspaket für Mac OS X herunter (siehe Abbildung 7). Anders als bei der Windows-Version gibt es hier lediglich eine *.dmg*-Datei zum Download.

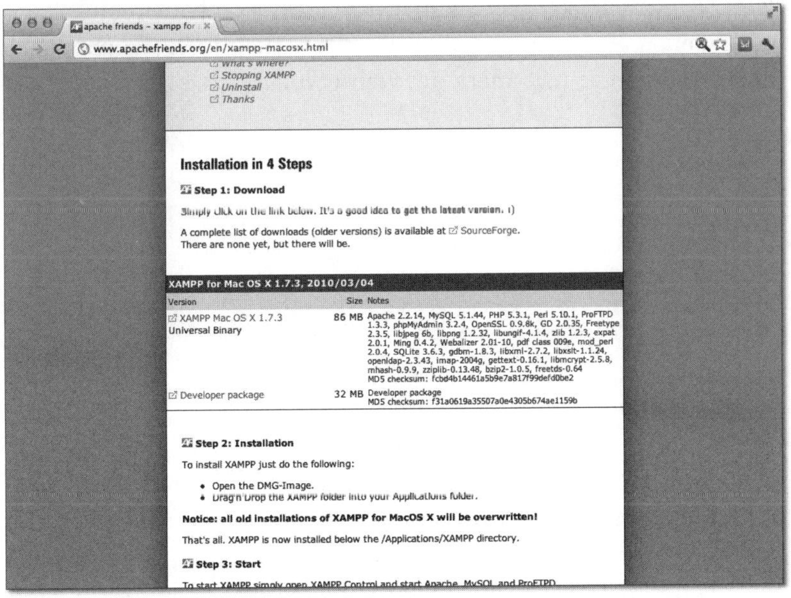

Abbildung 7 Der Downloadbereich der XAMPP-Webseite

2. **Installation**

   Die Installation ist denkbar einfach. Ziehen Sie einfach den XAMPP-Ordner in Ihren Ordner APPLICATIONS (siehe Abbildung 8).

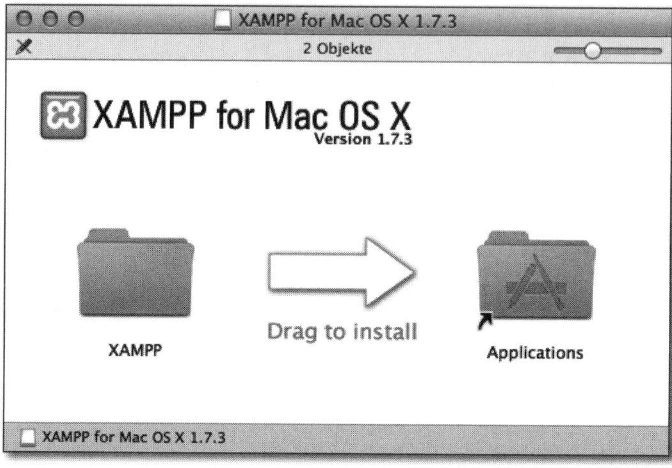

Abbildung 8 Ziehen Sie zur Installation den XAMPP-Ordner von links einfach in den Ordner »Applications« auf der rechten Seite.

3. **Das Control Panel**

   Wechseln Sie nun in Ihren Ordner *Programme* (oder auch *Applications*), und rufen Sie das Control Panel von XAMPP auf (siehe Abbildung 9). Neben dem normalen Webserver (Apache) können Sie hier noch das Datenbankmodul (MySQL) oder einen FTP-Server aktivieren. Für die Beispiele in diesem Buch benötigen Sie lediglich die Kraft eines Ureinwohners, des Webservers Apache.

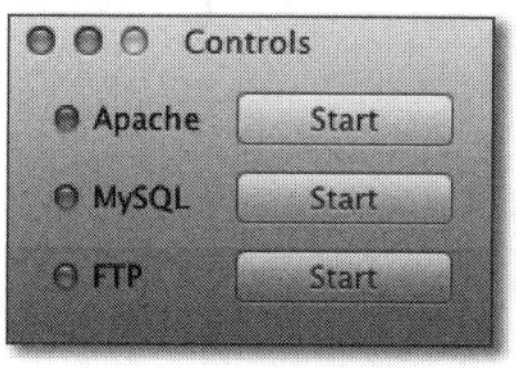

Abbildung 9 Das Control Panel unter Mac OS X

4. **Den Webserver über den Browser aufrufen**

   Sie können den Webserver bereits von dem Computer aus, auf dem Sie XAMPP installiert haben, aufrufen, indem Sie in Ihrem Browser die Adresse *http://localhost* aufrufen. Damit Sie auch von anderen Endgeräten aus auf den XAMPP-Server zugreifen können, müssen Sie die IP-Adresse des XAMPP-Servers kennen. Die IP-Adresse finden Sie zum Glück sehr leicht über SYSTEMEINSTELLUNGEN und das Untermenü NETZWERK heraus (siehe Abbildung 10).

Geben Sie die IP-Adresse, im Falle unseres Screenshots wäre dies 192.168.0.153, in die Adresszeile Ihres Browsers ein, und Sie gelangen auf die Seite des Webservers.

Abbildung 10 Um Ihre IP-Adresse herauszufinden, genügt ein Blick in die Systemeinstellungen.

5. **Fertig!**

   Damit haben Sie Ihren eigenen Webserver eingerichtet (siehe Abbildung 11). Im Unterordner *htdocs* in Ihrem XAMPP-Ordner können Sie nun neue Ordner anlegen und diese über den Browser aufrufen.

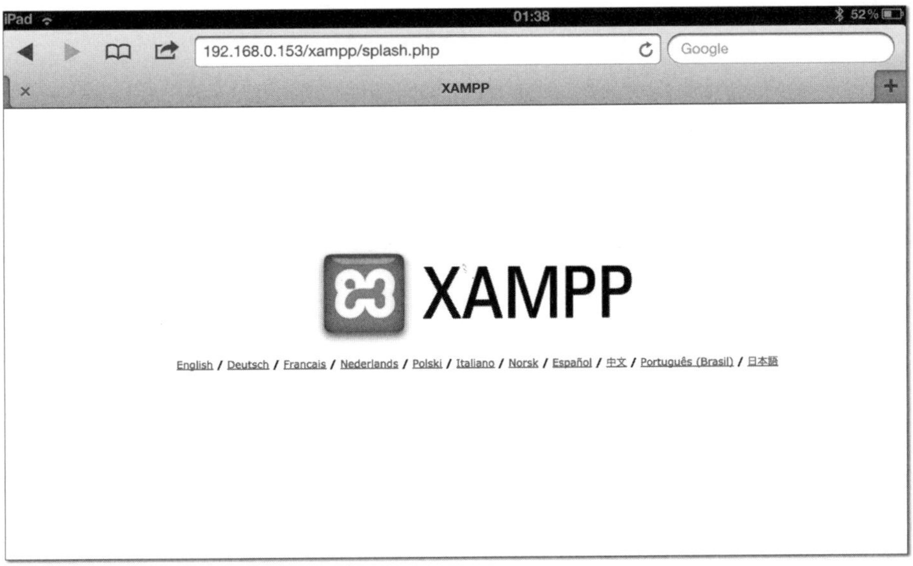

Abbildung 11 Die Startseite des XAMPP-Servers, aufgerufen von einem iPad aus

Zusätzliche Hinweise zu XAMPP

Beachten Sie, dass sich Ihre IP-Adresse, egal ob unter Mac oder Windows und je nach Konfiguration Ihres Heimnetzwerkes, nach einiger Zeit ändern kann. Ist Ihr Server also nicht mehr zu erreichen, überprüfen Sie zunächst, ob der Apache-Dienst gestartet ist, die IP-Adresse stimmt und der XAMPP-Server und das Gerät, von dem aus Sie den Server aufrufen wollen, mit demselben Netzwerk verbunden sind.

Die erste Hürde haben Sie bereits genommen; jetzt stürzen wir uns in die Welt der WebApps!

Kapitel 1
Apps

Apps, Apps, überall nur Apps. Egal, wo man heutzutage hinschaut: auf der Bank, beim Einkaufen, im Fernsehen – alle sprechen von Apps. Dabei ist der Begriff *Apps* mittlerweile zu einem Inbegriff der Smartphone-Revolution geworden und inzwischen, dank flächendeckender Werbung, in allen Altersschichten bekannt. Doch App ist nicht gleich App. Auch wenn Sie alle denselben Namen tragen, gibt es, technisch und strategisch gesehen, gravierende Unterschiede. In diesem Kapitel stellen wir Ihnen verschiedene App-Arten mit ihren Vor- und Nachteilen vor.

1.1 Native Apps vs. WebApps

In diesem Buch geht es um Apps mit HTML5 und CSS3, also um sogenannte *WebApps*. Eine WebApp ist eine Website, die sich wie ein Programm anfühlt und bedienen lässt.

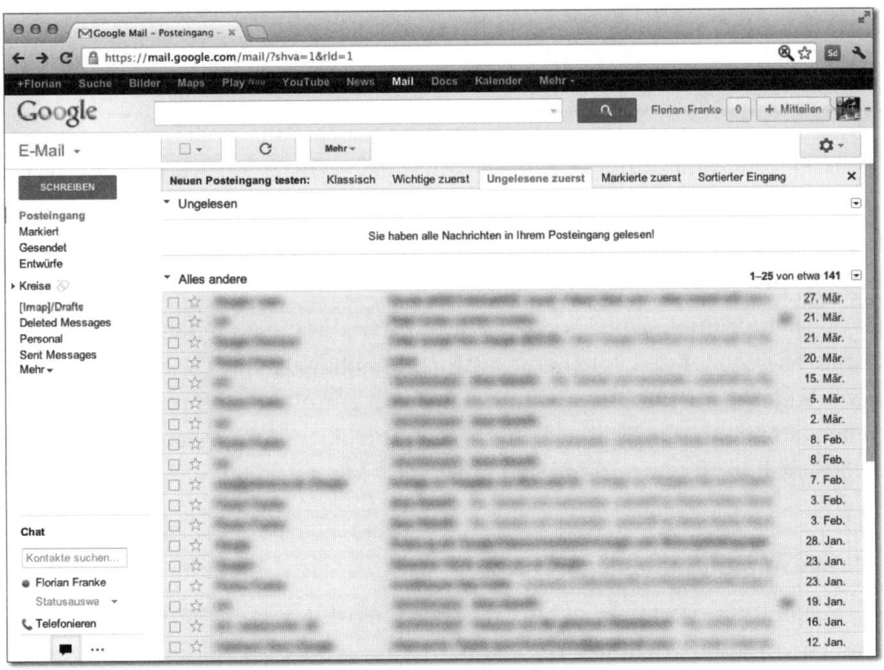

Abbildung 1.1 Die Startseite der WebApp von Google Mail

1.1.1 WebApps allgemein

Der Name *WebApp* setzt sich aus *Web* (engl. für Netz) und *App* (Kurzform für Application, zu Deutsch: Anwendung) zusammen. Im Gegensatz zu einer herkömmlichen Website, auf der ein Besucher durch Einzelseiten navigiert, um Inhalte (z. B. Texte, Bilder und Videos) abzurufen, folgt eine WebApp in der Regel dem typischen Softwareschema: Man gibt eine Information ein, diese wird verarbeitet und gibt ein Ergebnis aus. Die Grenzen verlaufen dabei fließend; im Prinzip ist daher bereits eine Suchmaschine wie Google mehr WebApp als Website.

Vor allem unterscheidet das Layout und die Art der Bedienelemente eine App von einer Website. In einer App finden Sie eher Bedienelemente aus typischer Anwendersoftware, wie beispielsweise Symbolleisten, Buttons, Dialogfelder, Eingabefelder und Formulare.

Das perfekte Beispiel für eine WebApp ist ein Webmailer, wie z. B. Google Mail (siehe Abbildung 1.1). Nachdem der Nutzer die Adresse *http://mail.google.com* aufgerufen hat, muss er sich zunächst mit seinen Benutzerdaten einloggen. Danach empfängt ihn eine Webseite, die dem Aufbau nach an ein E-Mail-Programm erinnert: eine Symbolleiste am oberen Rand der Seite, eine Ordnerübersicht auf der linken Seite und eine Liste mit den aktuellsten Nachrichten auf der rechten Seite. Klickt der Nutzer auf eine E-Mail in der Liste, öffnet sich diese ohne Verzögerung und ohne die gesamte Webseite komplett neu zu laden. Für den Nutzer entsteht so der Eindruck, sich in einem Programm zu befinden und nicht auf einer Website.

Gegenüber herkömmlichen Programmen haben WebApps drei entscheidende Vorteile:

1. Sie müssen nicht auf dem Endgerät des Benutzers installiert werden; Sie rufen eine WebApp ganz einfach über den Webbrowser auf.
2. Der Nutzer muss sich nicht um lästige Updates kümmern. Bei jedem Aufruf der WebApp wird automatisch die aktuellste Version geladen.
3. WebApps werden direkt vom Server geladen und sind somit unabhängig von einem bestimmten Rechner und vor allem plattformunabhängig. Alles, was zum Ausführen von WebApps benötigt wird, sind ein Browser und ein Internetzugang. Das Betriebssystem und Hardwarespezifikationen spielen im Allgemeinen keine Rolle, und damit gehören Stammtischdiskussionen à la Mac vs. PC der Vergangenheit an.

1.1.2 Native Apps auf mobilen Geräten

Begeistert von den Vorteilen einer WebApp hatte Apple-Gründer Steve Jobs ursprünglich vorgesehen, diese zum Standard auf dem iPhone zu machen: Neben einigen typischen Apple-Applikationen sollten die Nutzer über den Browser Programme von Drittanbietern aufrufen können.

Aber schon ein halbes Jahr nach Einführung des iPhones bot Apple ein Software Development Kit (SDK) für die Entwicklung nativer iPhone-Apps an. Der Bedarf nach Software mit erweiterter Funktionalität war immens gestiegen, und damit auch der Druck auf Apple.

Native Anwendungen können auf alle Hardwarefunktionen zugreifen, inklusive Mikrofon und Kamera. Dies ist über den Webbrowser mit JavaScript aus Sicherheitsgründen nur bedingt möglich. Besonders Foto- oder Musiksoftware machen davon Gebrauch, beispielsweise die Musikerkennungs-App *Shazam*: Der Benutzer nimmt mit dem integrierten Mikrofon einen kurzen Teil eines Radiosongs auf, übermittelt ihn an Shazam und findet so heraus, um welchen Song es sich handelt (siehe Abbildung 1.2). Per WebApp wäre der Zugriff auf das Mikrofon nicht möglich, der Service nicht durchführbar, und Sie wüssten am nächsten Morgen nach der Party den Titel des Liedes immer noch nicht, zu dem Sie gut gelaunt auf dem Tisch getanzt haben.

Abbildung 1.2 Die Musikerkennungs-App »Shazam«

Ähnlich sieht es mit dem sozialen Fotonetzwerk *Instagram* aus (siehe Abbildung 1.3): Um eigene Fotos zu übermitteln, muss die App auf die Kamera zugreifen können. Im Browser ist dies nicht möglich.

Abbildung 1.3 Das Foto-Social-Network »Instagram«

Gegenüber plattformunabhängigen JavaScript-WebApps hat eine für einen Plattformtyp programmierte App einen erheblichen Performancevorteil. Besonders grafiklastige Anwendungen wie Spiele oder 3D-Programme profitieren davon (siehe Abbildung 1.4). Ebenso können sie als Hintergrundprozess laufen, besonders praktisch z. B. bei Radioprogrammen, die weiterspielen sollen, während der Benutzer im Internet surft oder eine andere App verwendet.

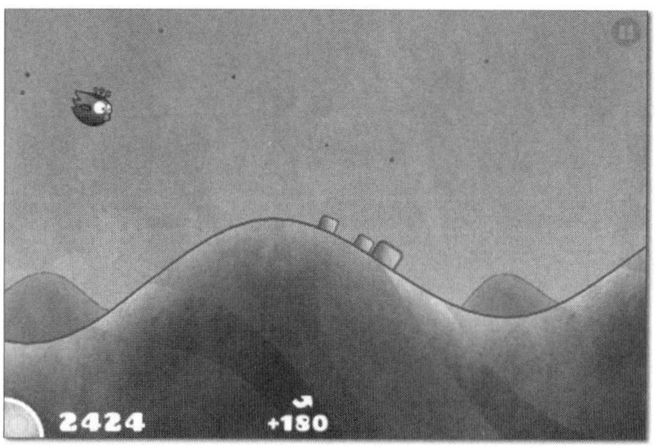

Abbildung 1.4 Das Spiel »Tiny Wings«

Häufig fällt die Entscheidung für eine native App aber aus wirtschaftlichen Gründen: Native Apps können über einen App-Store vertrieben werden.

1.1.3 Apples App Store, Google Play und Co.

Da Mobiltelefone nicht über DVD-Laufwerke oder ein sichtbares Dateisystem mit Downloadordner verfügen, haben sich Google, Apple und Co. eine andere Möglichkeit überlegt, um Programme auf die Endgeräte ihrer Nutzer zu laden und zu installieren. Apples Lösung ist der App Store (siehe Abbildung 1.5).

Abbildung 1.5 Die Startseite von Apples App Store auf dem iPad

Vergleichbar mit dem Musikmarkt *iTunes* wählt der iPhone- oder iPad-Besitzer über die Suche oder eine Top-25-Liste eine App aus, tippt INSTALLIEREN an und hat sie wenige Minuten später auf seinem Gerät. Neben vielen kostenlosen Apps kann er auch aus vielen kostenpflichtigen Apps auswählen. Der eigentliche Abbuchungsvorgang geschieht dabei bequem im Hintergrund – der App-Käufer wird nicht mit Kreditkarteneingabe o. Ä. genervt, da er diese Daten bereits bei der App Store-Registrierung angegeben hat.

Der App-Entwickler spart sich damit eine Menge Aufwand: Den kompletten Download-, Installations- und Abbuchungsprozess übernimmt Apple. Es entstehen keine zusätzlichen Server- oder Verwaltungskosten. Für diesen Service kassiert Apple aber auch 30 % des Umsatzes einer App. Sollen innerhalb einer App weitere Bezahlvorgänge ausgeführt werden, wie z. B. bei einem Zeitschriftenabo in einer Magazin-App, muss die Abrechnung ebenfalls über die Apple-Infrastruktur erfolgen. Und auch hier nimmt sich Apple seinen Teil des Umsatzes.

Das Android-Pendant zu Apples App Store heißt Google Play. Es entstand Anfang 2012 aus einem Zusammenschluss von Android Marketplace und Google Music. Hier kann der Nutzer nicht nur Apps, sondern auch Musik, Filme und Fernsehserien erwerben und herunterladen.

Mittlerweile existieren von jedem größeren Plattformbetreiber vergleichbare Shops, über die der Nutzer Apps kaufen kann (siehe Abbildung 1.6). Meist ist dies aber auch der einzige Weg, um neue Programme auf die Geräte zu bekommen: Man spricht daher von geschlossenen Systemen.

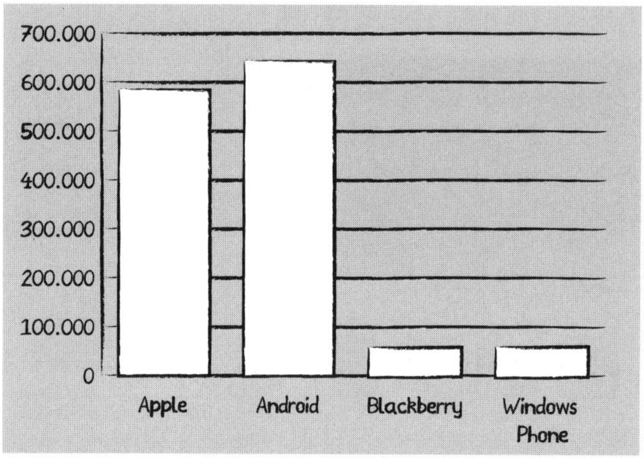

Abbildung 1.6 Anzahl nativer Apps nach Plattform, Stand März 2013

Um als Entwickler Software in einem App-Store zu platzieren, müssen Sie sich als Erstes beim Store-Betreiber registrieren. Anschließend können Sie Ihre App in den Shop hochladen, in dem sie zunächst überprüft wird. Dieser Prozess dauert zurzeit etwa 5–6 Tage und soll verhindern, dass versehentlich Schadsoftware oder Viren übermittelt werden. Der Betreiber behält sich so aber auch das Recht vor, zu entscheiden, welche Programme auf seinem Gerät erlaubt sein sollen und welche nicht. Ähnlich einer Szene in dem Film »Der Herr der Ringe«, in der eben auch der Zauberer Gandalf entscheidet, ob das Monster nun die Brücke passieren darf oder nicht. So hat Gandalf, äh, Apple in der Vergangenheit schon mehrere Apps abgelehnt, die nicht den Firmenvorstellungen entsprachen: Als beispielsweise die professionelle Fotosoftware *Camera+* die Lautstärketasten an der Seite des iPhones als Auslöseknopf missbrauchen wollte, wurde sie aus Apples App Store verbannt. Die Demo-App des Magazin-Frameworks *Laker-Compendium* namens *New York City* wurde gar nicht erst zugelassen, weil sie nur Demo-Inhalte enthielt und keine von Autoren verfassten Texte. Bisher krassestes Beispiel ist die Geschichte der iPhone-App des Magazins *Stern*: Diese wurde im September 2009 ohne Vorwarnung für mehrere Tage entfernt, weil sie eine Bilderserie mit scheinbar erotischen Inhalten enthielt (siehe Abbildung 1.7). Ähnliches musste auch die App des Fotonetzwerks *500px* erfahren – weil die Plattform auch von Aktfotografen genutzt wird, wurde die App kurzerhand als »Pornografie« aus Apples App Store verbannt.

Abbildung 1.7 Die native Nachrichten-App des Magazins »Stern«

Bei Google Android geht man sogar noch einen Schritt weiter: Das System enthält eine Funktion, mit der Google bereits auf dem Gerät installierte Programme und Inhalte aus der Ferne löschen kann. Der sogenannte *Kill-Switch* wurde im März 2011 erstmals eingesetzt, um versehentlich in Umlauf gebrachte Trojaner aus dem Verkehr zu ziehen.

1.1.4 WebApps auf mobilen Geräten

WebApps unterliegen diesen Regularien auf mobilen Geräten nicht. Da sie über den eingebauten Browser aufgerufen werden, fallen zwar die komfortablen Vorteile eines App-Stores weg, dafür können Sie als Entwickler selbst bestimmen, wie Sie den Bezahlprozess abwickeln möchten und wie Ihre Inhalte aussehen sollen (siehe Abbildung 1.8).

Abbildung 1.8 Die WebApp der Financial Times auf dem iPad

Der Hauptvorteil gegenüber nativen Apps besteht darin, dass dieselbe Codebasis für unterschiedliche Plattformen genutzt werden kann. Sie müssen also keine Extraversion für Android-Nutzer bereitstellen, sondern können denselben Code verwenden. Dies spart Kosten und vor allem Zeit, die Sie bei schönem Wetter lieber im Schwimmbad verbringen können.

1.1.5 Native App oder WebApp?

Bevor Sie mit der Entwicklung beginnen, sollten Sie sich fragen: Benötigt meine App einen Zugriff auf die Gerätehardware, also Kamera und Mikrofon? Wenn die Antwort »nein« lautet, sollten Sie unbedingt eine WebApp in Betracht ziehen.

1.2 Warum ist es sinnvoll, auf Touch-Geräten zu entwickeln?

Warum sollten Sie eigentlich für ein Touch-Gerät entwickeln? Kann man nicht auch herkömmliche Software oder Webseiten für Desktoprechner programmieren? Natürlich können Sie das! Allerdings verpassen Sie damit einen der am schnellsten wachsenden Märkte der Technologiebranche. Touch-Geräte sind überall und omnipräsent. Und ihre Verbreitung wird in den nächsten Jahren noch zunehmen. In diesem Kapitel zeigen wir Ihnen, wie es eigentlich dazu kam, und ein Blick in unsere Kristallkugel verrät, wohin die Reise (wahrscheinlich) gehen wird.

1.2.1 Der Mobilsektor boomt

Bereits 1996 gab es erste Ansätze für ein Mobiltelefon mit Internetzugang: Der Nokia Communicator war das erste Handy mit Webbrowser überhaupt.

Zunächst als Spielzeug für Wichtigtuer und Businesskasper verschrien, fristeten Smartphones ein Dasein als teure Nischenprodukte. Das änderte sich schlagartig im Jahr 2007 mit der Einführung des iPhones. Das stark vereinfachte Konzept des Ein-Tasten-Telefons machte es zum Prototypen für touch-basierte Geräte und steigerte deren Popularität ungemein.

Seitdem ist die Zahl der verkauften Smartphones rasant angestiegen, und der Trend hält an. Eine Studie des Marktforschungsunternehmens IDC besagt, dass bis 2015 rund 900 Mio. Geräte im Umlauf sein werden, das heißt, knapp jeder siebte Mensch auf der Welt besitzt ein Smartphone.

Zwei Merkmale von Smartphones hat das iPhone besonders geprägt: Apple hat seinem Telefon eine Benutzeroberfläche verpasst, die speziell für die Benutzung mit Fingern ausgelegt ist: Buttons und Listen wurden größer gestaltet, und spezielle Gesten wurden eingeführt. Statt eines einfachen druckintensiven Displays wurde ein kapazitiver Touchscreen eingebaut, der wesentlich empfindlicher auf Hautkontakt reagiert. Zuvor war es üblich, entweder mit einem Stift oder einem joystickähnlichen Rollball durch die Menüs zu navigieren. Außerdem wurde Apples App Store eingeführt, eine Art Marktplatz für Software, die mit einem Fingertipp gekauft, bezahlt und installiert werden konnte.

Beide Konzepte wurden von anderen Herstellern rasch übernommen, und so weisen die meisten Smartphones heute viele Ähnlichkeiten auf.

Marktsituation

Heute sind weltweit ca. 1 Milliarde Smartphones im Umlauf. Rund 51 % davon laufen auf dem Betriebssystem Google Android; Apple hat hingegen einen Marktanteil von etwa 44 % (siehe Abbildung 1.9). Während bei Apple sowohl die Hardware als auch das Betriebssystem aus einer Hand kommen, gibt es für Android gleich mehrere Hardwarehersteller, die für ihre Telefone das Google-Betriebssystem einsetzen. Zu den bekanntesten Herstellern gehören HTC, LG, Samsung und Motorola. Motorola wurde Ende 2011 komplett von Google übernommen.

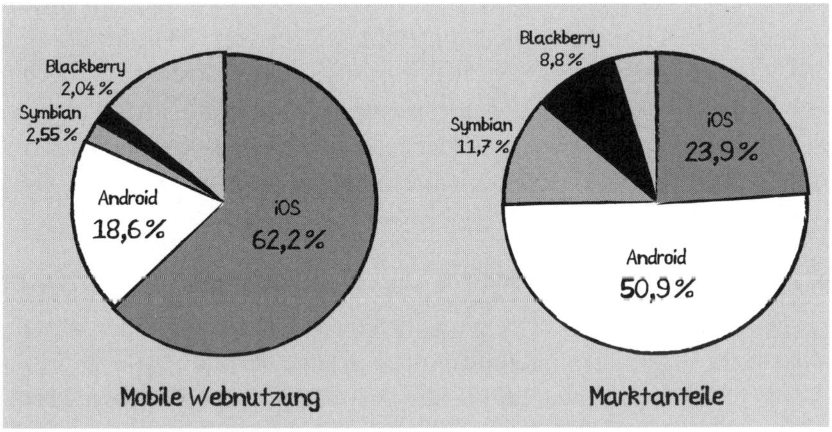

Abbildung 1.9 Mobile Internetnutzung im Vergleich zum Marktanteil

Neben den beiden Riesen Google und Apple gibt es noch einige Hersteller mit eigenen Systemen am Markt.

BlackBerry war lange Zeit der Quasi-Standard im Smartphone-Segment. Obwohl die Firma seit Einführung des iPhones stetig Marktanteile verliert und sich ihr Tablet *Playbook* nicht durchsetzen konnte, findet man immer noch im Business- und Corporate-Bereich viele BlackBerrys. Inwieweit der Hersteller mit seiner neuesten Plattform BlackBerry 10 punkten kann, bleibt abzuwarten.

Besonders interessant für den Tablet-Markt ist der Buchriese Amazon – die Farbvariante des E-Book-Readers *Kindle Fire* basiert auf einer Art aufgebohrtem Android und ist direkt an den Amazon-Store angeschlossen. Zusammen mit den 7-Zoll- und den 10-Zoll-Tablets von Samsung ist das Kindle Fire damit eines der beliebtesten Android-Tablets. An der Spitze der Tablet-Charts steht mit rund 46 % aber nach wie vor das iPad. Hinsichtlich der mobilen Internetnutzung hat statistisch gesehen noch immer das iPad mit 81% des Traffics die Nase vorn. Besonders interessant ist jedoch der Blick auf die tatsächliche mobile Internetnutzung der Geräte: Obwohl Android mit 51 % Marktführer ist, kommen die häufigsten Webbesuche dennoch von iPhones und iPads.

Bevor Sie mit der Entwicklung einer WebApp beginnen, sollten Sie daher genau überlegen, auf welcher Plattform Sie Ihre Benutzer finden. Wenn Ihre App z. B. Designer anspricht, ist eine Android-App eindeutig die falsche Wahl, denn die Apple-App ist des Designers liebstes Stück.

In diesem Buch beschäftigen wir uns primär mit der App-Entwicklung für die iOS-Plattform, also für iPhone, iPod Touch und iPad. Alle Beispiele in diesem Buch funktionieren, sofern nicht anders gekennzeichnet, problemlos ab iOS-Version 4.2, die meisten auch auf älteren Geräten. Daneben widmen wir uns der Entwicklung für die Android-Plattform. Alle Beispiele funktionieren ab Version 3.0, viele auch auf älteren Geräten. Da Android sich u. a. durch die Benutzeroberfläche von iOS unterscheidet, können einige Beispiele ein wenig anders aussehen, als auf den Screenshots abgebildet. Testen Sie die Beispiele und Ihre Codeergänzungen unbedingt in Standardbrowsern mit der Engine *WebKit* der jeweiligen Plattformen (*Mobile Safari* und auch der Standardbrowser unter Android verwenden diese Engine).

1.2.2 Browsertechnik auf Mobilgeräten

Erinnern Sie sich noch an Netscape, Opera und den Internet Explorer 6? Zur Jahrtausendwende war der Browsermarkt hart umkämpft, die Hersteller buhlten um Benutzer und entwickelten parallel zueinander proprietäre Darstellungstechnologien und Standards. Dies führte dazu, dass Webdesigner eine Website nicht nur in einem, sondern parallel in einem guten Dutzend verschiedener Browser und Versionen testen mussten, um sicherzugehen, dass bei allen Nutzern die Website korrekt angezeigt wird. Bis heute tauchen in den Statistiken unterschiedlichste und veraltete Browser auf, die in der Entwicklung berücksichtigt werden müssen. Der über zehn Jahre alte Internet Explorer 6 ist immer noch mit durchschnittlich 3–4 % vertreten. Viele Nutzer wissen nicht, wie sie ihren Browser aktualisieren oder sind schlicht dazu nicht in der Lage, weil sie z. B. in einem großen Unternehmen nicht über Administratorenrechte verfügen.

Auf mobilen Geräten sieht das zum Glück etwas anders aus: Die Browser in iOS und Android basieren auf derselben Technologie, der WebKit Rendering Engine. Damit ergibt sich für Entwickler und Designer die vorteilhafte Situation, dass etwa 97 % aller Geräte denselben Browser besitzen – überflüssiges Testen und Optimieren fällt somit weg.

Warten Sie noch kurz mit dem Freudenschrei; es kommt noch besser: WebKit ist ein Open-Source-Projekt. Nicht einer, sondern mehrere Hersteller entwickeln und optimieren zusammen an derselben Engine. Dadurch wird sie nicht nur zu einem Quasi-Standard, sondern ist auch viel besser an die jeweiligen Gegebenheiten angepasst.

Im Gegensatz zu Desktopsystemen ist der Updatevorgang des Betriebssystems einfacher und zugänglicher integriert: Den meisten Smartphones wird eine neue Betriebssystemversion aufgespielt, sobald sie zum Laden oder Synchronisieren an den Rechner gestöpselt werden. Hierdurch verfügen heute fast alle Smartphones über eine aktuelle OS- und damit über die neueste Browserversion.

Die Browser werden dabei immer weiter verbessert: Mobile Safari von iOS 6 ist dank einer neuen WebKit-Version im Durchschnitt etwa doppelt so schnell wie sein Vorgänger unter iOS 5.

1.3 Showcase – das können HTML5-Apps

Sie haben noch Zweifel daran, was WebApps wirklich können? Im Folgenden zeigen wir Ihnen einige äußert gelungene Beispiele für HTML5-Apps.

Twitter

Das im Jahr 2006 gegründete Twitter zeichnet sich durch Tweets, spontane Statusmeldungen der Nutzer, aus. Der Boom dieser Social-Media-Plattform ist weltweit ungebrochen (siehe Abbildung 1.10).

Abbildung 1.10 Die WebApp von http://twitter.com auf dem iPhone

Neben einer nativen App bietet der beliebte Microblogging-Service eine mobile WebApp: Sobald der Nutzer die Twitter-Homepage auf einem Smartphone aufruft, wird er auf eine HTML5-Version weitergeleitet, die speziell für die kleine Auflösung aufbereitet ist – besonders geeignet für Gelegenheitsnutzer oder Android-Besitzer, die die native App nicht installieren möchten.

Red Bull Music Academy Radio

Die Agentur Edenspiekermann entwickelte für die *Red Bull Music Academy* eine WebApp, in der Nutzer, wie in einer Radio-App, verschiedene Interviews und Musik abrufen können. Besonders schön: Wird ein Audiobeitrag wiedergegeben, kann man weiter ungestört durch die WebApp navigieren, ohne dass der Ton abbricht. Eine kleine Player-Leiste am unteren Rand zeigt außerdem den aktuellen Fortschritt (siehe Abbildung 1.11).

Abbildung 1.11 http://www.rbmaradio.com

Mashable.com

Mashable.com berichtet über Neuigkeiten rund um die vernetzte Generation. Die Grenzen zwischen Webseite und WebApp verwischen auf *mashable.com*; besonders schön ist der Themenwähler im linken Bereich, der sich unter dem Hauptinhaltsbereich versteckt (siehe Abbildung 1.12). Dieses Interface-Paradigma wird auch in nativen Apps, wie z. B. Path, eingesetzt.

Abbildung 1.12 http://www.mashable.com mit sichtbar werdendem Menü auf der linken Seite

Sun

Wenn eine WebApp beispielhaft dafür stehen kann, was mit HTML5 und CSS3 alles möglich ist, dann ist es *Sun*. Diese WebApp fragt automatisch den aktuellen Standort ab und zeigt das Wetter in minimalistisch-schöner Art und Weise an. Über eine Zwei-Finger-Pinch-Geste erhält der Benutzer außerdem Zugriff auf genauere Vorhersagen inklusive Temparaturgraph (siehe Abbildung 1.13).

Abbildung 1.13 Die Startseite von Sun unter http://pattern.dk/sun/. Dreimal dürfen Sie raten, zu welcher Jahreszeit wir an diesem Kapitel gearbeitet haben.

Sharky

Um Ihnen anschaulich zu verdeutlichen, aus welchen Einzelteilen eine WebApp besteht, haben wir ein sehr einfaches und schönes Beispiel ausgewählt: Die offizielle App des Aquariums Baumbach, *Sharky* (siehe Abbildung 1.14). Sie informiert Besucher über den frisch geschlüpften Jaguarhai mit demselben Namen. Schauen Sie sich die App doch ruhig schon einmal an; Sie werden Sie gleich noch etwas näher kennenlernen.

Abbildung 1.14 Die Sharky-App (http://html5rockt.de/sharky) links auf dem iPhone, rechts unter Android

Kapitel 2
HTML5 in der mobilen Webentwickung

Besonders interessant ist HTML5 im Mobilbereich. Anders als auf stationären Desktopsystemen hat sich hier noch keine so große Browservielfalt herausgebildet. Im Gegenteil: Wie bereits in Abschnitt 1.2.2, »Browsertechnik auf Mobilgeräten«, erwähnt, nutzen die Marktführer dieselbe Browsertechnologie, die Rendering Engine WebKit. Die sonst in der Webentwicklung üblichen Fragen, »In welchem Browser soll das funktionieren?« und »Ist das Feature kompatibel?«, spielen eine untergeordnete Rolle, aber eins nach dem anderen.

2.1 HTML5 – Definition und aktueller Stand

HTML ist die Kurzform für Hypertext Markup Language. In anderen Worten bedeutet dies, dass es sich um eine Definitionssprache und nicht um eine Programmiersprache handelt. Der Zusatz *Hypertext* ist schon ein kleiner Fingerzeig auf die erweiterten Funktionen einer HTML-Datei gegenüber einer reinen Textdatei.

HTML ist schon so alt wie das Internet selbst. Anfänglich standen Weberfinder Tim Berners-Lee und sein Team vor dem Problem der Vernetzung von Inhalten. Die Möglichkeit war nun gegeben, Inhalte und Dateien via Telefonleitungen über viele Kilometer hinweg digital auszutauschen. Allerdings bestand jedes aufgerufene Dokument nur aus sich selbst, ohne Verknüpfung zu anderen Dokumenten. Berners-Lee musste einen Weg finden, um Seiten miteinander zu verknüpfen und somit die Relevanz und die Vernetzung des frühen Internets zu erhöhen – der Hyperlink war geboren.

Der Hyperlink, als charakteristischste Eigenschaft des HTML-Standards, bietet die Möglichkeit, Texte und Wortbausteine mit anderen HTML-Seiten zu verknüpfen, um so Inhalte anzureichern und auf weiterführende Seiten zu verweisen. Dies hat sich bis heute nicht geändert, obwohl HTML mittlerweile um viele Funktionen und Schnittstellen, bis zum heutigen Stand von HTML5, erweitert wurde. Die Verlinkung von Inhalten und Seiten ist immer noch ein zentraler Mechanismus in der Funktionsweise des Internets. Stellen Sie sich das einmal vor: Eine Nachrichtenseite wie *http://www.spiegel.de* ohne Unterseiten oder Verlinkungen; Sie hätten wahrscheinlich vom vielen Scrollen Muskelkater im Finger, bevor Sie das Ende der Seite überhaupt erahnt hätten.

2.1.1 HTML als Standard

Die Entwicklung des HTML-Standards ist keinesfalls abgeschlossen – und wird es auch nie sein. Das W3C-Konsortium, in dem neben Wirtschaftsunternehmen auch immer noch Tim Berners-Lee (mittlerweile von der Queen zum Sir geadelt) eine entscheidende Rolle spielt, arbeitet kontinuierlich an dessen Weiterentwicklung. Probleme auf diesem Weg sind natürlich die Interessen der einzelnen Mitglieder, aber auch die Kompatibilität mit älteren Versionen. Das Team muss jederzeit sicherstellen, dass eine neue HTML-Version mit älteren Browsern, die vielleicht Teile neuer Funktionen oder einer angepassten Syntax nicht verstehen, kompatibel ist. Damit hängt die Adaptionsrate einer neuen Version nicht immer von Benutzern oder Webentwicklern ab, sondern vor allem von den technologischen Gegebenheiten und Browserentwicklungen sowie der Marktmacht von Unternehmen, die einen neuen Standard vorantreiben.

2.1.2 HTML5 als Marketinginstrument

HTML5 ist nicht mehr nur ein Begriff, der die neueste Version des Webstandards beschreibt, sondern vielmehr ein Marketinginstrument. Apple verwendet seit der Einführung des iPhones den Begriff *HTML5* als Synonym für eine Art modernes, neues Web. In den Anfängen des iPhones im Jahr 2007 war noch kein App-Store oder App-Ökosystem vorgesehen. Die einzige Möglichkeit, um damals den Funktionsumfang des iPhones zu erweitern, waren WebApps. Dies änderte sich kurze Zeit später mit der Einführung von Apples App Store. Die Vermarktung des Begriffs *HTML5* wurde aber seitdem von vielen weiteren Web 2.0-Startups und Webapplikationen übernommen. HTML5 steht heute für anwenderorientiertes Internet, bei dem viele Websites eigentlich schon kleine (bis große) Applikationen darstellen – Internet, das auf allen Endgeräten, egal ob Tablet, Smartphone, Laptop oder Desktoprechner, funktioniert.

2.1.3 HTML5 als Flash-Ablösung?

In den ersten zehn Jahren des neuen Jahrtausends wurden besonders aufwendige und animierte Webseiten mithilfe von Adobe Flash realisiert. Flash ist ein Browser-Plug-in, das durch eine eigene Skriptsprache und »Verpackung« Dinge in einem Browser ermöglicht, die mit HTML zuvor nicht möglich waren. Beispiele dafür sind Videos, der Zugriff auf Kamera und Mikrofon, aufwendige Animationen, Verwendung von exotischen Schriftarten u. v. m.

Besonders bei Designern und Entwicklern war Flash beliebt, konnte man doch all das umsetzen, was mit reinem HTML bisher nicht möglich war. Mit der Einführung des iPhones begann der Untergang von Flash. Apple verzichtete aus Performance- und Interface-Gründen auf Flash auf dem iPhone und setzte damit eine Anti-Flash-Bewegung in Gang. Viele Websites, besonders große Videoportale, wie z. B. YouTube oder Vimeo, sahen sich dadurch gezwungen, Flash durch eine Technologie zu ersetzen, die auf allen Endgeräten, besonders auf dem wichtigen Markt mobiler Endgeräte, funktioniert: HTML5. Damit ist nicht nur die eigentliche HTML-Datei gemeint, sondern auch von HTML5 unterstützte Technologien, wie z. B. die Videoformate *.mp4* oder *.mov*, die ebenfalls auf iPhone und Co. funktionieren.

Sie sehen: HTML5 ist ein häufig verwendeter Begriff, der in viele Richtungen ausgelegt werden kann. Wahrscheinlich könnten Sie sogar ein Restaurant mit demselben Namen aufmachen, und es würde eine Heerschar an Besuchern anziehen. Mit HTML5 ist auch nicht immer nur der eigentliche HTML-Standard oder gar die eigentliche HTML-Datei gemeint, sondern meist auch das »moderne« Web an sich. HTML5 wird dabei vom W3C-Konsortium als Marke mit eigenem Logo gepusht und insofern von vielen Endanwendern bereits erkannt und damit mit modernem Internet assoziiert.

Wenn Sie noch mehr Informationen über die Geschichte von HTML und vor allem über dessen genauen technischen Eigenschaften erfahren möchten, lohnt ein Blick auf die folgenden Seiten:

- *http://de.wikipedia.org/wiki/Hypertext_Markup_Language*
- *http://www.w3.org/People/Raggett/book4/ch02.html* (in Englisch)

Keine Angst, im weiteren Verlauf des Buches zeigen wir Ihnen Schritt für Schritt die genauen Eigenheiten und Neuerungen von HTML5, die zur Realisierung Ihrer WebApp wichtig sind.

2.2 Was HTML5 bietet

Mit HTML5 können Sie heutzutage schon eine Menge erreichen. Besonders in den letzten Jahren haben sich nicht nur Desktopbrowser, sondern auch mobile Browser rasant weiterentwickelt und dafür gesorgt, dass Sie viele der neuen Funktionen bereits heute einsetzen können. In diesem Kapitel führen wir Sie in die grundlegenden Neuerungen von HTML5 ein.

2.2.1 Der Aufbau einer einfachen HTML5-Seite

Nach diesem kleinen Geschichtsexkurs erstellen Sie nun das Fundament Ihrer ersten eigenen WebApp, eine HTML5-Seite.

HTML ist eine Definitionssprache, das heißt, Sie definieren Elemente und deren Inhalte. Die Gestaltung und Anmutung bestimmen Sie im nächsten Schritt über CSS, aber eins nach dem anderen.

In HTML werden Inhalte definiert, indem diese mit sogenannten Tags umschlossen werden. Tags sind eine Art von Klammern, die dem Browser sagen, wie er alles, was zwischen diesen Klammern steht, zu interpretieren hat. Ein Tag gestaltet sich meist nach dem gleichen Schema. Es wird mit einer Bezeichnung in spitzen Klammern geöffnet, z. B. `<html>` und mit derselben Bezeichnung und einem Schrägstrich wieder geschlossen: `</html>`. Alles, was sich zwischen diesen beiden Klammern befindet, interpretiert der Browser entsprechend.

Erstellen Sie Ihre erste HTML5-Seite mit folgendem Code:

```
<!DOCTYPE html>
 <html>
  <head>
   <title>Hallo Welt</title>
  </head>
  <body>
   <h1>Hallo Welt</h1>
   <p>Wuhuuu, mein erstes HTML5-Dokument.</p>
  </body>
 </html>
```

Listing 2.1 Eine einfache HTML5-Seite

<!DOCTYPE html>

Diese Definition sagt dem Browser, dass es sich um ein Dokument nach dem HTML5-Standard handelt. Diese Konfiguration kann unter Umständen große Auswirkungen auf die Darstellung haben; denn interpretiert der Browser die Webseite nach einem alten Standard, kann das Layout auseinanderfliegen, oder neue Funktionen werden nicht unterstützt.

<html></html>

Jede HTML-Seite wird von diesem Tag umschlossen. Es definiert, dass es sich bei dem folgenden Code um eine HTML-Seite handelt.

<head></head>

Im `head`-Bereich werden Eigenschaften festgelegt, die normalerweise nicht im herkömmlichen Inhalt zu sehen sind. Neben den für Suchmaschinen relevanten `meta`-Tags, die z. B. Schlüsselwörter und den Namen des Autors enthalten können, kann der `head`-Bereich auch Hinweise auf Verknüpfungen zu JavaScript oder CSS-Dateien beinhalten. Außerdem werden hier auch Apple-spezifische Definitionen untergebracht, die das Verhalten der Seite auf mobilen Endgeräten beeinflusst. Doch dazu später mehr.

`<title></title>`

Das `title`-Tag definiert den Namen der Webseite, der in der Browserleiste, auf dem Tab oder in den Suchergebnissen bei Google zu sehen ist.

`<body></body>`

Der `body`-Bereich beinhaltet alles, was als Inhalt im Browser angezeigt wird. In diesem Bereich werden Sie sich hauptsächlich tummeln.

`<h1></h1>`

Eine Überschrift der ersten Ebene (**h**eadline **1**). Viele Browser haben für die verschiedenen Auszeichnungselemente, wie Überschrift 1 (`h1`), Überschrift 2 (`h2`) usw., schon vordefinierte Stile, die Sie aber natürlich ohne Probleme mit CSS anpassen und gestalten können.

`<p></p>`

Das `p`-Tag beschreibt einen einfachen Textabsatz (engl. paragraph).

Ihre erste HTML5-Seite wird Ihnen noch häufiger als Grundlage für einige Projekte in diesem Buch dienen. Also, gut aufbewahren!

(Kleiner) Tipp

Schreiben Sie Tags immer klein. So gibt es keine Browserprobleme, und Sie finden sich gut zurecht. Versuchen Sie außerdem mit Einrückungen zu arbeiten. Bei einem komplizierten HTML-Dokument kommt man schnell durcheinander, welches Tag noch offen oder bereits wieder geschlossen ist. Durch das Einrücken können Sie die vorhandene Struktur besser erkennen.

2.2.2 Semantische Elemente in HTML5

HTML5 bietet einige neue Elemente, andere fallen weg und wiederum anderen wird eine spezielle Funktion zugeordnet. Die wohl wichtigsten neuen Elemente sind solche, die den Gedanken eines semantischen Webs unterstützen. Das Prinzip des semantischen Webs (oder auch Web 3.0) ist es, die vorliegenden Informationen nicht nur nach ihrer Hierarchie, also nach den Überschriften 1–5 und Textabsätzen zu ordnen, sondern vielmehr nach ihrer inhaltlichen Bedeutung. Dadurch können Suchmaschinen Webseiten eher »verstehen«, als sie nur zu durchsuchen.

Die folgenden HTML5-Elemente unterstützen das Prinzip des semantischen Webs: `section`, `nav`, `article`, `aside`, `hgroup`, `header`, `footer`. Sie sehen, wie die Bezeichnung des Tags an sich schon dessen Inhalt (z. B. `article` für einen Artikel) bzw. auch dessen Funktion (`nav` als Container für die Navigation) beschreibt.

Im Folgenden zeigen wir Ihnen einige der neuen Elemente, die Ihnen bei der Entwicklung Ihrer WebApp mit Sicherheit begegnen werden.

Gruppierungselemente, um die Auszeichnung zusätzlicher Inhalte zu vereinfachen

`figure, figcaption`

Setzen Sie diese Elemente ein, um Bilder und Bildunterschriften semantisch auszuzeichnen.

Elemente zur Textauszeichnung

`time, mark`

Mit dem neuen Tag `time` können Sie Zeitangaben automatisch lokalisiert ausgeben. Mit `mark` können Sie Textabschnitte markiert darstellen. Der markierte Text wird dabei wie mit einem Textmarker gelb hinterlegt.

Multimedia-Inhalte

`canvas, audio, video`

Das `canvas`-Tag ist Grundlage für das Zeichnen von 2D-Grafiken mithilfe von JavaScript. `audio` und `video` bieten die Einbindung von Sound und Video inklusive Fallback-Lösung. In Kapitel 4, »HTML5 als Designwerkzeug«, lernen Sie noch genauer, wie Sie Video- und Audiodaten einbinden, sowie das Zeichnen mit dem `canvas`-Tag.

Formularelemente

`input`

Das `input`-Element, mit dem Eingabefelder, Checkboxen und im Allgemeinen Formulare gestaltet werden, ist um verschiedene Typen erweitert worden. Dazu gehören Suchbegriffe, Telefonnummern, URL- und E-Mail-Adressen, Datums- und Zeitangaben, Zahlen und sogar Farbdefinitionen. Besonders auf einem Smartphone können Sie erkennen, was die neuen *input*-Typen möglich machen: Der Benutzer kann viel einfacher in einem ihm vertrauten Interface Datum oder Zeiten eingeben (siehe Abbildung 2.1).

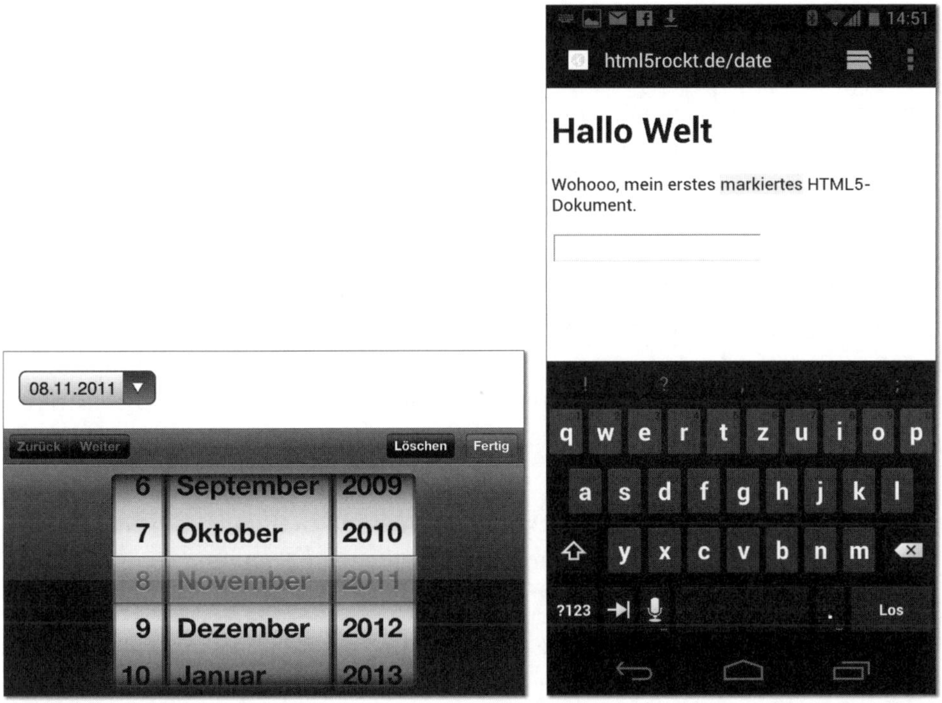

Abbildung 2.1 Ein input-Feld vom Typ »date« erzeugt automatisch das Datumsauswahlrad auf dem iPhone (links). Unter Android wird die Formatierung leider noch nicht unterstützt (rechts).

Folgende Formular-Tags sind noch in der Entwurfsphase, das heißt, sie wurden vom HTML5-Konsortium noch nicht final beschlossen. Damit ist eine Unterstützung in der Zukunft nicht garantiert.

`datalist, output, meter, progress, keygen`

`datalist` liefert automatisch Vervollständigungsvorschläge, `output` stellt Ergebnisse von Berechnungen dar, `meter` zeigt messbare Wertebereiche (z. B. die Speicherbelegung auf der Festplatte), `progress` bildet den Fortschritt einer Aktion in Form eines Ladebalkens ab, und `keygen` dient der Erstellung von Identifikations-Schlüsselpaaren.

Nicht mehr unterstützte Tags

Obwohl viele neue Tags und Funktionen hinzugekommen sind, heißt es auch, einigen alten Tags Lebewohl zu sagen. Dies sind:

`acronym, center, font, frame`

2.3 CSS3 – Grundlagen und Neuerungen

Bevor Sie gleich einige CSS3-Definitionen an Ihrer ersten eigenen WebApp testen, möchten wir Ihnen noch erläutern, wie CSS generell funktioniert, was diese kryptische Abkürzung überhaupt bedeutet und warum es so wichtig für die WebApp-Entwicklung ist.

2.3.1 Was ist eigentlich CSS?

CSS steht als Abkürzung für Cascading Style Sheets, häufig einfach Stylesheets genannt. Stylesheets sind integraler Bestandteil jeder WebApp. Sie definieren das Aussehen und teilweise auch das Verhalten aller Elemente, seien es Überschriften, Paragrafen oder auch ganze Bereiche, wie z. B. Kopf- oder Fußzeile.

Stylesheets sind ein sehr mächtiges Werkzeug, denn sie erlauben es, die Gestaltung strikt von den Inhalten und der Struktur einer WebApp zu trennen. Ein entscheidendes Prinzip, das Sie unbedingt verinnerlichen sollten: die Trennung von Design und Inhalt.

In einer HTML-Datei bestimmen Sie den Inhalt und die Elemente einer WebApp. Sie definieren Texte, Bilder, Multimedia, aber auch die Struktur, wie diese Informationen präsentiert werden sollen. Welche Informationen stehen z. B. im Kopfbereich, welche im Fußbereich und welche im Inhaltsbereich?

Die CSS-Datei, die Sie dann mit der HTML-Datei verknüpfen, beinhaltet die visuelle Gestaltung aller Elemente, also wie groß eine Überschrift sein soll, welche Hintergrundfarbe der Kopfbereich haben soll, in welcher Schriftart der Fließtext erscheinen soll usw.

Ein Stylesheet kann Richtlinien für Position, Schriftgröße, Schriftart, Hintergrundfarbe, Hintergrundbild, Höhe, Breite u. v. m. enthalten.

Die Trennung von Design und Inhalten ist sinnvoll, weil sie die Entwicklung und Umsetzung flexibel macht. Sie können Ihr Projekt Schritt für Schritt weiterentwickeln und gegebenenfalls das Design auf allen Seiten gleichzeitig modifizieren, da die Designdefinitionen an einer Stelle in einer CSS-Datei ausgelagert sind. Dieses Prinzip stellt ebenfalls sicher, dass Ihr Projekt an mehreren Stellen die gleichen visuellen Eigenschaften, wie z. B. eine einheitliche Schriftart, aufweist und Konsistenz erzeugt. In einem Team können Designer über die CSS-Datei am Design und gleichzeitig Entwickler über die HTML-Datei an einem Projekt arbeiten und hierdurch die Entwicklung beschleunigen. Kurzum: Die Trennung von Design und Inhalt ist eines der wichtigsten Dogmen in der WebApp-Entwicklung. Sie sollten dieses Prinzip so stark wie möglich verinnerlichen, weil es, auch bei kleinen Projekten, eine Menge Zeit und Nerven spart sowie Flexibilität und Skalierbarkeit sicherstellt.

Aber genug zur Trennung von Design und Inhalt. Jetzt machen Sie's!

2.3.2 Styling mit einer CSS-Datei

Nachdem Sie das Prinzip inzwischen mehrfach im Kopf wiederholt haben und es mittlerweile hoffentlich schon in Form eines Notizzettels an Ihrem Kühlschrank hängt, heißt es nun, die Trennung von Design und Inhalt selbst anzuwenden.

Erinnern Sie sich noch an Sharky, die WebApp des Aquariums Baumbach? Das Aquarium ist Ihr erster richtiger Kunde, und Sie werden nun Schritt für Schritt die WebApp für Sharky bauen. Als Allererstes legen Sie die grobe Struktur fest und definieren einige einfache CSS-Befehle. Sharky, der frisch geschlüpfte Jaguarhai, soll die Besucher auf der Startseite mit zwei Überschriften und etwas Text begrüßen:

```
<!DOCTYPE html>
<title>Sharky</title>
<html>
 <head>
 </head>

 <body>
  <h1>Herzlich willkommen!</h1>
  <p>Mein Name ist Sharky und ich erschrecke leidenschaftlich gerne
  Menschen. Schauen Sie sich doch einfach mal in meinem Zuhause,
  dem <a href="http://www.html5rockt.de/">Aquarium</a> um.</p>

  <h1 class="sharky">Sharky, der Jaguarhai</h1>
  <p>Sharky's Eltern waren auch schon richtige Draufgänger und große Fans des
  Films "Der weiße Hai".</p>
 </body>
</html>
```

Listing 2.2 Sharky's Willkommensgruß in Form einer einfachen HTML-Seite

Sie haben nun zwei Möglichkeiten, um Sharky's Willkommensgruß mithilfe von CSS zu gestalten. Die erste Möglichkeit: Sie schreiben die Definitionen direkt in den head-Bereich dieser HTML-Datei. Dies ist ohne Probleme möglich. Spätestens jetzt sollten aber bei Ihnen alle Alarmglocken klingeln. Sie erinnern sich? Trennung von Design und Inhalt; Definitionen direkt in HTML-Dateien zu schreiben, ist kein guter Weg, da Sie bei Änderungen an der Gestaltung alle Seiten eines Projekts editieren müssen. Dies wird schnell nervig, wenn Sharky noch 23 Brüder hat, die ebenfalls auf einzelnen HTML-Seiten vorgestellt werden möchten. Eine HTML-Datei beinhaltet Informationen zu Inhalt und Struktur, aber keine visuellen Definitionen.

Der bessere Weg ist es, die Definitionen in eine externe CSS-Datei auszulagern und diese in der HTML-Datei zu verknüpfen. Dies funktioniert ebenfalls im head-Bereich mit dem folgenden link-Tag:

```
<head>
 <link href="styles/styles.css" rel="stylesheet" type="text/css" />
</head>
```

Listing 2.3 Die Verknüpfung einer externen CSS-Datei

Damit verknüpfen Sie eine Datei *styles.css*, die im Unterordner *styles* liegt, mit der HTML-Datei. Erstellen Sie nun mit einem Texteditor Ihrer Wahl eine neue Datei *styles.css*, und speichern Sie sie im Ordner *styles*.

Der Inhalt der styles.css

Eine CSS-Datei beginnt immer mit der Definition des vorliegenden Zeichensatzes. Dieser legt fest, welche Schriftzeichen erlaubt sind und wie diese ausgeschrieben werden sollen. Auf Nummer sicher gehen Sie mit dem Zeichensatz UTF-8, da dieser alle gängigen lateinischen Zeichen und Symbole beinhaltet. Den Zeichensatz definieren Sie mit einer einfachen Zeile Code am Anfang der CSS-Datei:

```
@charset "UTF-8";
```

Sie haben mehrere Möglichkeiten, um Elemente anzusprechen und ihnen visuelle Merkmale zuzuweisen. Die erste Möglichkeit besteht darin, ein komplettes Tag zu definieren. Damit werden alle Instanzen dieses Tags formatiert. Im folgenden Beispiel gestalten Sie die erste Überschrift (h1) in einer Größe von 20 Pixeln und in einem Hai von Sharky's Klasse würdiger Farbe, nämlich in Rot (siehe Abbildung 2.2):

```
h1 {
  font-size: 20px;
  color: #FF0000;
}
```

Abbildung 2.2 Sharky's Startseite mit roten Überschriften sieht auf dem iPhone und unter Android identisch aus.

Die Definitionen werden dabei immer von geschweiften Klammern umschlossen. Eine Definition besteht immer aus einer Eigenschaft und einem Wert. In diesem Beispiel besitzt die Eigenschaft `font-size`, also die Schriftgröße, den Wert `20px`.

Die Farbdefinition wird in diesem Fall in Form eines HEX-Wertes vorgenommen. Nutzen Sie für die Umrechnung von RGB- zu HEX-Farbwerten ein Bildbearbeitungsprogramm, wie z. B. Adobe Photoshop oder die Webseite *http://www.colorpicker.com*. Jede Definition wird mit einem Semikolon abgeschlossen. Der Übersicht wegen empfehlen wir Ihnen, für jede Definition eine neue Zeile zu beginnen.

Hups, was sind denn das für komische Zeichen im Text? Da Sie im Text deutsche Sonderzeichen, wie z. B. Umlaute verwenden, müssen Sie, genauso wie in der CSS-, auch in der HTML-Datei die Verwendung des Zeichensatzes UTF-8 angeben. Fügen Sie die folgende Zeile ebenfalls in den `head`-Bereich der HTML-Datei ein:

```
<meta name="Content-Type" content="text/html; charset=UTF-8"/>
```

Nachdem Sie die Anmutung des Tags `<h1>` definiert haben, stellen Sie fest, dass nicht jede erste Überschrift in blutigem Rot erscheinen soll. Sharky ist nämlich ein freundlicher Hai und kann keiner Fliege etwas zuleide tun. Deswegen haben Sie in der HTML-Datei der Überschrift im zweiten Absatz eine *Klasse* zugewiesen. Eine Klasse ist im Wesentlichen nichts anderes als eine Bezeichnung. Klassen können mit CSS direkt angesprochen und formatiert werden.

Keine Leer- und Sonderzeichen!

Klassen dürfen keine Leer- und Sonderzeichen enthalten. Des Weiteren wird zwischen Groß- und Kleinschreibung unterschieden. Schreiben Sie daher am besten alle Klassennamen immer klein, um Verwirrungen zu vermeiden.

Bei der Ansprache einer Klasse wird der Definition noch ein Punkt vorangestellt. So weiß der Browser, dass es sich um eine Klasse handelt:

```
.sharky {
 color: #0000ff;
}
```

Damit haben Sie die zweite Überschrift in ein, passend zu Sharky's Gemüt, freundliches Blau gefärbt (siehe Abbildung 2.3).

Beachten Sie, dass die zweite Überschrift trotzdem weiterhin dieselbe Größe wie die erste aufweist. Dies ist eine wichtige Eigenschaft von CSS. Klassen und Stile bauen aufeinander auf, ergänzen oder überschreiben sich. Dabei verarbeitet der Browser die CSS-Datei von oben nach unten und wendet in dieser Reihenfolge die Eigenschaften und Werte an. Definieren Sie also im oberen Teil die Schriftfarbe in Rot und im weiteren Verlauf die Schriftfarbe in Blau, wird der Browser die Schrift in Blau anzeigen.

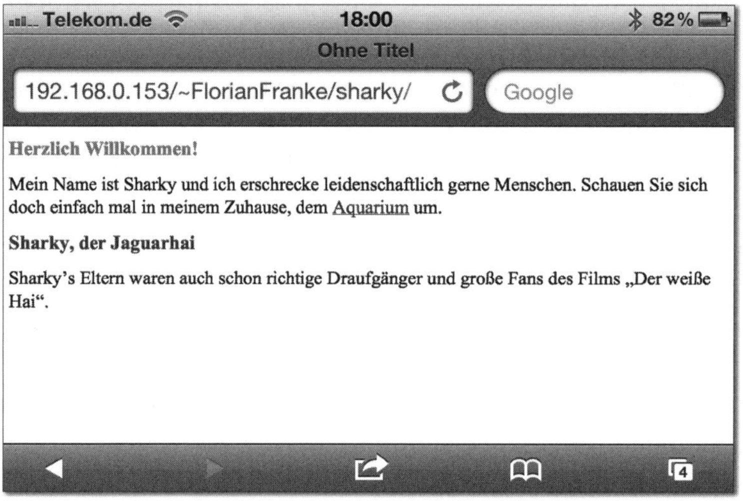

Abbildung 2.3 Durch die Klasse erscheint die zweite Überschrift in Blau.

Dieses Prinzip der kaskadierenden Stile kann sehr mächtig sein, da Sie so eine Gestaltung vieler Elemente an einer Stelle editieren können, ohne jede Definition einzeln anzupassen. Als Beispiel wäre hier die Definition der Schriftart zu nennen, die Sie einmal im Body definieren können und die sich dann auf alle Elemente vererbt, die innerhalb des `body`-Tags stehen:

```
body {
 font-family: "Helvetica";
}
```

Mit der Veränderung dieser Definition passen Sie mit einem Schlag die Schriftart in der gesamten WebApp an. Die gesparte Zeit können Sie in einen gemütlichen Kaffee oder in einen frühen Feierabend investieren. Klingt gut, oder?

ID ansprechen

Neben Klassen und ganzen Tags können Sie auch eine ID mit CSS ansprechen. Versehen Sie ein Element mit einer ID, um ihm so eine eindeutige Bezeichnung zuzuordnen. Dies ist besonders bei der Programmierung mit JavaScript relevant. Der

Unterschied zu einer Klasse besteht darin, dass eine ID einzigartig ist und nur ein einziges Mal vorkommen darf. Klassen hingegen dürfen mehrfach in einem HTML-Dokument verwendet werden. Einem Element eine ID zuzuordnen ist leicht:

```
<h1 id="app-name"><h1>
```

Die Ansprache via CSS erfolgt mit einer vorangestellten Raute:

```
#app-name {
 font-size: 45px;
}
```

Versuchen Sie primär mit Tag- und Klassendefinitionen zu arbeiten. Nur wenn Sie Ihren Code mit JavaScript erweitern, ist die Definition über eine ID sinnvoll.

Verschachtelte Klassen und Elemente ansprechen

Sie können dieselbe Klasse oder dasselbe Tag unterschiedlich ansprechen, wenn sich deren übergeordnete Elemente (auch Elternelemente genannt) unterscheiden. Ergänzen Sie die Sharky-WebApp im Body um den folgenden Code:

```
<header>
 <h1>Sharky's Überschrift im Kopfbereich</h1>
</header>

<footer>
 <h1>Sharky's Überschrift im Fußbereich</h1>
</footer>
```

Listing 2.4 Die Kopf- und Fußzeile der Sharky-App

Die Darstellungen der ersten Überschrift in Kopf- und Fußzeile sollen sich unterscheiden (siehe Abbildung 2.4). In der CSS-Datei sprechen Sie die Elemente folgendermaßen an:

```
header h1 {
 font-size: 20px;
}

footer h1 {
 font-size: 10px;
}
```

Sie legen die Größe der Überschriften in diesem Fall abhängig vom Elternelement (`header` und `footer`) fest.

Genau aus diesem Grund sind keine Leerzeichen in Klassen, IDs und Tags erlaubt. Der Browser würde diese ansonsten als neues Elemente interpretieren und die WebApp fehlerhaft darstellen.

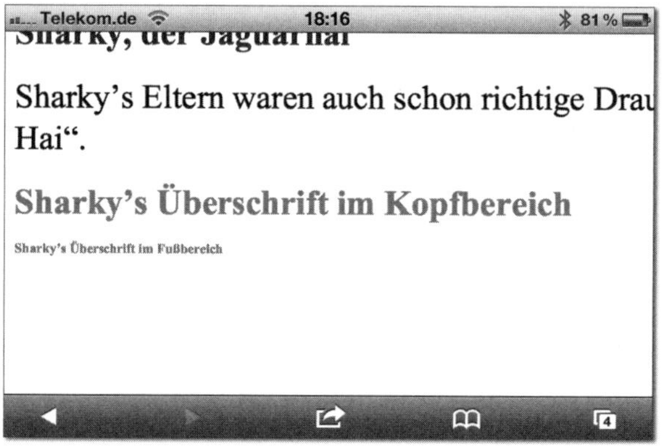

Abbildung 2.4 Die unterschiedliche Größe der Überschrift, vergrößert auf einem iPhone

2.3.3 Gestalten mit CSS – Tipps und Tricks

Eine CSS-Datei kann bei größeren Projekten komplex werden. Im Folgenden haben wir Ihnen einige Tipps und Tricks rund um das Thema CSS zusammengestellt.

Eindeutige Klassennamen

Verwenden Sie eindeutige Klassennamen, die das Element bestmöglich beschreiben, aber nicht zu lang oder zu kurz sind. Die Bezeichnung der Klasse sollte nicht das Aussehen, sondern die Funktion bzw. die Art des Inhalts beschreiben. Nicht gut ist die Bezeichnung `blau`; gut hingegen ist die Bezeichnung `kommentardatum`.

Erste und letzte Elemente unterschiedlich gestalten

Manchmal ist es sinnvoll, das erste Auftreten eines Tags anders zu gestalten, als die darauffolgenden. Nehmen Sie an, Sie haben mehrere Textblöcke mit jeweils einer Überschrift und einem Textabsatz. Sie möchten nun etwas Abstand zwischen den einzelnen Textblöcken einrichten und geben der Überschrift etwas Abstand oberhalb:

```
h1 {
 margin-top: 40px;
}
```

Damit erreichen Sie zwar den Abstand zwischen den Textblöcken, allerdings bekommt auch der erste Textblock diesen oberen Abstand. Aus ästhetischen Gründen können Sie dies unterbinden, indem Sie für das erste Auftreten des h1-Tags eine andere Definition festlegen und den Abstand auf 0 Pixel setzen:

```
h1:first-child {
 margin-top: 0px;
}
```

Während mit :first-child das erste Element angesprochen wird, erreichen Sie mit :last-child das letzte Element innerhalb eines Elternelements. Beachten Sie, dass es mehrere erste und letzte Elemente auf einer HTML-Seite geben kann, wenn es mehrere Elternelemente gibt.

Elemente mit einem bestimmten Attribut ansprechen

Eingabefelder realisieren Sie mit dem input-Element. Dies gilt aber nicht nur für Texteingabefelder, sondern auch für Checkboxen oder Radiobuttons. Die Art des Eingabefeldes legen Sie über das Attribut type fest. Dieses können Sie ebenfalls in CSS adressieren:

```
input[type=text] {
 margin: 0px;
}
input[type=checkbox] {
 margin-right: 20px;
}
```

Damit bekommen alle input-Elemente, die vom Typ checkbox sind, einen kleinen Abstand an der rechten Seite.

Redundante Klassennamen

Versuchen Sie, Klassen zu vermeiden, wenn sie keinen Mehrwert gegenüber einem Tag aufweisen. Ein konkretes Beispiel hierzu ist Fließtext. Im Normalfall ist eine Klasse mit der Bezeichnung fliesstext redundant, da das Element <p> letztendlich ein Synonym für Absätze und somit Fließtext darstellt. Nutzen Sie in diesem Fall die Definition über <p>, und erstellen Sie für alle Ausnahmesituationen, wie z. B. der blauen Überschrift in der Sharky-WebApp, eine Klasse.

Wiederverwendung von häufig genutzten Klassen

Wenn Sie bestimmte visuelle Eigenschaften häufig verwenden, legen Sie eine Klasse an, die nur diesen Stil beinhaltet. Wollen Sie z. B. eine Überschrift durch eine Blaufärbung markieren und zusätzlich noch bestimmte Stellen im Text, die Sharky an sich betreffen, legen Sie z. B. eine Klasse namens sharky an, die nur die Textfarbdefinition enthält:

```
.sharky {
 color: #FF2200;
}
```

Im HTML-Code können Sie Texte und Überschriften einfärben, indem Sie einfach die Klasse sharky einsetzen.

```
<h1 class="sharky">Eine Überschrift über Sharky</h1>
<p>Ein normaler Absatz</p>
<p class=
"sharky">Auch im Fließtext kann es interessante Informationen zu Sharky geben.
</p>
```

Code kommentieren

Genau wie bei HTML sollten Sie sich angewöhnen, CSS-Code zu kommentieren, um ihn zu strukturieren und besser lesbar zu machen. Eine Kommentierung wird in einer CSS-Datei mit einem Schrägstrich und Stern eingeleitet und ebenso wieder geschlossen:

```
/* Hier steht ein Kommentar, der den Code lesbarer macht */
```

Verwenden Sie Kommentare, um bestimmte Klassen zu kommentieren oder auch Abschnitte festzulegen:

```
/*
#################################################
Abschnitt 1 - Kopfbereich
#################################################
*/

header {
 font-family: "Arial";
}

/*
#################################################
Abschnitt 2 - Inhaltsbereich
#################################################
*/
```

```
p {
 font-size: 12px;
}

h1 {
 font-size: 20px;
}
```

Listing 2.5 Eine gut kommentierte und damit übersichtliche CSS-Datei

Gruppierung von Definitionen

Wenn mehrere Elemente dieselben Eigenschaften aufweisen, lohnt es sich, diese zu gruppieren. Die folgenden Eigenschaften gelten für die erste bis dritte Überschrift:

```
h1, h2, h3 {
 color: #000000;
 text-decoration: underline;
}
```

Im nächsten Schritt definieren Sie die elementspezifischen Eigenschaften und erweitern somit den ersten Teil der Definitionen:

```
h1 {
 background-color:#ff0000;
}
```

Die erste Überschrift wird damit schwarz, unterstrichen und mit rotem Hintergrund dargestellt. Die Überschriften zweiter und dritter Ordnung sind lediglich schwarz und unterstrichen, jedoch nicht rot hinterlegt (siehe Abbildung 2.5).

Abbildung 2.5 Die Gruppierung von Definitionen anhand des Beispiels der drei Überschriften

Verwenden von mehreren Klassen

Weisen Sie Elementen mehrere Klassen zu, um verschiedene visuelle Stile anzuwenden und gegebenenfalls Klassen wiederverwenden zu können. Der HTML-Code im Folgenden:

```
<p class="sharky">Ich bin ein Text über Sharky und deswegen blau.</p>
<p class="wichtig">Ich bin ein riesiger Text.</p>
<p class="sharky wichtig">Ich bin ein Text über Sharky, besonders wichtig
daher blau und riesig.</p>
```

In der CSS-Datei definieren Sie über zwei Klassen das Erscheinungsbild:

```
.sharky {
 color: #FF2200;
}
.wichtig {
 font-size: 30px;
}
```

Mehrere CSS-Dateien

Ordnen Sie Ihre Definition in mehreren CSS-Dateien an, um die Übersichtlichkeit der einzelnen Dateien zu erhöhen. Sie können eine weitere CSS-Datei einfach über das `link`-Tag in die HTML-Datei einfügen:

```
<link href="styles/struktur.css" rel="stylesheet" type="text/css" />
<link href="styles/typographie.css" rel="stylesheet" type="text/css" />
```

Alternativ binden Sie weitere CSS-Dateien auch direkt via CSS ein. Diese Zeile, platziert in der *struktur.css*, lädt alle Definitionen aus *typographie.css*:

```
@import url('typographie.css');
```

Doch Vorsicht

In beiden Fällen spielt die Ladereihenfolge der Definitionen und CSS-Dateien eine Rolle. Was zuerst aufgerufen wird, kann gegebenenfalls durch nachfolgende Zuweisungen überschrieben werden. Gehen Sie sparsam mit der Anzahl der CSS-Dateien um, damit Sie den Überblick nicht verlieren. Glauben Sie uns, das geht schneller, als Sie denken!

Welche Eigenschaften und Werte bietet CSS?

Die Gestaltungsmöglichkeiten via CSS sind sehr vielfältig und würden an dieser Stelle den Rahmen des Buches sprengen. Für eine Auflistung aller Eigenschaften empfehlen wir Ihnen die folgende Webseite: *http://www.w3schools.com/cssref/default.asp*.

2.3.4 Die Neuerungen von CSS3 – welche sind heute schon einsetzbar?

Sie haben nun die grundlegende Vorgehensweise kennengelernt, wie Sie mit CSS Elemente gestalten und sie Ihren Wünschen anpassen. Ihre Sharky-WebApp besteht allerdings im Moment lediglich aus etwas Text und ist noch nicht sonderlich hübsch anzuschauen. Das werden Sie nun ändern!

Neben dem HTML- wird auch der CSS-Standard kontinuierlich weiterentwickelt. In der aktuellsten Version CSS3 wurden einige Funktionen und Definitionen eingefügt, die das Leben der Entwickler und Designer wieder etwas leichter machen.

Da sich CSS3, genau wie HTML5, im Entwurfsstadium befindet und sich Bezeichnungen noch jederzeit ändern können, verwenden alle gängigen Browser Präfixe, das heißt eigene Definitionen, die nur für sie gelten. Die Eigenschaft `transition` müssen Sie z. B. im CSS-Code folgendermaßen angeben, damit Übergangseffekte in der WebKit-Engine Ihres Smartphones richtig dargestellt werden:

```
-webkit-transition: all 1s;
```

Im Folgenden erweitern Sie die Sharky-WebApp um einige neue CSS3-Effekte. Bevor es losgeht, sollten Sie den bisherigen HTML-Code der WebApp etwas sortieren. Setzen Sie den `header`-Bereich an den Anfang des Inhalts und den `footer`-Bereich an das Ende des Dokuments. Des Weiteren ändern Sie den Text in Kopf- und Fußzeile etwas ab. Der komplette Code innerhalb des `body`-Bereichs sollte damit so aussehen:

```
<header>
 <h1>Sharky's WebApp</h1>
</header>

<h1>Herzlich willkommen!</h1>
<p>Mein Name ist Sharky und ich erschrecke leidenschaftlich gerne Menschen.
Schauen Sie sich doch einfach mal in meinem Zuhause, dem <a href="http://
www.html5-rockt.de/">Aquarium</a> um.</p>

<h1 class-"sharky">Sharky, der Jaguarhai</h1>
<p>Sharky's Eltern waren auch schon richtige Draufgänger und große Fans des
Films "Der weiße Hai".</p>

<footer>
 <h1>Sharky's Fußzeile</h1>
</footer>
```

Listing 2.6 Sharky's WebApp mit Inhalt, Kopf- und Fußzeile

border-radius

Mit `border-radius` gestalten Sie abgerundete Ecken. Der Umfang der Abrundung wird dabei in Pixeln oder Prozent angegeben. Sie können alle Ecken in gleichem Maße abrunden oder auch nur bestimmte Ecken. Dies geschieht über die Bezeichnungen top, bottom, left und right. Besonders bei Buttons werden abgerundete Ecken gerne genutzt. Gestalten Sie die CSS-Definition der Kopfzeile (header) folgendermaßen, um abgerundete Ecken hinzuzufügen, eine Hintergrundfarbe zuzuweisen und den Text zu zentrieren (siehe Abbildung 2.6):

```
header {
 border-radius: 15px;
 background-color:#1384ed;
 text-align:center;
}
```

Damit die Kopfzeile etwas größer erscheint, sollten Sie die zuvor angelegte Überschriftenformatierung in der Definition header h1 ändern:

```
header h1 {
 font-size:40px;
 color:#fff;
 text-transform:uppercase;
}
```

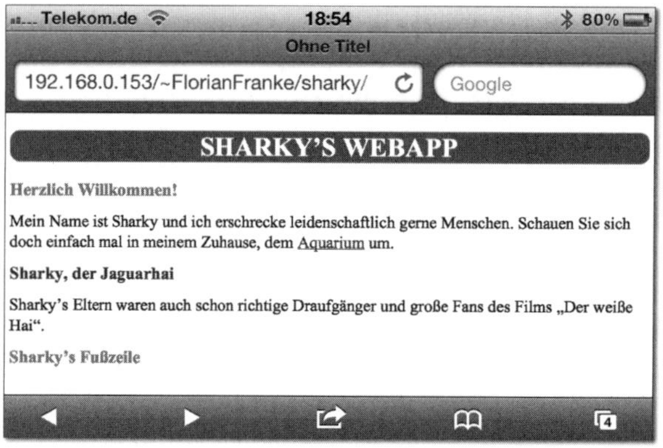

Abbildung 2.6 Die Kopfzeile in Blau mit abgerundeten Ecken

box-shadow

Mit box-shadow erstellen Sie einen Schlagschatten. Dabei können Sie die Distanz des Schattens sowie dessen Farbe und Schärfe festlegen. Im Fall der Sharky-WebApp möchten Sie der Fußzeile einen Schlagschatten verpassen. Hierzu gestalten Sie den Schlagschatten und zentrieren den Text wie folgt:

```
footer {
 box-shadow: 2px 5px 10px #ccc;
 text-align:center;
}
```

Dieser Schatten wird um 2 Pixel auf der Horizontalen und um 5 Pixel auf der Vertikalen verschoben. Die Unschärfe wird mit 10 Pixeln angegeben. Der Farbton des Schattens ist ein leichtes Grau (#ccc).

Da es sich hier um eine Fußzeile handelt, möchten Sie die Schrift noch etwas dezenter darstellen (siehe Abbildung 2.7). Passen Sie hierzu die Definition von footer h1 wie folgt an:

```
footer h1 {
 font-size: 20px;
 color:#ccc;
 text-transform:uppercase;
}
```

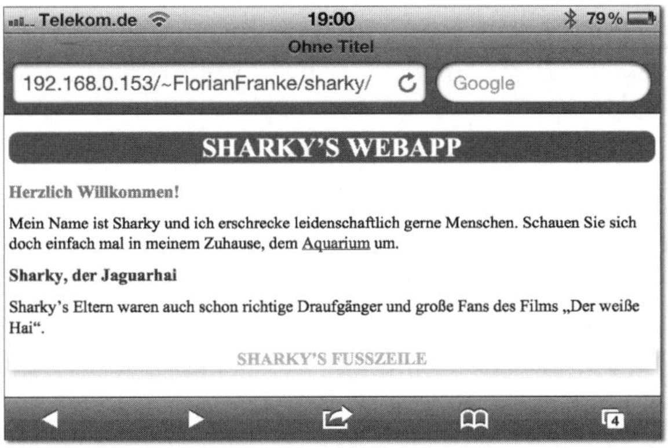

Abbildung 2.7 Die Fußzeile mit einem Schlagschatten und grauem Text

Tipp zur Gestaltung von halbtransparenten Schatten

Wenn Sie einen halbtransparenten Schatten gestalten möchten, definieren Sie die Farbe nicht als HEX-, sondern als RGBA-Wert. Dabei stehen Ihnen die drei Kanäle **R**ot, **G**rün und **B**lau zur Verfügung, zusätzlich aber auch der **A**lphakanal, der die Transparenz steuert. Einen schwarzen Schatten mit 50 % Deckkraft erstellen Sie wie folgt:

```
.schatten {
  box-shadow: 2px 5px 10px rgba(0,0,0,0.5);
}
```

Die ersten drei Werte in der Klammer stehen dabei für die drei Farbkanäle RGB. Die letzte Zahl definiert die Transparenz und wird in Dezimalschreibweise mit Punkt angegeben.

Schatteneffekte sind besonders rechenintensiv, wenn sie in Kombination mit Animationen auftreten. Nicht, dass das an dieser Stelle eine Rolle spielen würde, aber wir wollen Sie schon mal darauf hinweisen, denn Performance spielt eine entscheidende Rolle in der Benutzung Ihrer WebApp.

Um schnell und einfach den Code für einen Schatten zu erzeugen, lohnt sich ein Blick auf *http://css3gen.com/box-shadow/*. Dort können Sie über ein Interface die Schatteneinstellungen vornehmen, und die Webseite gibt gleich den passenden Code dafür aus. Praktisch!

background-size

Über `background-size` können Sie die Größe eines Hintergrundbildes einstellen. Dabei ist die Festlegung über Pixel- und Prozentwerte möglich, aber auch über die beiden vordefinierten Optionen `contain` und `cover`. Im Fall der Sharky-WebApp möchten Sie durch eine leichte Wassertextur den Hintergrund der App etwas auflockern. Wir sind bei Flickr fündig geworden und verwenden ein Bild von User »that one doood«. Viele Flickr-Benutzer bieten ihre Bilder unter einer Creative-Commons-Lizenz an, das heißt, Sie dürfen diese unter Nennung des Autors weiterverwenden. Speichern Sie das Bild im Unterordner *bilder* unter dem Namen *hintergrund.jpg*. Weisen Sie nun dem Hintergrund der WebApp über `body` das Hintergrundbild zu. Gleichzeitig setzen Sie die Textfarbe noch auf Weiß. Der folgende Codeblock kommt an den Anfang Ihrer CSS-Datei, direkt hinter die Definition des Zeichensatzes UTF-8:

```
body {
 background-image:url(../bilder/hintergrund.jpg);
 background-size:contain;
 background-repeat:no-repeat;
 color:#fff;
}
```

Abbildung 2.8 Über »background-size:contain« wird zwar das Bild nicht abgeschnitten, dafür deckt es aber auch nicht den kompletten Hintergrund ab.

Naja, so haben Sie (und auch Sharky) sich das sicher nicht vorgestellt. Verwenden Sie die Option `contain`, wird das Hintergrundbild auf die Größe des HTML-Elements skaliert, ohne dabei die Seitenverhältnisse zu zerstören. Es kann damit aber passieren, dass das Bild den Hintergrund nicht komplett abdeckt (siehe Abbildung 2.8).

Über die Option `cover` wird das Hintergrundbild immer so skaliert, dass es das komplette Element ausfüllt. Dabei wird auch das Seitenverhältnis beibehalten, aber das Hintergrundbild gegebenenfalls angeschnitten (siehe Abbildung 2.9).

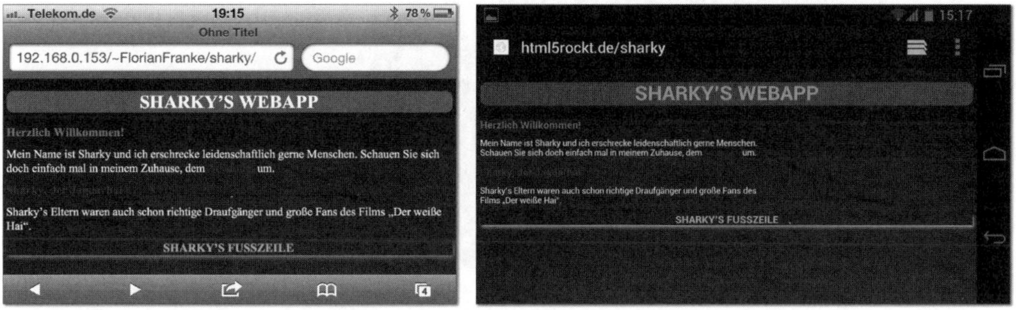

Abbildung 2.9 Schon wesentlich besser! Sowohl auf dem iPhone (links) und unter Android (rechts) deckt das Bild mit der Option »cover« den gesamten Bereich ab.

```
body {
 background-image:url(../bilder/hintergrund.jpg);
 background-size:cover;
 background-repeat:no-repeat;
 color:#fff;
}
```

Farbdefinitionen und Transparenzen

Sie haben bereits im Beispiel `box-shadow` die Methode kennengelernt, um Farben über RGBA-Werte zu definieren. Die allgemeine Transparenz eines Elements legen Sie über die Eigenschaft `opacity` fest. Die Transparenz wird dann auf das Element und seinen ganzen Inhalt angewendet. Sie möchten nun, dass das Hintergrundbild etwas durch die Kopfzeile hindurchscheint. Hierzu weisen Sie dem Kopfbereich die Eigenschaft `opacity` zu:

```
header {
 border-radius: 15px;
 background-color:#1384ed;
 text-align:center;
 opacity:0.7;
}
```

Der Header wird dadurch transparenter und etwas dunkler, da der dunkle Hintergrund mehr durchscheint (siehe Abbildung 2.10). Der Prozentwert der Transparenz wird in Dezimalschreibweise mit Punkt getrennt angegeben. In diesem Beispiel haben Sie die Transparenz auf 70 % (`0.7`) gesetzt.

Abbildung 2.10 Die Kopfzeile mit einer Transparenz von 0.7 oder auch 70 %

Mehrspaltigkeit

In gedruckten Magazinen ist es gang und gäbe, einen Fließtext über mehrere Spalten zu verteilen. Mit HTML und CSS war dies in der Vergangenheit in dieser Form nicht ohne Weiteres möglich. CSS3 führt nun mehrere Definitionen zur Mehrspaltigkeit von Fließtext ein. Damit wird Text automatisch in die nächste Spalte umgebrochen. Die Eigenschaft `column-count` beschreibt die Anzahl der Spalten innerhalb des Elements. Mit `column-gap` definieren Sie den Abstand zwischen den Spalten, während `column-rule` auf Wunsch eine Trennlinie zwischen den Spalten einfügt. Die Trennlinie können Sie in Stärke und Farbigkeit Ihren Wünschen anpassen. In der Sharky-WebApp möchten Sie, dass der Inhaltstext zwischen Kopf- und Fußzeile in zwei Spalten fließt. Um dies zu erreichen, müssen Sie zunächst diesen Teil durch ein weiteres Element, in diesem Fall `article`, umschließen:

```
<article>
 <h1>Herzlich willkommen!</h1>
 <p>Mein Name ist Sharky und ich erschrecke leidenschaftlich gerne Menschen.
 Schauen Sie sich doch einfach mal in meinem Zuhause, dem <a href="http://
 www.html5rockt.de/">Aquarium</a> um.</p>
 <h1 class="biographie">Sharky, der Jaguarhai</h1>
 <p>Sharky's Eltern waren auch schon richtige Draufgänger und große Fans des
 Films "Der weiße Hai".</p>
</article>
```

Listing 2.7 Das Grundgerüst für die Mehrspaltigkeit

In der CSS-Datei aktivieren Sie die Mehrspaltigkeit über die Gestaltung von `article`:

```
article {
 -webkit-column-count:2;
 -webkit-column-rule: solid 1px #cccccc;
 -webkit-column-gap: 20px;
}
```

Das Ergebnis zeigt Ihnen Abbildung 2.11.

Mit der Mehrspaltigkeit ist jedoch vorsichtig umzugehen, da der Benutzer es im Web gewohnt ist zu scrollen. Besonders bei kleinen Bildschirmen kann es somit vorkommen, dass ein mehrspaltiger Text nicht von oben bis unten angezeigt wird, da er die Bildschirmgröße überschreitet. Der Benutzer wird so gezwungen, den Fließtext in Spalten zu lesen, aber auch ständig hoch- und runterzuscrollen, um die gesamte Höhe der Spalte zu erfassen. Dies sollten Sie in jedem Fall vermeiden.

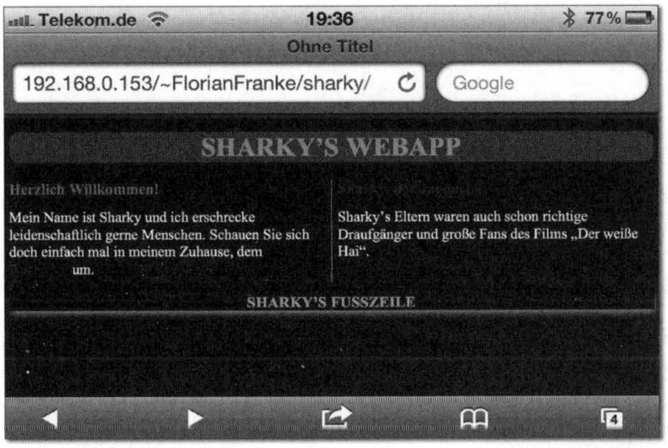

Abbildung 2.11 Sehr schön! Der Text fließt nun in zwei Spalten mit einer hellen Trennlinie.

> **Sharky empfiehlt**
> Verwenden Sie die Mehrspaltigkeit nur, wenn der komplette Text auf die sichtbare Bildschirmfläche passt.

Media Queries – Definitionen für bestimmte Bildschirmgrößen

Media Queries gehören zu den wichtigsten Neuerungen von CSS3 und sind für die Entwicklung von WebApps von hoher Relevanz. Sie ermöglichen es, Definitionen für bestimmte Bildschirmgrößen festzulegen. Damit können Sie mit derselben CSS-Datei z. B. ein Smartphone und gleichzeitig ein Tablet ansprechen und die Darstellung je nach Bildschirmgröße variieren.

Sie geben Media Queries direkt in der CSS-Datei an und erweitern die Sharky-App so, dass die gerade eingestellte Mehrspaltigkeit nur auf einem Tablet greift. Dies ist sinnvoll, weil auf einem Tablet mehr Platz als auf einem Smartphone zur Verfügung steht. Definieren Sie dabei die Gestaltung von `article` in der folgenden Media Query:

```
@media screen and (min-device-width: 768px) {
 article {
  -webkit-column-count:2;
  -webkit-column-rule: solid 1px #ccc;
  -webkit-column-gap: 20px;
 }
}
```

Listing 2.8 Über eine Media Query blenden Sie die Mehrspaltigkeit nur ab einer bestimmten Bildschirmgröße ein

Mit dieser Media Query wird die Mehrspaltigkeit auf einem iPad oder einem Android-Tablet mit einer minimalen Bildschirmauflösung von `768px` angewendet (siehe Abbildung 2.13), auf einem iPhone oder Android-Smartphone mit einer Bildschirmauflösung kleiner als `768px` jedoch nicht (siehe Abbildung 2.12).

Abbildung 2.12 Die Darstellung auf einem iPhone ...

Sie haben außerdem die Möglichkeit, Bereiche anzugeben ...

```
@media screen and (min-width: 300px) and (max-width: 800px) {
 /* Hier die Definition, die nur in einem bestimmten Bereich gelten soll */
}
```

... oder sogar abzufragen, ob das Gerät im Hochformat oder Querformat gehalten wird, was besonders für die WebApp-Entwicklung von Wichtigkeit ist:

```
/* Horizontal */
@media screen and (orientation: landscape) {
 /* hier die Definitionen, die nur angewendet werden sollen, wenn das Gerät
horizontal gehalten wird. */
}
```

```
/* Vertikal */
@media screen and (orientation: portrait) {
 /*  hier die Definitionen, die nur angewendet werden sollen, wenn das Gerät
vertikal gehalten wird. */
}
```

Listing 2.9 Hoch- und Querformat über Media Queries gezielt ansprechen

Abbildung 2.13 ... und dieselbe Darstellung auf einem iPad

Platzieren Sie so viele Media Queries in Ihrem CSS, wie Sie möchten; es gibt kein Limit. Achten Sie aber darauf, dass sich Media Queries teilweise ergänzen können und sich somit Definitionen gegebenenfalls überschreiben.

Sie haben gelernt, dass Sie Media Queries direkt in Ihre CSS-Datei schreiben können. Allerdings können Sie auch direkt im HTML-Code über das `link`-Tag mit Media Queries arbeiten und die Definitionen für den bestimmten Einsatzzweck in separate CSS-Dateien auslagern. Dies erhöht die Übersichtlichkeit Ihrer WebApp.

```
<link rel="stylesheet" href="tablet-horizontal.css" media=
"only screen and (min-device width: 768px) and (max-device-width: 1024px)
 and (orientation: landscape)">
```

Mit diesem Code implementieren Sie eine CSS-Datei, deren Inhalt nur auf einem Tablet angewendet wird, dessen Bildschirmausmaße 1024 × 768 Pixel aufweist und das im Querformat gehalten wird.

Keine automatische Optimierung für mobile Endgeräte

Beachten Sie, dass Ihre WebApp nur durch die Definition von Media Queries nicht für ein mobiles Endgerät optimiert ist. Ladezeiten von großen Bildern u. Ä. bleiben natürlich bestehen, lediglich deren Darstellung und Anordnung werden angepasst.

Automatische Silbentrennung

Besonders beim Einsatz von Blocksatz auf kleinen Bildschirmen kann es im Text zu unschönen Löchern zwischen Wörtern kommen. Diese Löcher verringern zudem die Lesbarkeit spürbar. Abhilfe schafft hier die automatische Silbentrennung per CSS (siehe Abbildung 2.14). Eine Silbentrennung war in der Vergangenheit bereits mit JavaScript möglich, allerdings zulasten der Performance. Mit CSS3 und der Definition `hyphens` übernimmt der Browser die Silbentrennung. Der Wert `none` deaktiviert die Silbentrennung, während `manual` nur dort trennt, wo im HTML-Code ein sogenannter *Soft-Hyphen* gesetzt ist. Der Soft-Hyphen ist ein Zeichen, das nicht im Fließtext auftaucht. Es signalisiert aber dem Browser, dass er an dieser Stelle das Wort trennen darf und automatisch einen Bindestrich einfügen soll. Soft-Hyphens werden im HTML-Code in Form von `` angegeben. Der CSS-Wert `auto` ist jedoch am interessantesten, denn er aktiviert die automatische Silbentrennung auch ohne den Einsatz von Soft-Hyphens.

```
.silbentrennung {
 -webkit-hyphens: auto;
}
```

Zusätzlich müssen Sie im HTML-Tag die verwendete Sprache angeben:

```
<html lang="de">
```

Leider wird eine automatische Silbentrennung noch nicht von allen Browsern unterstützt. Apples Mobile Safari und Firefox Portable unterstützen das Feature aber schon. Für eine aktuelle Übersicht lohnt sich ein Blick auf *http://caniuse.com/css-hyphens*.

Weiterführende Informationen und Links

Diese Liste stellt nur eine kleine Auswahl der neuen Funktionen von CSS3 dar, die wir für die WebApp-Entwicklung für besonders relevant halten. Eine komplette Übersicht aller CSS3-Definitionen finden Sie unter *http://meiert.com/de/publications/indices/css-properties/*.

Sharky ist übrigens mit der WebApp sehr zufrieden. Auch wenn die Lesbarkeit und das Styling sicher noch Luft nach oben haben. Für Ihre ersten Schritte in der Welt der WebApps ist dies aber ein passabler Anfang!

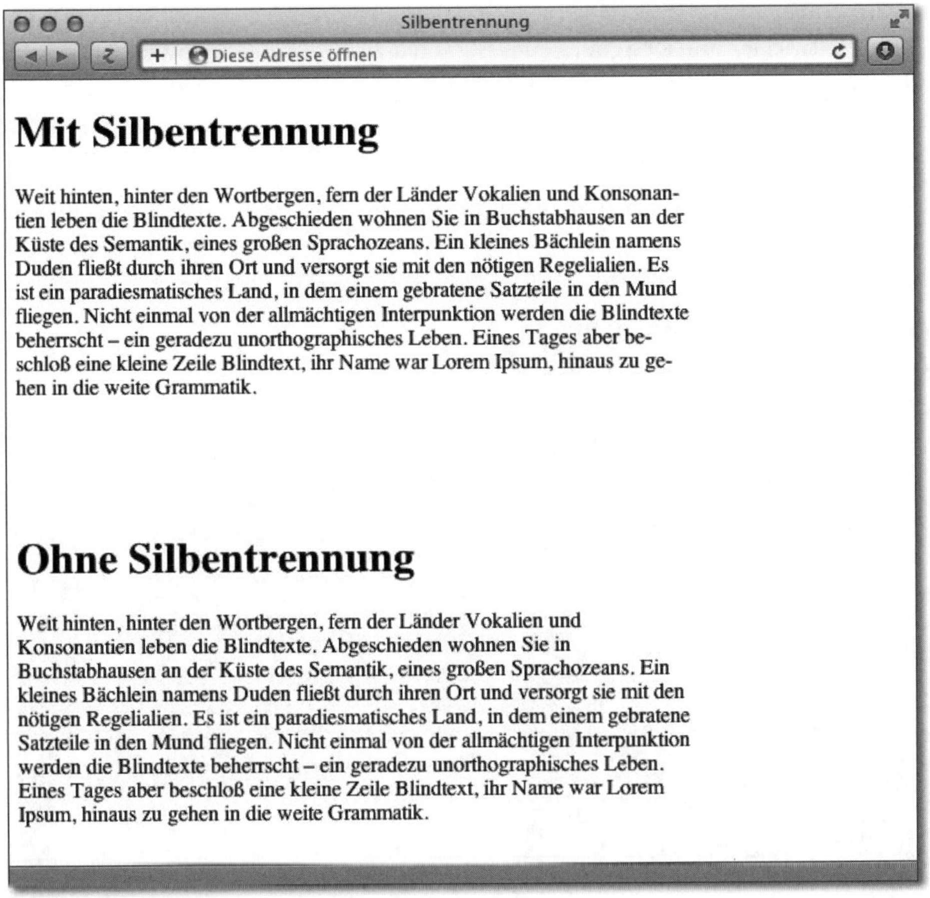

Abbildung 2.14 Die Silbentrennung in Safari

2.4 Desktop vs. Mobile – die Unterschiede

Wenn Sie schon einmal ein Programm oder eine Webseite für einen Desktoprechner gestaltet oder umgesetzt haben, wird Ihnen aufgefallen sein, dass es eine schier endlose Variation von Bildschirmauflösungen gibt, neben unterschiedlichen Größen auch unterschiedlichste Seitenverhältnisse: 4:3, 16:9, 16:10 …

Die erste gute Nachricht der WebApp-Entwicklung ist, dass es auf iOS-Geräten nur drei unterschiedliche Bildschirmgrößen gibt: Das Retina-Display des iPhones 5 ist genau 1136 × 640 Pixel groß, und iPhone 4 und 4S sind mit 960 × 640 Pixeln etwas kleiner. Retina-iPads haben eine Auflösung von 2048 × 1536 Pixeln.

Manchmal aber auch 1536 × 2048 Pixel – und damit kommen wir zur schlechten Nachricht für Entwickler und Designer: Jedes Gerät hat zwei verschiedene Ausrichtungen, eine Hochkant- und eine Querausrichtung. Wir nennen sie, analog zu den fotografischen Begriffen, Portrait- und Landscape-Ausrichtung. Ihre WebApp sollte später in beiden Ausrichtungen funktionieren und gut aussehen (siehe Abbildung 2.15).

Ältere Geräte haben exakt die halbe Auflösung – also 320 × 480 Pixel für das iPhone 3GS und ältere Modelle sowie 1024 × 768 Pixel für iPads der ersten und zweiten Generation inklusive des ersten iPads Mini.

Abbildung 2.15 Ein Magazin, gestaltet mit dem Framework »Laker«, im Hoch- und Querformat

Bei Android-Geräten sieht das Ganze ein klein wenig komplizierter aus: Aufgrund der riesigen Gerätevielfalt und diverser Display-Qualitäten wird hier zwischen Low Density, Medium Density, High Density und Extra High Density unterschieden. Hinzu kommen unterschiedliche Bildschirmgrößen: der kaum noch gebräuchliche Small Screen, der für Telefone mit Tastatur übliche Normal Screen, der für Smartphones übliche Large Screen und für Tablets der Extra Large Screen.

Tabelle 2.1 zeigt alle sich daraus ergebenden möglichen Auflösungen.

Sie haben oft das Problem, zwischen den einzelnen Bildschirmgrößen und -definitionen herumrechnen zu müssen? Kein Problem, hier unterstützt sie der Rechner von tehaan+lax: *http://www.teehanlax.com/tools/density*.

	Low Density	Medium Density	High Density	Extra High Density
Small Screen	240 × 320	–	480 × 640	–
Normal Screen	240 × 400 240 × 432	320 × 480	480 × 800 480 × 854 600 × 1024	640 × 960
Large Screen	480 × 800 480 × 854	480 × 800 480 × 854 800 × 1024	–	–
Extra Large Screen	1024 × 600	1280 × 800 1024 × 768 1280 × 768	1536 × 1152 1920 × 1152 1920 × 1200	2048 × 1536 2560 × 1536 2560 × 1600

Tabelle 2.1 Die verschiedenen Bildschirmgrößen und -definitionen in der Übersicht

Was fehlt – die Tastatur

Fast schon selbstverständlich, bestehen Smartphones heute nur noch aus einem Bildschirm, über den alles gesteuert wird. Damit fällt aber auch ein wichtiges Eingabe- und Steuerungsgerät weg: die Tastatur. Was zunächst banal erscheint, ist ein entscheidender Einschnitt in die Art und Weise, wie Sie Apps bedienen. Nicht nur das Erstellen längerer Texte wird mühselig, sondern auch bekannte Kurzbefehle, wie für das Markieren, Kopieren und Einfügen von Text, fallen damit weg. Spiele, die sich auf die Tastatureingabe verlassen, sind ohne grundlegende Interface-Änderung auf Smartphones und Tablets nicht möglich.

Üblicherweise wird für den Fall einer Texteingabe, eine Bildschirmtastatur eingeblendet. Tippt der Nutzer beispielsweise ein Formularfeld im Browser an, rollt eine reduzierte Tastatur ohne Funktions- und Steuerungstasten ins Bild. Sie verdeckt ca. 50 % des Bildschirms und verschwindet nach vollendeter Texteingabe wieder (siehe Abbildung 2.16).

Abbildung 2.16 Das eingeblendete Keyboard verdeckt den Großteil des Bildschirms, egal ob iPhone (links) oder Android mit größerem Bildschirm (rechts).

Berühren statt klicken

Ebenso wie die Tastatur fehlt auf Touch-Geräten die Maus. Das Auswählen und Anklicken geschieht über eine Fingerberührung direkt auf dem Bildschirm. Damit fällt auch die rechte Maustaste weg: Kontextmenüs, wie man sie von Desktopanwendungen her kennt, sind auf Mobilgeräten daher eher unpopulär.

Tooltips, die sich bei Berührung mit dem Mauszeiger öffnen, sind auf Mobilgeräten auch nicht realisierbar. Der hover-Zustand, bei dem z. B. ein Link eine andere Farbe bekommt, wenn der Nutzer mit der Maus darüberfährt, blitzt auf Smartphones nur kurz beim Antippen auf. Bedenken Sie diesen Umstand, wenn Sie Ihre WebApp planen. Auch maussensitive Navigationsmenüs, die sich öffnen, wenn der Nutzer sie mit der Maus berührt, sollten Sie am besten vermeiden (siehe Abbildung 2.17).

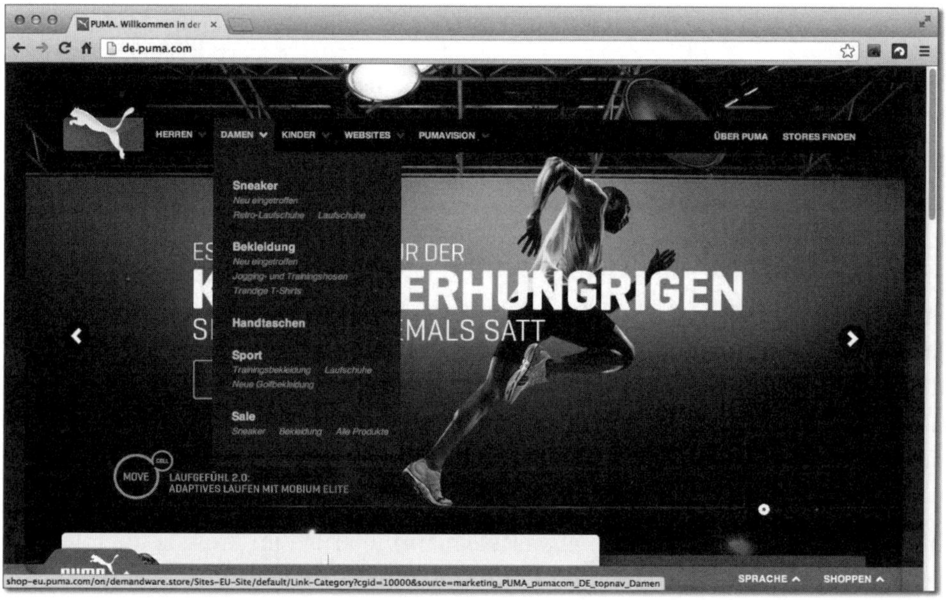

Abbildung 2.17 Ein hover-Menü auf Puma.de. Das Menü wird erst angezeigt, wenn Sie mit der Maus darüberfahren. Auf einem Touch-Gerät würde das Menü erst angezeigt, wenn Sie den Navigationspunkt einmal berührt haben.

Auch wenn es (noch) keinen hover-Zustand auf Touch-Geräten gibt (Samsung stellte mit Galaxy S4 erstmals ein Gerät vor, das einen hover-Zustand im Ansatz unterstützt, *Air View*) – es gibt dafür eine ganze Reihe neuer Gesten, auf die wir in Abschnitt 2.4.3, »Von der Webseite zur WebApp«, näher eingehen werden.

Häufig wird vergessen, dass die Fläche, die mit dem Mauszeiger angeklickt wird, genau ein Pixel groß ist. Damit ist es möglich, eine sehr genaue Auswahl zu treffen. Nutzer mit einer guten Hand-Augen-Koordination können ohne Anstrengung auch sehr kleine Buttons auswählen. Mit dem Finger ist man in der Regel nicht so präzise:

Die Fläche, die die Fingerkuppe auf dem Bildschirm berührt, ist ca. 1 cm^2 groß. Dies bedeutet, dass Elemente der Benutzeroberfläche mindestens ebenso groß sein sollten und über ausreichend Abstand zu anderen auswählbaren Elementen verfügen müssen. So führen beispielsweise zu klein gewählte Symbolleisten zu häufigen Fehleingaben und damit zu einem frustrierenden Erlebnis, was Ihre Benutzer schnell das Weite suchen lässt.

Anders ist auch das Scrollverhalten: Auf Desktopsystemen dreht der Nutzer das Mausrad von oben nach unten, um die Inhalte einer Webseite oder Liste von unten nach oben zu bewegen – also eigentlich spiegelverkehrt. Auf Touch-Geräten passiert dies genau andersherum: Bewegt der Nutzer seinen Finger von oben nach unten über den Bildschirm, wandern die Inhalte in Richtung der Fingerbewegung mit.

Von allem etwas weniger

Sie können schon eine ganze Menge, jedoch sind Smartphones immer noch etwas schwach auf der Brust. Die Prozessorleistung und die Grafikchips sind noch nicht mit denen in Desktopsystemen zu vergleichen. Gleiches gilt für die Internetverbindung: Eine mobile EDGE- oder 3G-Verbindung ist immer noch langsamer und störanfälliger als eine handelsübliche DSL-Leitung. Der mobile Datenturbo LTE steht noch am Anfang und ist noch nicht flächendeckend verbreitet. Sie können also davon ausgehen, dass Ihre Benutzer mobil wesentlich langsamer unterwegs sind als zu Hause.

Keine Fenster

Auf Touch-Oberflächen ist meist nur eine App sichtbar, anders als beim Desktop, bei dem das Fensterprinzip vorherrscht.

Kein Dateisystem

Unter iOS gibt es keine für den Nutzer sichtbaren Ordner und Dateien. Dies bedeutet, dass der Nutzer im Browser keine Dateien (ausgenommen sind aufgenommene oder gespeicherte Videos und Fotos) herunter- oder hochladen kann. Wenn Sie Dateien zum Download anbieten, werden diese direkt in Mobile Safari geöffnet. Allerdings auch nur, wenn dieser Browser den Dateityp unterstützt. Hat der Benutzer bestimmte Apps installiert, können auch vom Browser nicht unterstützte Dateitypen unter Umständen geöffnet werden. Verlassen sollten Sie sich darauf aber nicht.

GPS

Viele Smartphones und Tablets mit SIM-Karte verfügen über ein GPS-Modul, auf das Sie per JavaScript zugreifen können. Dies eröffnet ganz neue Möglichkeiten: Statt umständlich eine Adresse oder Bushaltestelle einzugeben, kann das Gerät per Fingertipp von allein herausfinden, wo sich der Nutzer im Moment befindet. Den kürzesten

Weg zur nächsten Burger-Bude, ausgehend von Ihrem Standort, finden Sie in Kapitel 5, »Positionsbestimmung«, heraus.

Bewegung

Smartphones und Tablets lassen sich bewegen. Aber nicht nur das, sie verfügen auch noch über Bewegungssensoren, die Sie per JavaScript auslesen können. Schüttelgesten identifizieren und Bilder einblenden – in Kapitel 6, »Auslesen des Bewegungssensors mit JavaScript«, lassen Sie den Polaroidcharme wieder aufleben.

2.4.1 Möglichkeiten und Limitationen von HTML5 auf einer mobilen Plattform

Wenn wir von WebApps im Allgemeinen sprechen, kommen wir nicht darum herum, einen Vergleich zu herkömmlichen Apps zu ziehen. Herkömmliche oder auch native Apps sind Apps, die speziell für das jeweilige Endgerät, unter Zuhilfenahme der entsprechenden Entwicklertools wie z. B. Xcode, entwickelt werden. Eine WebApp hat viele Eigenschaften einer nativen App, jedoch auch einige Vor- und Nachteile.

Die Nachteile einer WebApp sind schnell zusammengefasst: mangelnder Zugriff auf die Hardware und eine schlechtere Performance. Mit einer WebApp ist es derzeit noch nicht möglich, auf die Kamera oder das Mikrofon ihres iPhones zuzugreifen.

Mit fortschreitender Entwicklung von HTML5 ist aber in der Zukunft mit diesem Feature zu rechnen. Bestimmte Hardware können Sie aber schon heute verwenden, wie z. B. die Positionsbestimmung via GPS oder das Auslesen des Beschleunigungssensors. Mit diesem können Sie herausfinden, wie das Gerät gehalten wird oder in welche Richtung es zeigt.

Der zweite große Nachteil ist die Performance. Auch wenn die Geschwindigkeit von mobilen Browsern und auch der Hardware mit jeder Version stetig verbessert wird, ist eine herkömmliche App in vielen Fällen performanter. Dies liegt hauptsächlich daran, dass die meisten Effekte und Funktionen hardwarebeschleunigt dargestellt werden. Dies bedeutet, dass die für den Effekt benötigten Berechnungen direkt von der Hardware selbst ausgeführt werden können und nicht noch eine Schleife über die Software, wie z. B. eine Browserengine, drehen müssen. Besonders bei Spielen können dreidimensionale Effekte oder komplexe Grafiken nur mit dem Grafikchip des Endgeräts erreicht werden. Ein mobiler Browser hat (noch) keinen direkten Zugriff auf den Grafikchip. Der Standard WebGL, der 3D-Grafiken mithilfe des Grafikchips im Browser ermöglicht, ist zwar in der Entwicklung, wird jedoch momentan nur von den Desktopbrowsern Google Chrome und Mozilla Firefox unterstützt. Langfristig gesehen ist aber mit dieser Entwicklung zu rechnen; deswegen sollten Sie WebGL auf jeden Fall im Auge behalten.

Der bereits erwähnte Performancenachteil ist bei einer WebApp jedoch nicht immer zu erwarten. Denn je nach Anwendung und Darstellung kann eine WebApp genauso performant wie eine herkömmliche App sein. Besteht Ihre App z. B. aus einer Vielzahl von Listen und Eingabefeldern, sollten keine Unterschiede spürbar sein. Wie Sie eine WebApp auf Geschwindigkeit hin optimieren, zeigt Abschnitt 2.7, »Die Geschwindigkeit einer WebApp verbessern«.

Es gibt zudem zahlreiche Möglichkeiten, um eine WebApp auch offline verfügbar zu machen. Die erforderlichen Daten können so auf dem Gerät gespeichert werden und stehen ohne Internetzugang zur Verfügung.

Sie sehen: Eine WebApp macht aus vielen Gründen Sinn und ist schon heute praktikabel. Der entscheidendste Grund dürfte dabei sein, dass Sie mit bereits bekannten und gelernten Technologien wie HTML5 und CSS3 eine plattformunabhängige App produzieren können. Im Endeffekt ist es sogar so, dass herkömmliche Apps an vielen Stellen mit Webtechnologien funktionieren. Auch wenn der Container eine native App ist, sind die Inhalte oft mit HTML5 und CSS3 realisiert.

Alles in allem werden die Möglichkeiten von HTML5 (und damit auch von WebApps) in der Zukunft vielfältiger, und die Performance wird sich dank besserer Hardware und Software ebenfalls steigern.

2.4.2 HTML und CSS für kleine Bildschirme

Nachdem Sie nun die Grundlagen von CSS und die Einschränkungen, die es auf mobilen Geräten gibt, kennen, wollen Sie die Sharky-App noch ein wenig verbessern. Wie Sie vielleicht festgestellt haben, gibt es bei der Gestaltung der WebApp noch etwas Luft nach oben. Sie haben alle wichtigen CSS3-Funktionen kennengelernt, doch jetzt heißt es, Schrift und Elementen noch etwas Feinschliff zu verpassen. Ihrer Kreativität sind hier natürlich keine Grenzen gesetzt, und Sie können Sharky's WebApp natürlich komplett Ihren eigenen Wünschen anpassen. Trotzdem im Folgenden einige Tipps und Tricks:

Schriftart anpassen

Auch wenn die Standardschriftart *Times New Roman* ein Klassiker ist, ist *Helvetica* in diesem Fall die bessere Wahl, weil Sharky in einem Schweizer Aquarium gezeugt worden ist. Passen Sie die body-Definition in *styles.css* folgendermaßen an:

```
body {
 background-image:url(../bilder/hintergrund.jpg);
 background-size:cover;
 background-repeat:no-repeat;
```

```
 color:#fff;
 font-family: "Helvetica";
}
```

Ein anderer Hintergrund

Der Meereshintergrund ist natürlich sehr ansehnlich, aber leider funktioniert die Darstellung im Hochformat eher weniger gut. Suchen Sie sich auf der Website *http://www.subtlepatterns.com* einen der zahlreichen kostenlosen Hintergründe aus, speichern Sie ihn unter *bilder*, und verlinken Sie ihn ebenfalls in der `body`-Definition. Wir haben uns für einen Hintergrund namens *Dark Denim* (Sharky knabbert gerne an alten Jeans) entschieden. Löschen Sie außerdem `background-repeat`, damit sich der Hintergrund kachelartig zusammensetzen kann und den gesamten Bildschirm ausfüllt. `background-size` benötigen Sie auch nicht mehr.

```
body {
 background-image:url(../bilder/denim.png);
 color:#fff;
 font-family: "Helvetica";
}
```

Die Zoomstufe festlegen

Auf Smartphones wird Sharky's WebApp etwas zu klein angezeigt. Dies liegt an der Zoomstufe, die Sie auf den Faktor 1 festlegen sollten. Setzen Sie hierzu die folgende Zeile Code in den `head`-Bereich der HTML-Datei:

```
<meta name="viewport" content="width=device-width, initial-scale=1.0,
maximum-scale=1.0, user-scalable=0">
```

Die Überschriften lesbar machen

Die rote und die blaue Überschrift wirken auf dem dunklen Hintergrund schwer lesbar. Entfernen Sie deshalb die Klasse `sharky` der zweiten Überschrift, und passen Sie in der CSS-Datei die `h1`-Defintion so an, dass alle Überschriften in Weiß dargestellt werden.

```
h1 {
 font-size: 20px;
 color: #fff;
}
```

Seitenränder

Damit Kopf- und Fußzeile ihrem Namen gerecht werden, sollten diese bis an den Rand des Bildschirms reichen. Um dies zu erreichen, setzen Sie ebenfalls in der body-Definition die inneren und äußeren Ränder über padding und margin auf 0:

```
body {
 background-image:url(../bilder/denim.jpg);
 color:#fff;
 font-family: "Helvetica";
 margin:0px;
 padding:0px;
}
```

Allerdings klebt jetzt der Text im Inhaltsbereich auch am Bildschirmrand, was die Lesbarkeit verringert. Geben Sie daher article über margin noch etwas äußeren Rand; 10 Pixel sollten genügen. Platzieren Sie nun den folgenden Code vor die Media Query @media:

```
article {
 margin:10px;
}
```

Die Kopfzeile

Als Letztes formatieren Sie die Kopfzeile noch so, dass die abgerundeten Ecken verschwinden. Zusätzlich stellen Sie mit der Eigenschaft overflow:hidden sicher, dass die Kopfzeile am oberen Rand andockt. Ach ja, und eine voll sichtbare Kopfzeile ohne Transparenz sieht auch etwas mehr nach einer WebApp aus.

```
header {
 background-color:#1384ed;
 text-align:center;
 overflow:hidden;
}
```

Die Überschrift im Header verkleinern Sie einfach noch um 10 Pixel:

```
header h1 {
 font-size:30px;
 color:#fff;
 text-transform:uppercase;
}
```

Abbildung 2.18 Viel besser! So sollte Ihre Sharky-WebApp jetzt auf dem iPhone (links) und unter Android (rechts) aussehen.

Sehr schön! Jetzt sieht das Ganze doch schon viel mehr nach einer WebApp aus (siehe Abbildung 2.18)!

Elemente in Mobile Safari fest positionieren

Sie positionieren ein Element fest an einer Stelle mit der CSS-Eigenschaft `position` mit dem Wert `fixed`. Diese Definition stellt sicher, dass das Element immer an derselben Stelle stehen bleibt, auch wenn der Benutzer scrollt.

Sie ahnen bereits die praktischen Einsatzzwecke? Erstellen sie Toolbars, Fußleisten, Hinweise und Navigationselemente, die nie aus dem Sichtfeld des Benutzers geraten – ein essenzieller Bestandteil von jeder App.

Sie möchten nun, dass die Kopfzeile in Ihrer Sharky-WebApp trotz Scrollens fest stehen bleibt. Zunächst müssen Sie hierzu die Kopfzeile fixieren:

```
header {
 background-color:#1384ed;
 text-align:center;
 overflow:hidden;
 position:fixed;
 width:100%;
 top:0px;
}
```

Während Sie über `position:fixed` das Festsetzen der Kopfzeile definieren, müssen Sie zusätzlich noch dessen Breite und Position festlegen. Mit einer Breite von 100 % und einem oberen Abstand `top` von 0 ist die Kopfzeile optimal gestaltet.

Problem ist nun, dass zum einen der Inhaltstext zum Scrollen zu kurz ist und dass er zum anderen hinter der Kopfzeile liegt. Ergänzen Sie also die Textlänge noch durch etwas Blindtext oder eine kreative Ausgestaltung der Liebesgeschichte von Sharky's Eltern. Damit der Text erst unterhalb der Kopfzeile anfängt, verpassen Sie dem `body`-Bereich noch einen oberen Rand (`margin-top`) von 90 Pixeln:

```
body {
 background-image:url(../bilder/denim.jpg);
 color:#fff;
 font-family: "Helvetica";
 margin:0px;
 padding:0px;
 margin-top:90px;
}
```

Und schon haben Sie eine feststehende Kopfzeile (siehe Abbildung 2.19). Drehen Sie Ihr iPhone oder iPad, passt sich die Gestaltung automatisch an, und die Funktionalität bleibt ebenfalls erhalten.

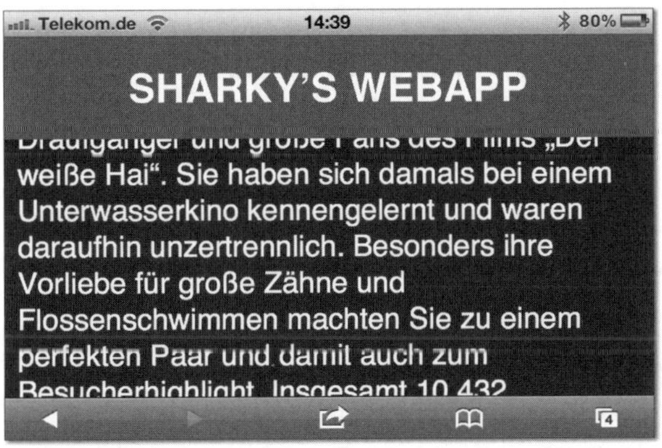

Abbildung 2.19 Die feststehende Kopfzeile in Ihrer WebApp

Scrollen wie in einer herkömmlichen App

In herkömmlichen iOS-Apps ist das Scrollen mit dem Finger stets vom sogenannten Gummibandeffekt am Ende des zu scrollenden Bereichs begleitet. Das heißt, dass wenn das Ende des Elements erreicht ist, die Scrollanimation fortgesetzt wird, nur um kurz darauf wieder zurückzuschnellen. Dieses Verhalten wurde bislang innerhalb eines HTML-Dokuments nicht ausreichend unterstützt. Der komplette Bereich eines

HTML-Dokuments unterlag schon immer diesem Prinzip, aber nehmen wir an, Sie möchten in einer zusätzlichen Box neben dem Text die wichtigsten Fakten von Sharky zusammenfassen. Diese Box soll aber nicht den kompletten Bildschirm ausfüllen und trotzdem scrollbar sein. Bisher war dies nur unter Einsatz von JavaScript möglich, was die Performance um ein Vielfaches verschlechtert hat. Durch die ab iOS 5 verfügbare CSS-Eigenschaft `-webkit-overflow-scrolling` können Sie nun Elementen das für iOS-Benutzer natürlich wirkende Scrollverhalten zuweisen.

Also, los geht's, Ihre WebApp braucht eine kleine Box mit Sharky's Lebensetappen. Erstellen Sie hierzu direkt vor dem zweiten Textblock (vor der Überschrift »Sharky, der Jaguarhai«) einen `div`-Container mit einer Klasse namens `fakten`.

```
<div class="fakten">
 <p>Fakten rund um Sharky:</p>
 Sharky wurde 2012 an einem Sonntagmorgen geboren.
 Um sich fit zu halten, schwimmt er täglich 3,5 km.
 Die Pfleger putzen ihm jeden Tag mit einer speziellen Hai-Zahnpasta
 die Zähne. So bleibt sein Gebiss kräftig und gesund.
 Jaguarhaie kommen bereits sehr früh in eine Art Pubertät, weswegen Sharky
 bereits jetzt im Großraumbecken sein Revier markiert.
</div>
```

Listing 2.10 Sharky's Fakten in einem Kasten

Im CSS-Dokument definieren Sie nun die Eigenschaften der Klasse `fakten`:

```
.fakten {
 float:right;
 background-color:#1d63cb;
 padding-left:15px;
 padding-right:15px;
 width:45%;
 height:250px;
 overflow:scroll;
  -webkit-overflow-scrolling: touch;
}
```

Listing 2.11 Die CSS-Definitionen, die das Aussehen des Kastens und das Scrollverhalten steuern

Über die Eigenschaft `float:right` wird der Faktenkasten rechts ausgerichtet. Damit der Benutzer erkennt, dass es sich hierbei um einen ergänzenden Inhalt handelt, sollten Sie ihm außerdem eine Hintergrundfarbe zuweisen. In diesem Fall ein dunkleres Blau mit dem HEX-Wert `#1d63cb` (siehe Abbildung 2.20).

Abbildung 2.20 Sharky's Fakten zum Scrollen auf dem iPhone und unter Android

Mit etwas `padding` links und rechts verhindern Sie, dass der Text am Rand klebt. Geben Sie dem Kasten eine Breite von 45 % und eine Höhe von 250 Pixeln. So stellen Sie sicher, dass der Inhalt auf jeden Fall gescrollt werden muss. Die nächsten beiden Definitionen sind die entscheidendsten. Mit `overflow:scroll` bestimmen Sie, dass der Inhalt des Kastens gescrollt werden kann. Über `-webkit-overflow-scrolling:touch` aktivieren Sie das natürlich wirkende Scrollverhalten, komplett mit Gummibandeffekt.

Sie werden merken, dass die Faktenbox beim Scrolling der gesamten Seite über der Kopfzeile liegt. Um dies zu verhindern, sollten Sie der Kopfzeile noch einen `z-index` zuweisen. Dieser legt fest, welches Element »über« einem anderen liegen darf:

```
header {
 background-color:#1384ed;
 text-align:center;
 overflow:hidden;
 position: fixed;
 width:100%;
 top:0px;
 z-index: 100;
}
```

Weisen Sie auf scrollbare Elemente hin

Beachten Sie, dass die Eigenschaft `-webkit-overflow-scrolling` lediglich die Scrollfunktionalität bereitstellt. Ein visuelles Merkmal, dass der Benutzer dort scrollen kann, müssen Sie selbst festlegen. Generell sollten Sie den Einsatz einer scrollbaren Fläche innerhalb einer Seite immer auszeichnen und vor allem ausgiebig testen. Während Sie im Faktenkasten scrollen, scrollt z. B. die gesamte Webseite *nicht* mit, obwohl die Geste für den Benutzer dieselbe ist. Behalten Sie dies im Hinterkopf.

Neue input-Typen

Für die Sharky-WebApp benötigen Sie im Moment noch keine Formulare. Der sympathische Hai nimmt Fanpost lieber in Form von gedruckten Briefen an – und zerkaut sie sowieso. Der Vollständigkeit halber weisen wir Sie an dieser Stelle trotzdem auf die HTML5-Formularfeldtypen hin, die ab iOS 5 unterstützt werden. Definieren Sie ein Formularfeld vom Typ `date`, wird bei der Eingabe kein Textfeld, sondern das iOS-typische Auswahlrad angezeigt, das Sie vielleicht schon von der Kalender-App her kennen (siehe Abbildung 2.1). Dasselbe gilt für die `input`-Typen `datetime`, `month` und `time`.

Eine kreative Art und Weise, den `input`-Typ `RANGE` zu verwenden, beweist der Webentwickler David Calhoun. Er bastelt mit etwas CSS-Code daraus den ENTSPERREN-Button des iPhones nach: *http://davidbcalhoun.com/2011/new-mobile-safari-stuff-in-ios5-position-fixed-overflow-scroll-new-input-type-support-web-workers-ecmascript-5.*

Farbverläufe mit CSS erzeugen

Farbverläufe direkt in CSS? Das geht mit der Eigenschaft `webkit-linear-gradient`. Besonders die Kopfzeile der Sharky-WebApp könnte einen kleinen Verlauf vertragen, meinen Sie nicht? Passen Sie hierzu den Header in Ihrer CSS-Datei folgendermaßen an:

```
header {
 background-image: -webkit-linear-gradient(top, #1384ed, #204280);
 text-align:center;
 overflow:hidden;
 position: fixed;
 width:100%;
 top:0px;
 z-index: 100;
}
```

Die Eigenschaft `-webkit-linear-gradient` besitzt dabei mindestens drei Werte. Zuerst legen Sie die Richtung des Verlaufs fest. In Sharky's Fall ist der Verlauf mit der Definition `top` von oben nach unten. Alternativ können Sie hier auch eine andere Richtung mit z. B. `top right` oder dem Winkel als Zahl angeben. Darauf folgen die einzelnen Farben, die der Verlauf beinhaltet. Dabei können Sie den Farbwert im HEX-Format oder auch als RGBA angeben. In Ihrer WebApp hat die Kopfzeile nun einen Farbverlauf von Blau nach Dunkelblau, was richtig schön an ein tiefes Gewässer erinnert (siehe Abbildung 2.21). Sehr hübsch!

Abbildung 2.21 Die Kopfzeile mit Farbverlauf

Tipp zur einfachen Erstellung von Farbverläufen

Die Definition von Farbverläufen kann noch viele weitere Parameter beinhalten, wie Größe des Verlaufs, Positionen der Farben usw. Durch diese Fülle an Einstellmöglichkeiten kann die Gestaltung solch eines Verlaufs ohne Hilfsmittel kompliziert und unübersichtlich werden. Verwenden Sie deshalb einen Verlaufsgenerator, wie z. B. *http://gradients.glrzad.com*. Dort können Sie einfach über eine Bedienoberfläche Farbe, Position und alle weiteren Werte einstellen. Die Webseite gibt dann den fertiggenerierten Code aus, den Sie einfach für Ihre WebApp übernehmen können. Sehr praktisch und zeitsparend!

Neue Features in iOS 6

Auch in iOS 6 wurden wieder einige neue Funktionen hinzugefügt. So ist es z. B. nun möglich über das DATEI UPLOAD-Feld direkt über den Browser Fotos und Videos, die auf dem iOS-Gerät gespeichert sind, zu übermitteln. Konkret werden Sie dies in Kapitel 6, »Auslesen des Bewegungssensors mit JavaScript«, selbst anwenden. Des Weiteren unterstützt Mobile Safari unter iOS 6 nun auch CSS-Filter, mit deren Hilfe Sie Fotos manipulieren können. Verändern sie z. B. den Kontrast, die Helligkeit oder die

Farbintensität des Bildes mithilfe der CSS-Definition `-webkit-filter`. Eine komfortable Maske zum Ausprobieren der Filterfunktionen mit gleichzeitiger Codeausgabe finden Sie unter *http://www.propra.nl/playground/css_filters/*. Eine detaillierte Auflistung aller Neuerungen unter iOS 6 finden Sie unter *http://taitems.tumblr.com/post/24936855546/what-ios-6-mobile-safari-offers-front-end-devs*.

2.4.3 Von der Webseite zur WebApp

Zusätzlich zu den bereits erwähnten Features von HTML5 bieten Mobilbrowser die Möglichkeit, Ihr Dokument für den mobilen Einsatz zu optimieren. Dafür gibt es einige Eigenschaften, die nicht zum offiziellen Standard gehören. Im Folgenden lernen Sie, wie Sie mit wenigen Einstellungen Ihre Sharky-WebApp so verändern, dass sie einer nativen App schon sehr nahe kommt.

Apple-spezifische HTML-Elemente und Eigenschaften

Feste Breite

Bei den Designanpassungen zu Beginn dieses Kapitels haben Sie bereits die Breite Ihrer Sharky-WebApp über ein `meta`-Tag festgelegt. Sie erinnern sich? Im Folgenden gehen wir noch einmal etwas detaillierter darauf ein:

Sie haben unter iOS die Möglichkeit, festzulegen, wie breit der sichtbare Bereich, der Viewport Ihrer Website sein soll. Mit folgendem Code würde der Inhalt Ihrer WebApp mit einer Breite von 640 Pixeln, der exakten Breite eines iPhone-Retina-Displays, angezeigt:

```
<meta name="viewport" content="width=640"/>
```

Wenn Sie Ihr Gerät nun in die Landscape-Ausrichtung drehen, wird die Website entsprechend vergrößert. Dies ist nicht sehr schön, und deswegen raten wir Ihnen, dem Browser zu sagen, dass er die Seite immer in der jeweiligen Breite des Geräts darstellen soll. Sie haben diesen Teil bereits in die Sharky-WebApp integriert:

```
<meta name="viewport" content="width=device-width"/>
```

Zusätzlich haben Sie außerdem festgelegt, ob der Benutzer die Seite vergrößern oder verkleinern darf. Zusätzlich können Sie im Viewport-Meta-Element angeben, um welchen Faktor dies geschehen darf:

```
<meta name="viewport" content="width=device-width, initial-scale=1.0,
maximum-scale=1.0"/>
```

Im Fall von Sharky möchten Sie das Zoomen generell deaktivieren und setzen sowohl die Eigenschaft `initial-scale` als auch `maximum-scale` auf den Wert `1.0` fest. Um möglichst Fehler und Darstellungsunterschiede auf verschiedenen Endgeräten zu unterbinden, verbieten Sie das Zoomen zusätzlich mit `user-scalable=no`. Die komplette Zeile sieht damit wie folgt aus:

```
<meta name="viewport" content="width=device-width, initial-scale=1.0,
maximum-scale=1.0, user-scalable=0">
```

Aus dem Browser auf den Home-Bildschirm

Auf Apple-Geräten gibt es neben Mobile Safari noch die Möglichkeit, Webseiten im Vollbildmodus zu öffnen, und zwar direkt über ein Symbol vom Home-Bildschirm aus. Um aus Sharky eine Vollbild-App zu machen, müssen Sie allerdings noch einige Vorbereitungen treffen. Fügen Sie zunächst die folgende Codezeile in den `head`-Bereich ein:

```
<meta name="apple-mobile-web-app-capable" content="yes" />
```

Sie haben nun den Vollbildmodus aktiviert. Im nächsten Schritt müssen Sie ein Symbol anlegen, über das Sie Ihre App vom Home-Bildschirm aus aufrufen. Legen Sie hierzu eine Sharky-Grafik mit der exakten Größe 57 × 57 Pixel an, und speichern Sie diese als *icon-iphone.png* im Ordner *bilder* ab. Für die Sharky-WebApp sind wir wieder bei Flickr fündig geworden und verwenden einen Ausschnitt eines Fotos von *eddie.welker*. Fügen Sie nun den folgenden Code in den `head`-Bereich ein:

```
<link rel="apple-touch-icon" href="bilder/icon-iphone.png" />
```

Im letzten Schritt legen Sie fest, welcher Name unter dem App-Symbol auf dem Home-Bildschirm erscheinen soll. Dies tun Sie im `title`-Element im `head`-Bereich:

```
<title>Sharky</title>
```

Beachten Sie, dass der App-Name maximal zwölf Zeichen lang sein darf. Ist er länger, wird er abgeschnitten.

Nun können Sie Ihren Lieblingsjaguarhai zum Home-Bildschirm hinzufügen. Tippen Sie hierzu in Safari das mittlere Symbol in der Toolbar an, und wählen Sie ZUM HOME-BILDSCHIRM aus. Anschließend wird Ihnen eine Vorschau Ihres App-Icons angezeigt. Auch haben Sie hier die Möglichkeit, den Namen zu ändern. Klicken Sie nun auf HINZUFÜGEN, und Sharky erscheint als Lesezeichen neben Ihren Apps auf dem Home-Bildschirm. Der für iOS typische Glanzeffekt und die abgerundeten Ecken werden automatisch hinzugefügt. Tippen Sie nun das Symbol an, und Sharky wird im Vollbildmodus ohne Adressleiste und Toolbar geöffnet (siehe Abbildung 2.22).

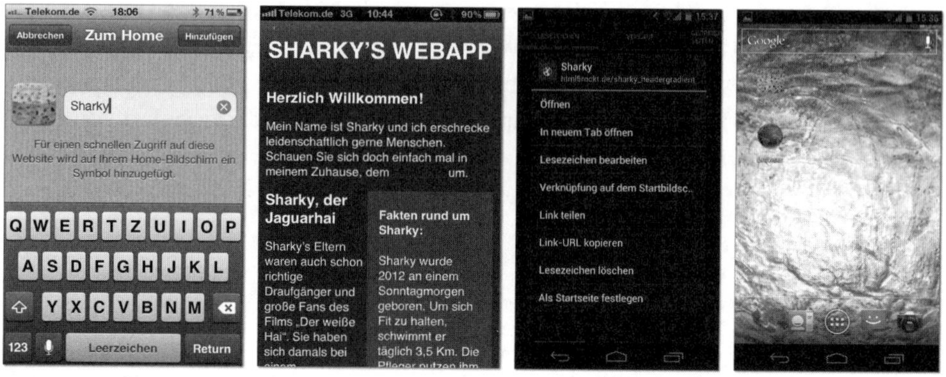

Abbildung 2.22 Das Hinzufügen zum Home-Bildschirm (links) und Ihre WebApp ohne Adressleiste (rechts) auf einem iPhone im oberen Bildbereich. Auf den beiden Abbildungen ganz rechts sehen Sie die Darstellung auf einem Android-Smartphone.

Trotz Vollbildmodus ist die Statusleiste permanent sichtbar – dies lässt sich leider nicht deaktivieren. Passend zum Design Ihrer App können Sie aber die Farbe variieren. Fügen Sie folgendes `meta`-Element in den `head`-Bereich ein:

```
<meta name="apple-mobile-web-app-status-bar-style" content="black" />
```

Schließen Sie nun Ihre Sharky-App, und öffnen Sie sie wieder. Statt der grauen Statusleiste erscheint nun eine etwas dezentere schwarze Variante mit weißem Text. Möglich sind die folgenden Werte:

`default` – graue Standardleiste

`black` – schwarze Statusleiste mit weißem Text

`black-translucent` – schwarze halbtransparente Statusleiste

Während Ihre WebApp lädt, zeigt Ihr iPhone einen weißen Bildschirm an. Dieser bleibt solange sichtbar, bis alle benötigten Dateien vom Server heruntergeladen und auf dem Gerät gerendert sind. Anstelle des weißen Bildschirms können Sie sich aber auch ein Bild anzeigen lassen, eine Art Splashscreen. Legen Sie hierzu eine Grafik mit der exakten Größe 320 × 460 Pixel an, und speichern Sie diese als *splash-iphone.png* im Ordner *bilder* Ihrer WebApp ab. Fügen Sie nun den folgenden Code in den `head`-Bereich ein:

```
<link rel="apple-touch-startup-image" href="bilder/splash-iphone.png" />
```

Beim Start Ihrer WebApp wird nun der soeben eingefügte Splashscreen angezeigt. Leider können Sie nicht beeinflussen, wie lange dieser angezeigt wird – je nach Dateigröße Ihrer App, Verbindungsgeschwindigkeit und der Performance Ihres Geräts kann die Anzeigedauer variieren. Es gibt auf dem iPhone auch keine Möglichkeit, einen Splashscreen für den Landscape-Modus einzufügen, denn der Vollbildbrowser unterstützt nur Portraitgrafiken.

Für Experten

Wenn Sie ein App-Icon angelegt haben, das ohne den typischen Glanzeffekt dargestellt werden soll, können Sie dies mithilfe der `precomposed`-Eigenschaft im `head`-Bereich einfügen:

```
<link rel="apple-touch-icon-precomposed" href="bilder/icon-iphone.png" />
```

Standardmäßig erkennt Safari in Webseiten Telefonnummern und hinterlegt diese mit einem Hyperlink. Klickt der Benutzer auf den Link, öffnet Safari die Telefonfunktion und ruft die Telefonnummer an. Manchmal ist es sinnvoll, diese Funktion zu deaktivieren, z. B. wenn Ihre App mit langen Zahlen arbeitet, die zwar wie Telefonnummern aussehen, aber keine sind. Verwenden Sie hierzu den folgenden Code:

```
<meta name="format-detection" content="telephone=no">
```

Weitere Details zu den Anpassungsmöglichkeiten von WebApps auf iOS-Geräten finden Sie in der offiziellen Dokumentation von Apple in englischer Sprache:

http://developer.apple.com/library/IOS/#documentation/AppleApplications/Reference/SafariWebContent/

Anpassungen für Retina-Displays

Da der Bildschirm von iPad, iPhone 4/4S und iPhone 5 etwas höher aufgelöst ist, gelten auch für das App-Icon und den Splashscreen etwas andere Größen: iPad-Symbole sind genau 72 × 72 Pixel und Retina-iPad-Symbole 144 × 144 Pixel groß. Für Retina-iPhones sind 114 × 114 Pixel der Standard. Sie verknüpfen im `head`-Bereich die Grafiken folgendermaßen:

```
<link rel="apple-touch-icon" href="bilder/icon-ipad.png" sizes="72x72" />
<link rel="apple-touch-icon" href="bilder/icon-ipad-retina.png"
sizes="144x144" />
<link rel="apple-touch-icon" href="bilder/icon-iphone-retina.png"
sizes="114x114" />
<link rel="apple-touch-icon" href="bilder/icon-iphone.png" />
```

Listing 2.12 Die Verknüpfung der App-Icons im head-Bereich

Zwar verarbeiten beide Gerätetypen auch die kleineren Standardsymbole, allerdings werden diese vergrößert und erscheinen unter Umständen verpixelt. Etwas anders sieht dies bei Splashscreens aus. Retina-iPhones verarbeiten die gleiche Grafik wie ältere Modelle. Für iPad-Apps müssen Sie allerdings einen eigenen Splashscreen mit dem Maß 768 × 1.004 Pixel anlegen. Die gute Nachricht: Zusätzlich können Sie hier eine Version für die Landscape-Ansicht anlegen – diese muss genau 1.024 × 748 Pixel groß sein. Verwenden Sie den folgenden Code zum Verknüpfen der Grafiken:

```
<link rel="apple-touch-startup-image" href="/bilder/splash-ipad-landscape.
png" media="screen and (min-device-width: 481px) and (max-device-
width: 1024px) and (orientation:landscape)" />
<link rel="apple-touch-startup-image" href="/bilder/splash-ipad-portrait.
png" media="screen and (min-device-width: 481px) and (max-device-
width: 1024px) and (orientation:portrait)" />
<link rel="apple-touch-startup-image" href="/bilder/splash-iphone.png" />
```

Listing 2.13 Die Definition von Splashscreens

Möglichkeiten auf Android

Auch auf Android-Geräten können Sie einige Anpassungen vornehmen, um die Sharky-WebApp mehr wie eine native App aussehen zu lassen. Diese sind zwar offiziell nicht so zahlreich wie unter iOS, aber mit einigen Tricks erreichen Sie ähnliche Resultate.

Zunächst können Sie ebenfalls die Breite des Viewports auf die Breite des Geräts anpassen und das Vergrößern/Verkleinern durch den Nutzer verhindern:

```
<meta name="viewport" content="width=device-width, initial-scale=1.0,
maximum-scale=1.0, user-scalable=0">
```

Auch unter Android können Sie ein Sharky-Lesezeichen zum Home-Bildschirm hinzufügen. Verknüpfen Sie hierzu zunächst ihr App-Icon im head-Bereich Ihres Dokuments. Offiziell gibt es dafür keine Android-spezifische Eigenschaft, Sie können aber den gleichen Code wie unter iOS verwenden:

```
<link rel="apple-touch-icon-precomposed" href="bilder/icon-iphone.png" />
```

Nun können Sie Ihre Website zum Home-Bildschirm hinzufügen. Legen Sie dafür zunächst ein Lesezeichen Ihrer Seite an. Öffnen Sie anschließend das Lesezeichenmenü im Android-Browser, und tippen Sie lange auf das entsprechende Lesezeichen. Wählen Sie nun ZUM HOME-BILDSCHIRM AUS, fertig!

Sie können nun Ihre WebApp über das Symbol auf dem Home-Bildschirm starten. Im Gegensatz zu iOS geht dies aber nicht im Vollbildmodus. Mit einem kleinen Trick können Sie aber zumindest die Adressleiste verstecken und sich somit etwas mehr Platz auf dem Bildschirm verschaffen. Fügen Sie dazu den folgenden Code vor dem schließenden body-Tag ein:

```
<script>
 window.scrollTo(0, 1);
</script>
```

Listing 2.14 Die Adressleiste des Browsers ausblenden

Direkt nach dem Aufrufen der Seite simuliert dieser kleine JavaScript-Befehl ein Scrollen durch den Benutzer. Hierdurch verschwindet die Adressleiste und erscheint erst wieder, wenn der Nutzer bis ganz nach oben scrollt.

Weitere Informationen zur WebApp-Optimierung auf Android-Telefonen finden Sie in der offiziellen Android-Dokumentation unter *http://developer.android.com/guide/webapps/index.html* in englischer Sprache.

2.5 Entwickeln mit JavaScript-Frameworks – Zepto und Co.

Nachdem Sie nun gelernt haben, wie Sie eine App mit HTML strukturieren und mit CSS gestalten können, wird es Zeit für den eigentlichen Teil einer WebApp: die Interaktivität. Um in einem Webbrowser Programmcode ausführen zu können, bedarf es einer Programmiersprache, die vom Browser verstanden wird. Der Standard dafür ist heute JavaScript.

JavaScript wurde 1995 von Netscape entwickelt, um z. B. vor dem Absenden von Formularen auf Webseiten Nutzereingaben auf ihre Richtigkeit hin zu überprüfen. JavaScript hat übrigens, obwohl häufig damit verwechselt, nichts mit Java zu tun – lediglich die Syntax ist beiden Sprachen gemein. JavaScript muss nicht kompiliert werden. Der gesamte Quellcode wird vom Server heruntergeladen und im Webbrowser ausgeführt.

Skripte, die mit JavaScript geschrieben worden sind, haben im Vergleich zu anderen Programmiersprachen wesentlich weniger Rechte und Möglichkeiten, um auf Hardwarekomponenten zuzugreifen: Der Browser führt sie nach dem Sandbox-Modell aus. Dies ist vor allem aus Sicherheitsgründen so und soll verhindern, dass gefährliche Webseiten unbemerkt Dateien vom Computer kopieren oder auf die eingebaute Kamera zugreifen können und dabei heimlich ungewollte Fotos von Ihnen und Ihrer heimlichen Vorliebe für Briefmarken mit Haimotiven schießen. Ursprünglich war es nicht möglich, mit JavaScript Daten vom eigenen Webserver nachzuladen. Erst die Entwicklung des XMLHttpRequests als Grundlage für das Ajax-Konzept machte dies möglich.

Heute lassen sich drei Hauptanwendungsfälle für JavaScript feststellen:

- Manipulation, Entfernen und Hinzufügen von HTML-Elementen
- Nachladen von Daten von Servern
- zeitgesteuerte Funktionen und Animationen

2.5.1 Die JavaScript-Syntax

Sie schreiben JavaScript direkt in den HTML-Code. Damit der Browser weiß, dass es sich dabei um ausführbaren Code handelt, wird dieser immer in ein `script`-Element gesetzt:

```
<script>
 document.write('Hallo Welt');
</script>
```

Abbildung 2.23 Ausgabe im Browser

Diese Zeile erzeugt im Browser die Worte »Hallo Welt« (siehe Abbildung 2.23). Die Syntax der Sprache nennt man Punktnotation: Vorn steht das Objekt und danach folgt, getrennt durch einen Punkt, die Methode, die auf dem Objekt ausgeführt werden soll. In unserem Fall ist das Objekt das `document`, also die im Browser angezeigte HTML-Seite. Die Methode `.write()` gibt die Worte »Hallo Welt« aus, die in Klammern direkt nach dem Methodennamen definiert werden.

Da es sich um einen String, also eine Zeichenkette handelt, muss dieser durch Anführungszeichen gekennzeichnet werden. Anders verhält es sich bei Zahlen; diese müssen Sie ohne Anführungszeichen übergeben:

```
<script>
 document.write(42);
</script>
```

Innerhalb der Klammer lassen sich übrigens ohne Probleme mathematische Operationen ausführen:

```
<script>
 document.write(42 + 8);
</script>
```

Der Browser wird nun 50 ausgeben, das Ergebnis der mathematischen Operation. Dies geht nur, weil der Interpreter die Zahlen als Integer-Werte versteht und diese verrechnen kann. Versuchen Sie es doch mal spaßeshalber mit `document.write('42 + 8');` oder `document.write('42' + '8');`.

Beachten Sie: Eine Codezeile in JavaScript endet immer mit einem Semikolon:

```
<script>
 window.alert('Hallo Welt');
</script>
```

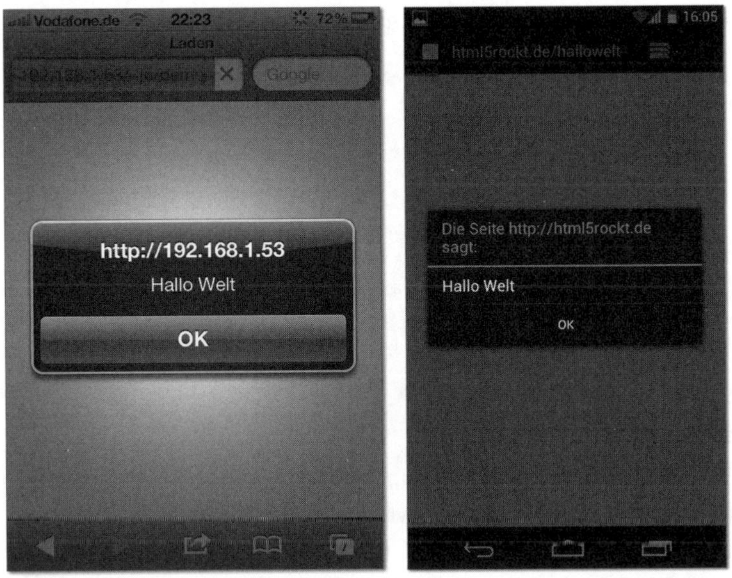

Abbildung 2.24 Dialogfeld auf dem iPhone (links) und unter Android (rechts)

Ein besonders wichtiges Objekt ist `window`, also das eigentliche Browserfenster. Es hält u. a. die Methode `.alert()` bereit, die ein Dialogfenster mit dem in Klammern übergebenen Text enthält (siehe Abbildung 2.24).

Eigenschaften und Variablen

Jedes Objekt hat neben Methoden aber auch noch Eigenschaften, die Sie mit JavaScript entweder auslesen oder verändern können. Das `window`-Objekt beispielsweise hat die Eigenschaften `innerWidth` und `innerHeight`, also die Breite und Höhe der Anzeigefläche des Browserfensters. Eigenschaften werden ebenfalls per Punktnotation ausgelesen:

```
<script>
 var breite = window.innerWidth;
 window.alert(breite);
</script>
```

Sie deklarieren eine Variable mit einem vorangestellten var. In Variablen können Sie Daten und Werte speichern, die Sie zu einem späteren Zeitpunkt im Code noch einmal verwenden möchten. Die Werte werden per = zugewiesen. Dabei nimmt der Bezeichner auf der linken Seite den Wert auf der rechten Seite an. In unserem Beispiel legen Sie eine Variable mit dem Namen breite an und weisen ihr den Wert von window.innerWidth zu, also die Breite des Browserfensters. Anschließend geben Sie diesen Wert in einem Dialogfenster aus.

Denkbar ist aber auch Folgendes:

```
<script>
 window.innerWidth = 300;
</script>
```

Eigenschaften von Objekten lassen sich auf dieselbe Weise anderen Werten zuweisen. In diesem Beispiel verändern Sie die innere Breite des Browserfensters auf 300 Pixel.

Der Dokumentenbaum

Nachdem Sie nun die grundlegende Syntax von JavaScript kennengelernt haben, widmen Sie sich dem eigentlichen Einsatzzweck von JavaScript bei HTML5-WebApps: der Manipulation des DOM-Baums. DOM steht hier für Document Object Model. Kurz gesagt, bedeutet dies, dass JavaScript jedes HTML-Element als ein Objekt betrachtet, dessen Inhalte und Attribute verändert, kopiert oder gelöscht werden können.

Nehmen Sie den HTML-Code Ihrer Sharky-App, und fügen Sie am Ende der Überschrift einen Button an (siehe Abbildung 2.25). Dieser soll später den darunterstehenden Textparagrafen ein- und ausblenden. Aber immer mit der Ruhe, eins nach dem anderen.

```
var button = document.createElement('button');
var text = document.createTextNode('Klick mich!');
button.appendChild(text);
document.getElementsByTagName('h1')[0].appendChild(button);
```

Abbildung 2.25 Ausgabe im Browser

Zunächst legen Sie ein Button-Element und ein Textelement an. Der Textknoten wird an das Button-Element angefügt. Anschließend ermitteln Sie mit `getElements-ByTagName()[0]` das erste Auftreten des `h1`-Elements im Dokumentenbaum und fügen das soeben erstellte Button-Element daran an. Sie benötigen also vier Zeilen JavaScript-Code, um ein HTML-Element zu erzeugen. Ganz schön viel, oder? Wie Sie dies mit weniger Code erledigen, werden Sie im Verlauf dieses Kapitels lernen.

Zunächst aber zur Verwendung von Ajax. Ajax steht für Asynchronous JavaScript And XML und ermöglicht es, neue Daten vom Server nachzuladen, ohne die komplette Webseite neu aufzubauen. Eine einfache Anfrage an den Server benötigt etwa 13 Zeilen Code:

```
var xmlHttp = null;
try {
 xmlHttp = new XMLHttpRequest();
} catch(c) {
 xmlHttp  = null;
}
if (xmlHttp) {
 xmlHttp.open('GET', 'beispiel.html', true);
 xmlHttp.onreadystatechange = function () {
  if (xmlHttp.readyState == 4) {
   alert(xmlHttp.responseText);
  }
 };
 xmlHttp.send(null);
}
```

Listing 2.15 Das Nachladen von Daten mit Ajax

Da Sie als Entwickler für WebApps solche Funktionen öfter benötigen, stellen wir Ihnen im Folgenden JavaScript-Frameworks und Zepto im Besonderen vor, die Ihnen die Entwicklungsarbeit entscheidend erleichtern.

2.5.2 Einführung in Zepto

Zepto ist eine Klassenbibliothek für JavaScript (siehe Abbildung 2.26). Sie stellt verschiedene Funktionen und Methoden zur Verfügung, um alltägliche Aufgaben leichter zu lösen. In der letzten Auflage dieses Buches haben wir Ihnen an dieser Stelle das Framework jQuery vorgestellt, seit 2008 eines der populärsten in seiner Kategorie.

Abbildung 2.26 zeptojs.com

Allerdings hat jQuery für die WebApp-Entwicklung auch einige Nachteile: Das Framework ist vor allem darauf ausgelegt, die Syntax für ältere Browser zu vereinheitlichen. Hierzu zählen auch Browser wie der Internet Explorer 6 und Firefox 2, die auf manchen Desktopsystemen immer noch zum Einsatz kommen, aber auf Smartphones keine Rolle spielen. Dies führt dazu, dass das Framework intern sehr viele veraltete Befehle verwendet, die unter iOS und Android eigentlich nicht benötigt werden.

In der Konsequenz ist jQuery in der minimierten Version rund 31 KB, in der unkomprimierten Entwicklerversion sogar 229 KB groß. Hierdurch erhöhen sich die Ladezeiten Ihrer WebApp. So kann besonders unter mobilen Netzwerkverbindungen wie 3G oder EDGE der Ladevorgang wertvolle Sekunden kosten.

Zepto ist mit knapp 9KB ein echtes Fliegengewicht, unterstützt dafür aber keinen Internet Explorer mehr. Für mobile Apps soll uns das allerdings egal sein. Wenn Sie sich mit jQuery schon einmal beschäftigt haben, werden Sie Zepto lieben – die Syntax ist exakt dieselbe.

Zepto beinhaltet:

- Elementselektion, ähnlich der CSS3-Selektoren-Syntax
- Funktionen zur DOM-Manipulation
- Ajax-Funktionalitäten

Zepto ist kostenlos und wird als Open-Source-Software unter der MIT-Lizenz vertrieben. Dies bedeutet, dass Sie es für private und kommerzielle Zwecke einsetzen dürfen.

Einbinden von Zepto

Bevor Sie Zepto nutzen können, müssen Sie die aktuellste Version der Bibliothek herunterladen und Ihrem Projekt hinzufügen. Dies ist vergleichsweise einfach, denn die Bibliothek besteht lediglich aus einer einzigen JavaScript-Datei. Die jeweils aktuellste Version finden Sie unter *http://zeptojs.com/zepto.min.js*. Laden Sie diese Datei herunter, und speichern Sie sie in Ihrem Projektverzeichnis ab. Wir empfehlen Ihnen, alle JavaScript-Dateien, also auch die Zepto-Bibliothek, in einem Unterordner namens *js* abzulegen. Nachdem Sie die Datei abgespeichert haben, fügen Sie Folgendes in Ihr HTML-Dokument ein:

```
<script src="js/zepto.js"></script>
<script>
 $(function(){
  // Hier kommt der Zepto-Code hinein
 });
</script>
```

Sie haben nun Zepto mit Ihrem Dokument verknüpft und einen ersten Block angelegt. Dieser bewirkt, dass sämtliche Zepto-Funktionen erst ausgeführt werden, wenn die Bibliothek tatsächlich vom Webserver heruntergeladen worden ist. Entscheidend ist, dass die Verknüpfung mit der Zepto-Bibliothek im HTML-Code erfolgt, bevor Sie die entsprechenden Funktionen nutzen. Wenn Sie die Reihenfolge nicht beachten, kann es passieren, dass Sie vom Browser eine Fehlermeldung bekommen oder der Code weg nicht ausgeführt wird. Nutzen Sie die JavaScript-Konsole in Google Chrome, um sich eventuelle Fehlermeldungen ausgeben zu lassen (siehe Abbildung 2.27).

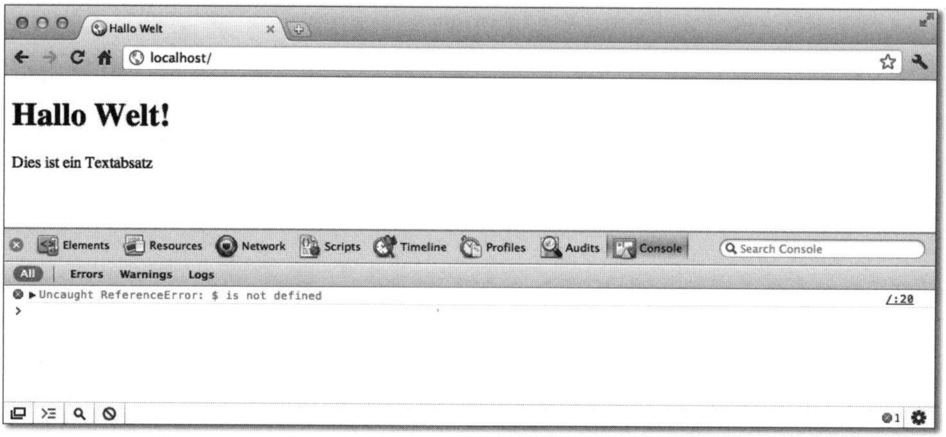

Abbildung 2.27 Chrome-Fehlerkonsole mit Zepto-Ausgabefehler

Zepto-Syntax

Nachdem Sie nun erfolgreich die Zepto-Bibliothek mit Ihrem HTML-Dokument verknüpft haben, wird es Zeit für den ersten Zepto-Befehl. Fügen Sie die folgende Zeile in den Zepto-Block ein:

```
$('h1').append('<button>Klick mich!</button>');
```

Die Codesyntax von Zepto folgt dabei ebenso wie JavaScript der Punktnotation. Der erste Teil der Zeile `$('h1')` erzeugt ein Zepto-Objekt. Dieses wählt alle `h1`-Elemente in Ihrem Dokument aus. Die Zeichenkette, die Sie in den Klammern übergeben, ist dabei praktischerweise identisch mit den in Abschnitt 2.3.2, »Styling mit einer CSS-Datei«, besprochenen CSS-Selektoren. Sie könnten also auch:

```
$('#id')
```

oder

```
$('.klasse')
```

angeben, um die entsprechenden Elemente auszuwählen. Selbst komplexe Selektoren wie

```
$('div.header > h1 strong')
```

sind möglich.

Nach dem Punkt folgt immer eine Zepto-Funktion, in diesem Fall die `.append()`-Funktion. Sie fügt an die zuvor selektierten `h1`-Elemente einen in Klammern definierten HTML-Schnipsel an, in diesem Fall einen Button mit dem Text »I love Sharky!«.

Die Funktion bezieht sich also auf alle Elemente, die Sie zuvor mit Ihrem Zepto-Objekt ausgewählt haben. Wenn Sie beispielsweise in Ihrem Dokument mehrere `h1`-Elemente verwenden, würde jedem dieser Elemente ein Button angehängt.

Einen Button mit Funktion versehen

Sie haben einen Button an eine Überschrift angefügt. Wenn Sie im Browser darauf klicken, werden Sie feststellen, dass nichts passiert. Denn der Button ist noch funktionslos. Um dies zu ändern, weisen Sie dem Button eine Funktion zu, die bei Eintreten eines bestimmten Ereignisses ausgeführt wird. Fügen Sie den folgenden Code in Ihren Zepto-Block ein:

```
$('button').on('click', function(){
 window.alert('Sharky ist der Beste!');
});
```

Wenn Sie das HTML-Dokument im Browser neu laden und auf den Button klicken, öffnet sich ein Dialogfenster mit der Liebeserklärung an Sharky.

Was haben Sie also gemacht? Mit der Zepto-Methode `.on()` fügen Sie dem zuvor selektierten Element einen EventHandler hinzu, also eine Funktion, die bei Eintreten eines bestimmten Ereignisses ausgeführt werden soll. In den Klammern übergeben Sie zwei Parameter: zunächst den Namen des Ereignisses, bei dessen Eintreten etwas passieren soll. In diesem Fall heißt das Ereignis `click`, also der einfache Klick mit der linken Maustaste. Danach folgt, durch ein Komma getrennt, die Funktion, die ausgeführt werden soll, wenn das Ereignis, also der Mausklick bzw. das Antippen mit dem Finger eintritt. In Ihrem Fall eine einfache Zeile JavaScript, die ein Dialogfenster mit den Worten »Sharky ist der Beste!« öffnet.

Neben `click` gibt es in Zepto noch eine Reihe weiterer Ereignistypen, die Sie verknüpfen können:

- `dblclick` – Doppelklick mit der linken Maustaste.
- `hover` – der Mauszeiger wird über ein Element bewegt.
- `mousemove` – der Mauszeiger wird innerhalb eines Elements bewegt.
- `mousedown` – die linke Maustaste wird heruntergedrückt.
- `mouseup` – die linke Maustaste wird losgelassen.
- `keypress` – eine Taste auf der Tastatur wird gedrückt.

- `keydown` – eine Taste auf der Tastatur wird heruntergedrückt und gehalten.
- `keyup` – eine Taste auf der Tastatur wird losgelassen.
- `focus` – ein Element wird ausgewählt und in den Fokus gestellt. (z. B. ein Textfeld).
- `blur` – ein Element verliert den Fokus.
- `change` – ein Formular oder Formularelement wird verändert.
- `submit` – ein Formular wird abgeschickt.

Da die meisten iOS- und Android-Geräte jedoch weder über Maus noch Tastatur verfügen, sind die meisten der klassischen Ereignisse für uns irrelevant. In Abschnitt 3.1. 1, »Der feine Unterschied zwischen Berühren und Klicken«, stellen wir weitere Ereignistypen für touch-basierte Geräte vor.

HTML-Elemente ein- und ausblenden

Wichtiger Teil eines Interface-Designs ist es, zur rechten Zeit Informationen und Elemente anzuzeigen und wieder auszublenden. Die Zepto-Bibliothek ist dafür perfekt geeignet. Ersetzen Sie den Code aus der letzten Übung durch:

```
$('button').on('click', function(){
 $('p#id').hide();
});
```

Wenn Sie auf den Button klicken, verschwindet der darunterliegende Textabsatz; er wird mit der Zepto-Methode `.hide()` versteckt. Doch wie können Sie den Absatz wieder einblenden? Ersetzen Sie die Methode einfach durch `.toggle()`:

```
$('p#id').toggle();
```

Wenn Sie auf den Button klicken, verschwindet der Textabsatz. Wenn Sie erneut auf den Button klicken, erscheint der Textabsatz wieder. Mit `.toggle()` können Sie Inhalte also wie mit einem Kippschalter aus- und wieder einblenden.

Daten vom Server nachladen

Ein besonders wichtiges Feature von Zepto ist das dynamische Nachladen von Daten vom Server, auch bekannt als Ajax. Am Anfang dieses Kapitels haben Sie bereits gelernt, wie ein XMLHttpRequest in reinem JavaScript aussieht. Nun möchten wir Ihnen die Zepto-Variante erläutern. Wir benötigen in unserer Datei *index.html* zunächst ein Element mit der ID `ergebnis`:

```
<h1>Hallo Welt!</h1>
<ul id="ergebnis"></ul>
```

Legen Sie nun ein zweites HTML-Dokument mit dem Namen *beispiel.html* an, und speichern Sie es im selben Verzeichnis wie *index.html*. Füllen Sie den folgenden Inhalt in das Dokument ein:

```
<li id="eins">Erster Listenpunkt</li>
<li id="zwei">Zweiter Listenpunkt</li>
<li id="drei">Dritter Listenpunkt</li>
```

Den Inhalt dieser Datei werden Sie gleich per Zepto nachladen. Fügen Sie hierzu die folgende Zeile in Ihren Zepto-Codeblock ein:

```
$('button').on('click', function(){
  $('#ergebnis').load('./beispiel.html');
});
```

Wenn Sie nun auf den Button klicken, wird Zepto eine *http*-Verbindung zum Webserver herstellen, die Datei *beispiel.html* herunterladen und deren Inhalt in das Element `#ergebnis` einfügen (siehe Abbildung 2.28). Dies geschieht mit der Methode `.load()`, der Sie lediglich den Namen der zu ladenden Datei übergeben müssen.

Abbildung 2.28 Das Ergebnis der Ajax-Abfrage im Browser

Mit dieser Methode ist es außerdem möglich, nur Teile einer Datei in Ihr Dokument einzufügen. Fügen Sie hierzu direkt nach dem Dateinamen ein Leerzeichen und die ID des entsprechenden Bereichs an:

```
$('#ergebnis').load('./beispiel.html #zwei');
```

Zepto fügt nun lediglich den zweiten Listenpunkt in Ihr Dokument ein (siehe Abbildung 2.29).

Abbildung 2.29 Mit Zepto lassen sich auch Teile des Abfrageergebnisses ausgeben.

Aufgrund von Sicherheitseinstellungen in den Webbrowsern müssen Daten, die per Ajax übertragen werden sollen, immer auf demselben Server liegen wie das Skript, das diese abruft. Um Daten von anderen Servern dynamisch abzurufen (sogenannte Public APIs) gibt es eine ähnliche Technologie, die wir in Kapitel 7, »Offline – damit eine App in jedem Winkel der Welt funktioniert«, näher erläutern und an einem Beispiel implementieren.

2.5.3 Wichtige Funktionen in Zepto

Jetzt haben Sie einen ersten Eindruck davon erhalten, was Sie mit Zepto alles anstellen können, ohne viel Programmcode schreiben zu müssen. Natürlich kann Zepto noch viel mehr. Einige weitere wichtige Methoden, die Sie in der Entwicklung immer wieder verwenden werden, stellen wir Ihnen nun vor.

Attributfunktionen

`.attr({name,wert})`

Diese Funktion hilft Ihnen dabei, den Wert von Elementattributen auszulesen und zu verändern. Dies kann hilfreich sein, wenn Sie beispielsweise die Quelldatei eines Bildes austauschen möchten.

`.addClass(klasse)`

Einen besonderen Stellenwert innerhalb der Zepto-Funktionen nehmen die `class`-Attribute ein. Sie werden in der Regel verwendet, um bestimmte Elemente mit CSS zu gestalten. Jedes Element kann mehrere Klassen haben; diese werden in HTML durch Leerzeichen voneinander getrennt: `class="klasse1 klasse2 … klasse100"`

Mit der Funktion `.addClass` fügen Sie einem oder mehreren Elementen eine neue Klasse hinzu. Beachten Sie, dass der Klassenname in diesem Fall nicht mit einem Punkt beginnen darf.

`.removeClass(klasse)`

Mit der Funktion `.removeClass` entfernen Sie die Klasse von einem HTML-Element; die Verwendung erfolgt analog zu `.addClass`.

`.toggleClass()`

Die Funktion `.toggleClass` fügt eine Klasse hinzu und entfernt diese wieder – abhängig davon, ob das Element die Klasse besitzt oder nicht.

DOM-Manipulation

`.prepend(code)` und `.append(code)`

`.append()` wird genutzt, um HTML-Code mit Zepto am Ende eines Elements einzufügen. Der entsprechende HTML-Schnipsel wird als String, also in Textform in der Klammer übergeben. Beachten Sie, dass der Codeschnipsel gültig sein muss, das heißt, dass Tags geschlossen sein müssen.

```
$('h1').append('<button>Klick mich!</button>');
// ergibt:
// <h1>Hallo Welt<button>Klick mich!</button></h1>
```

Analog dazu funktioniert `.prepend()`: die Funktion fügt den übergebenen Schnipsel am Anfang des Elements ein.

```
$('h1').prepend('<button>Klick mich!</button>');
// ergibt:
// <h1><button>Klick mich!</button>Hallo Welt</h1>
```

`.before(code)` und `.after(code)`

Wie bei `.append()` und `.prepend()` fügen die Funktionen `.before()` und `.after()` HTML-Code in das Dokument ein. Allerdings nicht innerhalb des selektierten Elements, sondern direkt davor bzw. dahinter:

```
$('h1').before('<button>Klick mich!</button>');
// ergibt:
// <button>Klick mich!</button><h1>Hallo Welt</h1>

$('h1').after('<button>Klick mich!</button>');
// ergibt:
// <h1>Hallo Welt</h1><button>Klick mich!</button>
```

`.wrap(code)`

Gelegentlich müssen Elemente von anderen Elementen umschlossen werden, die zur Laufzeit noch nicht im Quellcode existieren. An dieser Stelle kommt die `.wrap`-Funktion zum Einsatz: Sie umschließt jedes der mit `$()` selektierten Objekte mit dem als Parameter übergebenen Element:

```
$('h1').wrap('<header></header>');
// ergibt:
// <header>
//   <h1>Hallo Welt</h1>
// </header>
```

`.html(code)`

Mit `.html()` lässt sich der komplette Inhalt eines Elements austauschen. Dabei werden sämtlicher Text und alle Unterelemente, die in dem betreffenden Element enthalten sind, überschrieben.

```
$('h1').html('<button>Klick mich!</button>');
// ergibt:
//   <h1><button>Klick mich!</button></h1>
```

`.remove()`

Die `.remove()`-Funktion entfernt eines oder mehrere Elemente aus dem DOM-Baum. Beachten Sie, dass die Elemente nicht nur ausgeblendet, sondern tatsächlich gelöscht werden und nicht per JavaScript wiederherstellbar sind.

Ein- und Ausblenden

`.show()` und `.hide()`

Elemente lassen sich mit der Funktion `.hide()` ausblenden, und mit `.show()` werden ausgeblendete Teile wieder angezeigt. Wenn Sie dem Nutzer die Möglichkeit geben, Elemente in Ihrer WebApp zu verstecken, sollte der Nutzer auch dazu in der Lage sein, die ausgeblendeten Elemente wieder anzuzeigen. Alles andere wäre unfair, oder?

`.toggle()`

Besser ist es daher, Sie verwenden `.toggle()`. Diese Funktion wechselt die Sichtbarkeit von Elementen, je nachdem, ob diese versteckt sind oder nicht.

Ereignisse und Nutzereingaben

`.on(ereignis, funktion)`

Elemente, die bei einem Nutzerereignis eine Funktion aufrufen sollen, bekommen diese mit der Methode `.on()` zugewiesen. Dabei wird zunächst der Name des Ereignisses als Zeichenkette (String) übergeben und danach, durch ein Komma getrennt, die Funktion, die aufgerufen werden soll. Sie können jedem Element mehrere Event-Handler zuweisen. So kann ein Button unterschiedliche Funktionen beim Eintreten von unterschiedlichen Ereignissen aufrufen:

```
$('button').on('mousedown', function(){
 $('#box').hide();
}).on('mouseup', function(){
 $('#box').show();
});
```

Dieser Code versteckt das Element `#box`, sobald Sie den Button mit der Maus drücken und gedrückt halten. Wenn Sie die Maustaste wieder loslassen, wird das Element wieder angezeigt.

`.off(ereignis)`

Mit `.off()` nehmen Sie einem Element den zuvor definierten EventHandler wieder weg. Dies ist vor allem dann sinnvoll, wenn Sie beispielsweise einen Button deaktivieren möchten. Hierzu müssen Sie der Methode lediglich den Namen des Ereignisses übergeben.

Ajax

Wie Sie Daten vom eigenen Server herunterladen, haben Sie bereits gelernt. Wenn Sie Daten von einem fremden Server benötigen, verwenden Sie den Befehl:

`$.getJSON(url, funktion)`

```
$.getJSON('http://example.org/beispiel.json', function(daten) {
 $.each(daten, function(schluessel, wert) {
  $('#ergebnis').append('<li id="' + schluessel + '">' + wert + '</li>');
 });
});
```

Von fremden Webservern können Sie Daten nur im JSON-Format, also einer Art JavaScript-Array abrufen. Die Methode `.getJSON()` lädt zunächst diese Datei vom Server und verarbeitet sie danach in einer Funktion. In unserem Fall hängen Sie den Inhalt an das Element `#ergebnis` an.

Eine vollständige Auflistung aller Zepto-Funktionen und deren Dokumentation finden Sie in englischer Sprache auf *htp://zeptojs.com/* (siehe Abbildung 2.30).

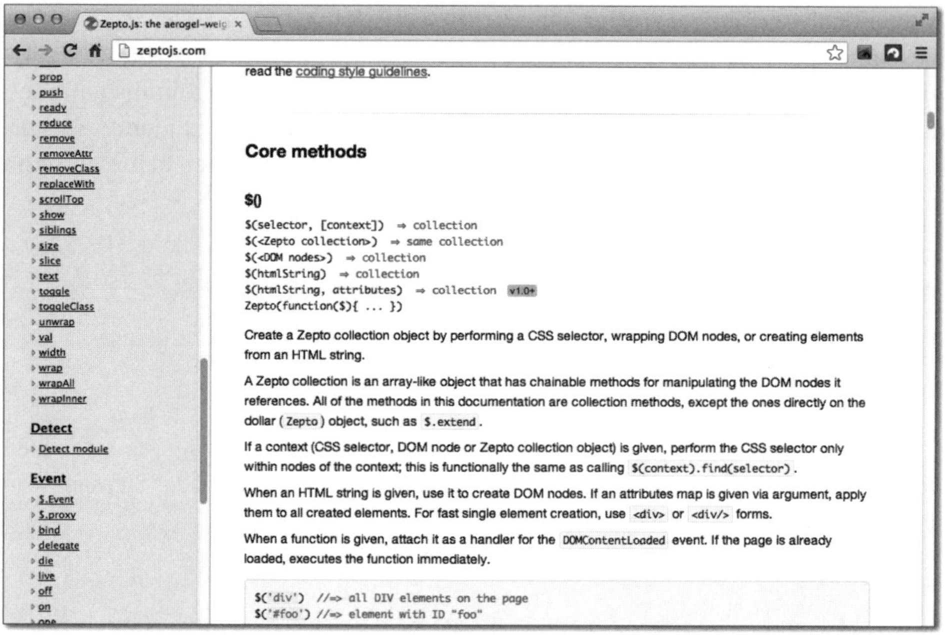

Abbildung 2.30 Die API-Dokumentation von Zepto

2.6 JavaScript auf dem iPhone testen

Seit der Einführung von iOS6 haben Sie als Entwickler die Möglichkeit, Ihre WebApp auf dem iPhone oder iPad per WebInspector zu testen. Hierzu benötigen Sie lediglich die aktuellste Version des Safari-Browsers auf Ihrem Desktoprechner und ein Verbindungskabel.

Öffnen Sie zunächst die Einstellungen auf Ihrem iOS-Gerät, wählen Sie Safari an, und aktivieren Sie in ERWEITERT das Feature WebInspector.

Auf Ihrem PC oder Mac öffnen Sie die Einstellungen von Safari, öffnen den Tab ERWEITERT und setzen ein Häkchen vor MENÜ »ENTWICKLER« IN DER MENÜLEISTE ANZEIGEN.

Verbinden Sie nun Ihr iPhone oder iPad per Kabel mit Ihrem Rechner, und öffnen Sie Ihre WebApp auf dem Mobilgerät. Im Entwicklermenü von Safari erscheint nun der Name Ihres Telefons oder Tablets; Sie erhalten die Möglichkeit, sich den Quellcode anzuschauen und ihn zu verändern. Ähnlich wie in der Chrome-Entwicklerkonsole gibt es hier eine JavaScript-Konsole, die Sie auf eventuelle Programmfehler hinweist – ein äußerst nützliches Feature!

2.7 Die Geschwindigkeit einer WebApp verbessern

Wichtig für ein gutes Nutzungserlebnis ist, dass sich Ihre Apps schnell und flüssig bedienen lassen. Eine besondere Herausforderung sind dabei die häufig noch sehr langsamen mobilen Internetverbindungen. 3G und EDGE erreichen nur einen Bruchteil der Übertragungsgeschwindigkeit, die Sie von Ihrer DSL-Leitung zu Hause gewohnt sind. Der mobile High-Speed-Standard LTE steckt noch in den Kinderschuhen. Damit sich eine App auf einem mobilen Gerät also schnell und flüssig lädt, müssen Sie vor allem darauf achten, die Datenmengen möglichst gering zu halten. In diesem Kapitel stellen wir Ihnen einige Tricks und Vorgehensweisen vor, die Ihnen dabei helfen, die Geschwindigkeit Ihrer WebApps zu verbessern.

2.7.1 Kompression

Eine WebApp besteht in der Regel aus vier verschiedenen Arten von Dateien: HTML-Markup-Dateien, Dateien mit CSS-Definitionen, Dateien mit JavaScript-Code und Bilddateien. Besonders Letztere können locker mehrere MB groß werden, vor allem wenn Sie für die Retina-Displays von iPad und iPhone angelegt werden. Zur Erinnerung: Der iPad-Retina-Bildschirm übertrifft mit seiner Auflösung von 2.048 × 1.536 Pixeln selbst Full-HD-Fernsehbildschirme.

Versuchen Sie, mit Bilddateien sparsam umzugehen. Können Sie anstelle eines Bildes auch ein HTML-Element oder eine CSS-Eigenschaft einsetzen? Hier ist Ihnen CSS3 eine große Hilfe: War es vor einigen Jahren noch üblich, für abgerundete Ecken oder Schlagschatten Bilder einzusetzen, können Sie jetzt getrost auf die entsprechenden Stildefinitionen zurückgreifen. Diese CSS-Eigenschaften haben Sie bereits zu Anfang dieses Kapitels kennengelernt.

Wenn Sie trotz aller CSS- und HTML-Tricks Bilder verwenden müssen, ist die Wahl des richtigen Dateiformats wichtig. Zurzeit sind drei verschiedene Formate in Webanwendungen üblich; jedes davon ist für einen bestimmten Einsatzzweck optimal:

- *JPEG* bietet die beste Kompressionsrate, erzeugt also die kleinsten Dateien. Allerdings handelt es sich um eine verlustbehaftete Kompressionsmethode. Je kleiner die Dateigröße ist, desto schlechter ist die Bildqualität. Dies macht sich besonders bei kleinteiligen Bildern wie Symbolen oder Strichzeichnungen bemerkbar. Perfekt geeignet ist JPEG hingegen für die Kompression von Fotos, also etwa von Hintergrundtexturen oder Profilbildern: Aufgrund der vielen Farbverläufe fallen die Kompressionsartefakte kaum auf.
- *PNG-8* ist sozusagen der Nachfolger der GIF-Datei. Die Dateien sind extrem klein, was vor allem daran liegt, dass Bilder in diesem Format nur aus bis zu maximal 256 Farben aufgebaut sind. Dafür unterstützt das Format aber auch einfache Transpa-

renzen. Das Format eignet sich also sehr gut für Symbole oder Schwarzweiß-Illustrationen.

- *PNG-24* ist quasi der große Bruder von PNG-8. Neben mehreren Mio. möglichen Farben können diese Bilddateien auch einen Alphakanal mit einer Transparenzmaske abspeichern. Dies ermöglicht Ihnen weiche und ineinanderfließende Transparenzen und Halbtransparenzen. Besonders gut geeignet ist dieses Format daher für Farbverläufe, Logos und Overlays. Allerdings handelt es sich auch um die größten Bilddateien.

Doch wie entscheiden Sie, welches Bildformat das richtige für Sie ist? Glücklicherweise stellt Ihnen Photoshop hier seit der Version CS2 das Werkzeug *Für Web und Geräte speichern* zur Verfügung. Öffnen Sie Ihre Bilddatei in Photoshop, und wählen Sie im Menü den Pfad Datei • Für Web und Geräte speichern aus. Das Programm zeigt Ihr Foto nun in einem Dialogfenster an, in dem Sie mehrere Versionen Ihres Bildes in verschiedenen Dateiformaten miteinander vergleichen können. Praktischerweise steht darunter jeweils die Dateigröße und die geschätzte Übertragungsgeschwindigkeit, sodass Sie sich jeweils für das richtige Format entscheiden können (siehe Abbildung 2.31).

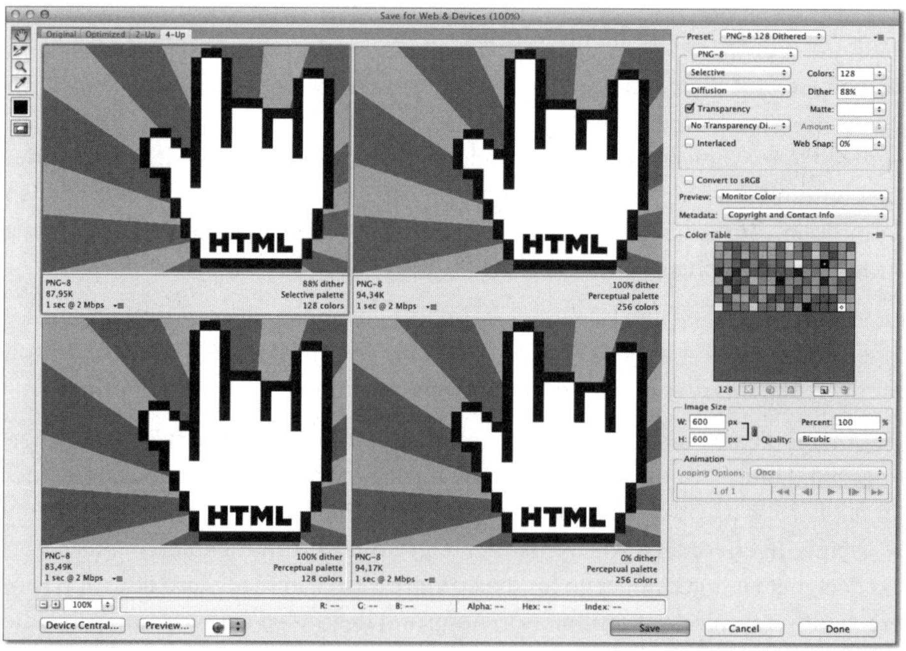

Abbildung 2.31 Der Photoshop-Dialog »Für Web und Geräte speichern«

Aber als echter Profi ist Ihnen das nicht genug: Die Kompression durch Photoshop ist zwar schon gut, in der Regel können Sie aber immer noch rund 10 % mehr herausquetschen!

Das richtige Werkzeug dafür heißt *ImageOptim*, und Sie können es kostenlos unter *http://imageoptim.com/* herunterladen. Diese Freeware kombiniert verschiedene Algorithmen zur Optimierung von Bildkompressionen. Was kompliziert klingt, ist eigentlich ganz einfach: Öffnen Sie das Programm, und ziehen Sie per Drag & Drop die entsprechenden Bilddateien direkt in das Programmfenster – ImageOptim erledigt den Rest für Sie, während die Bildqualität davon unbeeinflusst bleibt. ImageOptim ist nur für Mac OS X erhältlich – unter Windows leistet Ihnen der *PngOptimizer* gute Dienste, ebenfalls kostenlos verfügbar unter *http://psydk.org/PngOptimizer.php* (siehe Abbildung 2.32).

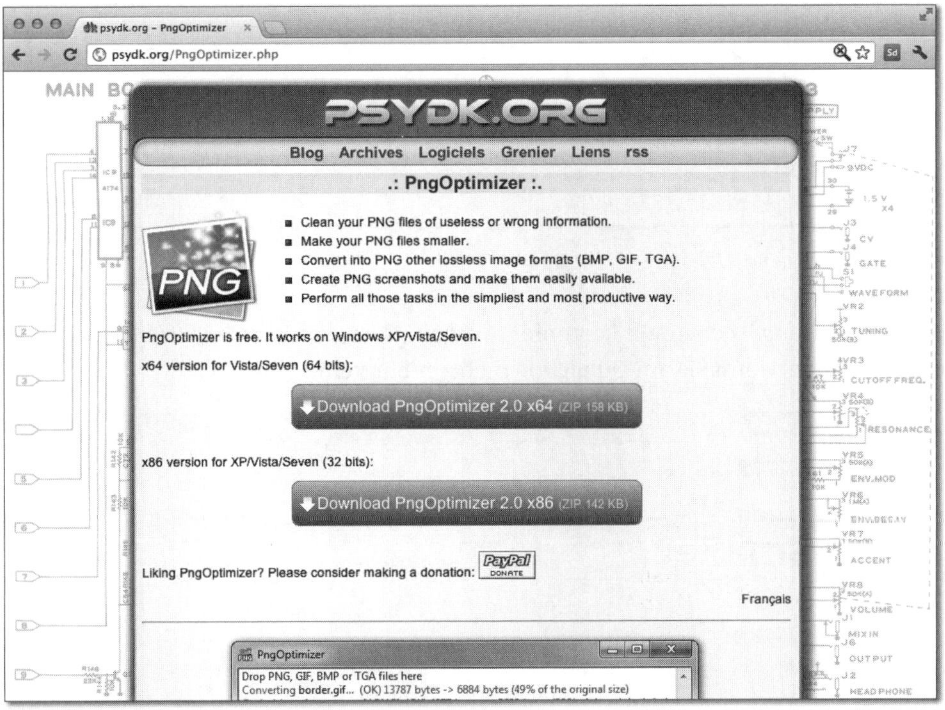

Abbildung 2.32 Die Webseite des PngOptimizers

Doch nicht nur Bilddateien, auch JavaScript- und CSS-Dateien lassen sich komprimieren. Diese bestehen zwar, streng genommen, nur aus reinem Text, enthalten aber eine Unmenge an Zeilenumbrüchen, Leerzeilen und sich wiederholenden Variablennamen. Diese machen in der Regel 10–20 % der gesamten Datei aus und erleichtern die Lesbarkeit und Entwicklungsarbeit, sind aber für den Browser eher unwichtig. Beim Entfernen des unnötigen Ballasts hilft Ihnen der Parser mit dem bezeichnenden Namen *UglifyJS*, online verfügbar unter *http://marijnhaverbeke.nl/uglifyjs* (siehe Abbildung 2.33).

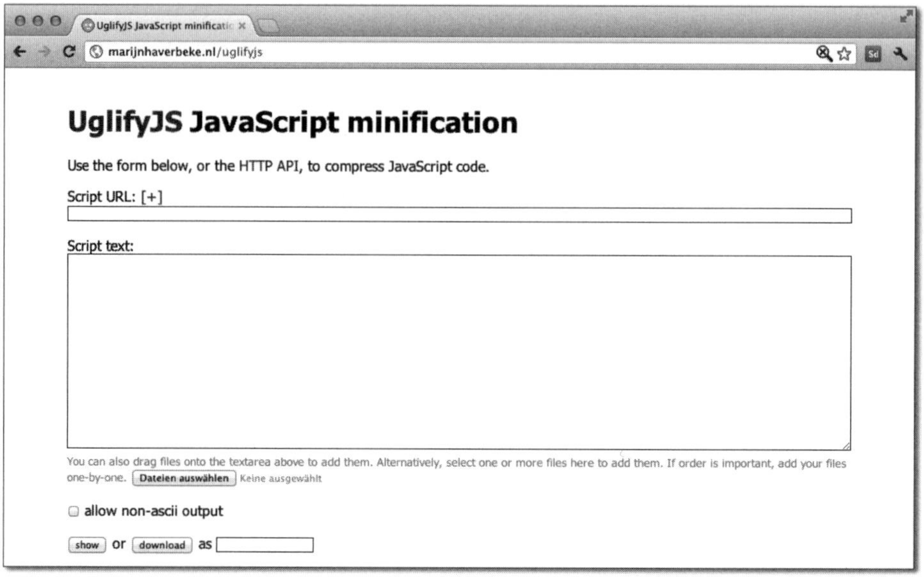

Abbildung 2.33 Die Webseite »UglifyJS«

Die Verwendung ist ebenfalls kostenlos. Allerdings empfehlen wir, diesen Schritt erst vorzunehmen, wenn Sie am Quellcode nichts mehr verändern wollen.

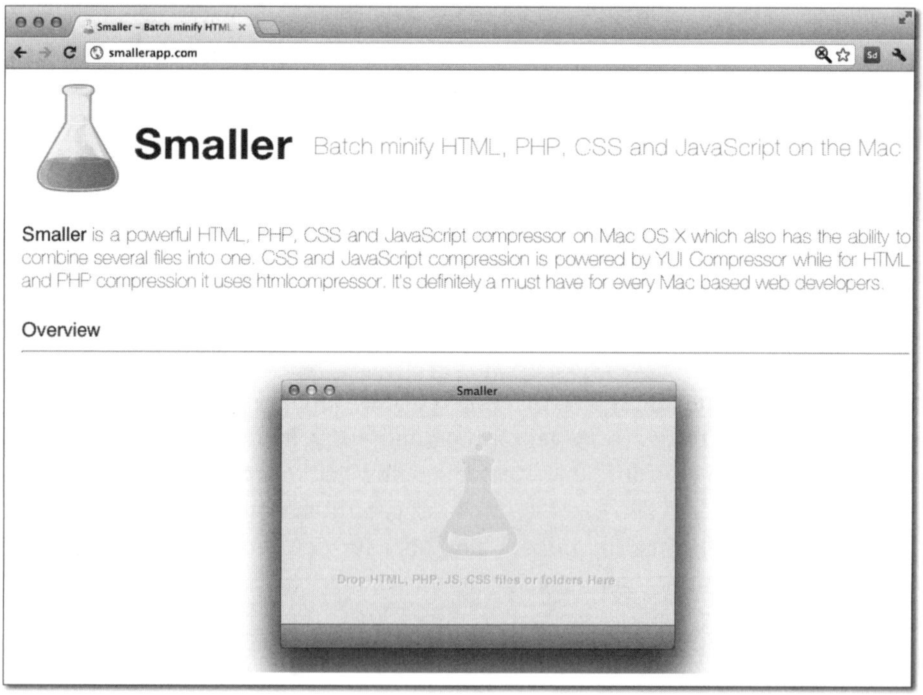

Abbildung 2.34 Die Webseite der App »Smaller«

Etwas einfacher haben es mal wieder Entwickler, die einen Mac benutzen: Für sie hat der Entwickler Chen Luo ein Tool namens *Smaller* programmiert (siehe Abbildung 2.34): Ähnlich wie bei ImageOptim ziehen Sie hier die HTML-, CSS- und JavaScript-Dateien einfach mit der Maus auf das Programmfenster, und die App erledigt den Rest. Die kostenlose Testversion können Sie unter *http://smallerapp.com/* herunterladen. Nach 30 Tagen wird allerdings eine Lizenzgebühr von 20 US-Dollar fällig; umgerechnet sind dies etwa 15 EUR – eine lohnende Investition!

2.7.2 Die richtige Reihenfolge

In der Regel versuchen Webbrowser, die Dateien in der Reihenfolge zu laden, in der Sie im HTML-Quellcode verlinkt sind. Dabei kann es zu einem Phänomen kommen, dass man auch *Flash of Unstyled Content* nennt, kurz FOUC. Dieses Phänomen tritt auf, wenn die HTML-Elemente bereits dargestellt werden, bevor die vollständigen CSS-Definitionen geladen sind. Um dies zu vermeiden, empfiehlt es sich, im HTML-Dokument die folgende Reihenfolge einzuhalten:

```
<!DOCTYPE html>
<html>
<head>
 <title>App</title>
 <!-- Verlinkte CSS-Dateien: -->
 <link href="style.css" rel="stylesheet" type="text/css">
</head>
<body>
 <!-- HTML Elemente -->
 <!-- Verlinkte JavaScript-Dateien: -->
 <script src="script.js" type="text/javascript"></script>
</body>
</html>
```

Sie versuchen also, zunächst die CSS-Dateien zu laden, danach die HTML-Elemente und erst danach, direkt vor dem schließenden `body`-Tag, den JavaScript-Code.

2.7.3 So wenig Anfragen wie möglich

Ein entscheidendes Nadelöhr bei WebApps ist neben der Internetverbindung vor allem der Webserver, der die Dateien an den Browser übermittelt. Für jede Datei wird eine separate Verbindung zum Server hergestellt, so ähnlich wie in einer Telefonzentrale am Anfang des 20. Jahrhunderts. In der Regel kann ein Server nur wenige parallele Verbindungen verarbeiten, und nicht selten kommt es vor, dass eine Anfrage »festhängt« und alle nachfolgenden Datenpakete blockiert. Versuchen Sie also, die

Anzahl der Verbindungen auf ein Minimum zu reduzieren. Hierzu bedienen Sie sich zweierlei Profitricks.

Base64

Streng genommen, bestehen Bilder auch nur aus Bits und Bytes, also aus Einsen und Nullen die in einer bestimmten Reihenfolge zusammen ein Bild ergeben. Wenn es doch nur eine Möglichkeit gäbe, um diese in das HTML-Dokument einzubetten ... Moment mal, die gibt es! Das Zauberwort heißt Base64 – ein Encoder, der Ihre Bilddaten in Zahlen und Buchstaben umwandelt, die Sie in Ihren Quellcode schreiben können (siehe Abbildung 2.35). Öffnen Sie die Seite *http://dataurl.net/#dataurlmaker/*, und laden Sie eine Bilddatei hoch. Mit einem Klick auf ENCODE generiert die Seite eine etwas kryptisch anmutende Zeichenkette, die Sie in Ihren CSS- oder HTML-Code einbauen:

Abbildung 2.35 Der Base64-Encoder »DataURL.net«

```
#hintergrund {
 background-image:url(data:image/png;base64,iVBORw0KGgoAAAANSUhEUgAAACAAAAAoCA
YAAACfKfiZAAAAsElEQVR42u3WsQqEMBAEUL8nYJX2QBAEwS+5VjgQBOF+1/ZAuCq3KYSwjcV4DsIU
U+dhsjtWMca/JaV0GAEEEECA2wGCpWcBgmW1fDOCAXhaUs60YFzBWCC2jGA8wpdDdIwpmByixQE4om
HsgdkjGItocYgHYx0+C8QnIxAA/hVwAP40AAA2Ccwx7MAxxLchAMD6gFBGrhFJdTxcXce1ZXWHXwLw
iEF/xQIIIIAAZwJ+7PGabKrsTMYAAAAASUVORK5CYII=);
}
```

Listing 2.16 Das Hintergrundbild, kodiert im Base64-Format

Anstelle des Dateinamens steht nun also das komplette Bild im CSS-Code `url()`. Das vorgestellte `data:image/png;base64,` sagt dem Browser, dass es sich um ein Bild vom Typ `png` handelt, codiert im Base64-Format.

All in one

Mit dieser Technik können Sie schon mal alle Bilddateien in Ihren Quellcode einbinden, aber was ist mit den JavaScript- und CSS-Dateien? Auch die können Sie natürlich als Codefragment in die HTML-Datei schreiben; dafür müssen Sie nur die umschließenden Tags leicht verändern:

```
<!DOCTYPE html>
<html>
 <head>
  <title>App</title>
  <style>
   // CSS-Definitionen
  </style>
 </head>
 <body>
  <!-- HTML-Elemente -->
  <script>
   // JavaScript-Code
  </script>
 </body>
</html>
```

Listing 2.17 Das HTML-Grundgerüst, um alle CSS-Definitionen und JavaScript-Befehle direkt in der Datei zu platzieren.

Im Idealfall befindet sich nun Ihre App in einer einzigen Datei, der Datei *index.html*. Sie haben nicht nur die Downloadgröße massiv reduziert, sondern auch die Anzahl der Serververbindungen ist auf ein Minimum geschrumpft. Dies macht das Laden Ihrer App nicht nur schneller, sondern auch zuverlässiger – und sorgt für ein deutlich besseres Erlebnis beim Nutzer.

Kapitel 3

Konzeption und Gestaltungsprinzipien

Eine App weist im Normalfall eine Menge Gemeinsamkeiten mit klassischer Software auf. Vom Prinzip her löst sie, genau wie ein herkömmliches Programm, ein Problem – ob dies nun die Frage nach dem aktuellen Fahrplan oder nach dem Weg zur nächsten Bank ist. Was die App allerdings z. B. von einem normalen Programm unterscheidet, sind deren Einsatzort und Bedienung. Aber dies ist nur der Anfang. In diesem Kapitel lernen Sie die Eigenheiten einer Touch-Oberfläche kennen und steigen in die wichtige Konzeptionsphase einer App ein.

3.1 Touch-typisches Design in der Praxis

Sie haben bisher schon einige neue HTML5- und CSS3-Definitionen kennengelernt und für einen Jaguarhai Ihre erste kleine WebApp programmiert. Dieses Kapitel führt Sie in die Theorie von App-Elementen und Benutzerschemata ein und erläutert, was zu einer Touch-Oberfläche alles dazugehört.

3.1.1 Der feine Unterschied zwischen Berühren und Klicken

Im Gegensatz zu Desktopsystemen gibt es auf Touch-Geräten keine Maus, also auch keinen Mauszeiger und somit keine linke und rechte Maustaste. Die Eingabe erfolgt vielmehr mit dem Finger direkt auf dem Bildschirm. Folglich klicken Sie die Elemente nicht an, sondern berühren sie oder tippen sie an. Die fehlende rechte Maustaste wird durch den sogenannten *LongTouch* ersetzt, bei dem der Nutzer seinen Finger für einige Sekunden auf ein Element hält. Analog zu Mausklicks haben sich die folgenden Begriffe durchgesetzt:

- *Touch* – einfache Berührung eines Elements mit einem Finger
- *DoubleTouch* – schnelles doppeltes Antippen mit einem Finger
- *LongTouch* – langes Antippen mit einem Finger

Das fehlende Mausrad wird durch zwei Gesten ersetzt, die horizontales und vertikales Rollen durch den Inhalt ermöglichen:

- *Scroll* – vertikales Ziehen des Fingers auf dem Bildschirm
- *Swipe* – horizontales Ziehen des Fingers auf dem Bildschirm
- *Flick* – schnelles horizontales Ziehen des Fingers auf dem Bildschirm

Auf multitouch-fähigen Geräten, also allen modernen Smartphones und Tablets, stehen dem Nutzer weitere Gesten zur Verfügung, die über das einfache Antippen hinausgehen:

- *Pinch* – zwei Finger werden auf dem Bildschirm zueinander- oder auseinanderbewegt, um ein Element bzw. den Bildschirminhalt zu vergrößern oder zu verkleinern.
- *Rotate* – zwei Finger werden auf dem Bildschirm im Kreis bewegt, um ein Element zu drehen.

Auf iOS-Geräten haben sich außerdem die folgenden Gesten etabliert:

- *4-Finger-Swipe* – vier Finger werden gleichzeitig horizontal bewegt, um auf dem iPad zwischen Apps hin- und herzuwechseln.
- *5-Finger-Pinch* – fünf Finger werden gleichzeitig zueinander hinbewegt, um auf dem iPad eine App zu schließen.
- *Shake* – das Gerät wird geschüttelt, um eine Eingabe oder eine Aktion zu widerrufen.

Soweit die Theorie. Wir werden im Folgenden die englischen Begriffe verwenden, da diese als EventHandler-Bezeichnungen in JavaScript Verwendung finden.

Besonders wichtig für touch-basierte Interfaces ist es, dass alle interaktiven Elemente von Beginn an für die Eingabe per Antippen konzipiert werden. Eine menschliche Fingerkuppe hat in etwa eine Grundfläche von 1 × 1 cm. Alle Buttons, Eingabefelder oder Checkboxen sollten daher mindestens genauso groß sein und über ausreichend Abstand zu Nachbarelementen verfügen, um Fehler beim Antippen zu vermeiden. Im Gegensatz zu einem Mauszeiger verdeckt ein Finger beim Antippen das betreffende Element fast vollständig; die Hand verdeckt dabei große Teile des restlichen Bildschirms. Aus diesem Grund klappen sich Menüs unter iOS von unten nach oben auf – der Inhalt soll sofort lesbar sein und nicht verdeckt werden.

Ebenso gibt es keinen Mouseover-Zustand. Menüs, die sich bei Mausberührung öffnen, oder Tooltips mit wichtigen Hinweisen funktionieren auf den meisten Geräten nicht. Lediglich das Samsung Galaxy S4 hat ein vergleichbares Feature namens *Air View*, bei dem der Finger sich nur in der Nähe des Displays befinden muss, um eine Vorschau zu öffnen.

In der Praxis – der Bau eines Buttons

Aber genug der Theorie! In einem kleinen Beispiel bauen Sie nun mit HTML und CSS einen touch-fähigen Button.

1. **HTML-Element auswählen**

   Zunächst gilt es, ein geeignetes HTML-Element für die Interaktion auszuwählen. Generell könnten Sie jedes Element mit einem entsprechenden EventHandler versehen und damit zu einem Button machen. Die HTML-Spezifikation sieht jedoch zwei Elemente dafür vor: `a` und `button`. Den Hyperlink `a` verwenden Sie vor allem dann, wenn Sie von einem HTML-Dokument zu einem anderen wechseln oder innerhalb eines Dokuments zu einem Anker springen möchten. Für eine reine JavaScript-Interaktion verwenden Sie das `button`-Element:

   ```
   <button>Klick mich!</button>
   ```

Abbildung 3.1 Ein HTML-Button auf dem iPhone (links) und unter Android (rechts)

2. **Größe anpassen**

   Der Button ist nun bereits anklickbar, aber noch etwas klein geraten (siehe Abbildung 3.1). Sie müssen sich schon etwas Mühe geben, um ihn mit dem Finger zu treffen. Gestalten Sie den Button daher mit CSS, um ihn auf die richtige Größe zu bringen:

```
button {
 border: none;
 color: white;
 background-color: blue;
 font-family: sans-serif;
 font-weight: bold;
 font-size: 12px;
 line-height: 20px;
 padding: 5px 10px;
 -webkit-appearance: none;
}
```

Listing 3.1 Die CSS-Definitionen eines Buttons

Hierzu legen Sie Schriftgröße und Zeilenhöhe auf lesbare 12 Pixel fest und geben mit `padding` einen großzügigen Innenabstand dazu. Sie werden sicherlich ein wenig herumprobieren müssen, bis Ihr Button eine angenehme Größe hat. Anschließend entfernen Sie die graue Standardformatierung mit der Eigenschaft `-webkit-appearance: none;`. Jetzt können Sie Farbe und Formatierung Ihres Buttons frei vergeben.

Schon mal nicht schlecht; allerdings sieht die Schaltfläche eher wie ein blaues Rechteck und weniger nach einem Button aus (siehe Abbildung 3.2).

Abbildung 3.2 Button mit einfachem Stylesheet

3. **Klickbarkeit simulieren**

   Damit der Nutzer sofort erkennt, dass es sich um ein interaktives Element handelt, simulieren Sie nun eine Haptik bzw. Tiefe. Dafür versehen Sie den Button mit abgerundeten Ecken, einem dezenten Farbverlauf und einem subtilen Schlagschatten (siehe Abbildung 3.3):

```
button {
 border: 1px solid blue;
 border-radius: 4px;
 background-image: -webkit-linear-gradient(top, rgba(255,255,255,0.5)
 0%, rgba(255,255,255,0.2) 100%);
 box-shadow: 0 1px 1px #333;
 text-shadow: 0 1px 0 #333;
}
```

Listing 3.2 Der Button, erweitert um einen Farbverlauf

Abbildung 3.3 Der finale Button

Probieren Sie mit der Optik Ihres Buttons ruhig ein wenig herum, bis er Ihnen gefällt. Als Faustregel gilt: Je mehr ein Element seinem nativen Gegenstück ähnelt, desto eher wird es als solches erkannt.

4. **Feedback hinzufügen**

Im letzten Schritt fügen Sie Ihrem Button ein visuelles Feedback hinzu: Der Nutzer soll merken, ob er einen Button tatsächlich getroffen hat. Hierzu nutzen Sie das `:active`-Pseudoelement in CSS:

```
button:active {
 background-image: -webkit-linear-gradient(bottom, rgba(255,255,255,0.5)
 0%, rgba(255,255,255,0.2) 100%);
 -webkit-tap-highlight-color: rgba(0,0,0,0);
}
```

In diesem Fall invertieren Sie den Farbverlauf, um den Eindruck eines »gedrückten« Buttons zu erhalten. Unter iOS wird per Standard ein transluzentes graues Rechteck über das Element gelegt. Um dieses zu entfernen, nutzen Sie die Eigenschaft `-webkit-tap-highlight-color: rgba(0,0,0,0);`. Auch hier gilt: Probieren Sie ein wenig mit den Eigenschaften herum, bis Ihnen Ihr Button gefällt.

Reihenfolge beachten!

Generell sollten Sie bei interaktiven Elementen immer die folgende Reihenfolge einhalten: Zunächst wählen Sie ein HTML-Element aus, legen Größe und Aussehen fest und bestimmen dann das Verhalten, das dem Element beim Antippen zugewiesen werden soll.

3.1.2 Der Anwender erwartet so einiges – Aufbau einer App

Im Gegensatz zu Desktopsystemen werden Programme auf mobilen Telefonen nicht in unterschiedlich großen Fenstern, sondern stets im Vollbildmodus ausgeführt. Daher gibt es keine Symbole für das Maximieren, Minimieren oder Schließen einer App. In der Regel hat aber jede App am oberen Bildschirmrand eine etwa einen Zentimeter hohe Titelleiste. In dieser ist neben dem Namen der Anwendung auch noch Platz für zwei Buttons: Auf der linken Seite in der Regel ein ZURÜCK- oder ABBRECHEN-Button und auf der rechten Seite der Button SPEICHERN oder WEITER (siehe Abbildung 3.4).

Abbildung 3.4 Genereller Aufbau einer App mit Titelleiste

Im letzten Kapitel haben wir gesagt: »Je bekannter das Aussehen eines Elements ist, desto eher wird seine Funktion erkannt.« Tatsächlich haben Benutzer in den letzten Jahren bestimmte Verhaltensweisen erlernt und somit eine Erwartungshaltung an Interfaces entwickelt. Der Aufbau einer App verrät viel über deren Funktion und die Art der Bedienung. Im Folgenden lernen Sie die geläufigsten App-Schemata kennen (siehe Abbildung 3.5).

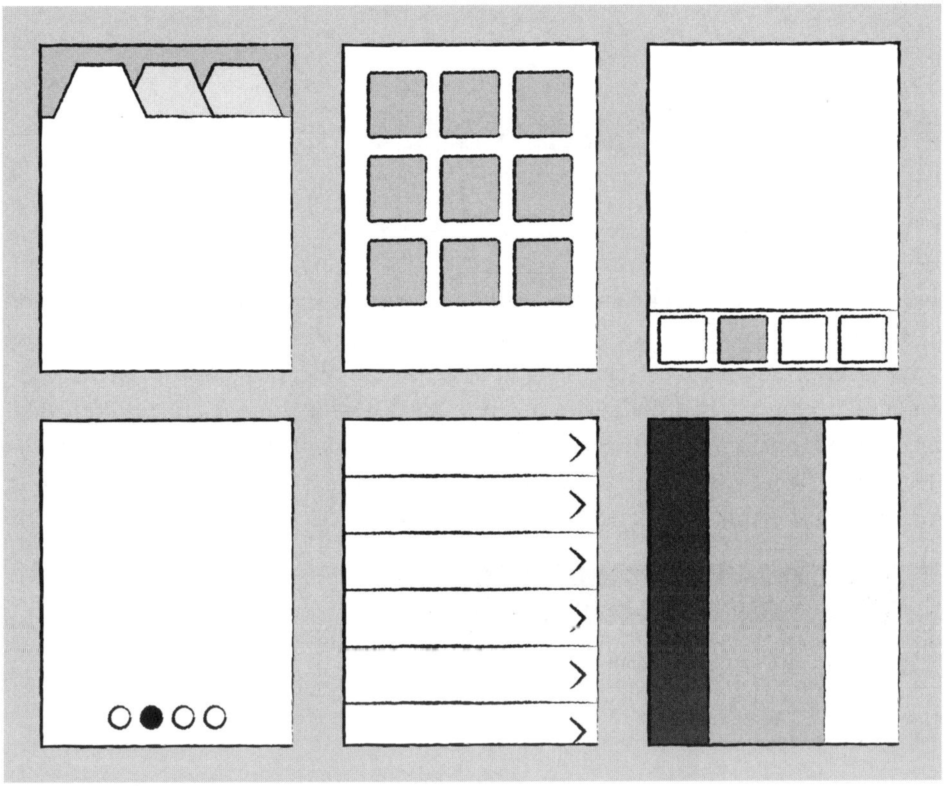

Abbildung 3.5 Übersicht über die typischen Bedienmuster

Tabs

Die Metapher der *Tabs* oder auch Registerreiter stammt aus der Zeit der Aktenschränke. Registerreiter wurden als Trenner zwischen die einzelnen Aktenordner eingefügt und erlaubten ein schnelles Wechseln. Auf Benutzeroberflächen werden Tabs verwendet, um mehrere Bildschirmseiten voneinander zu trennen, sie aber schnell abrufbar zu machen. Der jeweils angewählte Tab ist dabei optisch im Vordergrund und mit der aktiven Bildschirmseite »verbunden« (siehe Abbildung 3.6). Registerreiter können unterschiedlich lang sein, Texte oder Bilder enthalten. Achten Sie darauf, dass die Tabs ausreichend groß gestaltet sind, um sie einfach antippen zu können.

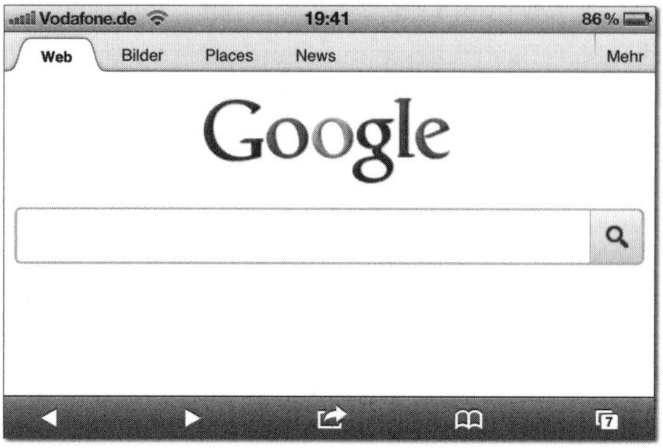

Abbildung 3.6 Tabs auf google.com

Toolbar

Die Werkzeugleiste enthält Symbole, hinter denen sich jeweils eine andere Funktion bzw. Bildschirmseite versteckt. Dies ist vor allem dann sinnvoll, wenn sich die Seiten stark in ihrem Layout unterscheiden. Im Gegensatz zu Werkzeugleisten auf Desktopsystemen befindet sich die Leiste auf mobilen Geräten immer am unteren Bildschirmrand. Das angewählte Symbol wird auf besondere Weise dargestellt; in der Regel ist es heller und hat eine auffälligere Farbe (siehe Abbildung 3.7). Üblich ist es, maximal fünf Symbole nebeneinander anzuzeigen.

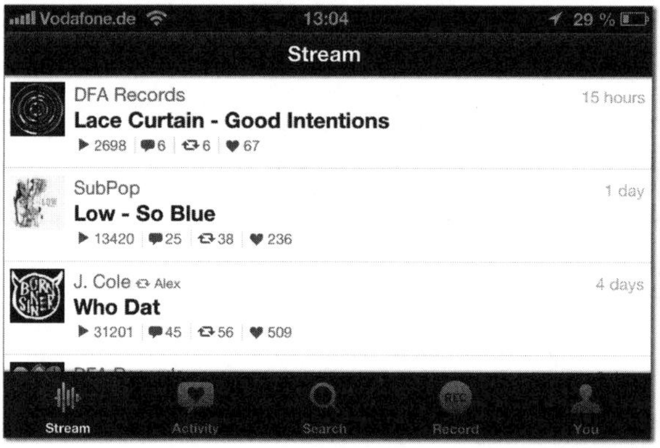

Abbildung 3.7 Werkzeugleiste in der SoundCloud-App

Symbole

Benötigen Sie mehr als fünf Symbole nebeneinander, empfiehlt sich die Symbolübersicht (siehe Abbildung 3.8). Neun oder mehr Symbole werden in einer Tabelle auf dem Bildschirm dargestellt. Üblicherweise ist die Symbolübersicht eine Art Startbildschirm, bei dem sich der Nutzer für eine Funktion entscheidet.

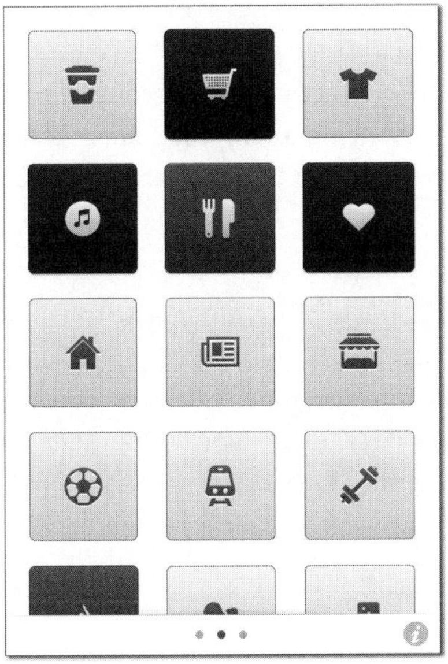

Abbildung 3.8 Die Funktionen der Finanz-App »Next« als Symbolübersicht

Carousel

Das Carousel erlaubt es dem Nutzer, per Flick oder Swipe zwischen verschiedenen Bildschirmseiten hin- und herzuwechseln (siehe Abbildung 3.9). Sobald die letzte Bildschirmseite erreicht ist, startet das Carousel in der Regel von vorne – die Seiten drehen sich sozusagen im Kreis, wie bei einem Karussell.

Abbildung 3.9 Das Dropbox-Tutorial als Carousel

Um anzuzeigen, auf welcher Seite sich der Nutzer befindet, wird ein subtiler Indikator am unteren Bildschirmrand verwendet, beispielsweise in Form eines Rollbalkens oder in Form von halbtransparenten Punkten. Typischer Einsatzzweck von Carousels sind Diashows, bei denen der Nutzer von links nach rechts zwischen mehreren Bildern navigieren kann. Auch digitale Magazine nutzen dieses Modell zum Umblättern der Seiten.

Master Detail

Die Master-Detail-Ansicht oder auch Tutorial-Ansicht besteht aus einer Liste mit auswählbaren Einträgen (siehe Abbildung 3.10). Tippt der Nutzer einen Listenpunkt an, öffnet sich eine Bildschirmseite mit Detailinformationen zum betreffenden Eintrag. Sie kennen diese Methodik wahrscheinlich schon aus der Kontaktliste des iPhones: In einer alphabetisch sortierten Liste stehen die Namen aller Kontakte – beim Antippen werden zusätzliche Details wie Adresse und Telefonnummer von rechts eingeblendet.

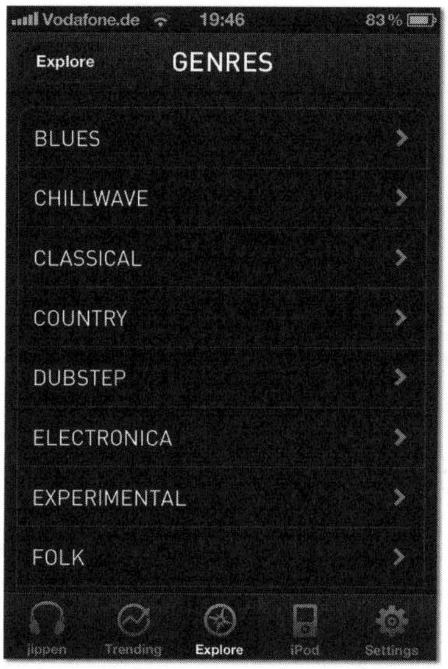

Abbildung 3.10 Genreauswahl in exfm als Master-Detail-Ansicht

Shoji

Die Shoji-Ansicht, benannt nach der klassischen japanischen Schiebetür, enthält in der Regel drei oder mehr Spalten, deren Breite sich flexibel an den Inhalt anpasst und die sich »untereinanderschieben« lassen. Dabei startet der Nutzer in der mittleren Spalte, die den Hauptinhalt bereithält. Die ausziehbare linke Spalte stellt eine Art Navigation dar, in der der Inhalt der mittleren Spalte verändert werden kann. Wählt der Nutzer ein Element in der mittleren Spalte aus, schiebt sich die rechte Spalte mit den entsprechenden Details in den Fokus. Dieses Schema findet vor allem bei komplexen Social-Network-Anwendungen wie *Facebook* oder *Path* Verwendung (siehe Abbildung 3.11).

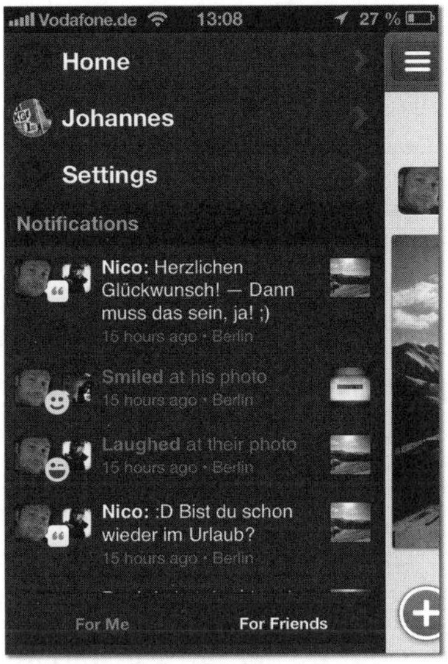

Abbildung 3.11 Shoji in der iPhone-App »Path«

Komplex-symbiotisch

Bestimmte Apps folgen keinem dieser klassischen Bedienschemata. In der Regel trifft dies auf Anwendungen zu, die zu komplex sind, um in solch ein Schema zu passen. Typische Beispiele sind Spiele: In *Pocket Island* navigiert der Nutzer per Drag & Drop über die Karte; Spielemenüs befinden sich an den Seiten des Bildschirms (siehe Abbildung 3.12).

Abbildung 3.12 Das Spiel »Pocket Island«

Selbstverständlich lassen sich alle diese Bedienmuster auch miteinander vermischen und kombinieren. In der Praxis wird sich keine App finden, die ausschließlich einem Schema folgt. Nutzen Sie diese Muster also vielmehr als Orientierung für die Planung Ihrer eigenen WebApp.

Daneben existieren bestimmte Eigenschaften und Verhaltensweisen, die Nutzer von mobilen Interfaces mittlerweile gewohnt sind. Es lohnt sich, diese zu kennen und bei der Planung zu berücksichtigen. Sie finden sie im Folgenden.

Signale durch Farben

Mit bestimmten Farben assoziieren wir bestimmte Dinge. Rot bedeutet *Stehenbleiben* oder *Gefahr*, während Grün als *freie Fahrt* oder *alles in Ordnung* wahrgenommen wird. Ähnliches gilt für mobile Benutzeroberflächen: Während Rot immer für die Funktionen LÖSCHEN oder ABBRECHEN steht, wird für die Funktionen SPEICHERN oder WEITER häufig eine helle, positive Farbe wie Blau oder Grün verwendet (siehe Abbildung 3.13). Berücksichtigen Sie dies bei der Entwicklung eines Farbschemas für Ihre App. Denn Elemente, die eine unerwartete Farbe verwenden, können den Nutzer verwirren oder verunsichern.

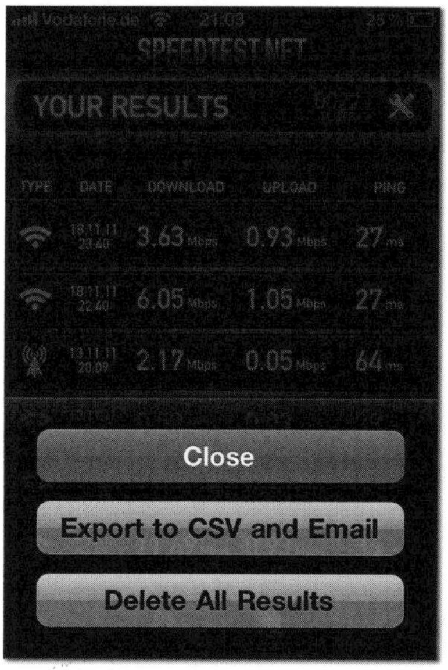

Abbildung 3.13 Anscheinend erfordert das Schließen des Menüs bei Speedtest.net eine größere Aufmerksamkeit als das Löschen aller Ergebnisse.

Farbenblindheit

Codieren Sie Informationen niemals ausschließlich durch Farben. Etwa 10 % der männlichen Weltbevölkerung haben eine Rot-Grün-Schwäche, können diese beiden Farben also nicht auseinanderhalten. Die Funktion eines Buttons sollte zusätzlich noch durch eine Bezeichnung oder ein eindeutiges Symbol ersichtlich sein.

Ladekreis

Wann immer Ihre App Daten lädt oder verarbeitet, sollte der Nutzer darüber informiert werden. Da die App häufig nicht genau weiß, wie lange dies dauert, hat sich im Web 2.0 der sogenannte *Ajax Spinner* etabliert. Der Ajax Spinner ist ein kreisrunder Ladebalken, der sich permanent dreht und anzeigt, dass in diesem Moment Daten geladen werden (siehe Abbildung 3.14).

Abbildung 3.14 Ladekreis

Im Gegensatz zu einem Ladebalken hat der Ladekreis keinen Anfang und kein Ende. So entsteht beim Nutzer keine Erwartungshaltung à la »gleich ist das Laden abgeschlossen«. Vielmehr vermittelt der drehende Indikator das beruhigende Gefühl, dass etwas passiert und die App nicht abgestürzt ist.

Aktualisierung durch Ziehen

Listen, die aktuelle Daten anzeigen, wie z. B. Newsticker, müssen regelmäßig aktualisiert werden, damit neue Einträge angezeigt werden. Um Bildschirmplatz zu sparen, hat sich Folgendes durchgesetzt: Sobald der Nutzer beim obersten, also aktuellsten

Eintrag der Liste angekommen ist, zieht er diese etwas über den Listenrand hinaus. Diese Geste bewirkt, dass die App die aktuellsten Informationen nachlädt und oben in die Liste einfügt (siehe Abbildung 3.15).

Abbildung 3.15 Ziehen in der Twitter-App

Sie haben Post!

Wann immer es Neuigkeiten gibt, möchte der Nutzer darüber informiert werden, egal, ob es sich um neue E-Mails handelt, Updates für Apps vorliegen oder neue Freundschaftsanfragen bei Facebook eingegangen sind. Als Standard für diese Information hat sich der sogenannte *Badge* (engl. für Abzeichen) durchgesetzt, ein kleiner, meist roter Kreis in der oberen rechten Ecke des betreffenden Symbols. In diesem Kreis befindet sich eine Nummer mit der Anzahl der Neuigkeiten (siehe Abbildung 3.16).

Abbildung 3.16 Die Toolbar mit Badge

Versuchen Sie, sich so weit wie möglich an den etablierten Verhaltensweisen und Standards zu orientieren, um dem Nutzer den Einstieg in Ihre App so einfach wie möglich zu gestalten. Es ist häufig nicht notwendig, das Rad neu zu erfinden. Wie bei allen Regeln gilt allerdings: Sie sind da, um gebrochen zu werden. Wenn Sie einen Nutzungsfall haben, in dem ein Schema nicht ausreicht oder passt, scheuen Sie sich nicht, es zu verändern oder zu erweitern. Ein besonderes Beispiel ist z. B. die To-do-

Listen-App *Clear* für das iPhone. Clear verzichtet auf herkömmliche Buttons und Navigationselemente und wird fast ausschließlich über Gesten gesteuert. Dieser hohe Innovationsfaktor hat dieser App große Popularität mit entsprechendem Umsatz beschert.

3.1.3 Auf der Couch oder in der Bahn

»Wozu benötige ich ein Tablet, wenn ich doch schon ein Smartphone besitze?« Wenn Sie sich diese Frage noch nicht selbst gestellt haben, haben Sie sie bestimmt schon einmal gehört. Die Antwort ist relativ simpel: Mobilgerät ist nicht gleich Mobilgerät. Ein Tablet wird anders verwendet als ein Smartphone, ebenso wie Laptops und Netbooks unterschiedliche Einsatzzwecke haben. Beim Einsatz von Mobilgeräten unterscheiden wir drei verschiedene Kategorien:

- *Vollmobil* – das Gerät wird außerhalb der eigenen vier Wände verwendet; der Nutzer ist unterwegs. Das Gerät wird dabei in unmittelbarer Nähe mitgeführt; typisch für Smartphones.
- *Halbmobil* – das Gerät wird unabhängig von einem Computer verwendet, z. B. um auf der Couch E-Mails zu lesen oder in einer Konferenz Notizen zu machen. Das Gerät ist dabei problemlos erreichbar, befindet sich aber nicht in unmittelbarer Nähe des Nutzers. Typischerweise gehören Tablets dieser Kategorie an.
- *Pseudomobil* – das Gerät wird als Erweiterung des Desktoprechners bzw. Laptops verwendet, beispielsweise als Fernbedienung oder als zusätzlicher Monitor.

Bevor Sie eine mobile App planen, sollten Sie sich darüber klar werden, in welcher Situation sich Ihr Nutzer befindet. Davon hängt häufig ab, auf welchem Endgerät Ihre App am sinnvollsten platziert werden sollte. Es gibt eine Reihe von Parametern, die verschiedene Situationen beschreiben und Ihnen bei der Entscheidung helfen können:

- *Bewegung* – befindet sich der Nutzer in Bewegung, ist er weniger aufnahmefähig als in einer Ruheposition. So konzentrieren sich beispielsweise Navigationssysteme nur auf die wichtigsten Informationen.
- *Position* – sitzt, steht oder liegt der Benutzer? Hat er eine Hand oder beide Hände frei? Davon ist abhängig, ob Ihre App komplexe Eingabemechanismen einsetzen kann oder einfach gehalten werden muss.
- *Lichtverhältnisse* – in der Sonne sind Bildschirminhalte schwerer lesbar als in geschlossenen Räumen. In der dunklen Nacht hingegen blendet ein Smartphone-Bildschirm stärker als bei Tageslicht. Die Lichtverhältnisse entscheiden über die Farbwahl und die Kontraste Ihrer App.
- *Verbindungsgeschwindigkeit* – sitzt der Nutzer auf der heimischen Couch, ist es wahrscheinlicher, dass er über eine schnelle WLAN-Verbindung verfügt. Sitzt er hingegen in seiner Ferienblockhütte im tiefsten Schwarzwald, wird sein Internet-

zugang entsprecht langsamer sein. Eine Förster-App sollte daher z. B. auch offline funktionieren.

- *Umgebung* – in einem vollen Hörsaal oder einer U-Bahn sollte eine App keine unerwarteten Geräusche produzieren. Auch wenn Hintergrundmusik oder Intros noch so cool sind, sollte der Nutzer die Möglichkeit haben, sie zu deaktivieren.

Im Folgenden werden wir an zwei sehr gegensätzlichen Beispielen erläutern, wie diese Faktoren das Design einer App beeinflussen.

Beispiel 1: Die Surfer-App

Die Surfer-App eines bekannten Board-Herstellers soll die Sportler über Windgeschwindigkeit, Wellenhöhe, Wassertemperatur und generelle Wetterinfos auf dem Laufenden halten. Die Nutzer befinden sich dabei in einer besonderen Situation:

- Sie sind unterwegs.
- Sie befinden sich unter freiem Himmel, im Idealfall in der Sonne. Es ist hell, auch mit cooler Sonnenbrille.
- Sie stehen, sitzen oder laufen.
- Sie sehen in Ihrer Bermuda-Shorts einfach umwerfend aus.
- Ihnen steht höchstens eine mobile Internetverbindung zur Verfügung.

Dies bedeutet, dass eine vollmobile iPhone-App am sinnvollsten ist (siehe Abbildung 3.17). Sie sollte nur wenige Daten übertragen und auch ohne Internetverbindung funktionieren. Informationen müssen klar und lesbar dargestellt werden, hohe Kontraste und große Schriftgrößen erleichtern die Erkennbarkeit auch in grellem Sonnenlicht und mit dunkelschwarzer Sonnenbrille. Alle wichtigen Informationen müssen auf einen Blick erkennbar sein, und weniger wichtige Informationen werden hinter einem DETAILS-Tab eingruppiert (siehe Abbildung 3.18). Auf Dekoration und Spielereien wird bewusst verzichtet.

Generell ist dies ein typisches Smartphone-Szenario. Smartphones werden in vollmobilen Situationen verwendet; die Nutzer sind meist unterwegs, z. B.:

- in der U-Bahn
- auf der Straße
- im Auto
- zwischen Meetings
- beim Laufen

Daher sollten Smartphone-Apps:

- schnell verständlich sein und ohne Erklärung funktionieren
- eine gute Performance aufweisen

- direkt zum Ziel führen
- große, einfach zu bedienende Buttons beinhalten
- Informationen auf das Wesentliche reduzieren
- wenn möglich, auch mit einer Hand funktionieren

Abbildung 3.17 Die Surfer-App

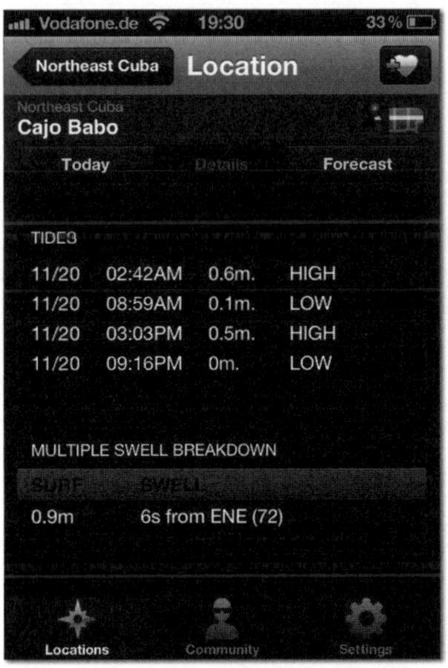

Abbildung 3.18 Detailansicht der Surfer-App

Beispiel 2: Das Magazin

Ein Lifestyle-Magazin enthält Interviews, Reportagen und Kurzgeschichten (siehe Abbildung 3.19). Die digitale Version soll außerdem interaktive Features, Infografiken, Videos und Bilderstrecken enthalten. Der Nutzer bzw. Leser befindet sich in der folgenden Situation:

- Er sitzt oder liegt.
- Er kann sich über eine gewisse Zeitspanne mit der App beschäftigen.
- Er befindet sich zu Hause.
- Er verfügt über eine schnelle WLAN-Verbindung.

Abbildung 3.19 Das Aside Magazine

Dies ist ein typischer halbmobiler Anwendungsfall. Die App bzw. Publikation hat die volle Aufmerksamkeit des Benutzers: Er wird sich etwas Zeit für sie nehmen, sie soll »entdeckt« und gelesen werden und kann über viele Details und unterschiedliche Bedienmechanismen verfügen (siehe Abbildung 3.20). Da der Nutzer über eine verlässliche und schnelle Internetverbindung verfügt, können auch größere Datenmengen aus dem Web nachgeladen werden.

Abbildung 3.20 Artikel im Aside Magazine

Halbmobile Anwendungsfälle sind perfekt für Tablets. Der Nutzer verwendet sie in der Regel:

- auf der Couch sitzend oder im Bett liegend
- abends zwischen 19 und 22 Uhr
- auf Messen, Konferenzen oder Meetings
- mit zwei Händen, während das Gerät auf dem Tisch liegt

Der Fokus bei Tablet-Apps liegt daher auf den folgenden Punkten:

- Ein durchdachtes Design für den großen Bildschirm ist nötig.
- Es lassen sich verschiedene Designschemata kombinieren.
- Inhalte können lang und komplex sein.
- Interaktive Inhalte und Videos sind möglich.
- Durch die erhöhte Bildschirmgröße macht eine 1:1-Portierung einer Smartphone-App keinen Sinn; die App muss für den großen Bildschirm optimiert werden.

3.1.4 Alles eine Frage der Ausrichtung

Wie bereits in Kapitel 2, »HTML5 in der mobilen Webentwicklung«, erwähnt, haben moderne Mobilgeräte zwei Ausrichtungen: den Portrait- und den Landscape-Modus. Für Sie als Entwickler bedeutet das, dass Sie Ihre App in zwei verschiedenen Auflösungen anbieten sollten. Es gibt einige native Apps, vornehmlich Spiele oder Magazine, die jeweils nur eine Ausrichtung unterstützen. Bei WebApps ist es allerdings nicht möglich, sich auf einen Modus festzulegen. Sobald der Nutzer das Gerät dreht, wechselt die Ausrichtung unweigerlich.

Für Ihre App bedeutet das einen enormen Zugewinn. Denn Sie können je nach Ausrichtung unterschiedliche Informationen darstellen. Zunächst sollten Sie sich aber fragen: »Wann wird welcher Modus eigentlich verwendet?«

Ein Smartphone wird üblicherweise in einer Hand gehalten, und mit der anderen Hand tippt der Nutzer auf den Bildschirm. Dies geschieht in der Regel im Portraitmodus. Denn durch seine Form liegt das Telefon bequem in der Hand. Sobald der Nutzer beide Hände frei hat, dreht er das Telefon in den Landscape-Modus. In dieser Ausrichtung lassen sich bequem längere Texte tippen, Vollbildvideos schauen oder Spiele spielen.

Bei Tablets sieht das Ganze etwas anders aus: Durch ihre größere Fläche lassen sie sich bequem im Landscape-Modus halten. iPads mit Smartcover lassen sich, leicht angewinkelt, bequem auf einen Tisch stellen. Erstaunlicherweise findet der Portraitmodus hier eher selten Verwendung; die vom Computer gelernte Breitbildvariante ist wesentlich populärer.

Interessant wird es, wenn Sie die unterschiedlichen Ausrichtungen mit unterschiedlichen Informationen belegen. Im Folgenden zeigen wir an einigen Beispielen aus bekannten Apps, wie das aussehen kann.

E-Mail auf dem iPad

Apples E-Mail-Programm auf dem iPad zeigt in der Landscape-Orientierung den Posteingang auf der linken Bildschirmseite als Liste an, und auf der rechten Seite sieht der Nutzer den Inhalt der ausgewählten E-Mail. Dreht er das Tablet in die Portraitansicht, verschwindet die Liste auf der linken Seite, und die E-Mail nimmt den ganzen Bildschirm ein. Während die eine Ansicht die Übersicht über die letzten E-Mails erleichtert, ist es in der anderen bequemer, lange Texte oder Dokumente zu lesen – je nach Anwendungsfall haben beide Ansichten Vor- und Nachteile.

Aktien auf dem iPhone

Die von Haus aus mitgelieferte Aktien-App des iPhones zeigt in der Portraitansicht eine Liste der Börsenfavoriten an (siehe Abbildung 3.21). Unter der Liste werden Details zur ausgewählten Aktie eingeblendet, und der Nutzer kann in einem Carousel durch verschiedene Ansichten swipen. Eine Drehung in den Landscape-Modus zeigt den Aktiengraphen im Vollbild an (siehe Abbildung 3.22). Hier wird, je nach Ansicht, die gleiche Information unterschiedlich dargestellt.

Abbildung 3.21 Die Aktien-App auf dem iPhone

Abbildung 3.22 Die Aktien-App im Landscape-Modus

Rechner auf dem iPhone

Im Portraitmodus sieht der Taschenrechner vertraut aus: Zahlen, Operatoren und eine Anzeige (siehe Abbildung 3.23). Dreht man das Gerät, verdoppelt sich die Anzahl der Knöpfe: Aus dem handelsüblichen Rechner wird ein wissenschaftlicher Rechner (siehe Abbildung 3.24) mit erweiterten Funktionen.

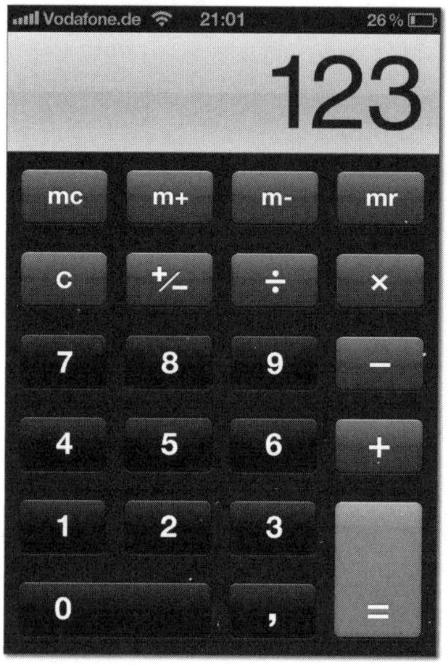

Abbildung 3.23 Der einfache Taschenrechner

Abbildung 3.24 Der wissenschaftliche Taschenrechner

Entwicklung einer Beispiel-App für zwei Orientierungen

Nun entwickeln Sie eine WebApp für zwei Orientierungen. Überlegen Sie zunächst, welche Inhalte und Elemente in welcher Ansicht angezeigt werden sollen.

Eine kleine Video-App soll im Portraitmodus neben der Videovorschau auch noch einen Infokasten anzeigen, in dem eine Beschreibung des Videos steht (siehe Abbildung 3.25). Dreht der Nutzer das Gerät, soll das Video als Vollbild angezeigt werden, und Infokasten und Titelzeile sollen verschwinden.

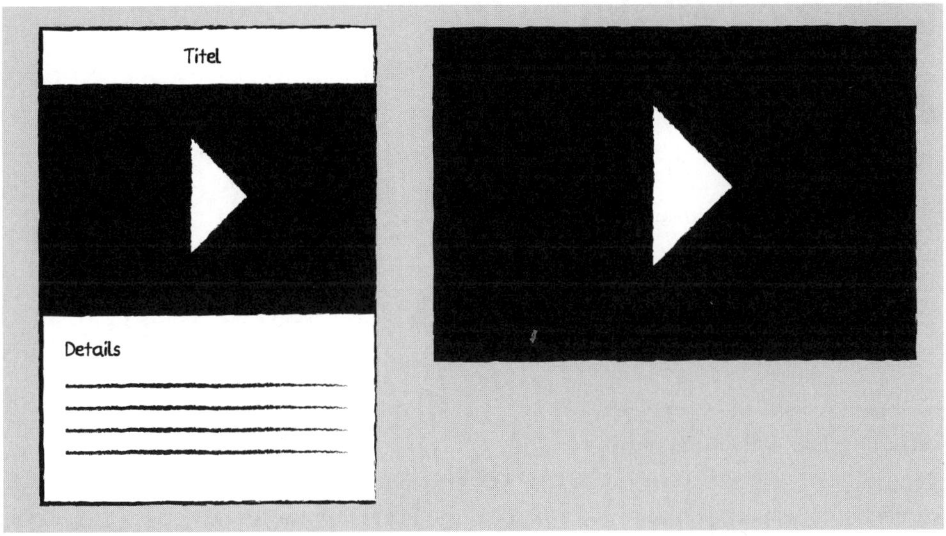

Abbildung 3.25 Wireframe für beide Ausrichtungen

Zunächst legen Sie ein HTML-Dokument an:

```
<header>
 <h1>Video</h1>
</header>
<video src="video.m4v"></video>
<aside class="info">
 <h2>Big Buck Bunny</h2>
 <p>...</p>
</aside>
```

Listing 3.3 Das HTML-Grundgerüst

Unser Dokument besteht aus einem Header, der die Titelleiste beinhaltet, einem `aside`-Element, in dem zusätzliche Informationen stehen, und dem eigentlichen Video (siehe Abbildung 3.26). Mehr Details zum Einfügen von Videos und Sounds behandeln wir in Kapitel 4, »HTML5 als Designwerkzeug«; bis hierhin reicht uns das einfache `video`-Element mit einem `src`-Attribut. Dieses enthält den Pfad zur Videodatei, die in unserem Fall schon Smartphone-kompatibel encodiert wurde.

Abbildung 3.26 Das Grundgerüst

Im nächsten Schritt gestalten Sie zunächst die Portraitvariante mit etwas CSS–Code (siehe Abbildung 3.27):

```
body {
 font-family: sans-serif;
 margin: 0;
}
header {
 height: 44px;
 background-color: blue;
 color: white;
 text-align: center;
}
video {
 width: 100%;
}
aside.info {
 background-color: lightgrey;
 padding: 10px;
}
```

Listing 3.4 Das CSS-Grundgerüst

Abbildung 3.27 Die Portraitversion

Entscheidend ist hierbei, die Breite des `video`-Elements auf 100 % zu setzen, also auf die genaue Breite des *Viewports*, des im Bildschirm sichtbaren Bereichs. Wenn Sie Ihr Gerät drehen, passt sich die Größe des Videos dynamisch an die Breite des Geräts an (siehe Abbildung 3.28).

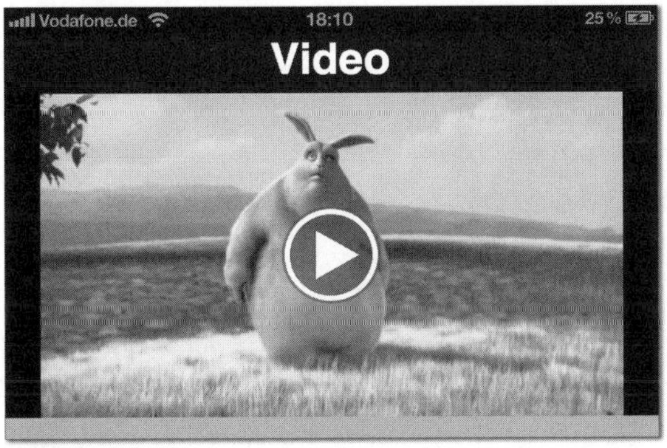

Abbildung 3.28 Die Landscape-Version

Um in der Landscape-Variante ein Vollbildvideo anzuzeigen, müssen Sie die Titelleiste und Infobox ausblenden. Sie benötigen ein Stylesheet, das nur im Landscape-Modus zum Tragen kommt. Der einfachste Weg, um dies zu erzielen, führt über eine CSS-Media-Query:

```
@media all and (orientation: landscape) {
  ...
}
```

Fügen Sie den @media-Selektor am Ende Ihrer CSS-Datei ein. Alle Eigenschaften, die innerhalb des Selektors stehen, werden nur ausgeführt, wenn die Selektorbedingung erfüllt ist, in diesem Fall also, wenn sich das Gerät in der Landscape-Orientierung befindet. Alle zuvor definierten CSS-Regeln werden dabei überschrieben:

```
@media all and (orientation: landscape) {
 header, aside {
  display: none;
 }
 video {
  height: 300px;
 }
}
```

Mit `display: none;` verstecken Sie Titelzeile und Infobox in der Landscape-Orientierung (siehe Abbildung 3.29). Das Video setzen Sie mit 300 Pixeln auf die genaue Höhe des iPhones (abzüglich der Statuszeile), um es bildschirmfüllend darzustellen.

Abbildung 3.29 Landscape-Version ohne Titelleiste und Infobox

Genauso könnten Sie spezielle Regeln für den Portraitmodus festlegen; die Media Query dafür ist `@media all and (orientation: portrait)`. Erklären Sie eine Ausrichtung zum Standard, und legen Sie anschließend mit einer Media Query spezielle Regeln für die andere Ausrichtung fest.

3.2 Eine App konzipieren

Die grundlegenden Eigenschaften eines Touch-Gerätes haben Sie nun verinnerlicht. Jetzt geht es ans Eingemachte: Sie konzipieren Ihre erste eigene WebApp. Die Konzeption Ihrer App ist wichtig, um im späteren Prozess der Programmierung unnötigen Frust und Arbeit zu vermeiden.

3.2.1 Vorüberlegungen – was genau soll meine WebApp können?

Bevor Sie aber mit der Programmierung oder dem Design loslegen, müssen Sie einige Vorüberlegungen anstellen. So müssen Sie sich darüber klar werden, was Ihre App können muss, für wen sie eigentlich gedacht ist und in welchem Zusammenhang sie verwendet wird.

Wen spreche ich an?

Zunächst sollten Sie überlegen, wer Ihre App später verwenden soll. Idealerweise kennen Sie Ihre Zielgruppe genau, z. B. wenn Sie eine WebApp für die Mitarbeiter einer Firma entwickeln. Meistens ist dies aber nicht der Fall; dann sollten Sie sich darüber klar werden, aus welchen Benutzern sich Ihre Zielgruppe eigentlich zusammensetzt. Sind die Benutzer eher weiblich oder eher männlich? Kommen sie eher aus Deutschland, oder sprechen Sie eine internationale Zielgruppe an? Kommen die Nutzer aus einer bestimmten Region? Welcher Altersgruppe gehört der Hauptteil Ihrer Benutzer an? Welche anderen Geräte, Programme und Webseiten kennen und benutzen sie noch? Wie lang und wie häufig nutzt Ihre Zielgruppe üblicherweise Mobilgeräte?

Wenn Sie diese Fragen beantworten können, haben Sie bereits eine Grundlage für wichtige Entscheidungen im Entwicklungsprozess geschaffen, etwa dazu, ob Sie Ihre App in mehreren Sprachen anbieten sollten.

Eine weitere wichtige Frage stellt sich nach dem Einsatzort Ihrer WebApp: Wird sie eher vollmobil, halbmobil oder pseudomobil eingesetzt, und interagiert sie eventuell mit Objekten in der Umgebung des Nutzers, beispielsweise bei einem interaktiven Stadtführer?

Wann und wie häufig wird der Nutzer die App einsetzen? Wie lange wird er sich mit dieser auseinandersetzen? Eine Fahrinfo-App wird wahrscheinlich mehrmals täglich nur für wenige Minuten verwendet, während ein Tablet-Magazin einmal pro Woche für etwa 1–2 Stunden »aufgeschlagen« wird. Entsprechend verändert sich auch die Erwartungshaltung des Benutzers: Während bei der einen App in möglichst kurzer Zeit ein klar definiertes Problem (»Was kann ich tun, damit ich meinen Zug nicht ständig verpasse?«) gelöst werden soll, möchte der Nutzer in der anderen App eher unterhalten werden.

Daraus ergeben sich fast automatisch auch schon die Fragen, für welchen Gerätetyp Sie Ihre App entwickeln sollten, und ob es eher sinnvoll ist, Ihre Software für ein Tablet, ein Smartphone oder gar für beides zu programmieren. So wird beispielsweise die Fahrinfo-App eher auf einem Smartphone eingesetzt, während ein Magazin nur auf einem großen Tablet-Bildschirm richtig Spaß macht.

Ebenso wichtig ist, für welche Plattform Sie Ihre App optimieren und testen sollten. Ist Ihre Nutzerschaft eher auf iOS oder Android zu Hause? Ein Tablet-Magazin für Android-Fans für ein iPad zu optimieren, ergibt beispielsweise nur bedingt Sinn.

Wenn Sie nun Zielgruppe, Zielgerät, Zielplattform sowie Verwendungsort und Verwendungsart in etwa skizziert und eingeschränkt haben, sollten Sie die Kernfunktionen Ihres Programms identifizieren. Diese Funktionen sollten sich von Anfang an in Ihrer App befinden. Planen Sie also die Benutzeroberfläche entsprechend. Überlegen Sie auch, welche Funktionen für die Anfangsphase weniger wichtig sind und eher als nette Ergänzung in weiteren Versionen nachgeschoben werden können.

3.2.2 Gedanken und Inhalte ordnen

Die Theorie der Softwareentwicklung füllt ganze Bücher. Üblicherweise fasst der Auftraggeber einer Software seine Anforderungen in einem *Lastenheft* zusammen, und in einem *Pflichtenheft* erklärt der Auftragnehmer, wie und womit er diese Anforderungen zu erfüllen gedenkt. Das Pflichtenheft definiert, welche Features umgesetzt werden müssen, welche umgesetzt werden sollten und welche umgesetzt werden könnten. Außerdem werden hier die Zielgruppe, die Anwendungsbereiche und die Betriebsbedingungen festgelegt sowie das Produkt, seine Leistungen und Funktionen umrissen. Des Weiteren wird definiert, in welcher Entwicklungsumgebung, also mit welcher Programmiersprache eine Software umgesetzt wird.

In Deutschland ist sehr genau festgelegt (wie könnte es auch anders sein), welche Informationen ein Pflichtenheft umfasst: Die DIN 69901, »Projektmanagement«, regelt alle Details. In diesem Kapitel wollen wir uns einem etwas praxisnäheren Ansatz widmen: In sechs Schritten beschreiben, entwerfen und testen Sie Ihre App.

Funktionsbeschreibung und Marktumfeld

Im ersten Schritt fertigen Sie eine Beschreibung Ihrer WebApp an. Schreiben Sie auf, welche Kernfunktionen benötigt werden und welche Funktionen später hinzugefügt werden können. Legen Sie außerdem fest, was Ihre App *nicht* leisten soll. Dies bewahrt Sie vor zu überambitionierten Zielen und erleichtert es Ihnen, den Rahmen exakt abzustecken.

Hilfreich ist es, diese Beschreibung so knapp wie möglich zu verfassen. Können Sie Ihre Idee nicht in einem Satz vermitteln, ist sie wahrscheinlich zu kompliziert oder zu komplex. Eine beliebte Technik aus der Start-up-Szene ist der sogenannte *Elevator Pitch*: Stellen Sie sich vor, Sie müssten während einer typischen Fahrstuhlfahrt, also innerhalb von 30 Sekunden, einen potenziellen Investor von Ihrem einmaligen Konzept überzeugen. Durch die erzwungene Kürze fällt es leichter, sich auf die Kernidee zu konzentrieren. Eine verschärfte Form davon ist der *Twitter Pitch*: In der Länge einer Twitter-Nachricht, also 140 Zeichen, muss die Idee transportiert werden. Probieren Sie es einmal aus!

Wenn Sie es noch nicht getan haben, sollten Sie spätestens jetzt das Marktumfeld und etwaige Mitbewerber-Apps recherchieren. Schauen Sie sich um, welche nativen Apps und WebApps für Ihren Anwendungsfall bereits existieren. Testen Sie diese, und überlegen Sie, welche Vorteile Ihre App gegenüber der Konkurrenz aufweist. Identifizieren Sie Probleme, und überlegen Sie, wie Sie diese verbessern können.

Um die Positionierung Ihrer App im Marktumfeld zu formulieren, hilft Ihnen eine Methode aus der Werbung: das einfache *Kommunikationskonzept*. Dabei legen Sie *Claim*, *USP* und *Reason Why* fest.

Der Claim ist das Hauptversprechen, das Ihre App dem Anwender macht. Häufig ist dieser identisch mit einem Werbe-Slogan, etwa wie »Der schnelle und sichere Browser« bei Google Chrome. Ein Claim muss sehr knapp, einfach und ohne Nebensätze formuliert werden.

Die USP (Unique Selling Proposition) bzw. das Alleinstellungsmerkmal gibt an, wie sich Ihre Anwendung von der Konkurrenz unterscheidet. Versuchen sie, schwammige und zu allgemeine Formulierungen wie »besser« oder »schneller« zu vermeiden. Identifizieren Sie ein Merkmal, das Ihre App tatsächlich heraushebt und einzigartig werden lässt.

Der *Reason Why* ist der Beweis für Versprechen und Ihr Alleinstellungsmerkmal. Hier wird rational belegt, wieso Ihr Programm tatsächlich besser ist als das Produkt der Konkurrenz. Hier kann aber auch ein Vorteil gegenüber einem klassischen Anwendungsfall erwähnt werden, wie beispielsweise der Vorteil einer Fahrauskunft-App gegenüber dem gedruckten Fahrplan an der Bushaltestelle.

Wir haben schon gemerkt, dass Sie Sharky bereits vermissen, deswegen wenden Sie das gelernte Wissen über die Konzeption doch einfach auf die WebApp Ihres Lieblingshais an.

Das Aquarium in Baumbach ist um eine Attraktion reicher: Der Jaguarhai Sharky ist frisch geschlüpft und zieht Besucher aus dem gesamten Umland an. Um eine bessere Sicht auf das Junge zu gestatten, sollen keine Infotafeln am Haifischbecken angebracht werden. Stattdessen soll eine kostenlose WebApp die Besucher über die süße und zugleich faszinierende Kreatur informieren.

Zunächst beschreiben Sie die Kernfunktion und eventuelle Erweiterungen der App. Halten Sie diese so »knackig« wie möglich:

> *Die Sharky-App enthält interessante Informationen über die Lebensbedingungen, Gewohnheiten und Eigenarten des Haijungen Sharky. Später könnte die App den Besucher über aktuelle Entwicklungen und Besichtigungstermine auf dem Laufenden halten.*

Schränken Sie nun die Funktionalität bewusst ein:

Die Sharky-App enthält keine Anfahrtsskizze oder allgemeine Informationen zum Aquarium – diese können über die bestehende Website abgerufen werden.

Nutzer und Storyboard

Schlechte Software zeichnet sich in der Regel dadurch aus, dass sie schlecht zu bedienen oder zu kompliziert und zu schwer zu erlernen ist. Häufig wird der Fehler gemacht, die Funktionen in den Vordergrund zu stellen und nicht die Art und Weise, wie diese benutzt werden. Daher sollten Sie sich nach der Funktionsbeschreibung dem eigentlichen Mittelpunkt Ihrer App widmen: dem Benutzer.

Nutzerzentriertes Design bedeutet, dass Sie Ihre App stets aus dem Blickwinkel der Anwender betrachten und planen sollten. Dafür ist es unabdingbar, dass Sie zunächst überlegen, wer Ihr Programm überhaupt verwenden wird. Große Softwareunternehmen lassen dafür Marktforschungen, Umfragen und Zielgruppenanalysen anfertigen, die soziodemografische und Lifestyle-Parameter abdecken.

Wesentlich unkomplizierter ist es aber, einen bzw. mehrere Zielgruppenvertreter zu entwickeln. Dabei beschreiben Sie einen typischen Anwender und fertigen ein Kurzprofil an. Dieses enthält u. a.:

- Alter
- Geschlecht
- Familienstand
- Bildung
- Beruf
- Herkunft
- Computerkenntnisse bzw. Erfahrungen
- verwendete Plattformen und Geräte
- durchschnittliche Nutzungsdauer
- Motivation

Versuchen Sie, einen durchschnittlichen Benutzer herauszupicken und diesen so konkret wie möglich zu beschreiben. Geben Sie ihm einen Namen, und scheuen Sie sich nicht, Klischees zu verwenden. Vermeiden Sie allgemeine Formulierungen, und denken Sie sich stattdessen eine kleine Geschichte aus. Dies wird Ihnen später dabei helfen, sich besser in den Benutzer hineinzuversetzen.

Für die Sharky-App könnte das vielleicht so aussehen:

Steve, 38, aus Baumbach ist leidenschaftlicher Angler und Familienvater. In seinem Job als Bauleiter ist er viel unterwegs und auf sein Smartphone angewiesen.

Neben beruflichen E-Mails und Excel-Dokumenten nutzt er auf Ausflügen vor allem die eingebaute Kamera.

Sie haben es also mit einem sehr typischen Smartphone-Nutzer zu tun, der die Möglichkeiten seines Geräts voll ausschöpft. Er verwendet ein Firmengerät auch privat, nutzt es aber weniger zum Spielen oder für Unterhaltungsmedien. Die kleine Geschichte hilft uns, ein Bild von Steve zu zeichnen, ohne dass dieser tatsächlich existiert. Beschreiben Sie immer mehrere Profile:

Jane, 29, ist Lehrerin einer Grundschule. Sie versucht, ihre Kinder über ausgefallene Gadgets zu erreichen und hat für den Kunstunterricht seit Neuestem Tablets im Einsatz.

Klaus, 73, hat sich vor Kurzem ein modernes Android-Smartphone zugelegt. Obwohl er zu Computern nie einen guten Draht hatte, kann er auf seinem Telefon jeden Tag etwas Neues entdecken. Mit seinen Enkeln schreibt er regelmäßig E-Mails, und seit Neuestem hat er sogar ein Facebook-Profil.

Als Nächstes sollten Sie sich Gedanken darüber machen, in welcher Situation sich Ihre Benutzer befinden. Beschreiben Sie ein oder mehrere Szenarien, in denen der Nutzer mit der App interagiert. Formulieren Sie eine Problemstellung und wie diese mit Ihrer Anwendung gelöst werden kann. Bedenken Sie die in Abschnitt 3.2.1, »Vorüberlegungen – was genau soll meine WebApp können?«, erwähnten Faktoren in Ihrer Situationsbeschreibung.

Am einfachsten gelingt dies mithilfe der *Storyboard-Methode*: Skizzieren Sie einen kurzen Comic-Strip, der Problem, Anwendung und die daraus resultierende Lösung enthält. Meist reichen dafür drei Bilder bereits aus (siehe Abbildung 3.30). Keine Angst, Sie müssen dafür kein talentierter Zeichner sein; eine schnelle Strichmännchenskizze reicht völlig aus.

Abbildung 3.30 Storyboard der Sharky-App

Für die Sharky-App sind die Voraussetzungen relativ eingeschränkt: Der Nutzer steht vor dem Haifischbecken; höchstwahrscheinlich wird er eher ein Smartphone als ein Tablet verwenden. Da das Aquarium über kein öffentliches WLAN verfügt, ist er auf eine langsame 3G-Verbindung angewiesen.

Durch diese Situationsbeschreibung lernen Sie, wie ein Nutzer die App sieht und mit welchen Problemen er konfrontiert wird. Dies hilft Ihnen dabei, ein passendes Bedienschema zu wählen und einen Nutzer-Flow zu erarbeiten.

Im Fall »Sharky« haben wir etwas Wichtiges gelernt: Die Problemstellung beginnt immer mit einer relativ konkreten Frage, die das Programm beantworten soll. Obwohl Sie aufwendige Videos oder ein interaktives drehbares 360-Grad-Modell des Haijungen einbauen könnten, werden Sie sich lieber auf eine geradlinige Frage-Antwort-App konzentrieren.

Bedienmuster und Userflow

Im nächsten Schritt erarbeiten Sie einen *Benutzer-Workflow* für Ihre App. Ein Benutzer-Workflow ist eine Abfolge von Nutzeraktionen und den entsprechenden Ausgaben des Programms.

Wenn Sie ein größeres Projekt in einem klassischen Softwarehaus entwickeln, werden Sie um die genaue und detaillierte Abbildung der Abläufe nicht herumkommen – für uns soll diese einfache Abfolge aber erst einmal reichen.

Wenn Ihr Workflow feststeht, sollten Sie einen Aufbau der Bedienoberfläche auswählen.

Skizzieren Sie die App

Im nächsten Schritt planen Sie das Aussehen Ihrer App. Dabei geht es weniger darum, welche Farbe die Buttons haben sollen oder ob eine Ledertextur oder doch lieber eine Alligatorhaut den Hintergrund der App schmücken soll. Vielmehr bilden Sie den Benutzerablauf in einzelnen Bildschirmseiten ab und entscheiden, welche Bedienelemente wo hingehören.

Dafür verwenden Sie sogenannte *Wireframes*. Ein Wireframe oder auch Gittermodell zeigt nur die Außenform eines Elements an und reduziert es damit auf das Wesentliche. Üblicherweise werden Gittermodelle daher auch in Schwarzweiß gehalten. Bedienelemente werden weitestgehend abstrahiert: Buttons, Eingabefelder, Listeneinträge usw. werden auf ein einfaches Rechteck reduziert und Bilder und Videos durch ein Rechteck mit einem Kreuz dargestellt. Kürzere Texte und Beschriftungen werden ausgeschrieben und längere oder sehr kleine Texte durch horizontale Linien dargestellt. Dekorative Elemente werden hingegen komplett weggelassen.

Zunächst sollten Sie sich für ein Bedienschema aus Abschnitt 2.2.2, »Semantische Elemente in HTML5«, entscheiden und, davon ausgehend, ein Wireframe-Modell Ihrer App zeichnen. Hierzu gibt es unterschiedliche Werkzeuge und Methoden.

Entwurfssoftware wie Microsoft Visio oder OmniGraffle bieten eine Vielzahl an vorgefertigten Formen und Bedienelementen; neue Elemente können häufig als Zusatzbibliothek nachgerüstet werden. Die Wireframes von Entwurfssoftware werden auf diese Weise sehr ordentlich und können fast pixelgenau zusammengesetzt werden. Wichtiger Tipp: Vernachlässigen Sie im Wireframing-Prozess bewusst Schriftarten, Farben oder Texturen – zunächst soll es nur um die reine Struktur gehen.

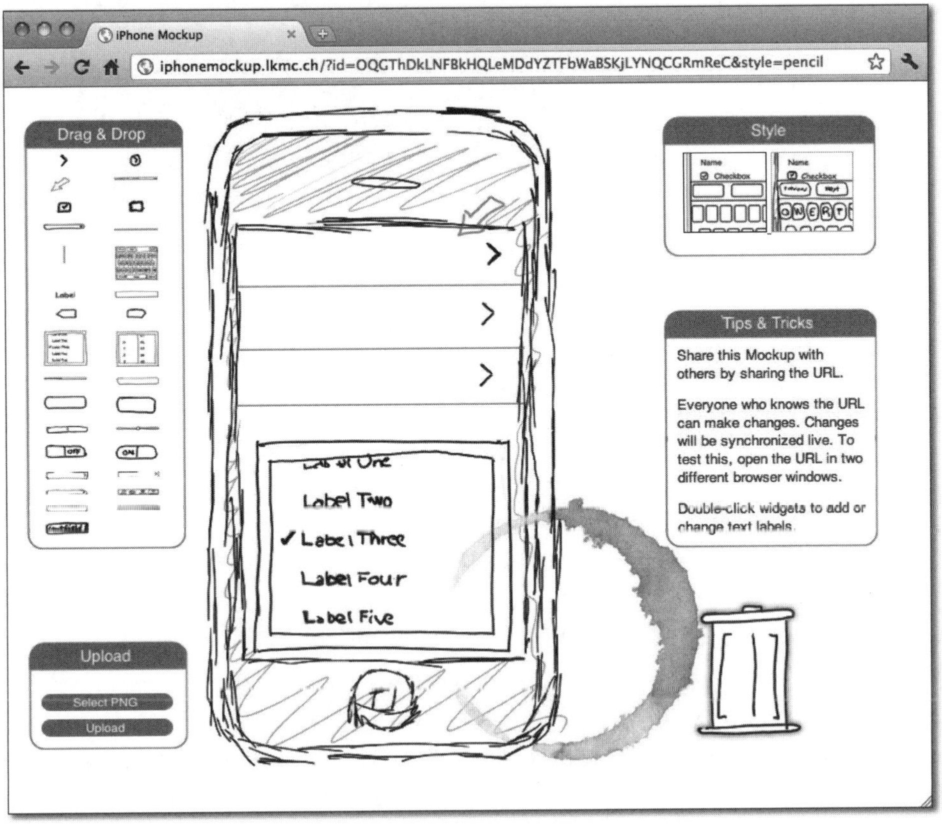

Abbildung 3.31 Das iPhone-Interface-Mockup-Tool »iPhone Mockup« (http://iphonemockup.lkmc.ch)

Natürlich können Sie Ihre WebApp auch mithilfe einer *Entwurfs-WebApp* entwerfen. So bietet Ihnen das einfache Tool *iPhone Mockup* (*http://iphonemockup.lkmc.ch/*) eine übersichtliche Palette an Interface-Elementen und die Möglichkeit, Ihren Wireframe in zwei verschiedenen Stilen darzustellen: als Illustration oder als Bleistiftskizze (siehe Abbildung 3.31). Das Werkzeug eignet sich perfekt, wenn mehrere Personen an einem Projekt arbeiten.

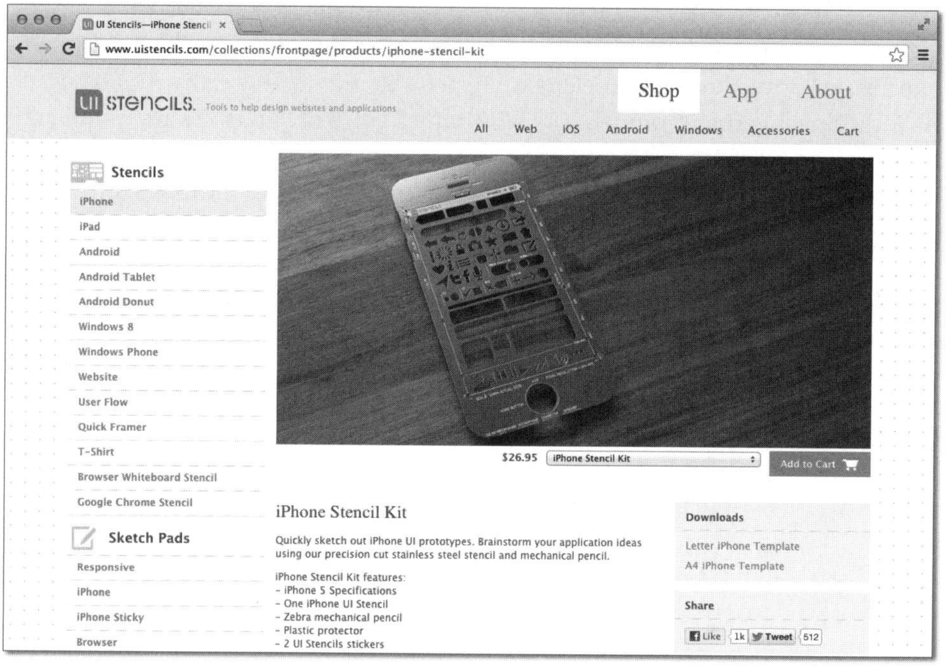

Abbildung 3.32 UI Stencils

Schablonen bietet die Firma UI Stencils für iPhone, iPad, Android und Windows Phone (siehe Abbildung 3.32). Dabei sind alle wichtigen Elemente, Symbole und Logos zum Nachzeichnen in den richtigen Größenverhältnissen vorgestanzt. Die perfekte Ergänzung hierzu sind Zeichenblöcke mit Smartphone-Vordruck. Mit der Schablonenmethode sind Sie häufig schneller als mit einer Software, und vor allem können Sie Wireframes in Originalgröße zeichnen.

Post-its sind das mit Abstand einfachste und schnellste Medium für Papierprototypen: Mit Bleistift und Filzstift können Sie in nur wenigen Sekunden beliebige Bildschirmseiten in Originalgröße skizzieren und sammeln. Kleben Sie einen Post-it-Entwurf direkt auf Ihr Smartphone, um ein besseres Gefühl für die Handhabung zu bekommen.

Besonders in der Anfangsphase sollten Sie eine Handskizze der digitalen Version vorziehen: Nicht nur, dass Sie so schneller zu einem Ergebnis gelangen, sondern Sie können die Handskizze auch einfacher verändern oder vergleichen. Es hat sich bewährt, die Bildschirmseite zunächst mit einem harten Bleistift grob aufzuteilen und Elemente auszuprobieren – Fehler können problemlos wieder ausradiert werden. Zeichnen Sie dann den finalen Screen mit einem mitteldicken schwarzen Filzstift nach. Verwenden Sie keine Farben, um Elemente hervorzuheben oder sie anders zu kennzeichnen; die einzige Ausnahme sind Hinweise oder Anmerkungen: Damit diese nicht mit eigentlichen Bedienelementen verwechselt werden, ist es üblich, sie mit einem roten Stift hinzuzufügen.

Die Sharky-App soll eine Frage-Antwort-App werden. Daher entscheiden Sie sich für das Bedienschema *Master Detail*. In einer Liste werden die Fragen abgebildet. Tippt der Nutzer einen Listeneintrag an, öffnet sich ein Bildschirm mit der entsprechenden Antwort. In Ihrem Wireframe sieht das dann in etwa wie in Abbildung 3.33 aus.

Abbildung 3.33 Master-Detail-Skizze auf Post-its

Fertigen Sie pro Bildschirmseite eine Skizze an, und notieren Sie, auf welchem Weg der Nutzer von einem Screen zum anderen gelangt. Wenn Sie Ihre Wireframes in Originalgröße angelegt haben, können Sie die Interaktion bereits »proben«: Tippen Sie ein Element an, und erklären Sie, was anschließend passiert. Springen Sie anschließend zum entsprechenden Wireframe; gibt es noch keinen Wireframe müssen Sie ihn noch anlegen.

Skizzieren 2.0 – Die App »POP«

Benutzer von iOS-Geräten können sich über eine besonders tolle Möglichkeit freuen, um gezeichnete Wireframes mit interaktiven Features zu kombinieren. Die App *POP* (kurz für Prototype on Paper) hilft Ihnen dabei, aus einfachen Skizzen komplexe Prototypen zu erstellen (siehe Abbildung 3.34).

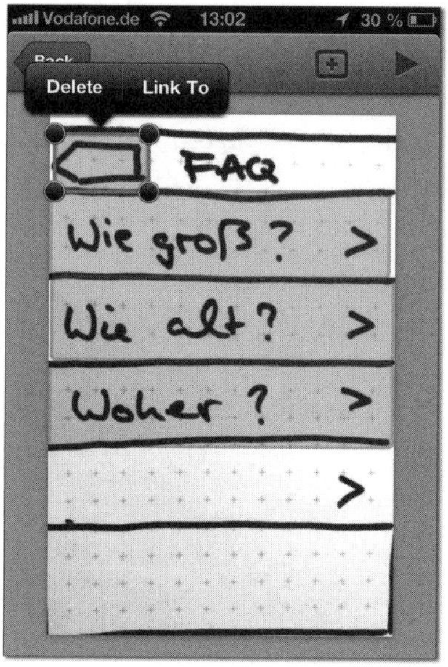

Abbildung 3.34 Die App »POP« auf dem iPhone

Laden Sie die App kostenlos von *http://popapp.in/* auf Ihr iPhone. Dort legen Sie zunächst ein neues Projekt an und fügen diesem neue Fotos Ihrer gezeichneten Wireframes hinzu – das geht ganz einfach über die integrierte Kamera. Anschließend können Sie die Wireframes in der App miteinander verknüpfen – hierzu definieren Sie mit dem Button + in der Symbolleiste neue klickbare Bereiche, die Sie skalieren und verschieben und dann über LINK TO mit einem anderen Wireframe verknüpfen. Besonders komplexe Nutzereingaben lassen sich auf diese Weise nicht simulieren, aber der Zusammenhang zwischen den einzelnen Screens wird in jedem Fall deutlich.

Tippen Sie jederzeit den PLAY-Button in der Symbolleiste an, um den aktuellen Screen zu testen. Wenn Sie all Ihre Wireframes miteinander verknüpft haben, exportieren Sie das Projekt über den TEILEN-Button in der Projektübersicht. Die App erstellt aus Ihren Screens eine WebApp und stellt Ihnen per E-Mail oder Social Network einen Link zur Verfügung, unter dem Sie Ihre App testen können.

Nutzertests

Wichtiger Bestandteil des nutzerzentrierten Designs ist es, die App direkt an Nutzern zu testen. Diese *Usability-Tests* sollten so früh und so häufig wie möglich erfolgen. Sie geben Ihnen Aufschluss darüber, wie andere Menschen Ihre App bedienen und verstehen.

Die Art und Weise, wie diese Tests durchgeführt werden, wurde in den letzten Jahrzehnten perfektioniert. Große Softwareentwickler unterhalten Usability-Labore, in denen die Teilnehmer und Ihre Bewegungen minutiös aufgezeichnet werden. Mittlerweile lassen sich sogar Pupillenbewegungen und Hirnströme messen. Für solche Tests werden häufig komplexe Prototypen programmiert und mit Testdaten gefüttert, damit der Nutzer das Gefühl hat, ein echtes Programm zu bedienen.

Erstaunlicherweise kann man aber mit wesentlich weniger Aufwand bereits sehr gute Ergebnisse erzielen. Im Folgenden lernen Sie, wie so ein einfacher Test, der auch ohne Magnetresonanztomograf funktioniert, aufgebaut sein kann.

Auswahl der Testpersonen

Tester auszuwählen ist oft viel einfacher, als man glaubt: Freunde und Familienmitglieder sind dankbare Versuchspersonen. Sie müssen also nicht gleich ein Casting veranstalten. Je genauer Ihre Testperson in die Zielgruppenbeschreibung passt, desto besser. Achten Sie darauf, dass Sie keinen Experten testen lassen: Jemand, der Ihre App bereits kennt, eignet sich nicht dazu, Probleme in der App zu identifizieren.

Testsituation

Natürlich benötigen Sie kein voll ausgestattetes Testlabor; ein Raum mit zwei Stühlen und einem Tisch reicht bereits völlig aus. Versuchen Sie, die Benutzersituation nachzuempfinden, eine Surf-App lässt sich beispielsweise gut in der Sonne testen. Sorgen Sie dafür, dass sich die Testperson wohlfühlt. Idealerweise sollte der Test nicht länger als 25 Minuten dauern.

Testablauf

Bringen Sie zunächst etwas über die Testperson in Erfahrung: Welche Vorkenntnisse hat sie? Benutzt sie selbst ein Smartphone bzw. ein Tablet? Hat sie eine ähnliche App schon einmal verwendet?

Anschließend erklären Sie der Testperson, was Sie vorhaben: Sie testen heute eine neue App. Erzählen Sie kurz, worum es bei der App geht, ohne dabei zu viel zu verraten.

Normalerweise würde der Testperson jetzt ein Gerät mit einem programmierten Prototyp in die Hand gedrückt; in Ihrem Fall lassen Sie sie mit den Wireframes »interagieren«. Kopieren bzw. drucken Sie jeden Screen auf ein einzelnes Blatt Papier. Der Nutzer sollte jeweils nur einen »Bildschirm« sehen, bei Interaktion, also Antippen, wechseln Sie das Blatt aus. Wenn Ihnen für den Test ein mobiles Gerät zur Verfügung steht, können Sie die Screens mit Post-its übereinander auf das Display kleben und bei Interaktion einfach abziehen (siehe Abbildung 3.35). Alternativ können Sie die Screens einfach abfotografieren und mit der Foto-App wechseln oder die bereits erwähnte POP-App verwenden.

Abbildung 3.35 Telefon mit Wireframe

Geben Sie der Testperson eine konkrete Aufgabe, die sie mit dem Prototyp der App lösen soll. Bei der Sharky-App bitten Sie Ihre Testperson herauszufinden, wie groß der kleine Hai einmal werden wird. Beobachten Sie den Tester dabei in Ruhe. Versuchen Sie, ihn nicht zu verunsichern und während des Testablaufs keine Notizen zu machen. Bitten Sie die Testperson zu beschreiben, was sie auf dem Bildschirm sieht, was sie als Nächstes tun möchte und was eine bestimmte Interaktion ihrer Meinung nach bewirkt. Verraten sie der Person die Lösung nicht sofort, wenn sie im Test steckenbleibt, sondern fragen Sie lieber nach und lassen Sie sich beschreiben, was die Person erwarten würde.

Für Usability-Tests gibt es drei goldene Regeln, die Sie unbedingt beachten sollten:

1. Geben Sie keine Bedienanweisungen oder Hinweise

   Vermeiden Sie unbedingt Formulierungen wie »Tippen Sie bitte dort, damit etwas passiert«. Geben Sie stattdessen ein Problem vor, dass es zu lösen gilt.

2. Nutzer machen keine Fehler

   Sie testen nicht den Benutzer, sondern das Programm. Läuft etwas schief, oder versteht der Nutzer ein Element nicht, liegt der Fehler nicht bei ihm, sondern in der Benutzeroberfläche. Diese Probleme gilt es herauszufinden und Ihre App so zu verbessern, dass sie intuitiv bedient werden kann.

3. Don't listen, observe

   Ihre Testperson wird im Laufe des Tests Verbesserungsvorschläge machen oder Wünsche äußern. Häufig sind dies Features, die ihr sinnvoll erscheinen, die aber tatsächlich gar nicht benötigt werden. Beobachten Sie daher Ihre Testperson sehr genau, und hören Sie weniger auf das, was sie sagt.

In Ihrem Sharky-Test schlägt eine Testperson beispielsweise vor, ein drehbares 3D-Modell des Hais einzubauen. Dies klingt erst einmal ziemlich cool, aber tatsächlich stehen die Benutzer im Aquarium direkt vor dem echten Hai – was ein 3D-Modell in der App überflüssig werden lässt.

Der Nutzertest hat das Ziel herauszufinden, welche Stärken und Schwächen die Benutzeroberfläche hat, ob sie intuitiv bedient werden kann und verstanden wird. Versuchen Sie, Ihre App immer von mehreren Personen testen zu lassen. Wiederholt sich ein Problem, müssen Sie in der Oberfläche Änderungen vornehmen. Wird ein Feature nicht verstanden oder bedarf es einer ausgiebigen Erklärung, sollten Sie dieses noch einmal auf den Prüfstand stellen.

Im Sharky-Test konnten Sie außerdem beobachten, dass die Testnutzer das Prinzip der Liste mit auswählbaren Fragen erst verstanden hatten, nachdem Sie die Listeneinträge um einen Pfeil auf der rechten Seite ergänzten und damit Interaktivität suggerierten. Alle Nutzer scheiterten daran, von der Detailansicht in die Listenansicht zurückzufinden. Sie haben also schlicht einen ZURÜCK-Button vergessen, den Sie nachträglich in Ihre Wireframes einbauen sollten.

Wiederholen Sie Usability-Tests regelmäßig und nach Möglichkeit in jedem Stadium der Entwicklung. Der häufigste Fehler, der bei Nutzertests gemacht wird ist, dass sie viel zu spät durchgeführt werden, meist erst, wenn die eigentliche App schon fertig ist.

Details und Überarbeitung

Im Nutzertest haben Sie gelernt, welche Fehler und Schwächen unser bisheriges Konzept hatte und können dies nun überarbeiten. Die Sharky-App erhält einen zusätzlichen ZURÜCK-Button und wird außerdem durch Pfeile an den Listeneinträgen erweitert. Diese fügen Sie den Wireframes hinzu, die Sie nun bereits etwas detaillierter ausarbeiten können:

Wenn notwendig, können Sie nun verschiedene Variationen von Bildschirmseiten als Wireframes umsetzen. Dies ist vor allem dann sinnvoll, wenn Sie noch nicht genau wissen, mit welchen Inhalten Sie bestimmte Elemente später füllen werden, z.B. ob ein Textfeld einen langen oder einen kurzen Namen erhalten wird. Wenn Sie Ihre App später in andere Sprachen übersetzen möchten, haben Sie jetzt Gelegenheit, den Platzbedarf einzelner Bezeichner zu testen: Das im Deutschen sehr kurze »Hallo Welt« wird auf Französisch zu einem etwa doppelt so langen »Bonjour tout le monde«. Besonders Button-Beschriftungen, denen in der Regel wenig Platz zur Verfügung steht, sollten im Vorfeld hierauf überprüft werden.

In der Sharky-App soll es unterschiedlich lange Antworten geben; teilweise sollen diese Bilder enthalten. Daher basteln Sie einige Variationen des Antwort-Screens, die Ihnen zeigen, wie Sie Bilder und unterschiedliche Textlängen integrieren können.

Jetzt können Sie bereits das eigentliche Design Ihrer App planen. Legen Sie hierzu Farben, Schriften und das Aussehen einzelner Bedienelemente fest. Eine gute Hilfe sind dabei die GUI-Templates von teehan+lax, die die Designer kostenlos als Photoshop-Dateien zum Download anbieten (siehe Abbildung 3.36):

Abbildung 3.36 Die GUI-Templates von teehan+lax

- iPhone: *http://www.teehanlax.com/tools/iphone*
- iPad: *http://www.teehanlax.com/tools/ipad*
- Android: *http://www.teehanlax.com/tools/android*

Vergessen Sie nicht, Ihre überarbeiteten Wireframes noch einmal einem Usability-Test zu unterziehen, bevor Sie sich an die Umsetzung mit HTML und CSS machen.

Kapitel 4
HTML5 als Designwerkzeug

Wie Sie bereits festgestellt haben, ist HTML5 in den letzten Jahren sehr mächtig geworden. Viele neue Funktionen und Designoptionen sind, auch dank CSS3, heute möglich. In diesem Kapitel werden Sie lernen, wie Sie HTML5 und CSS3 als Designwerkzeug zur Gestaltung einsetzen. Als krönenden Abschluss entwickeln Sie dann Ihr erstes eigenes Zeichenprogramm, das nicht nur an einem Desktoprechner, sondern natürlich auch auf einer Touch-Oberfläche funktioniert. Adobe Photoshop, nimm dich in Acht!

4.1 Ordnung halten mit CSS-Rastersystemen

Stellen Sie sich folgendes Problem vor: Sie möchten Ihre WebApp sowohl für Smartphones als auch für Tablets anbieten. Das Layout soll sich für ein Hoch- oder Querformat automatisch ausrichten, je nachdem, wie der Benutzer das Endgerät in den Händen hält. Des Weiteren arbeiten Sie mit vielen Texten und Bildern und möchten die WebApp in kürzester Zeit veröffentlichen. Dies alles schreit geradezu nach einem Rastersystem.

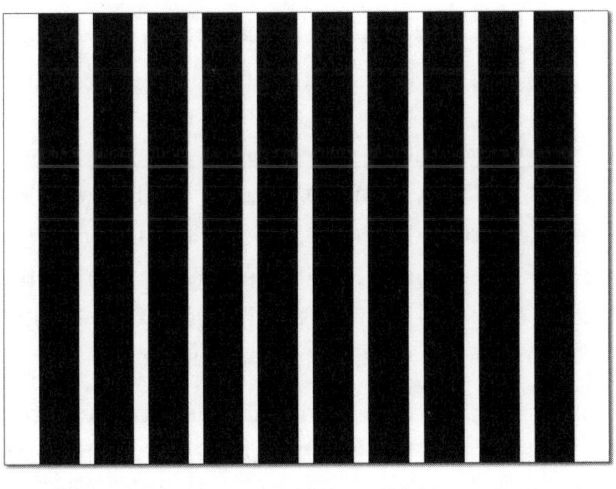

Abbildung 4.1 Ein zehnspaltiges Rastersystem

Rastersysteme sind unsichtbare Hilfslinien und Spalten, die es Ihnen leichter machen, Inhalte anzuordnen (siehe Abbildung 4.1). Jedem Magazin und jedem Buch liegt ein solches Rastersystem zugrunde. Ein Rastersystem schafft zudem Konsistenz in der Gestaltung und gestalterische Ordnung. Einmal angelegt, stellt es sicher, dass alle Seiten und Module Ihrer WebApp den gleichen Maßen und Abständen unterliegen. Dies erzeugt eine klare und logische Gliederung und letztendlich einen einheitlichen Look (siehe Abbildung 4.2) – und je einheitlicher das Aussehen, desto höher die Glaubwürdigkeit der Information.

Abbildung 4.2 Das Rastersystem mit Beispielinhalten wie Bildern, einer Überschrift und Fließtext

Ein Rastersystem beschleunigt zudem Ihren Entwicklungsprozess. Stellen Sie sich vor, Sie haben mehrere Seiten in Ihrer WebApp mit unterschiedlichen Inhalten wie Texten, Bildern und Videos. Anstatt jedes Mal für jedes Element Definitionen für Position, Größe usw. festzulegen, ist dies alles schon im Raster festgelegt. Ein Raster unterstützt Sie daher in erheblicher Art und Weise bei Gestaltung und Satz.

Besonders im Webdesign hat der Einsatz von Rastersystemen in den letzten Jahren stark zugenommen. Neben gestalterischen Vorteilen bietet ein Rastersystem auch für die WebApp-Entwicklung einige Vorzüge. Neben der bereits erwähnten Skalierung auf verschiedene Endgeräte kann eine feste Spaltenbreite die Umgestaltung auf kleinere Bildschirme extrem vereinfachen. Was das genau bedeutet, werden Sie nun Schritt für Schritt selbst herausfinden.

4.1.1 Einsatz des Less CSS Frameworks

Das *Less CSS Framework*, entwickelt durch den finnischen Entwickler Joni Korpi, stellt eine gute Grundlage für die Entwicklung mit CSS-Rastersystemen dar (siehe Abbildung 4.3). Verwechseln Sie das Less CSS Framework aber nicht mit *LESS CSS*. Während es sich beim Less CSS Framework um ein CSS-Rastersystem handelt, stellt LESS CSS JavaScript-Erweiterungen für die Entwicklung mit CSS bereit.

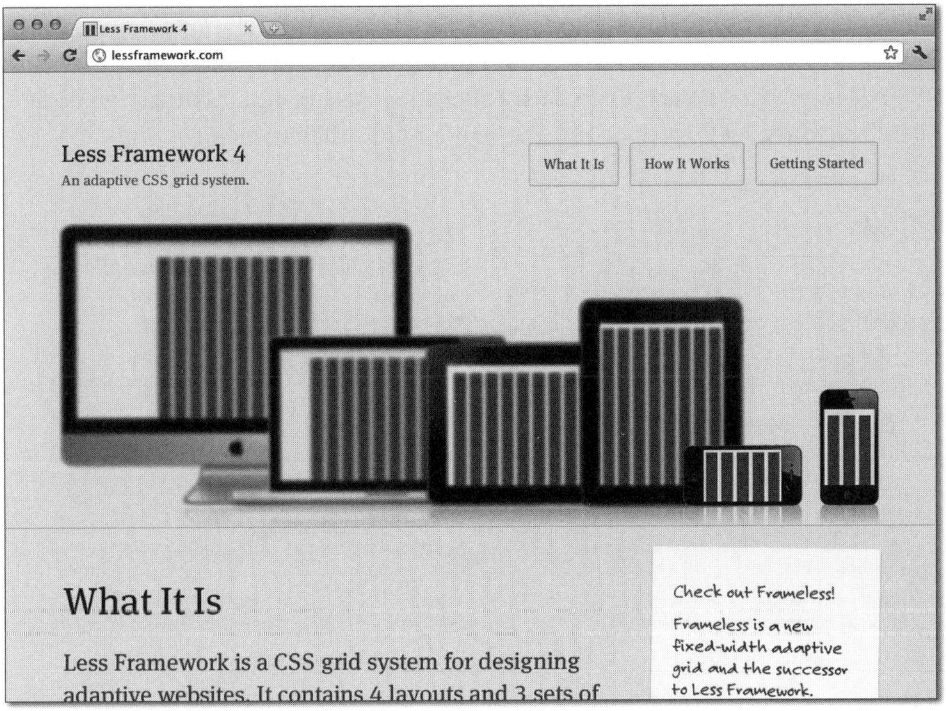

Abbildung 4.3 http://www.lessframework.com

Nach einem Erläuterungstext können Sie im unteren Teil der Website den entsprechenden CSS-Code herunterladen. Dabei wählen Sie zwischen drei verschiedenen Zeilenhöhen. Dies dient dem, dass sowohl Texte als auch Überschriften auf einer horizontalen Grundlinie ausgerichtet sind.

Wählen Sie die Option 1.5 LINE-HEIGHT aus. Im unteren Feld erscheint nun der zugehörige CSS-Code; das obere Feld beinhaltet lediglich die Basis einer HTML5-Webseite. Im Endeffekt ist dies sehr ähnlich zu dem, was Sie schon aus den vorherigen Kapiteln gewohnt sind.

Kopieren Sie nun den CSS-Code in eine neue Stylesheet-Datei mit dem Namen *raster.css*, und speichern Sie diese im Ordner *styles* ab. Als HTML-Datei verwenden Sie den bekannten HTML5-Basiscode.

Der CSS-Code des Less CSS Frameworks im Detail

Als Erstes werfen Sie einen Blick in den CSS-Code des Less Frameworks:

```
/* Less Framework 4
http://lessframework.com
by Joni Korpi
License: http://opensource.org/licenses/mit-license.php*/
```

Neben dem Copyright-Hinweis findet sich hier auch die Information über die Lizenzierung des Frameworks. Less ist »Open Source«, veröffentlicht unter der MIT-Lizenz. Dies bedeutet, dass Sie den Code nach Belieben einsetzen und modifizieren dürfen. Allerdings muss der Copyright-Hinweis in der Datei erhalten bleiben.

```
/*  Resets
  ------  */

html, body, div, span, object, iframe, h1, h2, h3, h4, h5, h6,
p, blockquote, pre, a, abbr, address, cite, code, del, dfn, em,
img, ins, kbd, q, samp, small, strong, sub, sup, var, b, i, hr,
dl, dt, dd, ol, ul, li, fieldset, form, label, legend,
table, caption, tbody, tfoot, thead, tr, th, td,
article, aside, canvas, details, figure, figcaption, hgroup,
menu, footer, header, nav, section, summary, time, mark, audio, video {
 margin: 0;
 padding: 0;
 border: 0;
}

article, aside, canvas, figure, figure img, figcaption, hgroup,
footer, header, nav, section, audio, video {
 display: block;
}

a img {border: 0;}
```

Listing 4.1 Die Standardformatierungen werden mithilfe eines Resets zurückgesetzt.

Als Nächstes folgt ein sogenannter *Reset*. Alle Browser wenden automatisch Standardeigenschaften auf bestimmte Elemente, wie z. B. Überschriften und Paragrafen an. Deshalb ist es sinnvoll, Abstände, Ränder und Zwischenräume sämtlicher Elemente zu Anfang auf null zurückzusetzen, sie also zu resetten. Des Weiteren werden weitere Elemente auf `display:block` gesetzt, um auch hier Darstellungsunterschiede zu vermeiden. Damit starten Sie im Browser bei null, und etwaige Standardstile behindern nicht die Gestaltung.

```
/* Typography presets
 ------------------ */

.gigantic {
 font-size: 110px;
 line-height: 120px;
 letter-spacing: -2px;
}

.huge, h1 {
 font-size: 68px;
 line-height: 72px;
 letter-spacing: -1px;
}

.large, h2 {
 font-size: 42px;
 line-height: 48px;
}

.bigger, h3 {
 font-size: 26px;
 line-height: 36px;
}

.big, h4 {
 font-size: 22px;
 line-height: 30px;
}

body {
 font: 16px/24px Georgia, serif;
}

.small, small {
 font-size: 13px;
 line-height: 18px;
}

/* Selection colours (easy to forget) */

::selection      {background: rgb(255,255,158);}
::-moz-selection   {background: rgb(255,255,158);}
```

```
img::selection      {background: transparent;}
img::-moz-selection {background: transparent;}
body {-webkit-tap-highlight-color: rgb(255,255,158);}
```

Listing 4.2 Die typografischen Grundlagen, festgelegt im CSS des Less Frameworks

In den typografischen Vorlagen werden die Einstellungen gespeichert, die Sie zuvor auf der Webseite unter LINE-HEIGHT ausgewählt haben. Diese können Sie nach Belieben anpassen. Beachten Sie allerdings, dass Sie bei Änderungen der Zeilenabstände gegebenenfalls das Grundlinienraster des Textes verlieren und somit Überschriften und Texte nicht mehr auf derselben Grundlinie stehen werden.

Der Bereich der *Selection Colours*, das heißt der Selektionsfarben, beinhaltet die Definition der Farbe, die sichtbar wird, wenn Sie Text markieren – ein Designdetail, das auf die Entwicklung bei touch-basierten Endgeräten wenig Einfluss hat, da die Markierungsfarbe dort (unter iOS z. B. ein helles Blau) bereits vorgegeben ist.

Das Herz des Less CSS Frameworks

Aber nun zum spannenden Teil des Frameworks, den verschiedenen Media Queries, die die Anzeige auf den verschiedenen Bildschirmgrößen und -ausrichtungen steuern.

```
/*    Default Layout: 992px.
Gutters: 24px.
Outer margins: 48px.
Leftover space for scrollbars @1024px: 32px.
-------------------------------------------------------------------------------
cols    1     2     3     4     5     6     7     8     9     10
px      68    160   252   344   436   528   620   712   804   896   */

body {
 width: 896px;
 padding: 72px 48px 84px;
 background: rgb(232,232,232);
 color: rgb(60,60,60);
 -webkit-text-size-adjust: 100%; /* Stops Mobile Safari from auto-adjusting
font-sizes */
}
```

Listing 4.3 Die CSS-Definitionen für das Default Layout

Joni Korpi zeigt hier per Kommentierung auf, welche Pixelanzahl für die jeweilige Spaltenbreite vorgesehen ist. Eine einzige Spalte ist 68 Pixel breit, zwei Spalten (inklusive des Zwischenraums von 24 Pixeln) 160 Pixel usw. Mit `Gutters` ist der Zwischenraum zwischen den Spalten gemeint, `Outer margins` beschreibt die Größe der äußeren Ränder außerhalb des Rasters, die mit padding über die body-Definition festgelegt sind. Passen Sie die Hintergrund- (background) und die Textfarbe (color) hier ganz nach Ihren Wünschen an.

Dieser Teil wird auch das *Standardlayout* genannt. Es wird immer dann verwendet, wenn eine Bildschirmbreite von 991 Pixeln überschritten wird. Dieses Layout kommt z. B. beim Querformat des iPads zum Einsatz.

Im nächsten Teil werden nun Stile für die Anzeige auf einem Tablet im Hochformat definiert. Der Code dürfte Ihnen bereits bekannt vorkommen. Auch hier wartet das Less CSS Framework mit einigen Voreinstellungen auf. Die äußeren Ränder werden angepasst, und die maximale Spaltenanzahl verringert sich. Die Spaltenbreite bleibt natürlich gleich; denn das ist ja der Witz des Frameworks.

```
/* Tablet Layout: 768px.
Gutters: 24px.
Outer margins: 28px.
Inherits styles from: Default Layout.
-----------------------------------------------------------------
cols    1    2    3    4    5    6    7    8
px      68   160  252  344  436  528  620  712   */

@media only screen and (min-width: 768px) and (max-width: 991px) {
 body {
  width: 712px;
  padding: 48px 28px 60px;
 }
}
```

Listing 4.4 Die CSS-Definitionen des Tablet Layouts

Die folgenden beiden Codeblöcke betreffen die Anzeige auf einem iPhone. Hier werden analog zum *Tablet Layout* die Stile für eine hoch- und querformatige Darstellung festgelegt.

```
/* Mobile Layout: 320px.
Gutters: 24px.
Outer margins: 34px.
Inherits styles from: Default Layout.
---------------------------------------------
cols    1    2    3
px      68   160  252   */

@media only screen and (max-width: 767px) {
 body {
```

```
  width: 252px;
  padding: 48px 34px 60px;
 }
}

/* Wide Mobile Layout: 480px.
Gutters: 24px.
Outer margins: 22px.
Inherits styles from: Default Layout, Mobile Layout.
------------------------------------------------------------
cols    1     2     3     4     5
px      68    160   252   344   436     */

@media only screen and (min-width: 480px) and (max-width: 767px) {
 body {
  width: 436px;
  padding: 36px 22px 48px;
 }
}
```

Listing 4.5 Die CSS-Definitionen für das Mobile Layout des Less Frameworks

Dies ist auch schon alles. Das Framework kommt bewusst sehr puristisch daher. Im nächsten Schritt werden Sie das Raster mit Leben füllen.

Das Raster im Einsatz – Vorbereitungen

Nachdem Sie nun die Grundlagen des Rasters und des CSS-Codes kennengelernt haben, heißt es nun, es einzusetzen. Zu diesem Zweck erstellen Sie eine Seite mit etwas Text und einem Bild. Die Anordnung dieser beiden Elemente wird sich automatisch, je nach Bildschirmgröße, anpassen.

Der HTML-Code ist recht einfach und sieht wie folgt aus:

```
<figure>
 <img src="bilder/landschaft.jpg" />
</figure>
<article>
 <h4>Die Organisation von Inhalten mit einem Rastersystem</h4>
 <p>Hier steht Ihr hoffentlich etwas längerer Blindtext.</p>
</article>
```

Listing 4.6 Eine einfache HTML-Datei mit Bild und Text als Ausgangslage

Aus Platzgründen ist hier der Blindtext etwas kürzer geraten; wir empfehlen Ihnen jedoch, einen längeren Text zum Testen einzusetzen. Sie leiden an einer Blindtext-

Schreibblockade? Kein Problem, denn einen Blindtextgenerator finden Sie unter *http://www.lipsum.com*.

Ein Bild zum Einsatz in diesem Beispiel finden Sie wieder im kostenlosen Bilderarchiv von *Flickr* unter *http://www.flickr.com/creativecommons*. Viele der Bilder können Sie kostenlos unter der Angabe des Autors in Ihrer WebApp einsetzen. Aber das wissen Sie ja bereits. Alternativ können Sie natürlich auch ein Urlaubsbild von Ihnen am Strand von Waikiki verwenden. Wie Sie möchten!

In diesem Beispiel benutzen wir das Bild *Landscape* von Rick Smit. Speichern Sie Ihres unter dem Namen *landschaft.jpg* im Ordner *bilder* ab.

Haben Sie daran gedacht, die CSS-Datei im `head`-Bereich zu verlinken?

```
<link href='styles/raster.css' rel='stylesheet' type='text/css'>
```

Sehr gut, dann kann es weitergehen!

Definition der Darstellungen auf unterschiedlichen Bildschirmgrößen

Bevor Sie mit der Konfiguration der einzelnen Spalten beginnen, ergänzen Sie noch Folgendes in der `body`-Definition im Default Layout:

```
margin:auto;
```

Damit wird das Raster automatisch mittig ausgerichtet.

> **Tipp: Testen auch ohne Smartphone oder Tablet**
>
> Sie können die Funktionsweise des Rasters auch ohne Smartphone oder Tablet in einem modernen Browser, wie z. B. Google Chrome, testen. Verändern Sie hierzu einfach die Breite des Browserfensters.

Als Nächstes konfigurieren Sie die Darstellung der Text- und Bildelemente für die verschiedenen Bildschirmgrößen. Auf großen Bildschirmen und auf einem Tablet, wie dem iPad im Querformat, soll der Text neben dem Bild erscheinen (siehe Abbildung 4.4). Wie in einem richtigen Magazin eben!

Hierzu ergänzen Sie das Default Layout um die folgenden Definitionen:

```
figure {
 float:left;
 width: 436px;
 margin-right:24px;
}
```

```
article {
 float:left;
 width: 436px;
}

figure img {
 width:100%;
 height:auto;
}
```

Listing 4.7 Die CSS-Definitionen zur Anpassung von Bild und Text

Abbildung 4.4 Die Darstellung auf einem iPad im Querformat

Durch den ausführlich kommentierten Quelltext des Frameworks können Sie leicht die Breite ablesen, die Ihre Inhalte füllen sollen, um in das Raster zu passen. Text- und Bildelement entsprechen jeweils einer Breite von fünf Spalten (436 Pixel). Damit die Anordnung der beiden Elemente nebeneinander erfolgt, versehen Sie diese noch mit der Definition `float` und dem Wert `left`. Den Abstand zwischen den beiden Elementen geben Sie mit `margin-right` beim Bildelement an. Dieser Abstand beträgt auf allen Bildschirmgrößen immer 24 Pixel. Sie sehen, es gibt zwei Konstanten: die Spaltenbreite und die Zwischenraumbreite. Zuletzt weisen Sie dem Bild im Bildelement noch eine Breite von 100 % zu. Hierdurch wird das Bild automatisch auf die aktuelle Spaltenbreite angepasst. Mit der Definition der Höhe (`height`) auf `auto` wird die Höhe des Bildes automatisch berechnet. So wird das Seitenverhältnis beibehalten und das Bild unverzerrt dargestellt.

Ein kurzer Retina-Exkurs

Obwohl bei Geräten mit einem hochauflösenden Bildschirm, auch Retina-Display genannt, die vierfache Anzahl der Pixel auf dieselbe Fläche kommen, rechnet der mobile Webbrowser trotzdem nur mit der einfachen Pixelanzahl. Das heißt, dass auf einem iPad mit Retina-Display die Media-Query-Angaben, aber auch alle Pixeldefinitionen des Rasters noch korrekt funktionieren. Dies sind doch gute Nachrichten, oder?

Sie haben nun ein einfaches Raster verwendet, um zwei Elemente nebeneinander anzuordnen. Auf einem Tablet im Hochformat möchten Sie nun die Darstellung dahingehend anpassen, dass das Bild in voller Größe über dem Text steht. Um dies zu erreichen, müssen Sie die Darstellung der beiden Elemente im Tablet Layout anpassen. Im Tablet Layout stehen insgesamt acht Spalten zur Verfügung. Bild- und Textelement sollen nun diese acht Spalten komplett ausfüllen:

```
figure, article {
 width: 712px;
 margin: 0px;
}
```

Mit der Definition der Breite auf 712 Pixel nutzen Sie die gesamte Breite, mit anderen Worten acht Spalten, aus (siehe Abbildung 4.5).

Gleichzeitig müssen Sie allerdings die Ränder auf 0 Pixel setzen, denn dieser Abstand wird vom Default Layout vererbt.

Die Anpassung an mobile Endgeräte funktioniert nach dem gleichen Muster. Ergänzen Sie einfach den CSS-Code im Mobile Layout oder Wide Mobile Layout um die entsprechenden Maße.

Herzlichen Glückwunsch! Sie haben nun Ihr erstes kleines Raster angelegt und die Darstellung für verschiedene Bildschirmgrößen optimiert. Denken Sie beim Einsatz von Rastern immer in Spalten, und nicht in Pixeln. Dann wird Ihnen die Anordnung und Gestaltung der Inhaltselemente leichter fallen. Besonders für inhaltsintensive WebApps ist ein Raster sinnvoll, also denken Sie daran, wenn Sie Ihr nächstes Magazin gestalten.

Abbildung 4.5 Die Darstellung auf einem Tablet im Hochformat

4.1.2 Das Raster für einen speziellen Einsatz – Magazine Grid

Ein besonderer Fall von WebApps sind Tablet-Magazine und digitale E-Books: Anders als bei klassischen Apps müssen hier große Textmengen, Fotos und Infografiken lesbar und spannend aufbereitet werden. Dennoch sollen sich Magazinseiten merklich von Webseiten unterscheiden – eine echte Herausforderung für jeden Designer.

Für diese Art der Gestaltung, auch Editorial Design genannt, haben die Macher des *Aside Magazines* eine kostenlose Bibliothek entwickelt, die speziell für die Magazingestaltung auf dem iPad ausgelegt ist. Im Folgenden gestalten Sie einige Magazinseiten mit HTML5 und dem Magazine Grid.

Doch zunächst müssen Sie das Framework in Ihr HTML-Dokument einbinden. Laden Sie zunächst von *http://asidemag.com/grid/* das komplette Paket herunter (siehe Abbildung 4.6). Es enthält neben einer Kurzanleitung auf Englisch auch zwei Beispielseiten, die Sie nach Belieben erweitern oder verändern können.

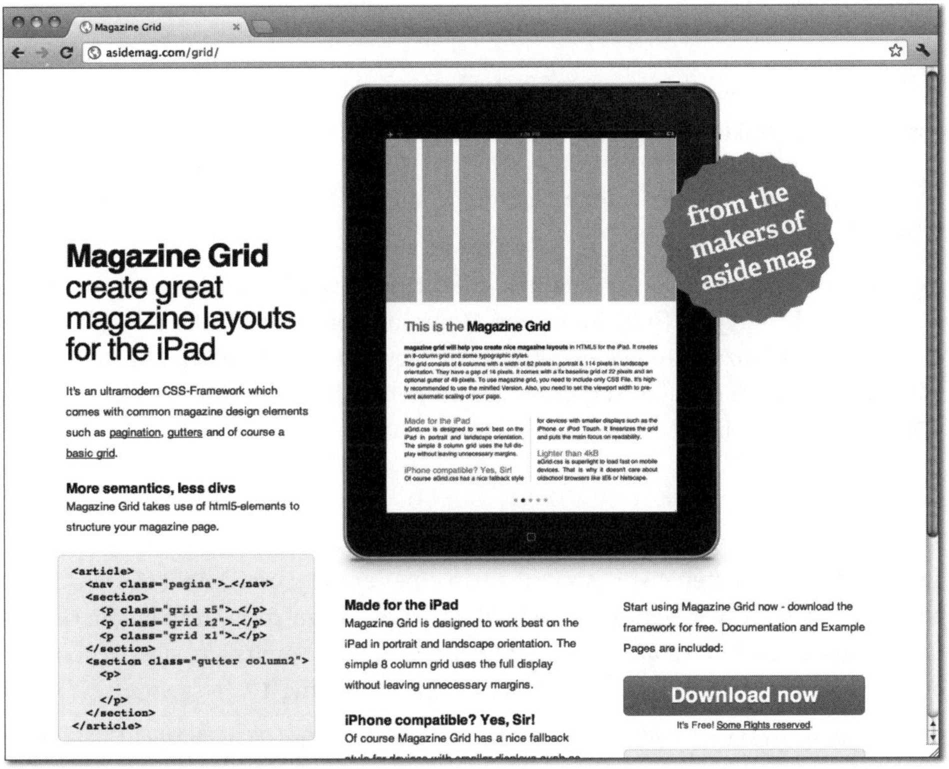

Abbildung 4.6 http://asidemag.com/grid

Kopieren Sie die Datei *magazinegrid.min.css* in Ihren Projektordner, und binden Sie die Datei in Ihre HTML-Seite ein:

```
<link href="magazinegrid.css" rel="stylesheet">
<link href="style.css" rel="stylesheet">
```

Natürlich legen Sie auch wieder eine Datei für Ihre eigenen Stilangaben an. Nennen Sie die Datei *style.css*, und verlinken Sie sie mit dem Magazine Grid.

Das Magazine Grid greift für alle Elemente, die Teil eines Artikels sind. Strukturieren Sie Ihr HTML-Dokument folgendermaßen:

```
<article>
 <section>
  // Erster Abschnitt
 </section>
 <section>
  // Zweiter Abschnitt
```

```
  </section>
  ...
</article>
```

Listing 4.8 Die Strukturierung Ihres Dokuments über »article« und »section«

Ein Artikel wird in verschiedene Sektionen aufgeteilt. Hierzu verwenden Sie die HTML5-Elemente `article` und `section`.

Im Folgenden gestalten Sie zwei Seiten eines Reisemagazins, in dem Sie von Ihren Abenteuern in Ägypten berichten. Das Magazine Grid selbst ist lediglich für die Gestaltung der Einzelseiten geeignet. Wie Sie diese zu einem vollständigen HTML5-Magazin, ähnlich dem Aside Magazine, zusammenstellen, lernen Sie in Abschnitt 8.2, »Die Entwicklung einer App mit Sencha Touch«.

Das Raster

Eine Magazinseite unterscheidet sich von einer Webseite dadurch, dass sie statt Navigation, Kopfzeile, Seitenleiste usw. vor allem eines enthält: einen Artikel. Der Artikel besteht aus einem Text, verschiedenen Bildern und Kästen, die sich an einem Gestaltungsraster orientieren sollen. Vielleicht kennen Sie das bereits aus klassischen Layoutprogrammen, wie z. B. Adobe InDesign (siehe Abbildung 4.7).

Das Magazine Grid unterteilt den Bildschirm in acht Spalten. Je nach Wichtigkeit und Größe kann sich dabei ein Element über eine oder mehrere Spalten erstrecken. Der Clou dabei ist, dass die Spalten bis zum Rand reichen. Damit ist es ein Leichtes, Bilder »in den Anschnitt«, das heißt abschließend mit dem Bildschirm zu setzen, wie man im Editorial Design so schön sagt. Bereiten Sie nun einen Artikel mit unterschiedlich breiten Elementen vor:

```
<article>
 <section>
  <div class="grid x4"></div>
  <div class="grid x3"></div>
  <div class="grid x1"></div>
 </section>
 <section>
  <div class="grid x5"></div>
  <div class="grid x3"></div>
 </section>
</article>
```

Listing 4.9 Ein einfacher Rasteraufbau mit unterschiedlich breiten Elementen

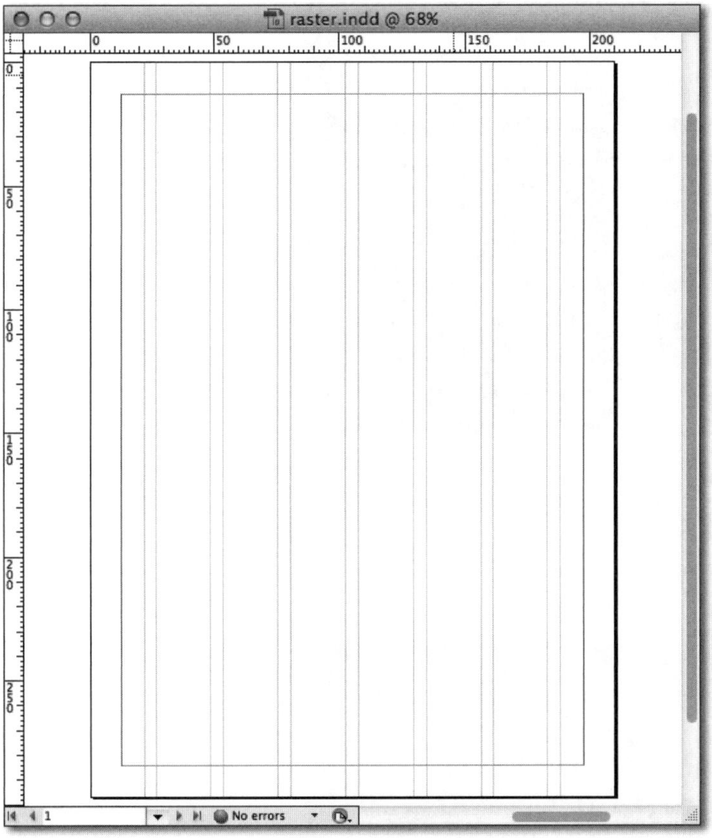

Abbildung 4.7 Eine Seite mit Raster im Layoutprogramm Adobe InDesign

Weisen Sie einem Element zwei Klassen zu: `.grid` sorgt dafür, dass sich das Element am Raster orientiert, und `.x3` gibt an, dass sich das Element über drei Spalten erstrecken soll. Möglich sind Werte zwischen `x1` und `x8`.

Um die Spalten sichtbar zu machen, fügen Sie nun einen kleinen CSS-Schnipsel in *style.css* ein:

```
.grid {
 background-color: grey;
 height: 400px;
}
```

Ein Element kann über beliebig viele Spalten gezogen werden, ohne dass Sie mit festen Breitenangaben oder Positionierungen jonglieren müssten (siehe Abbildung 4.8).

Abbildung 4.8 Unterschiedlich breite Spalten

Lediglich die Summe der Faktorklassen darf nicht größer als acht, also nicht größer als das Gestaltungsraster sein. In diesem Beispiel rechnet sich das so:

x4 + x3 + x1 = x8

Sie möchten Ihre Seite nun durch ein paar Fotos erweitern. Dies können Sie entweder per `img`-Element oder CSS tun. In diesem Fall entscheiden Sie sich dafür, die Grid-Elemente mit Hintergrundbildern zu versehen. Hierzu erhält jedes Element eine ID, über die es im CSS angesprochen werden kann:

```
<article>
 <section>
  <div class="grid x4" id="bild1"></div>
  <div class="grid x3" id="bild2"></div>
  <div class="grid x1" id="bild3"></div>
 </section>
 <section>
```

```
  <div class="grid x3" id="bild4"></div>
  <div class="grid x5" id="bild5"></div>
 </section>
</article>
```

Der entsprechende CSS-Code fügt die Bilder ein:

```
#bild1 { background: url(bilder/egypt1.jpg); }
#bild2 { background: url(bilder/egypt2.jpg); }
#bild3 { background: url(bilder/egypt3.jpg); }
#bild4 { background: url(bilder/egypt4.jpg); }
#bild5 { background: url(bilder/egypt5.jpg); }
```

Dies hat den Vorteil, dass die Bilder beim Drehen des Geräts automatisch, ohne dass sich die Höhe verändert, auf die entsprechende Spaltenbreite zurechtgeschnitten werden. Was jetzt noch fehlt, ist der Text des Artikels.

Typografie und Textelemente

Was bei Bildelementen gut aussieht, funktioniert bei Text nicht besonders gut: Wenn er bis an den Rand, also in den Anschnitt läuft, sinkt die Lesbarkeit. Das Magazine Grid hält daher für Textblöcke eine spezielle Klasse bereit:

```
<section class="gutter column3">
 <h1>…</h1>
 <p>…</p>
</section>
```

Die Klasse `gutter` gibt einem `section`-Element einen angenehmen Außenrand von etwa 12 mm, ähnlich wie bei einem gedruckten Magazin. Auch Textblöcke können mehrere Spalten besitzen – dies verbessert die Lesbarkeit und unterstützt den Magazin-Look. Damit der Text sich aber je nach Textlänge gleichmäßig auf die Spalten verteilt, gibt es statt der `grid`-Klasse die Klassen `column2` und `column3`, je nachdem, ob der Inhalt auf zwei Spalten oder drei Spalten aufgeteilt werden soll. Moment mal, nicht mehr? Möglich wären zwar auch noch mehr Spalten, allerdings passen dann auf dem iPad im Hochformat kaum noch zwei Worte nebeneinander. Bedenken Sie, dass das Tablet nur etwa halb so groß wie ein handelsübliches Print-Magazin ist.

Innerhalb einer mehrspaltigen Sektion können beliebige Elemente verwendet werden, Bilder und Zwischenüberschriften sind kein Problem. Die gängigsten Elemente zur Textauszeichnung haben im Magazine Grid bereits einen vordefinierten Stil, der auf gute Lesbarkeit ausgerichtet ist. Besonders wichtig ist dabei das durchgängige Grundlinienraster von 22 Pixeln, das dafür sorgt, dass auch mehrspaltige Texte immer auf der gleichen Linie liegen.

Legen Sie nun einen Artikel mit Überschrift und Absätzen und Zwischenüberschriften an:

```
<article>
 <section class="gutter">
  <h1>Die Lebensader der Pharaonen</h1>
  <p class="intro">…</p>
 </section>
 <section class="gutter column2 border">
  <h2>…</h2>
  <p>…</p>
  …
 </section>
</article>
```

Selbst ohne weiteres CSS sieht das schon nach einer ganz ordentlichen Magazinseite aus (siehe Abbildung 4.9)! Um Ihrem Layout noch das gewisse Etwas zu verleihen, geben Sie den Überschriften ein knalliges Orange und wählen eine Headline-Schrift, die den Charakter Ihres Reisemagazins unterstützt:

```
h1, h2, h3 {
 font-family: 'FranchiseRegular';
 font-weight: normal;
 text-transform: uppercase;
 letter-spacing: 0;
}
h1 {
 font-size: 130px;
 line-height: 110px;
 margin-left: -4px;
 color: #444;
 text-shadow: 0 1px 0 #000, 0 3px 4px #666;
}
h2 {
 font-size: 30px;
 line-height: 22px;
 color: #f20;
}
p.intro {
 font-weight: bold;
 font-size: 130%;
 line-height: 26px;
}
```

Listing 4.10 Die Gestaltung von Fließtext, Überschrift und Co.

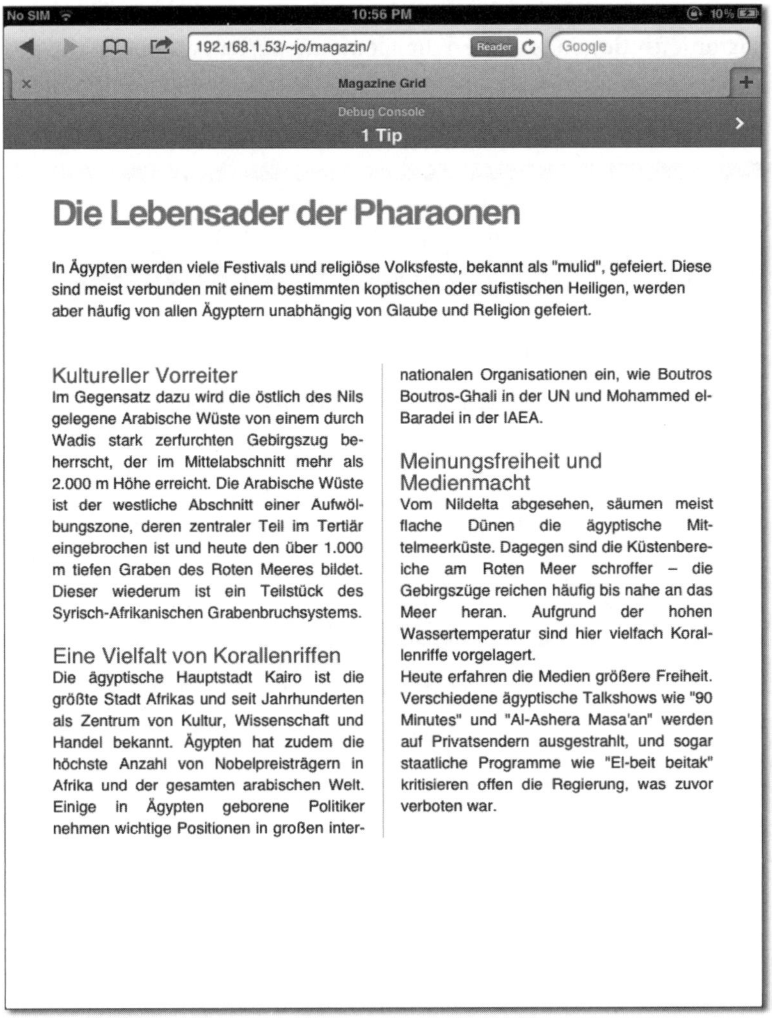

Abbildung 4.9 Textseite mit zwei Spalten

Die Schriftart *Franchise* ist sehr schmal und prägnant und eignet sich aufgrund ihrer besonderen Lesbarkeit sehr gut für Magazinlayouts. Ein kleiner Schlagschatten lässt sie erhaben und wertig wirken. Sie erhalten diese und andere Schriftarten über die Seite *http://losttype.com*. Hier finden Sie sicherlich die geeignete Schrift für Ihr Tablet-Magazin.

Ausrichtungen und Smartphones

Touch-Geräte besitzen ja bekanntlich nicht nur ein, sondern zwei Formate. Wenn Sie Ihr Tablet vom Hochformat ins Querformat drehen, verändert sich auch das Seitenverhältnis. Doch was passiert mit Ihrem Layout? Darum kümmert sich das Magazine Grid. Sämtliche Rasterdefinitionen skalieren die Elemente perfekt auf die Breite des Geräts im Querformat – ohne dass Sie dafür eine Zeile Code schreiben müssten (siehe Abbildung 4.10).

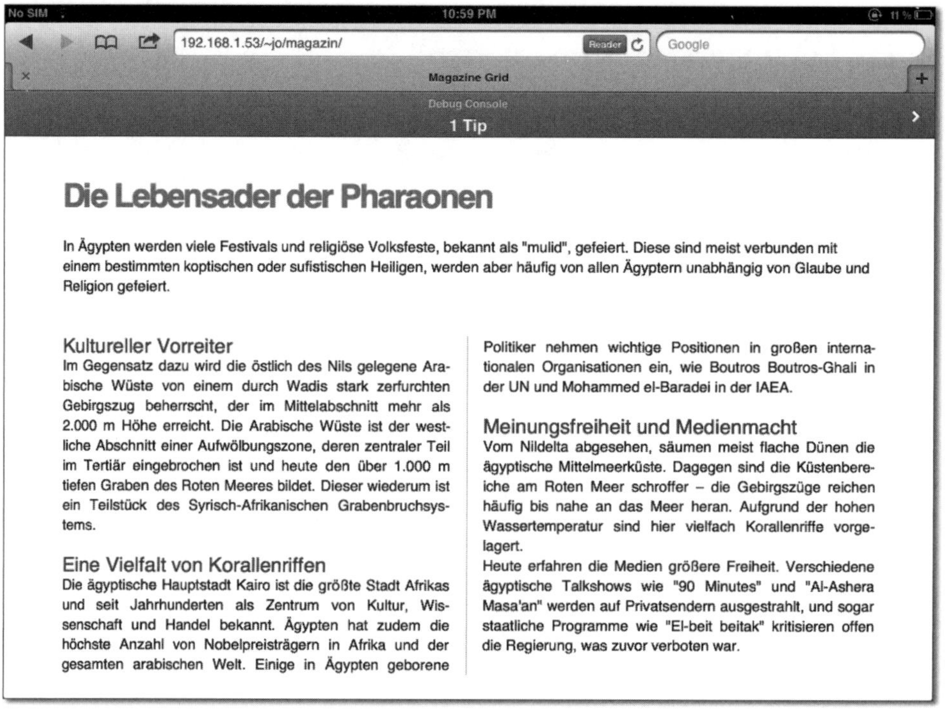

Abbildung 4.10 Eine Magazinseite in der Landscape-Ansicht

Die Nutzer sollen Ihr Magazin selbstverständlich auch auf kleineren Bildschirmen lesen können (siehe Abbildung 4.11). Da der Bildschirm Ihres Smartphones aber kaum größer als eine Scheckkarte ist, ergeben mehrspaltige Layouts hier kaum Sinn. Das Magazine Grid wandelt daher Ihr Magazinlayout in eine linearisierte Version um, also in eine vereinfachte Darstellung, in der alle Elemente und Spalten untereinander angeordnet werden. Auf diese Weise bleiben alle Texte und Bilder lesbar. Achten Sie aber darauf, dass Sie nicht zu viele kurze Absätze im Text machen. Diese lassen die linearisierte Darstellung unruhig wirken. Der Lesefluss wird dadurch gemindert.

Bei Bedarf müssen Sie hier und da noch Schriftgrößen und Abstände an den kleineren Bildschirm anpassen – am besten mithilfe einer Media Query, wie es in Kapitel 2, »HTML5 in der mobilen Webentwicklung«, beschrieben ist.

Abbildung 4.11 Eine Magazinseite auf dem iPhone

Sonstige Elemente

Ein echtes Magazin erkennt man vor allem auch an Seitenzahlen und der kleinen Rubrikbezeichnung in der Ecke einer Seite. Häufig sind diese Elemente passend zum Rest des Magazins gestaltet – schauen Sie doch mal in Ihrem Lieblingsmagazin nach und lassen Sie sich ein wenig inspirieren. Auch das Magazine Grid hält solche Elemente bereit. Nun gut, Seitenzahlen ergeben auf einem Tablet nicht allzu viel Sinn, aber der Name der Rubrik kann für die Wiedererkennbarkeit und Orientierung sehr hilfreich sein. In der Designersprache nennt man dieses Element übrigens *Pagina* oder Kolumnentitel. Damit Sie dieses Element in Ihr Design einbauen können, müssen Sie eine zusätzliche CSS-Datei einbinden. Sie finden sie im Magazine-Grid-Archiv im Unterordner *plugins*:

```
<link href="plugins/elements.css" rel="stylesheet">
```

Es handelt sich dabei um ein Plug-in, also um eine Erweiterung, die Sie erst bei Bedarf nachladen. Fügen Sie direkt nach dem öffnenden `article`-Tag die nachfolgende Zeile ein:

```
<nav class="pagina">Rubrik</nav>
```

Das war's auch schon! In Ihrem Layout sieht das dann so aus, wie in Abbildung 4.12.

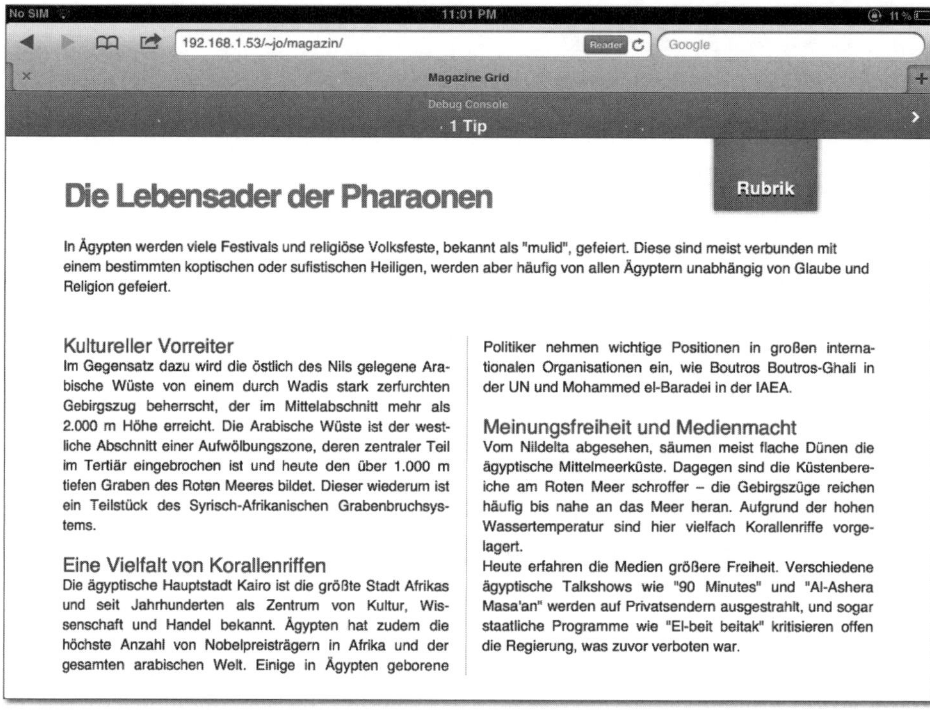

Abbildung 4.12 Das Pagina-Element

Jetzt sind Sie dran – passen Sie bei Bedarf noch Farben und Schriften an Ihr Magazindesign an. Vergessen Sie nicht, Ihrem Magazin auch ein ansprechendes Cover zu spendieren. In Abschnitt 8.2, »Die Entwicklung einer App mit Sencha Touch«, lernen Sie, wie Sie mit dem Framework Sencha Touch Ihre Seiten zu einem interaktiven Magazin zusammenstellen können.

4.2 Mal was anderes als Arial – Webfonts

Eines der wichtigsten Gestaltungsmittel im Design ist die Schriftgestaltung, auch *Typografie* genannt. Schriften und deren Eigenschaften, wie Zeilen- und Zeichenabstand oder Stärke, prägen in großem Maße das Aussehen und die Bedienbarkeit Ihrer WebApp. Eine gute Typografie vereinfacht das Lesen, strukturiert Inhalte und erzeugt Charakter – und sieht außerdem einfach richtig gut aus (siehe Abbildung 4.13)! Nehmen Sie sich also für die Auswahl ein wenig Zeit.

Abbildung 4.13 Selbst wenn das Logo nicht zu sehen ist, wird das Unternehmen über die Schriftart erkannt und sofort mit der Marke assoziiert.

Na, haben Sie es erkannt? Richtig, hierbei handelt es sich um die Schriftart von Mercedes-Benz. Schrift kann also mehr sein als nur Lesemittel; Schrift ist eine Charaktereigenschaft.

Die Qualität der Schriftgestaltung hängt allerdings nicht nur von der verwendeten Schriftart ab. Denn ein gutes Schriftbild wird zusätzlich maßgeblich vom richtigen Einsatz der Spaltenbreite, des Zeilenabstands, der Schriftgröße und weiteren Faktoren bestimmt.

Typografie ist in allen Bereichen relevant, in denen Sie gestalten. Von der Einladung zum 90. Geburtstag Ihrer Oma, die Sie mit Microsoft Word verfasst haben, bis hin zu Ihrer WebApp: Schrift ist omnipräsent, erzeugt immer eine Wirkung, und Sie sollten ihr daher besondere Beachtung schenken.

Wir möchten Ihnen die Wichtigkeit von Schriftgestaltung in diesem Kapitel ein wenig näherbringen, Sie für die Feinheiten guter Typografie sensibilisieren. Denn gute Typografie ist die Grundlage jeder guten Gestaltung – und jeder guten WebApp, Ihrer WebApp!

4.2.1 Schriften im Web

Eine differenzierte Gestaltung durch Schrift ist im Print schon seit vielen Jahrhunderten vorhanden. Zunächst handschriftlich und dann maschinell mit der Erfindung des Buchdrucks durch Gutenberg wurde Schrift gesetzt, gestaltet und damit Magazine, Zeitungen oder Bücher angefertigt. Es wurden Tausende von Schriftarten entwickelt und eingesetzt: Ob fett, dick, dünn, floral, aufwendig, einfach, motivbehaftet oder klassisch – das Angebot an verschiedenen Schriftarten ist sehr vielfältig.

Die Situation im Web stellte sich vor nicht allzu langer Zeit noch völlig anders dar: Webdesigner waren beschränkt auf den Einsatz von sogenannten *Systemschriften*. Dies sind Schriftarten, die standardmäßig mit dem Betriebssystem ausgeliefert werden und somit bei einer breiten Benutzerbasis vorhanden sind (siehe Abbildung 4.14). Webdesigner mussten also zwischen Schriften wählen, die auf den Computern der Besucher installiert waren. Zu den Klassikern zählen: *Arial*, *Verdana*, *Georgia*, *Times New Roman* und die bei Designern meist verhasste *Comic Sans*.

Platform and font name	Installed (%)	Stack	Image
Helvetica	100.00%	Stack	Image
Lucida Grande	100.00%	Stack	Image
Lucida Sans	100.00%	Stack	Image
Tahoma	99.95%	Stack	Image
Arial	99.84%	Stack	Image
Verdana	99.84%	Stack	Image
Geneva	99.83%	Stack	Image
Monaco	99.83%	Stack	Image
Microsoft Sans Serif	99.79%	Stack	Image
Courier New	99.68%	Stack	Image
Times New Roman	99.68%	Stack	Image
Trebuchet MS	99.68%	Stack	Image
Courier	99.67%	Stack	Image
Lucida Bright	99.67%	Stack	None
Lucida Sans	99.67%	Stack	None
Lucida Sans Typewriter	99.67%	Stack	None
Comic Sans MS	99.41%	Stack	Image
Georgia	99.41%	Stack	Image
Times	99.34%	Stack	Image
Palatino Linotype	99.31%	Stack	Image

Abbildung 4.14 Die Top 20 der am weitesten verbreiteten Systemschriften (Quelle: http://www.codestyle.org/css/font-family/sampler-CombinedResults.shtml)

Typografisch gesehen war das Web damit recht monoton. Neben der beschränkten Auswahl an einsetzbaren Schriftarten kommt noch eine mangelnde Unterstützung von typografischen Einstellmöglichkeiten hinzu. Während Sie bei der Gestaltung eines gedruckten Produkts sehr genau steuern können, wie Schrift und Abstände im Endresultat aussehen, ist dies im Web nicht möglich. Durch viele unterschiedliche Geräte und Betriebssysteme erscheint die Schriftdarstellung überall etwas anders. Hier sieht die eine Schrift schärfer aus, dort erscheint sie wieder etwas weicher; die Darstellung variiert von Benutzer zu Benutzer und von Gerät zu Gerät.

Aber warum überhaupt eine andere Schriftart nutzen? Warum nicht einfach *Arial* einsetzen? Zum einen gibt es viele Schriftarten, die wesentlich besser für die Verwendung im Web optimiert sind als gerade *Arial*. Hierdurch steigt der Lesekomfort und die Darstellung erscheint im Allgemeinen sauberer und klarer. Zum anderen kann eine Schriftart die Funktionalität oder den Charakter Ihrer WebApp unterstützen. Denken Sie an eine Notiz-App, bei der die Notizen in einer Schreibschrift auf gelbe Notizzettel geschrieben werden. Die WebApp hat somit nicht nur die Funktionalität eines Notizblocks, sondern »fühlt« sich auch so an. Des Weiteren erhöht eine individuelle Schrift die Einzigartigkeit Ihrer WebApp und setzt sie von der Konkurrenz ab. Im Extremfall wird sie sofort mit Ihrer WebApp assoziiert, selbst ohne Logo oder Hinweistext (siehe Abbildung 4.15).

Abbildung 4.15 Impressionen der Mercedes-Benz-WebApp auf dem iPhone und unter Android. Auch hier stellt die Schrift wieder die Verbindung zur Marke her.

4.2.2 Webfonts

Seit 2010 wurden die Möglichkeiten rund um Webschriften, auch *Webfonts* genannt, erheblich erweitert. Mit Webfonts bezeichnet man Schriften, die nicht als Systemschrift auf dem Computer des Benutzers installiert sind, jedoch trotzdem für die Darstellung verwendet werden können. Der Browser lädt dabei die entsprechenden Schriftdateien in den Browsercache. Zuvor war für den Einsatz von alternativen Schriften Adobe Flash in Form des Scripts *sIFR* oder komplexes JavaScript mithilfe des Plug-ins *Cufon* nötig. Flash wird jedoch nicht von mobilen Endgeräten unterstützt und die komplexen JavaScripts wirken sich negativ auf die Performance aus. Insofern ist dies keine befriedigende Lösung für den Einsatz in Ihren WebApps.

Aktuell haben Sie zwei Möglichkeiten, um Webfonts in Ihrer WebApp einzusetzen. Die erste Möglichkeit besteht darin, die Schriftart über die CSS-Eigenschaft `@font-face` einzubinden.

Hierzu dient Ihnen folgender HTML-Code als Grundlage:

```
<h1>Diese Überschrift ist in der kostenlosen Schriftart "Yanone Kaffeesatz"
gesetzt.</h1>
<p>In diesem Beispiel testen Sie Webfonts via @font-face.</p>
```

Die Schriftart *Yanone Kaffeesatz* ist zum kostenlosen Download verfügbar, unter *http://www.yanone.de/typedesign/kaffeesatz/*. Laden Sie diese herunter, und speichern Sie die Dateien in einem Unterordner *schriften*.

In der zur HTML-Datei zugehörigen CSS-Datei definieren Sie nun die Schrift wie folgt:

```
@font-face {
  font-family: YanoneKaffeesatz;
  src: url('../schriften/YanoneKaffeesatz-Regular.otf');
}

h1 {
  font-family: "YanoneKaffeesatz";
}

p {
  font-family: Georgia;
}
```

Listing 4.11 Die Definition der Absatzformate und der verwendeten Schriften via CSS

Über die Eigenschaft `@font-face` geben Sie den Titel und den Pfad zur Schrift an. Beachten Sie, dass Sie den Pfad immer relativ zur CSS-Datei angeben müssen. Liegt die Datei *styles.css* in einem Ordner *styles*, muss die Pfadangabe den Sprung zum übergeordneten Order beinhalten. Diesen erreichen Sie mit einem vorangestellten `../`.

Sollten Sie wieder Probleme mit Sonderzeichen, wie z. B. Umlauten haben, setzen Sie den Zeichensatz in der HTML-Datei auf UTF-8. Das haben Sie zwar schon einmal gemacht, aber hier nochmal zur Erinnerung der Code für den `head`-Bereich:

```
<meta charset="utf-8">
```

Sie haben nun erfolgreich Ihre erste Schriftart mit `@font-face` eingebunden und sie einer Überschrift zugeordnet (siehe Abbildung 4.16). Beachten Sie, dass die Schriftart im Format *.otf*, dem *OpenType-Format* vorliegen muss. Dieses Format wird von mobilen Browsern sowie Safari, Firefox und Google Chrome unterstützt. Wenn Sie eine Komptabilität über diverse Browser hinaus benötigen, empfiehlt sich der *@font-face Generator* von *FontSquirrel* (*http://www.fontsquirrel.com/tools/webfont-generator*). Hier können Sie die Schrift hochladen, die Sie einsetzen wollen. Der Generator konvertiert diese automatisch in alle benötigten Formate und erstellt zudem noch den benötigten CSS-Code, der in allen Browsern funktioniert.

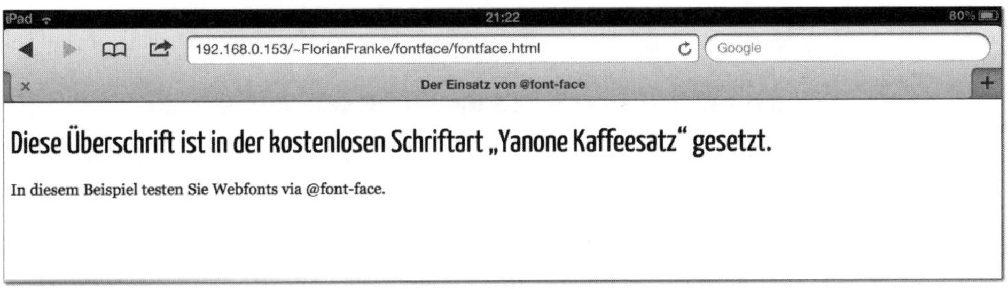

Abbildung 4.16 Die Gestaltung der ersten Überschrift in der Schriftart »Yanone Kaffeesatz« über die Einbindung via @font-face

4.2.3 Font-Services

Neben der Möglichkeit, die Schriftdatei selbst einzubinden, haben Sie auch die Option, einen *Font-Service* zu nutzen. Font-Services stellen eine Vielzahl an Schriften bereit, die Sie mit einer einfachen Zeile Code in Ihrer WebApp verwenden können. Der Vorteil ist, dass automatisch unterschiedliche Geräte berücksichtigt werden und die Ausgabe entsprechend gesteuert wird. Somit können Sie sicher sein, dass auf den unterschiedlichsten Smartphones und Tablets (aber auch normalen Computern) Ihre Schrift korrekt angezeigt wird. Für den Einsatz dieser Font-Services wird normalerweise eine monatliche Gebühr fällig. Diese orientiert sich dabei meist an der Anzahl Ihrer Projekte und Seitenaufrufe. Einer der bekanntesten Font-Services sind *Adobe Typekit* (kostenpflichtig) sowie die *Google Fonts*. Während bei Adobe Typekit namhafte Schriftenhersteller ihre Schriften anbieten, findet man bei Google eher

Schriften von unabhängigen Designern. Die Qualität und Auswahl ist bei Adobe Typekit ohne Frage besser, die Google Web Fonts sind dafür aber kostenlos.

Im Folgenden binden Sie eine Schriftart aus *Google Fonts* ein. Besuchen Sie zunächst die Webseite unter *http://www.google.com/fonts* (siehe Abbildung 4.17).

Im linken Bereich können Sie zwischen verschiedenen Schrifttypen, Stärken und Zeichensätzen filtern, und im rechten Bereich erhalten Sie eine Vorschau der infrage kommenden Schriften. Sie haben die Möglichkeit, im oberen Bereich über die Menüleiste die Schriftgröße und auch den Beispieltext zu ändern. Probieren Sie bei Ihrer Suche nach einer geeigneten Schrift verschiedene Größen und Texte aus. Vielleicht sieht Ihre erste Wahl als Überschrift super aus, ist im Fließtext aber kaum zu entziffern.

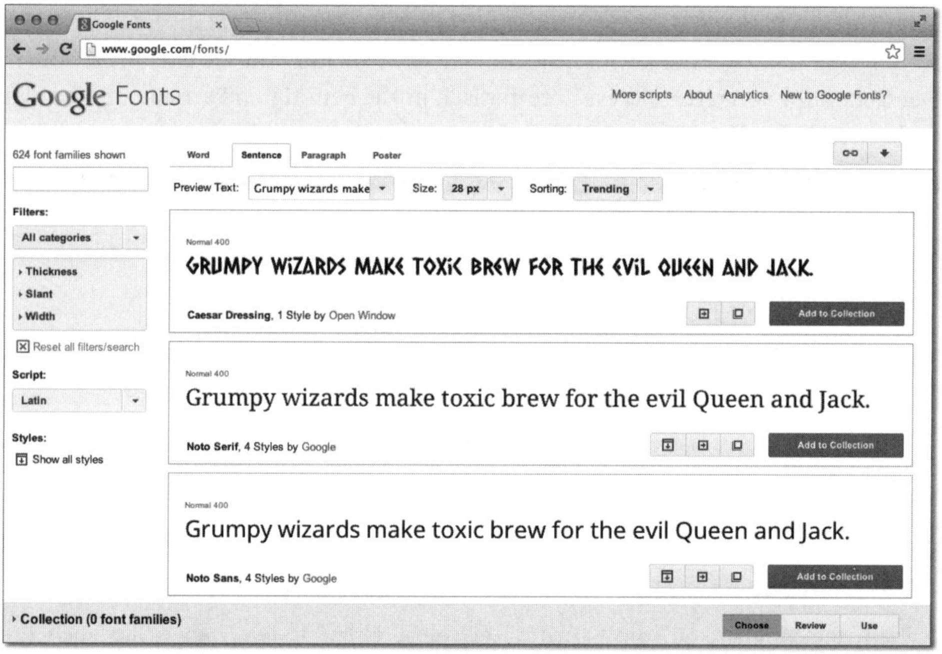

Abbildung 4.17 Die Startseite von Google Fonts

Wenn Sie eine oder mehrere Schriftarten gefunden haben, fügen Sie diese zu Ihrer *Kollektion* hinzu (siehe Abbildung 4.18). Ihre Kollektion ist vergleichbar mit dem Warenkorb eines Online-Shops. Nur dass Sie bei Google am Ende keine Kasse, sondern der einzusetzende HTML-Code erwartet.

Über den Button REVIEW können Sie die ausgewählten Schriften noch einmal auf ihre Tauglichkeit hin überprüfen. Genügen die Schriften Ihren Ansprüchen, geht es weiter mit einem Klick auf USE.

Wählen Sie nun die Schriftstile aus, die Sie für Ihre WebApp benötigen (siehe Abbildung 4.19). Ob fett, sehr fett oder kursiv, je nach Schriftart stehen mehr oder weniger Stile zur Verfügung. Je mehr Stile Sie auswählen, desto länger werden die Ladezeiten. Sie erinnern sich? Besonders bei WebApps sollten Sie die Ladezeiten so gering wie möglich halten. Wählen Sie daher nur Schriftschnitte aus, die Sie auch wirklich benötigen. Im rechten Bereich bietet eine Art Tacho eine grafische Visualisierung der Ladezeiten; versuchen Sie, den roten Bereich zu vermeiden.

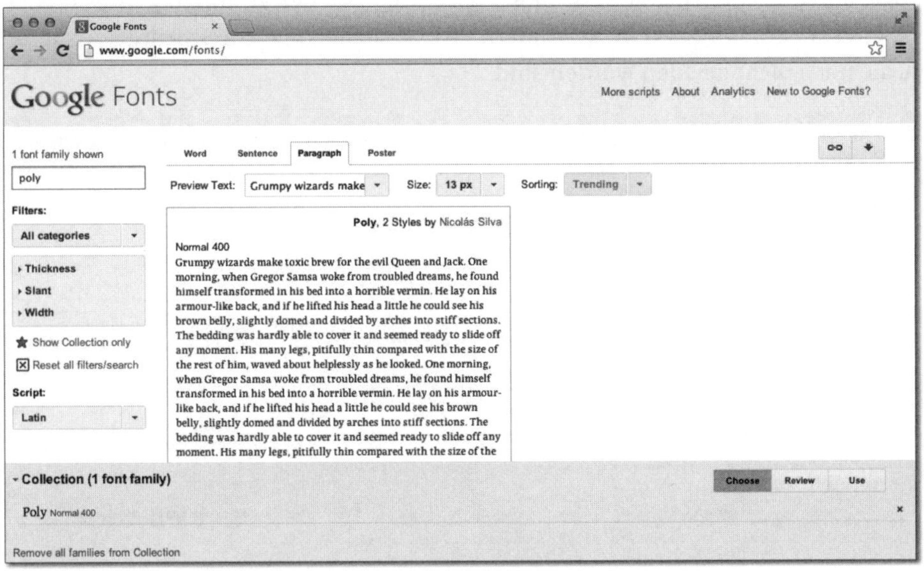

Abbildung 4.18 Die Schriftart »Poly« in Ihrer Kollektion

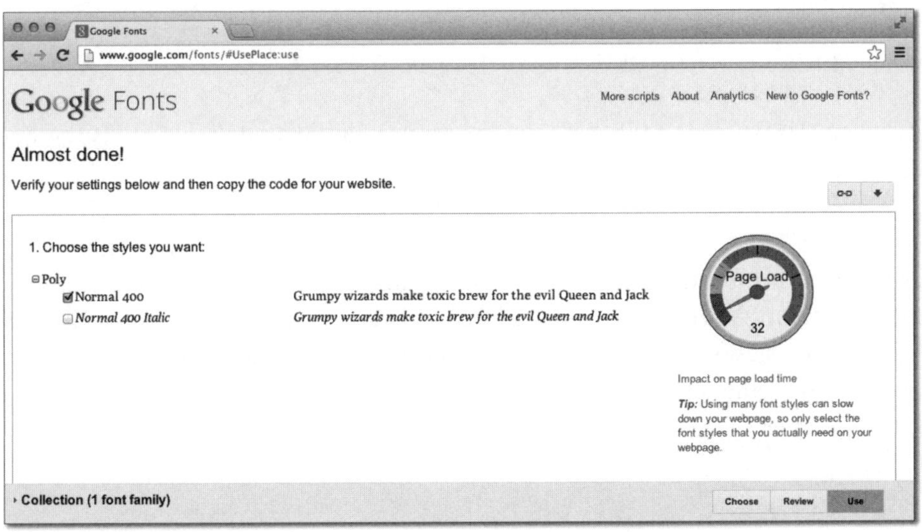

Abbildung 4.19 Wählen Sie die Schriftstile aus, die Sie benötigen.

Etwas weiter unten finden Sie den Code, um den Sie Ihre HTML-Datei ergänzen müssen:

```
<link href='http://fonts.googleapis.com/css?family=Poly:400,400italic'
rel='stylesheet' type='text/css'>
```

Der Code müsste Ihnen bekannt vorkommen. Hier wird lediglich eine CSS-Datei verlinkt, die die Schriftarteigenschaften beinhaltet. Die Quelle ist in diesem Fall ein Google-Server. Bedenken Sie, dass diese Verlinkung *vor* der Verlinkung Ihres regulären Stylesheets geschehen muss. Andernfalls versuchen Sie, auf Schriften zuzugreifen, die noch nicht geladen worden sind.

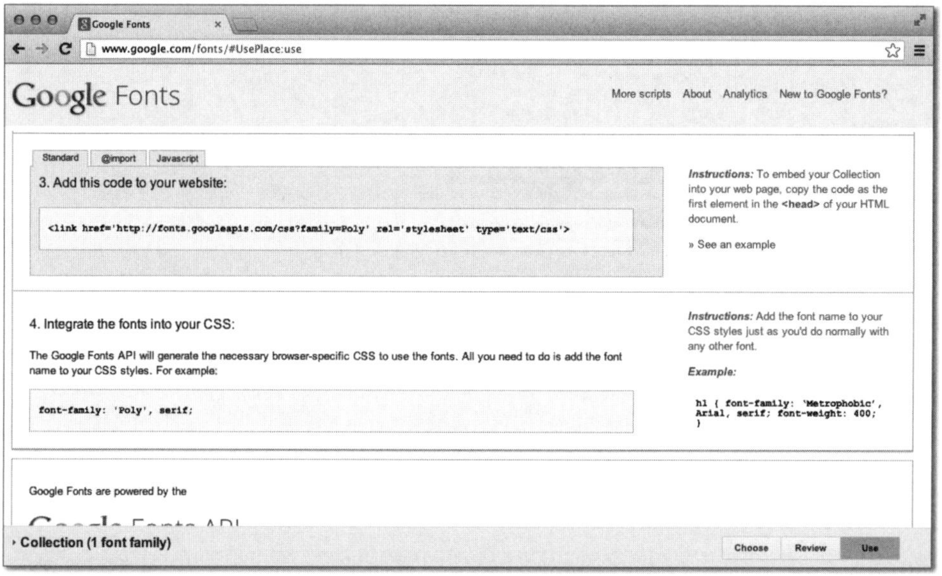

Abbildung 4.20 Der von Google erzeugte HTML- und CSS-Code

Unter dem HTML-Code finden Sie zudem noch den CSS-Code zur Zuweisung der Schrift (siehe Abbildung 4.20):

```
font-family: 'Poly', serif;
```

Verfügt die Schriftart über mehrere Stile und Stärken, weisen Sie diese ebenfalls via CSS zu. Die Schriftstärke sowie den Schriftstil können Sie leicht aus dem generierten `link`-Tag herauslesen. Die Schriftstärke wird bei vielen Schriftarten aus Google Fonts in Form einer Zahl angegeben; der Schriftstil wird hingegen immer in Form eines Begriffs definiert:

```
400,400italic
```

Nutzen Sie die CSS-Eigenschaft `font-style`, um Ihrem Element einen bestimmten Stil zuzuweisen. Über `font-weight` geben Sie die Stärke an. Der komplette CSS-Code für eine Überschrift in der Stärke 400 und im Stil `italic` sieht damit folgendermaßen aus:

```
h1 {
 font-family: 'Poly', serif;
 font-weight: 400;
 font-style: italic;
}
```

Die Ausgabe auf dem iPad sehen Sie in Abbildung 4.21.

Abbildung 4.21 Die Schriftart »Poly« auf dem iPad

4.2.4 Vor- und Nachteile von Webfonts

Webfonts sind eine grandiose Erfindung, denn sie erweitern Ihre gestalterischen Möglichkeiten und bereichern Ihre WebApp erheblich. Sie erhöhen die Lesbarkeit, erzeugen Charakter und grenzen Ihre WebApp von anderen WebApps ab. Setzen Sie Webfonts gezielt und überlegt ein, und Ihre WebApp wird stark davon profitieren.

Die Definition via `@font-face` hat den Vorteil, dass die Schriftdateien in Ihrer Ordnerstruktur bereitliegen und somit in Ihrer WebApp auch ohne Internetzugang verfügbar sein können. Der Nachteil ist, dass Sie sich selbst um die Kompatibilität zu diversen Endgeräten kümmern müssen.

Die Einbindung über einen Font-Service hat ebenfalls Vorteile. Zum einen ist die Implementierung einfach, und Sie müssen keine Dateien konvertieren. Denn die Kompatibilitätsprüfung wird komplett vom Font-Service übernommen und stellt somit sicher, dass Ihre Schrift bestmöglich auf einer großen Anzahl von Endgeräten angezeigt wird. Des Weiteren ist die Schriftauswahl in einem Font-Service sehr umfangreich. Allein bei Adobe Typekit können Sie, je nach Grundgebühr, zwischen Tausenden von Schriften wählen. Viele davon sind etablierte Klassiker, die qualitativ sehr hochwertig gestaltet sind und über viele Sonderzeichen verfügen.

Der Nachteil der Verwendung eines Font-Services ist neben den Kosten die Tatsache, dass Ihre Benutzer einen Internetzugang für dessen Anzeige benötigen. Gestalten Sie also eine App, die auch offline funktionieren soll, sind Font-Services keine Option. In allen anderen Fällen sollten Sie solch einen Dienst auf jeden Fall in Erwägung ziehen. Bei einer großen Anzahl von Projekten können sich die monatlichen Grundgebühren schnell rechnen.

Mittlerweile gibt es neben Adobe Typekit viele weitere Font-Services, die um Ihre Gunst buhlen. Nicht alle Schriften gibt es überall, aber ein Vergleich kann sich durchaus lohnen. Einen ausführlichen Vergleich finden Sie unter *http://sprungmarker.de/wp-content/uploads/webfont-services/*.

4.2.5 Vorsicht! Schriften und deren Lizenzen

Schriften sind, wie z. B. auch Software, lizenzpflichtig. Das heißt, Sie müssen von vornherein genau überprüfen, ob Sie die jeweilige Schrift in Ihrem Projekt einsetzen dürfen. Besondere Vorsicht ist hier bei der Einbindung via `@font-face` geboten. Problem ist, dass der CSS-Code Ihres Projekts öffentlich einsehbar ist und somit jeder Benutzer die Schriftart von Ihrem Webserver herunterladen kann. Dies kann für Sie unter Umständen zu einem rechtlichen Problem werden, da Sie auf diese Weise womöglich indirekt eine kostenpflichtige Schrift kostenlos vertreiben.

Viele Schrifthersteller und -shops haben bereits eine eigene Rubrik für Webschriften, die für die Verwendung mit `@font-face` freigegeben sind. Investieren Sie in eine entsprechende Lizenz, denn auch in einer Schriftart steckt eine Menge Arbeit, die entlohnt werden sollte.

Bei Font-Services ist diese Problematik nicht vorhanden, da bereits alle Rechte geklärt sind. Die Schriften der Google Fonts sind alle frei verfügbar und deshalb auch offline ohne Probleme einsetzbar.

4.2.6 Webschriften in Aktion

Schauen Sie sich mal folgende Seiten an! Machen sie nicht einen besonders frischen Eindruck? Haben sie nicht alle einen ganz eigenen Look? Obwohl sie teilweise recht minimalistisch daherkommen, machen alternative Schriften hier den ganzen Unterschied.

Die Webseite der Agentur Edenspiekermann glänzt durch eine aufgeräumte Gestaltung und den Einsatz einer speziellen Schrift (*FF Unit*), die Charakter erzeugt und mit einer hohe Lesbarkeit aufwartet (siehe Abbildung 4.22).

Auch beim Webmagazin des Blogs *Design Made in Germany* kommen Webschriften zum Einsatz. Mit dem Einsatz der Schriftart *DinRound* wird ein klarer Auftritt erreicht, der eine gelungene Abwechslung zur bekannten Schriftart *Arial* darstellt (siehe Abbildung 4.23).

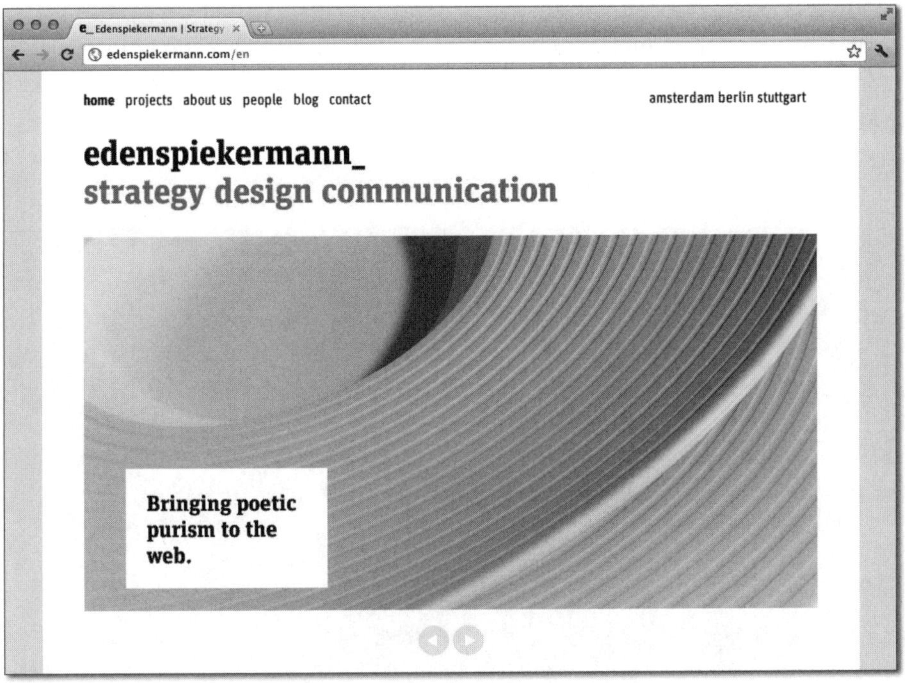

Abbildung 4.22 http://www.edenspiekermann.com

Abbildung 4.23 http://www.designmadeingermany.de/magazin/5/

Ein schönes Beispiel für den Einsatz alternativer Schriften ist auf der Webseite des Co-Working-Ortes *Coop Chicago* zu sehen (siehe Abbildung 4.24). Die unterschiedlichen Schriftstile ergänzen sich perfekt und schaffen, zusammen mit dem Einsatz eines knalligen Rots, einen eigenen Charakter.

Abbildung 4.24 http://coworkchicago.com/

4.3 Hinzufügen von Audio und Video

Ultraportabel und hochauflösend – Smartphones und Tablets sind für Multimedia-Anwendungen geradezu prädestiniert. Wichtiger Bestandteil von Ihnen sind Sounds und Videos, die in HTML5 erstmals volle Unterstützung ohne kompliziertes Flash-Plug-in erfahren. Im Folgenden wollen wir Sie mit den Besonderheiten und Möglichkeiten von Bild und Ton auf mobilen Geräten vertraut machen.

4.3.1 Video

Bisher gab es zwei Möglichkeiten, um Videos in HTML einzubinden: entweder als sogenanntes *ActiveX-Objekt*, in der Hoffnung, dass der Nutzer das passende Plug-in installiert hat, oder per *Flash-Widget*. Der Flash-Player ist auf Desktopsystemen sehr verbreitet; daher mussten Sie sich bislang über Codecs und Dateiformate keine Gedanken machen.

Seit HTML5 gibt es für Videos ein eigenes Element: das `video`-Tag.

```
<video src="video.mp4"></video>
```

Die einfachste Verwendung des `video`-Elements besteht in einem öffnenden und einem schließenden Tag; der Inhalt dazwischen bleibt leer. Damit der Browser weiß, welches Video geladen werden soll, muss in einem `src`-Attribut die URL zur Videodatei angegeben sein. Die Darstellungsgröße ermittelt der Browser entsprechend der Größe der Videodatei automatisch (siehe Abbildung 4.25).

Abbildung 4.25 HTML5-Video im Webbrowser

Optionen

Zusätzlich stehen dem `video`-Element weitere Attribute zur Verfügung, mit deren Hilfe Sie Aussehen und Verhalten beeinflussen können:

```
<video src="video.mp4" width="640" height="360"></video>
```

Geben Sie die Größe des Videos mit den Attributen `width` und `height` an. So können Sie bei Bedarf das Video vergrößern oder verkleinern. Unterscheidet sich die von Ihnen angegebene Größe von der eigentlichen Videogröße, verkleinert der Browser das Video entsprechend, damit es komplett zu sehen ist. Das Video wird niemals verzerrt oder abgeschnitten dargestellt. Alternativ können Sie die Größe des Videos natürlich auch mit CSS festlegen:

```
video {
 width: 640px;
 height: 360px;
}
```

Standardmäßig wird ein Video ohne Bedienelemente dargestellt. Der Nutzer müsste es, abhängig vom verwendeten Browser, per Doppelklick oder Kontextmenü starten. Um die Standardbedienelemente zu aktivieren, verwenden Sie das Attribut `controls` (siehe Abbildung 4.26):

```
<video src="video.mp4" controls="true"></video>
```

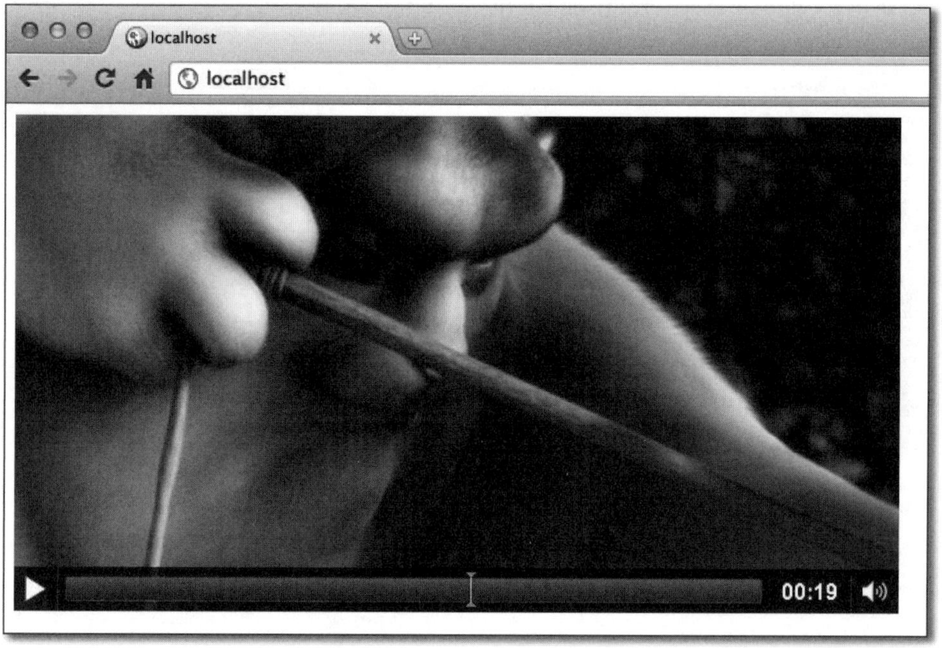

Abbildung 4.26 Video mit eingeblendeter Steuerung

Nachdem das Video geladen worden ist, wird das erste Einzelbild als Standbild angezeigt. Erst durch Nutzerinteraktion wird das Video abgespielt. Verwenden Sie das `autoplay`-Attribut, um das Video sofort nach dem Laden zu starten:

```
<video src="video.mp4" autoplay="true"></video>
```

Sowohl `autoplay`- als auch `controls`-Attribut sind sogenannte *Boolesche Attribute*, dies bedeutet, dass ihr Wert auf *wahr* gesetzt wird, sobald sie irgendeinen Inhalt haben oder überhaupt vorhanden sind. Nach gültiger HTML5-Syntax können Sie daher den Teil mit der Wertzuweisung auch weglassen und die Kurznotation verwenden:

```
<video src="video.mp4" autoplay controls></video>
```

Anstelle des ersten Frames können Sie eine Bilddatei angeben, die als Vorschaubild im Videorahmen angezeigt wird:

```
<video src="video.mp4" poster="video.jpg"></video>
```


Das Vorschaubild (poster) wird so lange angezeigt, bis der Nutzer das Video startet. Beachten Sie: Dies funktioniert natürlich nicht, wenn Sie ein autoplay-Attribut angegeben haben.

Besonderheiten unter iOS

Soweit die Theorie. In der Praxis gibt es auch beim video-Element noch einige Einschränkungen, und nicht alle Browserengines unterstützen alle Features. Die Bedienelemente sehen je nach Betriebssystem und Browser unterschiedlich aus; vor allem aber unterstützen nicht alle Browser alle Videoformate (siehe Abbildung 4.27).

Abbildung 4.27 Der Videotyp wird nicht unterstützt.

Auch unter WebKit für mobile Geräte gibt es einige Einschränkungen. Sowohl Safari als auch Android ignorieren den autoplay-Parameter. Hintergrund ist, dass Benutzer einer mobilen Internetverbindung nicht dazu gezwungen werden sollen, ohne ihren Willen große Videodateien herunterzuladen. Ein Smartphone-Video muss zum Abspielen also immer angeklickt werden.

Die Standardansicht ist ein schwarzer Kasten mit einem runden PLAY-Button in der Mitte. Wird keine Videogröße angegeben, stellt Safari das Video in einer Größe von 150 × 300 Pixeln dar.

Videos auf dem iPhone werden immer im Vollbildmodus abgespielt. Sobald der Nutzer auf PLAY tippt, werden alle anderen Elemente der Webseite ausgeblendet und die Bedienelemente des Videoplayers eingeblendet.

Codecs – das richtige Videoformat auswählen

Einfach nur ein Video in eine App einfügen? So einfach macht es Ihnen HTML5 leider nicht. Derzeit gibt es ein gutes Dutzend verschiedene Videocodecs, die sich im Browser abspielen lassen; ein echter Standard hat sich bisher noch nicht durchgesetzt. Aber kein Grund zur Verzweiflung! Im Folgenden stellen wir Ihnen die wichtigsten Codecs vor:

H.264 ist als Teil des MPEG-Standards für besonders hochauflösende Videos, insbesondere HD-Videos mit gutem Sound, konzipiert. Durch die nahtlose Integration in Apple QuickTime werden H.264-Videos in allen Versionen des Safari-Browsers abgespielt. Die Videos haben je nach Containerformat die Dateiendung *.mov* oder *.mp4*.

Ogg Theora wird als Open-Source-Codec von Firefox und Opera unterstützt, seit Version 3.0 auch von WebKit-basiertem Chrome. Es gilt als Gegenentwurf zum patentierten H.264, wird jedoch häufig als ineffizient kritisiert. Sie erkennen das Format an der Dateiendung *.ogg*.

WebM ist das jüngste unter den Videoformaten. Es wurde 2010 von Google entwickelt und ist Bestandteil des Chrome-Browsers, der allerdings keine H.264-Videos mehr unterstützt. WebM wird als Open-Source-Projekt ständig weiterentwickelt. Die Dateiendung ist *.webm*.

Wollen Sie ein Video einbetten, das in allen aktuellen Browsern angezeigt werden kann, müssen Sie also mehrere Quelldateien in verschiedenen Codierungen verknüpfen. Dies gelingt Ihnen mithilfe des `source`-Tags, das in das `video`-Element eingebunden wird:

```
<video>
 <source src="video.mp4">
 <source src="video.ogg">
 <source src="video.webm">
</video>
```

In diesem Fall benötigen Sie kein `src`-Attribut; der Browser wählt automatisch die von ihm unterstützte Videoquelle aus.

Auf mobilen WebKit-Browsern gestaltet es sich etwas einfacher: Sie unterstützen ausschließlich H.264-Videos mit einem Baseline-Profil. Allerdings müssen Sie hier neben dem Codec auch noch die maximalen Auflösungen, Frame-Raten und Bit-Raten beachten, also die erlaubte Dateigröße pro Sekunde. Kurzum: Die Aufbereitung einer Videodatei für ein Mobilgerät ist eine Wissenschaft für sich.

Glücklicherweise gibt es Hilfsmittel, die Ihnen die Umwandlung in ein mobilfähiges Format abnehmen. Ein sehr gutes und kostenloses Werkzeug ist in diesem Zusammenhang der *MiroVideoConverter* (siehe Abbildung 4.28).

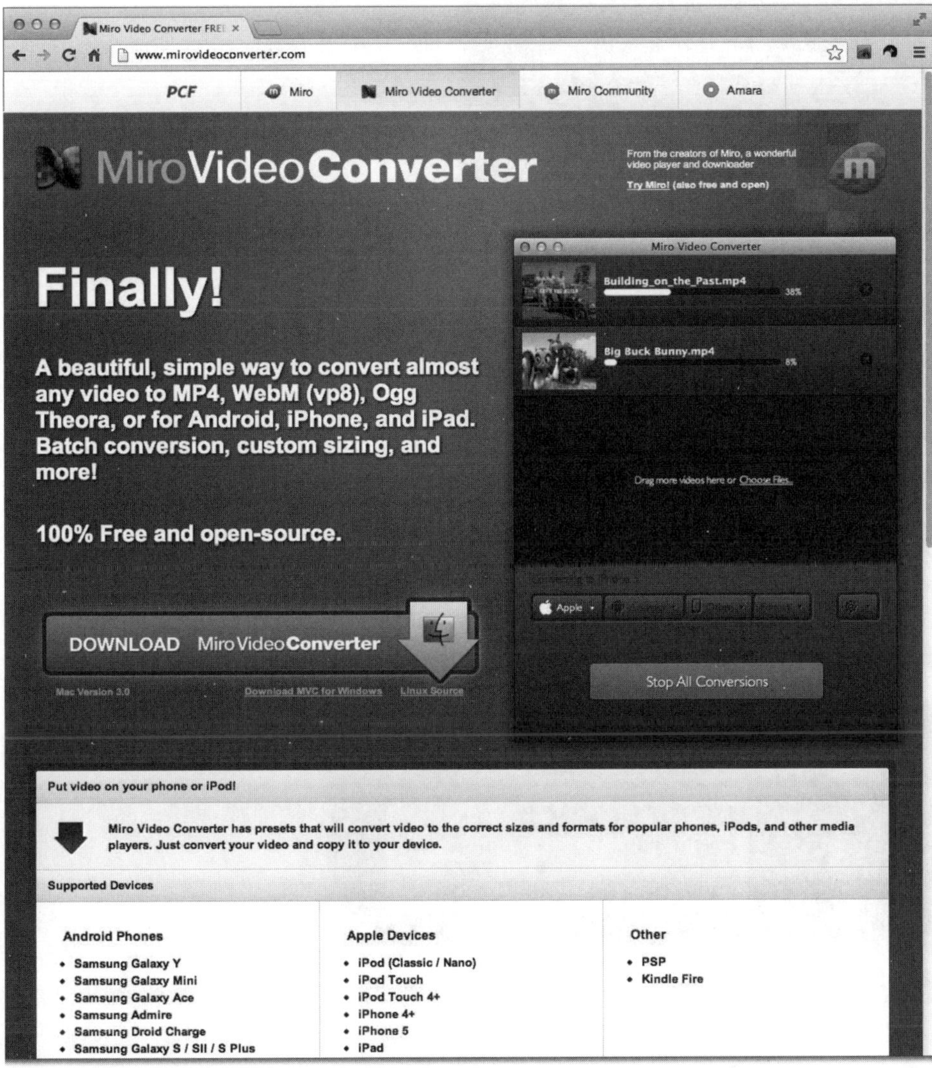

Abbildung 4.28 http://www.mirovideoconverter.com

Laden Sie das Open-Source-Tool für Windows oder Mac OS X von *http://www.mirovideoconverter.com/* herunter. Nach der Installation öffnet das Programm ein kleines, sehr übersichtliches Fenster (siehe Abbildung 4.29).

Abbildung 4.29 Videodatei ins Fenster ziehen

Ziehen Sie mit der Maus Ihr Ausgangsvideo in das Fenster. Keine Sorge, das Programm verarbeitet die meisten gängigen Ausgangsformate ohne Probleme. Anschließend wählen Sie in der Menüleiste das Gerät aus, auf dem das Video später abgespielt werden soll (siehe Abbildung 4.30).

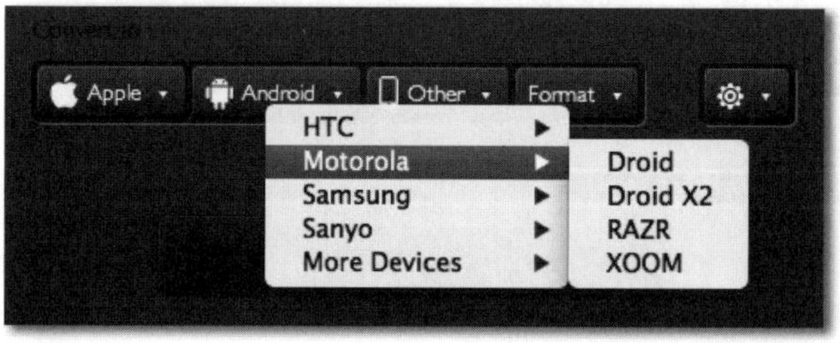

Abbildung 4.30 Geräteauswahl im MiroVideoConverter

Planen Sie z. B. eine App für iPhone und iPad, ist das Format *Apple Universal* die richtige Wahl. Hierbei wählt der Konverter von allein die richtigen Videoparameter und den passenden Codec aus. Klicken Sie nun auf CONVERT: Nach einigen Minuten spuckt das Tool die richtig codierte Videodatei aus.

Videos von YouTube und anderen Videoportalen einbetten

Noch einfacher geht es übrigens, wenn Sie ein Video mithilfe der Videoportale *YouTube* oder *Vimeo* einbetten. Die Videoanbieter haben den HTML5-Trend längst erkannt und bieten einen Embed-Code an, der sowohl per Flash-Plug-in in älteren Desktopbrowsern als auch auf den meisten mobilen Geräten funktioniert (siehe Abbildung 4.31). Anstelle eines `video`-Tags wird hier ein `iframe`–Element generiert, der auf die Seite des Anbieters verlinkt. Dort entscheidet eine Serverlogik, welcher Codec an den Browser ausgeliefert wird. Dies sieht dann beispielsweise so aus (siehe Abbildung 4.32):

```
<iframe src="http://player.vimeo.com/video/23445324?title=0&amp;byline=0&
amp;portrait=0" width="398" height="224" frameborder="0"
webkitAllowFullScreen mozallowfullscreen allowFullScreen></iframe>
```

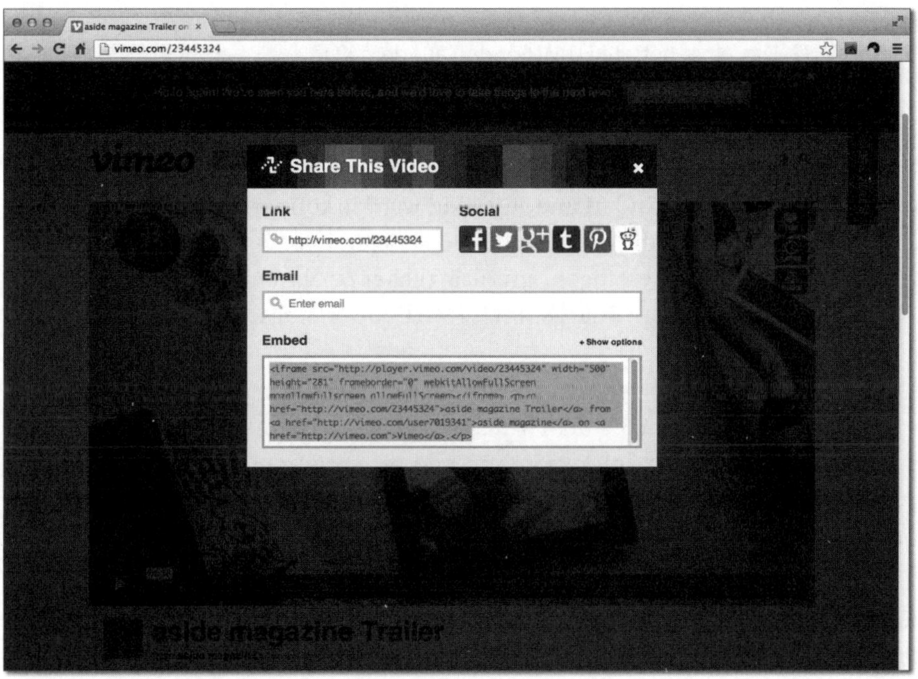

Abbildung 4.31 Video von Vimeo einbetten

Abbildung 4.32 Das eingebettete HTML5-Video auf dem iPad

Video mit JavaScript steuern

Das interessanteste Feature von HTML5-Videos ist, dass sie, ebenso wie andere DOM-Objekte, mit JavaScript verändert und gesteuert werden können. In einem kleinen Beispiel wollen Sie daher auf die eingebauten Bedienelemente verzichten und lediglich einen PLAY-PAUSE-Button einfügen. Ein zusätzlicher ZOOM-Button soll das Video auf 150 % vergrößern. Legen Sie zunächst im HTML-Code ein `video`-Element an:

```
<video src="video.mp4" id="video"></video>
```

Per `src`-Attribut übergeben Sie dem Video die Quelldatei, und mit `id="video"` sprechen Sie das `video`-Objekt im JavaScript-Code an. Außerdem benötigen Sie zwei HTML-Buttons: einen zum Abspielen bzw. Anhalten des Videos und einen für die Zoomfunktion (siehe Abbildung 4.33):

```
<div>
 <button id="play">Play/Pause</button>
 <button id="zoom">Vergrößerung 150%</button>
</div>
```

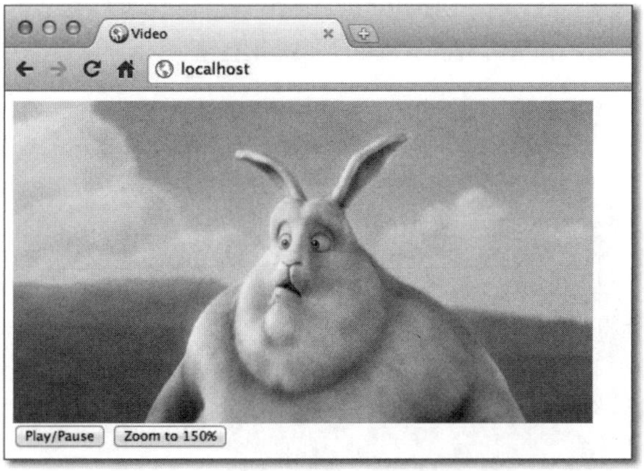

Abbildung 4.33 HTML-Buttons unter dem Video

Als Nächstes geht es daran, die Buttons zum Leben zu erwecken. Verwenden Sie hierzu die in Abschnitt 2.5.2, »Einführung in Zepto«, besprochene Bibliothek *Zepto*. Diese binden Sie in den HTML-Code ein:

```
<script src="js/zepto.min.js"></script>
```

Jetzt speichern Sie in einer JavaScript-Variablen das `video`-Objekt ab. Sie identifizieren es über die zuvor festgelegte ID namens `video`:

```
var video = $('#video')[0];
```

Später im Code können Sie also anstelle von `$('#video')[0]` einfach nur `video` schreiben. Dies spart nicht nur zehn Buchstaben, sondern verbessert auch noch die JavaScript-Performance.

Für die Interaktion müssen Sie für den PLAY-Button ein Ereignis definieren und ihm eine Funktion zuweisen, die ausgeführt wird, wenn das Ereignis eintritt:

```
$('#play').on('click', function(){
 if(video.paused) {
  video.play();
 } else {
  video.pause();
 }
});
```

Sie weisen dem Button ein `click`-Ereignis zu. Moment, `click`? Das geht doch nur mit einer Maus? Richtig, aber Touch-Geräte führen einen Klick auch dann aus, wenn der Finger den Bildschirm berührt, dort für einige Millisekunden liegen bleibt und dann wieder angehoben wird. Dies hat gegenüber einem Touch-Start die folgenden Vorteile: Der Nutzer kann das Video nicht aus Versehen starten, wenn er mit dem Finger über den Bildschirm wischt. Außerdem ist der Button auf diese Weise mit Desktopbrowsern kompatibel, die Touch-Events nicht interpretieren können.

Abbildung 4.34 Vergrößertes Video

In der Funktion passiert nun Folgendes: JavaScript prüft zunächst, ob das Video gerade läuft oder pausiert. Ist die Eigenschaft `video.paused` erfüllt, wird die `.play()`-Funktion aufgerufen. Ist die Eigenschaft nicht erfüllt, das Video spielt also gerade ab, wird die `.pause()`-Funktion aufgerufen. Im nächsten Schritt erwecken Sie den ZOOM-Button zum Leben:

```
$('#zoom').on('click', function(){
 video.width = video.videoWidth * 1.5;
});
```

Beim Anklicken des ZOOM-Buttons (`click`) wird eine Funktion ausgeführt, die die Videobreite ausliest und diese mit 1,5 multipliziert, also das Video auf 150 % vergrößert (siehe Abbildung 4.34). Die Eigenschaft `videoWidth` ist dabei eine andere als die Breite des Elements: Wird Ihr Video beispielsweise so weit verkleinert, dass es nicht in die volle Breite des Elements passt, wird es so dennoch auf 150 % gezoomt.

4.3.2 Audio

Etwas einfacher ist die Einbindung von Sounddateien in HTML. Bereits in HTML4 war es möglich, über ein ActiveX-Objekt unkomprimierte Wave-Dateien und Midi-Kompositionen in eine Webseite einzubinden:

```
<object data="haste.mid" type="audio/x-midi"></object>
```

Die meisten Browser, selbst Netscape 4, konnten dieses Tag verarbeiten und Sounds abspielen, solange der richtige MIME-Typ angegeben war. In HTML5 gibt es das neue Multimedia-Element:

```
<audio src="sound.mp3"></audio>
```

Dem audio-Element wird, ähnlich wie dem video-Element, die Sounddatei per src-Parameter übergeben. Aktuelle Browser verarbeiten in der Regel alle geläufigen Formate und Kompressionen; auf Nummer sicher gehen Sie allerdings mit MP3-Dateien. Möchten Sie eine Sounddatei in einem besonders hochwertigen Kompressionsverfahren wie *Advanced Audio Coding* (AAC) bereithalten, als Notfalllösung für nicht unterstützte Browser aber z. B. *Ogg Audio* verwenden, können Sie auch im audio-Element mehrere Quelldateien verknüpfen:

```
<audio>
 <source src="sound.aac">
 <source src="sound.oga">
</audio>
```

Der Webbrowser wählt und verwendet das passende Format.

Das audio-Element wird im Browser zunächst nur als unsichtbarer Kasten dargestellt. Um die Bedienelemente zu aktivieren (siehe Abbildung 4.35), verwenden Sie, analog zum video-Element, das folgende Attribut:

```
<audio src="sound.mp3" controls="true"></audio>
```

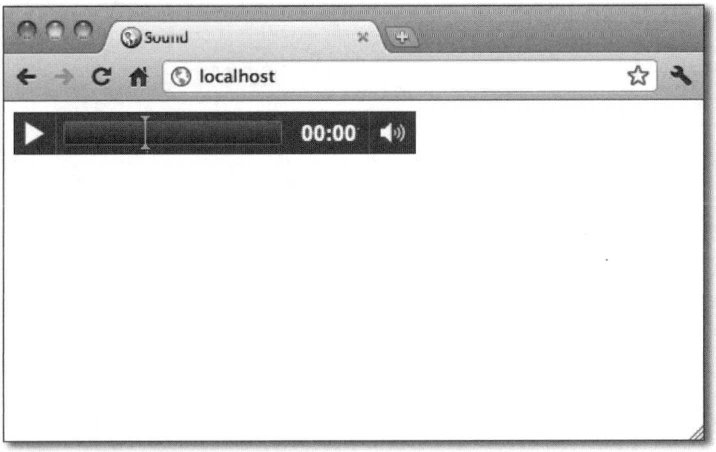

Abbildung 4.35 Eine Audiodatei in Google Chrome

Auch Sounds können automatisch beim Laden der Website abgespielt werden. Ebenso wie beim video-Element geschieht dies durch den autoplay-Parameter:

```
<audio src="sound.mp3" autoplay="true"></audio>
```

Auch hier können Sie die Kurznotation verwenden:

```
<audio src="sound.mp3" autoplay controls></audio>
```

Leider haben Sie keinen direkten Einfluss auf die Bedienelemente Ihres Audioplayers; Sie können sie lediglich ein- und ausschalten. Da sich das audio-Element aber auch mit JavaScript steuern lässt, können Sie Bedienelemente mit HTML komplett selbst entwerfen und per CSS gestalten.

jPlayer

Komplexere Einsätze von Audiodateien meistern Sie am besten mit dem *jPlayer*. Dieses Open-Source-Werkzeug stellt alle wichtigen Funktionen zur Verfügung (siehe Abbildung 4.36). Den jPlayer können Sie sich unter *http://www.jplayer.org* kostenlos herunterladen.

Abbildung 4.36 Der jPlayer

Eine typische Integration sieht dann in etwa so aus:

```
$("#audio").jPlayer({
 ready: function () {
  $(this).jPlayer("setMedia", {
```

```
    mp3: "/media/mysound.mp3"
  });
 },
 supplied: "mp3"
});
```


Der Code erzeugt einen kleinen HTML-MP3-Player, den Sie mit CSS gestalten können. Ein sehr gutes Beispiel dafür ist der kostenlose *ZEN Player* (siehe Abbildung 4.37), den Sie unter *http://lab.simurai.com/zen-player/* herunterladen können.

Abbildung 4.37 Der ZEN Audio Player auf dem iPhone

Besonderheiten unter iOS

Das audio-Tag unter iOS hat einen entscheidenden Nachteil: Sie können nur eine Sounddatei zur selben Zeit abspielen. Das Mischen oder Faden mehrerer Sounds ist daher leider nicht möglich. Befinden sich bei Ihnen mehrere audio-Elemente auf einer Seite, wird immer das zuletzt gestartete abgespielt.

Safari auf iOS unterstützt die folgenden Audioformate:

- unkomprimiertes Wave (*.wav*)
- Audio Interchange File Format (*.aif*)
- MP3 (*.mp3*)
- Advanced Audio Codec Low Complexity (*.aac*)
- Advanced Audio Codec High Efficiency (*.aac*)

Praktische Verwendung von Sound

Neben dem Einsatz als Musikplayer in z. B. einer Radio-App können Sounds in Apps auch noch anderweitig eingesetzt werden. Bedenken Sie aber immer, dass jede Musikdatei vom Server geladen werden muss und damit Bandbreite kostet und die App-Ladezeit verlängert. Vermeiden Sie den Einsatz von kontinuierlicher Hintergrundmusik: Was zunächst als stimmungsvolle Untermalung erscheint, kann bei längerer Benutzung schnell nervig werden. Besonders dann, wenn Ihre App z. B. im Hörsaal, in Konferenzen oder in der U-Bahn eingesetzt wird.

Allerdings können dezente Soundeffekte als zusätzliche akustische Unterstützung der Benutzeroberfläche durchaus hilfreich sein. Vielleicht kennen Sie das Geräusch Ihres Instant Messengers, wenn eine neue Nachricht ankommt? Die iPhone-App von Twitter macht von den Effekten ausgiebig und gleichzeitig sehr subtil Gebrauch: Wenn im Hintergrund neue Tweets geladen wurden, deutet ein kurzes Zwitschern an, dass die Liste aktualisiert wurde. Überlegen Sie doch mal, wo in Ihrer App ein dezentes akustisches Feedback hilfreich sein könnte.

Beispiel-App

Im Folgenden basteln Sie eine kleine Beispiel-App. Diese besteht eigentlich nur aus einigen Buttons, die aber bei jedem Antippen ein leises Klicken von sich geben sollen. Dies ist besonders für Benutzer hilfreich, die viel und schnell tippen – das Klicken deutet an: »Button wurde gedrückt«.

Als Erstes benötigen Sie ein `audio`-Element, mit dem Sie eine Sounddatei verknüpfen:

```
<audio src="klick.mp3" id="audio"></audio>
```

Danach folgen die Buttons. Da Sie in der Schule schon immer die Mathestunden geliebt haben, gestalten Sie eine Art Taschenrechner-Layout, also einfache Buttons mit den Zahlen 1–9:

```
<button>1</button>
<button>2</button>
<button>3</button>
<button>4</button>
<button>5</button>
<button>6</button>
<button>7</button>
<button>8</button>
<button>9</button>
```

Damit die Anordnung auch an einen Taschenrechner erinnert, vergrößern Sie die Buttons per CSS und ordnen sie zentriert auf dem Bildschirm an:

```
body {
 text-align: center;
}
button {
 width: 30%;
 height: 50px;
 margin-bottom: 5px;
}
```

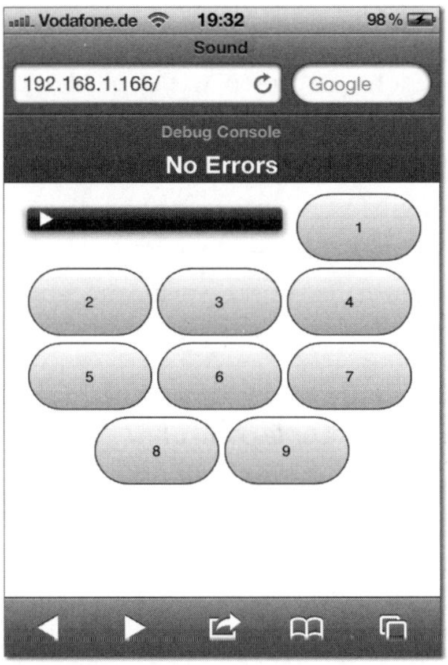

Abbildung 4.38 Der Sound-Taschenrechner

Das audio-Element drängelt sich jetzt noch ein wenig unmotiviert vor den Buttons herum (siehe Abbildung 4.38). Um es zu verstecken, verschieben Sie es per CSS nach links oben aus dem Bildschirm heraus:

```
audio {
 position: absolute;
 top: -100px;
 left: -1000px;
}
```

Jetzt wird es Zeit für JavaScript. Verknüpfen Sie zunächst die Zepto-Bibliothek mit Ihrem HTML-Dokument:

```
<script src="js/zepto.min.js"></script>
```

Definieren Sie als Nächstes eine Variable, und weisen Sie ihr per Zepto-Selektor das audio-Element zu:

```
var klick = $('#audio')[0];
```

Nun müssen Sie nur noch dem Button beibringen, bei jedem Klick das audio-Element zu starten. Dies geschieht mithilfe des entsprechenden EventHandlers:

```
$('button').on('click', function(){
 klick.play();
});
```

Testen Sie Ihre App auf einem Smartphone. Bei jedem Antippen wird ein kleines Geräusch gespielt, der Audioplayer agiert dabei im Hintergrund und ist für den Nutzer unsichtbar. Mit dieser Technik können Sie jedem beliebigen Element und Ereignis einen passenden Ton zuweisen. Aber auch hier gilt: Verwenden Sie akustisches Feedback sehr subtil; zu viele Geräusche können schnell nerven. Probieren Sie ein wenig mit verschiedenen Tönen herum, und variieren Sie kurze, leise und angenehme Geräusche.

Eine komplette Übersicht über die Verwendung von Audio und Video auf iOS-Geräten finden Sie in englischer Sprache auf: *http://developer.apple.com/library/safari/#documentation/AudioVideo/Conceptual/Using_HTML5_Audio_Video/Introduction/Introduction.html*.

4.4 Animationen mit CSS

Animationen sind integraler Bestandteil Ihrer WebApp. Sie dienen nicht nur der Verschönerung von Inhalten, sondern helfen Ihren Benutzern auch zu verstehen, was gerade passiert. Animationen leiten durch eine Benutzeroberfläche und verbinden verschiedene Menüs, Screens oder Inhalte miteinander. Sie können zudem auch Begeisterung auslösen. Alles in allem sind Animationen ein wichtiges Werkzeug, das Sie sinnvoll und gezielt einsetzen sollten.

Es gibt mehrere Möglichkeiten, um Elemente in einer WebApp zu animieren. Die erste Option ist die Animation mit JavaScript und Zepto. Vorteilhaft an dieser Lösung ist, dass die Animation in allen gängigen Browsern funktioniert und angezeigt wird. Nachteilig ist allerdings, dass die Performance der Animation in vielen Fällen zu wünschen übrig lässt. Besonders auf mobilen Endgeräten wirken JavaScript-Animationen oft ruckelig und schwerfällig, kurzum: nicht zufriedenstellend. Eine Animation muss flüssig und gleichmäßig ablaufen, damit Ihre Benutzer sie nicht als störend oder fehlerhaft empfinden.

Wenn Browserkompatibilität, wie im Falle von WebApps, eine untergeordnete Rolle spielt, sollten Sie auf CSS-Animationen zurückgreifen und auf JavaScript-Animationen verzichten. CSS-Animationen sind *hardwarebeschleunigt*, das heißt, dass sie um ein Vielfaches flüssiger angezeigt werden als ihre JavaScript-Pendants.

CSS-Animationen sind zurzeit immer noch nicht final in den CSS3-Standard implementiert, das heißt, dass Sie mit bereits vertrauten Präfixen arbeiten müssen. Da Sie hauptsächlich für die Browserengine WebKit entwickeln, verzichten wir in den folgenden Beispielen auf die Präfixe für weitere Browser.

Doch genug zur Einführung. Sie werden nun Elemente vergrößern, drehen, farblich ändern u. v. m.! Es wird funky!

4.4.1 CSS-Transitions und CSS-Animations

Insgesamt gibt es zwei Definitionen zur Animation und Manipulation von Elementen: `-webkit-transition` und `-webkit-animation`. Bevor Sie richtig loslegen, erhalten Sie zunächst eine kurze Einführung in diese beiden Typen:

Via `-webkit-transition` steuern Sie, in welcher Zeit und Art und Weise bestimmte Eigenschaften oder auch alle Eigenschaften eines Elements verändert werden. Die Eigenschaften können dabei z. B. die Randfarbe, die Position oder der Hintergrund sein.

`-webkit-animation` ist eine Erweiterung zu `-webkit-transition`, mit der Sie weitere Parameter wie Zwischenschritte (*Keyframes*) oder auch die Anzahl der Animationsdurchläufe festlegen.

4.4.2 Animieren mit -webkit-transition

Stellen Sie sich folgendes Szenario vor: Ihnen liegt eine Seite mit Text vor. Über diesem Text möchten Sie ein kleines Banner einbauen, das sich beim Aufruf der Seite automatisch von oben ins Bild schiebt. Das Banner könnte weitere Informationen beinhalten oder auf etwas anderes, wie z. B. die aktuelle Größe von Sharky, hinweisen – ein durchaus übliches Szenario bei der Entwicklung einer WebApp.

Der Kern Ihres HTML-Codes sieht wie folgt aus:

```
<div class="banner">Mein Bannertext</div>
<article>
 <p>Hier steht etwas Blindtext.</p>
</article>
```

Wie schon in den vorherigen Beispielen verzichten wir hier aus Platzgründen auf einen längeren Blindtext. Sie sollten allerdings etwas mehr Text verwenden, um den Effekt besser sehen zu können. Sie erinnern sich noch an *http://www.lipsum.com*?

Den dazugehörigen CSS-Code gestalten Sie wie folgt:

```
body {
 margin:0px;
 padding:0px;
}

.banner {
 background-color:#0000ff;
 color:#fff;
 height:50px;
 padding:10px;
}

article {
 padding:10px;
}
```

Listing 4.12 Nur wenige einfache CSS-Definitionen, um das Grundgerüst zu gestalten

Sie setzen nun zunächst die Seitenränder auf null, damit das Banner schön mit dem Browserrand abschließt. Danach weisen Sie dem Banner ein verführerisches Blau als Hintergrundfarbe zu und definieren die Höhe sowie die Abstände der Inhalte zum Rand des Elements. Geben Sie außerdem dem Element `article` etwas inneren Abstand, damit der Text besser lesbar ist (siehe Abbildung 4.39).

Abbildung 4.39 Die Darstellung auf dem iPhone und unter Android sehen beinahe identisch aus.

Um nun das Banner zu animieren, müssen Sie es zunächst aus dem Bildrand schieben (siehe Abbildung 4.40). Dies erreichen Sie mit einem negativen oberen Abstand (`margin-top`):

```
.banner {
 background-color:#0000ff;
 color:#fff;
 height:50px;
 padding:10px;
 margin-top:-70px;
}
```

Listing 4.13 Die Gestaltung des Banners via CSS

Warum 70 Pixel, wenn die Höhe des Elements nur 50 Pixel beträgt? Vergessen Sie nicht den inneren Abstand (`padding`). Diesen müssen Sie immer noch zur Höhe dazu addieren. Die Formel lautet daher: *Oberer innerer Abstand + unterer innerer Abstand + Höhe des Elements = die gesuchte Pixelanzahl.*

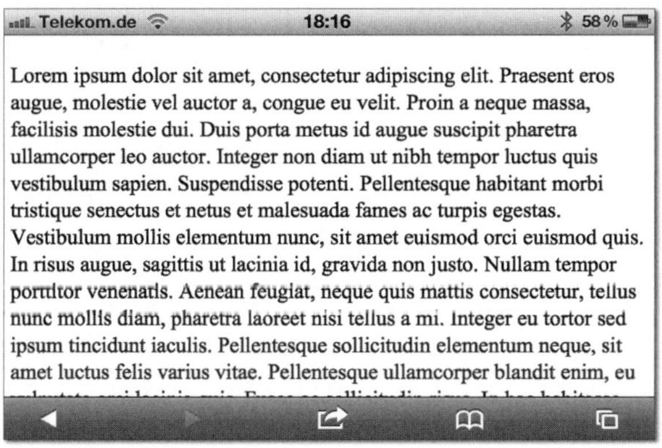

Abbildung 4.40 Das Banner ist nun außerhalb des Sichtfelds.

Jetzt kommt der spannende Teil: Erweitern Sie den CSS-Code des Banners durch Animation des oberen Randes:

```
.banner {
 background-color:#0000ff;
 color:#fff;
 height:50px;
 padding:10px;
 margin-top:-70px;
 -webkit-transition: margin-top 2s ease-in-out;
}
```

Die Eigenschaft `-webkit-transition` besteht aus insgesamt drei Teilen: Der erste Teil, in diesem Fall `margin-top`, gibt die Eigenschaft an, die animiert werden soll. Dabei können Sie eine bestimmte CSS-Eigenschaft angeben oder aber auch über die Bezeichnung `all` alle Eigenschaften des Elements einbeziehen. Der zweite Teil gibt die Dauer der Animation in Sekunden an. Sie können auch Dezimalzahlen verwenden, müssen dann aber das Komma aufgrund der englischen Sprachweise zu einem Punkt abändern. So definieren Sie z. B. eine halbe Sekunde als `0.5s`. Der dritte Teil beschreibt die Animationsart. Sie geben hier an, ob die Animation langsam starten und enden (`ease-in-out`) oder vollkommen linear (`linear`) ablaufen soll. Hier eine Übersicht der gängigsten Animationsarten:

- `ease-in`: Die Animation startet langsam.
- `ease-out`: Die Animation wird gegen Ende abgebremst.
- `ease-in-out`: Die Animation startet langsam und wird gegen Ende abgebremst.
- `linear`: Die Animation verläuft gleichmäßig.

Sie können die Animation noch sehr viel genauer in Form einer *Bézierkurve* festlegen. Hierzu bietet das *Ceasar Easing Animation Tool* (*http://matthewlein.com/ceaser/*) eine wunderbare Benutzeroberfläche, die automatisch den benötigten Code generiert.

Um die Animation zu starten, wenn die Webseite geladen ist, benötigen Sie etwas Hilfe von Zepto. Wie Sie Zepto einbinden, wissen Sie bereits. Der Zepto-Code sieht wie folgt aus:

```
$(document).ready(function() {
 $(".banner").toggleClass("banner_sichtbar");
});
```

Wenn die Seite geladen worden ist, wird die Klasse des Banners durch die Klasse `banner_sichtbar` ersetzt. In dieser Klasse definieren Sie nun eine neue Position des Banners:

```
.banner_sichtbar {
 margin-top:0px;
}
```

Damit wird das Banner beim Seitenaufruf langsam eingeblendet.

Einblenden des Banners bei Aufruf eines Links

Vielleicht werden Sie sich häufiger in der Situation befinden, ein Banner bei einer bestimmten Interaktion anzeigen lassen zu wollen. Der Weg dorthin ist nicht weit, denn den Hauptteil der Arbeit haben Sie bereits erledigt. Wenn Sie das Banner mit Klick auf einen Button einblenden wollen, müssen Sie lediglich einen Button einpflegen und den jQuery-Befehl anpassen (siehe Abbildung 4.41). Fügen Sie den Button in den HTML-Code ein:

```
<button>Banner ein-/ausblenden</button>
```

Den Zepto-Code passen Sie wie folgt an:

```
$(document).ready(function() {
 $("button").onclick(function() {
  $(".banner").toggleClass("banner_sichtbar");
 });
});
```

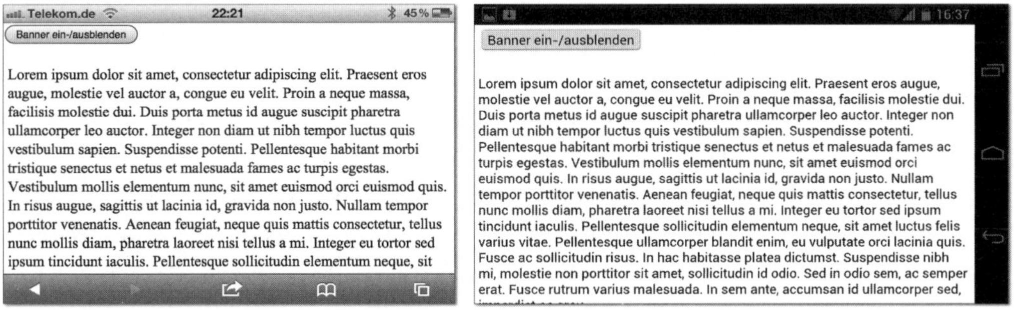

Abbildung 4.41 Das Banner über einen Button einblenden (iPhone links, Android rechts)

Sie sehen: Die Einbindung einer Animation ist einfach. In Kombination mit Zepto können Sie auf verschiedenste Art und Weise eine Animation starten. So könnten Sie z. B. auch den Bewegungssensor eines Smartphones oder eine Touch-Geste nutzen, um das Banner einzublenden. Hier ist Ihre Fantasie gefragt. Das Auslesen des Bewegungssensors besprechen wir in Kapitel 6, »Auslesen des Bewegungssensors mit JavaScript«.

4.4.3 Animieren mit -webkit-animation

Eine weitere Möglichkeit, um Elemente zu animieren, besteht über die Eigenschaft `-webkit-animation`. Diese Eigenschaft bietet einige Vorteile gegenüber der Animation via `-webkit-transition`. Mit ihrer Hilfe können Sie Schlüsselbilder (*Keyframes*) festlegen und eine Animation somit mehrstufig gestalten. Weitere konfigurierbare Optionen sind die Definition einer Animationsverzögerung und der Anzahl an Animationsdurchläufen sowie die Festlegung von Effekten und einer Wiederholungsfunktion.

Im folgenden Beispiel animieren Sie ein Quadrat. Im HTML-Code definieren Sie das Quadrat einfach als `div`-Element:

```
<div class="quadrat"></div>
```

Der CSS-Code lautet:

```
.quadrat {
 height:50px;
 width:50px;
 background-color:#ff0000;
}
```

Jetzt haben Sie ein rotes Quadrat, das es zu animieren gilt. Zunächst konfigurieren Sie die Schlüsselbilder. Schlüsselbilder sind einzelne Stufen der Animation, die Sie individuell festlegen können. Sie werden über Prozentangaben definiert, die sich auf die Gesamtdauer der Animation beziehen.

Sie animieren das Quadrat zunächst 50 Pixel nach rechts und danach 50 Pixel nach unten. Gleichzeitig animieren Sie im dritten Schlüsselbild die Hintergrundfarbe in ein sattes Gelb. Die Eigenschaft `@-webkit-keyframes` beinhaltet dabei die Schlüsselbilder und deren Eigenschaften. Ihre Animation benennen Sie in diesem Fall `flavius`, frei benannt nach dem berühmten römisch-jüdischen Historiker Flavius Josephus, der uns für dieses Buch an der einen oder anderen Stelle als Inspiration diente.

```
@-webkit-keyframes flavius {
 0% {
 }
 50% {
  margin-top:0px;
  margin-left:50px;
  background-color:#ff0000;
 }
 100% {
  margin-top:50px;
  margin-left:50px;
  background-color:#ffff00;
 }
}
```

Listing 4.14 Die Definition von Schlüsselbildern für eine Animationsabfolge

Als Nächstes rufen Sie den Namen der Schlüsselbilderabfolge in der Klasse Ihres zu animierenden Elements auf:

```
.quadrat {
 width:50px;
 height:50px;
 background-color:#ff0000;
```

```
 -webkit-animation-name: flavius;
 -webkit-animation-duration: 4s;
 -webkit-animation-iteration-count: 10;
 -webkit-animation-direction: alternate;
 -webkit-animation-timing-function: linear;
 -webkit-animation-delay: 1s;
 -webkit-animation-fill-mode: none;
}
```

Listing 4.15 Die Animation mit der zu animierenden Klasse verknüpfen

Die Eigenschaft `-webkit-animation` besteht dabei aus einer Vielzahl von weiteren Optionen:

- `-webkit-animation-name: flavius;`

  der Name der Animation, der für die Konfiguration der Schlüsselbilder benötigt wird

- `-webkit-animation-duration: 4s;`

  die Dauer der Animation

- `-webkit-animation-iteration-count: 10;`

  Die Anzahl der Durchläufe der Animation. In diesem Fall wird die Animation zehnmal ausgeführt. Um eine Endlosschleife zu erzeugen, geben Sie hier `infinite` (engl. für unendlich) an.

- `-webkit-animation-direction: alternate;`

  Mit der Animationsrichtung können Sie einstellen, dass eine Animation bei einer Wiederholung rückwärts ausgeführt wird. In diesem Fall wandert damit das Quadrat erst nach rechts und dann nach unten, bei wechselnder Hintergrundfarbe. Am Ende angekommen, legt das Quadrat dieselbe Strecke und Transformation rückwärts zurück. Ist diese Eigenschaft nicht oder mit `normal` definiert, fängt die Animation nach Beendigung wieder an ihrem Ursprungspunkt an.

- `-webkit-animation-timing-function: linear;`

  Wenn die Animation abgebremst werden soll, geben Sie hier die entsprechende Methode an. Die Methoden kennen Sie bereits aus dem Beispiel mit `-webkit-transition` (z. B. `ease-in-out`, `ease-in` usw.).

- `-webkit-animation-delay: 1s;`

  die Verzögerung, mit der die Animation starten soll

- `-webkit-animation-fill-mode: none;`

  Wenn Sie das Aussehen des Elements innerhalb der Schlüsselbilder verändern, können Sie mit dieser Eigenschaft konfigurieren, wie und wann diese Änderungen angezeigt werden:

- `none`: Die Eigenschaften des Elements werden nur angezeigt, während die Animation abläuft.
- `forwards`: Die Eigenschaften des Elements, die im letzten Schlüsselbild definiert worden sind, werden nach der Animation angezeigt.
- `backwards`: Die Eigenschaften des Elements, die im ersten Schlüsselbild definiert worden sind, werden nur während der Anfangsverzögerung der Animation angezeigt.
- `both`: Die Kombination von `backwards` und `forwards`.

Der Übersicht halber ist es sinnvoll, die Eigenschaften in dieser Art und Weise anzugeben. Möchten Sie jedes noch so kleine Byte sparen, können all diese Eigenschaften auch in einer Zeile zusammengefasst werden:

```
-webkit-animation: flavius 1s 2s 10 alternate none linear;
```

Die Reihenfolge spielt dabei keine Rolle. Bei den Zahlen und Sekundenangaben ist es jedoch so, dass die erste Zahl immer die Animationsdauer, die zweite Zahl die Animationsverzögerung und die dritte Zahl die Anzahl der Durchläufe angibt.

4.4.4 Manipulation mit -webkit-transform

Über `-webkit-transform` können Sie Elemente zwei- und dreidimensional im Raum modifizieren. Dabei wird das Element und sein kompletter Inhalt auf die angegebene Weise transformiert (siehe Abbildung 4.42). Diese Eigenschaft beschreibt keine Animation, ist aber relevant, wenn Sie Objekte dreidimensional drehen möchten. `-webkit-transform` können Sie mit `-webkit-transition` oder `-webkit-animation` kombinieren.

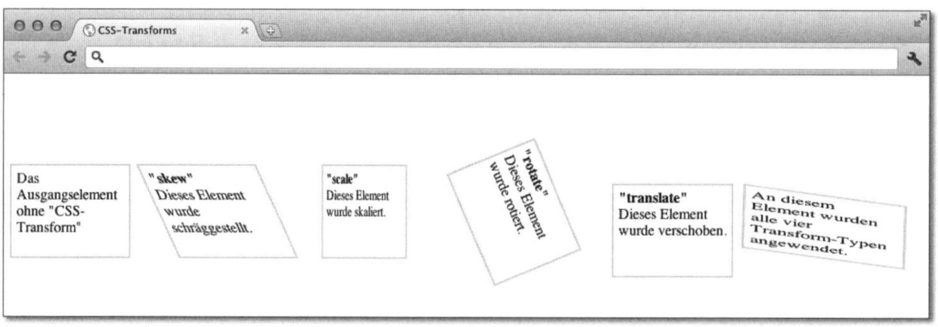

Abbildung 4.42 Die CSS-Transform Eigenschaften »skew«, »scale«, »rotate« und »translate« im Überblick

Sie lieben Poker und möchten daher eine Art Karte mit Vorder- und Rückseite darstellen, die sich bei Berührung umdreht? Kein Problem mit der Kombination von

`-webkit-transform` und `-webkit-transition`! Für die Vorbereitung benötigen Sie den folgenden HTML-Code:

```
<div class="karte">
 <div class="vorderseite">
  <p>Dies ist die Vorderseite Ihrer Karte</p>
 </div>
 <div class="rueckseite">
  <p>Dies ist die Rückseite Ihrer Karte</p>
 </div>
</div>
```

Listing 4.16 Die Vorderseite der Karte

Der dazugehörige CSS-Code:

```
.karte {
 width:320px;
 height:480px;
 position: absolute;
}

.vorderseite {
 width:100%;
 height:480px;
 background-color:#ff0000;
 position: absolute;
}

.rueckseite {
 width:100%;
 height:480px;
 background-color:#00ffff;
 position: absolute;
}
```

Listing 4.17 Die Gestaltung von Vorder- und Rückseite der Karte mit CSS

Da die Karte Ihr Smartphone, in diesem Fall ein iPhone 4S, in horizontaler Ausrichtung komplett ausfüllen soll, definieren Sie die Größe der Karte auf 320 Pixel × 480 Pixel. Entwickeln Sie für ein iPhone ab Generation 5, beträgt die Größe Ihrer Karte 320 Pixel × 568 Pixel. Damit Vorder- und Rückseite nicht untereinander angezeigt werden, bedarf es `position:absolute;` (siehe Abbildung 4.43).

Als Nächstes ergänzen Sie die Klasse `karte` um die Perspektive, mit der die Karte rotiert werden soll. Dabei gilt, je kleiner die Zahl, desto verzerrter wird die Transformation ausgeführt. Am besten ist es, Sie probieren verschiedene Werte einfach mal aus.

Abbildung 4.43 Die Rückseite wird angezeigt, da sie im HTML-Code als Letztes gesetzt wurde. Die Vorderseite befindet sich versteckt unter der Rückseite.

```
.karte {
 width:320px;
 height:480px;
 position: relative;
 -webkit-perspective: 600;
}
```

Die Vorderseite der Karte erweitern Sie folgendermaßen:

```
.vorderseite {
 width:100%;
 height:480px;
 background-color:#ff0000;
 position: absolute;

 z-index: 200;

 -webkit-transform: rotateY(0deg);
 -webkit-transform-style: preserve-3d;
```

```
 -webkit-backface-visibility: hidden;
 -webkit-transition: all 1.4s ease-in-out;
}
```

Listing 4.18 Die Einbindung der 3D-Animation

Der `z-index` gibt an, auf welcher Ebene das Element liegt. Elemente mit einem höheren Wert überlagern Elemente mit einem niedrigen Wert. Sie können sich das wie Zwiebelschichten vorstellen.

Danach modifizieren Sie das Erscheinungsbild des Elements über `-webkit-transform`. Der Wert `rotateY` beschreibt die Rotation auf der Y-Achse, und der Wert in den Klammern gibt die Gradzahl an (`deg` für *degree*). Da es sich um die Vorderseite handelt, liegt die Transformation bei null Grad. Über `-webkit-transform-style: preserve-3d` legen Sie fest, dass bei der Transformation die Perspektive gewahrt bleibt und die Animation somit realistischer aussieht. `-webkit-backface-visibility: hidden;` blendet die Rückseite des Elements automatisch aus, sodass diese nicht zu Ihrer Klasse `rueckseite` in Konkurrenz steht. Würden Sie dies nicht konfigurieren, würde bei der Drehung des Elements dessen Inhalt spiegelverkehrt dargestellt.

Im Anschluss wird nun noch die Animation selbst über `-webkit-transition` gesteuert.

Die Eigenschaften der Rückseite legen Sie nach ähnlichem Prinzip fest:

```
.rueckseite {
 width:100%;
 height:480px;
 background-color:#00ffff;
 position: absolute;

 z-index: 100;

 -webkit-transform: rotateY(-180deg);
 -webkit-transform-style: preserve-3d;
 -webkit-backface-visibility: hidden;
 -webkit-transition: all 1.4s ease-in-out;
}
```

Die Definitionen sind dieselben; lediglich die Werte sind unterschiedlich. Der geringere Wert der Eigenschaft `z-index` stellt sicher, dass die Rückseite zunächst verborgen ist, und `-webkit-transform` transformiert die Rückseite auf der Y-Achse um minus 180 Grad.

Damit eine Animation gestartet werden kann, benötigen Sie auch hier wieder Zepto. Sie fügen der Klasse `karte` bei Berührung eine weitere Klasse `drehen` hinzu, die die Animation in Gang setzt:

```
<script type="text/javascript">
 $(document).ready(function(){
  $('.karte').click(function(){
   $(this).toggleClass('drehen');
  });
 });
</script>
```

Als Letztes fügen Sie im CSS-Code noch die Klasse `drehen` ein. Da die Karte sich bei der Anzeige der Vorderseite anders drehen muss als bei der Anzeige der Rückseite, benötigen Sie insgesamt zwei Definitionen:

```
.karte.drehen .vorderseite {
 z-index: 200;
 -webkit-transform: rotateY(180deg);
}
.karte.drehen .rueckseite {
 z-index: 300;
 -webkit-transform: rotateY(0deg);
}
```

Sie passen den `z-index` an, um die Sichtbarkeit zu gewährleisten. Die jeweilige Rotation auf der Y-Achse definieren Sie wieder über `-webkit-transform`.

Ihre erste rotierende Karte (siehe Abbildung 4.44)! Denken Sie nur an die Möglichkeiten: Auf der Vorderseite könnte die Funktionalität Ihrer App bereitstehen. Dreht nun der Benutzer die Karte durch die Berührung eines Buttons, können Sie auf der Rückseite z. B. die Einstellmöglichkeiten zu Ansicht oder Funktionen unterbringen. Animation und Aufbau visualisieren in diesem Fall den Aufbau der App, aber auch hier sind Ihrer Fantasie keine Grenzen gesetzt.

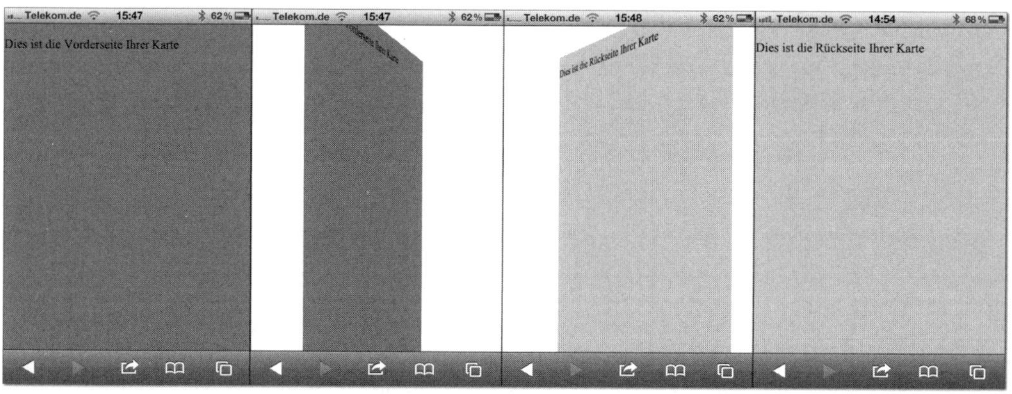

Abbildung 4.44 Die komplette Animationsabfolge in der Übersicht

4.5 Animationen mit Adobe Edge Animate

Nachdem Sie nun die Grundlagen von CSS-Animationen kennengelernt haben, stellen Sie vielleicht fest, dass komplexe Animationen, die mit einer Vielzahl von Stufen und Schlüsselbildern funktionieren, eine recht zeitraubende Angelegenheit sein können. So müssen Sie zunächst die Elemente in HTML anlegen, die Sie dann mit CSS-Stilen verknüpfen, und anschließend Schlüsselbilder hinzufügen sowie die Parameter, die animiert werden sollen, per Hand eintragen usw. Das Problem ist nur: Draußen scheint die Sonne, und Sie sind mit Ihrer besten Freundin in einem Café verabredet. Daher zeigen wir Ihnen in diesem Kapitel die Erstellung einer einfachen Animation mit Adobe Edge Animate – damit Sie schneller in die Sonne kommen, und wir natürlich auch!

4.5.1 Adobe Edge Animate

Adobe Edge Animate ist ein Programm zur Erstellung von CSS-Animationen. Dabei können Sie über eine Programmoberfläche Effekte, Abschnitte, Schlüsselbilder und sogar Aktionen, wie z. B das Öffnen einer Webseite, festlegen. Adobe Edge Animate ist ein recht junges Programm; Version 1.0 wurde im September 2012 veröffentlicht. Das Programm ist, sofern Sie einen Account (*Adobe-ID*) bei Adobe haben, kostenlos; eine Mitgliedschaft bei *Adobe Creative Cloud*, Adobes Software-Abo-Modell, benötigen Sie hingegen nicht. Laden Sie sich das Paket von *http://html.adobe.com/edge/animate/* herunter, und installieren Sie die Software. Adobe Edge Animate ist für Mac und Windows verfügbar und sieht auf beiden Systemen nahezu identisch aus.

4.5.2 Ihr erster eigener Teaser

Geben Sie es zu! Sie sind Filmfan! Sie schauen sich häufig bei YouTube oder Apple die neuesten Trailer und Teaser zu anstehenden Blockbustern an und genießen zu Hause mit einer Packung selbstgemachtem Mikrowellen-Popcorn einen Filmklassiker nach dem anderen. Wenn ja, kennen Sie bestimmt auch einen Texteffekt, der häufig in Trailern und Teasern zum Einsatz kommt: Das langsame Vergrößern von Taglines. Diese Textbausteine enthalten meistens Hinweise auf das Veröffentlichungsdatum, die mitspielenden Schauspieler, ausführende Produzenten und/oder Regisseure. Damit Sie sich besser vorstellen können, was wir meinen, werfen Sie doch einmal einen Blick auf den folgenden Teaser des Films *Inception* von Christopher Nolan, den Sie unter *http://www.youtube.com/watch?v=hstBN0Qkqhc* finden.

Die einzelnen Informationen, wie z. B. »FROM CHRISTOPHER NOLAN« oder »THE DIRECTOR OF THE DARK KNIGHT« werden nacheinander mit einem leichten Vergrößerungseffekt gezeigt und bauen in Kombination mit den dazwischenliegenden Bildern einen Spannungsbogen auf, der im Titel des Films mündet.

Abbildung 4.45 Ein Ausschnitt aus dem Teaser, den Sie in diesem Kapitel gestalten werden.

Da Sie bald Ihre neue WebApp veröffentlichen, möchten Sie dieses Animationsprinzip aufgreifen und einen kleinen Teaser (siehe Abbildung 4.45) bauen, der Ihre zukünftigen Benutzer »heiß« auf Ihre WebApp macht und letztendlich auf Ihre Webseite verweist. Bereit? Kamera läuft! Action!

4.5.3 Die Oberfläche von Adobe Edge Animate

Wenn Sie Adobe Edge Animate starten, erhalten Sie Zugriff auf Beispiellektionen und Ihre Projekte der Vergangenheit. Starten Sie zunächst ein neues Projekt.

Die Benutzeroberfläche (siehe Abbildung 4.46) teilt sich in vier größere Bereiche auf: Im linken Teil sind die Eigenschaften des jeweils angewählten Elements, seien es die der Bühne oder eines Objektes, verortet. Im mittleren Teil, der Bühne, sehen Sie das, was letztendlich im Browser sichtbar sein wird, und der untere Teil zeigt die angelegten Ebenen und Schlüsselbilder Ihrer Animation auf einer Art *Zeitleiste*. Im rechten Bereich finden Sie eine Übersicht der Elemente und Symbole, die Sie bereits angelegt haben. In der Bibliothek können Sie außerdem Webschriften definieren und Elemente zur mehrfachen Verwendung speichern.

Abbildung 4.46 Die Benutzeroberfläche von Adobe Edge Animate

4.5.4 Einstimmung, erste Vorüberlegungen und Unterteilung des Teasers

Wie wäre es denn mit etwas Musik, um in Filmstimmung zu kommen? Unter der folgenden Adresse finden Sie einen Titel aus dem Soundtrack von Christopher Nolans *Inception*: *http://www.youtube.com/watch?v=bXmwq53lyoo*. Damit animiert es sich doch gleich leichter!

Der Teaser für Ihre WebApp ist in insgesamt drei Teile unterteilt. Im ersten Teil möchten Sie den Benutzer abholen und nacheinander langsam die folgenden Wörter einblenden: »DIESEN SOMMER« ... »GIBT ES KEIN« ... »ZURÜCK«. Im zweiten Teil erhöhen Sie das Tempo und blenden in kürzeren Abständen Begriffe ein, im Falle dieses Kapitels: »HTML5« ... »CSS3« ... »ZEPTOJS« ... »CANVAS« ... »AUDIO« ... »VIDEO«. Im letzten Teil beenden Sie den Teaser mit dem Abbinder »WEBAPPS«, der langsam und in fettem Schriftschnitt erscheinen soll. Direkt danach schließt sich der CALL TO ACTION-Button an, der auf Ihre Webseite verweist.

4.5.5 Voreinstellungen: Die Einrichtung der Bühne

Als Erstes bereiten Sie die Bühne, das heißt die Fläche, auf der Ihre Animation stattfindet, vor. Blockbuster machen sich am besten auf einer großen Leinwand, weshalb Sie Ihre Animation für ein Tablet, in diesem Fall ein iPad, optimieren. Setzen Sie daher in den Eigenschaften im linken Bereich die Größe der Bühne auf 1024 Pixel × 768 Pixel. Keine Angst, da Sie nur mit frei skalierbaren Elementen wie z. B. Text arbeiten, sieht Ihre Animation auch auf einem iPad mit Retina-Display hollywoodreif aus.

Um zusätzliches Kinoflair aufkommen zu lassen, ändern Sie außerdem die Hintergrundfarbe in Schwarz ab. Als Kompositionsklasse wählen Sie am besten `webappintro`. Dieser Name ist später auch gleichzeitig die CSS-Klasse, mit der der Animationscontainer verknüpft wird.

4.5.6 Teil 1: Textelemente anlegen und animieren

Im ersten Teil des Teasers sollen Wörter langsam größer auf den Betrachter zugeflogen kommen. Vom Prinzip her legen Sie ein Textelement an und verändern im Laufe der Animationszeit dessen Schriftgröße und Transparenz. Doch eins nach dem anderen! Legen Sie mithilfe des Textwerkzeugs im linken oberen Bereich ein neues Textfeld an. Definieren Sie einen Text, in unserem Fall »DIESEN SOMMER«, und skalieren Sie die Textfeldgröße auf die gesamte Bühnenbreite. Die Schriftgröße, ebenfalls einstellbar unter den Eigenschaften im linken Bereich, setzen Sie auf 24 Pixel und die Farbe auf Weiß. Zusätzlich zentrieren Sie den Text. Wir haben uns in diesem Fall für die Schriftart *Courier* entschieden (siehe Abbildung 4.47). Da Sie den Text langsam einblenden möchten, stellen Sie die Deckkraft, die sich ebenfalls im linken Bereich befindet, auf 0 %.

Im unteren Bereich, der Zeitleiste, erscheint das Textfeld in Form einer Ebene. Aus Gründen der Übersichtlichkeit benennen Sie diese Ebene mit einem Doppelklick auf den Namen in »DIESEN SOMMER« um. Bedenken Sie, dass Sonderzeichen wie z. B. Leerzeichen oder Umlaute nicht erlaubt sind und automatisch entfernt oder ersetzt werden.

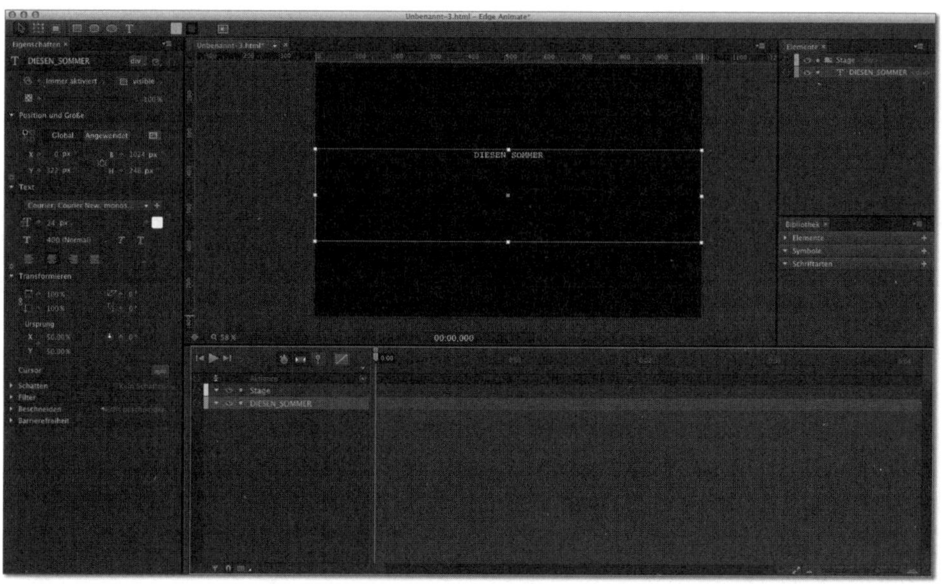

Abbildung 4.47 Das eingefügte Textfeld in Schriftgröße 24, skaliert auf die gesamte Breite

Als Nächstes erstellen Sie die Animation für das Textfeld. Stellen Sie dabei sicher, dass der Indikator für die aktuelle Position in der Zeitleiste bei 0 steht (siehe Abbildung 4.48). Der Indikator ist ein kleiner goldener Balken mit Pfeil auf der Sekundenanzeige im Bereich der Zeitleiste.

Abbildung 4.48 Der Kreis zeigt den Indikator für die aktuelle Position.

Mithilfe des Stecknadelwerkzeugs können Sie nun einfach bestimmte Schlüsselbilder und Animationsstufen erzeugen. Aktivieren Sie dabei den Stecknadelmodus durch Klick auf das Stecknadelsymbol (im Zeitleistenfenster das dritte Symbol von links, direkt neben dem Symbol mit dem grünen Balken). Ein blaues Symbol erscheint nun über dem Indikator. Bewegen Sie den Indikator entlang der Zeitleiste auf zwei Sekunden. Wenn Sie alles korrekt ausgeführt haben, wird im Zeitleistenabschnitt eine farbliche Unterlegung mit Pfeilen angezeigt (siehe Abbildung 4.49).

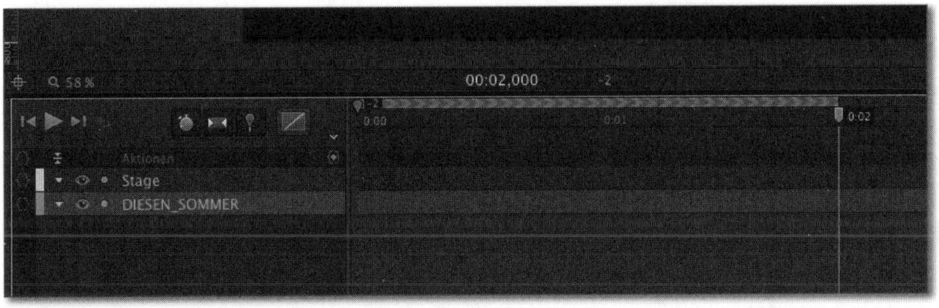

Abbildung 4.49 Der Stecknadelmodus in Aktion

Alle Änderungen, die Sie nun über die Eigenschaften definieren, werden in einem Schlüsselbild auf der Zeitleiste bei zwei Sekunden gespeichert. Ändern Sie also die Schriftgröße auf 70 Pixel und die Deckkraft auf 100 %. In der Zeitleiste werden nun die Änderungen in Form von farbigen Balken angezeigt. Verlassen Sie jetzt den Stecknadelmodus mit einem erneuten Klick auf das Stecknadelsymbol. Schieben Sie anschließend den Indikator zurück an den Anfang, und betätigen Sie die Leertaste, um die Animation abzuspielen. Herzlichen Glückwunsch! Sie haben soeben Ihre erste eigene Animation in Adobe Edge Animate gestaltet. Einfach, oder?

Zwar blenden Sie den Text jetzt ein, allerdings benötigen Sie noch eine Animation, die den Text auch wieder verschwinden lässt, um Platz für den nächsten Text zu schaffen. Schieben Sie hierzu zunächst den Indikator wieder an das Ende der Animation (auf die Position zwei Sekunden) und aktivieren Sie erneut den Stecknadelmodus. Bewegen Sie dann den Indikator zu einer Zeit von 2,5 SEKUNDEN. Nun setzen Sie die Schriftgröße auf 110 Pixel und die Deckkraft wieder auf 0 %. Beenden Sie den Stecknadelmodus abermals mit Klick auf das entsprechende Symbol, und schauen Sie sich Ihre Animation an. Sie haben nun ein Textelement in zwei Stufen animiert (siehe Abbildung 4.50).

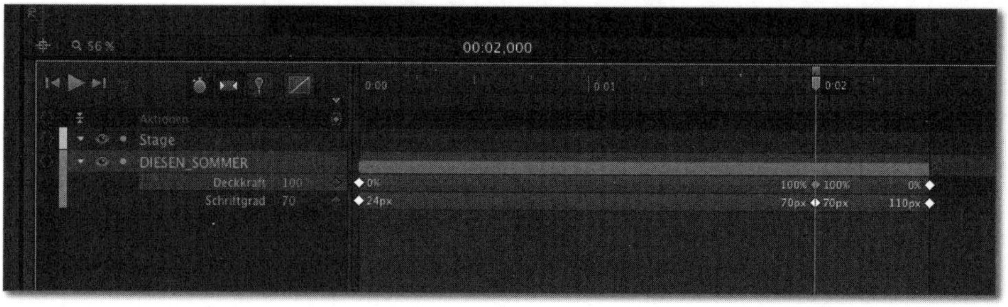

Abbildung 4.50 Die komplette Animation des Textfeldes in der Übersicht.

Um dem Ganzen nun ein kleines Sahnehäubchen aufzusetzen, verändern Sie noch die Geschwindigkeit innerhalb der Animationen. Sie haben bereits im vorhergehenden Abschnitt die Abschwächungen `ease-in`, `ease-out` usw. kennengelernt. Diese stehen in Adobe Edge Animate in einer etwas erweiterten Form ebenfalls zur Verfügung. Um eine Abschwächung einzubinden, klicken Sie auf die Ebene (in diesem Fall »DIESEN_SOMMER«) und anschließend auf das Graphensymbol neben dem Stecknadelsymbol. Nun öffnet sich ein kleines Popup-Fenster, in dem Sie zwischen verschiedenen Abschwächungen wählen können (siehe Abbildung 4.51). In diesem Fall entscheiden Sie sich für eine Abbremsfunktion mit dem Namen »Cubic«. Bestätigen Sie Ihre Auswahl mit einem Doppelklick auf den Namen, und Ihre Animation wird für einen besseren Look leicht abgebremst.

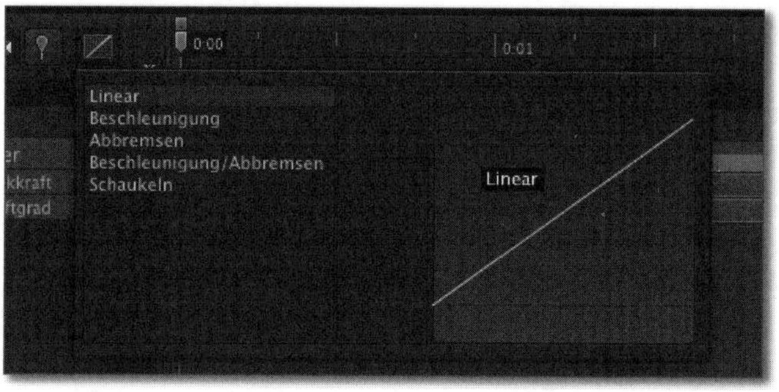

Abbildung 4.51 Die Abschwächungsoptionen der Animation

Die Animation ist für weitere Textbausteine im ersten Teil des Teasers identisch, weshalb Sie nun die bestehende Animation als Grundlage nutzen können. Duplizieren Sie einfach die Textebene »DIESEN_SOMMER« mit einem Rechtsklick und einem anschließenden Klick auf DUPLIZIEREN, und schieben Sie die kopierten Schlüsselbilder an das Ende der Animation der vorigen Ebene. Benennen Sie nun die Ebene und das Textfeld anhand eines Doppelklicks um, und wiederholen Sie diesen Schritt für die gewünschte Anzahl an Texten, die Sie einblenden möchten (siehe Abbildung 4.52).

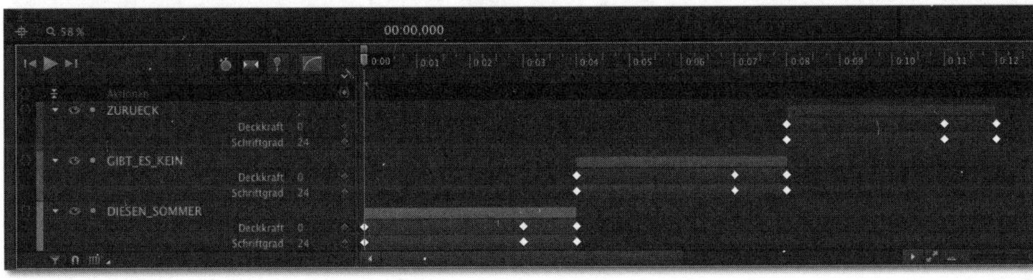

Abbildung 4.52 Mehrere Textebenen untereinander

4.5.7 Teil 2: Fakten, schnell und knackig!

Ein Teaser lebt vor allem von Geschwindigkeitsveränderungen in Ablauf und Schnitt. Achten Sie mal darauf: Viele Teaser fangen in einer langsamen bis moderaten Geschwindigkeit an, erhöhen dann das Tempo bis zu einem Höhepunkt, um dann letztendlich wieder langsamer zu werden. In Teil zwei Ihres Teasers möchten Sie diesem Ablauf gerecht werden und erstellen nun Textelemente, die wesentlich schneller ablaufen als die Textelemente in Teil 1. Teil 2 umfasst Schlagwörter, die Ihre WebApp oder Ihr Thema schnell und knackig beschreiben. In unserem Fall verwenden wir Wörter aus der Welt der WebApps, wie z. B. »HTML5«, »CSS3« und »ZEPTOJS«.

Im Grunde ist der Animationsablauf derselbe wie zuvor: Text wird eingeblendet und Text wird ausgeblendet. In Teil 2 möchten Sie allerdings nicht die Schriftgröße verändern, und die Animation soll wesentlich schneller ablaufen. Duplizieren Sie also zunächst wieder eine Ihrer Textebenen aus Teil 1. Klicken Sie anschließend im Zeitleistenbereich auf die Eigenschaft SCHRIFTGRAD Ihrer duplizierten Ebene, und löschen Sie sie mithilfe der [Backspace]-Taste auf Ihrem Keyboard. Übrig bleibt nun nur noch die Definition zur Deckkraft.

Die kleinen Rautensymbole innerhalb der Zeitleiste beschreiben ein Schlüsselbild. Halten Sie die linke Maustaste auf einem dieser Rautensymbole gedrückt, und verschieben Sie das Schlüsselbild, um die gesamte Dauer der Animation zu verkürzen. Eine Viertelsekunde zum Auf- und Abbau ist für diese Art der Animation genau richtig! Abschließend setzen Sie noch die Schriftgröße auf 70 Pixel, denn dann ist der Text auch gut zu lesen (siehe Abbildung 4.53).

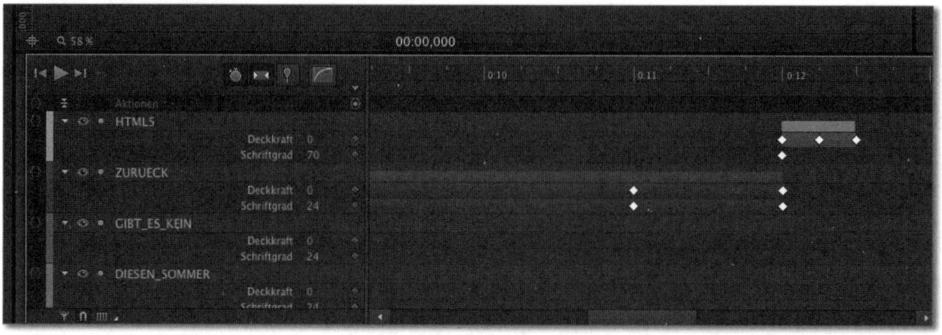

Abbildung 4.53 Die Zeitleiste mit den Textbausteinen aus Teil 1 und dem ersten Textbaustein aus Teil 2 (»HTML5«)

Den nächsten Schritt kennen Sie bereits: Duplizieren Sie einfach die Ebene für weitere Begriffe, und schieben Sie sie in der Zeitleiste an die korrekte Stelle.

4.5.8 Teil 3: Der Abbinder und der »Call to Action«

Sie haben nun mit Ihrem Teaser Neugierde geweckt und den Spannungsbogen durch die Erhöhung der Geschwindigkeit konsequent erhöht. In Teil 3 möchten Sie nun in Form eines kleinen *Abbinders*, (einer Art Abschluss) dem Benutzer verraten, um was es geht und letztendlich mit einem Button auf Ihre Webseite verweisen. Dieser Verweis wird auch CALL TO ACTION genannt, denn er animiert den Benutzer dazu, eine Aktion, in diesem Fall einen Klick auf einen Button durchzuführen. Doch zunächst zum Abbinder: Sie möchten das Wort »WEBAPPS« in fetter Schrift anzeigen lassen, denn dies ist letztendlich der Begriff, auf den der ganze Teaser hinarbeitet. Damit der Benutzer den Begriff auf sich wirken lassen kann, möchten Sie außerdem, dass er etwas länger zu sehen ist und dann langsam verschwindet. Duplizieren Sie hierzu zunächst die letzte Textebene aus Teil 2, und benennen Sie Text und Ebene in »WEBAPPS« um. Sie möchten die Wichtigkeit von »WEBAPPS« extra betonen und setzen daher den Text über die Eigenschaften im linken Bereich in einem fetten Schriftschnitt, 700 (BOLD), ab (siehe Abbildung 4.54).

Wie auch schon im vorherigen Abschnitt passen Sie nun die Schlüsselbilder mithilfe des kleinen Rautensymbols in der Zeitleiste an. In diesem Fall möchten Sie, dass der Begriff »WEBAPPS« genauso schnell aufblitzt, wie die Begriffe zuvor, sich jedoch wesentlich langsamer ausblendet. Schieben Sie also das letzte Schlüsselbild in der Zeitleiste um ca. 2,5 Sekunden nach hinten. Sie werden merken, dass Adobe Edge Animate das mittlere Schlüsselbild automatisch mitverschiebt. Schieben Sie es daher wieder etwas zurück, um den Text schneller ein- als ausblenden zu lassen. Perfekt! Nun noch der CALL TO ACTION-Button.

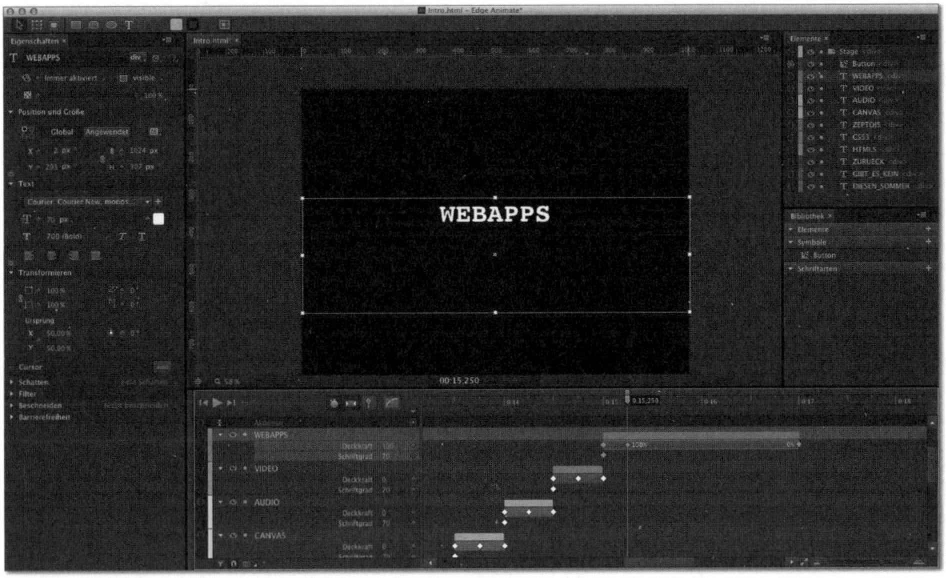

Abbildung 4.54 Das Textfeld WEBAPPS, fett abgesetzt.

4.5.9 »Call to Action« – Erstellung eines Buttons

Der CALL TO ACTION ist in diesem Beispiel ein Button mit Link zu Ihrer Webseite. Ihr Button besteht aus einer Hintergrundfläche mit Verlauf und der Bezeichnung »JETZT LOSLEGEN«. Erstellen Sie zunächst mit dem Werkzeug ABGERUNDETES RECHTECK im linken oberen Teil über den Eigenschaften ein Rechteck auf der Bühne. Ebenso wie beim Text können Sie nun im linken Bereich die Eigenschaften des Rechtecks bestimmen. Wir haben uns aufgrund der Liebe zu Sharky für einen kräftigen Rotverlauf als Hintergrund entschieden. Als Nächstes erstellen Sie mithilfe des Textwerkzeugs ein neues Textfeld mit der Bezeichnung »JETZT LOSLEGEN« und platzieren es auf dem soeben erstellen Rechteck. Um dem Textelement und dem Hintergrund nun eine Aktion zuzuweisen (nämlich das Öffnen einer Webseite beim Anklicken), markieren Sie beide Elemente und wählen aus dem Menü MODIFIZIEREN den Eintrag IN SYMBOL KONVERTIEREN. Als Namen geben Sie »CallToAction« ein. Klicken Sie nun mit der rechten Maustaste auf Ihren Button, und wählen Sie aus dem Kontextmenü AKTION FÜR »CALLTOACTION« ÖFFNEN. Es öffnet sich daraufhin ein neues Fenster, das die Aktionen für bestimmte Ereignisse definiert. Wählen Sie nun über das Plussymbol das Ereignis CLICK aus, und Adobe Edge Animate fügt automatisch den korrekten Code in das Fenster ein. Über eine Werkzeugleiste auf der rechten Seite können Sie nun eine Aktion einfügen. Klicken Sie nun noch auf URL ÖFFNEN; auch hier wird der Code ebenfalls automatisch eingesetzt, und Sie müssen lediglich die Domain anpassen (siehe Abbildung 4.55). Das war's! Sie haben nun erfolgreich einen Button erstellt und ihn mit Ihrer Webseite oder WebApp verlinkt.

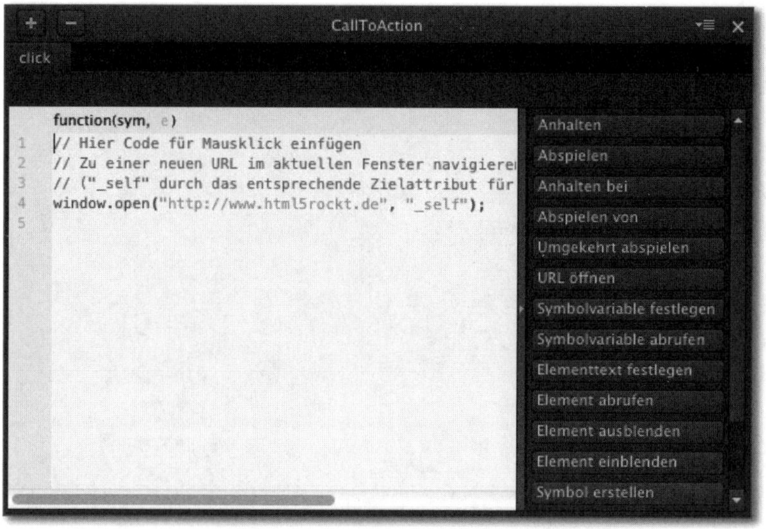

Abbildung 4.55 Der Code Ihres Buttons im Popup-Fenster

Zwei Dinge sollten Sie allerdings noch erledigen: Zum einen wird der Maus-Cursor noch nicht in eine Hand verwandelt, wenn Sie mit der Maus über den Button fahren. Auch wenn Ihr Teaser vielleicht primär auf Touch-Geräten Verwendung findet, sollten Sie trotzdem dieses kleine Detail korrigieren, um auch Besuchern ohne Touch-Gerät die Möglichkeit zu geben, den Link zu erkennen. Markieren Sie hierzu den Button, und wählen Sie im linken Bereich mithilfe der Eigenschaften unter CURSOR die Hand aus. Die zweite Kleinigkeit, die Sie noch berücksichtigen sollten, ist die Sichtbarkeit Ihres Buttons. Im Moment liegt der Button von Anfang an über der Animation, was eher unschön und natürlich auch totaler Quatsch ist. Sie müssen daher den Button für den ersten und zweiten Teil des Teasers deaktivieren und erst im dritten Teil wieder aktivieren. Auch hier arbeiten Sie wieder mit Schlüsselbildern, die den Button an einer bestimmten Stelle, nämlich nach »WEBAPPS«, in der Zeitleiste aktivieren. Vorsicht: Deaktivieren heißt in diesem Fall nicht, die Deckkraft auf 0 % zu setzen. Auch wenn Ihr Button nicht sichtbar wäre, könnten Benutzer darauf klicken. Deaktivieren Sie also den Button, indem Sie ihn zunächst markieren und über die Eigenschaften von IMMER AKTIVIERT auf AUS setzen. Beachten Sie dabei, dass Sie den Indikator in der Zeitleiste zunächst ganz an den Anfang setzen. Denn mit dem Aktivieren der Eigenschaft AUS wird automatisch ein Schlüsselbild an der Stelle erzeugt, an der der Indikator platziert ist. Bewegen Sie nun den Indikator an das Ende der Animation, und dort an die Stelle, an der der Button aktiviert werden soll, und wählen Sie bei den Eigenschaften den Wert EIN aus. Der Button wird nun aktiviert und an dieser Stelle der Animation wieder eingeblendet. Zu guter Letzt lassen Sie den Button über die Deckkraft noch leicht auftauchen. Verwenden Sie hierzu, analog zu den Textebenen, einfach wieder den Stecknadelmodus.

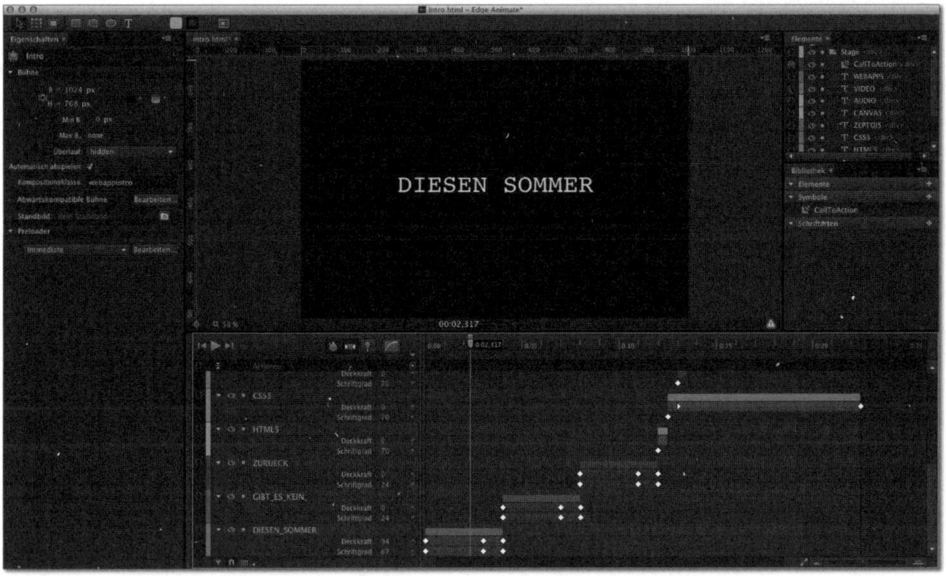

Abbildung 4.56 Die komplette Animation in Adobe Edge Animate

Veröffentlichen Sie nun Ihre Animation über DATEI • VERÖFFENTLICHEN. Damit haben Sie es geschafft! Ihr erster eigener, komplett in HTML5 animierter Teaser ist fertig (siehe Abbildung 4.56)!

4.5.10 Der HTML-Code von Adobe Edge Animate im Detail

Nachdem Sie Ihre Animation mithilfe der Funktion VERÖFFENTLICHEN als HTML-Datei gespeichert haben, möchten wir nun einen Blick in die Daten werfen, die Adobe Edge Animate erzeugt. Die Software speichert die gesamten Animationsinformationen in verschiedenen JavaScript-Dateien ab. Dabei werden in *PROJEKTNAME_edge.js* die Animationsabläufe und Schlüsselbilder hinterlegt und in der Datei *PROJEKTNAME_edgeActions.js* die Aktionen, wie z. B. der Code, den Sie für die Button-Funktionalität eingerichtet haben, gespeichert. Die restlichen Dateien im Ordner *edge_includes* sowie die Datei *PROJEKTNAME_edgePreload.js* beinhalten die von Adobe Edge Animate bereitgestellten Funktionen, damit alles so funktioniert, wie Sie es im Programm angegeben haben. Zusätzlich wird auch noch jQuery verlinkt. Der Vorteil der Speicherung der Daten in JavaScript ist, dass Sie diese dynamisch verändern können. Theoretisch könnten Sie den Button-Text oder auch die Hintergrundfarben per JavaScript anpassen.

Die HTML-Datei ist relativ einfach gehalten; das Script wird im head-Bereich verknüpft:

```
<!--Adobe Edge Runtime-->
 <script type="text/javascript" charset="utf-8" src="Intro_edgePreload.js"></
script>
 <style>
  .edgeLoad-webappintro { visibility:hidden; }
 </style>
<!--Adobe Edge Runtime End-->
```

Im Body wird über einen div-Container angegeben, an welcher Stelle die Animation ausgegeben werden soll:

```
<div id="Stage" class="webappintro"></div>
```

Platzieren Sie den Code an einer beliebigen Stelle in Ihrer WebApp. Wichtig ist dabei nur, dass Sie die Verknüpfung im Head nicht vergessen.

4.5.11 Abschließende Worte zu Adobe Edge Animate

Natürlich können wir Ihnen in diesem Kapitel nur einen kleinen Einblick in die Welt der Animationen mit Adobe Edge Animate geben. Das Programm wird in relativ kurzen Abschnitten stetig weiterentwickelt und bietet neben der puren Gestaltung von Animationen auch komplexere Funktionsmöglichkeiten. So können Sie z. B. noch viel mehr auf Benutzerinteraktionen eingehen und bestimmte Animationen erst starten, wenn der Benutzer auf einen bestimmten Button klickt. Dies ist z. B. nützlich für Slideshows.

Denken Sie auch an eine kleine Tutorial-Animation, mit der Sie einen bestimmten Ablauf in Ihrer WebApp erklären, oder einfach nur an ein kleines Intro, das beim Start Ihrer WebApp den Benutzer auf freundliche und innovative Art und Weise begrüßt (aber bitte kurz und knackig, andernfalls kann es für den Benutzer schnell nervig werden). Der Kreativität sind hier fast keine Grenzen gesetzt. Hier können Sie den Steven Spielberg in Ihnen voll ausleben.

Für weiterführende Informationen und Tutorials zu Adobe Edge Animate empfehlen wir Ihnen die folgenden Links:

- *http://tv.adobe.com/show/learn-edge-animate/*
- *http://tv.adobe.com/show/create-like-crazy-with-adobe-edge/*
- *http://www.adobe-edge-forum.com/category/adobe-edge-tutorials/*

Ach ja, und weil wir ja wissen, dass Sie für einen schönen Teaser immer zu begeistern sind, haben wir einen speziellen Clip für Sie ausgesucht: *http://www.youtube.com/watch?v=AuzyODgWRp4*. Viel Spaß damit!

4.6 Zeichnen mit JavaScript – das canvas-Element

Ein besonders interessantes Feature von HTML5 ist das canvas-Element. Mit dem canvas-Element (abgeleitet vom englischen Wort *canvas* für *Leinwand*) können Sie Grafiken mit JavaScript-Befehlen direkt im Browser zeichnen. Diese Funktion wurde 2004 von Apple eingeführt und nach und nach auch von anderen Browserherstellern implementiert. Heute unterstützen alle modernen Webbrowser, inklusive des Internet Explorers ab Version 9 die Canvas-Funktion.

Mit dem canvas-Element können Sie, vergleichbar mit einem Grafikprogramm, Kreise, Rechtecke und komplexe Formen zeichnen, diese mit Farben und Verläufen füllen und mit Transparenzeffekten und Schlagschatten versehen. Selbst die Verarbeitung von Texten und Bilddateien ist damit möglich. Das canvas-Element unterstützt allerdings nur zweidimensionale Pixeldaten. Vektorformate wie SVG können Sie damit hingegen nicht zeichnen.

Da sie live im Browser generiert werden, können Sie beim Zeichnen von Canvas-Grafiken Nutzerinteraktionen einfließen lassen. In diesem Kapitel werden Sie eine einfache Zeichen-App mithilfe des canvas -Elements und von JavaScript erstellen. Zunächst aber zu den grundlegenden Befehlen.

4.6.1 Erster Schritt: Canvas und Context registrieren

Bevor Sie mit dem Zeichnen beginnen können, müssen Sie in Ihrem HTML-Dokument ein canvas-Element anlegen. Dieses muss eine feste Größe haben und über eine ID eindeutig identifizierbar sein so können Sie es mit JavaScript richtig adressieren.

```
<canvas width="300" height="300" id="canvas"></canvas>
```

Das canvas-Element bleibt leer; HTML-Code, der zwischen den canvas-Tags steht, wird nur in älteren Browsern angezeigt. Sie können das canvas-Element wie jedes andere HTML-Element mit CSS gestalten. Damit Sie das canvas-Element besser vom Rest der Seite unterscheiden können, verpassen Sie ihm eine grau gepunktete Außenkante:

```
<style>
 canvas {
  outline: 1px dotted #ccc;
 }
</style>
```

Nun müssen Sie das canvas–Element als JavaScript-Objekt registrieren. Dafür definieren Sie eine Variable mit dem Namen canvas, der Sie den 2D-Kontext des canvas-Elements zuordnen:

```
<script>
 var canvasEl = document.getElementById('canvas');
 var canvas = canvasEl.getContext('2d');
</script>
```

Die Funktion `.getContext('2D')` verknüpft nun das HTML-Element mit den JavaScript-Funktionen.

4.6.2 Grundlegende Funktionen

Stellen Sie sich die Canvas-Leinwand dabei wie ein Koordinatensystem vor. Die obere linke Ecke bildet dabei den Nullpunkt, von dem alle Operationen ausgehen. Um z. B. ein einfaches schwarzes Rechteck mit einer Kantenlänge von 200 × 200 Pixeln zu zeichnen, verwenden Sie die folgende Funktion:

```
canvas.fillRect(50,50,200,200);
```

Sie übergeben der Funktion `.fillRect()` vier Parameter: den Startpunkt auf der X-Achse des Koordinatensystems, den Startpunkt auf der Y-Achse, die Breite und die Höhe des Rechtecks. In diesem Fall beginnt das Quadrat also 50 Pixel unter der linken oberen Ecke und ist genau 200 Pixel breit und hoch (siehe Abbildung 4.57).

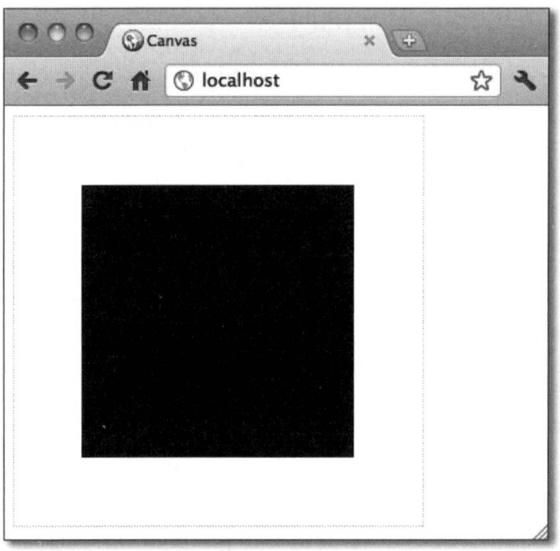

Abbildung 4.57 Das Quadrat wird auf der Canvas gezeichnet.

Um ein rotes Rechteck zu zeichnen, müssen Sie zuvor eine Füllfarbe festlegen (siehe Abbildung 4.58). Dies geschieht analog zu CSS entweder per RGB-Wert oder als Hexadezimalcode:

```
canvas.fillStyle = "#f00";
canvas.fillRect(50,50,200,200);
```

Abbildung 4.58 Rot eingefärbtes Quadrat

Die Füllfarbe bezieht sich auf alle Objekte, die Sie auf die Canvas zeichnen. Beachten Sie daher immer die Reihenfolge: Erst eine Eigenschaft zuweisen und anschließend zeichnen. Im folgenden Beispiel zeichnen Sie ein rotes und ein blaues Rechteck:

```
canvas.fillStyle = "#f00";
canvas.fillRect(50,50,150,150);
canvas.fillStyle = "#00f";
canvas.fillRect(100,100,150,150);
```

Die Reihenfolge ist dabei entscheidend: Erst legen Sie Rot als Farbe fest, und dann wird gezeichnet. Anschließend wechseln Sie die Farbe auf Blau und definieren dann das nächste Rechteck.

Ihnen wird auffallen, dass das blaue Rechteck das rote Rechteck überlappt (siehe Abbildung 4.59). Denn auf der Canvas werden Objekte immer über das bereits gezeichnete Objekt gerendert.

Ganz ähnlich wie in CSS können Sie Farbtransparenzen festlegen. Hierzu definieren Sie als Farbwert einfach einen RGBA-Wert, also einen RGB-Wert mit Alphakanal. Die ersten drei Zahlen stehen dabei für die Farbwerte Rot, Grün und Blau und der letzte Wert für die Deckkraft. 1 bedeutet deckend, und 0 heißt transparent. Zeichnen Sie nun zwei rote Rechtecke mit 50 % Deckkraft (siehe Abbildung 4.60):

```
canvas.fillStyle = "rgba(255,0,0,0.5)";
canvas.fillRect(50,50,150,150);
canvas.fillRect(100,100,150,150);
```

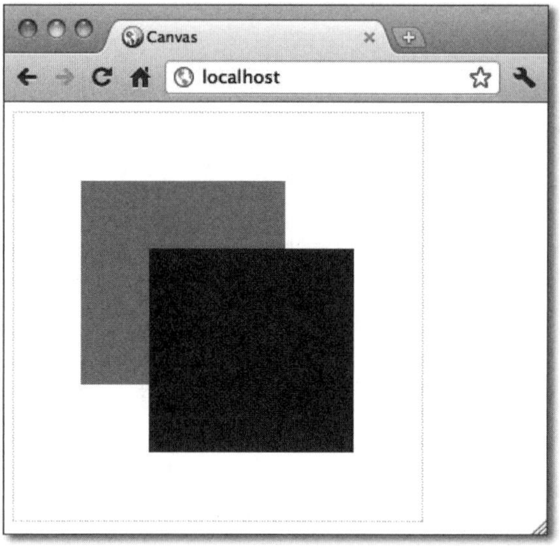

Abbildung 4.59 Das zuletzt gerenderte Quadrat liegt oben.

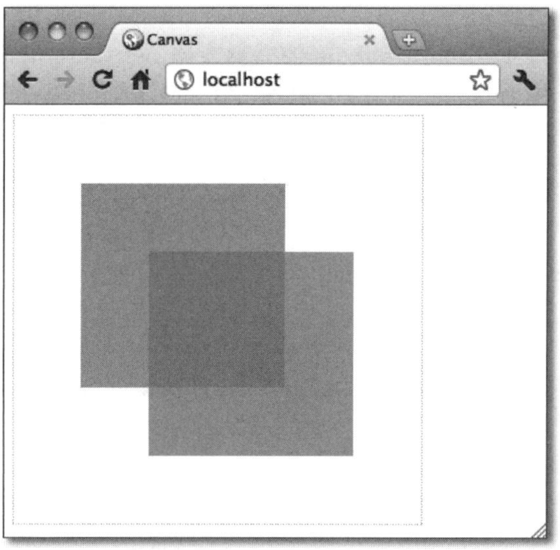

Abbildung 4.60 Transparenzen

Neben einfachen und transparenten Farben können Sie Objekte auf der Canvas auch mit Farbverläufen füllen:

```
var verlauf = canvas.createLinearGradient(0,0,300,300);
verlauf.addColorStop(0, "white");
verlauf.addColorStop(1, "black");
```

```
canvas.fillStyle = verlauf;
canvas.fillRect(50,50,200,200);
```

Zunächst müssen Sie eine Variable anlegen, der Sie einen Verlauf zuweisen. Den Startpunkt und die Größe definieren Sie analog zu der des Rechtecks. Anschließend werden Farben hinzugefügt. Der Verlauf im Beispiel beginnt mit Weiß in der linken oberen Ecke und verläuft in Schwarz bis in die untere rechte Ecke.

Weisen Sie anschließend dem Füllstil der Canvas Ihre Verlaufsvariable zu. Wenn Sie nun mit `.fillRect()` ein Rechteck zeichnen, wird dieses mit deren Farbverlauf gefüllt (siehe Abbildung 4.61).

Abbildung 4.61 Farbverlauf

Analog zu gefüllten Objekten können Sie natürlich auch einfache Linien zeichnen. Hierzu müssen Sie zunächst den Strichstil und die Linienbreite zuweisen:

```
canvas.strokeStyle = "#000";
canvas.lineWidth = 10;

canvas.beginPath();
canvas.moveTo(50, 50);
canvas.lineTo(200, 200);

canvas.stroke();
```

Die Funktion `.beginPath()` läutet einen neuen Pfad ein. Mit `.moveTo()` verschieben Sie den Ursprungspunkt im Koordinatensystem an die entsprechende Position, und mit .lineTo() zeichnen Sie eine gerade Linie vom Ursprungspunkt zu den angegebenen Koordinaten. Damit Ihre Linie im zuvor festgelegten Stil gezeichnet wird, rufen Sie die Methode canvas.stroke() auf. Sie haben nun eine 10 Pixel dicke diagonale Linie gezeichnet (siehe Abbildung 4.62).

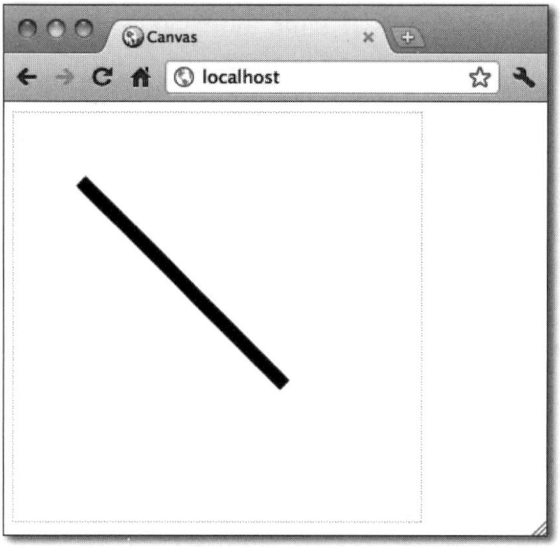

Abbildung 4.62 Eine einfache Linie

Auch komplexere Formen sind möglich:

```
canvas.fillStyle = "#f00";
canvas.strokeStyle = "#000";
canvas.lineWidth = 5;

canvas.beginPath();
canvas.moveTo(50, 50);
canvas.bezierCurveTo(50,250,250,50,250,250);
canvas.lineTo(50, 250);
canvas.lineTo(50, 50);

canvas.stroke();
canvas.fill();
```

Mit der Funktion .bezierCurveTo() beschreiben Sie eine quadratische *Bézierkurve*. Führen Sie den Pfad anschließend mit .lineTo() zurück zum Ausgangspunkt, um eine geschlossene Form zu erhalten. Die Funktion .stroke() zeichnet die Linie, und .fill() füllt die Form mit der zuvor definierten Farbe (siehe Abbildung 4.63).

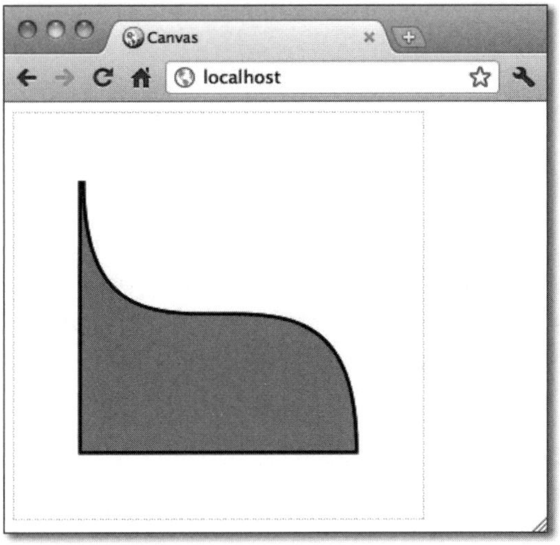

Abbildung 4.63 Bézierkurve

Sie können die Canvas übrigens auch transformieren (siehe Abbildung 4.64):

```
canvas.rotate(0.22);
canvas.fillStyle = "#eee";
canvas.fillRect(0,0,300,300);
canvas.fillStyle = "#f00";
canvas.fillRect(100,100,100,100);
```

Die Funktion .rotate() dreht die Zeichnung um 22 % in Uhrzeigerrichtung. Der Drehpunkt ist der Ursprungspunkt, also die linke obere Ecke im Koordinatensystem.

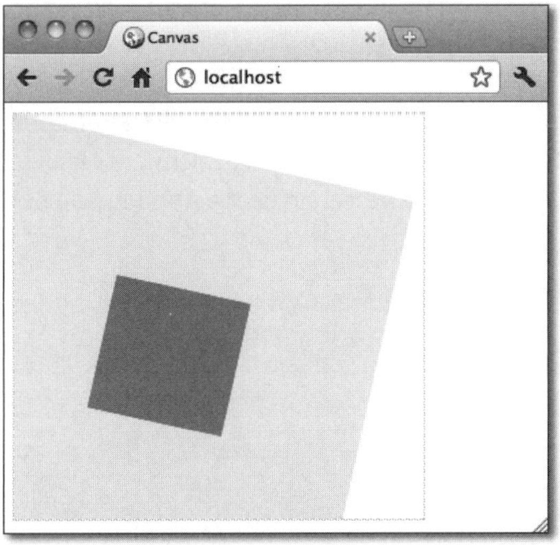

Abbildung 4.64 Der gesamte Inhalt der Canvas wird transformiert.

Wie bereits erwähnt, kann das canvas-Element auch Text rendern. Hierzu legen Sie zunächst Schriftart, Schriftgröße und Schriftstil fest:

```
canvas.fillStyle = "#000";
canvas.font = "bold 36px Arial";
canvas.fillText("Hallo Welt", 55,150);
```

Anschließend platzieren Sie mit .fillText() den entsprechenden Textinhalt an einer bestimmten Position auf der Canvas (siehe Abbildung 4.65). Beachten Sie, dass es sich nur um die Abbildung eines Textes handelt – er kann später weder markiert noch verändert werden. Zudem sind Sie hierbei auf Systemschriften beschränkt, also solche Schriften, die bereits auf dem Gerät installiert sind.

Abbildung 4.65 Text auf der Canvas

Auch Effekte wie Schlagschatten sind möglich. Hierzu können Sie die Schattenfarbe, den Abstand und den Weichheitsgrad festlegen. Anschließend gezeichnete Objekte, Pfade oder Texte werden automatisch mit Schatten versehen (siehe Abbildung 4.66):

```
canvas.shadowColor = "#00f";
canvas.shadowOffsetX = 3;
canvas.shadowOffsetY = 3;
canvas.shadowBlur = 10;
canvas.fillStyle = "#000";
canvas.font = "bold 36px Helvetica";
canvas.fillText("Hallo Welt", 55,150);
```

Abbildung 4.66 Text mit Effekt

4.6.3 Zeichnen per Touch-Eingabe

Da die Zeichenoperationen nicht auf dem Server, sondern im Webbrowser direkt beim Benutzer stattfinden, können diese vom Benutzer per JavaScript-Events in Echtzeit beeinflusst werden. Im Folgenden entwickeln Sie eine kleine WebApp, mit deren Hilfe Sie auf dem iPhone mit Ihrem Finger malen können.

Wir erstellen diese App speziell für das iPhone 4 und das iPhone 4S. Hier kommt ein interessanter Effekt zum Tragen: Da iOS davon ausgeht, dass Webseiten üblicherweise nicht für hochauflösende Retina-Bildschirme optimiert werden, verdoppelt das System einfach die Pixelgröße. Dem normalen Nutzer fällt dies kaum auf, da Schriften und Vektorobjekte trotzdem mit 326 Pixeln gerendert werden. Da es sich beim Canvas-Rendering allerdings um Pixeldaten handelt, wirken diese auf Apples neuesten Geräten schnell, nun ja, pixelig. Daher bedienen wir uns hier eines kleinen Tricks:

```
<meta name="viewport" content="width=device-width, initial-scale=0.5,
maximum-scale=0.5"/>
```

In Abschnitt 2.4.3, »Von der Webseite zur WebApp«, haben Sie bereits gelernt, wie die `viewport`-Eigenschaft funktioniert. Indem Sie `initial-scale` und `maximum-scale` auf `0.5` setzen, verkleinern Sie die Webseite auf 50 % und heben somit die Pixelverdoppelung auf. Dadurch wirken alle Linien und Bilddaten feiner und schärfer, vor allem wird aber das Rendering auf dem Mobilgerät schneller: Erstaunlicherweise kostet die Pixelverdopplung auf dem iPhone eine ganze Menge Rechenpower, die Sie durch das Herauszoomen wieder hinzugewinnen.

Als Nächstes legen Sie im HTML-Code ein canvas-Element in voller Gerätebreite an:

```
<canvas width="640" height="640" id="canvas"></canvas>
```

Damit Sie später bis zum Bildschirmrand zeichnen können, entfernen Sie im CSS den Außenabstand des body-Elements. Die Canvas bekommt zur besseren Unterscheidbarkeit wieder einen blassgrauen Rand:

```
body {
 margin: 0;
}
canvas {
 outline: 1px dotted #ccc;
}
```

Nachdem die Grundlagen geschaffen sind, definieren Sie im JavaScript-Code ein canvas-Objekt, das mit dem canvas-Element verknüpft wird. Außerdem deklarieren Sie die globalen Variablen startX und startY. In ihnen werden Sie später speichern, an welcher Stelle der Nutzer seinen Finger aufsetzt.

```
var canvasEl = document.getElementById('canvas');
var canvas = canvasEl.getContext('2d');
var startX, startY;
```

Im nächsten Schritt legen Sie den Zeichenstil fest. Wenn Sie möchten, können Sie hier Linienfarbe, Stärke und Effekte variieren. Der Einfachheit halber entscheiden wir uns für eine dünne schwarze Linie:

```
canvas.strokeStyle = "#000";
canvas.lineWidth = 2;
```

Jetzt kommt der eigentlich wichtige Teil: Sie fügen die Zeichenfunktion hinzu. Da ein Touch-Gerät ja bekanntlich keine Maus besitzt und somit nicht auf Klicken oder Mausbewegung reagiert, müssen Sie die Fingerbewegungen in JavaScript verarbeiten. Dafür legen Sie zwei Funktionen an: eine Funktion, die ausgeführt wird, sobald der Finger den Bildschirm berührt, und eine Funktion, die bei Fingerbewegung aufgerufen wird.

Die Funktion touchStart liest nun die Position des Fingers aus: event.touches[0].pageX ist die X-Position und event.touches[0].pageY die Y-Position im Koordinatensystem. Die Werte werden den Variablen startX und startY zugewiesen, und anschließend wird der Ursprungspunkt des Pfades dorthin bewegt.

Die Funktion touchMove, die bei jeder Fingerbewegung ausgeführt wird, deaktiviert nun zunächst mit event.preventDefault() das Scrollen der Seite. Bei jeder Bewegung wird die aktuelle Position des Fingers ausgelesen und eine Linie von der vorherigen zur aktuellen Position gezeichnet.

```
var touchStart = function(event) {
 startX = event.touches[0].pageX;
 startY = event.touches[0].pageY;
 canvas.moveTo(startX, startY);
};
var touchMove = function(event) {
 event.preventDefault();
 canvas.lineTo(event.touches[0].pageX, event.touches[0].pageY);
 canvas.stroke();
};
```

Damit Fingerbewegung und Fingerberührung von JavaScript verarbeitet werden können, müssen Sie noch jeweils einen sogenannten *EventListener* definieren. Dieser »horcht«, ob ein bestimmtes Ereignis eintritt, und führt dann eine Funktion aus:

```
canvasEl.addEventListener("touchstart", touchStart, false);
canvasEl.addEventListener("touchmove", touchMove, false);
```

Abbildung 4.67 Die Zeichen-App auf dem iPhone

Herzlichen Glückwunsch! Sie haben soeben Ihre erste Zeichen-WebApp erstellt (siehe Abbildung 4.67). Versuchen Sie, sie zu erweitern und zu verbessern, indem Sie andere Farben, Strichstärken o. Ä. definieren. Eine mögliche Variation wäre eine App, die begonnene Formobjekte schließt, sobald der Nutzer den Finger anhebt (siehe Abbildung 4.68). Hierzu müssen Sie nun eine Linie zu den zuvor gespeicherten Ursprungskoordinaten zeichnen. Legen Sie dafür eine Funktion `touchEnd` an, die Sie per EventListener mit dem Ereignis `touchend` verknüpfen:

```
var touchEnd = function(event) {
 canvas.lineTo(startX, startY);
 canvas.stroke();
};
canvasEl.addEventListener("touchend", touchEnd, false);
```

Abbildung 4.68 Die Zeichen-App mit dickerer Strichstärke, automatischer Formvervollständigung und Füllfarbe

4.6.4 In der Praxis – Canvas oder CSS?

Nachdem Sie nun einiges über das Zeichnen mit dem `canvas`-Element gelernt haben, drängt sich die Frage auf, wann es sinnvoll ist, dieses zu verwenden, und wann Sie auf CSS zurückgreifen sollten.

Generell ist das Erstellen komplexer Inhalte auf der Canvas immer mit einer ganzen Menge an JavaScript-Code verbunden. Interaktionen sind, wie Sie wahrscheinlich schon gemerkt haben, etwas komplizierter zu handhaben als mit HTML-Buttons bzw. Links. Versuchen Sie deshalb, Inhalte semantisch in HTML zu strukturieren und mit CSS zu gestalten. Es gibt jedoch einige Anwendungsfälle, in denen es durchaus sinnvoll ist, die Canvas zu verwenden:

Spiele

In den letzten Jahren haben sich immer mehr Browserspiele etabliert, die ohne Flash auskommen und auf mobilen Geräten funktionieren. Da die Darstellung von Spielfeld und Spiellogik häufig zu komplex ist, um sie mit CSS darzustellen, hat sich die Verwendung der Canvas bereits etabliert. Alle großen Spielehersteller experimentieren mit Game-Engines, die bekannte 3D-Spiele mit JavaScript auf die Canvas bringen.

Bildbearbeitung

Die Manipulation von Bilddateien war in den letzten Jahren nur mit Serverkomponenten wie *GDlib* und *ImageMagick* durchführbar; selbst einfache Vorschaubilder mussten auf dem Server umgerechnet werden. Seit der Entwicklung der Canvas geht der Trend nun zur Verarbeitung im Browser, mittlerweile gibt es komplexe Bildbearbeitungs-WebApps, die den Vergleich mit einem professionellen Grafikprogramm wie z. B. Adobe Photoshop nicht scheuen müssen.

Graphen und Diagramme

Ein beliebter Anwendungsfall sind Diagramme: Wurden diese für Statistikwebseiten und Co. früher entweder als statische Bilder vom Server berechnet oder als Flash-Plug-in angezeigt, werden sie heute interaktiv auf der Canvas gerendert.

4.6.5 Canvas-Bibliotheken

In der Praxis ist es recht mühselig, komplexe Canvas-Zeichnungen zu programmieren. Glücklicherweise gibt es für typische Anwendungsfälle bewährte und kostenlose Code-Bibliotheken, auf die Sie in der App-Entwicklung zurückgreifen können. Im Folgenden wollen wir Ihnen einige davon vorstellen.

jqPlot

Die Bibliothek *jqPlot* wurde als Open-Source-Projekt von Chris Leonello ins Leben gerufen (siehe Abbildung 4.69). jqPlot ist eine Erweiterung für das Framework jQuery, die größtenteils mit Zepto kompatibel ist. Sie nutzt die Canvas-Funktionen, um relativ einfach interaktive Graphen und Diagramme anzulegen. Um jqPlot einzusetzen, müssen Sie lediglich eine JavaScript-Datei in Ihre HTML-Seite einbinden, ein `div`-Element anlegen und der Bibliothek per jQuery-Befehl die Diagrammdaten übergeben:

```
$(document).ready(function(){
 var plot1 = $.jqplot ('chart1', [[3,7,9,1,4,6,8,2,5]]);
});
```

Das Framework unterstützt geläufige Diagrammtypen wie Balken-, Linien- oder Tortendiagramme (siehe Abbildung 4.70). Mit etwas mehr Aufwand können Sie Daten per Ajax nachladen, Tooltips einfügen oder Diagramme vergrößerbar machen. Sie können das Framework unter *http://www.jqplot.com/* beziehen.

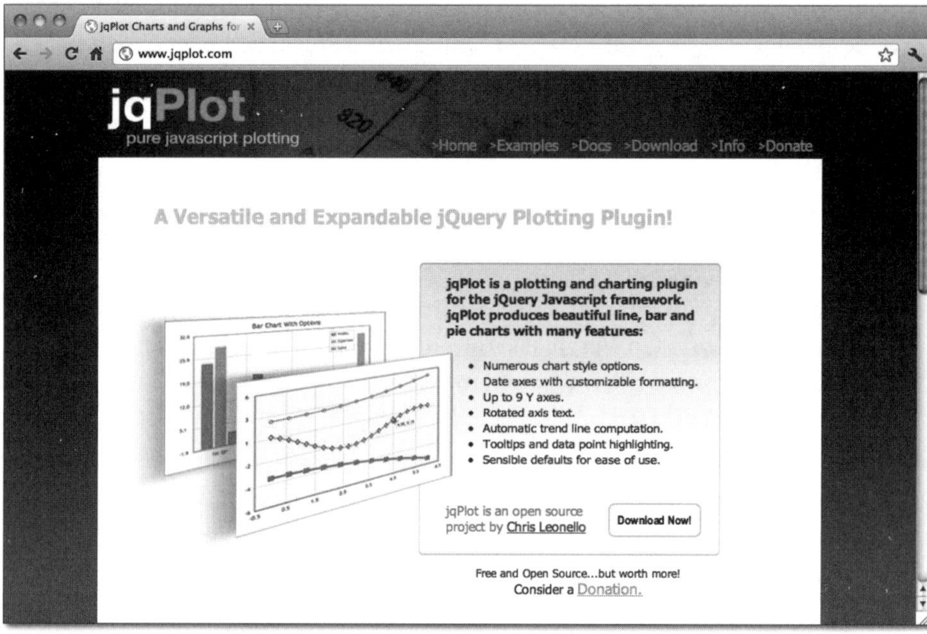

Abbildung 4.69 Die Downloadseite von jqPlot

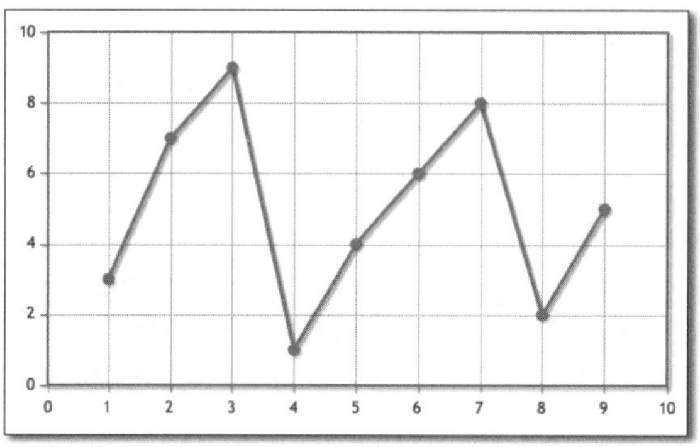

Abbildung 4.70 Beispieldiagramm

Paper.js

Paper.js versteht sich als Schnittstelle zwischen Vektorgrafik und Canvas. Das Open-Source-Projekt von Jürg Lehni und Jonathan Puckey erlaubt Animationen und komplexe Interaktionen. Die Grafiken werden wie DOM-Objekte behandelt, was die Programmierung mit JavaScript erleichtert. Selbst die Umwandlung von Pixelrastern in Vektorgrafiken ist dabei kein Problem. Auf *http://paperjs.org/examples/* stellen die Autoren einige Beispiele zur Verfügung, die zeigen, was man mit *Paper.js* alles anstellen kann (siehe Abbildung 4.71).

http://paperjs.org/

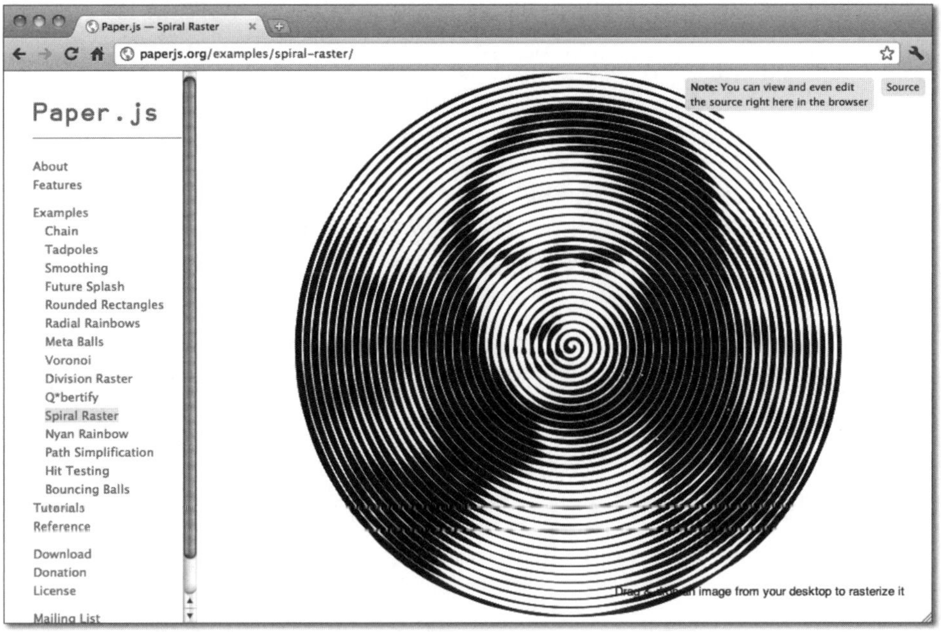

Abbildung 4.71 Mit Paper.js sind komplexe Manipulationen möglich.

jCanvas

jCanvas stellt eine Schnittstelle zwischen jQuery und Canvas her (siehe Abbildung 4.72). Anstelle reiner JavaScript-Befehle können Sie mithilfe der gewohnten jQuery- bzw. Zepto-Syntax zeichnen. Der Code für das Rechteck aus unserem ersten Beispiel sähe also so aus:

```
$("canvas").drawRect({
 fillStyle: "#000",
 x: 50, y: 50,
 width: 200,
 height: 200
});
```

Das Open-Source-Project von Caleb Evans ist dabei nur 12 KB groß und daher auch für den Einsatz in mobilen Anwendungen geeignet. Unter folgender URL können Sie es runterladen: *http://calebevans.me/projects/jcanvas/index.php*

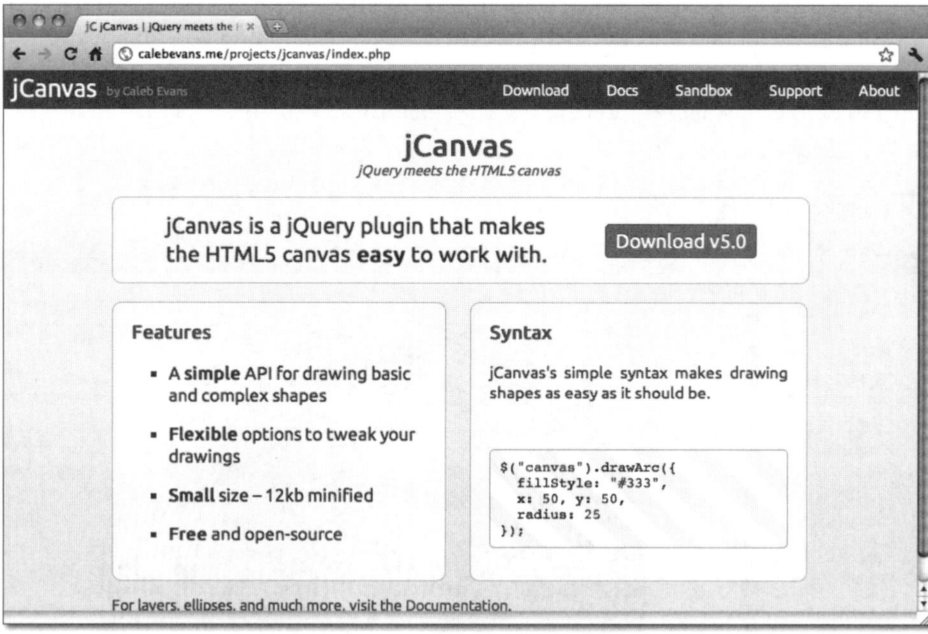

Abbildung 4.72 jCanvas

Kapitel 5
Positionsbestimmung

Alle aktuellen Smartphones sind in der Lage, ihre Position zu orten und diese an den Nutzer weiterzugeben. Damit wird aus einem einfachen Telefon mit Webbrowser ein Navigationsgerät, ein Kompass oder eine lokale Suchmaschine. Diese Funktion ist nicht nur nativen Apps vorbehalten, sondern kann, dank HTML5, auch im Webbrowser genutzt werden.

Die Positionsbestimmung erfolgt in erster Linie über das *Global Positioning System*, besser bekannt als GPS. In den 1970er-Jahren, vom US-Militär entwickelt, ist es heute der Standard und die Grundlage für jedes auf dem Markt erhältliche Navigationssystem. Das System besteht aus rund zwei Dutzend Satelliten, die permanent um die Erde kreisen und ihre aktuelle Position zur Oberfläche senden. Dieses Signal kann von einem GPS-Empfänger auf der Erde in eine Geoposition umgerechnet werden. Diese Bestimmung ist recht präzise; in der Regel kann die Position auf ca. 7–8 Meter genau ermittelt werden. Voraussetzung dafür ist, dass der Empfänger gleichzeitig das Signal von mindestens drei, üblicherweise von vier Satelliten empfangen kann. Allerdings ist der Empfang in geschlossenen Räumen in der Regel unmöglich, denn das Signal ist zu schwach, um durch Betonwände zu dringen; manchmal verhindert sogar ein starker Schneesturm den GPS-Empfang.

In Fällen, in denen die Bestimmung per GPS nicht möglich ist, greifen Smartphones daher auf ein stärkeres Signal zurück, das Funksignal der Handysendemasten. Üblicherweise ist ein Telefon immer an mehreren Sendemasten angemeldet, um ein stabiles Signal zu gewährleisten. Aus der Berechnung der Position von mindestens drei dieser Sendemasten kann das Telefon seinen aktuellen Aufenthaltsort triangulieren. Dafür berechnet es den geografischen Mittelpunkt aus allen drei Sendemasten.

iPhones und iPads verfügen noch über eine dritte Möglichkeit zur Positionsermittlung: Seit 2008 speichert Apple die GPS-Position von Wireless LANs rund um die Welt in einer Datenbank ab, aus der sich das Gerät bedienen kann. Befindet sich ein iOS-Gerät also in der Nähe eines bekannten Netzwerks, kann es darüber ermitteln, wo es sich befindet.

Die Position wird immer in geografischer Länge und Breite, auch Longitude und Latitude genannt, angegeben (siehe Abbildung 5.1). Die Longitude steht für die Position westlich bzw. östlich des Nullmeridians, einer 1884 willkürlich festgelegten Linie, die vom Nord- zum Südpol und durch das Royal Greenwich Observatory in London läuft.

Die Entfernung wird dabei als Winkel angegeben: 0–180° für westlich von Greenwich gelegene Positionen und negative Werte für Postionen in östlicher Richtung.

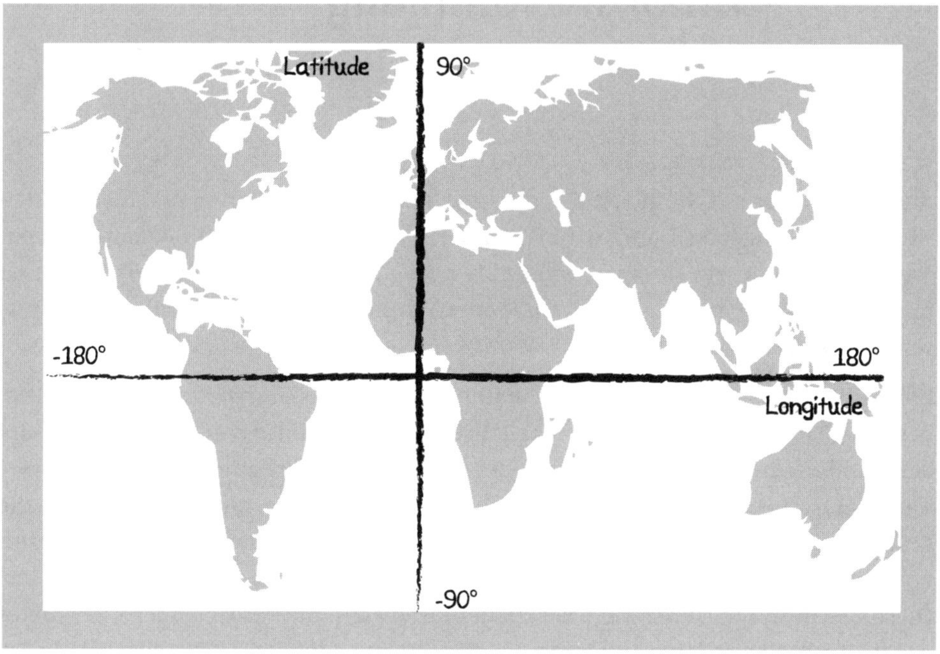

Abbildung 5.1 Stellen Sie sich Longitude und Latitude wie ein Koordinatensystem vor.

Die Latitude beschreibt die Position in Nord-Süd-Richtung. Ausgehend vom Äquator stehen 0–90° für nördlich gelegene Orte und negative Werte für alles was im Süden liegt. Da die Skala sehr großzügig ausgelegt ist und die Längen/Breitengrade sehr weit voneinander entfernt liegen, werden Positionen immer mit mehreren Nachkommastellen und der Himmelsrichtung angegeben: 52.518611°N, 13.408056°E ist z. B. die Position des Roten Rathauses in Berlin.

In diesem Kapitel lernen Sie, wie Sie mit JavaScript die Positionsdaten Ihres Smartphones auslesen und verarbeiten können. Sie werden eine Beispiel-App entwickeln, Ihre aktuelle Position in einer Google-Karte eintragen und lernen, wie Sie mithilfe von GPS Entfernungen berechnen können.

5.1 Die Positionsbestimmung mit HTML5

Als Erstes werden Sie lernen, wie Sie mit JavaScript Ihre aktuellen GPS-Koordinaten auslesen und in eine Tabelle eintragen. Hierzu legen Sie zunächst eine HTML-Tabelle an:

```
<table>
  <tr id="longitude">
    <th>Longitude:</th>
    <td></td>
  </tr>
  <tr id="latitude">
    <th>Latitude:</th>
    <td></td>
  </tr>
</table>
```

Listing 5.1 HTML-Tabelle mit Platzhaltern

Sie haben nun eine Tabelle mit zwei Zeilen und zwei Spalten. Die erste Spalte fungiert als Kopfspalte, und die zweite Spalte ist noch leer – hier werden Sie mit Zepto die Koordinatenwerte eintragen. Verknüpfen Sie zunächst die Zepto-Bibliothek mit Ihrem HTML-Dokument:

```
<script src="js/zepto.min.js"></script>
```

Definieren Sie zwei leere Variablen, in denen Sie später Longitude und Latitude speichern:

```
var longitude, latitude;
```

Jetzt rufen Sie die Position Ihres Geräts ab: Dafür gibt es in HTML5 das Objekt `navigator.geolocation`, das die Funktion `.getCurrentPosition()` beinhaltet. In den Klammern geben Sie eine weitere Funktion an, die aufgerufen werden soll, wenn die GPS-Koordinaten erfolgreich ermittelt worden sind. Dies nennt man eine Callback-Funktion.

```
$(function(){
navigator.geolocation.getCurrentPosition(positionsAusgabe);
});
```

Definieren Sie nun die Funktion `positionsAusgabe`, die als Callback-Funktion aufgerufen wird. Der Funktion wird der Parameter `position` übergeben. Dabei handelt es sich um ein Objekt, das beim Abrufen der Position durch `.getCurrentPosition()` erstellt wird. In diesem Objekt sind u. a. Ihre GPS-Koordinaten gespeichert.

```
var positionsAusgabe = function(position){
 longitude = position.coords.longitude;
 latitude = position.coords.latitude;
```

```
  $('#longitude td').html(longitude);
  $('#latitude td').html(latitude);
};
```

Listing 5.2 Befüllen der Tabelle mit Longitude und Latitude

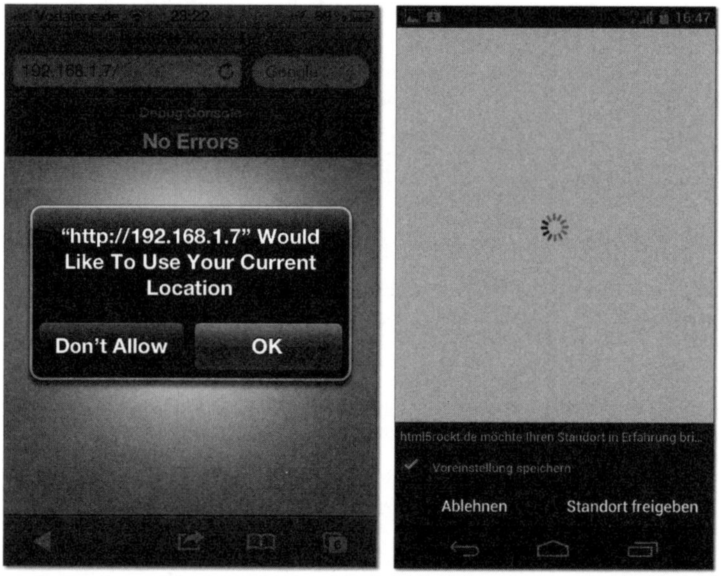

Abbildung 5.2 Der Browser fragt zunächst nach, ob die aktuelle Benutzerposition übermittelt werden soll. Im linken Bereich sehen Sie die Darstellung auf dem iPhone und rechts unter Android.

Sie weisen Ihren zuvor definierten Variablen die Longitude und Latitude aus dem `position`-Objekt zu und tragen anschließend die Werte in die noch leeren Tabellenzellen ein.

Öffnen Sie nun die HTML-Seite im Browser Ihres mobilen Geräts. Direkt nach dem Laden des Dokuments wird die Positionsabfrage ausgeführt. In einem Dialogfenster werden Sie gefragt, ob Sie der Webseite Ihre aktuelle Position übermitteln möchten (siehe Abbildung 5.2). Klicken Sie auf OK, um die Positionsabfrage zuzulassen. In der rechten oberen Ecke neben der Batterieanzeige wird Ihnen nun das GPS-Symbol angezeigt, ein Indikator für den Nutzer, dass sein Telefon gerade eine Ortung durchführt. Einen kurzen Moment später werden Ihre Koordinaten in der Tabelle eingetragen (siehe Abbildung 5.3).

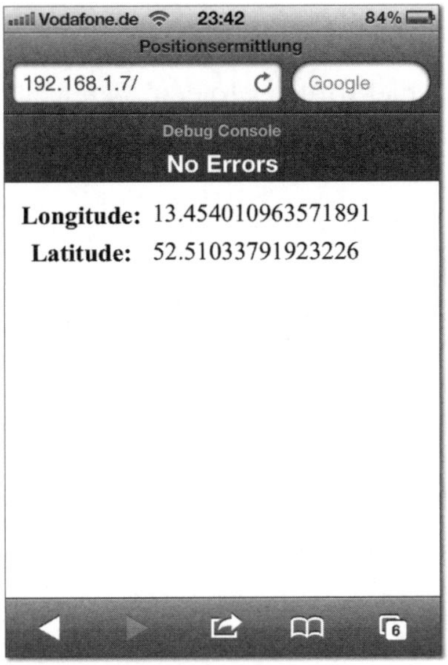

Abbildung 5.3 Ausgabe Ihrer aktuellen Benutzerposition – in diesem Fall im Berliner Stadtzentrum

5.1.1 Weitere Eigenschaften der Positionsbestimmung

Neben Longitude und Latitude verfügt das `position`-Objekt noch über weitere Eigenschaften, auf die Sie ebenfalls Zugriff haben:

- `position.coords.accuracy`
  Die Eigenschaft `accuracy` gibt Auskunft darüber, wie genau die ermittelten Positionsdaten sind. Je nach Empfang und Ortungsmethode kann Ihre Position immer nur auf einige Meter genau bestimmt werden. Die Toleranz wird als Radius in Metern angegeben. Beträgt der Wert beispielsweise zehn Meter, bedeutet dies, dass Ihr Gerät sich auch in einem Umkreis von zehn Metern von der ermittelten Position befinden könnte.
- `position.coords.altitude`
  Das Attribut `altitude` ist die Höhe über Normalnull, also über dem Meeresspiegel. Diese Information ist vor allem dann interessant, wenn Sie sich im Gebirge befinden. Allerdings wird die Ausgabe der Eigenschaft `altitude` bisher noch nicht von allen Geräten unterstützt; auf vielen Android-Geräten bleibt die Variable einfach leer.

- `position.coords.altitudeAccuracy`
  Analog zu `accuracy` gibt die Eigenschaft `altitudeAccuracy` an, wie genau Ihre Höhe über Normalnull ermittelt werden konnte. Auch hier wird der Toleranzbereich in Metern angegeben.
- `position.coords.heading` und `position.coords.speed`
  Theoretisch stehen Ihnen noch zwei weitere Eigenschaften zur Verfügung: `heading` und `speed`. `heading` gibt die Richtung an, in die sich das Gerät bewegt. Wie bei einem Kompass wird hier die Richtung, ausgehend von Norden, als Winkel zwischen 0° und 360° gespeichert. Die Eigenschaft `speed` beschreibt die Geschwindigkeit, mit der sich das Gerät aktuell bewegt.

In der Praxis unterstützt aber bisher noch kein Gerät diese beiden Eigenschaften; mit nur wenigen Tricks können Sie diese aber dennoch ermitteln.

Stromfresser GPS

Das GPS-Modul benötigt relativ viel Strom und verringert somit die Akkulaufzeit spürbar. Nutzen Sie daher GPS-Abfragen nur, wenn sie auch tatsächlich erforderlich sind. Bevor Sie eine Positionsermittlung durchführen, sollten Sie den Nutzer darüber informieren und nach Möglichkeit erläutern, wozu diese Abfrage notwendig ist. Völlig zu Recht entstehen Sicherheitsbedenken, wenn einer WebApp der aktuelle Aufenthaltsort übermittelt werden soll – beruhigen Sie den Nutzer durch einen kurzen Hinweis.

5.2 Die Where-to-Eat-App

Nachdem Sie nun die Grundlagen der Positionsbestimmung verstanden haben, nutzen Sie diese Kenntnisse, um ein uraltes Menschheitsproblem zu lösen: Wo bekomme ich etwas zu essen?

Sie kennen sicher das Problem: Sie befinden sich in einer fremden Stadt und sind auf der Suche nach einem nahe gelegenen Restaurant. Im Idealfall sollte das natürlich nicht die erstbeste Burger-Bude sein – Ihnen steht heute vielmehr der Sinn nach Sushi. Für diesen Zweck konzipieren Sie nun eine kleine Smartphone-App, die sich dieses Problems annimmt.

Diese App sollte über die folgenden Kernfunktionen verfügen:

- Benutzerposition ermitteln
- eine Liste von Restaurants laden
- Restaurants und Benutzer in eine Karte eintragen
- Entfernung zwischen Benutzer und Restaurants berechnen

Optional soll der Nutzer auswählen können, welche Restaurantkategorie angezeigt werden soll. So ist es möglich, bestimmte Arten von Restaurants auszublenden, um schneller das gewünschte Sushi-Restaurant ausfindig zu machen.

Bevor Sie mit der Konzeption beginnen, sollten Sie sich außerdem die Benutzersituation vor Augen führen. In den meisten Fällen handelt es sich um ein vollmobiles Szenario, in dem der Nutzer mit seinem Smartphone und einer 3G-Verbindung unterwegs ist. Die App wird impulsiv und zielgerichtet aufgerufen. Von der App müssen also drei wichtigsten Fragen zügig beantwortet werden:

1. Wo bin ich?
2. Wo befinden sich die nächsten Restaurants?
3. Wie weit sind diese Restaurants von mir entfernt?

Ihre App sollte also:

- für ein Smartphone optimiert sein
- auf Android und iOS gleichermaßen funktionieren
- kurze Ladezeiten aufweisen
- vertraute Bedienmechanismen aufgreifen

Weniger relevant sind eine Tablet-Version oder »verspielte« Elemente, denn der Nutzer möchte nichts entdecken. Daher sind hier Animationen, Dekorationen oder Ornamente fehl am Platz.

Ihre App besteht im Wesentlichen aus drei Screens: aus einer Karte, auf der die Position des Nutzers und der umliegenden Restaurants eingezeichnet ist, einer Liste der Restaurants und einem Optionsmenü, in dem bestimmte Restauranttypen ausgewählt werden können. Die einzelnen Screens werden über eine Symbolleiste miteinander verbunden; die App startet mit der Karte. Fertigen Sie hierzu einen Wireframe an (siehe Abbildung 5.4).

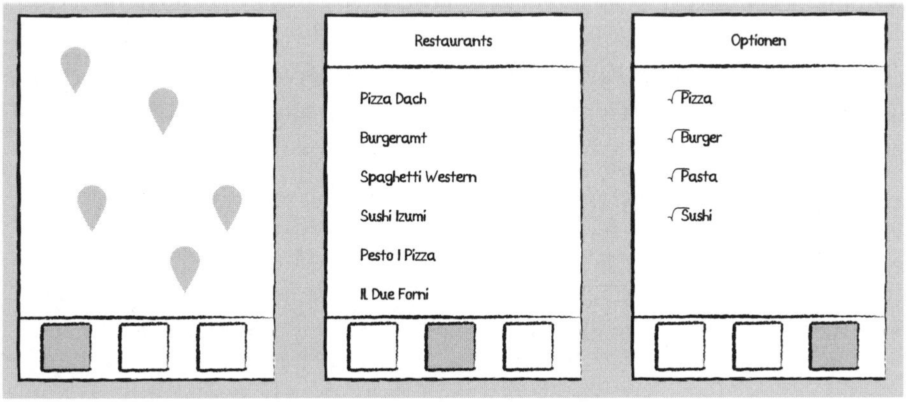

Abbildung 5.4 Der Wireframe für die Where-to-Eat-App

Den Wireframe verwenden Sie, wie in Kapitel 3, »Konzeption und Gestaltungsprinzipien«, beschrieben, für Nutzertests. Wenn Sie die Wireframes gezeichnet haben, scannen bzw. fotografieren Sie sie ab und laden die Bilder auf ein Testgerät. Sie haben nun drei Bilder, die Sie im Fotobetrachter Ihres Smartphones hin- und herwechseln können. Dadurch entsteht beim Nutzer bereits ein ziemlich realistisches »App-Gefühl«, das die Ergebnisse unseres Tests verbessert. Geben Sie Ihrem Testbenutzer eine konkrete Aufgabe, z. B. »Finden Sie heraus, wo sich die nächstgelegene Pizzeria befindet«. Der Nutzer soll diese Aufgabe mithilfe des App-Wireframes lösen, und Sie übernehmen dabei die Bedienung. Wenn der Testkandidat also auf OPTIONEN tippen würde, wählen Sie für ihn das entsprechende Bild aus. Der Test hilft Ihnen dabei, die Erwartungshaltung des Nutzers zu verstehen und eventuell vergessene Funktionen zu ergänzen.

In unserem Beispieltest fallen Ihnen besonders bei der Listenansicht zwei Dinge auf: Die Benutzer konnten die Restaurants nicht den Markern auf der Karte zuordnen, und außerdem war unklar, welches nun das nächstgelegene Restaurant ist. Sie lösen diesen Umstand, indem Sie vor jedem Restaurant in der Liste einen kleinen Kartenausschnitt einfügen, der bei der Assoziation hilft. Außerdem ergänzen Sie die Liste um die jeweiligen Entfernungen der Restaurants zu unserer aktuellen Position.

5.2.1 Position auf einer statischen Karte eintragen

Das Konzept steht. Nun setzen Sie die App mit HTML5 um. Zunächst müssen Sie eine GPS-Koordinate in einer Karte eintragen. Damit Sie das Kartenmaterial nicht selbst auf Ihrem Server bereitstellen müssen, gibt es Dienstleister, die dies für Sie übernehmen. Der bekannteste Dienstleister ist Google Maps, der statische und dynamische Karten zur Verfügung stellt (siehe Abbildung 5.5). Der Service ist kostenlos und kann ohne Anmeldung genutzt werden, sofern maximal 2.500 Kartenabrufe pro Nutzer und Tag getätigt werden.

Google bietet zwei Arten von Karten an: statische Karten, die ein nicht veränderbares Abbild einer Karte ausgeben, und dynamische Karten, die der Nutzer zoomen sowie hin- und herbewegen kann. Eine statische Karte zu erstellen ist sehr einfach: Sie senden eine Anfrage mit einem Parameter an den Google-Server, und dieser liefert eine Bilddatei zurück, die den entsprechenden Kartenausschnitt beinhaltet (siehe Abbildung 5.6). Testen Sie dies, indem Sie im Browser die folgende Adresse aufrufen:

```
http://maps.google.com/maps/api/staticmap?center=Berlin,Germany&zoom=10&size=
500x500&sensor=false
```

Der Google-Server liefert eine Bilddatei zurück, die den angeforderten Kartenausschnitt beinhaltet. Sie können diesen sehr einfach in Ihre HTML5-Datei einbinden:

```
<img src=http://maps.google.com/maps/api/staticmap?center=Berlin,Germany&zoom=
10&size=500x500&sensor=false />
```

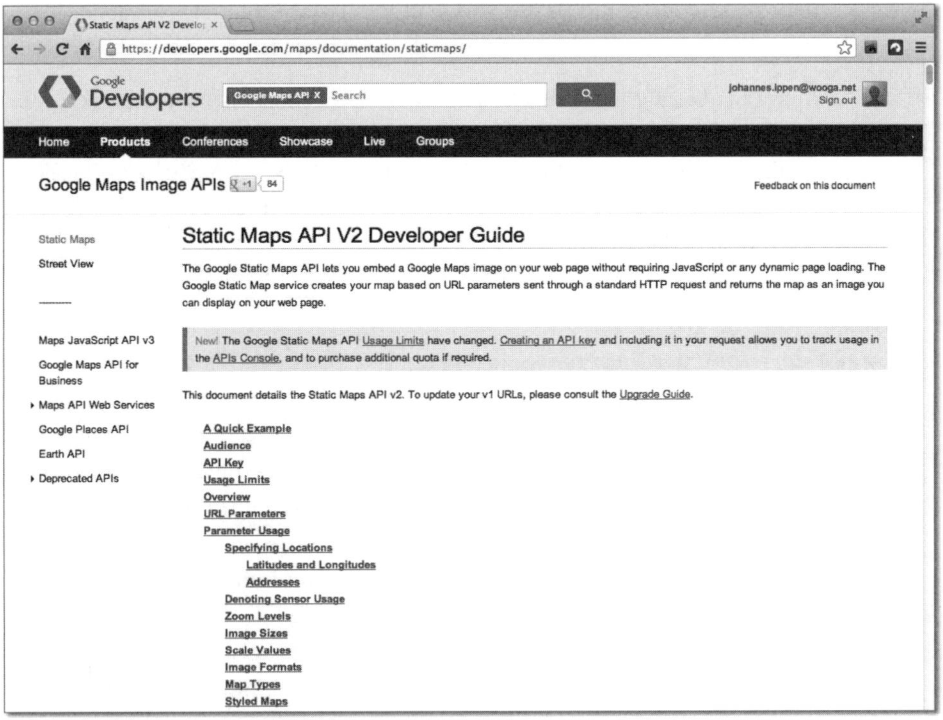

Abbildung 5.5 Die Google Static Maps-API

Abbildung 5.6 Kartenausgabe als Bild

Um die Karte darzustellen, benötigt der Server einige Parameter. Dies sind:

- `center`
  Der Parameter `center` legt den Mittelpunkt der Karte fest, bestimmt also den Ausschnitt. Der Parameter versteht sowohl Adressangaben (z. B. Rotes Rathaus, Berlin, Germany), als auch eine GPS-Position als Wertepaar (z. B. »52.518611, 13.408056«). Beachten Sie, dass Longitude und Latitude in der amerikanischen Syntax übergeben werden müssen, dass also statt eines Kommas ein Punkt als Trenner verwendet wird.
- `zoom`
  `zoom` gibt die Größe des Kartenausschnitts an. Je größer der Wert ist, desto näher befindet sich der Betrachter am Ort des Geschehens. Der Parameter kann eine natürliche Zahl zwischen 0 und 21 beinhalten. Bei 0 ist die gesamte Weltkarte sichtbar, und bei 21 werden einzelne Gebäude erkennbar. Je nach Zoomstufe werden mehr Details dargestellt: Bei Stufe 10 werden nur Hauptstraßen eingeblendet, ab Stufe 13 alle Nebenstraßen und ab Stufe 15 auch deren Straßennamen. Die großen Stufen sind nicht für alle Gebiete verfügbar – besonders in ländlichen Regionen werden Gebäudedetails usw. häufig nicht angezeigt.
- `size`
  Der Parameter `size` definiert die Größe der Karte bzw. der Bilddatei, die vom Server ausgeliefert wird. `size` legt die Breite und die Höhe des Bildes in Pixeln fest. So erstellt beispielsweise die Angabe `500×300` eine Karte, die 500 Pixel breit und 300 Pixel hoch ist. Hier gibt es eine entscheidende Einschränkung: Eine statische Karte darf höchstens 640 Pixel hoch bzw. breit sein; der Maximalwert liegt also bei `640×640`.
- `sensor`
  Der Parameter `sensor` gibt an, ob die App die Benutzerposition über einen GPS-Sensor ermittelt oder nicht. Dies hat keine Auswirkung auf die Kartendarstellung, muss aber immer mitübergeben werden. Zulässig ist entweder die Angabe `true` oder `false`.

Neben diesen zwingend erforderlichen Parametern, gibt es eine Reihe von Zusatzoptionen, die Sie über weitere Parameter definieren können.

Kartentyp

`maptype`

Standardmäßig liefert Google Maps eine Straßenkarte (`roadmap`, siehe Abbildung 5.7) aus, alternativ können Sie eine Reliefkarte (`terrain`, siehe Abbildung 5.8) anzeigen lassen, in der Höhenunterschiede und Vegetation dargestellt werden. Als Letztes gibt es noch eine Satellitenkarte (`satellite`, siehe Abbildung 5.9). Ebenfalls möglich ist eine Satellitenkarte mit eingezeichneten Straßen und Plätzen, die sogenannte *Hybridkarte* (`hybrid`, siehe Abbildung 5.10).

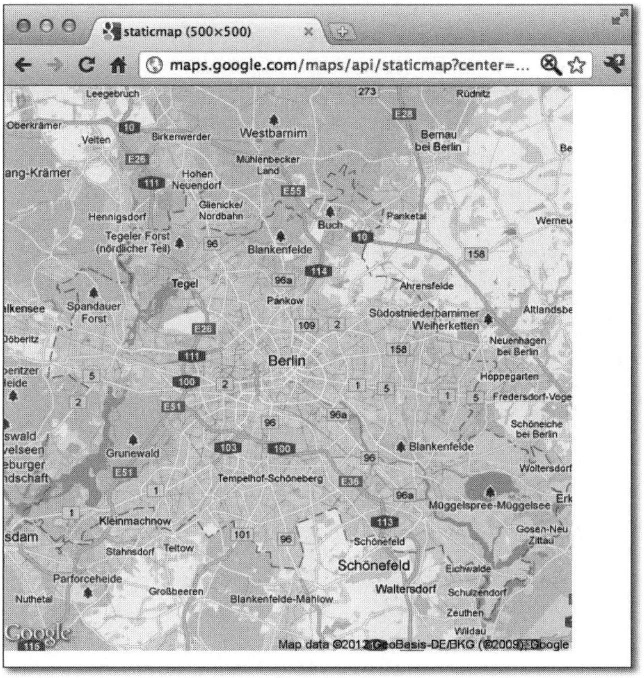

Abbildung 5.7 Kartentyp »roadmap«

Abbildung 5.8 Kartentyp »terrain«

Abbildung 5.9 Kartentyp »satellite«

Abbildung 5.10 Kartentyp »hybrid«

Markierungen

Zusätzlich können Sie wichtige Plätze in der Karte mit den Google-typischen Markierungen einzeichnen (siehe Abbildung 5.11). Dafür bietet die *Static Maps-API* den `markers`-Parameter an. Der Wert, den Sie dem `markers`-Parameter übergeben können, ist ein wenig komplex: Zunächst definieren Sie den Stil der Markierungen, und anschließend übergeben Sie, durch einen senkrechten Strich (auch Pipe genannt) getrennt, die Positionen der Markierungen:

```
markers=color:blue|size:mid|label:A|52.518611,13.
408056|Alexanderplatz, Berlin,Germany
```

Als Markierungsstile können Sie Farbe, Größe und Bezeichnung festlegen:

- `color` gibt die Farbe der Markierung an. Dies kann entweder eine vordefinierte Bezeichnung sein (möglich sind `black`, `white`, `brown`, `green`, `purple`, `yellow`, `blue`, `gray`, `orange` und `red`) oder ein Hexadezimalwert (z. B. `#ff0000` für die Farbe Rot).
- `size` definiert die Größe. Neben der Standardgröße gibt es mittlere Marker (`mid`) sowie kleine (`small`) und winzige (`tiny`) Versionen.
- `label` beinhaltet einen Großbuchstaben bzw. eine Ziffer, die auf dem Marker steht. Umlaute und Sonderzeichen sind leider nicht möglich, und ebenso wenig die Zahlen größer als 9. Bei kleinen und winzigen Markern funktioniert das Label nicht.

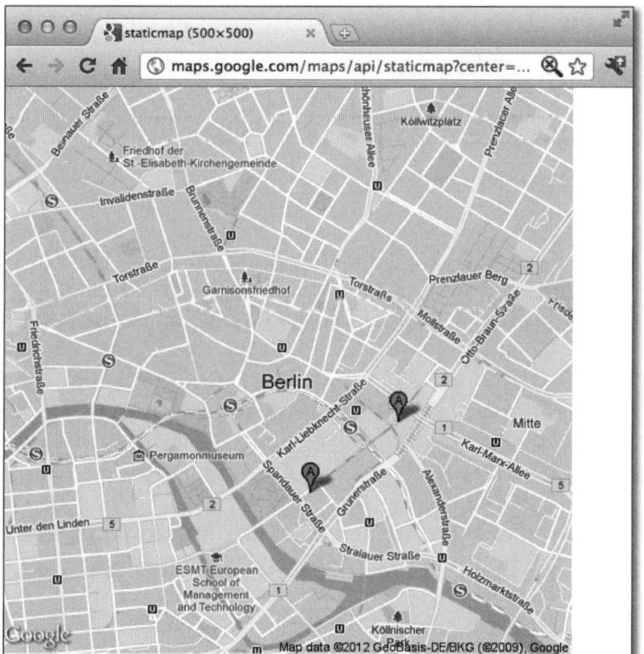

Abbildung 5.11 Die Marker in der Karte

Natürlich ist es auch möglich, zwischendurch den Markierungsstil zu wechseln (siehe Abbildung 5.12):

```
http://maps.google.com/maps/api/staticmap?size=640x640&sensor=false&markers=
color:blue|size:mid|label:A|52.518611,13.408056&markers=
color:red|label:B| Alexanderplatz,Berlin,Germany
```

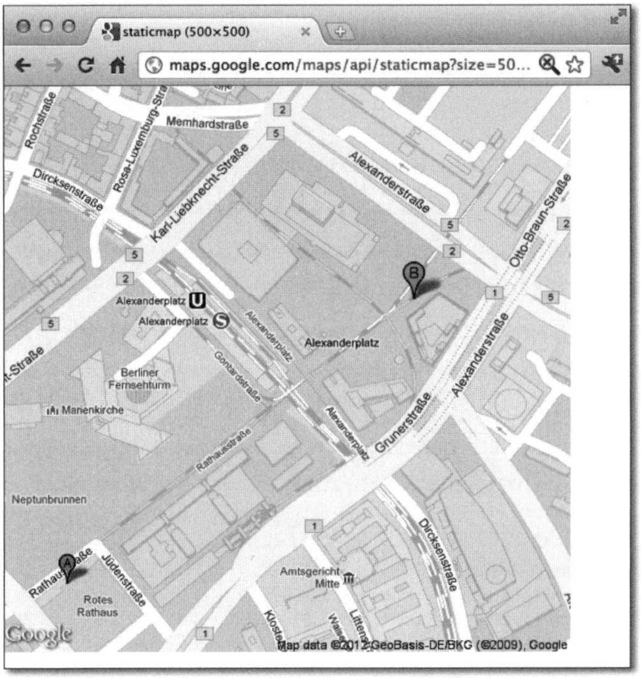

Abbildung 5.12 Unterschiedliche Markerstile in einer Karte

Ihnen wird aufgefallen sein, dass hier der `center`- und der `zoom`-Parameter fehlen. Wenn Sie einen oder mehrere Marker definieren, kann die Static Maps-API den Kartenausschnitt implizit positionieren, also so, dass alle Marker im Ausschnitt sichtbar sind.

Weitere Informationen und eine komplette Dokumentation zur Static Maps-API in deutscher Sprache finden Sie unter *https://developers.google.com/maps/documentation/staticmaps/?hl=de-DE.*

Da der Nutzer Ihrer WebApp dazu in der Lage sein soll, die Karte zu zoomen und zu bewegen, bietet sich die Einbindung einer dynamischen Karte an – über die *Google Maps JavaScript-API*.

5.2.2 Interaktive Karten mit der Google Maps JavaScript-API einbinden

Die Google Maps JavaScript-API erlaubt es Ihnen, eine vollwertige interaktive Karte in Ihre App einzubinden, genauso wie Sie es von *http://maps.google.com/* her gewohnt sind (siehe Abbildung 5.13). Deren Verwendung ist, ebenso wie die Verwendung der Static Maps-API kostenlos; das Kartenmaterial und der JavaScript-Code werden auf dem Google-Server gehostet und von dort eingebunden. Ihnen entstehen also keine zusätzliche Hosting-Kosten.

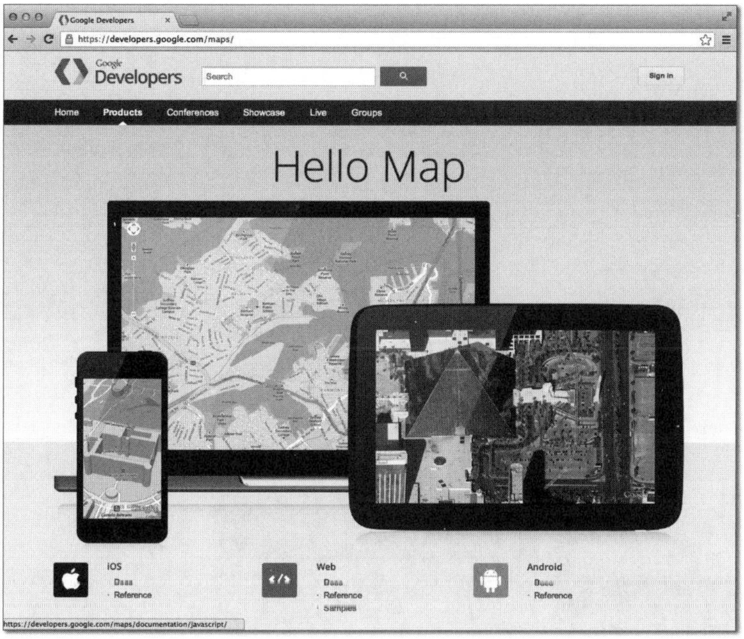

Abbildung 5.13 Die Google Maps JavaScript-API

Um eine Google-Karte zu Ihrer WebApp hinzuzufügen, müssen Sie zunächst im HTML-Code ein leeres Platzhalterelement definieren:

```
<section id="karte"></section>
```

Über CSS legen Sie die Größe des Elements fest. Anstelle einer festen Pixelgröße können Sie sie mit einem einfachen Trick bildschirmfüllend darstellen:

```
#karte {
 position: absolute;
 top: 0;
 right: 0;
 bottom: 0;
 left: 0;
}
```

Anschließend müssen Sie noch den JavaScript-Code der API einbinden:

```
<script src="http://maps.googleapis.com/maps/api/js?sensor=true"></script>
```

Jetzt können Sie eine Google-Karte initialisieren und darstellen lassen. Sie möchten die Karte gleich, zentriert an der Benutzerposition, ausgeben lassen:

```
$(function(){
 navigator.geolocation.getCurrentPosition(function(position){
  meineLongitude = position.coords.longitude;
  meineLatitude = position.coords.latitude;
  var optionen = {
   zoom: 13,
   center: new google.maps.LatLng(
   meineLatitude, meineLongitude),
   mapTypeId: google.maps.MapTypeId.ROADMAP
  };
  karte = new google.maps.Map(
  document.getElementById('karte'), optionen);
 });
});
```

Listing 5.3 Google-Karte initialisieren und anzeigen

Abbildung 5.14 Eine interaktive Google-Karte auf dem iPhone (links) und unter (Android) rechts.

Wie bereits in Abschnitt 5.1, »Die Positionsbestimmung mit HTML5«, beschrieben, ermitteln Sie zunächst mit `geolocation.getCurrentPosition` die GPS-Koordinaten des Benutzers. Anschließend legen Sie die Optionen der Karte in einem JavaScript-Objekt fest – neben der Anfangszoomstufe sind dies der Kartentyp und die Anfangsposition des Kartenausschnitts, hier die Koordinaten des Benutzers.

Anschließend legen Sie ein neues Objekt vom Typ `google.maps.Map` an, dem Sie als Parameter das Platzhalterelement mit der ID-Karte und das `optionen`-Objekt übergeben.

Herzlichen Glückwunsch! Sie haben soeben Ihre erste dynamische Karte erstellt (siehe Abbildung 5.14)! Probieren Sie sie gleich aus!

5.2.3 Liste der Restaurants laden und ausgeben

Nun laden Sie eine Liste mit Restaurants. Dafür eignet sich das JSON-Format, da es per JavaScript ohne Neuladen des HTML-Dokuments, also asynchron, nachgeladen werden kann. Legen Sie jetzt eine neue Textdatei an, und nennen Sie sie *restaurants.json*. In diese Datei schreiben Sie anschließend eine Liste mit Restaurants, also deren Namen und GPS-Position sowie eine Kategorie. Für Restaurants in Berlin könnte das in etwa so aussehen:

```
{
  "Pizza Dach": {
    "Kategorie": "Pizza",
    "Position": {
      "Longitude": 13.456106,
      "Latitude": 52.51024
    }
  },
  "Burgeramt": {
    "Kategorie": "Burger",
    "Position": {
      "Longitude": 13.459539,
      "Latitude": 52.510299
    }
  },
  "Pesto i Pizza": {
    "Kategorie": "Pizza",
    "Position": {
      "Longitude": 13.413776,
      "Latitude": 52.511971
    }
  }
}
```

Listing 5.4 Restaurantliste als JSON-Datei

JSON ist ein sogenanntes objektorientiertes Datenaustauschformat: Ein Objekt wird immer in geschweifte Klammern gesetzt und enthält mindestens ein Wertepaar. Der Schlüssel des Wertepaars ist immer eine Zeichenkette, die in Anführungszeichen geschrieben werden muss. Nach dem Schlüssel folgt, getrennt von einem Doppelpunkt, der eigentliche Wert, also die Daten. Dies kann neben einer Zeichenkette oder einer Zahl auch ein weiteres JSON-Objekt sein. Die Daten lassen sich also beliebig tief ineinander verschachteln. Dabei ist die Einhaltung der Syntax extrem wichtig. Schon ein vergessenes Komma führt zu einer veränderten Datenstruktur oder zu unlesbaren Daten. Ob Ihre Datei in Ordnung ist, überprüfen Sie am besten mit einem JSON-Validator wie JSONLint (*http://jsonlint.com/*, siehe Abbildung 5.15).

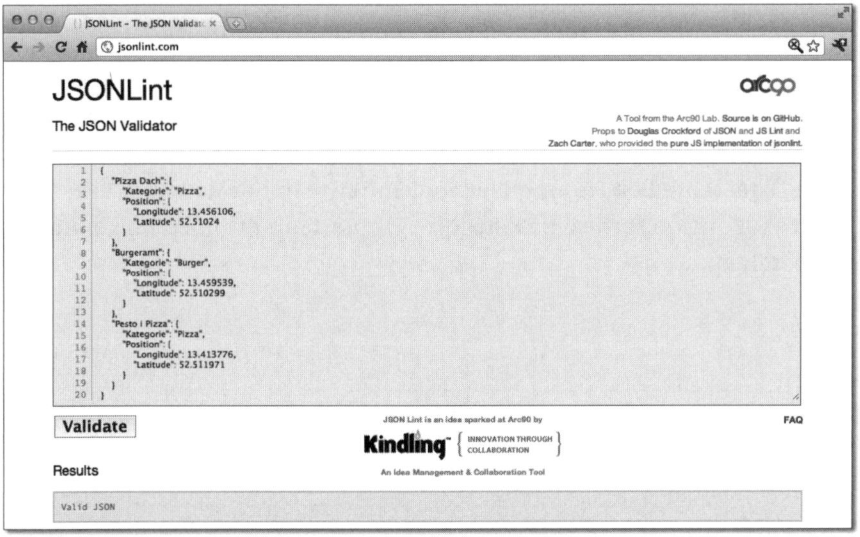

Abbildung 5.15 Mit JSONLint überprüfen Sie JSON-Dateien.

Mithilfe von Zepto können Sie die Daten von Ihrem Server laden. Hierzu gibt es die Funktion `.getJSON`, die eine JSON-Datei abrufen und verarbeiten kann.

```
$.getJSON('daten/restaurants.json?='+Date.now(), function(json){
 $.each(json, function(restaurant, daten){
      ...
 });
});
```

Listing 5.5 Daten werden mit getJSON abgerufen

Der Funktion `.getJSON` übergeben Sie zwei Parameter: den Pfad bzw. die URL Ihrer JSON-Datei und eine Funktion, die ausgeführt werden soll, sobald die Daten geladen worden sind. Dieser sogenannten Callback-Funktion wird das JSON-Objekt als Variable `json` übergeben.

Die Zepto-Hilfsfunktion `$.each()` führt eine Funktion für jedes Unterobjekt in der JSON-Datei aus, also für jedes Restaurant. Dabei übergeben Sie den jeweiligen Werteschlüssel, also unseren Restaurantnamen, und den Wert, also die Kategorie und GPS-Koordinaten, als Parameter an die Funktion. Wenn Sie also nun drei Restaurants in der JSON-Datei gespeichert haben, wird diese Funktion dreimal aufgerufen. Sie können diese Funktion nutzen, um in Ihrer Google-Karte Marker für jedes Restaurant zu setzen:

```
marker = new google.maps.Marker({
 map: karte,
 position: new google.maps.LatLng(
 daten.Position.Latitude,daten.Position.Longitude),
 animation: google.maps.Animation.DROP
});
```

Listing 5.6 Einen Marker in der Google-Karte setzen

Sie erzeugen nun ein neues Objekt vom Typ `google.maps.Marker`, dem Sie zwei Parameter übergeben: den Namen des Map-Objekts, auf dem die Marker gesetzt werden sollen, und die Position des Markers. Diese Parameter lesen Sie aus dem JSON-Objekt aus, genauer aus den Variablen `daten.Position.Latitude` und `daten.Position.Longitude`. Diese Aneinanderreihung der verschachtelten Werteschlüssel speichert die Daten als Zeichenkette bzw. Zahl.

Außerdem wollen Sie noch eine Liste der Restaurants mit einem kleinen Kartenausschnitt anlegen. Hierzu müssen Sie zunächst ein Platzhalterelement im HTML-Code anlegen:

```
<section id="uebersicht">
 <h2>Restaurants in der N&auml;he</h2>
 <ul>
   <!-- Wird dynamisch befüllt -->
 </ul>
</section>
```

Listing 5.7 HTML-Snippet der Restaurantliste

Ähnlich wie bei der Karte legen Sie ein Element vom Typ `section` an, dem Sie eine Überschrift und eine leere, unsortierte Liste spendieren. Hier werden nun per Zepto die Restaurants eingetragen:

```
$('#uebersicht').find('ul').append('<li class="'+daten.Kategorie+'">'
+restaurant+'</li>');
```

Listing 5.8 Restaurants werden dynamisch in die Liste eingetragen

Sie fügen also der leeren Liste pro vorhandenem JSON-Eintrag ein `li`-Element mit dem Restaurantnamen und einem `class`-Attribut an, in dem die Restaurantkategorie gespeichert ist (siehe Abbildung 5.16).

Abbildung 5.16 Unformatierte Restaurantliste, aus der JSON-Datei geladen

In Ihrem Konzept steht jedoch, dass zusätzlich zum Restaurantnamen ein kleiner Kartenausschnitt angezeigt werden soll. Nun können Sie mit Ihrem Wissen über die Static Maps-API glänzen – erweitern Sie den Zepto-Befehl um folgenden Code:

```
var ausschnitt = 'http://maps.google.com/maps/api/staticmap?size=50x50&mar-
kers=color:blue|size:tiny|'+daten.Position.Latitude+','+daten.Position.Longi-
tude+'&sensor=true';
$('#uebersicht').find('ul').append('<li class="'+daten.Kategorie+'"><img src=
"'+ausschnitt+'">'+restaurant+'</li>');
```

Listing 5.9 Vorschaubilder in die Liste einfügen

Sie erzeugen jeweils einen kleinen Kartenausschnitt, der 50×50 Pixel groß ist, und einen winzigen blauen Marker an der Position des Restaurants. Der Ausschnitt wird als Bildelement in den Listenpunkt eingefügt.

Was jetzt noch fehlt, ist die Entfernung zwischen Benutzer und jeweiligem Restaurant.

5.2.4 Den Abstand zwischen zwei Koordinaten berechnen

Um es gleich vorweg zu sagen: Die Entfernungsberechnung anhand von GPS-Koordinaten ist eine Wissenschaft für sich. Da sich die Erde leider nicht ganz rund, sondern eher wie eine Clementine krümmt, gelten an allen Punkten auf dem Planeten andere

Regeln. Insbesondere bei der Berechnung zwischen weit entfernten Punkten, die z. B. auf unterschiedlichen Halbkugeln liegen, wird es richtig kompliziert.

Die gute Nachricht ist: Für kurze Distanzen gibt es eine relativ einfache und ausreichend genaue Formel. Alles, was Sie benötigen, sind die Longitude und die Latitude der beiden Punkte. Diese rechnen Sie anhand des durchschnittlichen Erdradius in Distanzen vom Nullpunkt um, damit Sie anschließend, mithilfe des Satzes des Pythagoras, eine Entfernung der beiden Punkte berechnen können. Als JavaScript-Funktion sieht das so aus:


```
var entfernungBerechnen = function(meineLongitude, meineLatitude, long1, lat1) {
 erdRadius = 6371;
 meineLongitude = meineLongitude * (Math.PI/180);
 meineLatitude = meineLatitude * (Math.PI/180);
 long1 = long1 * (Math.PI/180);
 lat1 = lat1 * (Math.PI/180);
 x0 = meineLongitude * erdRadius * Math.cos(meineLatitude);
 y0 = meineLatitude  * erdRadius;
 x1 = long1 * erdRadius * Math.cos(lat1);
 y1 = lat1  * erdRadius;
 dx = x0 - x1;
 dy = y0 - y1;
 d = Math.sqrt((dx*dx) + (dy*dy));
 if(d < 1) {
  return Math.round(d*1000)+" m";
 } else {
  return Math.round(d*10)/10+" km";
 }
};
```

Listing 5.10 Entfernungsberechnung in JavaScript

Sie übergeben der Funktion vier Parameter: Ihre Longitude und Latitude und die Longitude und Latitude des entfernten Punktes. Nach etwas mathematischer Magie gibt die Funktion eine Zeichenkette zurück, die die Luftlinie zwischen beiden Positionen angibt, wahlweise in Kilometern oder, bei kürzeren Distanzen, in Metern.

Die Entfernung ist relativ genau; Atomraketen sollten Sie damit zwar nicht steuern, aber um ein Restaurant zu finden, reicht diese Funktion völlig aus. Ergänzen Sie den Zepto-Befehl für die Restaurantliste nun um den Funktionsaufruf:

```
$('#uebersicht').find('ul').append('<li class="'+daten.Kategorie+'"><img src=
"'+ausschnitt+'">'+restaurant+'<span>'+entfernungBerechnen(meineLongitude,
meineLatitude,daten.Position.Longitude,daten.Position.Latitude)+'</span></li>');
```

Listing 5.11 Entfernung in der Liste anzeigen

In unserer Restaurantliste sieht das Ganze nun so wie in Abbildung 5.17 aus.

Abbildung 5.17 Schon besser – Liste mit Kartenausschnitt und Entfernung

5.2.5 Die Programmoberfläche

Sie haben nun alle benötigten Funktionalitäten für Ihre Geolocation-App beisammen. Nun müssen Sie das Ganze noch in einen App-Rahmen gießen. Sie beginnen mit dem HTML-Code. Sie haben bereits die Platzhalter für die Karte und die Restaurantliste angelegt. Fügen Sie nun noch einen weiteren Bereich für die Optionen hinzu:

```
<section id="karte">
</section>
<section id="uebersicht">
 <h2>Restaurants in der N&auml;he</h2>
 <ul>
  <!-- Wird dynamisch befüllt -->
 </ul>
</section>
<section id="optionen">
 <h2>Optionen</h2>
 <ul>
  <li><label>Pizza<span><input type="checkbox" checked="checked"
  class="Pizza"></span></label></li>
  <li><label>Burger<span><input type="checkbox" checked="checked" class=
  "Burger"></span></label></li>
  <li><label>Pasta<span><input type="checkbox" checked="checked" class=
  "Pasta"></span></label></li>
  <li><label>Sushi<span><input type="checkbox" checked="checked" class=
```

```
  "Sushi"></span></label></li>
 </ul>
</section>
```

Listing 5.12 Optionsbereich als HTML-Code

Dieser Bereich besteht aus einer unsortierten Liste mit den Restaurantkategorien, die jeweils eine angewählte Checkbox pro Listeneintrag enthält. Um das Layout kümmert sich eine CSS-Datei, in der Folgendes steht:

```
body {
 margin: 0;
 font-family: Helvetica, sans-serif;
}
section {
 overflow: scroll;
 -webkit-overflow-scrolling:touch;
 width: 100%;
 min-height: 411px;
 background: #c5ccd4;
 padding-bottom: 50px;
 position: absolute;
 display: none;
}
section.aktiv{
 display: block;
}
section#karte {
 top: 0;
 right: 0;
 bottom: 49px;
 left: 0;
 background-image: url(../bilder/loader.gif);
 background-repeat: no-repeat;
 background-position: center;
}
h2 {
 margin: 0;
 padding: 20px 20px 0;
 font-size: 17px;
 color: #4c566c;
 text-shadow: 0 1px 0 #fff;
}
```

Listing 5.13 CSS sorgt für das App-gerechte Aussehen

Das Stylesheet verändert das Aussehen Ihres HTML-Dokuments so, dass Schriftart und Farben denen einer typischen mobilen App entsprechen. Die Sektionen werden übereinandergelegt und je nach Situation ausgeblendet. Wenn Sie Ihre App aufrufen, sehen Sie zunächst nur eine weiße Seite, doch dazu gleich mehr. Die Sektion `#karte` erhält als Hintergrundbild einen kleinen Ladekreis, der zentriert angezeigt wird. Dies hat die folgende Bewandtnis: Abhängig von der Dauer der Positionsbestimmung und der Ladezeit der Google Maps JavaScript-API kann es einige Sekunden dauern, bis die gewünschte Karte angezeigt wird. Um dem Nutzer anzuzeigen, dass etwas geladen wird, dreht sich der Ladekreis in der Bildschirmmitte. Dieser verschwindet von allein, sobald die Karte geladen ist und den Hintergrund verdeckt. Auf *http://ajaxload.info* können Sie aus verschiedenen Modellen wählen, eigene Farben einstellen und kostenlos herunterladen.

Damit die Karte beim Start der App angezeigt wird, weisen Sie ihr per Zepto die Klasse `aktiv` zu:

```
$('#karte').addClass("aktiv");
```

Um zwischen den einzelnen Sektionen zu wechseln, benötigen Sie noch eine Symbolleiste im App-Stil.

5.2.6 Eine Symbolleiste einfügen

Die Symbolleiste ist ein vertrautes und daher für Ihre WebApp ideales Navigationselement. Im Gegensatz zu Desktopanwendungen befinden sich Symbolleisten bei Mobilgeräten meist am unteren Bildschirmrand, damit Sie gut mit einer Hand und dem Daumen zu erreichen sind. Fügen Sie nun den folgenden Code in Ihre HTML-Datei ein:

```
<nav>
 <li>
  <a class="karte" href="#karte">Karte</a>
 </li>
 <li>
  <a class="uebersicht" href="#uebersicht">Liste</a>
 </li>
 <li>
  <a class="optionen" href="#optionen">Optionen</a>
 </li>
</nav>
```

Listing 5.14 Symbolleiste mit nav-Element

Sie haben jetzt eine Liste mit Textlinks erstellt, die per Anker auf die jeweiligen Sektionen Ihrer App verweisen. Damit daraus eine Toolbar wird, müssen Sie noch etwas CSS-Code hinzufügen:

```
nav {
 height: 49px;
 background: #000 -webkit-gradient(
  linear,
  left top,
  left bottom,
  color-stop(0, #000),
  color-stop(0.02, #565656),
  color-stop(0.04, #303030),
  color-stop(0.5, #141414),
  color-stop(0.51, #000)
 );
 display: -webkit-box;
 position: fixed;
 bottom: 0;
 left: 0;
 right: 0;
}
nav li {
 margin: 0;
 padding: 0;
 list-style: none;
 -webkit-box-flex: 1;
 display: -webkit-box;
 width: 100px;
}
nav li a {
 display: -webkit-box;
 -webkit-box-flex: 1;
 -webkit-box-pack: center;
 border-radius: 3px;
 margin: 3px 2px 2px 2px;
 font-size: 9.5px;
 font-weight: bold;
 text-align: center;
 color: #aaa;
 text-decoration: none;
 -webkit-box-align: end;
 background-repeat: no-repeat;
 background-position: center 3px;
```

```
 background-size: 35px 25px;
}
nav li a.aktiv {
 background-color: rgba(255,255,255,.15);
 color: #fff;
}
a[href='#karte'] {
 background-image: url(../bilder/karte.png);
}
a[href='#uebersicht'] {
 background-image: url(../bilder/uebersicht.png);
}
a[href='#optionen'] {
 background-image: url(../bilder/optionen.png);
}
```

Listing 5.15 Das Stylesheet der Symbolleiste

Jetzt sieht Ihr Navigationselement schon eher nach einer Symbolleiste aus (siehe Abbildung 5.18).

Die Symbole sind transparente PNG-Bilder. In diesem Fall wurden wir in der kostenlosen Symbolbibliothek *Icon Sweets* fündig. Sie können alle Symbole als Photoshop-Dateien unter *http://iconsweets2.com/* herunterladen und sie (mit Hinweis auf die Website) kostenlos in Ihren Projekten verwenden.

Das Umschalten zwischen den Sektionen realisieren Sie per JavaScript:

```
$('nav a').on('click',function(){
 $('section, nav a').removeClass('aktiv');
 $(this).addClass('aktiv');
 $($(this).attr('href')).addClass('aktiv');
 return false;
});
```

Listing 5.16 Umschalten der Navigationsbereiche mit JavaScript

Abbildung 5.18 Die fertige Navigationsleiste

5.2.7 Die Restaurantliste erstellen

Widmen Sie sich nun der Restaurantliste und den Optionen. Noch »fühlt« es sich mehr wie eine Webseite und weniger wie eine mobile WebApp »an«. Abhilfe schafft auch hier wieder CSS (siehe Abbildung 5.19):

```
ul {
 padding: 0;
 margin: 9px;
 list-style: none;
 border: 1px solid #a1a7ad;
 border-radius: 8px;
 font-size: 19px;
 font-weight: bold;
 box-shadow: 0 1px 0 #fff;
}
ul li {
 background: #f7f7f7;
 border-top: 1px solid #fdfdfd;
 border-bottom: 1px solid #cacaca;
 padding: 5px 10px;
 line-height: 34px;
}
ul li:first-child {
 border-top-left-radius: 8px;
 border-top-right-radius: 8px;
 border-top-color: #e5e5e5;
}
ul li:last-child {
 border-bottom-left-radius: 8px;
 border-bottom-right-radius: 8px;
 border-bottom-width: 0;
}
ul li span {
 float: right;
 display: block;
 color: #999;
 font-weight: normal;
}
```

Listing 5.17 Stylesheet der Restaurantliste

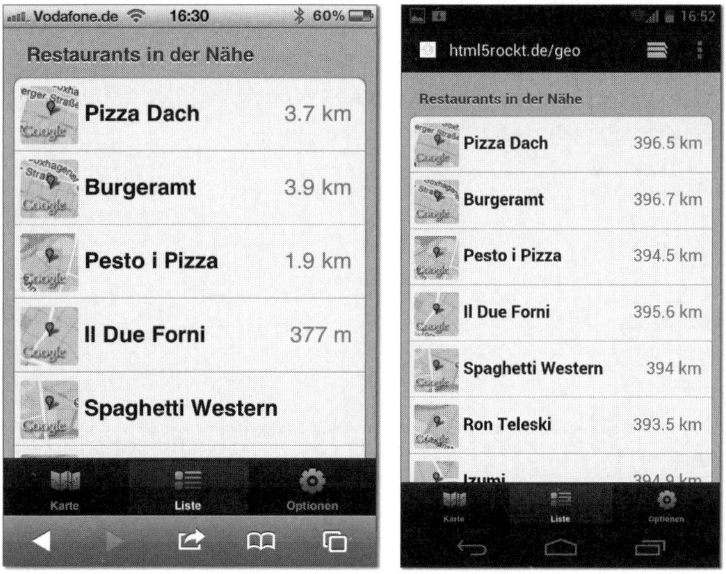

Abbildung 5.19 So soll es aussehen – die Liste der Restaurants auf dem iPhone (links) und unter Android (rechts)

Indem Sie die iOS-typischen Abstände, Farben und Schriftgrößen definieren, kommen Sie einem App-typischen Look & Feel schon sehr nahe. Zusätzlich zu diesen allgemeinen Formatierungen sind noch einige Spezialregeln vonnöten, die nur für die Übersicht bzw. die Optionen Anwendung finden:

```
#uebersicht ul {
 overflow: hidden;
 -webkit-background-clip: padding;
}
#uebersicht ul li {
 line-height: 50px;
 padding-left: 5px;
}
#uebersicht ul li img {
 width: 50px;
 height: 50px;
 border-radius: 3px;
 display: inline-block;
 vertical-align: middle;
 margin-right: 5px;
}
#optionen li input {
 height: 34px;
```

```
 width: 34px;
 margin: 0;
}
```

Listing 5.18 CSS-Anpassungen für den Optionsscreen

Sorgen Sie nun mithilfe von JavaScript dafür, dass sich das An- bzw. Abwählen bestimmter Restauranttypen in den Optionen in der Übersicht niederschlägt (siehe Abbildung 5.20):

```
$('#optionen input[type*=checkbox]').on('change', function(){
 $('#uebersicht li.'+this.className)
 .toggleClass('versteckt');
});
```

Je nachdem, ob eine Checkbox angewählt ist oder nicht, wird den entsprechenden Restaurants in der Liste die Klasse `versteckt` hinzugefügt oder sie entfernt.

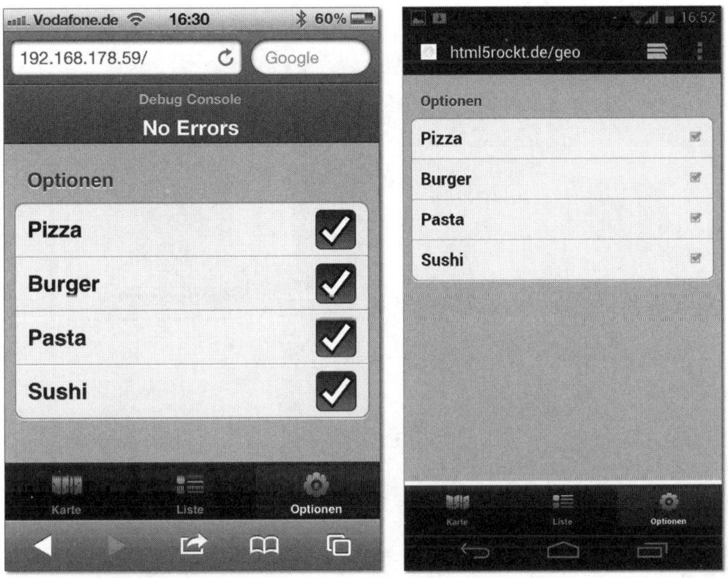

Abbildung 5.20 Die Liste der Optionen auf dem iPhone und unter Android

5.2.8 Der letzte Schliff

Ihre Geolocation-App ist nun einsatzbereit. Ihre WebApp zeigt nun eine Karte mit Restaurants an und berechnet die Entfernungen korrekt zu Ihrer momentanen Position. Testen Sie die App während der Entwicklung immer wieder auf Ihrem Smartphone, um sicherzustellen, dass alles so funktioniert, wie es soll. Allerdings sieht das Ganze immer noch sehr nach einer Webseite aus, nicht zuletzt weil die Adressleiste des Browsers permanent sichtbar ist. Fügen Sie einen JavaScript-Befehl ein, um die Adressleiste zu verstecken:

```
window.scrollTo(0,1);
```

Natürlich sollten Sie außerdem verhindern, dass der Nutzer die Seite verkleinern bzw. vergrößern kann, und die Aktivierung des Vollbildmodus ist ebenfalls ratsam. Schreiben Sie hierzu, wie bereits erläutert, Folgendes in den head-Bereich Ihres HTML-Codes:

```
<meta name="viewport" content="width=device-width, initial-scale=1 ,
maximum-scale=1"/>
<meta name="apple-mobile-web-app-capable" content="yes" />
```

Außerdem sollten Sie ein schönes Symbol für den Home-Bildschirm (siehe Abbildung 5.21) sowie einen Ladebildschirm erstellen (siehe Abbildung 5.22) und beide im head-Bereich des Dokuments verknüpfen.

Abbildung 5.21 Das App-Symbol, gestaltet mithilfe des Icon-Templates von http://appicontemplate.com/

```
<link rel="apple-touch-icon-precomposed"
href="/bilder/icon-ipad.png" sizes="72x72" />

<link rel="apple-touch-icon-precomposed"
href="/bilder/icon-iphone-retina.png" sizes="114x114" />

<link rel="apple-touch-icon-precomposed"
href="/bilder/icon-ipad-retina.png" sizes="114x114" />

<link rel="apple-touch-icon-precomposed"
href="/bilder/icon-iphone.png" />

<link rel="apple-touch-startup-image"
href="/bilder/splash-ipad-portrait.png" media="screen and
(min-device-width: 481px) and (max-device-width: 1024px)" />

<link rel="apple-touch-startup-image"
href="/bilder/splash-iphone.png" />
```

Listing 5.19 Verknüpfte Symbole und Ladebildschirm

Abbildung 5.22 Mit einem Bildbearbeitungsprogramm, wie z. B. Photoshop, bereiten Sie einen Ladebildschirm vor.

Wählen Sie für Ihre App zu guter Letzt einen prägnanten Namen, der nicht länger als zwölf Zeichen ist, und definieren Sie diesen im Title Ihrer WebApp:

```
<title>Where to Eat</title>
```

Fertig! Die App funktioniert sowohl auf einem Smartphone (siehe Abbildung 5.23) als auch auf Tablets (siehe Abbildung 5.24). Durch die absolute Positionierung der Elemente am Bildschirmrand ist sie unabhängig von der Auflösung ihres Geräts, funktioniert also ohne Probleme auch auf dem größeren Display Ihres iPhones 5.

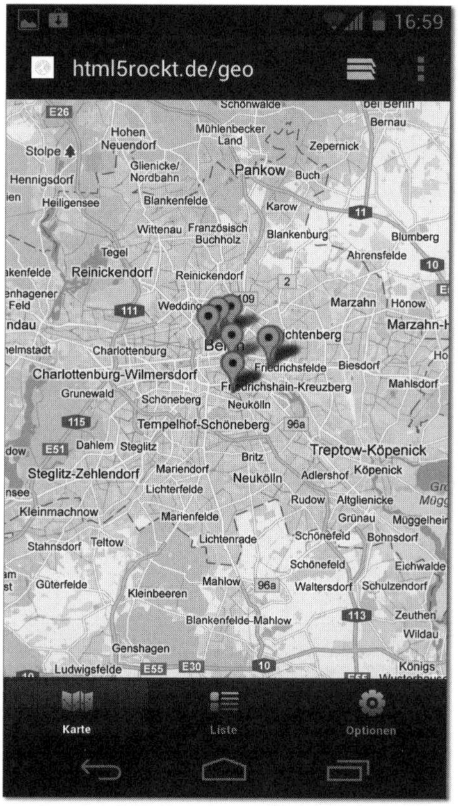

Abbildung 5.23 Die App funktioniert problemlos auch unter Android

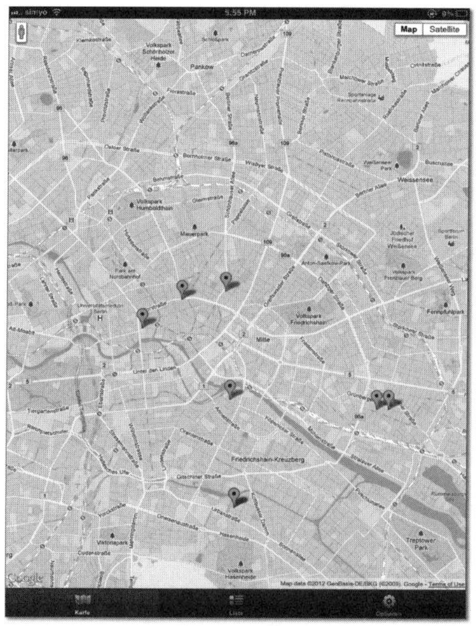

Abbildung 5.24 Die App auf dem iPad

5.3 More Fun mit Geodaten

Die Google Maps-APIs sind nur eine Möglichkeit, um mit geografischen Daten ansprechende Apps zu kreieren. Darüber hinaus gibt es von verschiedenen Anbietern Schnittstellen, die es Ihnen ermöglichen, die Benutzerposition für unterschiedlichste Anwendungsfälle zu nutzen. So können Sie z. B. die Where-to-Eat-App mit einer Liste aus der Yelp-Bibliothek füttern, in der weltweit unzählige Restaurants gespeichert sind. Im Folgenden wollen wir Ihnen einige kostenlose APIs vorstellen, die ortsbezogene Daten bereithalten.

5.3.1 Yelp-API

Seit 2004 bietet die Plattform Yelp Restaurant- und Ladenbesitzern die Möglichkeit, ihre Örtlichkeiten im Netz zu präsentieren und von Benutzern bewerten zu lassen. Die kostenlose API ermöglicht es App-Entwicklern, Beschreibungen und Bewertungen abzurufen und nach bestimmten Kriterien zu filtern (siehe Abbildung 5.25); eine ausführliche Dokumentation in englischer Sprache finden Sie unter *http://www.yelp.com/developers/documentation/v2/overview*.

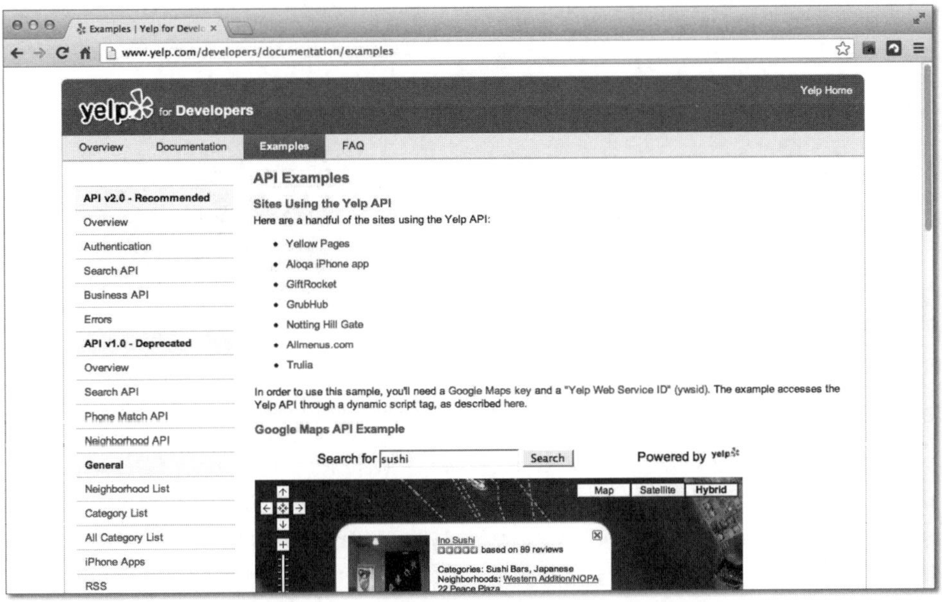

Abbildung 5.25 Die Yelp-API

5.3.2 foursquare-API

Das soziale Netzwerk foursquare wurde 2009 von Dennis Crowley in New York gegründet. Nutzer können in Bars und Cafés »einchecken« und dafür Punkte und Belohnungen sammeln. Die kostenlose API kann für eigene Anwendungen genutzt werden (siehe Abbildung 5.26); eine englischsprachige Dokumentation finden Sie unter *https://developer.foursquare.com/*.

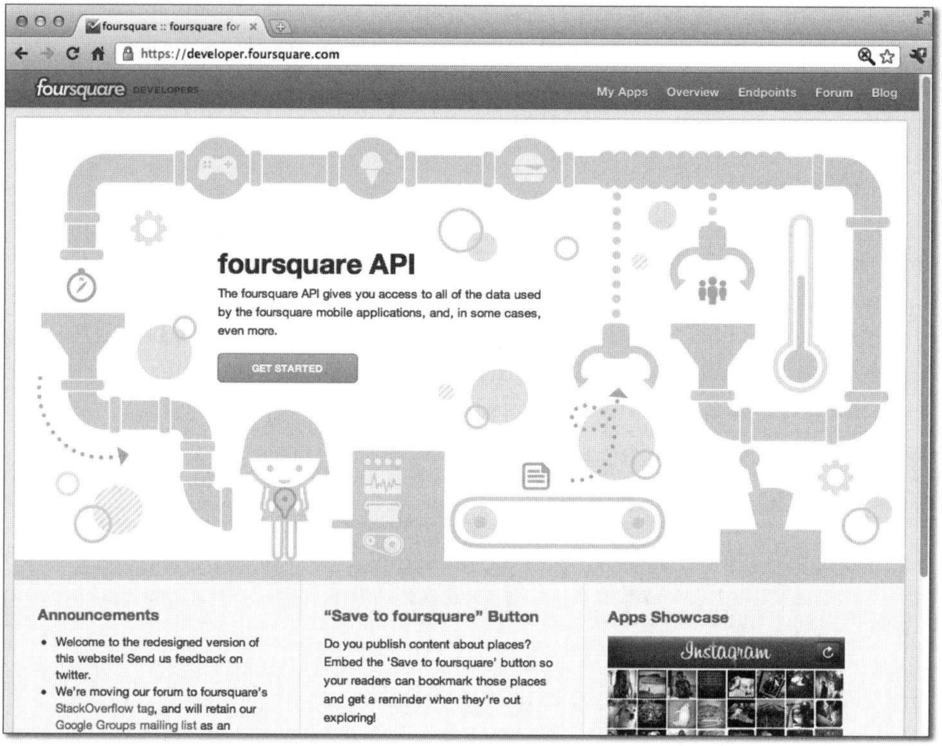

Abbildung 5.26 Die foursquare-API

5.3.3 Google Places

Ähnlich wie bei Yelp können Nutzer auch bei Google Places besuchte Örtlichkeiten bewerten und empfehlen. Seit Kurzem bietet der Service eine kostenlose API an (siehe Abbildung 5.27), die sich aber noch in der Entwicklungsphase befindet. Eine kostenlose Entwicklervorschau finden Sie unter *https://developers.google.com/maps/documentation/javascript/places?hl=de-DE.*

5.3.4 Twitter-API

Überall auf der Welt nutzen Menschen den beliebten Microblogging-Dienst Twitter, um Statusnachrichten und Neuigkeiten zu verbreiten. Eine wichtige Funktion ist die Option IN DER NÄHE, bei der Sie nach Tweets in Ihrer Umgebung suchen können – z. B. um zu erfahren, was das aktuelle Stadtgespräch ist. Per API können Sie diese Funktion in Ihrer eigenen WebApp nutzen (siehe Abbildung 5.28); eine englischsprachige Dokumentation finden Sie unter *https://dev.twitter.com/docs/api.*

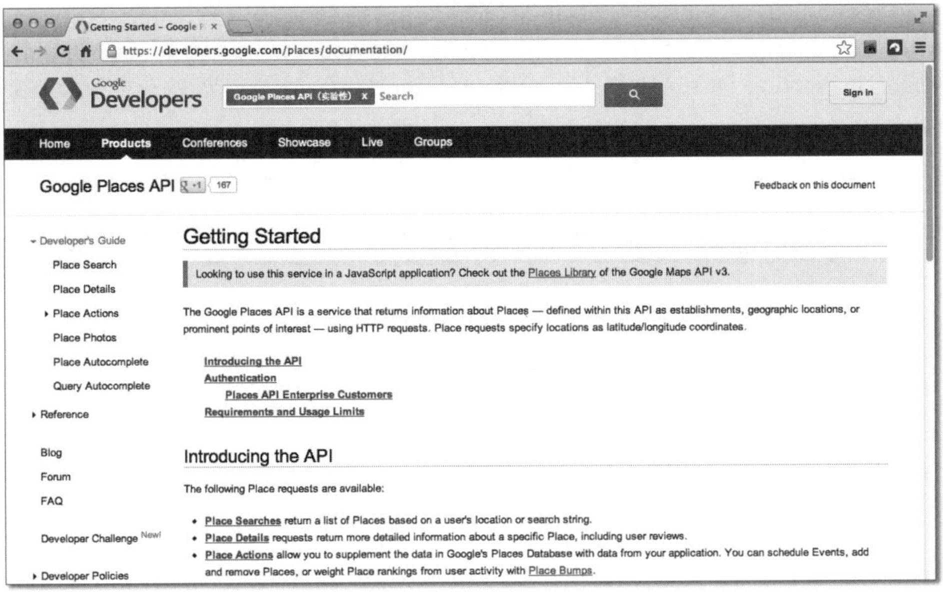

Abbildung 5.27 Die Google Places-API

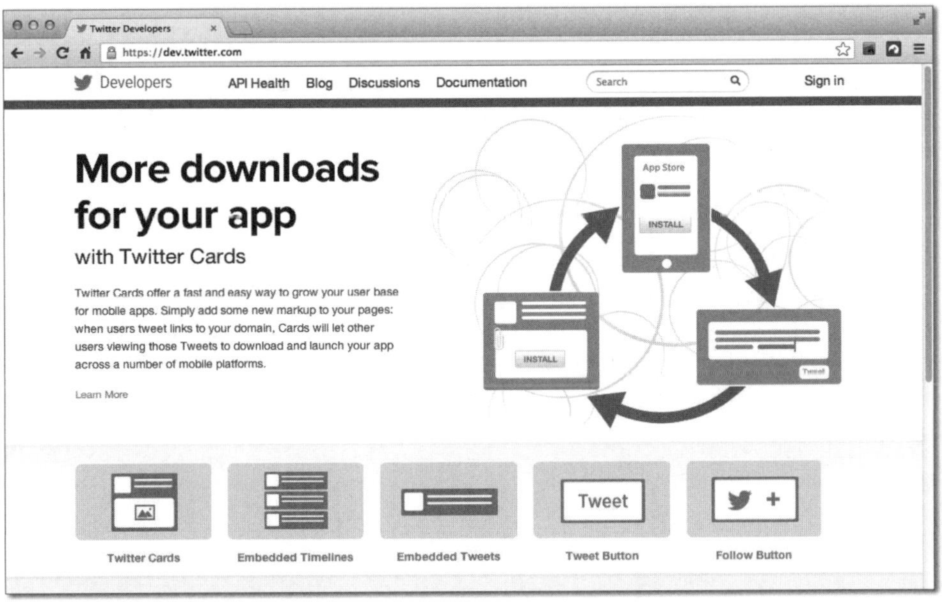

Abbildung 5.28 Die Twitter-API

5.3.5 Flickr-API

Der Fotosharing-Dienst Flickr bietet Nutzern weltweit die Möglichkeit, eigene Fotos zu teilen und zu taggen. Eine wichtige Rolle spielt dabei der Ort, an dem das jeweilige

Foto entstanden ist. Eine kostenlose API bietet Ihnen die Möglichkeit, nach Fotos aus Ihrer Umgebung zu suchen – ideal für mobile WebApps (siehe Abbildung 5.29); die englischsprachige Dokumentation finden Sie unter *http://www.flickr.com/services/api/*.

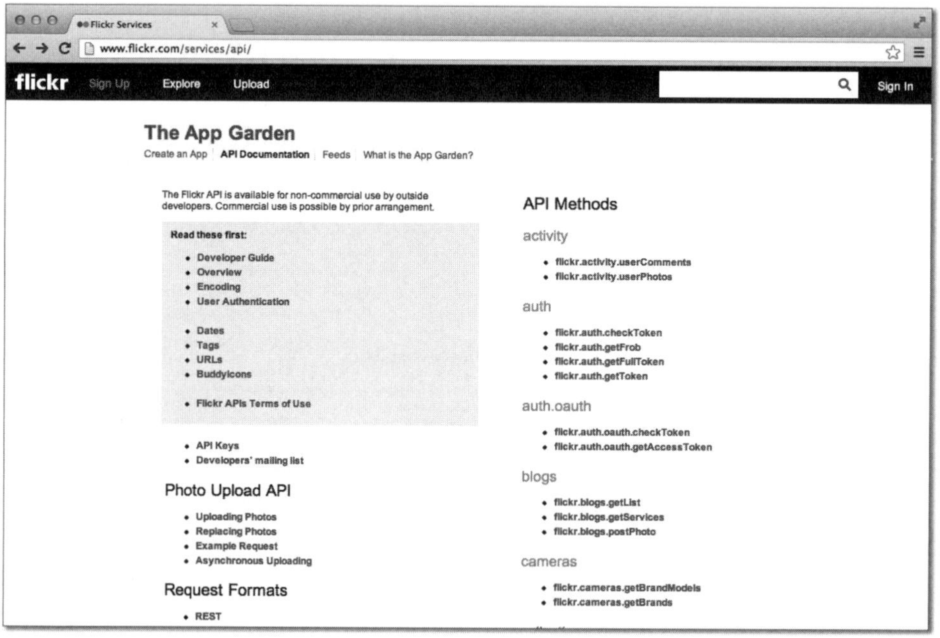

Abbildung 5.29 Die Flickr-API

Geofunktionen sind in den meisten Apps nicht mehr wegzudenken. Stellen Sie sich nur mal die vielen unterschiedlichen Einsatzmöglichkeiten vor: vom Restaurant-Finder, über eine WebApp, die sich merkt, wo Sie Ihr Auto geparkt haben, bis hin zu einer digitalen GPS-gestützten Schnitzeljagd mit Ihren Freunden. Da geht einiges!

Kapitel 6
Auslesen des Bewegungssensors mit JavaScript

In diesem Kapitel lernen Sie, wie Sie mithilfe von JavaScript den Bewegungssensor des Mobilgeräts auslesen. Ob iPhone, iPad, Android-Telefon oder Tablet, jedes dieser Geräte verfügt über einen Bewegungssensor, der Informationen über die Orientierung und Ausrichtung Ihres Geräts liefert. Diese Informationen können Sie nutzen, um z. B. Elemente zu animieren oder um bestimmte Ereignisse bei einer bestimmten Bewegung aufzurufen. Genau das werden Sie in diesem Kapitel programmieren: Eine WebApp, die ein Bild einblendet, wenn Sie das Gerät schütteln. Die Inspiration zu dieser App kam uns beim lautstarken Mitsingen des Songs »Hey Ya« des amerikanischen Hip-Hop-Duos Outkast. An einer Stelle im Lied rufen die beiden zu einer Tanzbewegung auf, die das Schütteln eines Polaroidbildes imitiert. Sie erinnern sich? Polaroidkameras? Diese klobigen Apparate, bei denen das Foto nach dem Auslösen gleich vorne aus der Kamera herausschießt und das Bild nach einigen Sekunden geradezu magisch erscheint? Man kann die Entwicklung des Bildes beschleunigen, indem man es schüttelt – im Outkast-Song besungen mit »Shake it like a Polaroid picture«, was in Ihrem Fall der Name der folgenden App sein wird.

Bevor Sie mit den Vorüberlegungen zur App beginnen, sollten Sie aber zunächst einmal »Hey Ya« gehört haben. Einfach mal bei einem großen Videoportal oder Google eingeben. Motiviert? Mitgesungen? Sehr gut! Dann kann es losgehen.

Zunächst benötigen Sie ein Foto. Dafür bedienen Sie sich fürs Erste einfach per Webservice aus dem Fotoportal Flickr.

Die WebApp soll die folgenden Funktionen haben:

- Lade ein zufälliges Bild eines Fotografen aus dem Bilderservice Flickr.
- Blende das Bild langsam ein, wenn das Gerät geschüttelt wird.
- Auf Knopfdruck verschwindet das Bild wieder, und es wird ein neues Bild eingeblendet.

Auch optisch soll die WebApp an ein Polaroidfoto erinnern.

6.1 Diese Daten liefert der Bewegungssensor

Bevor Sie tiefer in die Programmierung und Konzeption der App einsteigen, lohnt es sich, einen Blick auf die Funktionsweise des Bewegungssensors zu werfen.

Der Sensor in mobilen Geräten misst die Bewegung immer relativ zur Gravitation. Die Werte, die der Sensor ausgibt, geben dabei die Geschwindigkeit in Metern pro Sekunde zum Quadrat an (m/s^2), also die Beschleunigung, mit der das Gerät bewegt wird.

Um dies zu verdeutlichen, programmieren Sie eine kleine WebApp, die die Daten des Bewegungssensors ausgibt. Das Auslesen des Bewegungssensors via JavaScript wird von Android erst ab Version 4.0 unterstützt. Aktualisieren Sie daher gegebenenfalls Ihr Android-Gerät. Bitte beachten Sie auch, dass die mobile Version des Browsers Chrome für Android das Auslesen des Bewegungssensors nicht unterstüzt.

Sie starten, wie Sie es bereits aus den vorhergehenden Kapiteln gewohnt sind, mit einer Basis-HTML5-Seite und ergänzen dann den Code wie folgt: Um die ausgelesenen Werte später einfach in einem Container ausgeben zu können, laden Sie zunächst Zepto vor das schließende `body`-Tag:

```
<script src="http://zeptojs.com/zepto.min.js"></script>
```

Listing 6.1 Die Verknüpfung der Zepto-Bibliothek

Sie benötigen Zepto im weiteren Verlauf des Kapitels sowieso noch häufiger. Daher können Sie auch an dieser Stelle schon damit arbeiten. Bedenken Sie allerdings, dass Sie die Zepto-Bibliothek in diesem Fall von den Zepto-Servern herunterladen. Hierzu benötigen Sie natürlich einen Internetzugang.

Als Nächstes definieren Sie via `$(document).ready(function(){});` den Code, der ausgeführt werden soll, wenn das Dokument fertig geladen ist:

```
<script>
 $(document).ready(function(){

 });
</script>
```

Innerhalb dieser Funktion platzieren Sie nun den Code zum Auslesen des Bewegungssensors:

```
window.ondevicemotion = function(event) {
// Hier der Code, der ausgeführt werden soll, wenn das Gerät bewegt wird.
};
```

Zunächst definieren Sie also den EventHandler `ondevicemotion`, der angibt, einen bestimmten Code auszuführen, wenn das Gerät bewegt wird.

Immer davon ausgehend, dass Sie das Gerät vor sich in der Hand halten, bezeichnet die X-Achse die Links-rechts-Neigung des Geräts und die Y-Achse die Neigung nach vorne und hinten. Die Z-Achse beschreibt die Beschleunigung von oben nach unten (siehe Abbildung 6.1). Die Z-Beschleunigung verändert sich z. B., wenn Sie das Gerät über Kopf halten.

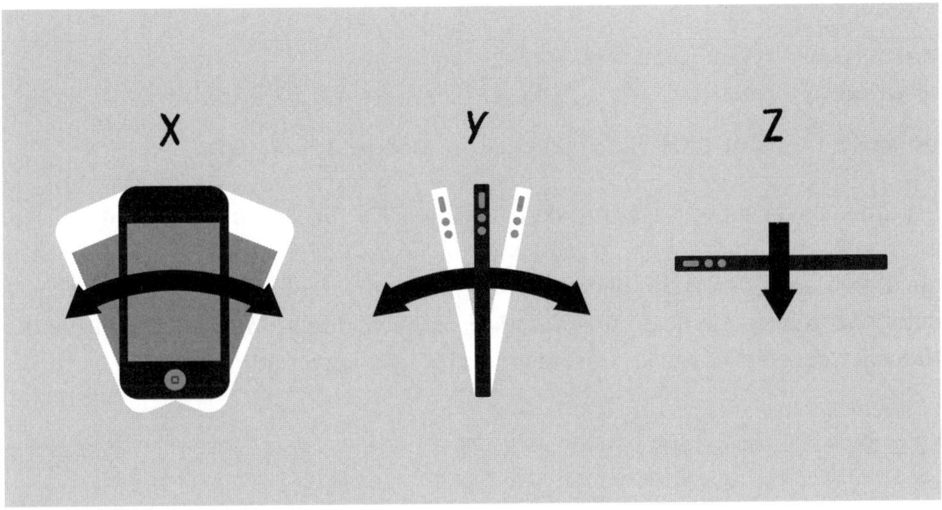

Abbildung 6.1 Die verschiedenen Achsen in der Übersicht

Als Nächstes gilt es nun, einige Variablen anzulegen, die die Daten des Bewegungssensors beinhalten. Sie lesen die einzelnen Achsenbewegungen über die Schreibweise `event.accelerationIncludingGravity.x;` aus, wobei `x` in diesem Fall für die X-Achsenbewegung steht. Analog dazu können Sie so die drei Achsenbewegungen in den jeweils passenden Variablen zwischenspeichern. Der Inhalt dieser Variablen muss mit jeder Gerätebewegung aktualisiert werden, weshalb Sie die Variablenzuweisungen im vorher definierten EventHandler `ondevicemotion` anlegen:

```
window.ondevicemotion = function(event) {
 var accelerationX = event.accelerationIncludingGravity.x;
 var accelerationY = event.accelerationIncludingGravity.y;
 var accelerationZ = event.accelerationIncludingGravity.z;
}
```

Listing 6.2 Die einzelnen Werte des Bewegungssensors in Variablen speichern

Bis jetzt lesen Sie lediglich den Bewegungssensor aus und speichern die Werte in den verschiedenen Variablen. Den Inhalt dieser Variablen gilt es nun, in der WebApp innerhalb bestimmter Container auszugeben. Hierzu erstellen Sie zunächst im `body`-Bereich einige Container, in die später die Werte der Variablen geladen werden. Ein paar Überschriften können zwecks besserer Übersicht ebenfalls nicht schaden.

```
<h1>Folgende Werte gibt der Bewegungssensor aus:</h1>
<h2>Die Bewegung auf der X-Achse:</h2>
<p id="accX"></p>

<h2>Die Bewegung auf der Y-Achse:</h2>
<p id="accY"></p>

<h2>Die Bewegung auf der Z-Achse:</h2>
<p id="accZ"></p>
```

Listing 6.3 Der HTML-Code zur formatierten Ausgabe der Achsenwerte

Beachten Sie die `p`-Container mit den jeweiligen IDs für die drei Bewegungsachsen. Weisen Sie nun mithilfe der Zepto-Funktion `.html()` dem jeweiligen Element über die ID (z. B. `accZ`) den Inhalt der jeweiligen Variablen (`accelerationZ`) zu. Den folgenden Code müssen Sie in Ihr Script im `head`-Bereich, direkt unter die Definition der Variablen `accelerationX`, `accelerationY` und `accelerationZ`, integrieren:

```
$("#accX").html(accelerationX);
$("#accY").html(accelerationY);
$("#accZ").html(accelerationZ);
```

Das war‘s auch schon. Schauen Sie sich nun die App auf einem mobilen Endgerät an (siehe Abbildung 6.2). Nicht wundern: In einem Desktopbrowser bleiben die Werte leer.

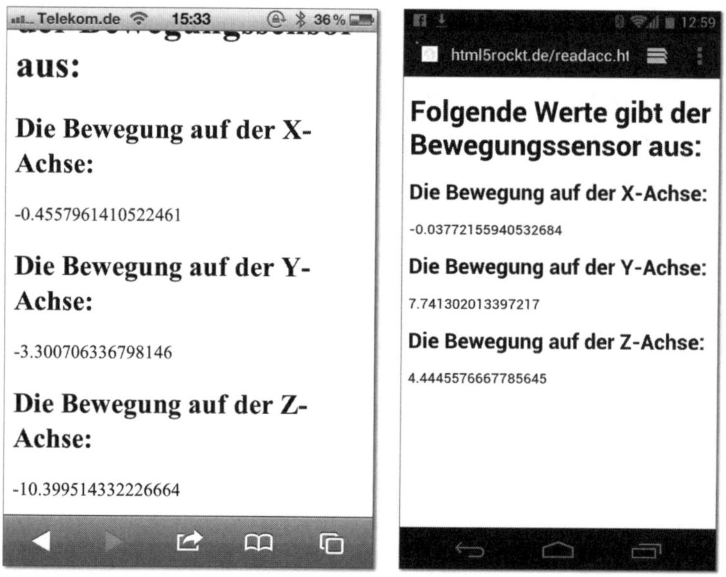

Abbildung 6.2 Die Werte des Bewegungssensors (links auf dem iPhone und rechts auf einem Android-Smartphone)

6.2 Vorüberlegungen zur App »Shake it like a Polaroid picture«

Hey Ya! Nachdem Sie nun wissen, wie Sie den Bewegungssensor auslesen, und ein generelles Verständnis dafür erhalten haben, welche Werte der Sensor liefert, heißt es »Shake it like a Polaroid picture«!

Wie in der Einführung zu diesem Kapitel bereits angedeutet, programmieren Sie im nächsten Schritt eine WebApp, die mithilfe des Bewegungssensors eine Schüttelgeste registriert und daraufhin ein Bild einblendet.

Das Bild wird zufällig aus dem Fotodienst Flickr geladen. Neben der reinen Funktionalität werden Sie der App auch einen bestimmten Look verpassen, der die Polaroidanalogie sichtbar macht. Sie werden die WebApp Schritt für Schritt um Funktionen und visuelle Schmankerl ergänzen. Eins nach dem anderen! Am Ende soll das Ganze so aussehen wie im dazugehörigen Wireframe (siehe Abbildung 6.3).

Abbildung 6.3 Ein einfacher Wireframe der WebApp

Für die WebApp (siehe Abbildung 6.4) benötigen Sie insgesamt drei Komponenten:

1. die HTML-Datei und die dazugehörige CSS-Datei, die die Funktionen und visuellen Merkmale enthält
2. etwas JSON-Code, um ein Bild aus Flickr zu laden
3. eine zusätzliche JavaScript-Bibliothek, die das Erkennen einer Schüttelgeste vereinfacht

Abbildung 6.4 So wird die WebApp auf einem iPhone (links) und auf einem Android-Smartphone (rechts) am Schluss aussehen.

6.3 »Shake it like a Polaroid picture« – die Umsetzung

Nach den ersten Vorüberlegungen widmen Sie sich nun der Umsetzung der App. Dabei schauen wir uns gemeinsam alle benötigten Teile an und programmieren und gestalten Schritt für Schritt die App.

6.3.1 Die HTML-Datei

Wie Sie es bereits aus den vorhergehenden Kapiteln gewohnt sind, starten Sie mit einigen Ergänzungen im `head`-Bereich, die die Zoom- und WebApp-Icons konfigurieren, die Zepto-Bilbiothek laden und die Einstellungen zum Zeichensatz sowie die CSS-Datei verlinken:

```
<head>
 <title>Shake it!</title>
 <meta charset='UTF-8'>
 <!-- iOS WebApp Metatags -->
 <meta name="apple-mobile-web-app-capable" content="yes" />
 <meta name="viewport" content="width=device-width, initial-scale=1, maximum-
scale=1">
 <!-- Homescreen Icons für iOS und Android -->
 <link rel="apple-touch-icon-precomposed" href="bilder/icon-ipad.png" sizes=
```

```
"72x72" />
 <link rel="apple-touch-icon-precomposed" href="bilder/icon-iphone-retina.
png" sizes="114x114" />
 <link rel="apple-touch-icon-precomposed" href="bilder/icon-ipad-retina.
png" sizes="144x144" />
 <link rel="apple-touch-icon-precomposed" href="bilder/icon-iphone.png" />
 <!-- CSS Stylesheet -->
 <link rel="stylesheet" href="styles/styles.css" />
 <!-- Zepto-Bilbiothek -->
 <script src=http://zeptojs.com/zepto.min.js></script>
</head>
```

Listing 6.4 Der Kopfbereich der HTML-Datei, der Verknüpfungen zu Icons und Stylesheets enthält, sowie die Webseite als WebApp konfiguriert

Der body-Bereich dieser WebApp ist sehr übersichtlich:

```
<!-- Polaroid-->
<div class="polaroid-rahmen">
 <div class="flickr-bild"></div>
</div>

<footer>
 <button>Polaroid laden!</button>
</footer>
```

Listing 6.5 Der Inhalt des body-Bereichs

Um die Ästhetik eines echten Polaroidfotos nachzuahmen, benötigen Sie zunächst einen div-Container, der den Polaroidrahmen definiert. Innerhalb dieses Containers erscheint dann im div-Container mit der CSS-Klasse flickr-bild das Bild.

Im footer Bereich platzieren Sie zusätzlich noch einen Button, der auf Knopfdruck ein neues Polaroid, und damit auch Bild lädt.

Als Nächstes implementieren Sie eine JavaScript-Bibliothek namens *shake.js*, die die Registrierung einer Schüttelgeste einfach macht. Weitere Informationen finden Sie auf der Webseite des Plug-ins unter *https://github.com/alexgibson/shake.js*. Laden Sie die Erweiterung von der Webseite, und speichern Sie diese in einem Unterordner *js*. Verlinken Sie dann direkt nach der Zepto-Einbindung die dazugehörige JavaScript-Datei:

```
<!-- Zepto Shake Plugin -->
<script src="js/shake.js"></script>
```

Das Plug-in erfordert den folgenden Codeblock, den Sie innerhalb einer weiteren Funktion definieren:

```
<script>
$(function(){
  window.onload = function() {
   window.addEventListener('shake', onShake, false);
   function onShake(){
   //
Alles was hier steht, wird ausgeführt, wenn eine Schüttelgeste erkannt wird.
    alert("Shake it");
   }
  }
 });
</script>
```

Listing 6.6 Die Implementierung des Shake-Plug-ins

Vom Prinzip her beinhaltet die Funktion `onShake()` jegliche Befehle, die ausgeführt werden sollen, wenn eine Schüttelgeste erkannt wird. Das Erkennen dieser Schüttelgeste wird über einen EventListener namens `shake` überwacht. *window.load* stellt sicher, dass der Code erst ausgeführt wird, wenn die App komplett geladen ist. Wird das Gerät geschüttelt, erkennt der EventListener die Geste und führt die Funktion `onShake()` aus, die in Ihrem Fall eine Popup-Meldung (`alert`) mit dem Inhalt »Shake it« anzeigt (siehe Abbildung 6.5).

Warum Sie in diesem Fall ein externes Plug-in verwenden? Natürlich könnten Sie auch eine eigene Funktion in JavaScript programmieren, die eine Veränderung der drei Achsenwerte misst und ab einem bestimmten Toleranzwert einer Veränderung eine Funktion ausführt. Aber warum sich hier unnötig Arbeit machen? Das Plug-in deckt bereits viele Eventualitäten ab und funktioniert auf vielen Endgeräten.

Suchen Sie nach Hinweisen und Plug-ins im Internet

Bei einer Problemstellung lohnt es sich fast immer, zunächst im Internet nach Hinweisen oder sogar externen Plug-ins Ausschau zu halten. Eine Großzahl der jQuery- (und somit auch Zepto-) Plug-ins sind kostenlos und mit einer Open-Source-Lizenz verfügbar. Sie vereinfachen und beschleunigen die Programmierung Ihrer WebApp und sparen Ihnen somit viel Zeit ein, die Sie anderweitig investieren können – sei es zum Eisessen oder für das Feintuning Ihrer WebApp.

Abbildung 6.5 Bei einer Schüttelgeste wird via »alert« eine Nachricht angezeigt.

6.3.2 Laden eines Bildes aus dem Fotodienst Flickr via JSON

Der Fotodienst Flickr bietet die Möglichkeit, Bilder von Gruppen oder auch einzelnen Benutzern über JSON in ein Objekt zu laden. So können Sie die Daten leicht mit Zepto weiterverarbeiten.

Im Folgenden laden Sie ein Bild aus Flickr und legen es als Hintergrundbild des Containers `flickr-bild` fest. Der Vorteil, das Bild als Hintergrundbild zu definieren, liegt darin, dass Sie es so mit CSS ohne Verzerrung automatisch auf die Größe des Containers skalieren können. Dies könnten Sie auch mit JavaScript lösen; allerdings ist CSS die einfachere und auch performantere Lösung.

Lagern Sie das Laden des Bildes in eine Funktion namens `neuespolaroid()` aus. Damit können Sie später einfach ein neues Bild laden, indem Sie lediglich die Funktion aufrufen. Platzieren Sie alle weiteren Codeschnipsel in der folgenden Funktion:

```
var neuespolaroid = function() {

};
```

Als Erstes definieren Sie eine Variable namens `randomImage`, die später die Webadresse des Bildes enthält, das Sie ausgeben möchten.

```
var randomImage = "";
```

Im nächsten Schritt folgt das Laden der Bilder von Flickr. Für dieses Beispiel haben wir *Florians Fotostream* ausgewählt.

```
$.getJSON("http://api.flickr.com/services/feeds/photos_public.gne?id=
29306403@N07&lang=de-de&format=json&jsoncallback=?", function(data){

});
```

Der Aufruf besteht dabei aus einer Funktion getJSON, der Webadresse des sogenannten *Feeds*, der Bilder und einer weiteren Funktion, die Sie im weiteren Verlauf des Kapitels mit Leben füllen werden.

Doch zunächst einige Worte zum Feed: Jeder Flickr-Fotostream kann als Feed abonniert werden. Sie benötigen dazu lediglich die ID des Benutzers. Die ID ist nicht der Benutzername. Sie können die ID leicht mit der Website *http://idgettr.com/* herausfinden. Geben Sie dazu einfach den Benutzernamen in die Maske ein und die Website gibt die ID zurück (siehe Abbildung 6.6). Diese ID können Sie nun in den folgenden Code hinter ?=id einsetzen und schon haben Sie den Feed abonniert.

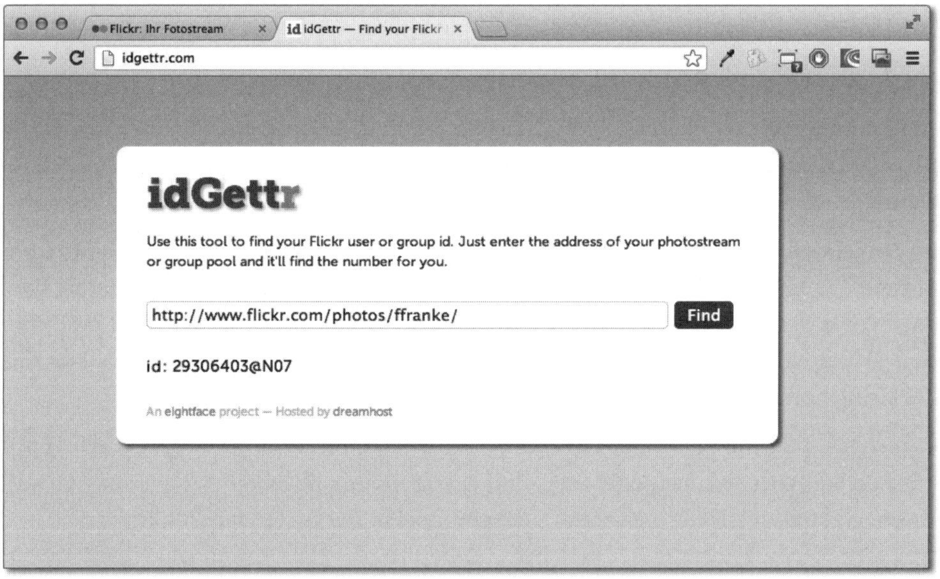

Abbildung 6.6 Mit der Website idgettr.com finden Sie die ID eines Flickr-Benutzers heraus

Für Florians Feed würde die Adresse wie folgt lauten:

```
http://api.flickr.com/services/feeds/photos_public.gne?id=29306403@N07&lang=
de-de&format=rss_200
```

Die Adresse setzt sich aus der Feed-Adresse sowie einigen Parametern zusammen:

- `id` bezeichnet Ihre eindeutige Flickr-ID.
- `lang` beinhaltet die Sprache, in der der Feed angezeigt werden soll. Für diese WebApp ist diese Variable nicht von Relevanz.
- `format` benennt das Format, in dem der Feed abgerufen wird.

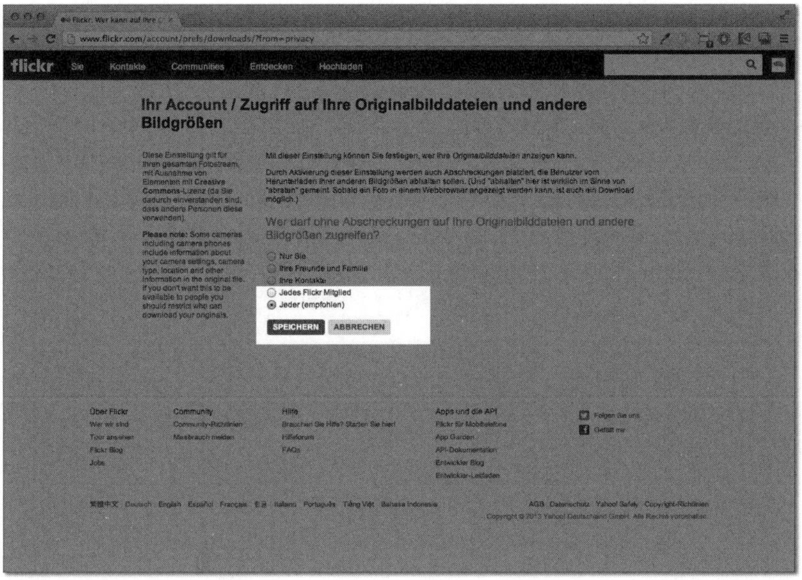

Abbildung 6.7 Anderen Benutzern erlauben, Ihre Bilder herunterzuladen

Beachten Sie, dass Sie für die Verwendung via JSON das Format der Webadresse wie folgt anpassen müssen; achten Sie dabei auf den letzten Teil `&format=json&jsoncallback=?`:

```
http://api.flickr.com/services/feeds/photos_public.gne?id=29306403@N07&lang=
de-de&format=json&jsoncallback=?
```

Diese Flickr-Adresse können Sie nun via JSON und Zepto weiterverwenden.

Damit die Fotos allerdings via JSON verwendbar sind, muss der Flickr-Benutzer anderen Benutzern erlauben, seine Fotos herunterladen zu dürfen. Wenn Sie die Fotos Ihres eigenen Flickr-Accounts verwenden möchten, können Sie dies unter Ihren Account-Einstellungen in DATENSCHUTZ & BERECHTIGUNGEN unter WER HAT ZUGRIFF AUF IHRE ORIGINALBILDDATEIEN? einstellen (siehe Abbildung 6.7).

Doch nun zurück zum JSON-Aufruf. Innerhalb des Aufrufs existiert eine Funktion, in der Sie das zufällige Bild laden. Die Funktion beinhaltet bereits die JSON-Daten, die nun weiterverarbeitet werden möchten. Unterm Strich wollen Sie die Bildadresse in einer Variablen speichern und dann dem Container das Flickr-Bild als Hintergrundbild zuweisen. Sie laden ein zufälliges Bild aus dem gewählten Feed mit dem folgenden Code:

```
$.getJSON("http://api.flickr.com/services/feeds/photos_public.gne?id=
29306403@N07&lang=de-de&format=json&jsoncallback=?", function(data){
 // Zufälliges Bild aus dem Flickr-Stream auswählen
 randomImage = data.items[Math.floor(Math.random() * data.items.length)].
media.m;
});
```

Listing 6.7 Ein zufälliges Bild aus dem Flickr-Feed laden

`data.items` beschreibt alle Elemente, die sich innerhalb des JSON-Aufrufs befinden. Mit der Erweiterung `media.m` sprechen Sie die Bildadresse des Bildes in mittlerer Größe des jeweiligen Elements an. Für die zufällige Auswahl eines Elements verwenden Sie die Funktion `Math.random()`, die eine Zufallszahl zwischen 0 und 1 generiert und anschließend mit der Anzahl der Elemente (`data.items.length`) multipliziert. `Math.floor` stellt sicher, dass die Zahl abgerundet wird und somit eine ganze Zahl entsteht. Ohne eine Zufallsfunktion würden Sie z. B. das vierte Element folgendermaßen ansprechen:

```
randomImage = data.items[4].media.m;
```

Soweit, so gut. Sie haben nun die Webadresse des Bildes in mittlerer Qualität in der Variablen `randomImage` gespeichert.

Als Nächstes ersetzen Sie die Größe des Bildes durch eine höher aufgelöste Version. Denn diese sieht später in Ihrer WebApp schärfer und somit besser aus. Die Bilder von Flickr sind immer nach dem folgenden Schema benannt: *ID_GRÖSSE.jpg*. Als konkretes Beispiel ein Bild von Florians Fotostream:

```
2836234208_5e405a7dce_m.jpg
```

Um eine größere Version zu laden, müssen Sie lediglich den Zusatz `_m` durch `_z` ersetzen. Dies erreichen Sie mit folgendem Code, direkt nach der Definition von `randomImage`:

```
// Das Bild durch eine größere Version ersetzen
var randomImageCorrect = randomImage.replace("_m.jpg", "_z.jpg");
```

Dabei wird der Inhalt von `randomImage` mit der JavaScript-Funktion `replace` auf den Wert `_m.jpg` hin durchsucht. Wenn diese Zeichenfolge gefunden worden ist, wird sie durch `_z.jpg` ersetzt. Damit haben Sie nun die Webadresse des großen Bildes in der Variablen `randomImageCorrect` gesichert.

Das zufällige Bild als Hintergrundbild des Polaroids definieren

Nun heißt es, das Bild als Hintergrundbild des Containers `flickr-bild` zu definieren. Wie schon zuvor erwähnt, hat die Definition des Bildes als Hintergrund den Vorteil, dass Sie es leicht und verzerrungsfrei mit CSS auf die Größe des Containers skalieren können. Je nach Format wird dann automatisch an den Rändern etwas weggeschnitten.

```
// Das Bild als Hintergrundbild des Containers festlegen
$('.flickr-bild').css("background","url(" + randomImageCorrect + ")");
```

Sie kennen diese Syntax bereits aus den vorhergehenden Kapiteln. Sie weisen per Zepto dem Container `flickr-bild` eine neue CSS-Eigenschaft `background` zu. Als Wert für die Webadresse des Hintergrundbildes setzen Sie hier den Inhalt von `randomImageCorrect`. Damit das Bild nun noch richtig skaliert wird, bedarf es der folgenden Definitionen in der CSS-Datei:

```
.flickr-bild {
 width:240px;
 height:240px;
 background-color:#f8f8f8;
 background-size:cover;
 opacity:0;
 -webkit-transition: all 1s ease-in-out;
}
```

Sie setzen Sie hier die Größe des Flickr-Fotos auf 240 × 240 Pixel. Relevant für die Größenanpassung des Bildes ist die Eigenschaft `background-size` mit dem Wert `cover`. Das kommt Ihnen bekannt vor? Richtig, am Anfang des Buches haben wir Sie auf einige neue CSS3-Features, darunter auch `background-size:cover`, hingewiesen. Zum Schluss definieren Sie noch zwei Eigenschaften, die Sie aber erst im weiteren Verlauf des Kapitels benötigen. Setzen Sie die Sichtbarkeit (`opacity`) auf 0 und `-webkit-transition` auf `all 1s ease-in-out;`. Diese beiden Eigenschaften sind nachher Teil des Einblendeffekts, wenn Sie das Gerät schütteln.

Nun aber zurück zur HTML-Datei. Weitere CSS-Definitionen legen Sie im späteren Verlauf des Kapitels fest. Um den Benutzer darauf hinzuweisen, dass er nach dem Laden des Bildes sein Gerät schütteln muss, wechseln Sie den Text des Buttons aus und fügen diesem außerdem noch eine CSS-Klasse hinzu. Diese CSS-Klasse namens `shakeit` färbt den Button von einem kräftigen Orange in ein himmlisches Blau, das dem Benutzer signalisiert, dass sich etwas verändert hat und ihm somit klarmacht, was er als Nächstes zu tun hat:

```
// Text des Buttons ändern und CSS-Klasse
$('button').text("Und jetzt, shake it!").toggleClass('shakeit');
```

An dieser Stelle springen Sie noch schnell ins CSS und fügen die folgenden CSS-Eigenschaften für den Button und die `shakeit`-Klasse hinzu:

```
button {
 -webkit-appearance: none;
 border-radius: 4px;
 border: 1px solid #fc8e3d;
 background-color: #f66800;
 background-image:
  -webkit-gradient(linear, left top, left bottom,
  color-stop(0,rgba(255,255,255,.3)),
  color-stop(1,rgba(255,255,255,0)));
 font: bold 16px/24px sans-serif;
 text-shadow: 0 1px 0 #000;
 color:#fff;
 padding: 8px 15px;
 margin: 20px;
}

.shakeit {
 background-color:#1dd5fd;
 border-color: #59e2ff;
}
```

Listing 6.8 Die CSS-Definitionen für den Shake-it-Button

Sämtliche Definitionen sollten Ihnen bereits bekannt sein. Neben einer Hintergrundfarbe können Sie auch noch Ränder, Textschatten und Verläufe definieren.

Damit haben Sie ein zufälliges Bild aus Flickr geladen, es einem Container als Hintergrundbild zugewiesen und noch Text und Farbe des Buttons verändert. Der Code der Funktion `neuespolaroid()` sollte nun wie folgt aussehen:

```
// Neues Polaroid einblenden
var neuespolaroid = function() {
 // Variable für zufälliges Bild festlegen
 var randomImage = "";

 // Feed über einen JSON-Aufruf laden
$.getJSON("http://api.flickr.com/services/feeds/photos_public.gne?id=
29306403@N07&lang=en-us&format=json&jsoncallback=?", function(data){

 // Zufälliges Bild aus dem Flickr-Stream auswählen
  randomImage = data.items[Math.floor(Math.random() * data.items.length)].
media.m;
```

```
  // Das Bild durch eine größere Version ersetzen
  var randomImageCorrect = randomImage.replace("_m.jpg", "_z.jpg");

  // Das Bild als Hintergrundbild des Containers festlegen
  $('.flickr-bild').css("background","url(" + randomImageCorrect + ")");

  // Text des Buttons ändern und CSS-Klasse hinzufügen
  $('button').text("Und jetzt, shake it!").toggleClass('shakeit');
 });
};
```


Listing 6.9 Die gesamte Funktion »neuespolaroid«, die ein neues Polaroid aus dem Flickr-Feed lädt und den Text des Buttons anpasst

Bisher wird diese Funktion noch an keiner Stelle aufgerufen. Dies werden Sie im nächsten Schritt ändern. Doch zunächst gilt es, einige grundlegende CSS-Eigenschaften festzulegen, um etwas mehr Polaroid-Feeling aufkommen zu lassen.

6.3.3 Die CSS-Datei

Sie haben bereits CSS-Eigenschaften für den Container des Flickr-Bildes sowie des `button`-Elements festgelegt. Nun widmen Sie sich den anderen Containern. Zum Start formatieren Sie die Seiteneigenschaften über `body`:

```
body {
 margin: 25px 0;
 padding:0px;
 background:url(../bilder/holz.jpg);
 text-align:center;
}
```

Weil Sie einen guten Geschmack haben und es zudem einfach cool aussieht, entschließen Sie sich dazu, den Hintergrund der WebApp durch eine Holztextur aufzufrischen. Eine Menge guter, frei verwendbarer Texturen finden Sie unter *http://backgrounds.mysitemyway.com/*. Das Bild legen Sie im Unterordner *bilder* ab und verlinken es dementsprechend in der CSS-Datei.

Damit der Eindruck eines echten Polaroids entsteht, sollten Sie den Container `polaroid-rahmen` noch dementsprechend gestalten:

```
.polaroid-rahmen {
 border: 15px solid #fff;
 border-bottom-width: 60px;
 background-color:#fff;
 width:240px;
```

```
 box-shadow: 0px 0px 5px 2px rgba(0, 0, 0, 0.2);
 margin:auto;
}
```

Neben einem weißen Hintergrund und einem leichten Schatten fügen Sie den typischen Polaroidrahmen, der unten etwas größer ist, hinzu.

Interessanter Fakt

Wissen Sie, warum ein Polaroid unten einen größeren Rand aufweist? In diesem Bereich sind die Chemikalien eingefasst, die das Bild entwickeln.

Als Letztes gestalten Sie den `footer`-Bereich. Sie möchten, dass der Button immer zentral am unteren Bildrand erscheint. Dies realisiert der folgende CSS-Code:

```
footer {
 position: absolute;
 left: 0; right: 0;
 bottom: 0;
}
```

Damit sind alle CSS-Vorbereitungen getroffen.

6.3.4 Das Laden eines Polaroids

Kurzes Resümee an dieser Stelle: Sie haben erfolgreich eine Funktion `neuespolaroid()` angelegt, die ein Bild aus Flickr lädt und als Hintergrundbild des Containers `flickr-bild` festlegt. Des Weiteren haben Sie alle nötigen CSS-Definitionen vorgenommen. Nun rufen Sie die Funktion `neuespolaroid()` über den Button auf. Mit dem folgenden Code, den Sie in an das Ende von `$(function()`... und direkt nach `window.load` einsetzen, wird die Funktion bei einem Klick auf den Button ausgeführt:

```
// Eventhandler: Button
$('button').on('click', function(){
 neuespolaroid();
});
```

Damit nun das Bild eingeblendet wird, müssen Sie den EventHandler `Shake` anpassen, den Sie zu Anfang des Kapitels angelegt haben:

```
function onShake(){
//Folgender Code wird ausgeführt, wenn eine Schüttelgeste vorliegt.
// CSS-Klasse austauschen und Bild einblenden
$('.flickr-bild').toggleClass('sichtbar');
};
```

Sie ergänzen den Container `flickr-bild` durch die CSS-Klasse `sichtbar`. Damit blendet sich das Bild nach einer Schüttelgeste langsam ein. Die Animation haben Sie bereits via CSS und `-webkit-transition` konfiguriert.

Herzlichen Glückwunsch! Sie haben Ihre erste Schüttelgesten-WebApp gebaut. Im Moment ist die WebApp allerdings recht limitiert; Sie müssen die Seite immer aktualisieren, wenn Sie ein neues Polaroid laden wollen. Schöner wäre es doch, wenn durch einen erneuten Klick auf den Button das alte Polaroid aus dem Bildschirm fliegen und ein neues Polaroid eingeblendet würde. Dafür müssen Sie den Code an einigen Stellen erweitern. Also, weiter geht's!

Altes Polaroid weg, neues Polaroid her

Um die WebApp so zu erweitern, dass auf Knopfdruck das alte Polaroid aus dem Bildschirm fliegt und ein neues Polaroid eingeblendet wird, werden Sie:

1. die CSS-Eigenschaften erweitern
2. eine neue Funktion `polaroidweg()` anlegen, die das alte Polaroid aus dem Bild fliegen lässt
3. die Funktion des Buttons so anpassen, dass bei Klick auf den Button und unter bestimmten Umständen die Funktion `polaroidweg()` ausgeführt wird
4. das Shake-Event erweitern, sodass nur in bestimmten Fällen das Flickr-Bild eingeblendet wird
5. die Funktion `neuespolaroid()` erweitern

1. Die CSS-Eigenschaften erweitern

Für die Animation des Polaroids verwenden Sie die CSS-Eigenschaft `-webkit-transition`. Dabei weisen Sie der CSS-Klasse `polaroid-rahmen` zunächst einen negativen oberen Abstand (`margin`) von `-800` zu. Hierdurch verschwindet das Polaroid aus dem Sichtfeld des Benutzers:

```
.polaroid-rahmen {
 border: 15px solid #fff;
 border-bottom-width: 60px;
 background-color:#efefef;
 width:240px;
 box-shadow: 0px 0px 5px 2px rgba(0, 0, 0, 0.2);
```

```
 /*Neu hinzugekommen:*/
 -webkit-transition: all 1s ease-in-out;
 margin: -800px auto;
}
```

Listing 6.10 Vorbereitung für die Animation des Polaroids via CSS

Die CSS-Klasse `sichtbar`, die Sie später per Zepto zum Container `polaroid-rahmen` hinzufügen, setzt den oberen Abstand auf 0 Pixel zurück:

```
.polaroid-rahmen.sichtbar {
 margin-top: 0px;
}
```

Gut! Jetzt widmen Sie sich JavaScript, um das Polaroid einfliegen zu lassen.

2. Die neue Funktion »polaroidweg()«

Nehmen Sie nun an, der Benutzer hat bereits ein Polaroid geladen und das Bild erfolgreich durch eine Schüttelgeste eingeblendet. Würde er nun erneut auf den Button drücken, würde das momentan angezeigte Polaroid plötzlich verschwinden – zum einen sehr unschön, und zum anderen für den Benutzer undurchsichtig! Es könnte dem Benutzer wie ein Programmfehler vorkommen. Sie haben bereits gelernt, dass Animationen dem Benutzer dabei helfen können, eine Oberfläche besser zu verstehen. Dies ist auch hier der Fall. Denn der Benutzer begreift durch die Animation, was gerade passiert.

Mithilfe der Funktion `polaroidweg()` erreichen Sie im Wesentlichen zwei Dinge:

1. Sie blenden das Bild wieder aus, damit es beim nächsten Polaroid durch die Schüttelgeste wieder eingeblendet wird:

```
//Altes Polaroid verschwinden lassen
var polaroidweg = function() {
 $('.flickr-bild').toggleClass('sichtbar');
};
```

2. Sie lassen ebenfalls das Polaroid wieder aus dem Bildschirm fliegen, sodass es beim Aufrufen der Funktion `neuespolaroid()` wieder eingeflogen werden kann:

```
//Altes Polaroid verschwinden lassen
var polaroidweg = function() {
 $('.flickr-bild').toggleClass('sichtbar');
 $('.polaroid-rahmen').toggleClass('sichtbar');
};
```

Da Sie die Animationszeit des herausfliegenden Polaroids auf eine Sekunde gesetzt haben (`-webkit-transition: all 1s ease-in-out`), warten Sie nun, bis die Animation abgeschlossen ist, und führen dann erneut die Funktion neuespolaroid() aus. Dies erreichen Sie mit dem JavaScript-Befehl setTimeout. Dabei geben Sie die Zeit in Millisekunden sowie die auszuführende Funktion an:

```
//Altes Polaroid verschwinden lassen
var polaroidweg = function() {
 $('.flickr-bild').toggleClass('sichtbar');
 $('.polaroid-rahmen').toggleClass('sichtbar');

 setTimeout(function() {
  neuespolaroid();
 }, 1000);
};
```

Als Nächstes muss die Funktion an irgendeiner Stelle aufgerufen werden.

3. Anpassung des Buttons

Bis jetzt führt der Button bei einem Klick darauf die Funktion neuespolaroid() aus. Da Sie aber nun zuerst das alte Polaroid ausblenden möchten, wird dieser Schritt in der Zukunft von der Funktion polaroidweg() übernommen. Der Button muss also die Funktion polaroidweg() aufrufen. Allerdings darf er dies auch nur dann tun, wenn der Benutzer bereits einmal geschüttelt hat.

Da Sie die CSS-Klassen mit toggleClass jeweils hinzufügen und entfernen, ist es wichtig, den aktuellen Status des jeweiligen Containers zu beachten, also ob das Flickr-Bild z. B. gerade angezeigt wird, das heißt, ob dem Container des Flickr-Bildes noch zusätzlich die CSS-Klasse sichtbar zugeordnet ist oder nicht. Am benutzerfreundlichsten und auch am wenigsten fehleranfällig ist es, wenn der Button nur ein neues Polaroid lädt, wenn bereits ein Polaroid geladen worden ist, der Benutzer das Gerät aber noch nicht geschüttelt hat. Um dies zu erreichen, implementieren Sie eine Variable namens geschuettelt. Nur wenn diese Variable unwahr (false) ist, wird durch Anklicken des Buttons ein neues Polaroid geladen.

Definieren Sie zunächst die Variable geschuettelt am Anfang des gesamten JavaScript-Codes, und weisen Sie Ihr den Wert false zu:

```
var geschuettelt = false;
```

Den EventHandler des Buttons erweitern Sie nun um eine if-Abfrage, die den Inhalt der Variablen geschuettelt überprüft:

```
// Eventhandler: Button
$('button').on('click', function(){
 if(geschuettelt) {
  polaroidweg();
 } else {
```

```
    neuespolaroid();
  }
});
```

Wenn geschuettelt in diesem Fall vorliegt, das heißt, die Variable geschuettelt auf wahr (true) gesetzt ist, wird die Funktion polaroidweg() ausgeführt. Ist dies nicht der Fall (} else {), wird die Funktion neuespolaroid() aufgerufen.

4. Anpassung des Shake-Events

Für die Anpassung des Shake-Events gilt im Prinzip dasselbe wie für die Anpassung des Buttons. Auf den Container flickr-bild darf toggleClass bei einer Schüttelgeste nur angewendet werden, wenn das Bild noch nicht sichtbar ist:

```
// Eventhandler: Shake
function onShake(){
 if(!geschuettelt) {
  // CSS-Klasse austauschen und Bild einblenden
  $('.flickr-bild').toggleClass('sichtbar');
  $('button').text("Neues Polaroid!").toggleClass("shakeit");
  geschuettelt = true;
 }
};
```

Listing 6.11 Die Anpassung des Shake-Events, sodass CSS-Klassen nur ausgewechselt werden, wenn das Bild noch nicht sichtbar ist

Das Ausrufezeichen in der if-Abfrage gibt an, dass geschuettelt auf unwahr (also false) überprüft wird. Wenn dieser Zustand vorliegt, wird der Inhalt der if-Abfrage ausgeführt und das flickr-bild korrekt eingeblendet. Um den Benutzer zu unterstützen und ihm zu erklären, was als Nächstes zu tun ist, bringen Sie noch Text und Farbe des Buttons (über die CSS-Klasse shakeit) in ihren ursprünglichen Zustand; den Text und die CSS-Klasse des Buttons hatten Sie ja bereits in der Funktion neuespolaroid() verändert. Zu guter Letzt wird die Variable geschuettelt auf wahr (true) gesetzt. So wird vermieden, dass eine weitere Schüttelgeste toggleClass wieder ausführt wird und somit das Bild wieder verschwinden lässt. Dies wäre sicherlich nicht im Sinne des Polaroiderfinders gewesen.

5. Die Funktion »neuespolaroid()« erweitern

Sie wissen bereits, wie man Containern CSS-Klassen per Zepto hinzufügt. Die Methode toggleClass kommt nun auch hier wieder zum Einsatz. Setzen Sie nun den folgenden Code an den Anfang der Funktion neuespolaroid():

```
$('.polaroid-rahmen').toggleClass('sichtbar');
```

Damit weisen Sie dem Container `polaroid-rahmen` die CSS-Klasse `sichtbar` zu. Aufgrund der Änderungen, die Sie zuvor an der CSS-Datei vorgenommen haben, müsste das Polaroid nun erfolgreich einfliegen. Wichtig ist, dass Sie die Variable `geschuettelt` beim Laden eines neuen Polaroids wieder auf unwahr (`false`) setzen. Ansonsten würde die Schüttelgeste nichts mehr auslösen. Setzen Sie die Variable direkt nach der obigen Codezeile auf unwahr:

```
// geschuettelt wieder auf unwahr setzen
geschuettelt = false;
```

Das war's! Damit können Sie so viele Polaroids nacheinander einblenden wie sie möchten. Sie können sich gerne an dieser Stelle schon zufriedengeben – oder aber im folgenden Abschnitt der WebApp durch kleine Details noch das Sahnehäubchen aufsetzen.

6.3.5 Das Sahnehäubchen – eine leichte Rotation des Polaroids

Wir haben doch gewusst, dass Sie weitermachen und sich mit nichts weniger als dem Besten zufriedengeben. Das ist der richtige Geist! Wäre es nicht schön, wenn das Polaroid mittels einer leichten Drehung herein- und herausfliegen würde? Und wäre es nicht schön, wenn die Stärke der Drehung auch noch per Zufall festgelegt wäre? Ja, ja, wenn man einmal anfängt ... Zum Glück ist es nicht viel Arbeit, diese feinen Details hinzuzufügen. Zuerst erweitern Sie die Funktion `polaroidweg()` direkt nach dem Hinzufügen der CSS-Klasse des Containers `polaroid-rahmen` um diese Zeile:

```
$('.polaroid-rahmen').css('-webkit-transform', 'rotate(' + (Math.floor(Math.
random() * 180)-90) + 'deg)');
```

Sie weisen hier dem Container `polaroid-rahmen` eine neue CSS-Eigenschaft `-webkit-transform` zu. Als Wert geben Sie `rotate` an. Den Inhalt dieses `rotate`-Wertes, der die Rotation des Elements in Grad angibt, errechnen Sie durch eine Zufallszahl. Damit sich der Container `polaroid-rahmen` nicht immer nur zu einer Seite dreht, ziehen Sie den Wert 90 vom Zufallszahlenbereich bis 180 ab. Damit könnte theoretisch, sollte die Zufallszahl z. B. 45 betragen, die letztendliche Rotation durch die Minimierung um den Wert 90 –45 betragen. Der mögliche Wertebereich liegt somit zwischen –90 und +90. Damit der Browser die Zahl korrekt interpretieren kann, müssen Sie noch die Bezeichnung `deg` sowie eine geschlossene Klammer anführen. Würden Sie keine Zufallszahl verwenden und die Rotation nur im CSS angeben, sähe sie z. B. folgendermaßen aus:

```
-webkit-transfom: rotate(45deg);
```

Mit dieser Zuweisung haben Sie die Rotation gestaltet, die das Polaroid annimmt, wenn es aus dem Bild fliegt. Zusätzlich möchten Sie jedoch, dass das Polaroid, das sichtbar stehen bleibt, ebenfalls etwas nach links oder rechts geneigt ist. Dafür implementieren Sie fast dieselbe Zeile einfach an den Anfang der Funktion neuespolaroid():

```
$('.polaroid-rahmen').css('-webkit-transform', 'rotate(' + (Math.floor(Math.
random() * 10)-5) +  'deg)');
```

Passen Sie hier lediglich den möglichen Wertbereich so an, dass das Polaroid nicht auf einmal auf dem Kopf steht. In diesem Fall liegt der Wertebereich zwischen –5 und 5 Grad, was einer leichten, aber formschönen Neigung entspricht.

Hey Ya! Sie haben's geschafft! Jetzt nochmal den Song richtig laut aufdrehen und das Gerät schütteln – Shake it like a Polaroid picture! Im Folgenden finden Sie nun noch zur Übersicht den gesamten Code:

```
<!DOCTYPE html>
<head>
<title>Shake it!</title>

<meta charset='UTF-8'>

<!-- iOS WebApp Metatags -->
<meta name="apple-mobile-web-app-capable" content="yes" />
<meta name="viewport" content="width=device-width, initial-scale=1, maximum-
scale=1">

<!-- Homescreen Icons für iOS und Android -->
<link rel="apple-touch-icon-precomposed" href="bilder/icon-ipad.png" sizes=
"72x72" />
<link rel="apple-touch-icon-precomposed" href="bilder/icon-iphone-retina.
png" sizes="114x114" />
<link rel="apple-touch-icon-precomposed" href="bilder/icon-ipad-retina.
png" sizes="144x144" />
<link rel="apple-touch-icon-precomposed" href="bilder/icon-iphone.png" />

<!-- CSS Stylesheet -->
<link rel="stylesheet" href="styles/styles.css" />

<!-- Zepto-Bilbiothek -->
<script src="http://zeptojs.com/zepto.min.js" type="text/javascript"></script>

<!-- Zepto Shake Plugin -->
<script src="js/shake.js" type="text/javascript"></script>
```

```
<script>

var geschuettelt = false;

$(function(){

window.onload = function() {
window.addEventListener('shake', onShake, false);

// Eventhandler: Shake
function onShake(){
//Folgender Code wird ausgeführt, wenn eine Schüttelgeste vorliegt.
if(!geschuettelt) {
// CSS-Klasse austauschen und Bild einblenden
$('.flickr-bild').toggleClass('sichtbar');
$('button').text("Neues Polaroid!").toggleClass('shakeit');
geschuettelt = true;
}


}
};

// Eventhandler: Button
$('button').on('click', function() {
if(geschuettelt) {
polaroidweg();
} else {
neuespolaroid();
}
});

});

// Neues Polaroid einblenden
var neuespolaroid = function() {

$('.polaroid-rahmen').css('-webkit-transform', 'rotate('+(Math.floor(Math.ran-
dom() * 10)-5)+'deg)');
$('.polaroid-rahmen').toggleClass('sichtbar');

// geschuettelt wieder auf unwahr setzen
geschuettelt = false;
```

```
// Variable für zufälliges Bild festlegen
var randomImage = "";

// Feed über einen JSON-Aufruf laden
$.getJSON("http://api.flickr.com/services/feeds/photos_public.gne?id=
29306403@N07&lang=de-de&format=json&jsoncallback=?", function(data) {
// Zufälliges Bild aus dem Flickr-Stream auswählen
randomImage = data.items[Math.floor(Math.random() * data.items.length)].media.
m;

// Das Bild durch eine größere Version ersetzen
var randomImageCorrect = randomImage.replace("_m.jpg", "_z.jpg");

// Das Bild als Hintergrundbild des Containers festlegen
$('.flickr-bild').css('background', 'url(' + randomImageCorrect + ')');

// Text des Buttons ändern, CSS-Klasse hinzufügen und Button deaktivieren
$('button').text("Und jetzt, shake it!").toggleClass('shakeit');
});

};

//Altes Polaroid verschwinden lassen
var polaroidweg = function () {

$('.flickr-bild').toggleClass('sichtbar');
$('.polaroid-rahmen').toggleClass('sichtbar');

$('.polaroid-rahmen').css('-webkit-transform', 'rotate('+(Math.floor(Math.ran-
dom() * 180)-90)+'deg)');

setTimeout(function() {
neuespolaroid();
}, 1000);
};

</script>

</head>
<body>
<!-- Polaroid-->
<div class="polaroid-rahmen">
<div class="flickr-bild"></div>
</div>
```

```
<footer>
<button>Polaroid laden!</button>
</footer>

</body>
</html>
```

Listing 6.12 Der Inhalt von index.html


```
@charset "UTF-8";

body {
 margin-top:25px;
 padding:0px;
 background:url(../bilder/holz.jpg);
 text-align:center;
}

.polaroid-rahmen {
 border:15px solid #fff;
 border-bottom-width:60px;
 background-color:#fff;
 width:240px;
 box-shadow: 0px 0px 5px 2px rgba(0, 0, 0, 0.2);
 -webkit-transition: all 1s ease-in-out;
 margin:-800px auto;
}

.polaroid-rahmen.sichtbar {
 margin-top:0px;
}

.flickr-bild {
 width:240px;
 height:240px;
 background-color:#f8f8f8;
 background-size:cover;
 opacity:0;
 -webkit-transition: all 1s ease-in-out;
}

.flickr-bild.sichtbar {
 opacity:1;
}
```

```
footer {
 position: absolute;
 left: 0; right: 0;
 bottom: 0;
}

button {
 -webkit-appearance: none;
 border-radius: 4px;
 border: 1px solid #fc8e3d;
 background-color: #f66800;
 background-image: -webkit-gradient(linear, left top, left bottom,
  color-stop(0,rgba(255,255,255,.3)),
  color-stop(1,rgba(255,255,255,0)));
 font: bold 16px/24px sans-serif;
 text-shadow: 0 1px 0 #000;
 color:#fff;
 padding: 8px 15px;
 margin: 20px;
}

.shakeit {
 background-color:#1dd5fd;
 border-color: #59e2ff;
}
```

Listing 6.13 Der Inhalt von style.css

6.4 Die Anzeige eigener Bilder mit dem Input-Element

Mit Ihrer Shake-it-WebApp haben Sie nun erfolgreich die Bilddatenbank Flickr angezapft. Wenn Sie eher Fan von Instagram sind, werfen Sie doch mal einen Blick auf Abschnitt 8.3.4, »Die Instagram-App«. Dort zeigen wir Ihnen, wie Sie Bilder aus Instagram in Ihre WebApp integrieren. Was ist aber, wenn Sie gar nicht bei Flickr oder Instagram vertreten sind? Wäre es nicht schön ein eigenes Bild hochzuladen oder gar aufzunehmen? Irgendwie schon, oder? Die Lösung kommt in Form eines Dateiuploads. Also, los gehts!

6.4.1 Einführung in den Dateiupload ab iOS 6 und Android 2.2

Seit iOS 6 und Android 2.2 unterstützen die Standardbrowser das Hochladen von Fotos und Videos. Unter Android können Sie teilweise sogar andere Dateitypen hochladen. Einen Button zum Upload einer Datei fügen Sie mithilfe des `input`-Tags vom Typ `file` ein:

```
<input type="file" id="file" name="file" />
```

Dabei werden automatisch ein Button sowie eine Statusanzeige mit ausgewählter Datei oder einem Platzhaltertext angezeigt. Das Schöne ist, dass Sie all dies nicht programmieren müssen. Der Haken ist allerdings, dass Sie diese Elemente so gut wie gar nicht zuverlässig mit CSS gestalten können. Für eine Anpassung der Gestaltung bedienen Sie sich eines Tricks namens »Houdini«, doch dazu später mehr. Klicken Sie auf den Button, erhalten Sie unter iOS die Möglichkeit, ein Foto oder Video aufzunehmen oder aus einem Album eine passende Urlaubserinnerung auszuwählen. Unter Android sind die Möglichkeiten, je nach installierten Apps, vielfältiger. So können wir auf unseren Android-Geräten sogar Dateien aus unserer Dropbox auswählen (siehe Abbildung 6.8).

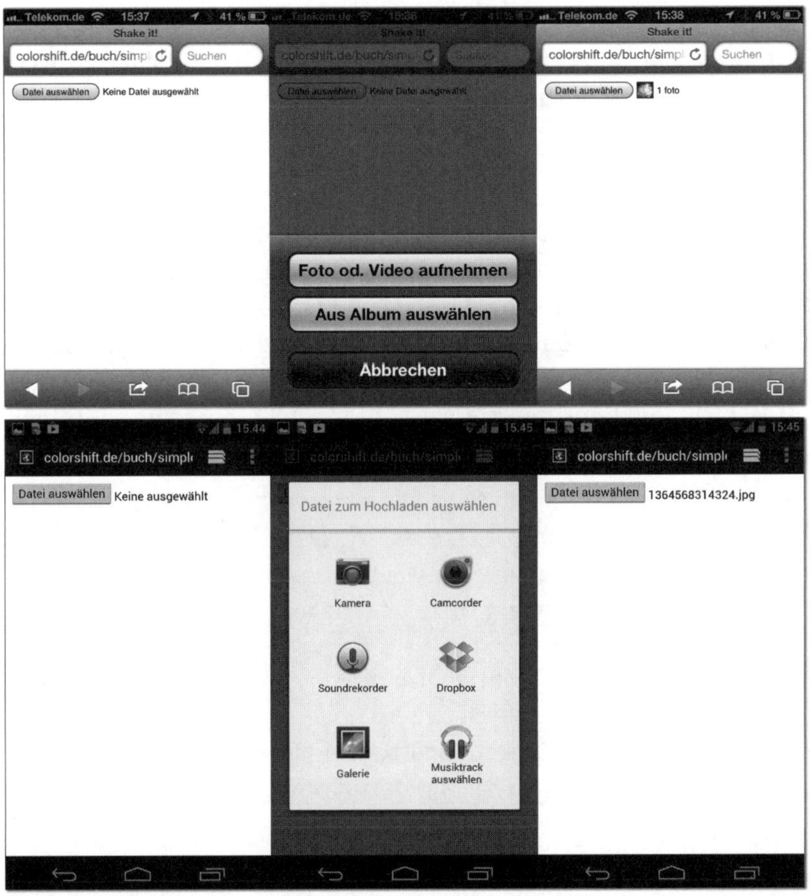

Abbildung 6.8 Die Darstellung und Vorgehensweise eines Dateiuploads unter iOS (oben) und Android (unten).

Haben Sie eine Datei ausgewählt, wird diese in Form eines kleinen Vorschaubildes neben dem Button angezeigt.

6.4.2 Erweitern der Shake-it-WebApp um eigene Fotos – Übersicht

In diesem Kapitel zeigen wir Ihnen, wie Sie die Shake-it-WebApp so erweitern, dass Ihre eigenen und aufgenommenen Fotos als Polaroid angezeigt werden. Sie gehen dabei in den folgenden Schritten vor:

1. DATEIUPLOAD-Button einfügen
2. CSS und HTML anpassen
3. neue JavaScript-Funktion ergänzen
4. bestehende JavaScript-Funktionen abändern und überflüssigen Code entfernen
5. Test & Feintuning

1. Dateiupload-Button einfügen

Als Erstes ergänzen Sie den `footer`-Bereich direkt hinter dem `button`-Element um ein `input`-Element, das den Dateiupload initiiert:

```
<input type="file" id="bilddatei" name="bilddatei" accept="image/*" />
```

Dabei geben Sie als Typ `file` und als ID und Namen `bilddatei` an. Mithilfe der ID werden Sie später die entsprechende JavaScript-Funktion mit dem `input`-Feld verknüpfen. Zusätzlich setzen Sie außerdem das Attribut `accept` ein und weisen ihm den Wert `image/*` zu. Dadurch erlauben Sie bei der Auswahl einer Datei lediglich Fotos. Wenn Sie dieses Attribut nicht setzen, können mindestens Fotos oder Videos hochgeladen werden; unter Android gegebenenfalls auch noch weitere Dateitypen. Videos werden in diesem Beispiel nicht funktionieren, da Sie das ausgewählte Foto später als Hintergrundbild definieren und dies mit Videos nicht möglich ist.

Mehrere Dateien

Das `input`-Feld vom Typ `file` kann auch mehrere Dateien gleichzeitig verarbeiten. Ergänzen Sie hierzu einfach das Attribut `multiple`, und ändern Sie den Namen mit zwei eckigen Klammern ab: `<input type="file" id="bilddatei" name="bilddatei[]" accept="image/*" multiple />`. So kann der Benutzer mehrere Dateien auf einmal zum Server übertragen, was letztendlich Zeitersparnis und einen glücklicheren Benutzer mit sich bringt. Jedoch ist der Benutzer bei dieser Auswahl auf Bilder beschränkt, die bereits auf seinem Endgerät vorhanden sind. Die Aufnahme von neuen Fotos und Videos ist in diesem Modus deaktiviert.

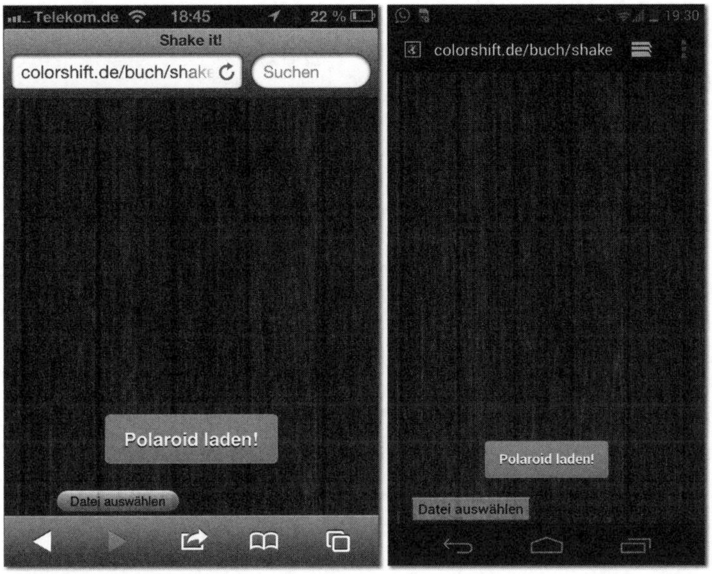

Abbildung 6.9 Der ungestaltete Dateiupload-Button unter iOS (links) und Android (rechts)

Sehr gut, die Möglichkeit zum Upload ist nun vorhanden! Allerdings steht der Button nun etwas lustlos unterhalb des ursprünglichen orangen Buttons zum Laden eines neuen Bildes (siehe Abbildung 6.9). Weiter geht es also mit Houdini!

2. CSS und HTML anpassen

Sie sind ein ordentlicher Mensch, der Dinge gerne korrekt bezeichnet. Deshalb benennen Sie als Erstes die CSS-Klasse `flickr-bild` in der HTML-Datei sowie in der CSS-Datei in `mein-bild` um (vergessen Sie auch nicht die CSS-Definition namens `flickr-bild.sichtbar`). Denn Sie werden die Flickr-Funktionalität in diesem Kapitel komplett entfernen. Des Weiteren ändern Sie den Button-Text in »Foto aufnehmen«. Das klingt schon wesentlich passender. Jetzt wird gezaubert!

Von Houdini haben Sie sicherlich schon einmal gehört, oder? Harry Houdini war zu Anfang des 19. Jahrhunderts einer der erfolgreichsten Zauberkünstler überhaupt. Zur Legende wurde er u. a. mit dem Verschwindenlassen eines Elefanten auf dem Times Square in New York City. Sie werden nun auch etwas verschwinden lassen. Zwar keinen Elefanten, aber hey, jeder fängt mal klein an. Wir hatten bereits erwähnt, dass es sehr schwierig ist `input`-Felder vom Typ `file` zuverlässig mit CSS zu gestalten. Daher bedienen Sie sich nun des folgenden Tricks: Sie mochten den alten Button schon ganz gerne; daher werden Sie ihn beibehalten, das `input`-Feld über ihn legen und ihn mit einer Deckkraft von 0 % versehen. So liegt das `input`-Feld anklickbar auf dem ursprünglichen Button; visuell sichtbar ist aber lediglich der schöne Button! Fügen Sie hierzu die folgende Klasse Ihrem CSS hinzu:

```
input {
 position:absolute;
 z-index:10;
 border:1px solid #ff0000;
 width:150px;
 height:45px;
 left:50%;
 margin-left:-75px;
 bottom:15px;
 opacity:0;
}
```

Zunächst definieren Sie Elemente vom Typ `input` als absolut positioniert. Über `z-index` geben Sie an, dass das Element über anderen Elementen liegt. Die Höhe und Breite des Elements haben Sie zuvor am alten Button abgemessen, denn die Überlagerung durch das `input`-Feld soll im Endeffekt genauso groß sein. Um das Element nun zu zentrieren, geben Sie den linken Abstand (`left`) mit 50 % an, und schieben das Element mit `margin-left` gleichzeitig um die Hälfte der Breite wieder nach links. Sie erinnern sich? Die Position des Elements wird immer an der linken oberen Kante gemessen; daher wird das Element nun in der Horizontalen zentriert. Als Letztes noch einen unteren Abstand (`bottom`) von 15 Pixeln, und – frei nach Houdini – eine Deckkraft (`opacity`) von 0.

Abbildung 6.10 Wie Sie sehen, sehen Sie nichts: Das unsichtbare input-Feld unter iOS (links) und Android (rechts)

Jetzt haben Sie einen schönen Button und einen unsichtbaren Elefanten, ääh, ein unsichtbares `input`-Feld (siehe Abbildung 6.10). Nun zur Funktionalität.

3. Eine neue JavaScript-Funktion ergänzen

Eine neue JavaScript-Funktion soll Ihnen nun dabei helfen, das ausgewählte Bild als Hintergrundbild des Containers `mein-bild` festzulegen. Platzieren Sie zunächst den folgenden Aufruf innerhalb von `window.load`, direkt hinter der Funktion `onShake()`:

```
$('#bilddatei').change(function(evt) {

});
```

Nachdem die Seite und die Inhalte geladen worden sind, wird alles ausgeführt, was innerhalb von `window.load` geschrieben steht. Dabei überwachen Sie Ihr `input`-Feld mit der ID `bilddatei` auf Änderungen (`change`) und führen eine Funktion aus, sobald eine Änderung eintritt. Eine Änderung ist es, wenn der Benutzer erfolgreich ein Bild ausgewählt hat. Ruft er die Auswahl auf, wählt aber kein Bild aus, wird auch keine Änderung registriert. Wird also eine Änderung gemessen, wird der Code ausgeführt, der zwischen den Klammern zu finden ist. Sie starten mit dem Speichern der Referenz auf die ausgewählte Datei in der Variablen `f`:

```
var f = evt.target.files[0];
```

Wenn Sie bei einem Dateiupload mit mehreren Dateien arbeiten, können Sie hier die verschiedenen Dateien mit `files[1]`, `files[2]` usw. ansprechen. Da es sich hierbei um ein Array handelt und man damit bei 0 anfängt zu zählen, geben Sie in diesem Beispiel die erste Datei in Form von `files[0]` an. Als Nächstes initiieren Sie das `FileReader`-Objekt, das die Mechanismen für den Upload bereitstellt:

```
var reader = new FileReader();
```

Im Folgenden definieren Sie die Aktion, die ausgeführt werden soll, wenn das Bild komplett geladen worden ist:

```
reader.onload = (function() {
// Hier der Code, der ausgeführt werden soll, wenn das Bild geladen wurde.
})(f);
```

Es wäre ja zu leicht, wenn Sie das Bild nach dem abgeschlossenen Ladevorgang einfach so als Hintergrundbild definieren könnten. Prinzipiell funktioniert dies zwar, aber es gibt unter iOS zwei Dinge, die uns hier in die Quere kommen: zum einen ein Bug, durch den Bilder in bestimmten Fällen verzerrt dargestellt werden, und zum anderen die Tatsache, dass Bilder manchmal auf dem Kopf oder auf der Seite angezeigt werden. Die Lösung besteht darin, das Bild zu skalieren und die Ausrichtung aus den EXIF-Daten (Metadaten, die mit jedem Bild gespeichert werden und z. B. auch Kameramodell und Co. enthalten) auszulesen und entsprechend zu verarbeiten. Wenn Sie viel Zeit haben, können Sie diese Funktionalität selbst programmieren. Ihr Partner meckert aber schon wieder, dass Sie so viel Zeit vor dem Bildschirm verbringen. Zum Erhalt Ihrer Partnerschaft empfehlen wir Ihnen daher eine kleine Google-Suche. Denn auch für die vorliegende Problematik gibt es bereits ein Zepto-Plug-in: *canvasResize* von Goker Cebeci. Laden Sie das Paket unter *https://github.com/gokercebeci/canvasresize* herunter, und speichern Sie die Dateien *binaryajax.js*, *canvasResize.js* und *exif.js* in einem Unterordner namens *js* ab. Verknüpfen Sie nun diese Dateien in Ihrer HTML-Datei direkt unterhalb des Aufrufes des Shake-Plug-ins:

```
<script src="js/binaryajax.js"></script>
<script src="js/exif.js"></script>
<script src="js/canvasResize.js"></script>
```

Innerhalb einer Funktion rufen Sie nun das Plug-in auf:

```
reader.onload = (function() {
 // Hier der Code, der ausgeführt werden soll, wenn das Bild geladen wurde.
 return function(e) {
  canvasResize(f, {
   width: 600,
   height: 0,
   crop: false,
   quality: 80,
   callback: function(data, width, height) {
    // Hier der Code, wenn das Bild erfolgreich skaliert wurde
   }
  });
 };
})(f);
```

Dabei können Sie der Konvertierung die folgenden Parameter zuweisen: `width` gibt die Zielbreite des Bildes an. In diesem Fall entscheiden Sie sich für 600 Pixel, die für diese Darstellung völlig ausreichend sind. Der Wert 0 bei der Höhe (`height`) bedeutet hier, dass die Höhe automatisch festgelegt wird und das Bild so sein Seitenverhältnis beibehält. `crop` würde das Bild beschneiden. Dies möchten Sie nicht und haben dessen Wert daher auf `false` gesetzt. Als Qualität (`quality`) haben Sie außerdem mit 80 einen guten Kompromiss zwischen Anzeigequalität und Dateigröße gewählt. Über `callback` führen Sie nun bei erfolgreicher Konvertierung den folgenden Code aus:

```
...
callback: function(data, width, height) {
 if(geschuettelt) {
  polaroidweg();
 } else {
  neuespolaroid();
 }
 setTimeout(function() {
```

```
  $('.mein-bild').css('background', 'url(' + data + ') ');
 }, 1000);
}
...
```

Na, kommt Ihnen der Code bekannt vor? Richtig! Dieser Code ist nahezu identisch mit dem Code Ihres ursprünglichen Buttons. Sie überprüfen zunächst, ob die Variable `geschuettelt` vorliegt, und führen dann, je nach Szenario, die Funktion `polaroidweg()` oder `neuespolaroid()` aus. Über einen kleinen Timeout (`setTimeout`) legen Sie das Hintergrundbild des Containers mit der Klasse `mein-bild` fest. Dabei beinhaltet nun die Variable `data` den Pfad zum ausgewählten Bild.

Damit das Bild nun noch im richtigen Format zurückgegeben wird, ergänzen Sie die folgende Zeile hinter der `reader.onload`-Funktion:

```
reader.readAsDataURL(f);
```

Der gesamte Code für die Verarbeitung des Fotos sieht damit (innerhalb von `window.load`) wie folgt aus:

```
reader.onload = (function() {
 // Hier der Code, der ausgeführt werden soll, wenn das Bild geladen wurde.
 return function(e) {
  canvasResize(f, {
   width: 600,
   height: 0,
   crop: false,
   quality: 80,
   callback: function(data, width, height) {
    if(geschuettelt) {
     polaroidweg();
    } else {
     neuespolaroid();
    }
    setTimeout(function() {
     $('.mein-bild').css('background', 'url(' + data + ') ');
    }, 1000);
   }
  });
 };
})(f);
```

Listing 6.14 Der gesamte Code der neuen Funktion, die den Dateiupload verwaltet und das Hintergrundbild entsprechend festlegt.

4. Bestehende Funktionen abändern und überflüssigen Code entfernen

Sie haben nun etwas überflüssigen Code in Ihrer HTML-Datei, den es zu bereinigen gilt. Als Erstes können Sie den EventHandler, den Sie für den Button im Einsatz hatten, komplett entfernen. Denn diese Funktionalität wird nun durch die neue Funktion übernommen. Löschen Sie daher den folgenden Code-Block:

```
// Eventhandler: Button
$('button').on('click', function() {
 if(geschuettelt) {
  polaroidweg();
 } else {
  neuespolaroid();
 }
});
```

Ebenso können Sie die Flickr-Funktionalität löschen. Achten Sie nur darauf, zuvor die Anpassungen am Button hinsichtlich Text und CSS-Klasse in die Funktion `neuespolaroid()` zu verschieben. Der gesamte Code der Funktion `neuespolaroid()` sieht damit folgendermaßen aus:

```
// Neues Polaroid einblenden
var neuespolaroid = function() {
 $('.polaroid-rahmen').css('-webkit-transform', 'rotate('+(Math.floor(Math.
random() * 10)-5)+'deg)');
 $('.polaroid-rahmen').toggleClass('sichtbar');

 // geschuettelt wieder auf unwahr setzen
 geschuettelt = false;

 // Text des Buttons ändern und CSS-Klasse hinzufügen
 $('button').text("Und jetzt, shake it!").toggleClass('shakeit');
};
```

5. Das Feintuning

Beim Fotografieren und ausgiebigen Testen Ihrer WebApp ist Ihnen etwas aufgefallen: Sobald Sie ein Bild ausgewählt haben, ändert sich der Button zwar in ein schönes Blau, und der Text wird ausgetauscht, jedoch können Sie immer noch auf das versteckte `input`-Feld tappen und somit die WebApp durcheinanderbringen. Aber keine Sorge, auch dies bekommen Sie leicht in den Griff. Aktivieren bzw. Deaktivieren Sie hierzu einfach das `input`-Feld im gleichen Schritt, in dem Sie auch Farbe und Text des Buttons anpassen. Über das Attribut `disabled` wird das `input`-Feld für die Eingaben deaktiviert. Fügen Sie zunächst an das Ende der Funktion `neuespolaroid()` die folgende Zeile ein:

```
$('input').attr('disabled','true');
```

Damit fügen Sie dem input-Feld das Attribut disabled hinzu. Wenn das Gerät geschüttelt worden ist, möchten Sie das Feld wieder aktivieren. Ergänzen Sie dabei die Funktion onShake() um die folgende Anweisung:

```
$('input').removeAttr('disabled');
```


Das Attribut disabled wird nun gelöscht und das input-Feld wieder aktiviert.

Das war's auch schon! Sie können nun nach Belieben eigene Bilder schießen und verwenden (siehe Abbildung 6.11).

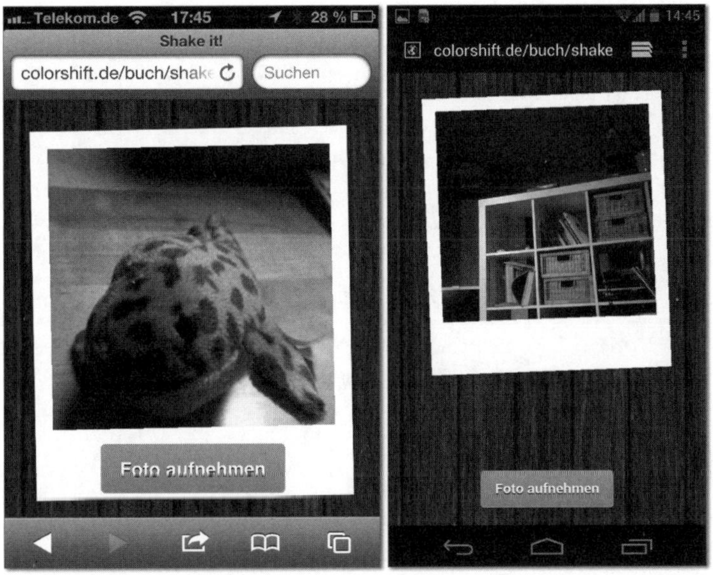

Abbildung 6.11 Die fertige WebApp mit Sharky unter iOS (links) und Sharkys Blick aus seinem Heimtieraquarium unter Android (rechts)

> **Testen, testen, testen**
>
> Kleine Fehler können bei der Programmierung von WebApps schnell entstehen. Selbst wenn Sie nun bereits einiges an Erfahrung sammeln konnten, fallen doch meist beim Umgang mit der WebApp kleinere Ungereimtheiten auf, die Sie zuvor nicht bedacht haben. Das ist völlig normal; lassen Sie sich dadurch also nicht entmutigen!

Im Folgenden finden Sie den gesamten Code von *index.html* und *styles.css*:

```
<!DOCTYPE html>
 <head>
 <title>Shake it!</title>

 <meta charset="UTF-8">

 <!-- iOS WebApp Metatags -->
 <meta name="apple-mobile-web-app-capable" content="yes" />
 <meta name="viewport" content="width=device-width, initial-scale=1, maximum-
scale=1">

 <!-- Homescreen Icons für iOS und Android -->
 <link rel="apple-touch-icon-precomposed" href="bilder/icon-ipad.png" sizes=
"72x72" />
 <link rel="apple-touch-icon-precomposed" href="bilder/icon-iphone-retina.
png" sizes="114x114" />
 <link rel="apple-touch-icon-precomposed" href="bilder/icon-ipad-retina.
png" sizes="144x144" />
 <link rel="apple-touch-icon-precomposed" href="bilder/icon-iphone.png" />

 <!-- CSS Stylesheet -->
 <link rel="stylesheet" href="styles/styles.css" />

 <!-- Zepto-Bilbiothek -->
 <script src="http://zeptojs.com/zepto.min.js" type="text/javascript"></
script>

 <!-- Zepto Shake Plugin -->
 <script src="js/shake.js" type="text/javascript"></script>

 <!-- Zusätzliche Scripte für Bildberechnung -->
 <script src="js/binaryajax.js"></script>
 <script src="js/exif.js"></script>
 <script src="js/canvasResize.js"></script>

 <script>

 var geschuettelt = false;

 $(function(){
```

```
window.onload = function() {
 window.addEventListener('shake', onShake, false);

 // Eventhandler: Shake
 function onShake(){
  //Folgender Code wird ausgeführt, wenn eine Schüttelgeste vorliegt.
  if(!geschuettelt) {
   // CSS-Klasse austauschen und Bild einblenden
   $('.mein-bild').toggleClass('sichtbar');
   $('button').text('Foto aufnehmen').toggleClass('shakeit');
   $('input').removeAttr('disabled');
   geschuettelt = true;
  }
 }


$('#bilddatei').change(function(evt) {
  var f = evt.target.files[0];
  var reader = new FileReader();

  reader.onload = (function() {
     //
Hier der Code, der ausgeführt werden soll, wenn das Bild geladen wurde.
   return function(e) {
    canvasResize(f, {
     width: 600,
     height: 0,
     crop: false,
     quality: 80,
     callback: function(data, width, height) {
      // Hier der Code, wenn das Bild erfolgreich skaliert wurde
      if(geschuettelt) {
       polaroidweg();
      } else {
       neuespolaroid();
      }
      setTimeout(function() {
       $('.mein-bild').css('background', 'url(' + data + ')');
      }, 1000);
     }
    });
   };
  })(f);
```

```
      reader.readAsDataURL(f);

    });

  };

 });


 // Neues Polaroid einblenden
 var neuespolaroid = function() {

  $('.polaroid-rahmen').css('-webkit-transform', 'rotate('+(Math.floor(Math.
random() * 10)-5)+'deg)');
  $('.polaroid-rahmen').toggleClass('sichtbar');

  // geschuettelt wieder auf unwahr setzen
  geschuettelt = false;

  // Text des Buttons ändern und CSS-Klasse hinzufügen
  $('button').text('Und jetzt, shake it! ').toggleClass('shakeit');
  $('input').attr('disabled','true');

 };

 //Altes Polaroid verschwinden lassen
 var polaroidweg = function () {

  $('.mein-bild').toggleClass('sichtbar');
  $('.polaroid-rahmen').toggleClass('sichtbar');

  $('.polaroid-rahmen').css('-webkit-transform', 'rotate('+(Math.floor(Math.
random() * 180)-90)+'deg)');

  setTimeout(function() {
   neuespolaroid();
  }, 1000);
 };

 </script>

</head>
<body>
```

```
 <!-- Polaroid-->
 <div class="polaroid-rahmen">
  <div class="mein-bild"></div>
 </div>

 <footer>
  <button id="button">Foto aufnehmen</button>
  <input type="file" id="bilddatei" name="bilddatei" accept="image/*" />
 </footer>

</body>
</html>
```


Listing 6.15 Der Inhalt der Datei index.html

```
@charset "UTF-8";

body {
 margin-top:25px;
 padding:0px;
 background:url(../bilder/holz.jpg);
 text-align:center;
}

.polaroid-rahmen {
 border:15px solid #fff;
 border-bottom-width:60px;
 background-color:#fff;
 width:240px;
 box-shadow: 0px 0px 5px 2px rgba(0, 0, 0, 0.2);
 -webkit-transition: all 1s ease-in-out;
 margin:-800px auto;
}

.polaroid-rahmen.sichtbar {
 margin-top:0px;
}

.mein-bild {
 width:240px;
 height:240px;
 background-color:#f8f8f8;
 background-size:cover;
```

```
 opacity:0;
 -webkit-transition: all 1s ease-in-out;
}

.mein-bild.sichtbar {
 opacity:1;
}

footer {
 position: absolute;
 left: 0; right: 0;
 bottom: 0;
}

button {
 -webkit-appearance: none;
 border-radius: 4px;
 border: 1px solid #fc8e3d;
 background-color: #f66800;
 background-image: -webkit-gradient(linear, left top, left bottom,
  color-stop(0,rgba(255,255,255,.3)),
  color-stop(1,rgba(255,255,255,0)));
 font: bold 16px/24px sans-serif;
 text-shadow: 0 1px 0 #000;
 color:#fff;
 padding: 8px 15px;
 margin: 20px;
}

input {
 position:absolute;
 z-index:10;
 border:1px solid #ff0000;
 width:150px;
 height:45px;
 left:50%;
 margin-left:-75px;
 bottom:15px;
 opacity:0;
}

.shakeit {
```

```
 background-color:#1dd5fd;
 border-color: #59e2ff;
}
```

Listing 6.16 Die CSS-Datei styles.css im Überblick

6.4.3 Abschließende Worte/Einschränkungen

Sie sehen, dass es gar nicht so schwer ist, Dateien über mobile Endgeräte an einen Server zu übertragen oder sie lokal zu verarbeiten, sofern es sich um Bilder oder Videos handelt. Bedenken Sie nur die Möglichkeiten! Sie könnten z. B. eine WebApp programmieren, mit deren Hilfe Benutzer Umweltschäden sofort inklusive Bild an ihr Portal zur Bewahrung der Lüneburger Heide übermitteln könnten – und das alles direkt von unterwegs! Die Möglichkeiten sind hier wirklich vielfältig.

Beachten Sie jedoch, dass es auch Einschränkungen gibt. So muss z. B. unter iOS ein gerade geschossenes Foto immer bestätigt werden, bevor es hochgeladen werden kann. Dies kann für bestimmte Fälle sinnvoll sein, für andere (wie z. B. auch die Shake-it-App) ist es eher ein Tap zu viel des Guten. In Abschnitt 9.1, »Eine WebApp wird zur nativen Anwendung«, zeigen wir Ihnen, wie Sie diese Einschränkung mithilfe einer nativen Ebene umgehen können.

Kapitel 7
Offline – damit eine App in jedem Winkel der Welt funktioniert

Bestimmt haben Sie diese Situation auch schon einmal erlebt: Sie sitzen im Zug, surfen mit Ihrem Smartphone im Internet und auf einmal: Funkloch! Nichts geht mehr; die E-Mail, die Sie gerade versuchen abzusenden – im digitalen Nirvana untergegangen!

Abbildung 7.1 Unerfreuliche Meldung im Funkloch

Damit wären wir bei einem der großen Nachteile von WebApps: Damit sie fehlerfrei funktionieren, benötigen Sie eine stabile und im Idealfall schnelle Internetverbindung. Alle HTML-, CSS- und JavaScript-Dateien werden bei jedem Start einer WebApp neu vom Server geladen. Dies braucht seine Zeit; im schlimmsten Fall passiert gar nichts. Besonders trickreich wird es, wenn der Nutzer Daten auf einen Server überträgt und diese unterwegs verloren gehen. Ein typisches Beispiel dafür sind die eben erwähnten Webmail-Apps. Aber auch To-do-Listen oder HTML5-Spiele können bei schlechter Verbindung Daten verlieren und damit zu einer frustrierenden Erfahrung führen.

In diesem Kapitel stellen wir Ihnen zwei Ansätze vor, die genau diese Probleme lösen: Sie erlauben es, eine App auch ohne Internetverbindung zu benutzen und Daten direkt auf dem Gerät zu speichern und abzurufen. Sie werden eine kleine To-do-App programmieren, die auch offline voll funktionsfähig ist. Doch zunächst einmal sollten Sie wissen, wie Sie in den Offline-Modus Ihres Smartphones gelangen.

Wählen Sie auf Ihrem iPhone bzw. iPad das Symbol für die Systemeinstellungen. Bereits der erste Menüpunkt namens Flugmodus deaktiviert alle Daten- und Funkverbindungen Ihres Geräts und macht es so zum idealen Testkandidaten für Offline-Apps (siehe Abbildung 7.2).

Abbildung 7.2 Mit dem Flugmodus schalten Sie unter iOS sämtliche Datenverbindungen aus.

Ähnlich einfach funktioniert dies auf Ihrem Android-Telefon: Drücken Sie den An-/Ausschalter so lange, bis ein Menü erscheint. Wählen Sie anschließend den Menüpunkt FLUGMODUS bzw. OFFLINE-MODUS aus (siehe Abbildung 7.3).

Abbildung 7.3 Der Offline-Modus unter Android

7.1 Abhilfe schafft das Cache-Manifest

Sämtliche Browser sind zwar von Haus aus mit einem Caching-Mechanismus ausgerüstet, jedoch ist dieser recht unzuverlässig und letztendlich von vielen Faktoren abhängig, die Sie schwer kontrollieren können. Daher ist mit HTML5 das Cache-Manifest eingeführt worden – eine Liste mit Dateien, die offline verfügbar sein sollen. Es sind insgesamt drei entscheidende Vorteile darin zu sehen, Dateien offline verfügbar zu machen:

1. **Funktionalität offline bereitstellen**
   Der Benutzer kann Ihre WebApp verwenden, selbst wenn er keinen Netzzugang hat.
2. **Höhere Geschwindigkeit**
   Dateien, die auf einem Gerät gespeichert sind, werden schneller geladen als solche, die zunächst aus dem Internet geladen werden müssen. Besonders bei Bildern kann dies Ihrer WebApp einen entscheidenden Geschwindigkeitszuwachs verschaffen.
3. **Last für den Onlineserver minimieren**
   Besonders bei sehr großen Projekten kann es hilfreich sein, die Last auf dem Onlineserver zu verringern, denn ihm bleibt auf diese Weise eine höhere Bandbreite für die Auslieferung von neuen Daten. Gleichzeitig kann er diese schneller ausliefern, was wiederum einen Geschwindigkeitszuwachs für Ihre WebApp zur Folge hat.

7.1.1 Die Struktur der Cache-Manifest-Datei

Die Cache-Manifest-Datei ist eine einfache Textdatei, die aus maximal drei Bereichen besteht:

- `CACHE:`
  In diesem Bereich definieren Sie die Dateien, die explizit nach dem ersten Laden gecached werden sollen.
- `NETWORK:`
  Unter `NETWORK` legen Sie fest, welche Dateien unter allen Umständen vom Onlineserver geladen werden müssen.
- `FALLBACK:`
  Dieser Bereich beschreibt, was passiert, wenn eine bestimmte Datei online nicht geladen werden kann. Wenn Sie z. B. für eine bestimmte Sektion Ihrer WebApp eine Online-Verbindung benötigen, können Sie hier festlegen, dass, wenn keine Online-Verbindung besteht, alternativ eine andere Datei angezeigt wird. Diese Datei enthält z. B. einen Hinweis darauf, dass dieser Bereich nur online verfügbar ist.

Die maximale Cache-Größe beträgt 25 MB. Sie können diese Grenze überschreiten, jedoch muss der Benutzer dem zustimmen. In Aktion sehen Sie dies bei der WebApp der Financial Times auf dem iPad (siehe Abbildung 7.4).

Abbildung 7.4 Die WebApp der Financial Times bittet um mehr Speicherplatz.

7.1.2 Ihre erste Cache-Manifest-Datei

Sie legen nun Ihre erste Cache-Manifest-Datei an. Die Datei startet immer mit der folgenden Bezeichnung:

```
CACHE MANIFEST
```

Anschließend definieren Sie nun die bereits erwähnten Bereiche `CACHE`, `NETWORK` und `FALLBACK`:

```
CACHE MANIFEST
CACHE:
/index.html
/bilder/hintergrund.png
http://www.html5-rockt.de/logo.png
```

Geben Sie unter `CACHE` die Dateien an, die explizit gecached werden sollen. In Ihrer To-do-App sind dies die Dateien *index.html*, das Hintergrundbild im Ordner *bilder* namens *hintergrund.png* und das Logo einer fremden Webseite. Auch wenn die *index.html* automatisch gecached wird, empfehlen wir, sie hier nochmals zu verknüpfen; so gehen Sie auf Nummer sicher. Beachten Sie, stets den Pfad zu Ihren Dateien richtig anzugeben. Mit einem vorgestellten / gehen Sie immer vom Hauptpfad (`root`) aus. Wenn Sie den Schrägstrich nicht voranstellen, wird der Browser die Datei relativ zur Cache-Manifest-Datei suchen. Dies dürfte für Sie mittlerweile kalter Kaffee sein, denn dasselbe Prinzip gilt bei allen anderen Pfadangaben, ob CSS oder JavaScript, gleichermaßen. Praktischerweise können Sie auch Dateien angeben, die von einem fremden Server geladen werden sollen; tippen Sie einfach die komplette Adresse ein, inklusive des vorangestellten `http://`.

Die Syntax für den Bereich `NETWORK` ist identisch mit der Syntax im Bereich `CACHE`:

```
NETWORK:
/aktuelles.html
```

Sie können übrigens nicht nur einzelne Dateien angeben, sondern auch komplette Ordner definieren. Die Schreibweise dafür würde folgendermaßen aussehen:

```
NETWORK:
/meinOrdner/
```

Dies gilt natürlich für alle Bereiche der Cache-Manifest-Datei.

Für den Bereich `FALLBACK` müssen Sie zunächst die Datei bzw. den Ordner angeben, der darauf überprüft werden soll, ob er online verfügbar ist. Anschließend benennen Sie die Ressource, die verwendet werden soll, wenn der Online-Zugriff nicht möglich ist.

```
FALLBACK:
/index.html /offline.html
```

Damit überprüfen Sie, ob die Datei *index.html* vom Onlineserver geladen werden kann. Ist dies nicht der Fall, wird die Datei *offline.html* angezeigt.

Neben der Möglichkeit, Ordner oder Dateien anzugeben, können Sie auch sogenannte *Wildcards* definieren. Eine Wildcard ist eine Bezeichnung, die nach einem bestimmten Muster im Dateinamen sucht. Mit folgender Schreibweise cachen Sie alle Dateien, die vom Typ *.html* sind:

```
CACHE:
*.html
```

Kommentare können Sie in der Cache-Manifest-Datei mit einem vorangestellten # einsetzen, um Ihren Code besser zu strukturieren. Dies wird besonders im weiteren Verlauf des Kapitels relevant.

```
# Mein Kommentar
```

7.1.3 Wann werden welche Daten gecached?

Sie haben nun gelernt, wie Sie eine Cache-Manifest-Datei anlegen und damit Dateien und Ordner offline verfügbar machen können. Die Cache-Manifest-Datei cacht beim ersten Aufruf alle von Ihnen definierten Ressourcen.

Was passiert nun aber, wenn Sie eine Ressource, z. B. das Hintergrundbild *hintergrund.png*, auf Ihrem Onlineserver von einer netten Holzparkettästhetik zu einem Sonnenuntergang aktualisieren? Wichtig ist, dass Sie beachten, dass der Cache erst aktualisiert wird, wenn sich die Cache-Manifest-Datei verändert, und *nicht*, wenn Sie eine Ressource verändern. Wenn Sie sich also wundern, warum Ihre WebApp Ihr aktualisiertes JavaScript nicht ausführt, liegt es vielleicht daran. Sie müssen also immer die Cache-Manifest-Datei aktualisieren, wenn Sie etwas an einer Ressource verändert haben. Dies erreichen Sie anhand eines Kommentars. In einem solchen Kommentar geben Sie einfach das Datum der letzten Aktualisierung oder eine Versionsnummer an. Was Sie angeben, ist völlig Ihrer Fantasie überlassen. Wir empfehlen, diesen Kommentar an den Anfang Ihrer Cache-Manifest-Datei, direkt unter `CACHE MANIFEST`, zu setzen:

```
CACHE MANIFEST
# Aktualisiert 8. Mai, Version 0.2
```

Wenn Sie nun etwas an einer Ressource verändert haben, müssen Sie lediglich das Datum anpassen. So erkennt der Browser, dass die Cache-Manifest-Datei aktualisiert worden ist, und führt das Caching erneut aus.

Vorsicht bei der Notierung der Ressourcen

Kann eine Datei nicht korrekt geladen werden, weil z. B. der Pfad nicht korrekt angegeben ist, schlägt das gesamte Caching fehl. Achten Sie also genau auf eine fehlerfreie Notierung aller Ressourcen.

7.1.4 Die Cache-Manifest-Datei im Einsatz

Es fehlen noch zwei Dinge, bevor Ihre Cache-Manifest-Datei bereit für den Einsatz ist. Damit sie vom Browser korrekt interpretiert wird, muss sie den korrekten MIME-Typ aufweisen. Um den MIME-Typ festzulegen, müssen Sie Ihren Webserver leicht konfigurieren. Viele der für einen Webserver relevanten Konfigurationen werden in einer Datei namens *.htaccess* definiert, die Sie im Hauptpfad Ihres Webservers abspeichern. Die *.htaccess*-Datei ist eine Datei, deren Dateiname lediglich aus einer Endung besteht. Manche Betriebssysteme erlauben es nicht, solch eine Datei zu erstellen; teilweise wird eine solche Datei auch nicht im Dateimanager angezeigt. Wir haben Ihnen etwas Arbeit abgenommen: Sie können eine leere *.htaccess*-Datei unter *http://www.html5rockt.de/htaccess.zip* von unserer Homepage herunterladen. In dieser

Datei, die Sie einfach mit einem Texteditor Ihrer Wahl öffnen, definieren Sie nun den MIME-Typ für die Cache-Manifest-Datei wie folgt:

```
AddType text/cache-manifest .appcache
```

Platzieren Sie die Datei *.htaccess* im Hauptordner Ihrer WebApp. Damit ist Ihr Webserver für die korrekte Auslieferung der Cache-Manifest-Datei konfiguriert.

Der zweite Schritt besteht darin, die Cache-Manifest-Datei in Ihrer WebApp zu verlinken. Jede HTML-Datei Ihrer WebApp muss eine Verlinkung auf die Cache-Manifest-Datei aufweisen, damit das Caching korrekt funktioniert. Sie referenzieren die Cache-Manifest-Datei im `html`-Tag mithilfe des Attributs `manifest`. Achten Sie auf eine korrekte Pfadangabe. In Ihrem Beispiel liegt die Cache-Manifest-Datei namens *todolist.appcache* im Unterordner *cache*:

```
<html manifest="cache/todolist.appcache">
```

Das war's! Jetzt noch ein kleiner Tipp: Nehmen Sie an, Ihre WebApp bestünde aus sehr vielen Dateien, nämlich Bildern, JavaScript-Dateien usw., die Sie alle cachen möchten. Es wäre recht zeitaufwendig (und zugegebenermaßen auch sterbenslangweilig) eine lange Liste mit all diesen Dateien in Ihrer Cache-Manifest-Datei anzulegen. Deshalb gibt es ein kleines *Bookmarklet*, also ein Lesezeichen mit besonderer Funktion, das automatisch eine Cache-Manifest-Datei auf der Basis der verwendeten Dateien erstellt. Das Bookmarklet namens *manifestR* finden Sie unter *http://westciv.com/tools/manifestR/* (siehe Abbildung 7.5). Und wieder etwas Zeit gespart!

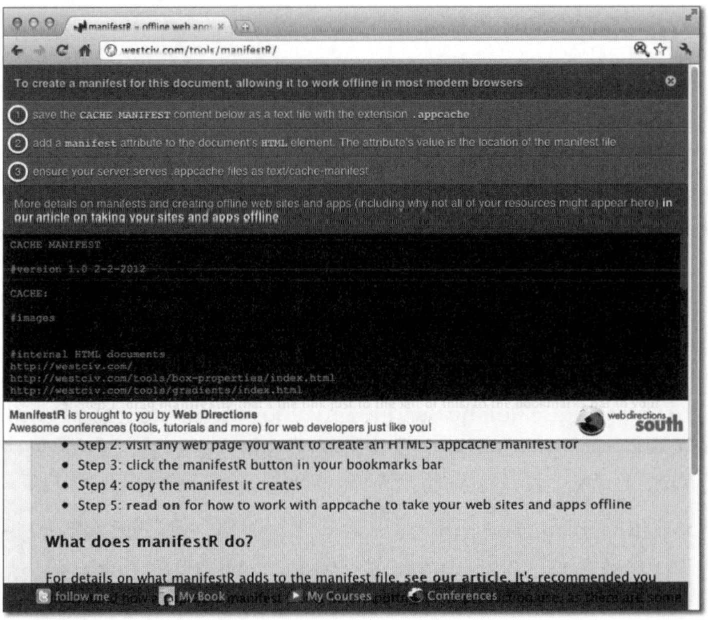

Abbildung 7.5 manifestR im Einsatz

7.2 Der Local Storage – die Offline-Datenbank

In regulären Programmen werden auch immer Daten gespeichert, die der Nutzer eingibt bzw. generiert. Bei WebApps geschieht dies in der Regel in einer Datenbank auf einem Webserver, z. B. mit MySQL. Der große Nachteil dessen ist, dass das Speichern und Auslesen der Datenbank nur bei bestehender Online-Verbindung funktioniert. Außerdem wird hierdurch zusätzlicher Traffic erzeugt.

Es müsste also möglich sein, Daten aus der WebApp auf dem Gerät speichern zu können. Hierzu gibt es in HTML5 das `localStorage`-Objekt, den sogenannten *lokalen Speicher*. Die WebApp kann in ihm Daten speichern und auslesen – völlig ohne Online-Verbindung. Der Clou daran ist, dass die gespeicherten Daten selbst dann erhalten bleiben, wenn Sie die WebApp beenden oder das Smartphone ausschalten. Löschen muss der Nutzer die Daten schon selbst, entweder über die Systemeinstellungen oder über eine entsprechende Funktion in der WebApp.

Das `localStorage`-Objekt wird über JavaScript angesprochen. Alle Daten werden dabei, ähnlich wie in einem JSON-Objekt, als Wertepaare gespeichert: Es gibt einen Schlüssel und einen Werteinhalt. Der Schlüssel dient dazu, den Eintrag zu identifizieren, und sollte daher eindeutig sein.

7.2.1 localStorage-Funktionen

Das Speichern und Auslesen von Daten im `localStorage`-Objekt erfolgt über JavaScript-Funktionen, die per Punktnotation über das `localStorage`-Objekt aufgerufen werden. Der Funktionssatz ist recht übersichtlich; es gibt lediglich vier Methoden:

- `localStorage.setItem(schluessel,wert);`
  Die Funktion `.setItem` speichert ein Element im `localStorage`-Objekt ab. Sie erwartet zwei Parameter: den Schlüssel, über den der Eintrag später identifiziert wird, und einen Wert. Dies ist im Normalfall der Inhalt einer JavaScript-Variablen, also eine Zeichenkette, eine Zahl oder auch ein Objekt.
- `localStorage.getItem(schluessel);`
  Mit dieser Funktion lesen Sie einen Eintrag aus dem `localStorage`-Objekt aus. Hierzu müssen Sie den entsprechenden Schlüssel kennen und diesen als Parameter an die Funktion übergeben. Die Funktion gibt Ihnen dann den dazugehörigen Wert zurück. Das Gleiche erreichen Sie übrigens auch mit `localeStorage[schluessel]` – ähnlich wie beim Auslesen eines Arrays.
- `localStorage.removeItem(schluessel);`
  Mit `.removeItem` löschen Sie Einträge aus dem `localStorage`-Objekt. Übergeben Sie hierzu der Funktion den Schlüssel als Parameter. Sobald ein Eintrag gelöscht ist, können Sie ihn nicht mehr wiederherstellen.

- `localStorage.clear();`
  Den kompletten Inhalt des `localStorage`-Objekts löschen Sie mit `.clear()`. Dies entfernt *alle* Einträge für eine WebApp aus dem lokalen Speicher.

7.2.2 Temporäre Speicherung von Daten im Session Storage

Manchmal kommt es vor, dass Sie Daten gar nicht dauerhaft, sondern nur für die Nutzungsdauer einer WebApp speichern wollen. Analog zum Local Storage gibt es hierzu in HTML5 den sogenannten Session Storage. Dieser ist z. B. bei Spielen nützlich, wenn Daten nur für eine Spielrunde gespeichert werden sollen. Das `sessionStorage`-Objekt lässt sich über die gleichen Funktionen wie das `localStorage`-Objekt ansprechen:


```
sessionStorage.setItem(schluessel, wert);
sessionStorage.getItem(schluessel);
sessionStorage.removeItem(schluessel);
sessionStorage.clear();
```

Sowohl Local-Storage- als auch Session-Storage-Speicherstände können Sie beispielsweise mit Google Chrome bequem überblicken (siehe Abbildung 7.6).

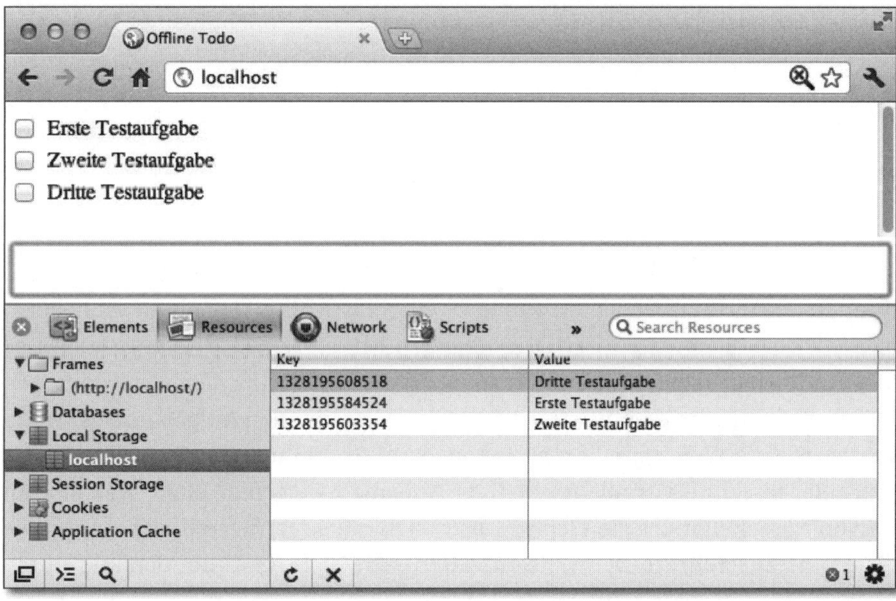

Abbildung 7.6 Mit Google Chrome können Sie komfortabel den aktuellen Stand des Local Storages einsehen .

7.3 Die Offline-To-do-App

Die To-do-Liste ist für viele Menschen Werkzeug Nummer eins, um ihren hektischen Alltag in den Griff zu bekommen. Eine To-do-Liste kann nach und nach abgearbeitet werden und hilft dabei, Aufgaben nach ihrer Wichtigkeit zu ordnen und zu erledigen. So vorteilhaft eine To-do-Liste auch sein kann, sie ist nicht für jeden das Mittel der Wahl. Während sie für den einen eine gute Möglichkeit bietet, um den Überblick zu wahren, ist sie für den anderen eine konstante Erinnerung an Dinge, die noch erledigt werden müssen. Zu welcher Gruppe Sie auch immer gehören mögen, eine To-do-Liste kann man trotzdem immer gebrauchen. Das Prinzip der To-do-Liste ist nicht beschränkt auf unerledigte Aufgaben und Termine. Im Prinzip ist auch ein Einkaufszettel eine Art To-do-Liste. Eine Liste ist vielseitig einsetzbar, sei es zur Erinnerung, zur Dokumentation oder zur Ordnung von Dingen.

Um eine To-do-Liste sinnvoll zu pflegen und einzusetzen, müssen Sie sie immer bei sich tragen. Die meisten Aufgaben oder Ideen entstehen spontan und werden gerne schnell wieder vergessen. Gerade deshalb führen Sie ja eine To-do-Liste: damit Sie nichts vergessen. Ihr Smartphone ist damit ein perfekter Ort für Ihre To-do-Liste: Sie haben es immer dabei, und es ist einfach zu verwalten!

Natürlich könnten Sie auf bereits bestehende Apps zurückgreifen. An dieser Stelle des Buches sind Sie aber dazu in der Lage, die komplette Funktionalität einer To-do-App als WebApp selbst umzusetzen! Schritt für Schritt können Sie die WebApp dann gezielt an Ihre Bedürfnisse anpassen. In diesem Kapitel werden Sie eine To-do-App programmieren, die komplett offline funktioniert, und mit der Sie entweder Ihre beruflichen Aufgaben oder Ihren Lebensmitteleinkauf in den Griff bekommen können.

7.3.1 Welche Anforderungen muss Ihre To-do-App erfüllen?

Mit Ihrer To-do-App können Sie Aufgaben zu einer Liste hinzufügen und »abhaken«. Dabei werden alle Elemente Ihrer Liste übersichtlich auf einer Seite angezeigt. Das neueste To-do steht dabei immer an oberster Stelle. Beim Start der WebApp haben Sie demnach einen schnellen Überblick über Ihre anstehenden Aufgaben. Des Weiteren werden Sie die WebApp schön gestalten, damit es mehr Spaß macht, die To-do-Liste zu pflegen – und vor allem erledigte Aufgaben wegzustreichen. Neben dem attraktiven Aussehen muss die WebApp aber auch mit so wenigen Berührungen wie möglich zum Ziel führen. Denn Sie möchten sich nicht erst stundenlang durch Menüs wühlen, um eine Aufgabe anzulegen. Insgesamt bedarf es maximal also zweier Aktionen: WebApp starten, Aufgabe erstellen, fertig!

Neben dem stylischen Aussehen und der einfachen Bedienung ist Ihnen auch eine hohe Kompatibilität wichtig. Vielleicht benutzen Sie Ihr Smartphone weniger häufig als Ihr Tablet. Deshalb wird die WebApp auch auf einem Tablet funktionieren und hervorragend aussehen – und das alles mit demselben Code! Hier kommt eine der größten Stärken von HTML5 zum Tragen: die automatische Skalierbarkeit auf verschiedenste Bildschirmgrößen.

Die wichtigste Eigenschaft Ihrer To-do-App ist, dass sie offline funktioniert. Aufgaben und gute Ideen entstehen überall und interessieren sich nicht dafür, ob Sie gerade Netz haben oder nicht. Die WebApp wird damit die To-do-Liste auf dem Gerät speichern; so sind alle Aufgaben immer verfügbar. Zusätzlich können Sie neue Aufgaben auch ohne Internetverbindung anlegen.

7.3.2 Der Wireframe der To-do-App

Das Interface besteht insgesamt aus zwei Bereichen. Im oberen Bereich wird Ihre To-do-Liste angezeigt (siehe Abbildung 7.7). Jedes To-do ist als kleiner Kasten gestaltet, der es klar von anderen To-dos abgrenzt. Links neben jedem To-do findet sich eine Art Checkbox, mit der Sie To-dos als erledigt markieren und somit löschen können. Im unteren Bereich des Bildschirms findet sich ein Eingabefeld, mit dem Sie neue To-dos hinzufügen. Dabei halten Sie das Interface so minimalistisch, dass Sie sogar auf einen SUBMIT-Button verzichten. Ihr To-do fügen Sie einfach mithilfe der [↵]-Taste hinzu. Generell gilt: Verzichten Sie auf Interface-Elemente wie Buttons, wenn Sie durch einfache Gesten oder andere Tasten (wie in diesem Fall die [↵]-Taste) ersetzt werden können. Ein einfaches und damit intuitives Interface werden Ihre Benutzer schätzen und letztendlich häufiger verwenden. Erfolgreiche Apps zeichnen sich durch hervorragende Benutzeroberflächen aus, die mit möglichst wenigen Tabs zum Ziel führen.

Abbildung 7.7 Der Wireframe für die To-do-App

Legen Sie eine HTML-Datei mit dem üblichen Grundgerüst an. Vergessen Sie nicht die Meta-Elemente im head-Bereich der Webseite, mit denen Sie den Vollbildmodus aktivieren und das Zoomen deaktivieren. In das body-Element kommen nun die Elemente für die Liste und das Eingabefeld:

```
<ul id="todo-liste">
 <!-- Wird per Nutzereingabe befüllt -->
</ul>

<form id="add">
 <input type="text" name="add-task" placeholder="Aufgabe eingeben &amp; Go dr&
uuml;cken">
</form>
```

Das Dokument besteht aus einer leeren, unsortierten Liste mit der ID todo-liste und einem Formular mit der ID add. In diesem Formular befindet sich ein Texteingabefeld mit dem Namen add-task. Hier wird der Nutzer später seine Aufgaben eintragen. In das Eingabefeld fügen Sie mittels des placeholder-Attributs einen kurzen Text mit einem Hinweis ein. Der Browser zeigt den Inhalt des placeholder-Attributs als Text innerhalb des Eingabefeldes an und blendet ihn automatisch aus, sobald Sie etwas eingeben möchten. Dies erleichtert das Verständnis und erspart Ihnen im Idealfall eine Bedienungsanleitung.

Nachdem Sie die grundlegende Struktur angelegt haben, bestimmen Sie nun per Stylesheet, wie Ihre WebApp aussehen soll. Bei der To-do-App legen Sie drei CSS-Dateien an, die Sie in der folgenden Reihenfolge mit Ihrer HTML-Datei verknüpfen:

```
<link rel="stylesheet" href="styles/reset.css" type="text/css">
<link rel="stylesheet" href="styles/app.css"  type="text/css">
<link rel="stylesheet" href="styles/skin.css" type="text/css">
```

Die *reset.css* überschreibt zunächst alle Standardstile des Webbrowsers. Dies ist besonders dann hilfreich, wenn Ihre WebApp in unterschiedlichen Browsern, also auf unterschiedlichen Plattformen gleich aussehen soll. Sie folgt dem Beispiel von Eric Meyers Reset CSS, das auf *http://meyerweb.com/eric/tools/css/reset/* näher beschrieben wird. In der Datei steht der folgende Codeblock:

```
html, body, div, span, ul, li, form, label, input {
 margin: 0;
 padding: 0;
 border: 0;
 font-weight: inherit;
 font-style: inherit;
 font-size: 100%;
 font-family: inherit;
 vertical-align: baseline;
}
```

```
body {
 line-height: 1.5;
}
```

Listing 7.1 Der Reset CSS eliminiert alle Browserstile

Um Bandbreite zu sparen, werden hier nur die Elemente aufgeführt, die in der App tatsächlich verwendet werden. In Eric Meyers Originaldatei werden hingegen alle Elemente zurückgesetzt, also auch Tabellen, iFrames, Überschriften und Textblöcke.

In den anderen beiden Dateien definieren Sie, getrennt voneinander, Aussehen und Anordnung der Elemente. So haben Sie später die Möglichkeit, die Ästhetik zu verändern, ohne die Aufteilung der Elemente zu beeinträchtigen. Die Datei *app.css* enthält daher lediglich Anweisungen für das Grundgerüst der App (siehe Abbildung 7.8):

```
html {
 height: 100%;
}
#todo-liste {
 position: absolute;
 top: 0; bottom: 50px;
 left: 0; right: 0;
 padding: 8px;
 overflow-y: scroll;
 -webkit-overflow-scrolling: touch;
}
#todo-liste li {
 white-space: nowrap;
 overflow: hidden;
 text-overflow: ellipsis;
}
#todo-liste li input[type=checkbox] {
 margin-right: 10px;
}
#add input[name=add-task] {
 position: absolute;
 left: 0; right: 0;
 bottom: 0;
 margin: 6px;
 padding: 10px;
 -webkit-tap-highlight-color: rgba(0,0,0,0);
}
```

Listing 7.2 Das App-Grundgerüst

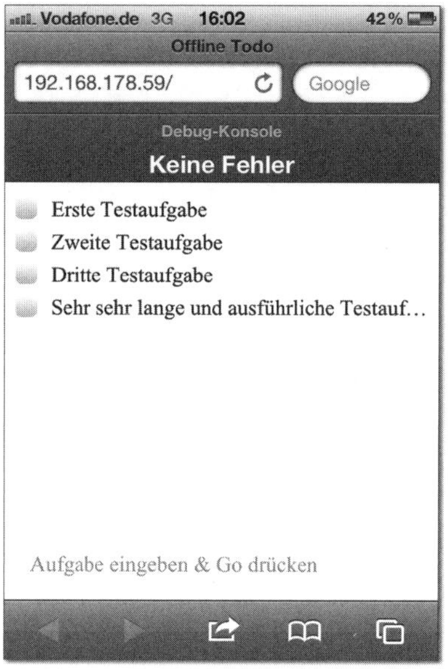

Abbildung 7.8 Das Grundgerüst im Browser

Obwohl die App noch nicht besonders ansprechend aussieht, sind bereits alle Elemente am richtigen Platz. Als Nächstes fertigen Sie einen *Skin* an, also eine ästhetische Ebene:

```
body {
 font-family: sans-serif;
 overflow: hidden;
 background: #f9d081 url(../bilder/holz.jpg);
 background-size: 100% 100%;
}
li {
 padding: 10px;
 background-image:
 -webkit-gradient(linear, left top, left bottom,
color-stop(0,rgba(255,255,255,.9)),
color-stop(1,rgba(255,255,255,.8)));
 border-radius: 8px;
 box-shadow: 0 1px 0 rgba(0,0,0,.3);
 margin-bottom: 1px;
 -webkit-user-select: none;
 -webkit-transform: translate3d(0,0,0);
}
```

```
li input[type=checkbox] {
 -webkit-appearance: none;
 float: left;
 width: 25px;
 height: 25px;
 background-image:
 -webkit-gradient(linear, left top, left bottom,
color-stop(0,rgba(0,0,0,.2)),
color-stop(1,rgba(0,0,0,.1)));
 border-radius: 2px;
 border: 1px solid rgba(0,0,0,.4);
 box-shadow: 0 1px 1px rgba(0,0,0,.3) inset;
}
li.done input[type=checkbox] {
 background: url(../bilder/erledigt.png) no-repeat center;
 border: none;
}
#add input {
 border-radius: 4px;
 color: #000;
 font-weight: bold;
 background-image:
 -webkit-gradient(linear, left top, left bottom,
color-stop(0,rgba(255,255,255,.9)),
color-stop(1,rgba(255,255,255,.4)));
 border-radius: 2px;
 border: 1px solid rgba(0,0,0,.4);
 box-shadow: 0 1px 1px rgba(0,0,0,.3) inset;
}
```

Listing 7.3 Das Skin-Stylesheet sorgt für die Ästhetik.

Die WebApp soll sich von der typischen Ästhetik eines Computerprogramms abheben und einen eigenen Charakter bekommen. Dafür sorgen Sie mit einem bildschirmfüllenden Hintergrundbild. Der Einfachheit halber haben wir hier den Holzfußboden in Johannes Berliner Büroküche mit dem Smartphone abfotografiert (siehe Abbildung 7.9). Stattdessen lieber einen Sonnenuntergang am Strand oder einen moosigen Waldboden? Vielleicht ist Ihr Küchenboden ebenso gut geeignet? Wählen Sie ein Motiv, das Ihnen gut gefällt und das Sie gerne anschauen. Erledigte Einträge bekommen einen schönen grünen Haken, der sie von unerledigten Aufgaben abhebt.

Abbildung 7.9 Die To-do-App inklusive Skin und Hintergrundbild auf dem iPhone (links) und unter Android (rechts)

Ihre To-do-App besteht jetzt schon aus einer ganzen Menge CSS- und Bilddateien. Damit diese nicht bei jedem Programmstart vom Server geladen werden, legen Sie ein Cache-Manifest an, in dem Sie alle verwendeten Dateien inklusive HTML-Datei auflisten:

```
CACHE MANIFEST
# Ver 0.1
CACHE
index.html

css/reset.css
css/app.css
css/skin.css

bilder/erledigt.png
bilder/holz.jpg

js/zepto.min.js
js/app.js
```

Vergessen Sie nicht die JavaScript-Dateien, mit denen Sie der WebApp im nächsten Schritt Leben einhauchen. Doch zunächst müssen Sie die Cache-Manifest-Datei im öffnenden `html`-Tag verknüpfen:

```
<html manifest="cache.appmanifest">
```

Beachten Sie, dass ab jetzt alle aufgelisteten Dateien immer aus dem Speicher Ihres Telefons geladen werden. Für die Entwicklungsphase ist es daher ratsam, das Cache-Manifest noch zu deaktivieren.

Verknüpfen Sie, wie bereits in den Kapiteln zuvor, die Zepto-Bibliothek mit der HTML-Datei. Legen Sie außerdem eine Textdatei *app.js* an, in die Sie den JavaScript-Code für Ihre WebApp schreiben:

```
<script src="js/zepto.min.js"></script>
<script src="js/app.js"></script>
```

In dieser Datei legen Sie die Funktion an, der Sie die To-do-Liste übergeben. Die Funktion hängt der Liste `#todo-liste` ein neues Element mit dem Namen und einer entsprechenden ID an. Diese wird mittels `Date.now()` aus dem Erstellungszeitpunkt generiert. Anschließend wird sie im Local Storage gespeichert:

```
var addTask = function(todo){
 var id = Date.now();
 $('#todo-liste').append('<li class="todo" id="'+ id +'"><label><input type=
"checkbox">'+ todo +'</label></li>');
 localStorage.setItem(id, todo);
};
```

Direkt danach fügen Sie dem Formularelement einen EventListener hinzu, der beim Absenden des Formulars den Inhalt des Eingabefeldes ausliest und die Funktion `addTask` ausführt:

```
$('#add').on('submit',function(){
 var todo = $('#add').find('input[name=add-task]').val();
 if(todo != "") {
  addTask(todo);
 }
 /* Letzten Listenpunkt im Viewport sichtbar machen */
 document.querySelector('#todo-liste li:last-child').scrollIntoView();
 /* Eingabefeld leeren */
 $('#add').find('input[name=add-task]').val('');
 return false;
});
```

Die Funktion überprüft außerdem, ob überhaupt eine Aufgabe eingegeben worden ist. Damit verhindern Sie, dass der Nutzer eine Liste mit leeren Einträgen erstellt. Außerdem scrollen Sie die Liste zum letzten, also soeben erstellten Eintrag. Anschließend wird das Eingabefeld geleert und steht damit sofort für eine neue Aufgabe bereit. Die letzte Zeile `return false;` verhindert, dass das Formular die App beim Absenden neu lädt. Sie können Ihrer Liste nun bereits neue Aufgaben hinzufügen und diese abspeichern (siehe Abbildung 7.10).

Abbildung 7.10 Die Eingabe einer neuen Aufgabe auf einem iPhone und unter Android.

Das Abhaken der To-do-Liste übernimmt die Funktion `changeTaskState`:

```
var changeTaskState = function(todo){
 todo.attr('class', 'done');
 localStorage.removeItem(todo.attr('id'));
 window.setTimeout(function(){
  todo.remove();
 },1500);
};
```

Der Funktion wird das Listenelement übergeben, dessen Klasse auf `done` gesetzt und der entsprechende Eintrag aus dem Local Storage gelöscht. Nach einer kurzen Verzögerung von 1,5 Sekunden wird auch das Listenelement aus dem DOM-Baum gelöscht.

Diese Verzögerung nutzen Sie später dazu, das Element mit einer kleinen Animation elegant auszublenden. Die Funktion wird wieder mit einem EventListener aufgerufen:

```
$('#todo-liste').find('input[type=checkbox]).live('change', function(){
 var todo = $(this).parent().parent();
 changeTaskState(todo);
});
```

Der EventListener bezieht sich auf alle Checkboxen innerhalb der Liste `#todo-liste`. Sobald eine Veränderung eintritt, also ein `change`, ruft dieser die Funktion `changeTaskState` auf.

Ihre WebApp kann nun bereits Aufgaben anlegen und abhaken bzw. sie löschen. Sobald Sie die App schließen und erneut aufrufen, ist die Liste aber leer. Sie müssen also beim App-Start die Einträge aus dem Local Storage auslesen und sie der Liste hinzufügen:

```
$(function(){
 if(localStorage.length > 0) {
  for(id in localStorage) {
   $('#todo-liste').append('<li id="'+ id +'">'+localStorage[id]+'</li>');
  }
 }
 $('#todo-liste').find('li').prepend('<input type="checkbox">').wrapIn-
ner('<label></label>');
});
```

Der bekannte Zepto-Rumpf `$(function(){ … });` sorgt dafür, dass die Funktion ausgeführt wird, sobald die WebApp und die Zepto-Bibliothek geladen sind. Es wird überprüft, ob überhaupt Einträge vorhanden sind, also ob die WebApp schon einmal gestartet worden ist und To-dos angelegt worden sind. Ist dies der Fall, werden die Einträge ausgelesen und der Liste `#todo-liste` angehängt. Nachdem die Liste befüllt worden ist, wird allen Einträgen noch ein `checkbox`-Element vorangestellt.

Im Prinzip sind Sie jetzt fertig (siehe die Abbildungen 7.11). Sie haben eine vollständige To-do-App erstellt, die, wenn Sie einmal komplett in den Speicher des Geräts geladen worden ist, unabhängig von einer Internetverbindung funktioniert. Die To-do-App speichert zudem Aufgaben auf dem Gerät, bietet die Möglichkeit, Dinge abzuhaken, und vergisst auch beim Beenden keine To-dos. Als Perfektionist wollen Sie dem Nutzer aber ein besonderes Erlebnis bereiten: Wie bereits erwähnt, sollen die Listeneinträge beim Abhaken mit einer kleinen Animation »aus der Liste fliegen«, bevor sie gelöscht werden.

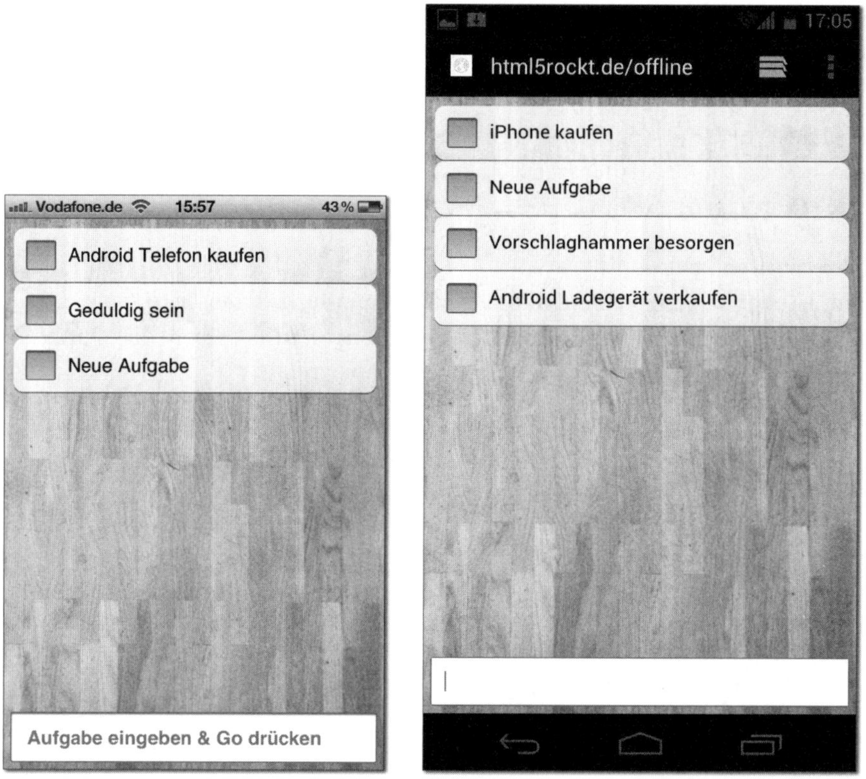

Abbildung 7.11 Ihre fertige To-do-App unter iOS (links) und unter Android (rechts).

7.3.3 Funktionsbezogene Animation

Genau für solche Effekte verwenden Sie, wie gewohnt, CSS3-Animationen. Ihre erledigte Aufgabe soll beim Abhaken nach rechts aus dem Gerät geschoben werden und verschwinden (siehe Abbildung 7.12). Damit dies etwas realistischer aussieht, nimmt das Element erst etwas »Anlauf«, macht also eine kleine Bewegung nach links, bevor es aus dem rechten Bildschirmrand verschwindet. Legen Sie hierzu, wie in Kapitel 4, »HTML5 als Designwerkzeug«, beschrieben, einen Keyframe-Satz an:

```
@-webkit-keyframes erledigt {
 0% {
  -webkit-transform: translateX(0);
 }
 20% {
  opacity: 1;
  -webkit-transform: translateX(-20px);
 }
 100% {
```

```
  opacity: 0;
  -webkit-transform: translateX(2000px);
 }
}
```

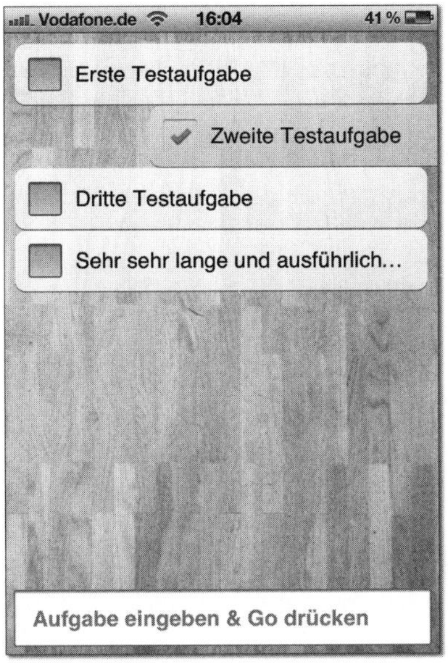

Abbildung 7.12 Ein kurzer Ausschnitt der Animation beim Abhaken einer Aufgabe

Den Keyframe-Satz verknüpfen Sie jetzt mit der Klasse done, also mit den abgehakten Listenelementen:

```
li.done {
 right: 0;
 left: 0;
 background-color: #0c0;
 position: relative;
 -webkit-animation-name: erledigt;
 -webkit-animation-duration: 1s;
 -webkit-animation-timing-function: linear;
 -webkit-animation-fill-mode: forwards;
}
```

Probieren Sie ein bisschen herum, bis Sie die richtige Animationsdauer und Beschleunigungskurve erreicht haben. Länger als 1,5 Sekunden sollte Ihre Animation aber nicht dauern, da dann das Element per JavaScript gelöscht wird. Ist Ihre Animation kürzer als 1,5 Sekunden, kann es passieren, dass das Element in seinen

Ursprungszustand zurückspringt – dies verhindern Sie mit `-webkit-animation-fill-mode: forwards`.

7.3.4 Zusätzliche EventHandler

Bestimmt sind Sie schon fleißig dabei, Aufgaben anzulegen und abzuhaken. Ihnen ist mit Sicherheit schon das ständige Hoch- und Herunterfahren der Bildschirmtastatur aufgefallen: Auch wenn die Tastatur sichtbar ist, können Sie durch die Liste scrollen und Aufgaben abhaken – dies führt zu unerwünschten Effekten und einem ständigen Springen in der Liste. Um dies zu verhindern, soll ein Antippen der Liste den Eingabemodus sofort beenden:

```
$('#add').find('input[name=add-task]').on('focus', function(){
 $('#todo-liste').on('touchstart', function(){
  $('#add').find('input[name=add-task]').blur();
  $('#add').submit();
 });
}).on('blur', function(){
 $('#todo-liste').off('touchstart');
 $('#add').submit();
});
```

Sie definieren per Zepto einen EventListener, der feststellt, ob der Fokus auf dem Eingabefeld liegt und damit auch die Tastatur sichtbar ist. Ist dies der Fall, wird wiederum die Liste mit einem EventListener verknüpft: Eine einfache Fingerberührung, also ein `touchstart` reicht, um dem Eingabefeld per `.blur()` den Fokus zu entziehen und die Tastatur verschwinden zu lassen.

In den folgenden Nutzertests werden Sie feststellen, dass sich Ihre WebApp nun viel flüssiger und frustrationsfreier bedienen lässt. Es sind genau solche Details, die gute von großartigen WebApps unterscheiden. Achten Sie daher so früh wie möglich auf alle etwaigen Irritationen und Fehlberührungen – bevor Sie sich an sie gewöhnen.

Ähnliches gilt für das Eingabefeld: Damit Sie es richtig fokussieren können, müssen Sie es »anklicken«, also das Feld berühren, den Finger für einige Millisekunden dort ruhen lassen und es anschließend loslassen. Mit dem folgenden EventListener machen Sie das Feld etwas empfindlicher:

```
$('#add').on('touchstart', function(){
 $(this).find('input[name=add-task]').trigger('click');
});
```

Sobald der Finger nun das Formular berührt, wird mit der Funktion `.trigger()` ein Klick ausgelöst, also der Eingabemodus aufgerufen. Es ist nur ein Detail, aber es wird die Benutzung Ihrer WebApp merklich beschleunigen.

Achten Sie bei der WebApp-Erstellung stets auf solche kleinen Stolpersteine. Fallen Ihnen vielleicht noch andere auf?

7.4 Checkliste zum Überprüfen der Offline-Fähigkeit einer WebApp

Jetzt sind Sie schon ein echter Offline-Profi. Als kleine Hilfe haben wir Ihnen im Folgenden eine kleine Checkliste zusammengestellt, die Ihnen dabei helfen soll, Ihre WebApp offline-sicher zu machen:

1. **Dateien komprimieren**
   Sind alle Bilder und Skripte so weit komprimiert wie möglich? Je kleiner die Dateien sind, desto kürzer ist die Ladezeit Ihrer WebApp.
2. **Weniger ist mehr**
   Je weniger Dateien Sie verwenden, desto weniger Anfragen muss der Webserver verarbeiten. Je weniger Anfragen der Server wiederum verarbeiten muss, desto weniger Dateien können unterwegs verloren gehen.
3. **Cache-Manifest anlegen**
   Fassen Sie alle benötigten Dateien im Cache-Manifest zusammen. Achten Sie darauf, nicht mehr benötigte Dateien aus der Liste zu streichen, um den Zwischenspeicher Ihres Geräts nicht unnötig zu belasten – auch dies hat Auswirkungen auf die Geschwindigkeit der WebApp.
4. **MIME-Type festlegen**
   Haben Sie bereits eine entsprechende *.htaccess*-Datei angelegt und darin den MIME-Type festgelegt?
5. **Cache-Manifest verlinken**
   Haben Sie bereits die Cache-Manifest-Datei mit dem HTML-Dokument verlinkt?
6. **Benutzereingaben**
   Werden die Benutzereingaben auf dem Server gespeichert? Ist es eventuell möglich, diesen durch einen Session oder Local Storage zu ersetzen?
7. **Funkloch**
   Was passiert im schlimmsten anzunehmenden Szenario, dem kompletten Verbindungsausfall? Gibt Ihre WebApp eine Fehlermeldung aus, falls Daten nicht geladen oder gespeichert werden können?

Kapitel 8
WebApps mit Frameworks entwickeln

Sie haben nun bereits eine Menge gelernt und vielleicht schon das eine oder andere Kapitel auf ein konkretes Projekt angewendet. Auch wenn Sie schon Routine im Umgang mit HTML5, Benutzeroberflächen, Gestaltungen und Co. haben – geht das nicht irgendwie schneller? Immer diese Button-Gestaltungen, immer alle Elemente für die Touch-Bedienung optimieren – dafür muss es doch auch einen einfacheren Weg geben! Besonders weil Ihre WebApp auf einem iPhone schon gut funktioniert und auch das Look and Feel einer nativen App perfekt imitiert. Auf einem Android-Gerät sieht der iOS-Style aber wenig nativ aus. Hinzu kommen noch die verschiedenen Bildschirmgrößen, die Sie zwar bisher hervorragend in den Griff bekommen haben, jedoch mit einigem Aufwand.

Als WebApp-Entwickler sind Sie, wenn Sie genauso menschlich sind wie wir, ein fauler Charakter. Sie möchten nichts doppelt machen, Sie möchten auch nicht Ihre App für alle Geräte manuell anpassen müssen, sondern Sie möchten vor allem eins: effektiv und schnell eine hochwertige WebApp entwickeln, gestalten und veröffentlichen – in zwei Worten: jQuery Mobile.

8.1 Entwicklung einer WebApp mit jQuery Mobile

jQuery Mobile ist ein Interface-Framework, das Ihnen dabei hilft, die Bedienoberfläche, wie z. B. Kopfzeilen, Fußzeilen, Buttons, Listen, Auswahlboxen, Slider u. v. m., einfach und schnell in Ihre WebApp zu implementieren. Dabei ist die Gestaltung dieser Elemente bereits für sämtliche Plattformen (iOS, Android, BlackBerry, Windows Phone und weitere), aber auch für alle Bildschirmgrößen von Tablets und diversen Smartphones optimiert.

Zusätzlich organisiert jQuery Mobile für Sie Ihre einzelnen Unterseiten und Bereiche und animiert deren Übergänge. Damit nimmt Ihnen das Framework die Arbeit für das Interface nahezu komplett ab, und Sie können sich voll und ganz dem eigentlichen Kern Ihrer WebApp widmen: der Funktionalität.

jQuery Mobile ist ein recht junges Framework. Die erste Version außerhalb der Betaphase erschien im November 2011. Das Framework wird jedoch stetig und in kurzen Intervallen verbessert. Eine Zepto-Version von jQuery Mobile ist im Moment noch nicht geplant.

Beachten Sie

jQuery Mobile unterstützt Sie lediglich bei der Erstellung von Interface und Navigation. Komplexe Funktionalitäten innerhalb einer Seite, wie z. B. die Implementierung einer Google-Karte oder das Auslesen eines Flickr-Bildes, müssen Sie nach wie vor selbst programmieren. Die gute Nachricht: Wenn Sie diese Zeilen lesen, wissen Sie bereits, wie man all das umsetzt. Zudem benötigen Sie einen Webserver, ob lokal via XAMPP oder auf einem Webspace, damit jQuery Mobile korrekt funktioniert.

8.1.1 Zum Heiteren Hering – ein Fischrestaurant als WebApp

Machen wir uns nichts vor: Sie lieben Aquarien. Diese großen blauen Wasserwelten, in denen viele verschiedene Fischarten, teils schimmernd in den schillerndsten Farben, geradezu hypnotisch und beruhigend ihre Bahnen ziehen. Besonders die ersten Kapitel dieses Buches haben bei Ihnen die Vorliebe für Fische nur noch verstärkt.

Welch glücklicher Zufall: Ihr Kunde für die nächste WebApp ist ein Fischrestaurant namens *Zum Heiteren Hering*. Sein Besitzer, Herr Mattis Mattisen, ist ein ungewöhnlicher Charakter: er liebt die Nordsee, das Web, HTML5 und sein Smartphone. Für sein Restaurant würde er auch gerne diese neuen Technologien einsetzen. Allerdings hat er von der Entwicklung von WebApps keine Ahnung (warum auch, wenn der Fisch frisch auf den Teller kommt), weshalb er Sie dazu engagiert, eine WebApp für sein Restaurant zu entwickeln.

Die WebApp besteht dabei aus insgesamt vier Rubriken. Dies sind:

- eine Startseite, die den Benutzer mit einem Foto des Restaurants begrüßt
- eine Menükarte als Übersicht und zu jedem Gericht eine Detailseite mit weiteren Informationen dazu
- eine Seite mit einer Karte, die automatisch die Route von Ihrem aktuellen Aufenthaltsort zum Restaurant anzeigt
- eine Kontaktseite, um mithilfe eines Formulars Feedback zum Restaurant oder eine Reservierung zu hinterlassen (die Anfrage wird automatisch an die E-Mail-Adresse von Herrn Mattisen gesendet)

Herr Mattisen erwähnte außerdem in einem ersten Gespräch, dass viele seiner Freunde unterschiedliche Smartphones besäßen und die WebApp auch auf einem Tablet gut aussehen müsse.

Sie merken: Das riecht nicht nur nach Fisch, sondern vor allem nach einer Entwicklung mithilfe von jQuery Mobile. Also, los geht's!

8.1.2 Die Startseite

Die Startseite des Restaurants ist relativ einfach aufgebaut (siehe Abbildung 8.1). Sie begrüßen den Fischliebhaber mit einem Foto des Restaurants und einem Text mit passender Schriftart. Im unteren Teil schließt sich die Navigationsleiste an, mit der der Nutzer zwischen den einzelnen Rubriken hin- und herwechseln kann.

Abbildung 8.1 So wird später die Startseite auf einem iPhone (links) und unter Android (rechts) aussehen.

jQuery Mobile in Ihr Projekt einbinden

Sie starten, wie gewohnt, mit den folgenden Grundlagen:

```
<!DOCTYPE html>
<html>
<head>
 <title>Zum heiteren Hering - Kantine des Aquariums</title>
 <meta http-equiv="Content-Type" content="text/html; charset=UTF-8"/>

 <!-- Einbindung von jQuery Mobile -->
 <link rel="stylesheet" href="http://code.jquery.com/mobile/1.3.0/jquery.
mobile-1.3.0.min.css" />
 <script src="http://code.jquery.com/jquery-1.9.1.min.js"></script>

 <script src="http://code.jquery.com/mobile/1.3.0/jquery.mobile-1.3.0.min.
js"></script>
```

```
  <!-- Einstellungen zur Defintion als WebApp -->
  <meta name="apple-mobile-web-app-capable" content="yes" />
  <meta name="viewport" content="width=device-width, initial-scale=1,
  maximum-scale=1">

  <link rel="apple-touch-icon-precomposed" href="bilder/icon-ipad.png" sizes=
  "72x72" />
  <link rel="apple-touch-icon-precomposed" href="bilder/icon-iphone-
  retina.png" sizes="114x114" />
  <link rel="apple-touch-icon-precomposed" href="bilder/icon-ipad-retina.
png" sizes="144x144" />
  <link rel="apple-touch-icon-precomposed" href="bilder/icon-iphone.png" />

  <!-- weitere Stile -->
  <link rel="stylesheet" href="styles/styles.css" />
</head>
<body>

</body>
</html>
```

Listing 8.1 Das bereits bekannte HTML-Grundgerüst mit Icon und Stildefinitionen

Neu ist für Sie lediglich die Einbindung von jQuery Mobile. Die anderen Parameter kennen Sie bereits aus früheren Kapiteln. Da die Website nicht offline verfügbar sein muss, binden Sie die jQuery Mobile-Komponenten direkt von den jQuery-Servern ein.

Versionen

Für dieses Beispiel setzen Sie jQuery Mobile in der Version 1.3.0 ein. Je nach Weiterentwicklung steht eventuell schon eine neue Version zur Verfügung. Die aktuellen Adressen finden Sie unter *http://jquerymobile.com/download/*.

Zunächst laden Sie das jQuery Mobile-CSS:

```
<link rel="stylesheet" href="http://code.jquery.com/mobile/1.3.0/jquery.
mobile-1.3.0.min.css" />
```

Als Nächstes folgt die Einbindung von jQuery:

```
<script src="http://code.jquery.com/jquery-1.9.1.min.js"></script>
```

Zuletzt folgt der Code, der die spezifischen jQuery Mobile-Funktionen bereitstellt:

```
<script src="http://code.jquery.com/mobile/1.3.0/jquery.mobile-1.3.0.min.
js"></script>
```

Das war's schon! Jetzt widmen Sie sich dem Inhalt.

Seiten in jQuery Mobile

Jedes jQuery Mobile-Projekt, ebenso wie jede Website, ist in Seiten unterteilt, wie z. B. KONTAKT, PROFIL und LEISTUNGEN. Seitenwechsel werden von jQuery Mobile automatisch animiert. Sie definieren eine Seite in jQuery Mobile mithilfe eines speziellen div-Containers, der folgendermaßen aufgebaut ist:

```
<div data-role="page" id="startseite">
 <div data-role="content">
 </div><!-- /content -->
</div><!-- /page -->
```


Durch das Attribut data-role mit dem Wert page teilen Sie jQuery Mobile mit, dass es sich hierbei um eine Seite handelt. Zusätzlich vergeben Sie eine eindeutige ID mit dem Wert startseite, um die Seite später eindeutig zuordnen zu können.

Innerhalb des div-Containers befindet sich ein weiterer Container mit dem Wert content für das Attribut data-role. Generell werden innerhalb einer jQuery Mobile-WebApp sämtliche Inhaltstypen und Definitionen über das Attribut data-role festgelegt. Dies wird Ihnen also noch häufiger begegnen.

Den Inhalt einer Seite platzieren Sie innerhalb des content-Containers.

Alles in eine Seite?

Sie haben zwei Möglichkeiten, um Ihre Seite innerhalb einer jQuery-WebApp zu organisieren. Entweder legen Sie für jede neue Seite auch eine neue HTML-Datei an, oder Sie definieren alle Seiten innerhalb einer einzigen HTML-Datei. Sie können dabei so viele Seiten (div-Container mit dem Wert page des data-role-Attributs) in einer HTML-Datei anlegen wie Sie möchten. Da Ihre WebApp darauf ausgelegt ist, zum Home-Bildschirm hinzugefügt zu werden, und dies bei Vorliegen von mehreren Dateien zu Problem führen kann, empfehlen wir Ihnen in diesem Kapitel, alle Seiten in einer HTML-Datei anzulegen. Um die HTML-Datei trotzdem übersichtlich zu gestalten, sollten Sie auskommentierte Codeblöcke einfügen, die als eine Art Trenner fungieren. Wir haben gute Erfahrung mit einer hohen Anzahl an Rautensymbolen (#) als Trenner gemacht; ein Trenner könnte also folgendermaßen aussehen:

```
<!--
############################################################
neue Seite
############################################################
-->
```

Inhaltsgestaltung, Typografie und Bilder

Neben etwas Text möchte Herr Mattisen auch ein Foto des Restaurants auf der Startseite präsentieren. Für dieses Beispiel verwenden Sie wieder ein Bild aus dem Creative Commons-Archiv von Flickr (*http://www.flickr.com/creativecommons/*); diese Bilder dürfen größtenteils, unter Angabe des Autors, kommerziell eingesetzt werden. Wir haben uns für ein Bild des Flickr-Benutzers *prayitno* entschieden. Setzen Sie das Bild und etwas Text im `content`-container ein (siehe Abbildung 8.2):

```
<div data-role="page" id="startseite">
 <div data-role="content">
  <img src="bilder/restaurant.jpg" class="schatten" />
  <h1>Ahoi & herzlich willkommen beim Heiteren Hering</h1>
  <p>Der Heitere Hering ist das älteste Fischrestaurant in ganz Deutschland
  und versorgt Sie nach Ihrem Besuch des nahegelegen Aquariums mit den besten
  Fischspezialitäten. Keine Angst, die Fische stammen nicht aus dem Aquarium.
  </p>
  <p>Benutzen Sie die untere Leiste, um mehr über unser Restaurant zu erfahren,
  die Speisekarte aufzurufen oder uns zu kontaktieren.
  Wir freuen uns auf Ihren Besuch.
  </p>
 </div><!-- /content -->
</div><!-- /page -->
```

Listing 8.2 Ein Bild und etwas Text als Inhalt für die Startseite

Abbildung 8.2 Die Startseite ohne jegliche Anpassungen

Damit das Bild auf einem Tablet in voller Pracht und auf einem Smartphone nicht zu groß angezeigt wird, legen Sie die Breite des Bildes mithilfe der CSS-Klasse `bild_schatten` in der Datei *styles.css* auf 95 % fest. Die Höhe wird automatisch berechnet, um eine Verzerrung zu vermeiden. Um die Darstellung des Bildes etwas aufzulockern, fügen Sie außerdem einen Schatten, einen Rahmen und eine leichte Drehung hinzu.

```
.bild_schatten {
 width:95%;
 height:auto;
 border:6px solid #fff;
 box-shadow: 0px 0px 5px rgba(50, 50, 50, 0.85);
 -webkit-transform:rotate(1deg);
}
```

Listing 8.3 Die Gestaltung eines Schattens für das Bild

Wie Sie merken, wird der Inhalt bereits in kleinen Teilen formatiert. Bei der Überschrift und dem Fließtext greift bereits das jQuery Mobile-CSS. Sie passen nun das CSS etwas an, um der WebApp mehr Charakter zu verleihen. Nachdem das angeschrägte Bild die Startseite schon etwas auflockert, möchten Sie zum einen ein Hintergrundmuster festlegen und zum anderen die Schriftart etwas maritimer gestalten. Für das Hintergrundmuster bietet die Webseite *http://www.subtlepatterns.com* eine umfangreiche Auswahl an reduzierten und wenig aufdringlichen Mustern, die Sie ebenfalls kommerziell einsetzen dürfen. Der Einsatz von solch einfachen und reduzierten Mustern lockert klinisch-weiße Hintergründe etwas auf. Aufgrund von Wasser und Co. entscheiden Sie sich für ein blaues Muster mit dem Namen *Blu Stripes* (*http://subtlepatterns.com/blu-stripes/*), laden es herunter, speichern es im Unterordner *bilder* ab und verknüpfen es letztendlich in Ihrer *styles.css*-Datei:

```
[data-role=page] {
 background-image: url(../bilder/blu_stripes.png);
}
```

Attribute sprechen Sie in CSS über den Einsatz von eckigen Klammern an. Damit wird jedem Element mit dem Attribut `data-role` und dem Wert `page` als Hintergrundbild das Muster *Blu Stripes* zugewiesen (siehe Abbildung 8.3).

Ah, schon viel besser. Spüren Sie die Seebrise und den Salzduft in der Luft?

Als Nächstes kümmern Sie sich um die Typografie, die im Moment noch zu charakterlos daherkommt. Hierbei helfen Ihnen wieder die Google Fonts (*http://www.google.com/fonts*). Herr Mattisen liebt geschwungene Schriften, weshalb Sie sich bei den Überschriften für *Leckerli One* entscheiden. Da stark geschwungene Schriften für Fließtexte in kleinen Schriftgrößen eher unleserlich sind, setzen Sie dafür die Schriftart *Noticia Text* ein.

Abbildung 8.3 Die Startseite mit Hintergrund und Schatteneffekt, angewendet auf das Bild

Verknüpfen Sie beide Schriften im head-Bereich der Website, direkt vor der Verlinkung Ihrer *styles.css*-Datei:

```
<!-- Google Fonts laden -->
<link href='http://fonts.googleapis.com/css?family=Leckerli+One' rel=
'stylesheet' type='text/css'>
<link href='http://fonts.googleapis.com/css?family=Noticia+Text' rel=
'stylesheet' type='text/css'>
<!-- weitere Stile -->
<link rel="stylesheet" href="styles/styles.css" />
```

Listing 8.4 Die Verknüpfung von Google Fonts und allgemeinen Stildefinitionen

Weisen Sie nun in der Datei *styles.css* die Schriftarten der Überschrift und des Inhaltstextes zu (siehe Abbildung 8.4):

```
[data-role=content] h1 {
 font-family: 'Leckerli One', cursive;
 font-weight: normal;
 color:#173b84;
 font-size:2em;
```

```
  line-height:1em;
  text-shadow: 1px 1px 0px rgba(255, 255, 255, 1);
  text-align:center;
}

[data-role=content] p, [data-role=content] li {
  font-family: 'Noticia Text', serif;
}
```

Listing 8.5 Überschrift und Fließtext mit den Webfonts gestalten

Beachten Sie auch hier die Definition über `data-role=content`. In jQuery Mobile finden Überschriften und Fließtexte nicht nur im Inhaltsbereich Verwendung. Daher sollten Sie die Gestaltung auf diesen Bereich beschränken. Neben der Schriftart legen Sie noch andere Eigenschaften wie Schriftfarbe und Schatten fest.

Abbildung 8.4 Die Startseite mit den Google Font-Schriftarten

Kopf- und Fußzeilen

jQuery Mobile bietet die Möglichkeit, Kopf- (dazu später mehr) und Fußzeilen zu definieren. Diese werden dabei automatisch immer am oberen oder unteren Bildschirmrand fixiert. Für die Startseite benötigen Sie eine Fußzeile, die nicht mitscrollt, immer an derselben Stelle steht und die Navigation beinhaltet. Sie definieren eine Fußzeile ebenfalls über das `data-role`-Attribut. Da die Fußzeile Bestandteil einer Seite ist, legen Sie diese unterhalb des `content`-Containers, aber innerhalb des `page`-Containers an:

```
<div data-role="footer" data-id="footernav" data-tap-toggle="false" data-posi-
tion="fixed" data-theme="b">
</div><!-- /footer -->
```

Neben dem Wert `footer` für das Attribut `data-role` legen Sie noch weitere Attribute fest, die die Eigenschaften der Fußzeile verändern:

- `data-tap-toggle="false"`
  Dieser Wert bestimmt, dass die Kopf- und Fußzeile bei einem Klick oder einer Berührung an irgendeiner Stelle der WebApp *nicht* ausgeblendet wird. Wenn Sie eine WebApp gestalten, bei der es wichtig ist, dass so viel Bildschirmfläche wie möglich sichtbar ist (wie z. B. bei einer Fotogalerie-App), können Sie dieses Attribut weglassen. Klicken Sie einfach auf eine leere Stelle innerhalb der Seite, und die Fußzeile wird ausgeblendet.
- `data-position="fixed"`
  Über den Wert `fixed` wird festgelegt, dass die Fußleiste immer über dem Inhalt liegt und sich beim Scrollen nicht mitbewegt. Wenn Sie diese Definition weglassen, wird die Fußleiste einfach an das untere Ende der Seite angesetzt. Für die WebApp des heiteren Herings wäre dies allerdings schlecht, da im schlimmsten Fall bei viel Inhalt die Fußleiste, und damit auch die Navigationsleiste nicht sichtbar wären.
- `data-theme="b"`
  jQuery Mobile kommt von Haus aus mit fünf verschiedenen Stilen (Themes) für die Gestaltung aller Elemente daher, die sich hauptsächlich in der Farbigkeit unterscheiden und mit den Buchstaben `a` bis `e` definiert werden. Sie können auch eigene Themes entwerfen und einsetzen, doch dazu in Abschnitt 8.1.7 mehr. In diesem Fall verwenden Sie Theme `b`, bei dem alle Elemente in einen schönen Blauton getaucht werden.

Im Moment ist die Fußleiste nicht sichtbar, weil sie noch keinen Inhalt enthält. Dies ändern Sie nun mit dem Einsatz der Navigationsleiste.

Die Navigationsleiste innerhalb der Fußzeile

jQuery Mobile beinhaltet bereits vordefinierte Stile für Navigationsleisten. Dies ist praktisch, weil es Ihnen im Endeffekt eine Menge Zeit bei der Gestaltung einspart.

In einer Navigationsleiste werden maximal fünf Elemente in einer Reihe angezeigt. Übersteigen sie diese Zahl, wird die Navigationsleiste in zwei Zeilen ausgeben. Das Schöne ist, dass die Buttons automatisch auf die verfügbare Bildschirmbreite skaliert werden. So wird die verfügbare Fläche immer optimal ausgenutzt. Auch die Navigationsleiste legen Sie über das `data-role`-Attribut fest. Der entsprechende Attributwert heißt `navbar`. Zusätzlich weisen Sie der Navigationsleiste Theme `b` zu. Sie wissen schon, die Farbe Blau wegen Wasser und so (siehe Abbildung 8.5).

```
<div data-role="navbar" data-theme="b">
 <ul>
  <li><a href="#menue" data-icon="star" data-transition="fade">MENÜ</a>
  </li>
  <li><a href="#anfahrt" data-icon="star" data-transition="fade">
  ANFAHRT</a></li>
  <li><a href="#kontakt" data-icon="star" data-transition="fade">KONTAKT
  </a></li>
 </ul>
</div><!-- /navbar -->
```

Listing 8.6 Die Navigationsleiste

Abbildung 8.5 Die Menüleiste mit Sternen als Icons

Innerhalb der Navigationsleiste gestalten Sie die Navigationselemente in Form einer ungeordneten Liste `ul`. Jedes Listenelement und der darin enthaltene Link werden automatisch von jQuery Mobile umgestaltet. Die Linkziele geben Sie in Form einer Raute mit dem dazugehörigen Menüpunkt an.

Sonderzeichen – das ewige Thema

Mittlerweile hat sich die Welt an Sonderzeichen, wie z. B. Umlaute und Währungssymbole, gewöhnt. Wir empfehlen Ihnen aber trotzdem, auf Nummer sicher zu gehen, und bei Verlinkungen (die letztendlich eine ID ansprechen) auf Sonderzeichen zu verzichten. Deshalb benennen Sie hier das Linkziel des Navigationspunktes Menü in `#menue` um.

Schauen Sie sich einen der Links etwas genauer an. Auch hier finden Sie Attribute und Klassen, die jQuery Mobile-spezifisch sind und die wir Ihnen im Folgenden erläutern:

- `data-icon="star"`
  Zum Lieferumfang von jQuery Mobile gehören nicht nur Farbdefinitionen, sondern auch ein kleines Icon-Sets, mit denen Sie Buttons und Links anreichern können (siehe Abbildung 8.6). Sie legen ein Icon über das `data-icon`-Attribut fest. Als Attributwerte stehen die folgenden Optionen standardmäßig zur Verfügung: `bars`, `edit`, `arrow-r`, `arrow-l`, `arrow-u`, `arrow-d`, `delete`, `plus`, `minus`, `check`, `gear`, `refresh`, `forward`, `back`, `grid`, `star`, `alert`, `info`, `home`, `search`.

Abbildung 8.6 Die Standard-Icons von jQuery Mobile in Theme b

- `data-transition="fade"`
  Über das `data-transition`-Attribut können Sie den Effekt konfigurieren, der beim Seitenwechsel verwendet wird. Neben einer einfachen Überblendung (`fade`) stehen Ihnen noch die folgenden Effekte zur Verfügung: `fade`, `pop`, `flip`, `turn`, `flow`, `slidefade`, `slide`, `slideup`, `slidedown`, `none`. Beachten Sie, dass manche Effekte nicht in allen Browsern unterstützt werden und teilweise performanceintensiv sind. Am besten, Sie experimentieren mit den Effekten auf dem jeweiligen Endgerät. Nur so können Sie sicher sein, dass die WebApp gut benutzbar ist. Ein Effekt, der in einem Desktopbrowser flüssig abläuft, kann auf einem Smartphone zur Ruckelpartie werden.

Herzlichen Glückwunsch! Sie haben mit minimalem Aufwand eine Fuß- und Navigationsleiste erstellt! Allerdings sind Sie Perfektionist und stören sich etwas an dem Stern-Icon bei den einzelnen Links der Navigation (siehe Abbildung 8.5). Ein Stern? Warum denn ein Stern? Hier geht's um ein Restaurant, nicht um eine Sternenwarte. Andere Icons müssen her. Das Problem: Im Standard-Icon-Set von jQuery Mobile sind keine passenden Symbole enthalten. Sie brauchen aber etwas, das MENÜ, ANFAHRT und KONTAKT kommuniziert, mit anderen Worten: Messer und Gabel, einen Kartenmarker, sowie einen Briefumschlag.

jQuery Mobile bietet die Möglichkeit, eigene Icons zu verwenden. Zunächst müssen Sie für ein optimales Ergebnis die Icons in Weiß und im PNG-Format mit transparentem Hintergrund in der Größe 36 × 36 Pixel anlegen. Der Kreis- und Schatteneffekt wird automatisch von jQuery Mobile hinzugefügt. Obwohl die Icons im Endeffekt nur in einer Größe von 18 × 18 Pixeln dargestellt werden, empfehlen wir Ihnen, die Icons in der doppelten Größe anzulegen. So erscheinen diese auf hochaufgelösten Bildschirmen, wie die des iPhones oder des iPads mit Retina-Bildschirm, aber auch auf aktuellen Android-Geräten wesentlich schärfer. Für eine große Anzahl an Icons, die Sie unter Nennung des Autors auch kommerziell einsetzen dürfen, lohnt sich ein Blick auf die Website *www.thenounproject.com*. Hier können Sie alle Icons kostenlos im Vektorformat herunterladen und sie somit einfach in Weiß umfärben. Möchten Sie ein Icon in einem kommerziellen Projekt verwenden, wird eine Minigebühr von 1,99 US-Dollar fällig. Ein wirklich sehr guter Preis für ein schönes Icon. Um Ihnen die Arbeit etwas zu erleichtern, haben wir Ihnen bereits die benötigten Icons erstellt. Diese finden Sie auf der beiliegenden DVD.

Damit Sie die Icons nun verwenden können, bedarf es noch drei kleiner Schritte: Als Erstes benennen Sie die Icon-Dateien um. Der Dateiname des Icons besteht immer aus dem Anfangsteil app-icon-. Daran schließt sich eine Bezeichnung an, die Sie selbst wählen können und über die Sie später das Icon einbinden, in Ihrem Fall z. B. anfahrt. Schließlich folgt noch der Zusatz highres, da es sich um ein hochaufgelöstes Retina-Icon handelt. Die kompletten Dateinamen sehen damit wie folgt aus:

```
app-icon-menue-highres.png
app-icon-anfahrt-highres.png
app-icon-kontakt-highres.png
```

Speichern Sie die Icons in einem Unterordner namens *bilder*. In Schritt zwei ergänzen Sie nun die Datei *styles.css* um die folgenden Klassen:


```
.ui-icon-menue {
 background-image: url("../bilder/app-icon-menue-highres.png");
  background-size: 18px 18px;
}
.ui-icon-anfahrt {
 background-image: url("../bilder/app-icon-anfahrt-highres.png");
  background-size: 18px 18px;
}
.ui-icon-kontakt {
 background-image: url("../bilder/app-icon-kontakt-highres.png");
 background-size: 18px 18px;
}
```

Listing 8.7 Austausch der Icons in der Navigationsleiste

Beachten Sie, dass auch in der Klassenbezeichnung neben der Formulierung .ui icon- die von Ihnen in den Dateinamen festgelegte Bezeichnung Verwendung findet. Innerhalb der Klassen verknüpfen Sie jeweils die richtige Icon-Datei und setzen deren Größe auf 18 × 18 Pixel. Das Bild wird von jQuery Mobile als Hintergrundbild definiert, weshalb Sie die Größenanpassung über die Definition background-size festlegen.

Als letzten Schritt binden Sie nun das richtige Icon ein. Ersetzen Sie einfach star durch die von Ihnen festgelegte Bezeichnung. Im Großen und Ganzen sollte Ihr Code nun wie folgt aussehen:

```
<div data-role="navbar" data-theme="b">
 <ul>
  <li><a href="#menue" data-icon="menue" data-transition="fade">MENÜ</a>
  </li>
  <li><a href="#anfahrt" data-icon="anfahrt" data-transition="fade">
  ANFAHRT</a></li>
  <li><a href="#kontakt" data-icon="kontakt" data-transition="fade">KONTAKT
```

```
    </a></li>
  </ul>
</div><!-- /navbar -->
```

Listing 8.8 Die komplette Navigationsleiste

Damit sind Sie mit der Startseite fertig und haben bereits das Grundgerüst für die weiteren Seiten erstellt (siehe Abbildung 8.7). Sehr gut!

Abbildung 8.7 Die fertige Startseite mit allen Elementen auf dem iPhone und unter Android

8.1.3 Kurze Kaffeepause – ein Blick hinter die Kulissen von jQuery Mobile

Bevor Sie mit den anderen Seiten loslegen, erklären wir Ihnen, wie genau Seitenaufrufe unter jQuery Mobile funktionieren und was genau geladen wird. Sie wissen bereits, dass eine HTML-Datei mehrere App-Seiten beinhalten kann. Wir hatten bereits angerissen, dass Sie Ihre Seiten auch in unterschiedliche HTML-Dateien auslagern könnten. Für die Übersichtlichkeit wäre dies vielleicht besser; allerdings würde es gleichzeitig auch den Pflegeaufwand infolge von Änderungen wesentlich erhöhen: Wenn Sie mehrere HTML-Dateien verwenden und auf diese innerhalb Ihrer WebApp verlinken, lädt nun jQuery Mobile nicht die komplette HTML-Seite nach, sondern lediglich den Inhalt des `page`-Containers sowie den Inhalt des `title`-Tags. Die restlichen Tags, wie z. B. Stylesheet-Verknüpfungen und Co., werden ignoriert. Nehmen wir nun an, ein Benutzer ruft Ihre WebApp auf, navigiert zu einer Unterseite und fügt die WebApp schließlich zum Startbildschirm hinzu. Da als Adresse dieser Verknüpfung die aktuelle Seite gespeichert wird, müssten Sie somit in jeder HTML-Datei den kompletten head-bereich angeben, damit die Anzeige korrekt ist; dies wäre etwas ungünstig, wenn Sie z. B. die Schriftart ändern wollten. Denn dann müssten Sie jede HTML-Datei anpassen, was nicht nur nervig ist, sondern auch zu Fehlern führen kann.

Indem Sie alle Seiten in einer Datei anlegen, umgehen Sie dieses Problem. Egal, wo der Benutzer sich befindet und die WebApp zum Startbildschirm hinzufügt, alle Stylesheet und JavaScript-Verlinkungen werden stets mitgeladen und somit alles korrekt angezeigt.

Im weiteren Verlauf des Kapitels werden Sie also alle weiteren Seiten unterhalb der soeben erstellten Startseite innerhalb einer HTML-Datei anlegen. Denken Sie daran Trennungskommentare einzufügen, um so die Übersichtlichkeit der Datei zu erhöhen. Kaffee ausgetrunken? Dann kann es ja weitergehen.

8.1.4 À la Carte – die Menüseite

Herr Mattis Mattisen ist stolz auf seine breit gefächerte Menüauswahl. Ob großer Fisch oder kleiner Fisch, ob gebraten oder frittiert – beim Heiteren Hering wird jeder satt. Die Menükarte ist neben dem Preis das entscheidende Kriterium für die Auswahl eines Restaurants. Sie haben die hervorragende Idee, das Menü in einer Art Liste auszugeben (siehe Abbildung 8.8). Diese Liste beinhaltet ein Bild des Gerichts, dessen Namen und eine kurze Beschreibung. Wählt der Benutzer ein Gericht aus, schiebt sich von der Seite die Detailseite hinein. Dieses *Master-Detail-Prinzip* kennen Sie bereits aus nativen Apps, wie z. B. der Kontakte-App auf dem iPhone.

Duplizieren Sie nun zunächst den Code Ihrer Startseite:

```
<!-- Startseite Seite -->
<div data-role="page" id="startseite">
... (aus Platzgründen haben wir hier den Inhalt gekürzt)
</div><!-- /page -->
```

und fügen Sie ihn, inklusive eines Trenners, unterhalb der Startseite wieder ein. Benennen Sie zusätzlich die ID des page-Containers in menue um.

```
<!--
##############################################################
neue Seite
##############################################################
-->

<!-- Menue Seite -->
```

```
<div data-role="page" id="menue" >
... (aus Platzgründen haben wir hier den Inhalt gekürzt)
</div><!-- /page -->
```

Listing 8.9 Das Einfügen einer neuen Seite

Auf den Unterseiten möchten Sie zusätzlich noch eine Kopfzeile (header) einbauen, die den Titel der Rubrik anzeigt und eine Möglichkeit bietet, zurück zur Startseite zu gelangen. Ergänzen Sie dabei den folgenden Code oberhalb von <div data-role="content">:

```
<div data-role="header" data-theme="b" data-position="fixed" data-tap-toggle=
"false" >
 <a href="#startseite" data-role="button" data-icon="home" data-iconpos=
 "notext">Dieser Text wird nicht angezeigt</a>
 <h1>Unser Menü</h1>
</div>
```

Listing 8.10 Hinzufügen einer Kopfzeile

Im header-Container ordnen Sie wieder Theme b zu, das einer blauen Färbung entspricht. Auch für den Link des HOME-Buttons verwenden Sie verschiedene Attribute, um das Aussehen und Verhalten des Buttons zu beeinflussen:

- data-role="button"
  Der Link wird als Button dargestellt.
- data-icon="home"
  Das data-icon-Attribut kennen Sie schon von der Erstellung der Navigationsleiste. In diesem Fall verwenden Sie den Wert home. So wird ein kleines Haus angezeigt, das dem Benutzer die Startseite signalisiert.
- data-iconpos="notext"
  Über das Attribut data-iconpos mit dem Wert notext legen Sie fest, dass lediglich das Icon, nicht aber der Text angezeigt wird. Dies ist besonders auf kleinen Bildschirmen sinnvoll, da sonst Button und Titel in der Kopfzeile nicht komplett dargestellt werden könnten.

Damit der Benutzer ein visuelles Feedback dazu erhält, in welcher Rubrik er sich gerade befindet, ergänzen Sie außerdem noch die CSS-Klasse ui-btn-active in der Navigation, die den Menüpunkt leicht erhellt darstellt. Die gesamte Fußzeile sieht damit folgendermaßen aus:

```
<div data-role="footer" data-id="footernav" data-tap-toggle="false"
data-position="fixed" data-theme="b">
 <div data-role="navbar" data-theme="b">
  <ul>
```

```
    <li><a href="#menue" data-icon="menue" data-transition="fade"
    class="ui-btn-active">MENÜ</a></li>
    <li><a href="#anfahrt" data-icon="anfahrt" data-transition="fade">ANFAHRT</
    a></li>
    <li><a href="#kontakt" data-icon="kontakt" data-transition="fade">KONTAKT</
    a></li>
  </ul>
 </div><!-- /navbar -->
</div><!-- /footer -->
```

Listing 8.11 Die Fußzeile der Menüseite

Abbildung 8.8 So sieht Ihre Menüliste schließlich auf dem iPhone (links) und unter Android (rechts) aus.

Eine Liste in jQuery Mobile

Sie gestalten eine Liste in jQuery Mobile wie in jeder anderen HTML5-Webseite über die Elemente `ul` und `ol`. Damit die Liste von jQuery Mobile korrekt formatiert wird, müssen Sie das altbekannte `data-role`-Attribut hinzufügen. Platzieren Sie den folgenden Code innerhalb des `div`-Elements `data-role="content"`:

```
<ul id="gerichteliste" data-role="listview">
 <li>Ein Element in einer Liste</li>
 <li>Ein weiteres Element in einer Liste</li>
</ul>
```

Über den Wert listview legen Sie fest, dass es sich hierbei um eine Liste handelt, die von jQuery Mobile gestaltet werden soll. Zusätzlich zum data-role-Attribut weisen Sie dem ul-Element die ID gerichteliste hinzu, um sie so später via JavaScript anzusprechen.

Die Menükarte in eine JSON-Datei auslagern

Wie Sie schon zu Beginn des Kapitels festgestellt haben, sind Sie ein fauler Mensch – jedenfalls was die Programmierung angeht. Zur Erstellung der Menükarte könnten Sie jeden Listeneintrag nach dem folgendem Schema von Hand anlegen:

```
<li>
 <a href="detailansicht_nummer1.html">
  <img src="bilder/bildDesGerichtes_nummer1.png />
  <h3>Titel des Gerichtes Nummer 1</h3>
  <p>kleiner Untertitel des Gerichtes Nummer 1</p>
 </a>
</li>
```

Prinzipiell wird Sie dieser Weg zum Ziel führen, jedoch schaffen Sie sich dadurch unnötig Arbeit. Nehmen Sie an, Herr Mattisen expandiert, und seine Gerichteliste steigt von 5 auf über 20 Gerichte an. Nun müssten Sie für jede Detailansicht eines Gerichts eine separate Seite anlegen – und das Schlimmste wäre, dass diese Dateien im Endeffekt nahezu gleich aussähen; lediglich die Bildadresse, der Titel und der Untertitel würden sich verändern. Dies klingt nach einer Menge überflüssigem Code. Sie sind zum Glück nicht nur etwas faul, sondern vor allem smart, weshalb Sie die Daten (Bildadresse, Titel, Untertitel) der Gerichte in eine externe Datei auslagern und sie dann mit etwas jQuery in die Seite einfügen. Die externe Datei ist quasi Ihre Datenbank. Sie haben schon in den vorherigen Kapiteln mit JSON gearbeitet, weshalb Sie auch die Daten des heiteren Herings in einer JSON-Datei abspeichern. Erstellen Sie hierzu eine neue Datei namens *gerichte.json*, und speichern Sie diese im Hauptverzeichnis Ihrer WebApp ab. Diese Datei beinhaltet ein Objekt gerichte, das wiederum aus den einzelnen Gerichten und deren Eigenschaften besteht.

```
{
 "gerichte": [
  {
   "name": "Heiterer Hering",
   "bild": "gericht1.png",
   "untertitel": "Lorem ipsum dolor sit amet, consectetur adipiscing elit.
   Curabitur pulvinar rhoncus malesuada."
  },
  {
   "name": "Fröhliche Forelle",
```

```
  "bild": "gericht2.png",
  "untertitel": "Lorem ipsum dolor sit amet, consectetur adipiscing elit.
  Curabitur pulvinar rhoncus malesuada."
 },
 {
  "name": "Buckeliger Barsch",
  "bild": "gericht3.png",
  "untertitel": "Lorem ipsum dolor sit amet, consectetur adipiscing elit.
  Curabitur pulvinar rhoncus malesuada."
 },
 {
  "name": "Feuerroter Rotbarsch",
  "bild": "gericht4.png",
  "untertitel": "Lorem ipsum dolor sit amet, consectetur adipiscing elit.
  Curabitur pulvinar rhoncus malesuada."
 },
 {
  "name": "Deftige Dorade",
  "bild": "gericht5.png",
  "untertitel": "Lorem ipsum dolor sit amet, consectetur adipiscing elit.
  Curabitur pulvinar rhoncus malesuada."
 }
]
}
```

Listing 8.12 Die JSON-Datei mit den Gericht- und Bildinformationen

Vorsicht Syntaxfalle!

Achten Sie genau auf die korrekte Syntax in der JSON-Datei. Ein Komma, ein Anführungszeichen oder eine Klammer zu viel oder zu wenig – und die Ausgabe wird nicht funktionieren. Schlimmer noch: Sie werden nicht einmal eine Fehlermeldung erhalten. Erinnern Sie sich noch an JSONLint (*http://jsonlint.com/*)?

Die JSON-Datei beinhaltet somit alle notwendigen Informationen jedes Gerichts.

Die JSON-Datei auslesen und ausgeben

Nachdem Sie nun die Daten in eine externe Datei ausgelagert haben, kümmern Sie sich um deren Ausgabe in der WebApp. Hierzu benötigen Sie etwas JavaScript-Code, den Sie am Ende innerhalb des page-Containers einfügen. Wieso innerhalb des page-Containers? Sie erinnern sich bestimmt: jQuery Mobile lädt bei einem Seitenwechsel, selbst wenn alle Seiten in einer HTML-Datei definiert sind, nur den Inhalt des page-Containers, nicht aber die komplette HTML-Datei. Stünde der Code außerhalb des `page`-Containers, würde dieser also nicht nachgeladen und damit die Ausgabe nicht funktionieren.

Eines der ersten Dinge, die Sie im Zuge von Zepto bzw. jQuery gelernt haben, ist das Ausführen von Code über `$(document).ready`, wenn die Seite fertig geladen ist:

```
$(document).ready(function() {
 // Alles, was hier steht, wird ausgeführt, wenn die Seite fertig geladen ist.
});
```

Leider funktioniert dies innerhalb einer jQuery Mobile-WebApp nur bedingt. Denn häufig werden nur Teile von Seiten nachgeladen (oder sogar vorgeladen), weshalb Sie sich auf das ursprüngliche `$(document).ready` nicht verlassen können. Stellen Sie sich einmal vor, die Startseite würde geladen. Im Zuge dessen würde jeder Code ausgeführt, der innerhalb von `$(document).ready` definiert ist. Wenn Sie nun die Rubrik wechseln und wieder zur Startseite zurückkehren würden, erschiene es dem Benutzer zwar wie ein Seitenwechsel, in Wirklichkeit würde aber lediglich ein Teil der HTML-Datei nachgeladen und damit `$(document).ready` ignoriert. Das Ergebnis wäre eine fehlerhafte Darstellung der Seite. In jQuery Mobile müssen Sie somit eine andere Funktion definieren, die Code ausführt, wenn die jeweilige Seite vom Framework »erstellt«, das heißt dynamisch nachgeladen wird.

```
$('#NameDerSeite').on("pagecreate", function() {
 // Alles, was hier steht, wird ausgeführt, wenn die Seite erstellt wird.
});
```

Zunächst sprechen Sie die ID der jeweiligen Seite an, um dann mit `.on("pagecreate", function () {});` zu überprüfen, ob die Seite erstellt worden ist. Ist dies der Fall, wird der Code innerhalb der geschweiften Klammern ausgeführt – genau das, was Sie in Ihrem Fall benötigen.

Sie werden nun innerhalb dieser Funktion die folgenden Dinge ausführen:

1. die JSON-Datei laden, alle Gerichte durchgehen und die Inhalte in der Gerichteliste ausgeben
2. die Gerichteliste durch jQuery Mobile gestalten lassen

```
<script type="text/javascript">
$('#menue').on("pagecreate", function() {
 $.getJSON('gerichte.json', function(data) {
  $.each(data.gerichte, function(i,item){
   $('<li><a href="#gericht-einzeln" data-transition="slide" onClick="java-
   script:sessionStorage.gericht=\''+item.name+'\';"><img src="bilder/'+item.
   bild+'" /><h3>' + item.name + '</h3>' + '<p>' + item.untertitel + '</p></
   a></li>').appendTo('#gerichteliste');
  });
```

```
  $('#gerichteliste').listview('refresh');
 });
});
</script>
```

Listing 8.13 Die JSON-Datei auslesen und als Gerichteliste ausgeben

Sie sehen nun auch, warum es wichtig ist, jedem page-Container seine eindeutige ID zuzuweisen: Nur so können Sie mit jQuery überprüfen, ob die Seite geladen worden ist.

Lesen Sie zunächst die JSON-Datei *gerichte.json* via $.getJSON aus:

```
$.getJSON('gerichte.json', function(data) {
});
```

Innerhalb dieses Aufrufs gehen Sie nun mit $.each jeden Eintrag des Objekts gerichte durch. Die Bezeichnung data.gerichte wird dabei als Variable item gespeichert:

```
$.each(data.gerichte, function(i,item){
});
```

Nun heißt es, die einzelnen Daten der JSON-Datei an den richtigen Stellen einzufügen und sie dann der Liste mit der ID gerichteliste hinzuzufügen. Dies erreichen Sie mit appendTo. Dabei definieren Sie zunächst, was eingefügt werden soll, und anschließend, in welches HTML-Element. Der einzufügende Teil besteht dabei aus den folgenden Teilen:

```
<li></li>
```

Über das li-Element definieren Sie einen Listeneintrag.

```
<a href="#gericht-detail" data-transition="slide"
onClick="javascript:sessionStorage.gericht=\''+item.name+'\';"></a>
```

Wenn der Benutzer einen Listeneintrag auswählt, soll sich die Unterseite gericht-detail öffnen. Neben dem bereits bekannten data-transition-Attribut benötigen Sie hier noch einen onclick-Aufruf. Problem ist, dass Sie in irgendeiner Form der Gerichtdetailseite beim Aufruf mitteilen müssen, welchen Listeneintrag der Benutzer ausgewählt hat. Hierzu, und weil Sie bereits damit vertraut sind, speichern Sie den ausgewählten Eintrag (den Titel des Gerichts) temporär in einem Session Storage ab. Mit item.name geben Sie den Titel an der richtigen Stelle aus. Später werden Sie dann in der Gerichtdetailseite diese Variable aus dem Session Storage auslesen.

Als Nächstes fügen Sie das Bild ein. Wie auch zuvor mit `item.name` wird hier der Inhalt der JSON-Datei verarbeitet und der Wert von `item.bild` ausgegeben. Alle Bilder liegen im Unterordner *bilder*.

```
<img src="bilder/'+item.bild+'" />
```

Nach demselben Schema nun zu guter Letzt noch Titel und Untertitel:

```
<h3>' + item.name + '</h3>' + '<p>' + item.untertitel + '</p>
```

Damit sollte der komplette Code wie folgt aussehen:

```
$('<li><a href="#gericht-detail" data-transition="slide" onClick="java-
script:sessionStorage.gericht=\''+item.name+'\';"><img src="bilder/'+item.
bild+'" /><h3>' + item.name + '</h3>' + '<p>' + item.untertitel +
'</p></a></li>').appendTo('#gerichteliste');
```

Nachdem Sie nun die JSON-Datei ausgelesen und die Listenelemente mit jQuery zusammengebaut haben, erscheinen die Elemente bereits in der WebApp – leider jedoch ohne die korrekte Formatierung (siehe Abbildung 8.9).

Abbildung 8.9 Ansicht der Liste ohne die von jQuery Mobile gesetzten Stile

jQuery Mobile rendert und gestaltet alle Elemente beim Laden der Seite. Das heißt, dass Elemente, die Sie nach dem Laden der Seite dynamisch mit jQuery hinzufügen, nicht mehr umgestaltet werden. Fügen Sie den folgenden Code nach der Erstellung aller Listenelemente ein, um diesen Prozess manuell anzustoßen:

```
$('#gerichteliste').listview('refresh');
```

Damit aktualisieren Sie die Gestaltung der Liste mit der ID `gerichteliste`. Die hier verwendeten Bilder haben wir ebenfalls aus dem Creative Commons-Archiv von Flickr heruntergeladen und im Ordner *bilder* gespeichert. Die Autoren der Bilder heißen *www.theedinburghblog.co.uk*, *kthypryn*, *Julien Menichini* und *Vadim Lavrusik*. Da diese Bilder zu groß für die Listendarstellung sind, sollten Sie diese innerhalb der Datei *styles.css* anpassen. Zusätzlich verändern Sie noch jeweils den linken Rand von Titel und Untertitel, damit diese nicht vom Bild verdeckt werden. jQuery Mobile kürzt automatisch den Untertitel, wenn dieser zu lang für die aktuelle Bildschirmgröße ist. Cool, oder?


```
[data-role=listview] img {
 height:100%;
 width:auto;
}
.ui-li-thumb {
 max-width:100%;
}

[data-role=listview] h3, [data-role=listview] p{
 padding-left:30px;
}
```

Listing 8.14 Die Liste mit CSS gestalten

Das war's! Sie haben nun erfolgreich die Inhalte in eine JSON-Datei ausgelagert und dynamisch eine Liste erzeugt (siehe Abbildung 8.10).

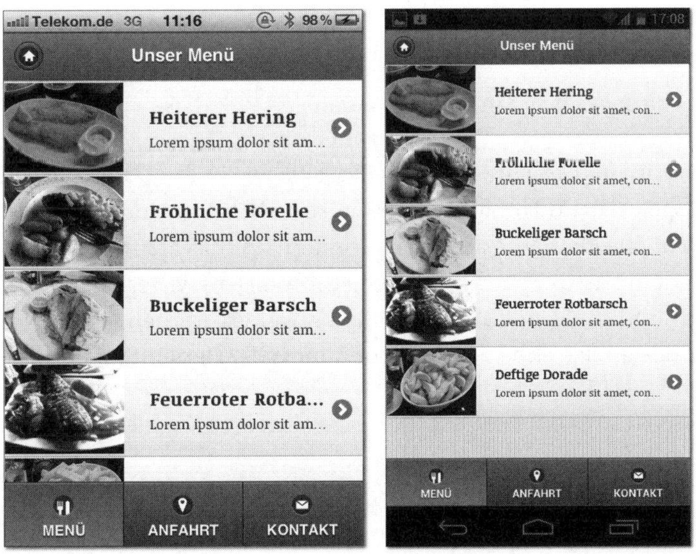

Abbildung 8.10 Die fertige Menüliste auf dem iPhone (links) und unter Android (rechts)

Das Anlegen von weiteren Gerichten ist somit ein Kinderspiel: Sie müssen lediglich einen neuen Eintrag in der JSON-Datei anlegen, und die korrekte Formatierung erfolgt automatisch. Somit kann Herr Mattisen bedenkenlos expandieren.

Ein Gericht im Detail

Was jetzt natürlich noch fehlt, ist die Detaildarstellung, die innerhalb der Gerichtdetailseite stattfindet. Duplizieren Sie hierzu die Menüseite `<div data-role="page" id="menue" >...</div>`, und entfernen Sie alles innerhalb des `content`-Containers. Dem `content`-Container weisen Sie noch die ID `gericht-inhalt` und dem `page`-Container die ID `gericht-detail` zu.

Damit der Benutzer zurück zur Liste navigieren kann, möchten Sie in der Kopfzeile einen ZURÜCK-Button implementieren. jQuery Mobile beinhaltet einen vorgefertigten ZURÜCK-Button, den Sie mit `data-add-back-btn="true"` dem `page`-Container hinzufügen. Dieser Button erscheint dann automatisch in der Kopfzeile. Den Text des Buttons, der standardmäßig BACK lautet, ändern Sie über das Attribut `data-back-btn-text`. Der fertige Code (ohne Fußzeile) sieht nun folgendermaßen aus:

```
<div data-role="page" id="gericht-detail" data-add-back-btn="true" data-back-btn-text="Zurück">
<div data-role="header" data-theme="b" data-position="fixed" data-tap-toggle="false"><h1>Gericht</h1></div>

<div data-role="content" id="gericht-inhalt">
<!-- Hier wird dynamisch das Gericht reingeladen -->
 </div><!-- div content -->
 <!-- Aus Platzgründen wurde die Fußzeile an dieser Stelle weggelassen -->
</div><!-- /page -->
```

Listing 8.15 Der fertige Code der Gerichtdarstellung (einzeln)

Vom Prinzip her passiert in der Gerichtdetailseite dasselbe wie in der Listenansicht. Die JSON-Datei wird ausgelesen, und Inhalte werden ausgegeben. Der Unterschied ist hier jedoch, dass Sie nicht alle Elemente ausgeben, sondern nur das Element, dessen Titel mit dem Titel aus dem Session Storage übereinstimmt. Der JavaScript-Code ist somit nahezu identisch und muss nur an drei Stellen erweitert werden. Setzen Sie hierzu den folgenden Code an das Ende des `page`-Containers der Gerichtdetailseite:

```
<script>
$('#gericht-detail').on('pageshow', function() {
 var gericht = sessionStorage.gericht;
 $.getJSON('gerichte.json', function(data) {
  $.each(data.gerichte, function(i,item){
   if(item.name == gericht){
```

```
    $('<img src="bilder/'+item.bild+'" class="bild_schatten" /><h3>' + item.
    name + '</h3>' + '<p>' + item.untertitel + '</p>').appendTo('#gericht-
    inhalt');
   }
  });
 });
});

$('#gericht-detail').on('pagehide', function() {
 $('#gericht-inhalt').empty();
});
</script>
```

8

Listing 8.16 Das Auslesen der JSON-Datei, der Abgleich mit der sessionStorage-Variablen und letztendlich die Ausgabe des gewählten Gerichts

Als Erstes geben Sie an, wann der folgende Code ausgeführt werden soll. Im Unterschied zur Übersichtsliste auf der Menüseite, muss die Detailansicht bei jeder Anzeige aktualisiert werden. Es ist durchaus üblich, dass ein Benutzer sich mehrere Gerichte anschaut. Anstelle von `pagecreate` nutzen Sie in diesem Fall also die Eigenschaft `pageshow`, die eintritt, wenn die Seite angezeigt wird.

```
$('#gericht-detail').on('pageshow', function() {});
```

Danach speichern Sie den Inhalt der `sessionStorage`-Variablen `gericht` in einer JavaScript-Variablen gleichen Namens.

```
var gericht = sessionStorage.gericht;
```

Als Nächstes lesen Sie analog zur Menüliste die JSON-Datei aus. Beim Auslesen jedes Elements überprüfen Sie dann, ob der ausgelesene Titel mit dem Titel der Variablen `gericht`, die letztendlich von der Menüseite über den Session Storage übergeben worden ist, übereinstimmt.

```
if(item.name == gericht){
};
```

Ist dies der Fall, pflegen Sie wie gewohnt die Inhalte in bestimmte Teile des HTML-Codes ein und fügen Sie sie letztendlich dem Container mit der ID `gericht-inhalt` hinzu.

```
$('<img src="bilder/'+item.bild+'" class="schatten"/><h3>' + item.name +
'</h3>' + '<p>' + item.untertitel + '</p>').appendTo('#gericht-inhalt');
```

Damit beim Aufruf eines zweiten Gerichts nicht wieder das alte Gericht angezeigt wird, sollten Sie den Inhalt der Detailseite leeren, sobald diese ausgeblendet wird, oder mit anderen Worten, wenn der Benutzer zurück zur Übersicht wechselt. Dabei lernen Sie gleich noch ein weiteres Seitenevent namens pagehide kennen, das ausgeführt wird, wenn die Seite ausgeblendet wird. Über die Funktion empty(); leeren Sie den Inhalt des Containers gericht-inhalt.

```
$('#gericht-detail').on('pagehide', function() {
 $('#gericht-inhalt').empty();
});
```

Fertig! So einfach ist das, und Sie benötigen nicht für jedes neue Gericht eine einzelne Detailseite (siehe Abbildung 8.11).

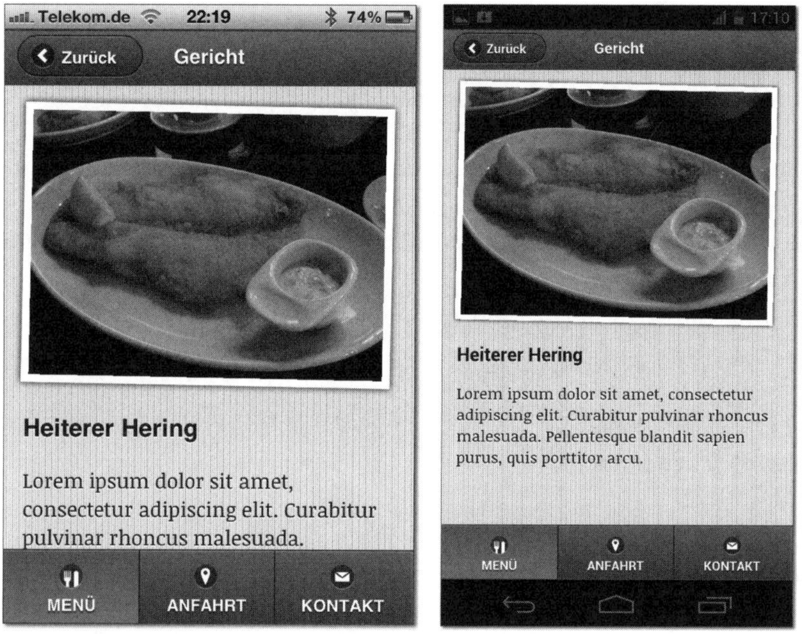

Abbildung 8.11 Die fertige Detailseite eines Gerichts auf dem iPhone (links) und unter Android (rechts)

8.1.5 Implementierung einer Google Maps-Karte inklusive Routenplanung

Jeder Benutzer kann nun sehen, welche kulinarischen Köstlichkeiten das Restaurant *Zum Heiteren Hering* bereithält. Nun sollten Sie Ihren Benutzern helfen, das Restaurant zu finden. Hierzu zeigen Sie auf der Seite ANFAHRT eine Google Maps-Karte an, die bei deren Aufruf die Position des Benutzers ermittelt und anschließend die Route zum Restaurant ausgibt. Duplizieren Sie hierzu wieder den Code Ihrer Startseite <div data-role="page" id="startseite" >...</div>, und entfernen Sie wieder den Inhalt des content-Containers. Als ID weisen Sie dem content-Container den Wert anfahrt-inhalt und dem page-Container die ID anfahrt zu. In der Navigationsleiste, die sich in der Fußleiste befindet, setzen Sie in den Link, der zur Seite der Anfahrt führt, noch die CSS-Klasse ui-btn-active. Damit wird dieser Button nun als aktiv dargestellt. Gleichermaßen können Sie die Klasse nun aus dem Link, der zur Menüseite führt, entfernen. Da Sie auf der Startseite keine Kopfzeile einsetzen, sollten Sie diese analog zur Menüseite einfügen.

```
<div data-role="header" data-theme="b">
 <a href="#startseite" data-role="button" data-icon="home" data-iconpos=
 "notext">Dieser Text wird nicht angezeigt</a>
 <h1>Anfahrt</h1>
</div>
```


Der Inhalt des content-Containers besteht lediglich aus einem weiteren Container, in den Sie die Google Maps-Karte laden:

```
<div id="karte-container"></div>
```

Für die korrekte Anzeige der Karte müssen Sie im head-Bereich zusätzliche Skripte verlinken. Spätestens jetzt zahlt es sich aus, dass Sie Ihren gesamten Code in einer einzigen HTML-Datei platziert haben: Sie brauchen die Änderungen lediglich an einer Stelle vorzunehmen. Setzen Sie den folgenden Code an das Ende des head-Bereichs:

```
<script type="text/javascript" src="https://www.google.com/jsapi"></script>
<script type="text/javascript">
  google.load("maps", "3", {'other_params':'sensor=true'});
</script>
```

Sie laden die Google Maps-API mithilfe des Google Loaders. Mit diesem könnten Sie auch andere Skripte und Bibliotheken, wie z. B. jQuery laden. Eine detaillierte englische Beschreibung finden Sie unter *https://developers.google.com/loader*. Je nach Einsatzzweck kann der Einsatz des Google Loaders die Geschwindigkeit Ihrer WebApp steigern, da automatisch nur benötigte Komponenten geladen werden. Zusätzlich benötigen Sie noch ein jQuery-Plug-in namens *jQuery UI Google Map*. Den entsprechenden Download finden Sie unter *http://code.google.com/p/jquery-ui-map*. Kopieren Sie die Datei *jquery.ui.map.full.min.js* in einen Unterordner namens *js*, und verlinken Sie sie im head-Bereich. Der gesamte Code für die neuen Bibliotheken sieht nun wie folgt aus:

```
<script src="https://www.google.com/jsapi"></script>
<script>
 google.load("maps", "3", {'other_params':'sensor=true'});
</script>
<script src="js/jquery.ui.map.full.min.js"></script>
```

Insgesamt besteht der JavaScript-Code, der die Karte ausgibt, aus drei Teilen:

1. Auslesen der Positionsdaten
2. Konfiguration der Karte: Startpunkt (die im ersten Schritt ermittelte Position) und Festlegung eines Ziels
3. Ausgabe der Karte

Wie auch im Beispiel der Menükarte platzieren Sie Ihren JavaScript-Code ans Ende des page-Containers. Mit der Funktion .on('pageshow', function () {}); legen Sie fest, dass der Code ausgeführt werden soll, wenn die Seite mit der ID anfahrt angezeigt wird.

```
$('#anfahrt').on('pageshow', function() {
});
```

Das Auslesen der Positionsdaten haben Sie bereits in Kapitel 5, »Positionsbestimmung«, kennengelernt:

```
var positionsAusgabe = function(position){
 var longpos = position.coords.longitude;
 var latpos = position.coords.latitude;
 $('#karte-container').height($(window).height());
};
navigator.geolocation.getCurrentPosition(positionsAusgabe);
```

Listing 8.17 Das Auslesen der Positionsdaten

Sie definieren eine Variable namens positionsAusgabe. Die Variable beinhaltet eine Funktion, die die Longitude- und Latitude-Werte in den Variablen longpos und latpos abspeichert. Abschließend setzen Sie die Höhe des Containers mit der ID karte-container, in den Sie später die Karte laden, auf die Höhe des Browserfensters. Dies ist wichtig, da Sie sich die Karte bildschirmfüllend anzeigen lassen möchten. Nach der Definition der Variablen rufen Sie die Ermittlung der Positionsdaten über navigator.geolocation.getCurrentPosition(positionsAusgabe) auf. Soweit nichts Neues für Sie. Nun erweitern Sie den Code, der bei der Positionsbestimmung aufgerufen wird, um die Erstellung der Google Maps-Karte und die Zeichnung der Route. Schließen Sie dafür, direkt nach dem Festsetzen der Höhe des Kartencontainers, den folgenden Code ein:

```
$('#karte-container').gmap(
 'displayDirections',
 {
  'origin': new google.maps.LatLng(latpos,longpos),
  'destination': 'Friedrichstr. 37, Norderney',
  'travelMode': google.maps.DirectionsTravelMode.DRIVING
 },
```

```
 function(success, response) {
  if (success) {
   return new google.maps.LatLng(latpos, longpos);
  } else {
   alert('Die Karte und/oder Route konnte nicht geladen werden');
   $('#karte-container').gmap('getService',
   'DirectionsRenderer').setMap(null);
  }
 }
);
```


Listing 8.18 Die Konfiguration der Google Maps-Karte inklusive der berechneten Route zu einer definierten Adresse

Zunächst initiieren Sie die Google Maps-API und setzen den Container `karte-container` als Ziel der Ausgabe fest. Das Objekt `gmap` erweitern Sie dabei um die folgenden Parameter:

- `displayDirections`
  Dieser Wert gibt an, dass eine Route angezeigt werden soll.
- `origin`
  Dies ist der Startpunkt der Route. In diesem Fall verwenden Sie die Werte für Latitude und Longitude, die Sie zuvor über die Positionsbestimmung in den Variablen `latpos` und `langpos` gespeichert haben.
- `destination`
  Neben den GPS-Koordinaten können Sie auch einfachen Text angeben. Im Falle des Routenziels (`destination`) wählen Sie zur Veranschaulichung ein sehr gutes Fischrestaurant auf der Nordseeinsel Norderney mit der Adresse *Friedrichstr. 37, Norderney*.
- `travelmode`
  Hiermit geben Sie vor, dass die Route für die Fahrt mit dem Auto angezeigt werden soll.

Nachdem Sie nun einige Parameter konfiguriert haben, wird eine Funktion initiiert. War der Aufruf erfolgreich, wird die Google Maps-Karte erstellt. Andernfalls wird eine Fehlermeldung ausgegeben. Der komplette Code sollte jetzt bei Ihnen folgendermaßen aussehen:

```
<script>
 $('#anfahrt').on('pageshow', function() {
  var positionsAusgabe = function(position){
   var longpos = position.coords.longitude;
```

```
    var latpos = position.coords.latitude;
    $('#karte-container').height($(window).height());
    $('#karte-container').gmap(
     'displayDirections',
     {
      'origin': new google.maps.LatLng(latpos,longpos),
      'destination': 'Friedrichstr. 37, Norderney',
      'travelMode': google.maps.DirectionsTravelMode.DRIVING
     },
     function(success, response) {
      if ( success ) {
       return new google.maps.LatLng(latpos, longpos);
      } else {
       alert('error');
       $('#karte-container').gmap('getService', 'DirectionsRenderer').
setMap(null);
      }
     }
    );
   };
 navigator.geolocation.getCurrentPosition(positionsAusgabe);
});
</script>
```

Listing 8.19 Das komplette Script zur Positionsbestimmung, Routenberechnung und Ausgabe der Karte

Die reine Funktionalität haben Sie damit eingerichtet. Nun sollten Sie im letzten Schritt über die Datei *styles.css* die Darstellung so anpassen, dass die Karte den kompletten Bildschirm füllt. Von Haus aus besitzt der content-Container einen Rand (padding), damit Inhalte nicht am Bildschirmrand kleben. In diesem Fall möchten Sie dies jedoch gerade verhindern. Erweitern Sie die *styles.css* also um die folgende Definition:

```
#anfahrt-inhalt {
 padding:0px;
}
```

Das war's! Die Erstellung der Anfahrtsseite haben Sie somit auch erledigt (siehe Abbildung 8.12).

Abbildung 8.12 Die Anfahrtsseite komplett mit Routenplanung auf dem iPhone (links) und unter Android (rechts)

8.1.6 Ein Kontaktformular mithilfe von PHP

Ihre Benutzer wissen nun, was man beim heiteren Hering zu essen bekommt und wie man am besten mit dem Auto zum Restaurant gelangt. Während Sie mit der Programmierung der Google Maps-Karte beschäftigt waren, hat Herr Mattisen Ihnen eine E-Mail gesendet. Er hat eine Werbeanzeige im lokalen Zeitungsblättchen *Der muntere Seemann* geschaltet und die Gästezahlen haben sich in kurzer Zeit mehr als verdoppelt. Das Restaurant ist momentan an vielen Abenden komplett ausgebucht, und ohne Reservierung geht gar nichts mehr – der perfekte Zeitpunkt für Sie, um das Kontaktformular der WebApp umzusetzen.

Im Großen und Ganzen soll ein Benutzer seinen Namen, Telefon, E-Mail-Adresse und eine Anfrage eingeben können, die dann per E-Mail an Herrn Mattisen gesendet wird. Neben den auszufüllenden Textfeldern kann der Benutzer zusätzlich noch über ein Drop-down-Feld die Art der Anfrage auswählen. So kann Herr Mattisen jegliche Beschwerdeanfragen gleich in den Papierkorb ..., ähm, seiner Sekretärin zum Bearbeiten geben.

Sie benötigen also ein Formular und ein Script, das den Inhalt der Daten per E-Mail versendet. Der E-Mail-Versand ist mit reinem jQuery nicht möglich, weshalb Sie für dieses Szenario eine Mischung aus jQuery und PHP einsetzen. PHP ist eine serverseitige Skriptsprache, die, genau wie jQuery Mobile, einen Webserver voraussetzt. Wenn Sie die WebApp nicht lokal entwickeln, informieren Sie sich zuvor, ob Ihr Webspace PHP unterstützt. Aber keine Angst, die meisten Hoster tun dies.

Duplizieren Sie zunächst wieder den Code der Startseite, entfernen Sie den Inhalt des content-Containers, und weisen Sie diesem die ID kontakt-inhalt zu. Der page-Container erhält die ID kontakt. Des Weiteren fügen Sie dem Link KONTAKT in der Navigationsleiste die Klasse ui-btn-active hinzu. In den content-Container fügen Sie nun das Formular ein:

```
<form id="kontaktformular">
 <div data-role="fieldcontain">
  <label for="name">Name:</label>
  <input type="text" name="name" id="name" value="" />
 </div>
 <div data-role="fieldcontain">
  <label for="email">E-Mail:</label>
  <input type="email" name="email" id="email" value="" />
 </div>
 <div data-role="fieldcontain">
  <label for="telefon">Telefon:</label>
  <input type="tel" name="telefon" id="telefon" value="" />
 </div>
 <div data-role="fieldcontain">
  <label for="artanfrage">Art der Anfrage:</label>
  <select name="artanfrage" id="artanfrage">
   <option value="Reservierung">Reservierung</option>
   <option value="Hinweis">Hinweis</option>
   <option value="Beschwerde">Beschwerde</option>
  </select>
 </div>
 <div data-role="fieldcontain">
  <label for="name">Anfrage:</label>
  <textarea name="anfrage" id="anfrage" value=""></textarea>
 </div>
 <button type="submit" data-theme="a" id="submitform">Abschicken</button>
</form>
```

Listing 8.20 Das HTML-Grundgerüst für das Kontaktformular

Die Formelemente werden automatisch von jQuery Mobile gestaltet. Wir empfehlen Ihnen, alle Formelemente, mit Ausnahme des ABSCHICKEN-Buttons, jeweils in einen div-Container mit der Eigenschaft data-role fieldcontain zu setzen. Damit erreichen Sie eine noch sauberere und bessere Darstellung der einzelnen Felder. Alles in allem bisher jedoch noch wenig spektakulär! Achten Sie darauf, dass Sie die IDs für die einzelnen Felder korrekt benennen, denn diese werden Sie im nächsten Schritt an das PHP-Script übergeben. Sie entschließen sich, den Button dunkel zu gestalten; bisher haben Sie häufig Theme `b` eingesetzt. Zum Standardlieferumfang von jQuery Mobile gehören insgesamt fünf Themes: `a`, `b`, `c`, `d` und `e`, Sie können allerdings bis zu 26 Themes definieren, doch dazu später mehr. In diesem Fall verwenden Sie also Theme `a` für den Button. Damit wird diesem ein dunkler Hintergrund verpasst (siehe Abbildung 8.13).

Abbildung 8.13 Das Kontaktformular mit dem dunklen »Abschicken«-Button auf dem iPhone (links) und unter Android (rechts)

Nun heißt es, die Formulardaten auszulesen und an die PHP-Datei zu übergeben. War der Versand erfolgreich, möchten Sie, dass eine Erfolgsmeldung angezeigt wird, die Sie in Form der Seite *kontakt-erfolgreich* gestalten. Zunächst benötigen Sie eine Funktion, die ausgeführt wird, wenn der Benutzer auf den Button ABSCHICKEN klickt.

```
$("form#kontaktformular").submit(function() {
});
```

Wenn also der Benutzer das Formular abschickt, speichern Sie die Inhalte der einzelnen Felder in ähnlich benannten Variablen. Über `.attr('value');` lesen Sie den jeweiligen Wert des Attributs `value` aus:

```
$("form#kontaktformular").submit(function() {
 var name = $('#name').attr('value');
 var email = $('#email').attr('value');
 var telefon = $('#telefon').attr('value');
```

```
 var artanfrage = $('#artanfrage').attr('value');
 var anfrage  = $('#anfrage').attr('value');
});
```

Listing 8.21 Das Auslesen der eingetragen Werte und die Speicherung in Variablen

Nachdem Sie nun die Werte in Variablen gespeichert haben, versenden Sie die Daten mit der jQuery-Funktion `.ajax` an das PHP-Script:

```
$.ajax({
 type: "get",
 url: "submitform.php",
 data: "name="+ name +"&email="+ email+"&telefon="+ telefon+"&artanfrage="+
 artanfrage+"&anfrage="+ anfrage,
 success: function(){
  $.mobile.changePage("#kontakt-erfolgreich", { transition: "flip"} );
 }
});
return false;
```

Listing 8.22 Das Versenden der Daten an die PHP-Datei via Ajax

Sie senden die Daten mithilfe des Typs `get` an das PHP-Script namens *submitform.php*. Der Parameter `data` beinhaltet dabei die Daten mitsamt der Variablenbezeichnung. Im Endeffekt erzeugt der Ajax-Versand den folgenden URL-Aufruf: `formularmailer.php?name=IhrName&email=IhreEmail&telefon=IhreTelefonnumer&artanfrage=ArtderAnfrage&anfrage=IhreAnfrage`.

Die Variablen werden dabei mit einem &-Zeichen voneinander getrennt. Wenn Sie sich in der Vergangenheit bereits mit serverseitigen Skriptsprachen beschäftigt haben, ist dies nichts Neues für Sie.

Glückt die Übermittlung der Daten, wird die Kontakt-erfolgreich-Seite aufgerufen. Neben dem Seitenwechsel über direkte Links können Sie die Seiten auch via jQuery über den Aufruf `$.mobile.changePage` wechseln. Dabei können Sie neben der Zieladresse auch den Übergangseffekt einstellen. In diesem Fall entscheiden Sie sich für den Übergangseffekt `flip`, der die Seite wie eine Art Spielkarte umdreht. Sie haben den Effekt in einem Abschnitt 4.4.4. bereits per Hand programmiert. Hier wird der Effekt automatisch von jQuery Mobile übernommen.

Ihr JavaScript sendet nun die Daten an das PHP-Script. Dort greifen Sie die übermittelten Daten ab und versenden die E-Mail:

```
<?php
header('content-type: application/json; charset=utf-8');

if (isset($_GET["name"])) {
$name = strip_tags($_GET['name']);
$email = strip_tags($_GET['email']);
$telefon = strip_tags($_GET['telefon']);
$artanfrage = strip_tags($_GET['artanfrage']);
$anfrage = strip_tags($_GET['anfrage']);
$header = "Von: ". name . " <" . $email . ">rn";

$empfaenger = 'mattisen@zumheiterenhering.de';
$titel = 'Das Kontaktformular wurde ausgeführt';
$mailtext = "
Name: $name
E-Mail: $email
Telefon: $telefon
Art der Anfrage: $artanfrage
Anfrage: $anfrage
";

if (mail($empfaenger, $titel, $mailtext, $header)) {
echo json_encode('success');
}
}
?>
```

Listing 8.23 Die komplette PHP-Datei, die letztendlich die E-Mail versendet

PHP-Code wird immer innerhalb der typischen PHP-Klammern `<?php` und `?>` angegeben; einen `html`-, `head`- oder `body`-Bereich brauchen Sie hier nicht. Die PHP-Datei übernimmt lediglich die Übermittlung der E-Mail. Nachdem Sie den Header definiert haben, folgt das Abfangen der Variablen. Um Missbrauch durch Drittserver zu unterbinden, überprüfen Sie zunächst ob die Variable `name` überhaupt gesetzt ist:

```
if (isset($_GET["name"])) {}
```

Ist dies der Fall, wird die Funktion ausgeführt. Sie speichern die Inhalte der Variablen in PHP-Variablen, denen jeweils ein `$`-Zeichen vorangestellt ist. Bei der Speicherung entfernt PHP mithilfe der Funktion `strip_tags` automatisch alle HTML-Tags. Dies ist sinnvoll, da sonst pfiffige Benutzer das PHP-Script manipulieren könnten, indem Sie im Kontaktformular HTML-Code einfügen.

```
$name = strip_tags($_GET['name']);
$email = strip_tags($_GET['email']);
$telefon = strip_tags($_GET['telefon']);
$artanfrage = strip_tags($_GET['artanfrage']);
$anfrage = strip_tags($_GET['anfrage']);
$header = "Von: ". name . " <" . $email . ">rn";
```

Listing 8.24 HTML-Tags und sonstigen Schadcode aus den eingegeben Daten entfernen

Die PHP-Variable `$header` wird später im sogenannten *E-Mail-Header* ausgegeben. Dies ist der Teil der E-Mail, in dem der Absender und dessen E-Mail-Adresse gespeichert sind. Sie haben nun die übermittelten Variablen in PHP-Variablen gesichert. Als Nächstes definieren Sie eine Empfängeradresse sowie den Inhalt der E-Mail:

```
$empfaenger = 'mattisen@zumheiterenhering.de';
$titel = 'Das Kontaktformular wurde ausgeführt';
$mailtext = "
Name: $name
E-Mail: $email
Telefon: $telefon
Art der Anfrage: $artanfrage
Anfrage: $anfrage
";
```

Listing 8.25 Empfänger und Formatierung der E-Mail

Sie geben dabei als Empfänger Herrn Mattisens E-Mail-Adresse an. Als `$titel` verwenden Sie den Titel der E-Mail, wobei `$mailtext` den Inhalt der E-Mail beschreibt. Der Übersicht halber geben Sie hier nicht einfach nur den Inhalt der Variablen aus, sondern noch eine kurze Bezeichnung des jeweiligen Wertes; sonst meckert Herr Mattisen oder zumindest dessen Sekretärin.

Zu guter Letzt tragen Sie über die PHP-Funktion `mail` alle erforderlichen Daten zusammen und versenden die E-Mail. Wenn der Versand erfolgreich ist, wird an das JavaScript, das die Daten übermittelte, im JSON-Format der Hinweis `success` übergeben.

```
if (mail($empfaenger, $titel, $mailtext, $header)) {
 echo json_encode('success');
}
```

Somit versenden Sie die Daten per E-Mail. Wenn die E-Mail mit Angabe Ihrer E-Mail-Adresse nicht ankommen sollte, überprüfen Sie gegebenenfalls Ihren Spam-Filter.

Der Benutzer hat seine Kontaktdaten eingetragen und das Formular abgesendet, und es ist eine E-Mail mit den Daten an Herrn Mattisen unterwegs. Was jetzt noch fehlt, ist die Erfolgsmeldung, dass das Formular korrekt übermittelt worden ist. Duplizieren Sie hierzu den Code der Kontaktseite, entfernen Sie den Inhalt des `content`-Containers, und setzen Sie dann an dessen Stelle die ID `kontakt-erfolgreich-inhalt` ein. Den `page`-Container betiteln Sie noch mit der ID `kontakt-erfolgreich`. Auch können Sie noch in der Kopfzeile die Bezeichnung der Seite anpassen. Im Inhaltsbereich geben Sie nun eine Erfolgsmeldung aus. Ihrer Kreativität sind hier natürlich keine Grenzen gesetzt; in unserem Fall genügt allerdings eine kurze Notiz (siehe Abbildung 8.14):


```
<div data-role="content" id="kontakt-erfolgreich-inhalt">
 <h3>Vielen Dank für Ihre Anfrage!</h3>
 <p>Wir melden uns schnellstmöglich bei Ihnen.</p>
</div><!-- div content -->
```

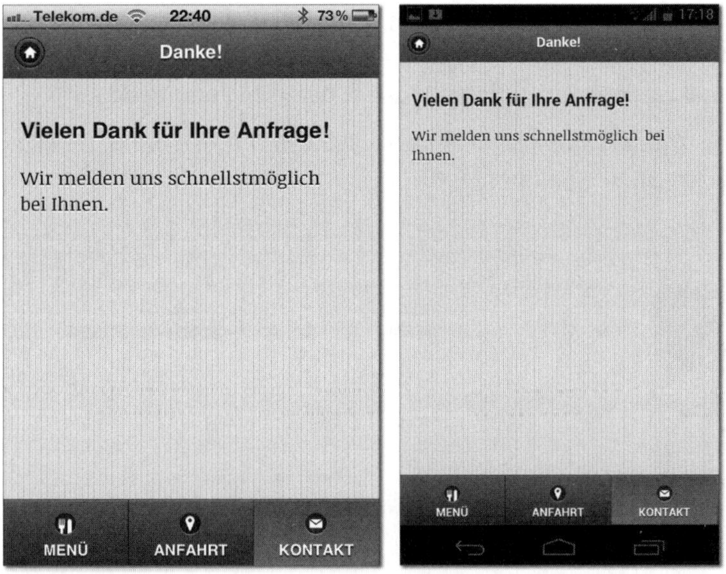

Abbildung 8.14 Die nach dem erfolgreichen Versenden des Formulars angezeigte Seite

Sie haben es geschafft; die WebApp des Restaurants *Zum Heiteren Hering* ist fertig! Mit jQuery Mobile haben Sie somit in kurzer Zeit eine flinke und recht aufwendige WebApp gestaltet. jQuery Mobile hat Ihnen dabei vor allem beim Interface und bei der Unterstützung verschiedener Geräte viel Arbeit abgenommen. So konnten Sie sich voll und ganz auf die Funktionalität konzentrieren.

jQuery Mobile beinhaltet natürlich noch wesentlich mehr Optionen und Funktionen, wie z. B. Responsive Grids und Co. Die offizielle Dokumentation unter *http://view.jquerymobile.com/1.3.0/docs/examples/* ist zwar auf Englisch, jedoch trotzdem sehr gut und einfach zu verstehen:. Hier finden Sie viele Beispiele und Tipps.

Herr Mattisen ist übrigens begeistert von Ihrer Arbeit und hofft, auch in Zukunft mit Ihnen weiter an der WebApp arbeiten zu können. Bis dahin macht er Ihnen ein freudiges Angebot: Sie können so oft Sie möchten im Heiteren Hering einkehren – auf Kosten des Hauses versteht sich.

8.1.7 jQuery Mobile-Apps mit dem ThemeRoller und dem Interface-Builder von Codiqa noch schneller entwickeln

Damit Sie noch schneller attraktive jQuery Mobile-Apps anfertigen können, stellen wir Ihnen im Folgenden noch zwei WebApps vor: den *ThemeRoller* und den Interface-Builder *Codiqa*.

Anlegen eines eigenen Themes mit dem ThemeRoller

jQuery Mobile beinhaltet fünf verschiedene Themes, die Sie jeweils mit dem Attribut `data-theme` verwenden können. Insgesamt können Sie jedoch Themes einsetzen, bis Ihnen die Buchstaben ausgehen, mit anderen Worten: bis zu 26 verschiedene.

Der *ThemeRoller* (*http://jquerymobile.com/themeroller/*) hilft Ihnen dabei, Ihr eigenes Theme zu entwerfen (siehe Abbildung 8.15)

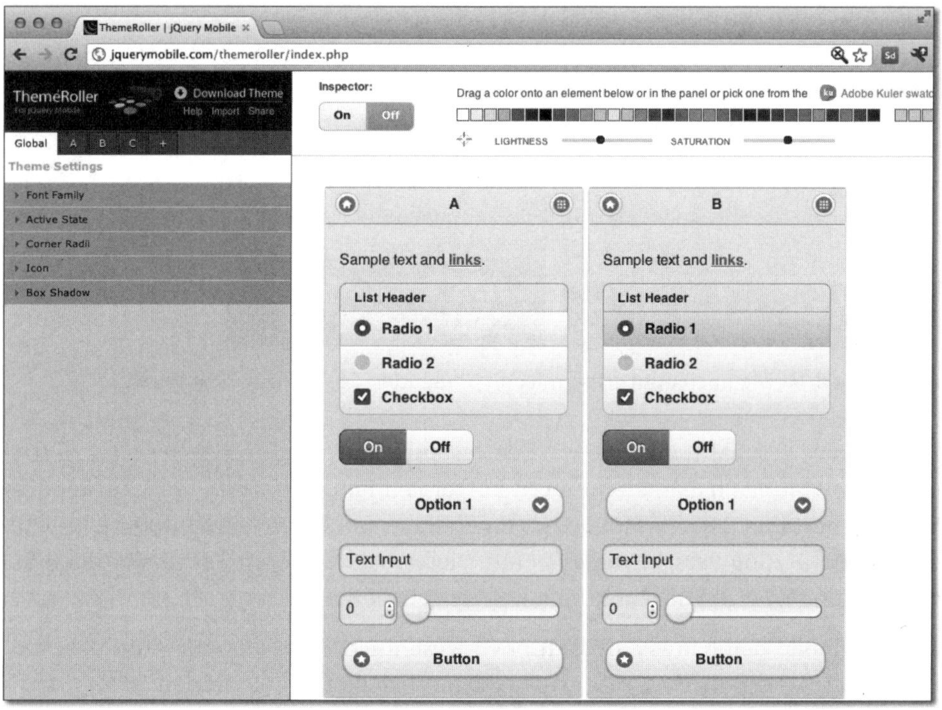

Abbildung 8.15 Der ThemeRoller für jQuery Mobile

Sie können hier per Drag & Drop den einzelnen Elementen und Bausteinen von jQuery Mobile Farben zuweisen und diese unter einem Theme-Buchstaben abspeichern. Am besten ist es, Sie spielen einfach mal mit dem ThemeRoller herum. Dann sollten Sie recht schnell einen Überblick über dessen Funktionalität bekommen. Wenn Sie alle Farben, Stile und Themes angelegt haben, können Sie das Komplettpaket über DOWNLOAD THEME herunterladen. Die Webseite schnürt Ihnen dabei automatisch eine ZIP-Datei mit allen benötigten Klassen. Fügen Sie die erstellten Dateien in Ihre WebApp ein, und verknüpfen Sie die CSS-Datei in Ihrem Projekt direkt vor der Verlinkung der jQuery Mobile-Dateien.


```
<link rel="stylesheet" href="css/themes/IhrEigenesTheme.css" />
<link rel="stylesheet" href="http://code.jquery.com/mobile/1.3.0/jquery.
mobile-1.3.0.min.css" />
<script src="http://code.jquery.com/jquery-1.9.1.min.js"></script>
<script src="http://code.jquery.com/mobile/1.3.0/jquery.mobile-1.3.0.min.
js"></script>
```

Listing 8.26 Einbettung Ihres eigenen Themes

Mithilfe des ThemeRollers können Sie schnell eigene Farbschemata entwerfen und sie Ihrem Projekt hinzufügen. Zusätzlich können Sie aber über das Drag-&-Drop-Interface die Farben live und schnell an den Interface-Elementen testen. Dies ist sehr hilfreich, wenn Sie einfach kurz abschätzen wollen, wie ein bestimmter Button z. B. in der Farbe Rot aussieht.

Interfaces bauen mit Codiqa

Codiqa ist eine beeindruckende Website, mit der Sie unter *http://codiqa.com* das komplette Interface (und sogar teilweise auch Inhalte) Ihrer jQuery Mobile-WebApp per Drag & Drop gestalten können (siehe Abbildung 8.16).

Nach einer kurzen Anmeldung können Sie damit anfangen, Seiten zusammenzuklicken und Interface-Elemente hinzuzufügen. Codiqa ist für sehr kleine Projekte kostenlos. Möchten Sie größere Projekte mit Codiqa realisieren, werden hingegen monatliche Gebühren fällig, die sich allerdings rechnen können, wenn Sie den Entwicklungsaufwand bedenken, den Sie hierdurch einsparen können. Sie haben so die Möglichkeit, in sehr kurzer Zeit das Grundgerüst Ihrer WebApp zu bauen, ohne auch nur eine Codezeile HTML zu schreiben.

Für aufwendige und komplexe Inhalte, wie z. B. die Einbindung einer Google Maps-Karte müssen Sie aber nach wie vor selbst Hand anlegen. Genau wie beim ThemeRoller können Sie hier den kompletten Code als ZIP-Datei herunterladen. Codiqa speichert dabei alle Seiten in einer HTML-Datei, wie Sie es bereits in diesem Kapitel kennengelernt haben.

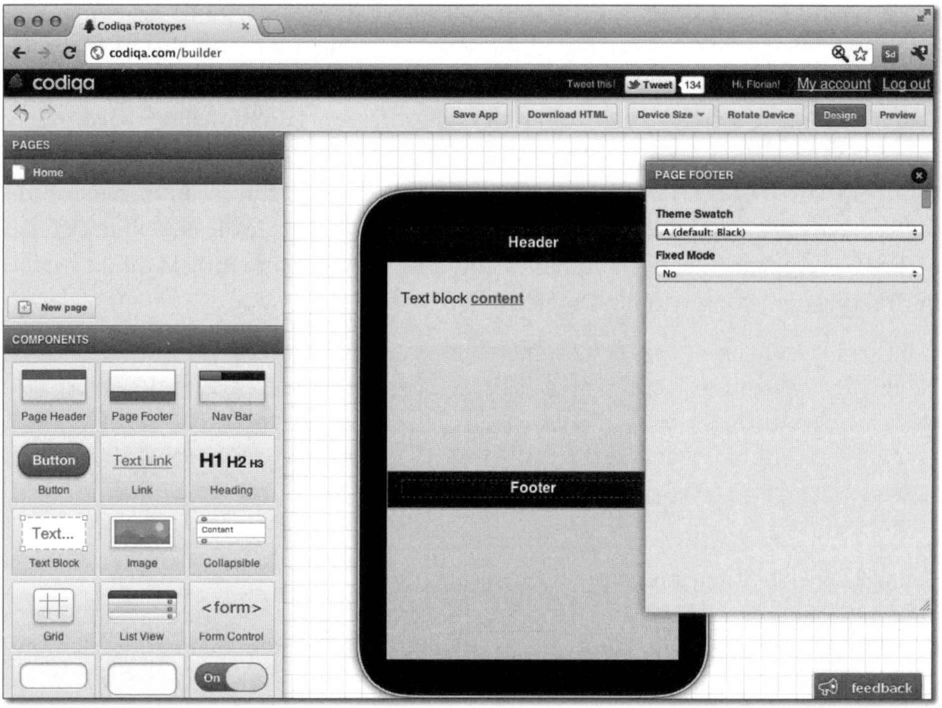

Abbildung 8.16 Der Codiqa-Interface-Builder

Ein zusätzlicher Nutzen von Codiqa ist, dass Sie Ihre Entwürfe auch mit anderen Leuten teilen können.

8.2 Die Entwicklung einer App mit Sencha Touch

Eines der anspruchsvollsten und sicherlich vollständigsten Frameworks für die Entwicklung von mobilen WebApps ist Sencha Touch (siehe Abbildung 8.17). Es entstand Mitte 2010 aus einer Verschmelzung der Ajax-Bibliothek *Ext JS* und der mobilen UI-Bibliothek *jQTouch*. Im Gegensatz zu jQuery Mobile orientiert sich die Syntax von Sencha Touch stärker an klassenbasierten Programmiersprachen, wie z. B. *Java*. In der Praxis bedeutet das, dass sich der Code modularer gestalten lässt, dass er aber auch etwas anspruchsvoller ist. Keine Sorge, wir werden uns Mühe geben, unsere Beispiele trotzdem verständlich und anschaulich zu erläutern.

Die aktuelle Version 2.2 bietet sogar die Möglichkeit einer sogenannten Model-View-Controller-Architektur an, bei der Datenmodell, Darstellung und Steuerung flexibel voneinander getrennt werden. Dies soll heißen, dass Sencha Touch für eingefleischte Softwareentwickler auf jeden Fall die richtige Wahl ist!

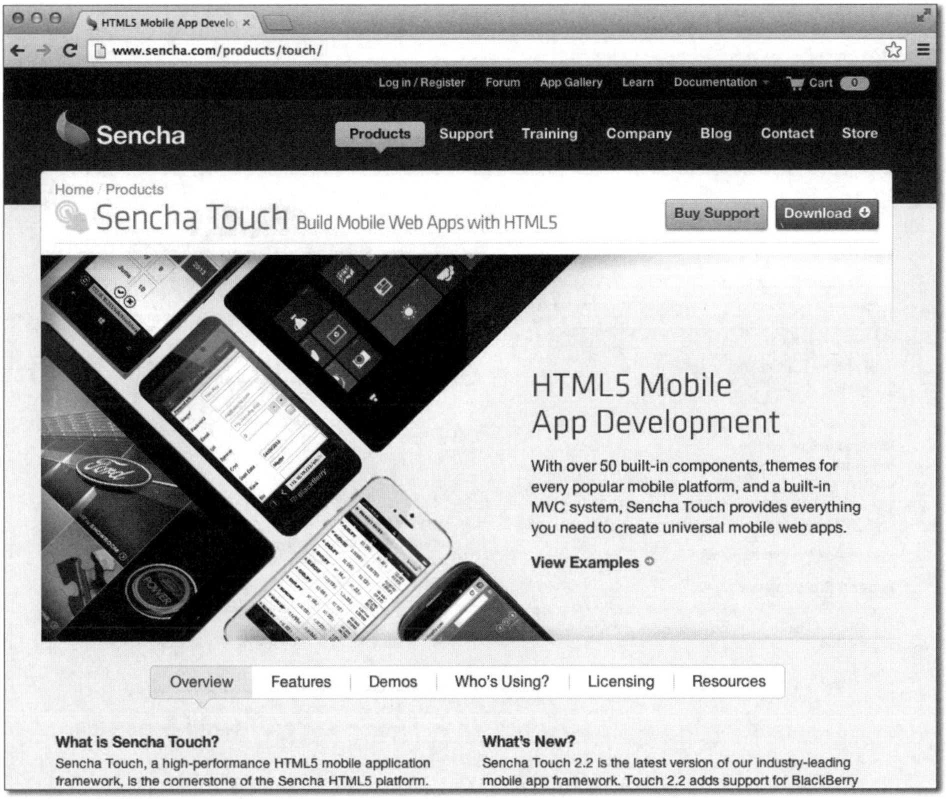

Abbildung 8.17 http://www.sencha.com/products/touch

Wir haben uns aber aus einem anderen Grund dafür entschieden, Ihnen Sencha Touch vorzustellen: Es bietet die Möglichkeit, schon mit wenigen Zeilen JavaScript ansprechende Apps zu gestalten. Denn die Bibliothek umfasst alle gängigen Bedienmuster wie Tabs, Toolbars und Carousels, die unabhängig vom Gerätetyp zuverlässig funktionieren. Ein besonders interessantes Feature sind die interaktiven Diagramme, die sogenannten *Touch Charts*. In diesem Kapitel werden Sie eine kleine Wetter-App entwickeln, die die Maximal- und Minimaltemperaturen in einem Liniendiagramm anzeigt.

Sencha Touch ist als Open-Source-Produkt kostenlos erhältlich, und auch kommerzielle Projekte dürfen ohne zusätzliche Lizenzgebühren hiermit entwickelt werden.

8.2.1 Installation und erste Schritte mit Sencha Touch

Bevor Sie loslegen können, müssen Sie zunächst das Framework über *http://www.sencha.com/products/touch/download/* herunterladen (siehe Abbildung 8.18).

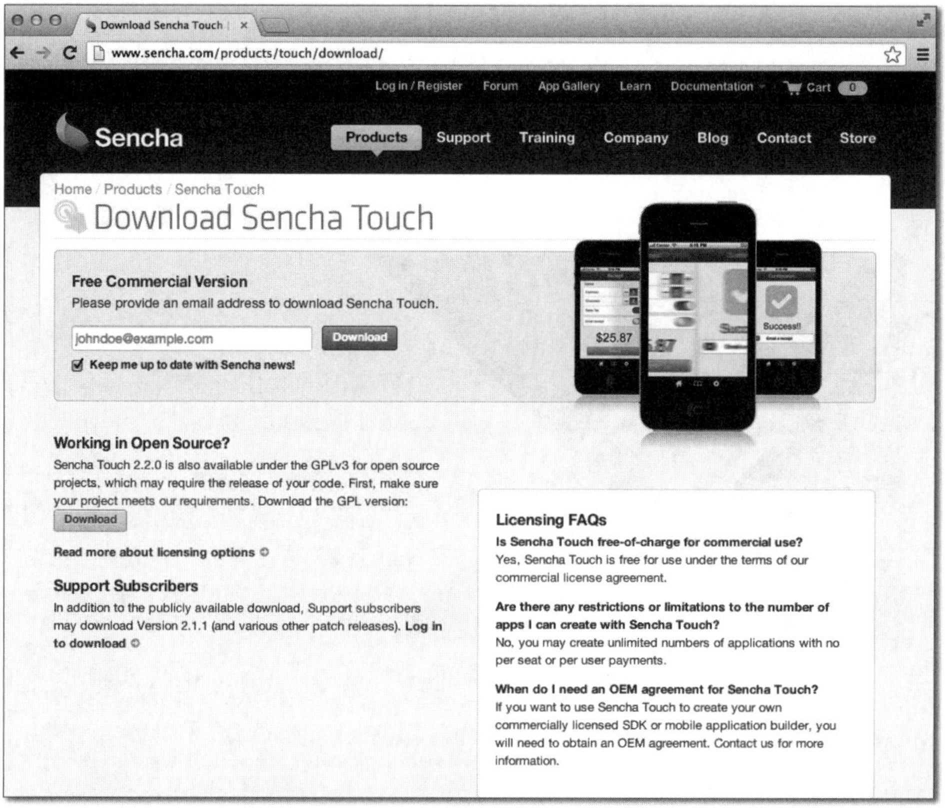

Abbildung 8.18 Downloadseite von Sencha Touch

Lassen Sie sich nicht von der ca. 25 MB großen Downloaddatei abschrecken – für Ihre erste App benötigen Sie lediglich zwei Dateien. Kopieren Sie die folgenden JavaScript-Codes in Ihren Projektordner, und verlinken Sie sie mit dem bereits bekannten HTML-Grundgerüst:

```
<link rel="stylesheet" href="styles/sencha-touch.css">
<script src="javascript/sencha-touch-all-debug.js"></script>
<script src="javascript/app.js"></script>
```

Zusätzlich legen Sie eine Datei *app.js* an, die Sie ebenfalls im head-Bereich verlinken. Dies ist auch schon alles, was Sie an HTML-Code für Ihre Sencha Touch-App schreiben müssen. Ab jetzt definieren Sie alle Elemente und Funktionen der App in der Sencha Touch-Syntax in der JavaScript-Datei. Hier zeigt sich ein großer Vorteil von Frameworks: Statt immer zwischen drei verschiedenen Sprachen wechseln zu müssen, bleiben Sie immer in derselben Syntax. Dadurch können Sie nicht nur schneller entwickeln, Sie eliminieren auch eine zusätzliche Fehlerquelle.

Schreiben Sie nun Folgendes in die Datei *app.js*:

```
new Ext.application({
 launch: function() {
  Ext.create("Ext.Container", {
   fullscreen: true,
   html: "Hallo Welt"
  });
 }
});
```


Listing 8.27 Die einfache »Hallo Welt«-App erklärt die Codestruktur

Damit haben Sie soeben Ihre erste Mini-App mit Sencha Touch programmiert, eine sogenannte Hallo-Welt-Anwendung (siehe Abbildung 8.19). Eine Sencha Touch-App beginnt immer mit `new Ext.application()`, dem `application`-Objekt. Dieses stellt das Grundgerüst für Ihre App dar; in ihm werden sämtliche Funktionen und Elemente angelegt und konfiguriert, unter anderem die Funktion `launch`, die beim Starten der App, also wenn das Framework vollständig vom Server geladen worden ist, ausgeführt wird. Innerhalb der Launch-Funktion legen Sie mit `Ext.create` einen `Ext.Container` an. Dies ist ein Sencha Touch-Objekt, das zunächst keine besonderen Eigenschaften aufweist, sondern als Blanko-Element mit weiteren Inhalten befüllt werden kann. In geschweiften Klammern übergeben Sie dem Objekt anschließend alle Konfigurationsparameter als JSON-Objekt. Ihr Container hat nur zwei Eigenschaften: `fullscreen` besagt, dass er den kompletten Bildschirm des Geräts ausfüllen soll, und mit `html` definieren Sie den Inhalt des Containers – dies kann, wie der Name der Eigenschaft schon besagt, beliebiger HTML-Code sein.

Abbildung 8.19 Macht nicht viel und sieht nach nichts aus: die App »Hallo Welt«.

So viel zur Theorie. Im nächsten Schritt programmieren Sie eine kleine Demo-App, die aus einer Kopfzeile und zwei Buttons besteht (siehe Abbildung 8.20).

Abbildung 8.20 Dies ist schon eher nach Ihrem Geschmack: die Demo-App.

Zunächst beginnen Sie wieder mit dem `Ext.application`-Grundgerüst. Vor der initialen Launch-Funktion fügen Sie diesmal jedoch noch einige Optionen Ihrer App ein. Hierzu zählen das Aussehen der Statusleiste im Vollbildmodus, das Symbol für den Home-Bildschirm und der Ladebildschirm für iPhone und iPad:

```
new Ext.application({
 statsBarStyle: 'black',
 phoneIcon: '../bilder/iphone-icon.png',
 phoneStartupScreen: '../bilder/iphone-splash.png',
 tabletIcon: '../bilder/ipad-icon.png',
 tabletStartupScreen: '../bilder/ipad-splash.png',
 launch: function() {
  // Hier wird der Container definiert.
 }
});
```

Listing 8.28 Definition von Ladebildschirm und Symbolen in Sencha

In der Launch-Funktion erstellen Sie nun, wie bereits zuvor, einen leeren Container, der später alle weiteren Elemente enthält:

```
Ext.create("Ext.Container", {
 fullscreen: true,
 layout: 'vbox',
 // Hier werden die weiteren Elemente definiert.
});
```

Bevor Sie die eigentlichen Elemente Ihrer App einfügen, definieren Sie das generelle Layout. Wie im ersten Beispiel sorgt `fullscreen: true` dafür, dass Ihre App den kompletten Bildschirm des Geräts einnimmt. Sollten Sie diese Eigenschaft vergessen, kann es unter Umständen passieren, dass gar nichts anzeigt wird. Daher sollten Sie dem umschließenden Container immer die Fullscreen-Option hinzufügen. Im Parameter `layout` legen Sie den Layoutmodus fest, und `vbox` bedeutet, dass alle Elemente vertikal, also untereinander, angeordnet werden. Möglich wären auch die Optionen `hbox`, bei der die Elemente horizontal nebeneinander angezeigt werden, oder `card`, bei der alle Elemente wie Spielkarten übereinandergestapelt werden.

Innerhalb des Containers kreieren Sie nun die eigentlichen Elemente der App. Normalerweise geschieht dies mit dem `Ext.create`-Konstruktor. Netterweise hält Sencha Touch aber hier für Sie eine Möglichkeit zur Kurznotation bereit: Sie können die Elemente als Array direkt in die Konfiguration Ihres Containers schreiben:

```
items: [{ xtype: 'toolbar' },{ xtype: 'panel' }]
```

Abbildung 8.21 Toolbar und Panel

Sie haben nun zwei weitere Objekte angelegt, die im Container geschachtelt werden. Um welches Element es sich dabei handelt, legt die Eigenschaft `xtype` fest. Das erste Element ist die Kopfzeile, oder auch `toolbar` (siehe Abbildung 8.21), und das zweite Element ist ein `panel`, ähnlich wie der Container – ein leeres Element, in das Sie weitere Elemente oder HTML-Code schreiben können. Hier fügen Sie gleich einige Buttons hinzu. Zunächst jedoch zur besseren Lesbarkeit einige Zeilenumbrüche:

```
items: [
 {
  xtype: 'toolbar'
 },
 {
  xtype: 'panel'
 }
]
```

Dies hat einen bestimmten Grund: Sie werden die (noch) leeren Objekte gleich mit weiteren Eigenschaften füllen. Damit Sie den Überblick behalten, definieren Sie pro Zeile nur eine Eigenschaft. Achten Sie hier besonders auf die Syntax: Bei `items` handelt es sich um ein Array, also muss es zwingend mit eckigen Klammern umschlossen werden. Die jeweiligen Elemente sind JSON-Objekte, die immer von geschweiften Klammern umfasst werden müssen. Zwischen zwei Objekten oder Eigenschaften muss immer ein Komma stehen. Ein vergessenes Komma oder eine fehlende Klammer sind häufig der Grund dafür, dass eine App nicht läuft oder nicht das tut, was sie soll.

Fügen Sie nun Ihrer Kopfzeile einen Titel hinzu:

```
items: [
 {
  xtype: 'toolbar',
  title: 'Demo App'
 },
 {
  xtype: 'panel',
  padding: 10
 }
]
```

Das Panel bekommt außerdem einen kleinen Innenabstand von 10 Pixeln. Praktischerweise heißt diese Eigenschaft analog zur CSS-Syntax `padding`. Als Nächstes fügen Sie dem Panel ein weiteres Panel und zwei Buttons hinzu (siehe Abbildung 8.22):

```
items: [
 {
  xtype: 'toolbar',
  title: 'Demo App'
 },
```

```
 {
  xtype: 'panel',
  padding: 10,
  items: [
   {
    xtype: 'panel'
   },
   {
    xtype: 'button'
   },
   {
    xtype: 'button'
   }
  ]
 }
]
```

Listing 8.29 Fertiges Panel mit Kopfzeile und Buttons

Abbildung 8.22 Nächste Station: Buttons

Sie merken: Es ist mit Sencha Touch problemlos möglich, beliebig viele Elemente ineinanderzuschachteln. Fügen Sie den Elementen nun etwas HTML-Code bzw. Text hinzu (siehe Abbildung 8.23):

```
items: [
 {
  xtype: 'panel',
  html: 'Meine erste <b>Sencha-App</b>'
 },
 {
  xtype: 'button',
```

```
  text: 'Normaler Button'
 },
 {
  xtype: 'button',
  text: 'Klick mich nicht!'
 }
]
```

Abbildung 8.23 So soll es aussehen!

Meist ist es egal, ob Sie für Bezeichner die Eigenschaft `html` oder `text` nutzen – `html` erlaubt jedoch einen etwas größeren Gestaltungsspielraum. Dabei müssen Sie zwei Dinge beachten: Innerhalb der HTML-Eigenschaft dürfen Sie keine Zeilenumbrüche verwenden. Außerdem werden alle HTML-Elemente von Sencha Touch mit dem Framework-eigenen CSS gestylt. So ist die Schriftart bereits per Standard auf *Helvetica* bzw. *Droid Sans* festgelegt, Schriftgrößen und Farben sind ebenfalls definiert. Dies hat den Vorteil, dass sich alle Elemente bereits von Haus aus wie eine App und somit wie aus einem Guss »anfühlen«. Dies kann manchmal aber auch ein wenig einschränkend sein. Wie Sie diese Standardstile umgehen, zeigen wir Ihnen im Abschnitt »Der Profi-Trick – Kopfzeile anpassen«, der sich wiederum in Abschnitt 8.3.3, »Grundlagen«, befindet.

Eine einfache Möglichkeit, um zumindest das »Aneinanderkleben« der Buttons zu verhindern, bietet die Eigenschaft `margin`: Analog zur CSS-Syntax bietet sie die Möglichkeit, den Außenabstand jedes Elements festzulegen. Spendieren Sie Ihren Buttons ein paar Pixel! Anstatt nun aber beiden Buttons und dem Panel eine `margin`-Eigenschaft zuzuweisen, definieren Sie im übergeordneten Panel eine Standardeinstellung, die an die Unterelemente vererbt wird:

```
defaults: {
 margin: 10
}
```

Puh, Sie haben es fast geschafft – doch halt, sollte der zweite Button nicht in Rot dargestellt werden? Sencha Touch bietet Ihnen die Möglichkeit, Buttons – je nach deren Funktion – in einer anderen Farbe erscheinen zu lassen:

```
{
 xtype: 'button',
 text: 'Klick mich nicht!',
 margin: 10,
 ui: 'decline',
 iconCls: 'action',
 iconMask: true
}
```

Listing 8.30 Eigenschaften des roten Buttons

Die Eigenschaft `ui` (kurz für *User Interface*, engl. für Benutzeroberfläche) verändert nicht nur die Hintergrundfarbe, sondern gleichzeitig die Textfarbe eines Buttons. Möglich sind dabei die folgenden Werte:

- `normal` für einen grauen Button
- `action` für einen dunkelblauen Button
- `decline` für einen roten Button
- `confirm` für einen grünen Button

Darüber hinaus können Sie mit `ui` die Außenform des Buttons verändern:

- `back` – der Button wird zu einem linksgerichteten Pfeil.
- `forward` – der Button wird zu einem rechtsgerichteten Pfeil.
- `round` – der Button erscheint abgerundet.

Über `iconCls` fügen Sie dem Button ein Symbol hinzu. Der Wert `'action'` steht für ein kleines Rechteck mit einem Pfeil. Wichtig ist, dass Sie außerdem die Eigenschaft `iconMask: true` zuweisen.

Es wäre jetzt aber noch toll, wenn tatsächlich etwas passiert, wenn Sie auf den Button tippen. Dafür sorgt die Eigenschaft `handler`:

```
handler: function() {
 alert('Du hast ja doch geklickt!');
}
```

Abbildung 8.24 Die Standard-Dialogbox

Tippen Sie nun den Button an, wird eine Funktion ausgeführt, die ein JavaScript-Dialogfenster öffnet, das den Text »Du hast ja doch geklickt« anzeigt (siehe Abbildung 8.24). Leider haben diese Fenster die schlechte Angewohnheit, die Ausführung des restlichen Programmcodes der App zu unterbrechen. Glücklicherweise haben auch hier die Entwickler von Sencha Touch eine Lösung parat (siehe Abbildung 8.25):

```
handler: function() {
 Ext.Msg.alert('Booom!','Du hast ja doch geklickt.',Ext.emptyFn);
}
```

Abbildung 8.25 Das Sencha-Dialogfeld; Quizfrage: Wie lang hält die Batterie meines iPhones, wenn zwischen 23:12 und 23:19 die Akkukapazität um 2 % sinkt?

Die Funktion `Ext.Msg.alert` öffnet eine ganz ähnliche Dialogbox, die allerdings den Programmcode im Hintergrund weiterlaufen lässt. Zusätzlich bietet Sie eine Callback-Funktion, die aufgerufen wird, wenn der Nutzer auf OK tippt. In unserem Fall ist dies `Ext.emptyFn`, eine leere Funktion, die – Sie haben es erraten – nichts macht.

Mit genau 44 Zeilen Code haben Sie nun Ihre erste richtige Sencha Touch-App entwickelt. War doch gar nicht so schlimm, oder? Hier noch mal das komplette Skript Ihrer Demo-App:

```
new Ext.application({
 statsBarStyle: 'black',
 phoneIcon: '../bilder/iphone-icon.png',
 phoneStartupScreen: '../bilder/iphone-splash.png',
 tabletIcon: '../bilder/ipad-icon.png',
 tabletStartupScreen: '../bilder/ipad-splash.png',
 launch: function() {
  Ext.create("Ext.Container",
  fullscreen: true,
  layout: 'vbox',
  items: [
   {
    xtype: 'toolbar',
    title: 'Demo App',
   },{
    xtype: 'panel',
    padding: 10,
    defaults: {
     margin: 10
   }
   items: [
    {
     xtype: 'panel',
     html: 'Meine erste <b>Sencha-App</b>'
    },
    {
     xtype: 'button',
     text: 'Normaler Button'
    },
    {
     xtype: 'button',
     ui: 'decline',
     text: 'Klick mich nicht!',
     iconCls: 'action',
     iconMask: true,
     handler: function() {
      Ext.Msg.alert('Booom!','Du hast ja doch geklickt.',Ext.emptyFn);
     }
    }
```

```
            ]
          }
        ]
      });
    }
  });
```

Listing 8.31 Das komplette Skript der Demo-App

Probieren Sie Ihre App auf verschiedenen Geräten aus – Sie werden feststellen, dass sie ohne weitere Anpassungen auf iPhone und iPad funktioniert, selbst auf Android-Geräten und BlackBerrys läuft sie zuverlässig. Besonders wenn Sie für mehrere Plattformen Apps entwickeln, sind Frameworks eine extreme Arbeitserleichterung. Natürlich können wir in diesem Buch nur einen Bruchteil der Möglichkeiten des Frameworks beleuchten. Eine vollständige Dokumentation von Sencha Touch englischer Sprache finden Sie unter *http://docs.sencha.com/touch/2-2/* (siehe Abbildung 8.26).

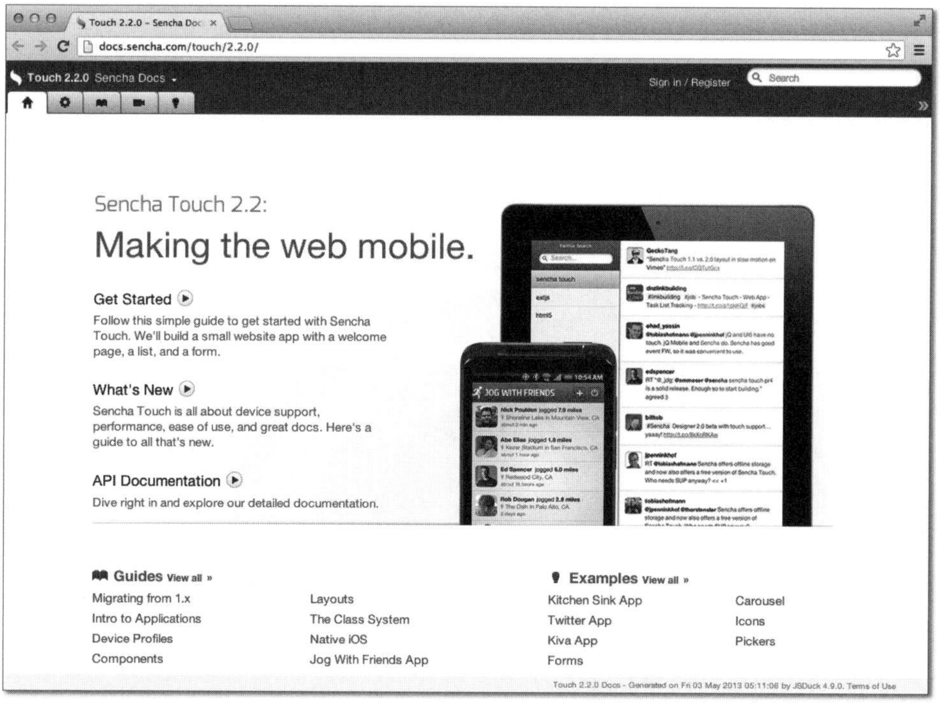

Abbildung 8.26 Die Sencha Touch-Dokumentation

Im Folgenden werden Sie nun mithilfe von Sencha Touch ein kleines Wetterdiagramm und ein Tablet-Magazin entwickeln.

8.2.2 Interaktive Diagramme mit Sencha Touch Charts – die Wetterstation

Wenn man sich auf eines verlassen kann, dann auf die Wettervorhersage: Sie wird garantiert niemals stimmen! Dank Internet und Smartphones können Sie heute das Wetter stundengenau für einen bestimmten Ort ermitteln und haben eine doch relativ verlässliche Vorhersage. Neben der eingebauten Wetter-App im iPhone tummeln sich im Apples App Store unzählige kostenlose und kostenpflichtige Programme, die Wetterkarten, Niederschlagsradar, Luftdruck und Schneemengen anzeigen. Eine wichtige Frage muss sich der Nutzer jedoch immer aus der tabellarischen Temperaturansicht zusammenrechnen: Wird es in den nächsten Tagen kälter oder wärmer?

Genau diese Frage wollen Sie mithilfe einer kleinen Wetterstation beantworten und damit den Wetter-App-Markt etwas aufmischen. Dabei soll die App nichts anderes machen, als die Maximal- und die Minimaltemperatur in einem Diagramm darzustellen. So kann der Nutzer auf einen Blick erkennen, ob es in nächster Zeit kühler oder wärmer wird.

Glücklicherweise bietet Sencha Touch eine umfangreiche Bibliothek zur Darstellung von Diagrammen und Infografiken. In Abschnitt 4.6.5, »Canvas-Bibliotheken«, haben wir bereits kurz erwähnt, dass Sie mithilfe der Canvas-Graphen rendern können. Die *Sencha Touch Charts* sind aber speziell für die Verwendung auf Touch-Geräten konzipiert.

Wie wird das Wetter?

Zunächst müssen Sie jedoch irgendwoher eine Wettervorhersage herbekommen. Statt jeden Abend nach der Tagesschau die Prognosen abzuschreiben, nutzen Sie Sie haben es bestimmt schon erraten – einen Webservice mit aktuellen Wetterdaten. Es gibt ca. ein Dutzend verschiedene deutsche und internationale Anbieter, die Wetterdaten als JSON-Feed zur Verfügung stellen.

Für dieses Beispiel wählen Sie den kostenfreien Service von *World Weather Online* (siehe Abbildung 8.27). Er bietet eine JSON-API, die das Suchen nach Ortsnamen ermöglicht und es erlaubt, die kostenlosen Wetterdaten auch kommerziell zu nutzen. Die Wetterdaten selbst kommen aus Deutschland und Dänemark. Als Erstes müssen Sie nun einen API-Schlüssel erstellen, mit dem Sie sich später beim Anbieter identifizieren. Öffnen Sie hierzu *http://worldweatheronline.com/register.aspx*, und geben Sie Ihren Namen und Ihre E-Mail-Adresse ein. Anschließend wird Ihnen der API-Schlüssel per E-Mail zugesandt. In der Regel handelt es sich um eine lange und kryptische Reihenfolge von Zahlen und Buchstaben.

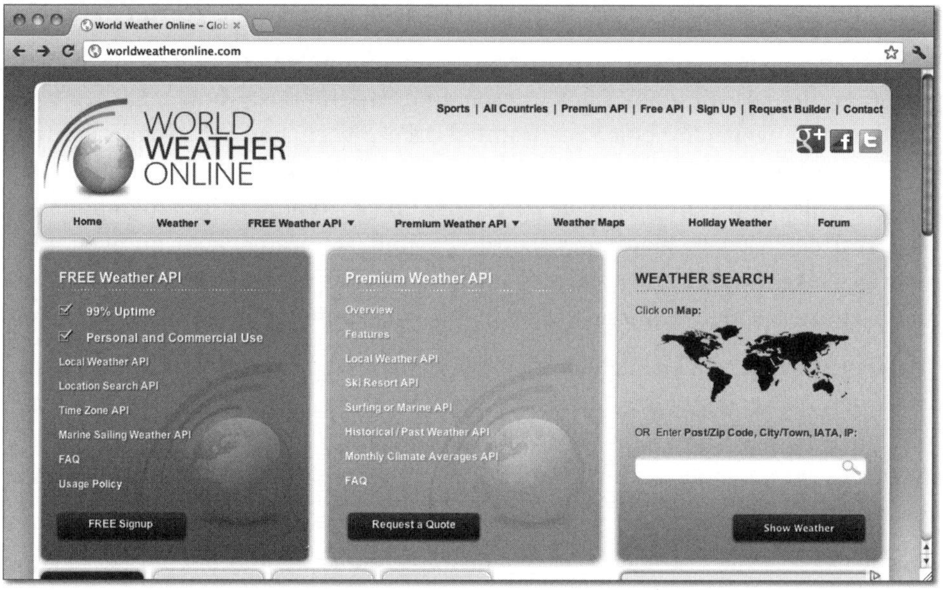

Abbildung 8.27 http://www.worldweatheronline.com

Testen Sie nun die Wetter-API. Hierzu geben Sie die URL des JSON-Feeds in Ihren Browser ein: *http://api.worldweatheronline.com/free/v1/?key=API_KEY&q=Berlin&format=json&num_of_days=5.*

Über diese Adresse rufen Sie das Wetter der nächsten fünf Tage für Berlin im JSON-Format ab. Natürlich müssen Sie anstelle von `API_KEY` den Schlüssel einfügen, der Ihnen per E-Mail zugesandt worden ist. Im Browser wird nun ein JSON-String als Quellcode angezeigt, der gekürzt in etwa so aussieht:

```
{
 "data": {
  ...
  "request": [{
   "query": "Berlin, Germany",
   "type": "City"
  }],
  "weather": [{
   "date": "2012-03-14",
   "precipMM": "0.9",
   "tempMaxC": "8",
   "tempMaxF": "46",
   "tempMinC": "6",
   "tempMinF": "43",
   "weatherCode": "119",
```

```
    "weatherDesc": [{
     "value": "Cloudy"
    }],
    "weatherIconUrl": [{
     "value": "http://www.worldweatheronline.com/images/wsymbols01_png_64/
     wsymbol_0003_white_cloud.png"
    }],
    "winddir16Point": "WNW",
    "winddirDegree": "298",
    "winddirection": "WNW",
    "windspeedKmph": "17",
    "windspeedMiles": "11"
   },{
    "date": "2012-03-15",
       …
   }
       …
   ]
  }
 }
```

Listing 8.32 Der gekürzte JSON-String als Quellcode

Zunächst enthält der Callback die Bestätigung, dass es sich um das Wetter in der deutschen Hauptstadt handelt und nicht etwa um das gleichnamige Dorf in Connecticut. Darunter steht für jeden der nächsten fünf Tage jeweils ein Objekt, in dem Wetterbeschreibung, Windgeschwindigkeit, Windrichtung und allerlei andere nützliche Informationen enthalten sind. Sie interessieren sich aber besonders für die Werte `tempMaxC` und `tempMinC`: Die Maximal- und Minimaltemperatur in Grad Celsius.

Das Interface

Verlinken Sie zunächst wieder Sencha Touch in Ihrem HTML `head`-Bereich. Seit Version 2.1 sind Charts Kernbestandteil und müssen nicht mehr separat eingebunden werden.

```
<link rel="stylesheet" href="styles/sencha-touch.css">
<script src="javascript/sencha-touch-all-debug.js"></script>
<script src="javascript/app.js"></script>
```

Definieren Sie zunächst die globalen Variablen `wetter` und `diagramm`.

In der Variablen `wetter` legen Sie einen leeren JSONStore an, der später mit den Wetterdaten für das Diagramm aufgefüllt wird – doch hierzu gleich mehr. Danach folgt der JSONP-Request, der die Wetterdaten abruft:

```
var wetter, diagramm;
wetter = new Ext.data.JsonStore({
  fields: ['date','tempMaxC','tempMinC'],
  data: [0,0,0]
 });
var wetterAbrufen = function(stadt){
 Ext.util.JSONP.request({
  url: 'http://api.worldweatheronline.com/free/v1/',
  callbackKey: 'callback',
  params: {
   key: IHR_KEY,
   q: stadt,
   format: 'json',
   num_of_days: 5
  },
  callback: function(status,result) {
   wetterAnzeigen(result.data.weather);
  }
 });
};
```

Listing 8.33 Abrufen und Anzeigen der Wetterdaten

Die Parameter werden als `params`-Objekt an die Funktion übergeben – dies ist wesentlich übersichtlicher, als sie an die URL zu hängen. Die `callback`-Funktion wird ausgeführt, nachdem die Daten erfolgreich abgerufen worden sind. Der Inhalt des JSON-Callbacks wird in der Variable `result` übergeben. Da Sie aber ohnehin nur die Temperaturen aus dem Unterobjekt `weather` benötigen, übergeben Sie auch nur diese an die Funktion `wetterVorbereiten`.

Die Wetterdaten vorbereiten

Alle Daten im JSON-Objekt werden als Zeichenketten, also als Strings übergeben. Für die Darstellung im Diagramm müssen Sie diese nun noch in Ganzzahlen (Integer) umrechnen:

```
var wetterAnzeigen = function(rohdaten) {
 for(i = 0; i < rohdaten.length; i++) {
  rohdaten[i].tempMaxC = parseInt(rohdaten[i].tempMaxC);
  rohdaten[i].tempMinC = parseInt(rohdaten[i].tempMinC);
 }
 wetter = new Ext.data.JsonStore({
  fields: ['date','tempMaxC','tempMinC'],
  data: rohdaten
```

```
 });
 diagramm.bindStore(wetter);
};
```

Listing 8.34 Die Funktion »wetterAnzeigen«

In einer `for`-Schleife gehen Sie dabei durch alle Elemente des Objekts und wandeln mit der Funktion `parseInt()` die Temperaturen in Zahlenwerte um. Den Unterschied zwischen Zahlen und Strings haben Sie bereits in Abschnitt 2.5.1, »Die JavaScript-Syntax«, kennengelernt.

Für die Darstellung in einem Diagramm erwartet Sencha Touch die Daten in einem bestimmten Format, dem Format *JSONStore*. Im Prinzip ist JSONStore nichts anderes als ein JSON-Objekt, das die Speicherung unterschiedlicher Datentypen in einem Objekt erlaubt. Die Funktion `Ext.data.JsonStore` erwartet zwei Parameter: zum einen die Datengrundlage, also das JSON-Objekt, das als Quelle dient, und zum anderen die Werte, die aus ihm übernommen werden sollen. Nachdem die Daten nun im richtigen Format vorliegen, können Sie diese dem Diagramm mit `.bindStore()` zuweisen.

Im nächsten Schritt legen Sie die Initialfunktion an:

```
Ext.application({
 launch: function() {
  wetterAbrufen('Berlin');
  // Hier kommen alle weiteren Funktionen hinein.
 }
});
```

Den `Ext.application`-Konstruktor kennen Sie ja bereits, und die Funktion `launch` ebenso – in diese schreiben Sie alle weiteren Funktionen, die direkt nach App-Start ausgeführt werden. So auch die Funktion `wetterAbrufen()`; Sie soll direkt nach dem Programmstart das Berliner Wetter vom Server laden und es im Diagramm anzeigen. Moment mal, in welchem Diagramm? Richtig, dieses müssen Sie ja erst noch anlegen:

```
chart = new Ext.chart.Chart({
 store: wetter,
 insetPadding: { top: 50 },
 axes: [{ … }],
 series: [{ … }]
});
```

Legen Sie ein neues Objekt vom Typ `Ext.chart.Chart` an, das wiederum mindestens drei Parameter erwartet: `store` ist die Datengrundlage – Ihr Diagramm ist zunächst leer; die entsprechenden Daten werden mithilfe der Funktion `wetterAnzeigen()` an das Diagramm übergeben. Für ein wenig Abstand zum oberen Bildschirmrand sorgt die Eigenschaft `insetPadding`. Auf die anderen beiden Parameter, die Diagrammachsen (`axes`) und Kurven (`series`) werden wir im Folgenden etwas genauer eingehen.

Die Diagrammachsen

Besonders komplexe Diagramme können locker bis zu vier verschiedene Achsen besitzen, um unterschiedliche Datendimensionen auf einmal darzustellen. Ihre Wetterstation soll auf der X-Achse die nächsten Tage und auf der Y-Achse die Temperaturen anzeigen. Fügen Sie Folgendes in das `Ext.chart.Chart`-Objekt ein:

```
axes: [{
 type: 'numeric',
 position: 'right',
 decimals: 0,
 adjustMinimumByMajorUnit: true,
 adjustMaximumByMajorUnit: true,
 fields: ['tempMaxC','tempMinC']
}, {
 type: 'category',
 position: 'bottom',
 fields: ['date']
}],
```

Listing 8.35 Die Eigenschaften der Diagrammachsen

Es handelt sich hierbei um ein Array mit zwei Unterobjekten: Das erste Unterobjekt stellt die Y-Achse, also die Temperaturen dar. Zunächst legen Sie mit `type` die Art der Achse fest; `position: right` besagt, dass diese auf der rechten Seite des Diagramms angezeigt wird. Um merkwürdige Rundungsfehler zu vermeiden, legen Sie mit `decimals: 0` fest, dass keine Nachkommastellen angezeigt werden. Da es, je nach Ort, mal sehr kalt oder warm sein kann, sorgen die Parameter `adjustMinimumByMajorUnit` und `adjustMaximumByMajorUnit` dafür, dass die Temperaturen immer vernünftig auf dem Diagramm verteilt werden. Der `fields`-Parameter legt schließlich fest, welche Daten auf der Y-Achse angezeigt werden sollen.

Die zweite Achse ist etwas einfacher: Sie wird unter dem Diagramm angezeigt und stellt die Datumsangaben dar.

Diagrammdaten oder auch Serien

Serien definieren die eigentlichen Kurven des Diagramms. Genau wie bei den Achsen handelt es sich dabei um ein Array mehrerer Objekte. Sie können hier beliebig viele Objekte eingeben:

```
series: [{
 type: 'line',
 axis: 'right',
 xField: 'date',
 yField: 'tempMaxC',
 style: {
  stroke: '#f40',
  'stroke-width': 10,
  opacity: 1
 },
},{
 type: 'line',
  xis: 'right',
 xField: 'date',
 yField: 'tempMinC',
 style: {
  stroke: '#04c',
  'stroke-width': 10,
  opacity: 1
 },
}]
```

Listing 8.36 Eigenschaften der Temperaturkurve

Im Falle der Wetterstation benötigen Sie zwei Serien: eine Serie für die Maximal- und eine Serie für die Minimaltemperatur. Serien erwarten dabei mehrere Parameter:

- type – definiert die Art der Serie; der Wert line rendert eine Kurve.
- axis – gibt an, an welcher Achse sich die Kurve orientiert.
- xField – steht für den Schlüssel auf der X-Achse, also für das Datum.
- yField – steht für den Wert, also die Maximal- bzw. Minimaltemperatur.

Zusätzlich können Sie mit style die Farbe und Strichstärke der Kurve festlegen. Natürlich wollen Sie die Höchstwerte in Rot und die Tiefstwerte in Blau darstellen. Auf Ihrem Smartphone sieht das Ganze dann in etwa so wie in Abbildung 8.28 aus.

Zumindest theoretisch! Denn wenn Sie Ihre App aktuell auf dem iPhone öffnen, sehen Sie – richtig, nichts. Sie müssen das Chart erst noch einem Ext.Panel-Element hinzufügen, ohne das in Sencha Touch ja bekanntlich nichts geht:

```
new Ext.Panel({
 fullscreen: true,
 items: [{
```

```
  // Hier kommt die Kopfzeile hin
},chart]
});
```

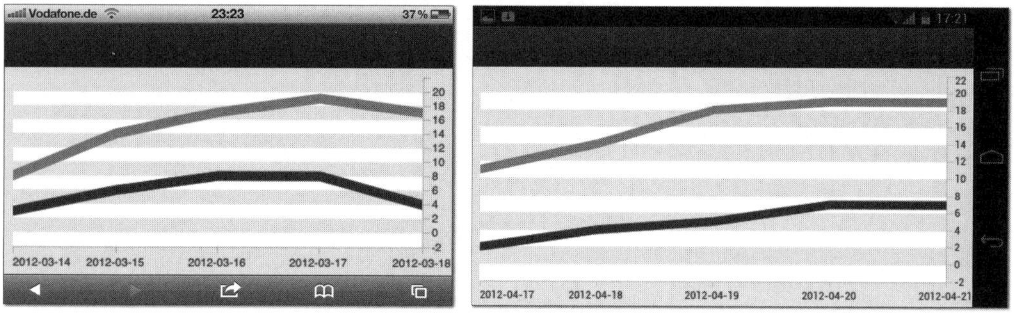

Abbildung 8.28 Das Wetter von Berlin auf dem iPhone (links) und unter Android (rechts)

Jetzt haben Sie bereits eine App, die das Berliner Wetter für die nächsten fünf Tage anzeigt. Blöd nur, wenn Sie in Frankfurt wohnen, oder in Hamburg, oder in Castrop-Rauxel, oder in ... wo stand der heitere Hering noch gleich? Legen Sie eine Kopfzeile mit einem Auswahlfeld an, in das Sie Ihre Lieblingsstädte schreiben:

```
xtype: 'toolbar',
top: 0,
style: {
background: 'none'
},
items: [{
xtype: 'selectfield',
name: 'city',
options: [
{text: 'Berlin', value: 'Berlin'},
{text: 'Frankfurt', value: 'Frankfurt'},
{text: 'New York', value: 'New York'},
{text: 'London', value: 'London'},
{text: 'Paris', value: 'Paris'},
],
listeners: {
change: function(e, value){
wetterAnzeigen(value);
}
}
}
```

Listing 8.37 In der Kopfzeile wird die Städteauswahl angezeigt

Das Auswahlfeld (`selectfield`) statten Sie mit einem EventListener aus, der bei der Auswahl einer anderen Stadt deren Wetter abruft und anzeigt. Und so wie in Abbildung 8.29 sieht das Ganze aus, wenn es fertig ist.

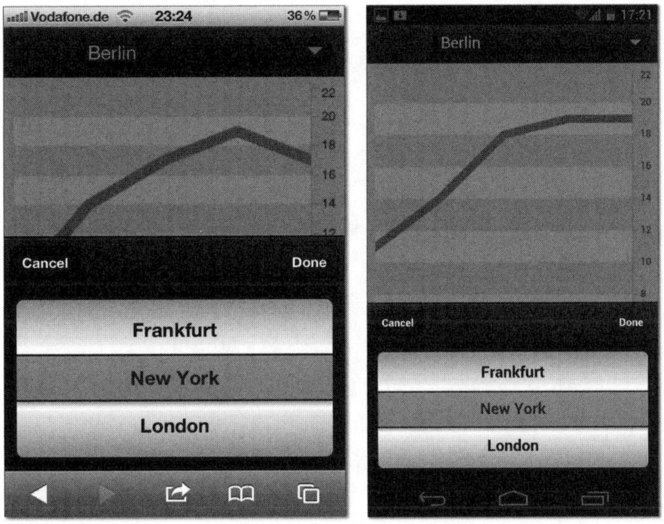

Abbildung 8.29 Die Auswahlbox von Sencha Touch sieht auf dem iPhone (links) und unter Android (rechts) komplett identisch aus.

Der letzte Schliff

Die Temperaturlinien sehen noch etwas kantig und spitz aus (siehe Abbildung 8.30), oder? Probieren Sie es doch mal aus, den Parameter `smooth: true` den Serien hinzuzufügen (siehe Abbildung 8.31).

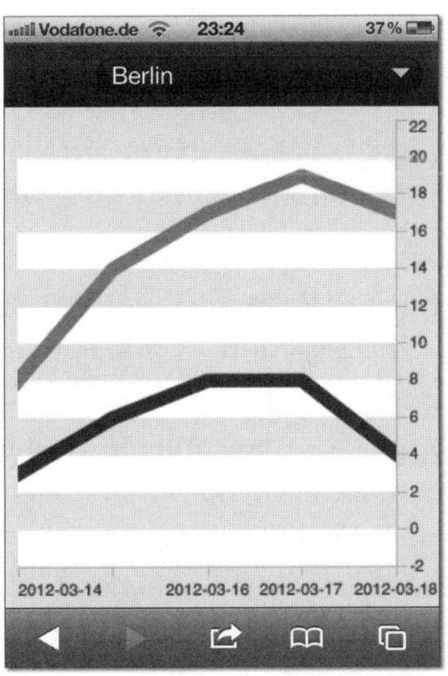

Abbildung 8.30 Die ungeglättete Kurve ...

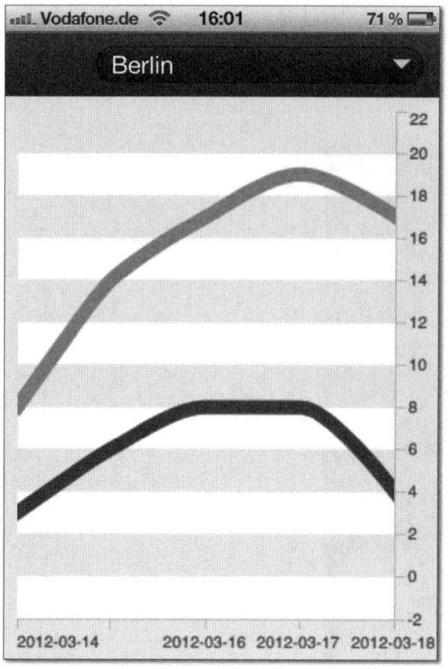

Abbildung 8.31 ... und ihr »kurviges« Pendant

Echte Profis fügen einem Sencha Touch-Chart übrigens noch den Parameter `animate: true` hinzu – er sorgt dafür, dass beim Städtewechsel die Kurven nicht umspringen, sondern von einer Position in die andere animiert werden.

8.2.3 HTML5-Tablet-Magazin mit Sencha Touch

Wie Sie mit Sencha Touch Apps und Diagramme erstellen können, wissen Sie nun. In diesem Abschnitt lernen Sie, wie Sie ein Tablet-Magazin nur mit HTML5, JavaScript und dem Sencha Touch-Framework erstellen können. Um das Layout kümmert sich das Magazine Grid, mit dem Sie in Abschnitt 4.1.2, »Das Raster für einen speziellen Einsatz – Magazine Grid«, bereits einige Seiten gestaltet haben. Erinnern Sie sich noch? Andernfalls sollten Sie schnell noch einmal zurückblättern – keine Sorge, wir warten hier auf Sie!

Noch einmal nachgeschaut? Super, dann kann's ja losgehen! Als Grundlage dienen in diesem Beispiel die Magazinseiten Ihrer Ägyptenreise aus Abschnitt 4.1.2. Bevor Sie diese aber zu einem Magazin »zusammenbinden« können, müssen Sie sie noch ein wenig präparieren. Legen Sie zunächst einen Projektordner an, und kopieren Sie die Datei *magazinegrid.min.css* in den Unterordner *styles* und die HTML-Seiten in den Hauptordner. Benennen Sie diese Ordner entsprechend ihrer Reihenfolge im Magazin in *cover.html, seite1.html, seite2.html* usw. um. Kopieren Sie anschließend die Dateien des Sencha Touch-Frameworks in den Projektordner. Im Idealfall sollte Ihr Projektordner in etwa so wie in Abbildung 8.32 aussehen.

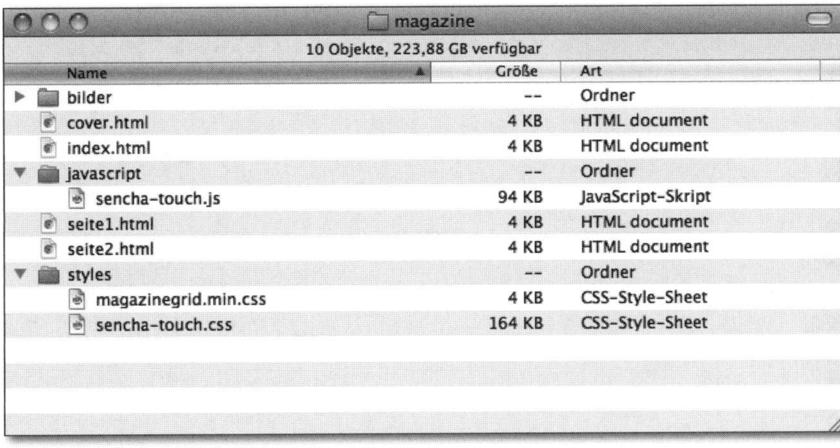

Abbildung 8.32 So sollte Ihr Projektordner aussehen.

Ihr Magazin nutzt eine Kombination aus zwei verschiedenen Frameworks; es ist ein sogenanntes *Mash-up*. Dies ist problemlos möglich, da sich beide Frameworks nicht in die Quere kommen, sich also keine Variablen-, Selektor- oder Funktionsnamen teilen, was nicht selbstverständlich ist! Bevor Sie planen, zwei Frameworks miteinander zu kombinieren, sollten Sie daher überprüfen, ob diese gut zusammenspielen. Doch zurück zu Ihrem *Magazin-Mash-up*:

Legen Sie eine Datei mit dem Namen *index.html* an, und verknüpfen Sie darin das Magazine Grid und Sencha Touch:

```
<link rel="stylesheet" href="styles/sencha-touch.css" type="text/css">
<link rel="stylesheet" href="styles/magazinegrid.min.css" type="text/css">
<link rel="stylesheet" href="styles/styles.css" type="text/css">
<script src="javascript/sencha-touch.js" type="text/javascript"></script>
<script src="javascript/app.js" type="text/javascript"></script>
```

Listing 8.38 Einbinden von MagazineGrid und Sencha Touch

Auch in diesem Projekt legen Sie wieder die Dateien *styles.css* und *app.js* an, in die Sie alle eigenen Skriptbefehle und CSS-Stile schreiben.

Jetzt geht es an die HTML-Dateien: Da Sie später mit Sencha Touch alle Seiten in ein Browserfenster laden werden, sollten Sie die Verlinkungen zum Magazine Grid in den Seiten entfernen. Genauer gesagt, können Sie die komplette HTML-Grundstruktur entfernen, also alles vor dem öffnenden `article`-Tag und alles nach dem schließenden `article`-Tag. So wird z. B. aus

```
<!DOCTYPE html>
<html>
 <head>
```

```
  <title>Egypt Travel</title>
  <link rel="stylesheet" href="styles/magazinegrid.min.css" type="text/css">
  <link rel="stylesheet" href="styles/styles.css" type="text/css">
 </head>
 <body>
  <article id="cover">
   <section id="titel">
    <h1>Egypt Travel</h1>
    <p>Das interaktive Reisemagazin für iPad, iPhone und Android.<b>&rarr;
    </b></p>
   </section>
  </article>
 </body>
</html>
```

eine sehr kurze Version:

```
<article id="cover">
 <section id="titel">
  <h1>Egypt Travel</h1>
  <p>Das interaktive Reisemagazin für iPad, iPhone und Android.<b>&rarr;
  </b></p>
 </section>
</article>
```

Wiederholen Sie diese Prozedur für alle Magazinseiten. Nachdem Sie nun die Inhalte des Magazins vorbereitet haben, begeben Sie sich an den interaktiven Teil der App.

Vorbereitungen für die App

Zunächst definieren Sie einige Variablen. Schreiben Sie diese ganz an den Anfang der Datei *app.js:*

```
var seitenListe = ["cover.html","seite1.html","seite2.html"];
var toolbar, carousel;
```

Die Variable `seitenListe` ist ein Array, in dem die Dateinamen aller Seiten stehen, aus denen das Magazin zusammengesetzt wird. Aus `toolbar` und `carousel` entstehen später die entscheidenden Bedienelemente Ihres Magazins. Erstellen Sie nun ein `Ext.application`-Grundgerüst, in dem Sie das App-Icon und den Stil der Statusleiste festlegen:

```
new Ext.application({
 name: 'Magazin',
 statusBarStyle: 'black',
```

```
icon: 'bilder/icon-ipad.png',
launch: function() {
 // Hier kommen alle weiteren Funktionen rein
}
});
```

Listing 8.39 Startcode der Magazinapp

Alle weiteren Funktionen schreiben Sie in den Rumpf der Launch-Funktion, denn diese sollen beim Start des Magazins ausgeführt werden. Um Ihrem Magazin das App-typische Aussehen zu verleihen, verpassen Sie ihm eine Kopfzeile:


```
toolbar = Ext.create("Ext.Toolbar", {
 title: "Egypt<b>Travel</b>",
 items: [{
  xtype: "button",
  dock: "left",
  iconCls: 'home',
  iconMask: true,
  handler: coverAnzeigen
 }]
});
```

Listing 8.40 Kopfzeile mit Home-Button

In der Kopfzeile soll der Name Ihres Magazins stehen – nur für den Fall, dass der Leser vergisst, was er gerade liest.

Damit Sie nicht wertvollen Bildschirmplatz verschenken, nutzen Sie die Kopfzeile für zusätzliche Funktionen und Buttons. Ihr Reisemagazin soll z. B. einen Button enthalten, mit dem der Leser von jeder Seite aus die Titelseite erreichen kann. Dieser bekommt ein Home-Symbol und einen EventHandler, der beim Antippen die Funktion `coverAnzeigen` ausführt.

Wie ist ein Tablet-Magazin aufgebaut?

Nun fehlen eigentlich nur noch die Magazinseiten, richtig? Doch zunächst müssen Sie verstehen, wie ein Tablet-Magazin genau aufgebaut ist. Bei gedruckten Zeitschriften ist dies ganz einfach: Vier Seiten werden auf einen Druckbogen gedruckt – zwei auf die Vorderseite und zwei auf die Rückseite. Diese werden anschließend zusammengeheftet oder gebunden. Übrigens ist dies auch der Grund dafür, dass Magazine immer eine gerade Anzahl an Seiten haben. Der Seiteninhalt ist in Artikel unterteilt; in der Regel ist ein Artikel zwei bis zehn Seiten lang. Der Leser »navigiert« von links nach rechts durch das Magazin, seiner natürlichen Leserichtung folgend, indem er die Seiten umblättert.

Bei Tablet-Magazinen versucht man, diese Blättermetapher aufrechtzuerhalten – schließlich wurde Sie vom Leser bzw. Nutzer schon erlernt. Um also ein größtmögliches Magazingefühl zu erhalten, werden die Seiten nebeneinander aufgereiht. Die aktuelle Seite ist dabei im Viewport sichtbar; die anderen Seiten liegen links und rechts »außerhalb« des Geräts. Zum Navigieren schiebt der Nutzer sie mit einer Wischbewegung, dem sogenannten *Swipen*, durch den Viewport. Dieses Bedienmuster nennt man auch *Carousel*.

Carousels mit Sencha Touch

Praktischerweise existiert in Sencha Touch bereits ein solcher Carousel-View, den Sie für Ihr Magazin verwenden können. Sie initialisieren den View mit der Methode `Ext.create`:

```
carousel = Ext.create("Ext.Carousel", {
 flex: 1
});
```

Das Carousel selbst bleibt leer; der Parameter `flex: 1` bedeutet, dass sich das Element an sein Elternelement anpasst. Alternativ könnten Sie Höhe und Breite auch in Pixeln angeben. Da Ihr Magazin aber später auch in der Landscape-Ansicht und auf Smartphones funktionieren soll, ist die flexible Größenausdehnung ratsam. Neu ist auch, dass Sie ein Sencha Touch-Objekt einer Variablen, in diesem Fall `carousel`, zuweisen. Dies ist notwendig, damit Sie das Carousel später in Funktionen adressieren können.

Home-Button

An dieser Stelle kommt der HOME-Button ins Spiel: Wenn der HOME-Button angeklickt wird, soll das Magazin zum Cover springen, also zur allerersten Seite des Magazins bzw. zum ersten Element im Carousel. Definieren Sie die Funktion `coverAnzeigen` wie folgt:

```
var coverAnzeigen = function(){
 carousel.setActiveItem(0);
}
```

Die Methode `carousel.setActiveItem()` sorgt dafür, dass eine bestimmte Seite im Carousel direkt aufgerufen wird. Die »nullte« Seite ist das Cover. Sie könnten mit dieser Methode also auch eine Bookmark-Funktion, ein Inhaltsverzeichnis oder einen Querverweise innerhalb Ihres Magazins realisieren. Doch zunächst belassen wir es bei der Funktion `coverAnzeigen`.

Interface-Elemente zusammenfügen

Bisher haben Sie zwar Kopfzeile und Carousel angelegt, aber sie noch nirgends verknüpft. Damit die Elemente angezeigt werden, müssen Sie diese noch im Element `Ext.Container` zusammenfügen:

```
Ext.create("Ext.Container", {
 fullscreen: true,
 layout: 'vbox',
 items: [ toolbar, carousel ]
});
```


Die Funktion und die Eigenschaften sollten Ihnen bereits bekannt sein: `fullscreen: true` sorgt dafür, dass der Container bildschirmfüllend angezeigt wird, und der Layoutmodus `vbox` bedeutet, dass die Objekte `toolbar` und `carousel` horizontal übereinandergestapelt werden: die Kopfzeile oben und das Seiten-Carousel darunter.

Abbildung 8.33 Das Magazingrundgerüst

Seiten laden

Ihr Magazin sieht zwar schon wie eine App aus, ist aber noch recht leer (siehe Abbildung 8.33). Dies sollten Sie nun ändern: In einer `for`-Schleife laden Sie die Seiten einzeln per Ajax-Request in das Carousel:

```
for (i in seitenListe) {
 Ext.Ajax.request({
  url: seitenListe[i],
  params: {
   id: 1
  },
  success: function(response){
   var seite = Ext.create('Ext.Panel', {
    html: response.responseText,
     scrollable: {
      direction: 'vertical',
      directionLock: true
     }
    });
   carousel.add(seite);
  }
 });
}
```

Listing 8.41 Initialisierung des Carousels

Die Schleife sorgt dafür, dass der Request `Ext.Ajax.request` pro Eintrag im Array `seitenListe` einmal ausgeführt wird. Der Request fragt die Datei im entsprechenden Eintrag ab und erzeugt im Fall `success`, also wenn bei der URL eine Datei gefunden wurde, ein neues `Ext.Panel`-Element mit dem Inhalt der jeweiligen Magazinseite. Der Parameter `scrollable` sorgt dafür, dass die Seiten innerhalb des Carousels vertikal gescrollt werden können. Dies ist vor allem dann praktisch, wenn eine Seite länger als der Viewport ist. Wenn Sie den `scrollable`-Parameter weglassen, sind die Seiten statisch. Anschließend fügen Sie dem Carousel mit `carousel.add(seite)` das soeben erstellte `Ext.Panel`-Element hinzu.

Nicht schlecht, Sie sind soeben unter die Herausgeber gegangen (siehe Abbildung 8.34 bis Abbildung 8.36)! Sie halten Ihr erstes selbst erstelltes Tablet-Magazin in den Händen. Fügen Sie es zum Home-Bildschirm hinzu, um das volle Fullscreen-Erlebnis zu haben. Doch halt – irgendwie passt die Kopfzeile jetzt nicht mehr so recht zum Design Ihres Magazins; Sie sieht vielmehr nach einer Standard-App aus. Ihr Magazin soll jedoch schon etwas Besonderes sein.

Abbildung 8.34 Das Magazincover

Abbildung 8.35 Eine Magazinseite

Abbildung 8.36 Magazinseite mit Bildern

Der Profi-Trick – Kopfzeile anpassen

Zum Glück werden alle Bedienelemente der Sencha Touch-Oberfläche zu HTML-Elementen generiert, und diese können Sie als Profi locker mit CSS anpassen (siehe Abbildung 8.37):

```
.x-toolbar-dark {
 background: -webkit-linear-gradient(#666,#333 2%,#111);
}
.x-title div {
 font: normal 200% 'FranchiseRegular';
 text-transform: uppercase;
}
.x-title div b {
 font: normal 100% 'FranchiseRegular';
 color: #f20;
}
```

Listing 8.42 Anpassung des Sencha-Stylesheets

Abbildung 8.37 Mit einigen kleineren Anpassungen macht Ihr Magazin auf einem Smartphone (links iPhone, rechts Android) eine gute Figur – hier wurde das Logo zugunsten des Coverbildes entfernt.

Mit einem schwarzen Farbverlauf und der Webfont Ihres Magazins verleihen Sie der App einen individuellen Touch. Die Kopfzeile integriert sich so viel besser in Ihr Magazinlayout und hebt sich hierdurch von anderen Sencha Touch-Apps ab.

Sie haben nun gelernt, wie Sie WebApps mithilfe der Frameworks jQuery Mobile und Sencha Touch und wie Sie reine HTML5-Magazine erstellen. Eine Alternative dazu ist die Erstellung von Magazinen mit dem *Laker Compendium*: Hier werden die einzelnen Seiten mit HTML und CSS gestaltet, anschließend aber zu einer nativen App verpackt, die Sie an einen App-Store übermitteln können. Dies ist vor allem dann attraktiv, wenn Sie ein Magazin verkaufen und von Apples einfachem Verkaufsökosystem profitieren wollen. Wie Sie Magazine mithilfe des Laker Compendiums erstellen und an Apples App Store übermitteln, lernen Sie am Ende des nächsten Kapitels.

8.3 Responsive Apps mit Twitter Bootstrap

Einer der entscheidenden Vorteile von Apps mit HTML5 ist, dass der gleiche Code plattformübergreifend funktioniert – zumindest theoretisch. Damit eine WebApp sowohl auf Android-Smartphones, Apple-Tablets als auch auf den guten alten Desktop-PCs funktioniert und gut aussieht, ist in der Regel immer ein wenig Anpassungsarbeit vonnöten. Eine besondere Rolle spielt dabei das Layout der App: Programme, die für Desktop-PCs optimiert sind, erscheinen auf Smartphones unbedienbar klein, wohingegen eine mobile App, die auf einem 21-Zoll-Bildschirm dargestellt wird, verloren wirkt. Die Lösung kommt aus dem klassischen Webdesign und heißt *Responsive Webdesign*.

8.3.1 Was ist das Responsive Webdesign?

Das Responsive Webdesign wurde 2010 erstmals vom Designer Ethan Marcotte beschrieben. Dabei geht es darum, für unterschiedliche Bildschirmauflösungen denselben HTML-Code zu verwenden. Dieser wird, je nach Displaygröße, mit einem anderen oder leicht modifizierten CSS-Style für die jeweilige Gerätegröße aufbereitet – dies geschieht mithilfe von CSS-Media-Queries. In Abschnitt 2.3, »CSS3 – Grundlagen und Neuerungen«, haben wir Ihnen die Media Queries bereits vorgestellt. Damit Ihre App nun also auf einem 27-Zoll-iMac, einem Netbook, einem Nexus 10, einem iPad mini und einem iPhone genauso wie auf einem betagten 240-x-320-Pixel-Android-Smartphone funktioniert, müssten Sie also sechs verschiedene CSS-Definitionen erstellen. Aber keine Sorge: Hilfe naht – in Form des Frameworks *Bootstrap*.

8.3.2 Was ist Bootstrap?

Bootstrap ist ein Framework aus dem Hause Twitter. Ursprünglich wurde es von den Entwicklern Mark Otto und Jacob Thornton als Grundlage für interne Apps programmiert und dann im August 2011 als Open Source für die Öffentlichkeit freigegeben. Seit Version 2.0 ist es auch für Sie als mobiler Entwickler interessant, denn es unterstützt nun den Einsatz des Responsive Webdesigns.

Abbildung 8.38 Die Webseite des Frameworks »Bootstrap«

In Abschnitt 4.1, »Ordnung halten mit CSS-Rastersystemen«, haben Sie bereits das Less CSS Framework kennengelernt, dass für unterschiedliche Bildschirmauflösungen ein angepasstes Rastersystem bereitstellt. Twitter Bootstrap geht noch einen Schritt weiter: Neben dem Grid Layout hält das Framework einige wichtige Eingabeelemente wie gutaussehende Buttons oder Textfelder bereit, die garantiert in jedem Browser funktionieren. Richtig Spaß machen aber vor allem die interaktiven Elemente, die man in jeder App benötigt. Bootstrap bietet hier mit Tabs, Navigationsleisten, Ladebalken, Ausklappmenüs, Tooltips und Carousels eine Fülle an verschiedenen Elementen.

Im Gegensatz zu Sencha Touch oder jQuery Mobile ist Bootstrap aber kein Framework, das sich auf die Entwicklung mobiler Apps konzentriert, sondern vor allem auf das Layout der Responsive Apps, die auf unterschiedlichen Bildschirmgrößen funktionieren sollen. Die eigentliche Entwicklungslogik müssen Sie häufig selbst entwickeln, aber keine Sorge: Als alter JavaScript-Cowboy sollte das für Sie kein Problem sein!

8.3.3 Grundlagen

Laden Sie zunächst einmal unter *http://twitter.github.io/bootstrap/* die aktuellste Version von Bootstrap herunter, und kopieren Sie die Dateien in Ihren Projektordner. Klicken Sie zum Herunterladen einfach auf den großen Button DOWNLOAD BOOTSTRAP. Bootstrap ist als Open-Source-Projekt völlig kostenlos und darf auch bei kommerziellen Projekten eingesetzt werden. Falls Sie dieses Buch gerade als Urlaubslektüre auf Ihrer Safari im Kongo lesen und offline sind, finden Sie die Version 2.3.2 des Frameworks auch auf der beigelegten Buch-DVD.

In der heruntergeladenen ZIP-Datei befinden sich drei Ordner: *img*, *css* und *js*. Die Entwickler von Bootstrap haben anscheinend Kapitel 2 dieses Buches gründlich gelesen und sich an unserer Ordnerstruktur orientiert. Kopieren Sie diese Ordner in Ihren Projektordner, und erstellen Sie die Datei *index.html* an, in der Sie das bereits bekannte Grundgerüst anlegen:


```
<!DOCTYPE html>
<html>
  <head>
    <title>Meine Bootstrap App</title>
    <meta name="viewport" content="width=device-width, initial-scale=1.0">
  </head>
  <body>
    <h1>Hallo Welt</h1>
  </body>
</html>
```

Listing 8.43 Die »Hallo Welt«-App mit Bootstrap

Zusätzlich verlinken Sie nun das Bootstrap-Stylesheet, und vor dem schließenden body-Tag fügen Sie das Framework jQuery und die Bootstrap-Skripte ein. Sie müssen jQuery übrigens noch nicht einmal herunterladen, sondern Sie können es direkt vom jQuery-Server aus verlinken.

```
<!DOCTYPE html>
<html>
 <head>
   <title>Meine Bootstrap-App</title>
   <meta name="viewport" content="width=device-width, initial-scale=1.0">
   <link href="css/bootstrap.min.css" rel="stylesheet">
</head>
 <body>
   <h1>Hallo Welt</h1>
   <script src="http://code.jquery.com/jquery.js"></script>
   <script src="js/bootstrap.min.js"></script>
 </body>
</html>
```

Falls Sie sich wundern sollten, weshalb Sie an dieser Stelle jQuery anstelle von Zepto verwenden: Sie haben bereits gelernt, dass beide Frameworks zwar dieselbe Syntax besitzen, jQuery aber auch für ältere Browser wie den Internet Explorer 7 optimiert ist. In Ihrem Fall ist das von Vorteil, da Ihre App ja nicht nur auf den modern WebKit-Browsern von Android und iPhone, sondern auch auf Muttis oller Möhre laufen soll – da nimmt man schon mal die etwas größere Datei in Kauf.

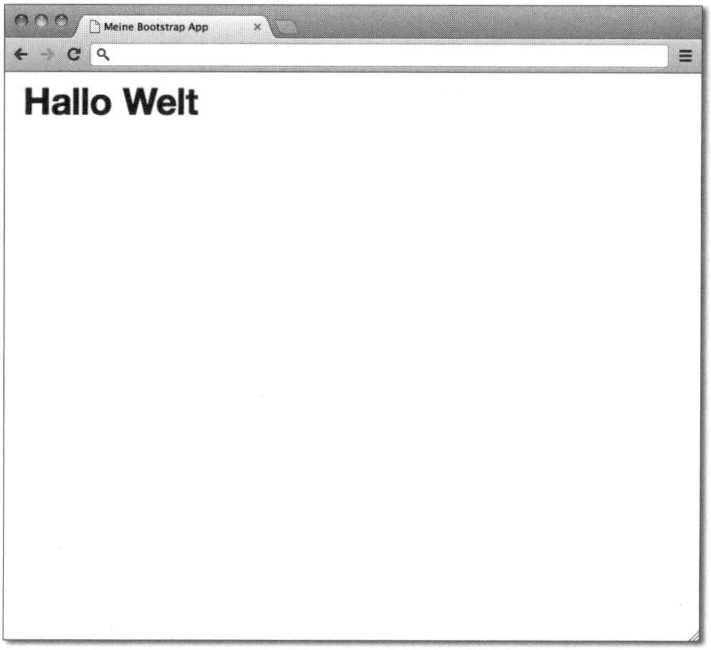

Abbildung 8.39 Eine einfache Bootstrap-Seite

Eine leere Bootstrap-App schlägt schon mal mit 78 KB zu Buche.

Sie haben nun das Grundgerüst Ihrer App kennengelernt; im nächsten Schritt machen Sie sich mit dem Gestaltungsraster vertraut. Fügen Sie hierzu Folgendes in Ihr body-Element ein:

```
<div class="container">
  <div class="row">
    <div class="span12">
      <h1>Meine erste Bootstrap-App</h1>
    </div>
  </div>
</div>
```

Listing 8.44 Das Bootstrap-Gestaltungsraster

Sie haben nun drei Elemente erstellt:

Das Element `container` umschließt Ihre komplette App. Innerhalb des `Container`-Elements werden alle anderen Elemente immer an die Breite des Displays angepasst.

Das Element `row` kennzeichnet eine neue Zeile im Gestaltungsraster. Innerhalb einer Zeile werden die Kindelemente nebeneinander dargestellt, und ein neues `row`-Element erzeugt eine neue Zeile.

Das Element `span12` besagt, dass dessen Inhalt zwölf Spalten breit sein, sich also über die volle Breite erstrecken soll. Das Bootstrap-Raster ist immer 12 Spalten breit – wie breit eine Spalte ist, hängt von der jeweiligen Bildschirmauflösung ab. Ihr Element `span12` erstreckt sich also über die gesamte Breite des Bildschirms.

Abbildung 8.40 Die Überschrift erstreckt sich über zwölf Spalten

Fügen Sie nun hinter dem `row`-Element ein weiteres `row`-Element ein:

```
<div class="row">
  <div class="span9">
    Linke Spalte
  </div>
  <div class="span3">
    Rechte Spalte
  </div>
</div>
```

Diesmal erstellen Sie zwei Elemente, span9 und span3. Diese werden nun als zwei nebeneinanderliegende Spalten dargestellt, von denen die linke Spalte 75 % des Bildschirms und die rechte Spalte 25 % des Bildschirms füllt. Die Breiten können Sie mit der Spaltenanzahl variieren, wichtig ist lediglich, dass die Summe immer zwölf ergibt. In die Spalten können Sie nun die Elemente Ihrer App einfügen. Schreiben Sie in die linke Spalte das folgende Codefragment:

```
<ul class="nav nav-tabs">
  <li class="active">
    <a href="#home" data-toggle="tab">Home</a>
  </li>
  <li>
    <a href="#features" data-toggle="tab">Features</a>
  </li>
  <li>
    <a href="#sonstiges" data-toggle="tab">Sonstiges</a>
  </li>
</ul>
```

Listing 8.45 Navigationsleiste mit Tabs

Was wie eine unsortierte Liste aussieht, wird mithilfe von Bootstrap zu einer Tab-Liste. Der Trick liegt in der Klasse des ul-Elements: nav nav-tabs bedeutet, dass es sich um ein Navigationselement handelt, und zwar vom Typ nav-tabs.

Abbildung 8.41 Navigation mit Bootstrap

Die Links innerhalb der Tab-Liste verweisen auf Anker in der HTML-Seite, und der Link mit dem `href`-Attribut `#home`, also auf ein Element mit der ID `home` (`id="home"`). Das Attribut `data-toggle="tab"` sorgt dafür, dass die Seite nicht zum entsprechenden Punkt in der Webseite springt, sondern der Inhalt der Tabs umgeschaltet wird. Aber wo sind diese Tab-Inhalte?

Sie legen Sie nun wie folgt an:

```
<div class="tab-content">
  <div class="tab-pane active" id="home">Inhalt des Home Tabs</div>
  <div class="tab-pane" id="features">Zweiter Tab</div>
  <div class="tab-pane" id="sonstiges">Dritter Tab</div>
</div>
```


Die `tab-content`-Klasse schreiben Sie am besten direkt hinter die Tab-Liste in den Quellcode. Innerhalb von `tab-content` legen Sie für jeden Tab ein Element mit der entsprechenden ID und der Klasse `tab-pane` an. So weiß Bootstrap, welcher Tab zu welchem Tab-Inhalt gehört. Die komplette Umschaltlogik wird komplett von Bootstrap übernommen; Sie müssen also keinen zusätzlichen JavaScript-Code schreiben. Achten Sie darauf, dass die IDs und der Link identisch geschrieben sind, da die Tabs sonst nicht wie gewünscht funktionieren.

Abbildung 8.42 Mehrspaltiges Layout im Browser

In der rechten Spalte Ihrer Seite haben Sie aber nun noch etwas Platz. Hier würde sich eine Box mit ein paar Zusatzinfos und einem Button gut machen, oder? Auch dafür hält Bootstrap einen entsprechenden Befehl bereit. Fügen Sie folgendes Codefragment in die Spalte ein:

```
<div class="well">
  <a href="http://www.html5rockt.de">HTML5 rockt!</a>
</div>
```

Die Klasse `well`, frei übersetzt *Vertiefung*, erzeugt einen eleganten Kasten, der etwas in die Seite hineingedrückt erscheint. In diesen Kasten fügen Sie einen Link ein, der zum Beispiel auf Ihre Lieblingsseite verweist. Moment mal – haben wir nicht gerade von einem Button gesprochen? Fügen Sie dem Link also noch die Klasse `btn` hinzu:

```
<div class="well">
  <a href="http://www.html5rockt.de" class="btn">HTML5 rockt!</a>
</div>
```

Voilà, aus dem blau unterstrichenen Textlink wird wie von Geisterhand ein formschöner Button.

Abbildung 8.43 Eine Box in der Sidebar

Aber nicht nur Hyperlinks, auch Button-Elemente lassen sich mit dieser Klasse gestalten. Probieren Sie es aus, indem Sie den Hyperlink durch ein einfaches Anmeldeformular mit einem LOGIN-Button ersetzen:

```
<form>
  <fieldset>
    <legend>Anmelden</legend>
    <input type="text" placeholder="Benutzername">
    <input type="password" placeholder="Passwort">
    <button type="submit" class="btn">Login</button>
  </fieldset>
</form>
```

Listing 8.46 Einfaches Anmeldeformular

Sie haben nun Ihre erste kleine Bootstrap-App gestaltet. Wenn Sie diese in verschiedenen Bildschirmauflösungen und auf verschiedenen Geräten ausprobieren, werden Sie merken, dass das Framework die Seite immer automatisch an die jeweilige Bildschirmauflösung anpasst. Dies macht sich besonders auf Smartphones bemerkbar: Hier wird das Seitenraster einfach linearisiert, also die einzelnen Spalten untereinander dargestellt. Auf kleinen Bildschirmen bleiben so alle Texte lesbar und die interaktiven Elemente groß genug, um bedienbar zu bleiben.

Abbildung 8.44 Formulare mit Bootstrap

Sicherlich haben Sie auch schon das Anmeldeformular ausprobiert und gemerkt, dass hier nicht viel passiert. Wie eingangs erwähnt, ist Bootstrap hauptsächlich für die Darstellung Ihrer Responsive App zuständig; für den eigentlichen Programmcode müssen Sie selbst sorgen. Im folgenden Beispiel werden Sie nun mit JavaScript eine Bootstrap-WebApp entwickeln und lernen wie Sie diese für unterschiedliche Bildschirmgrößen und Plattformen optimieren können.

8.3.4 Die Instagram-App

Soziale Fotografie ist hip; häufig finden Sie in Fotonetzwerken bessere und aktuellere Fotos als bei Google oder in Nachrichtenportalen. Besonders Instagram, das erst 2012 für über eine Millarde Euro an Facebook verkauft wurde, erfreut sich reger Beliebtheit. Fotos zu schießen und zu posten ist ein Kinderspiel, die Suche im aktuellen Datenbestand erweist sich jedoch als beschwerlich. Zwar hat Instagram vor Kurzem Profilseiten eingeführt, aber eine netzwerkweite Suche fehlt nach wie vor.

Wäre es also nicht toll, eine App zu haben, die Ihnen nur Bilder mit den Hashtags `#superbowl` oder `#keynote` anzeigt? Wenn Sie doch bloß einen WebApp-Entwickler kennen würden ... aber halt, Sie sind ja einer!

Mithilfe des Bootstrap-Frameworks werden Sie in diesem Kapitel eine universelle Instagram-App entwickeln, das Layout anpassen und es sowohl für Mobilgeräte als auch Ihren Desktop-PC optimieren. Doch zunächst einmal beginnen Sie mit dem bekannten HTML-Grundgerüst inklusive Bootstrap:

```
<!DOCTYPE html>
<html>
 <head>
   <title>Instatag</title>
   <meta name="viewport" content="width=device-width, initial-scale=1.0">
   <link href="css/bootstrap.min.css" rel="stylesheet">
 </head>
 <body>
   // Hier kommt der HTML-Code Ihrer App hinein
   <script src="js/jquery.js"></script>
   <script src="js/bootstrap.min.js"></script>
 </body>
</html>
```

Listing 8.47 Das typische Bootstrap-Grundgerüst

Vergewissern Sie sich, dass die Dateien des Bootstrap-Frameworks an der richtigen Stelle in Ihrem Projektordner liegen, geben Sie Ihrer App einen klangvollen Namen – und schon kann es mit dem eigentlichen Programmcode losgehen.

Woher bekomme ich Fotos?

Um Fotos von Instagram laden zu können, benötigen Sie zunächst einen Entwickler-Account. Melden Sie sich daher kostenlos unter *http://instagram.com/developer/* an (siehe Abbildung 8.45). Für jede App, die Sie mit Fotos von Instagram befüttern wollen, benötigen Sie eine sogenannte Client-ID. Loggen Sie sich mit Ihren Zugangsdaten im Entwicklerbereich von Instagram ein, und klicken Sie auf NEUEN CLIENT REGISTRIEREN. Geben Sie nun noch Namen und Beschreibung Ihrer App ein und anschließend die URL, unter der die WebApp später zu finden sein soll. Die zweite »Redirect-URL« kann in Ihrem Falle mit der ersten URL identisch sein.

Wenn alles gut geht, haben Sie nun einen Instagram-Client mit einer Client-ID und einem geheimen »Client Secret« angelegt. Merken Sie sich die Client-ID gut, denn Sie werden sie gleich benötigen.

Nachdem Sie Ihre Client-ID angelegt haben, müssen Sie nun die Fotos von Instagram abrufen und in Ihre App einbinden. Das geht am einfachsten mit dem jQuery-Plug-in *jQuery Instagram* von Giovanni Cappellotto. Laden Sie dieses kostenlos von *http://potomak.github.com/jquery-instagram/* herunter und fügen Sie die enthaltene JavaScript-Datei in Ihr HTML-Dokument ein:

```
<script src="jquery-instagram/jquery.instagram.js"></script>
```

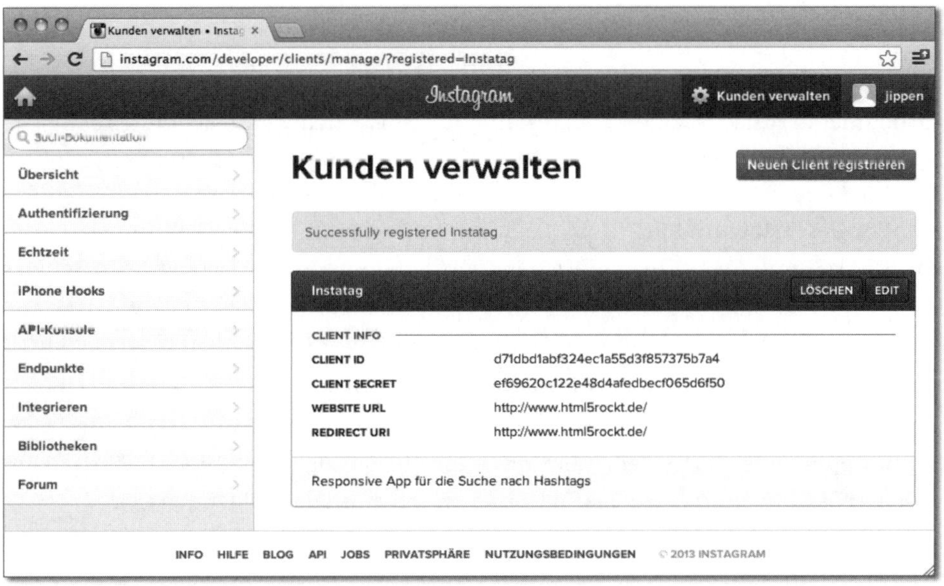

Abbildung 8.45 Registrieren einer Client-ID bei Instagram

Nachdem Sie die JavaScript-Datei mit Ihrem HTML-Dokument verknüpft haben, benötigen Sie ein HTML-Element, in das die Bilder später eingefügt werden:

```
<div class="container">
  <div class="row instagram">
  </div>
</div>
```

Die Container-Row-Struktur ist Ihnen ja bereits bekannt; zusätzlich wird dem `row`-Element diesmal nun noch die Klasse `instragram` zugewiesen. Nachdem nun das Gröbste geschafft ist, kann es endlich ans richtige Programmieren gehen. Fügen Sie vor dem schließenden `body`-Tag ein Script-Element mit dem folgenden Inhalt ein:

```
<script>
  var hashtag = 'superbowl';

  var loadImages = function(hashtag) {
    $(".instagram").instagram({
      clientId: 'd71dbd1abf324ec1a55d3f857375b7a4',
      hash: hashtag
    });
  };

  $(function(){
    loadImages(hashtag);
  });
</script>
```

Sie definieren zunächst eine Variable namens `hashtag`, in der gespeichert wird, welche Bilder zu welchem Begriff im nächsten Schritt von Instagram geladen werden sollen. Anschließend definieren Sie die Funktion `loadImages`. Hier führen Sie mittels Punktnotation das Instagram-Plug-in aus. Dieses erwartet zumindest zwei Parameter: die Client-ID, die Sie zuvor bei Instagram generiert haben und den Hashtag. Zum Schluss rufen Sie die Funktion `loadImages` per `jQuery-DOM-Ready` auf. Dies bedeutet, dass die Funktion erst dann ausgeführt wird, wenn tatsächlich das komplette HTML geladen ist.

Wenn Sie nun Ihre WebApp im Browser aufrufen, werden bereits die ersten Instagram-Bilder abgerufen (siehe Abbildung 8.46). Diese sind noch etwas klein und werden untereinander dargestellt, aber das stellt für Sie als alter jQuery-Fuchs ja kein Problem dar. Erweitern Sie die Funktion `.instagram` um den folgenden Code:

```
$(".instagram").instagram({
  clientId: 'd71dbd1abf324ec1a55d3f857375b7a4',
  hash: hashtag,
  image_size: 'low_resolution',
```

```
  onComplete: function(){
    $('.instagram-placeholder')
.addClass('span4').find('a').addClass('thumbnail');
  }
});
```

Listing 8.48 Bilder von Instagram laden und einfügen

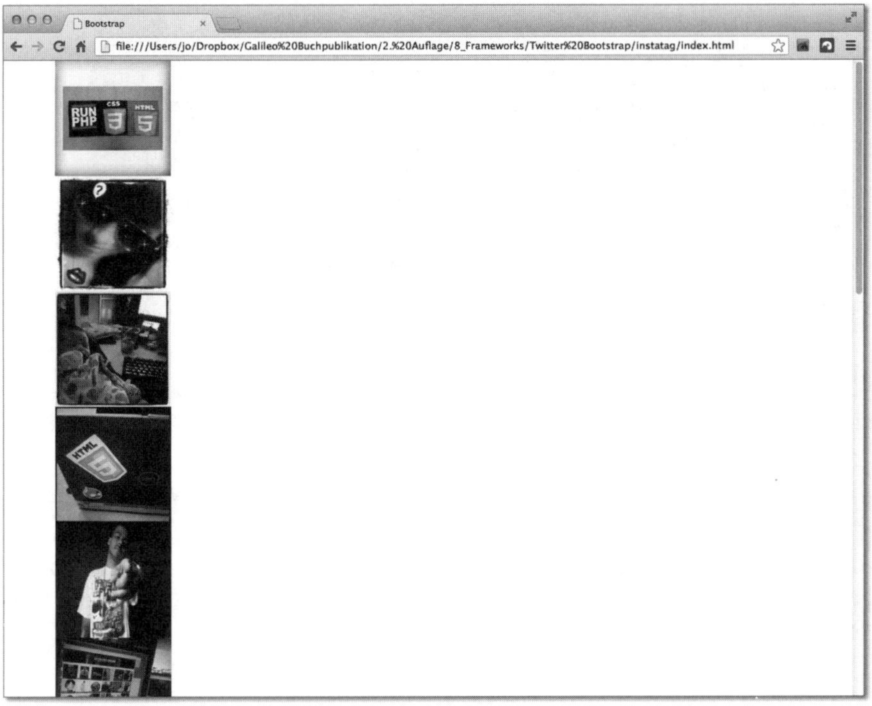

Abbildung 8.46 Die ersten Bilder sind da!

Instagram bietet drei verschiedene Bildgrößen an: `thumbnail`, `low_resolution` und `high_resolution`. Während `thumbnail`-Bilder für Ihre Vorschau ein wenig zu klein erscheinen, sind `high_resolution`-Bilder ein wenig zu datenintensiv. Die Variante `low_resolution` ist also die perfekte goldene Mitte.

Besonders praktisch an dieser Stelle ist der Parameter `onComplete`: er erwartet eine Funktion, die ausgeführt wird, wenn die Fotos von Instagram geladen und gerendert worden sind. An dieser Stelle können Sie nun mit JavaScript nachträglich den generierten HTML-Code anpassen. Das Instagram-Plug-in generiert `div`-Container mit der Klasse `instagram-placeholder`, die einen Link auf das Originalbild enthalten. Damit die `div`-Container in Bootstrap als Raster dargestellt werden, wird ihnen nun noch die Klasse `span4` und den enthaltenen Links die Klasse `thumbnail` zugewiesen (siehe Abbildung 8.47).

Abbildung 8.47 Im Raster machen die Bilder schon einiges mehr her

Menüleiste

Wenn Sie nun Ihre WebApp im Browser öffnen, bekommen Sie eine Bildergalerie mit den 18 aktuellsten Instagram-Bildern zum Thema *Superbowl* angezeigt. Ziemlich cool, oder? Probieren Sie ruhig ein wenig mit dem Hashtag herum. Wie wäre es zum Beispiel mit HTML5 oder Katzen? Was Ihrer App nun noch fehlt, ist die Möglichkeit, das Hashtag einzugeben, ohne den eigentlichen Quellcode zu manipulieren. Dafür legen Sie zunächst eine Menüleiste an. Geben Sie nach dem öffnenden `body`-Tag folgendes ein:

```
<div class="navbar navbar-fixed-top navbar-inverse">
  <div class="container">
    <a class="navbar-brand" href="#">#Instatag</a>
    <ul class="nav">
      <li><a href="#" id="reload">Reload</a></li>
    </ul>
  </div>
</div>
```

Listing 8.49 Die Navigationsleiste der Instagram-App

Das Element mit der Klasse `navbar` definiert in Bootstrap eine Navigationsleiste, die alle Navigations- bzw. Menüelemente Ihrer App enthalten kann. Geben Sie der Navigationsleiste zwei zusätzliche Klassen: `navbar-fixed-top` sorgt dafür, dass Ihre Navigationsleiste immer am oberen Bildschirmrand fixiert wird, und `navbar-inverse` stellt die Leiste schwarz mit heller Schrift dar.

Innerhalb der Menüleiste sorgt das Element mit der Klasse `container` dafür, dass die Menüelemente sich `responsive` verhalten. Der Link mit der Klasse `navbar-brand` ist das Logo, also der Name Ihrer App. Die darauffolgende Liste mit der Klasse `nav` stellt die eigentliche Navigationsleiste dar. Diese enthält zunächst nur ein Element: einen Link mit der ID `reload`.

Der Reload-Link soll die aktuellsten Instagram-Fotos mit Ihrem Hashtag abrufen, ohne dass Sie die komplette WebApp neu laden müssen. Zur Erinnerung: Wenn Sie auf den REFRESH-Button Ihres Browsers klicken, wird nicht nur der Instagram-Feed neu geladen, sondern auch das komplette HTML-Dokument und alle damit verknüpften CSS- und JavaScript-Dateien. Das dauert im schlimmsten Fall einige Sekunden und kann für den Benutzer frustrierend sein.

Damit der Reload-Link funktioniert, fügen Sie den folgenden Code am Ende Ihrer JavaScript-Definition ein:

```
$('#reload').on('click',function(){
    loadImages(hashtag);
});
```

Der Klick auf den Reload-Link führt also einfach nur die Funktion `loadImages()` noch einmal aus – praktisch, oder? Wenn Sie das Ganze im Browser ausprobieren, werden Sie feststellen, dass die neuen Fotos einfach nur an das Ende der bereits geladenen Bildliste angefügt werden. Um die bestehenden Fotos zu ersetzen, schreiben Sie diese Zeile an den Anfang Ihrer `loadImages()`-Funktion:

```
$('.instagram').html('');
```

Die Funktion `.html('')` »leert« also Ihr Element namens `.instagram` bevor die neuen Fotos eingefügt werden.

Abbildung 8.48 Ihre App mit Menüleiste

Der RELOAD-Button ist ja schon ganz nett, aber eigentlich wollten Sie ein Suchfeld einbauen, mit dessen Hilfe Sie die Ergebnisliste von Instagram nach Hashtags filtern können. Fügen Sie also Folgendes hinter dem schließenden ul-Tag in Ihre Navbar ein:

```
<form id="suche" class="navbar-form pull-right span6">
  <input type="text" id="suchbegriff" placeholder="#Hashtag">
  <button type="submit" class="btn btn-primary">Anzeigen</button>
</form>
```

Das Formular enthält zwei Elemente: ein Texteingabefeld und einen Button, mit dem Sie die Suche auslösen. Das Aussehen der Elemente regeln auch hier die in Bootstrap definierten Klassennamen: Im Formular sorgt pull-right dafür, dass die Formularfelder rechtsbündig in der Navigationsleiste ausgerichtet werden, span6 bestimmt die Breite des Formulars, und die Klassen btn und btn-primary kennen Sie bereits. Vergessen Sie nicht, dem Eingabefeld bzw. dem Formular eine eindeutige ID zu geben, denn diese ist für den interaktiven Teil wichtig.

Fügen Sie nun das folgende Codesegment in Ihr Script-Element ein:

```
$('#suche').on('submit',function(){
  hashtag = $('#suchbegriff').val();
  loadImages(hashtag);
  return false;
});
```

Was hier passiert, ist schnell erzählt: Wenn das Formular abgesendet wird, liest die Funktion .submit() den Wert des Eingabefeldes aus, weist diesen der Variablen hashtag zu und führt die Funktion loadImages() erneut aus. Ein abschließendes return false verhindert, dass die Standardaktion des Formulars aufgerufen wird, also ein Neuladen der kompletten Seite erfolgt.

Doch was geschieht, wenn das Eingabefeld leer ist? In diesem Fall soll Ihre WebApp keine Anfrage an Instagram schicken, sondern dem Nutzer eine Fehlermeldung ausgeben. Hierzu erweitern Sie die Funktion .submit folgendermaßen:

```
$('#suche').on('submit',function(){
  if($('#suchbegriff').val() != '') {
    hashtag = $('#suchbegriff').val();
    $('#suchbegriff').blur();
    loadImages(hashtag);
  } else {
    $('.row').prepend('<div class="span12"><div class="alert alert-
block">Bitte Hashtag eingeben (wie w&auml;re es mit <strong>#keynote</strong>?
)</div></div>');
```

```
  }
  return false;
});
```

Listing 8.50 Die Suchfunktion mit jQuery

Feintuning mit CSS

Sie haben jetzt eine voll funktionsfähige App, die sowohl in Ihrem Desktopbrowser als auch auf Ihrem Mobilgerät bereits eine gute Figur macht. Aber es kommt auf die Details an: Obwohl in Bootstrap bereits alle wichtigen Stile enthalten sind, empfehlen wir Ihnen dennoch, für jede WebApp einmal Hand anzulegen.

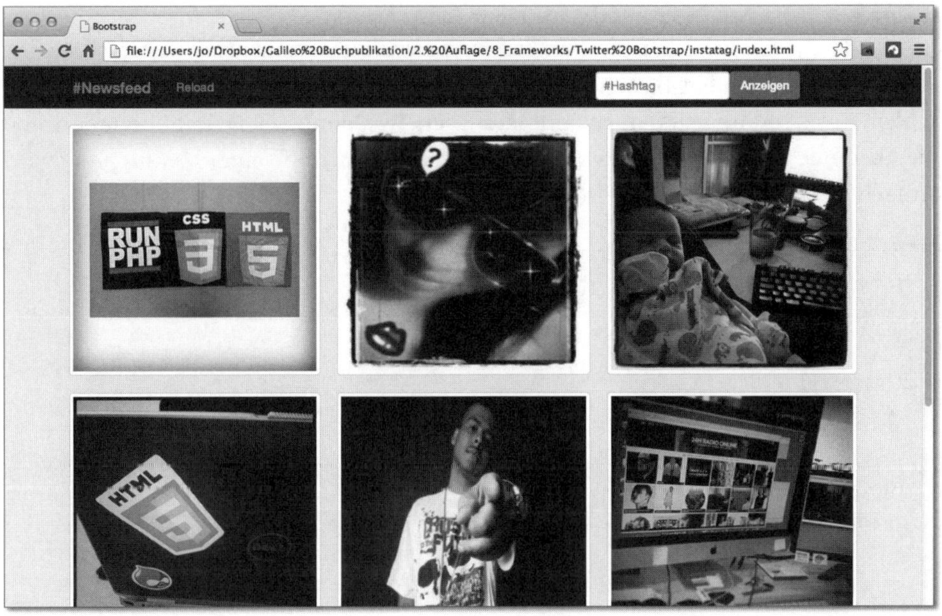

Abbildung 8.49 Ein wenig zusätzliches CSS macht die App schon wesentlich ansehnlicher

In Ihrer Instagram-App fällt Ihnen auf, dass der Button und das Eingabefeld ungewollterweise umbrechen, die Abstände zwischen den Bildern und zur Oberkante der Seite etwas optimiert werden könnten und der Hintergrund insgesamt etwas dunkler erscheinen müsste. Fügen Sie hierzu das folgende CSS in Ihr HTML-Dokument ein:

```
<style>
  body {
    background: #eee;
  }
  .row {
    padding-top: 70px;
  }
```

```
  .thumbnail {
    background: #fff;
    margin-bottom: 21px;
  }
  form {
    padding-top: 7px;
  }
  input {
    float: left;
  }
</style>
```

Listing 8.51 Einfaches CSS passt die Abstände in der App an

Auf dem Desktop sieht Ihre WebApp jetzt schon richtig gut aus – auf kleinen Bildschirmen gibt es hingegen noch Luft nach oben: Die Menüleiste wirkt überladen, und die Abstände sind zu groß. Dies lässt sich zum Glück mithilfe einer Media Query ganz einfach lösen:

```
@media screen and (max-width: 767px) {
  .row {
    padding-top: 0px;
  }
  .thumbnail {
    margin-bottom: 7px;
  }
  form {
    width: 100%;
  }
  input {
    float: none;
    width: 100%;
    display: block;
  }
}
```

Listing 8.52 Anpassungen für Smartphonebrowser mit Mediaquery

Hier überschreiben Sie einfach die Stilvorgaben für die mobile Version. Häufig lohnt es sich, bestimmte Elemente in der mobilen Version einfach auszublenden. In Ihrem Fall sollen der Reload-Link und das App-Logo zugunsten der Suchfunktion »dran glauben«. Aber auch der SUCHEN-Button wird auf Smartphones nicht benötigt, denn die eingebaute Tastatur bringt schon ihren eigenen Button mit.

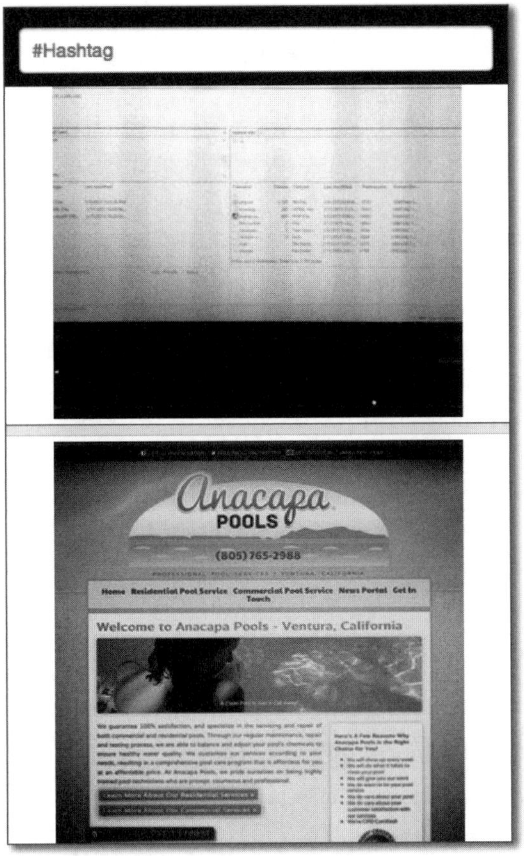

Abbildung 8.50 Ihre App auf dem iPhone

Sie könnten die Elemente nun einfach mit einem beherzten `display: none` ausblenden, aber praktischerweise gibt es in Bootstrap dafür eine vordefinierte Klasse. Mit `hidden-phone`, `hidden-tablet` und `hidden-desktop` können Sie Elemente auf bestimmten Gerätetypen einfach ausblenden. Analog hierzu gibt es die Klassen `visible-phone`, `visible-tablet` und `visible-desktop`, die Elemente nur auf bestimmten Gerätetypen einblenden. Verändern Sie den HTML-Code Ihrer Menüleiste wie folgt:

```
<div class="navbar navbar-fixed-top navbar-inverse">
    <div class="container">
      <a class="navbar-brand hidden-phone" href="#">#Newsfeed</a>
      <ul class="nav hidden-phone">
        <li><a href="#" id="reload">Reload</a></li>
      </ul>
      <form id="suche" class="navbar-search span4 pull-right">
        <input type="text" class="" id="suchbegriff" placeholder="#Hashtag">
        <button type="submit" class="btn btn-primary hidden-phone">Anzeigen</
```

```
button>
        </form>
    </div>
</div>
```

Listing 8.53 Die komplette Navigationsleiste

Was übrig bleibt, ist eine schlanke mobile WebApp, die auch auf Desktopsystemen gut aussieht. Aber damit soll es noch nicht genug sein; Ihrer Kreativität sind hier keine Grenzen gesetzt. Wussten Sie zum Beispiel, dass die Instagram-API auch Fotos anzeigen kann, die an bestimmten GPS-Koordinaten aufgenommen worden sind? Zusammen mit dem Geolocation-Sensor Ihres Smartphones könnte das eine interessante Erweiterung der Instagram-App ergeben – meinen Sie nicht?

8.3.5 Ressourcen

Auch für Bootstrap gibt es einige nützliche Hilfsmittel, die wir Ihnen nicht vorenthalten wollen:

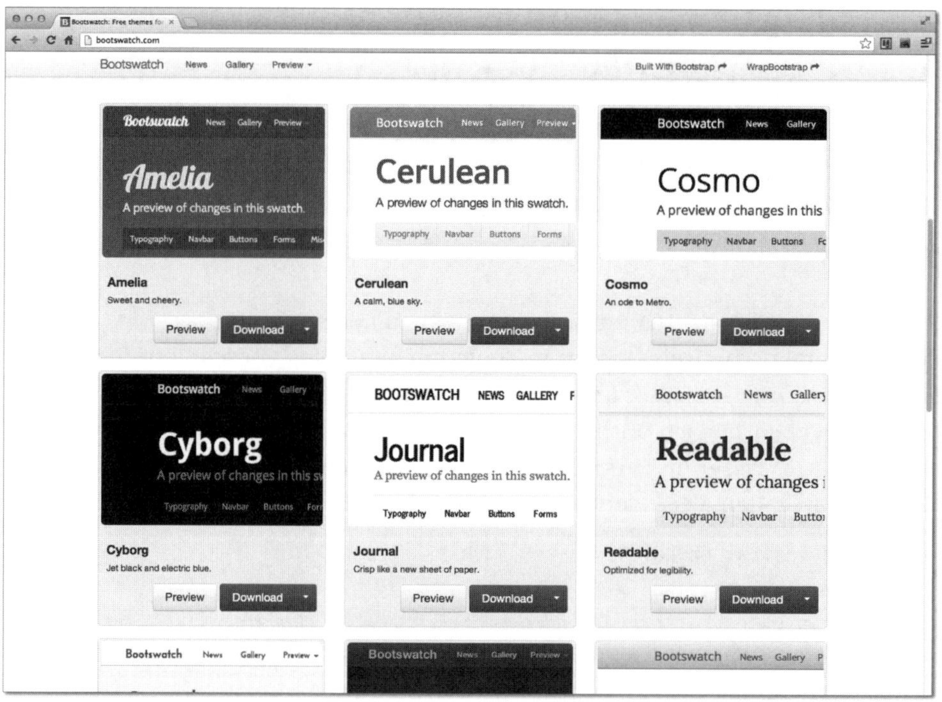

Abbildung 8.51 Die Theme-Datenbank Bootswatch

So schick es auch ist, irgendwann wird das Standard-Theme von Bootstrap doch etwas langweilig. Abhilfe schafft hier *Bootswatch*, eine Datenbank mit kostenlosen

Themes, die Ihrer WebApp den besonderen – Achtung Wortwitz – »Touch« geben. Die Bootswatch-Datenbank erreichen Sie über *http://bootswatch.com/*.

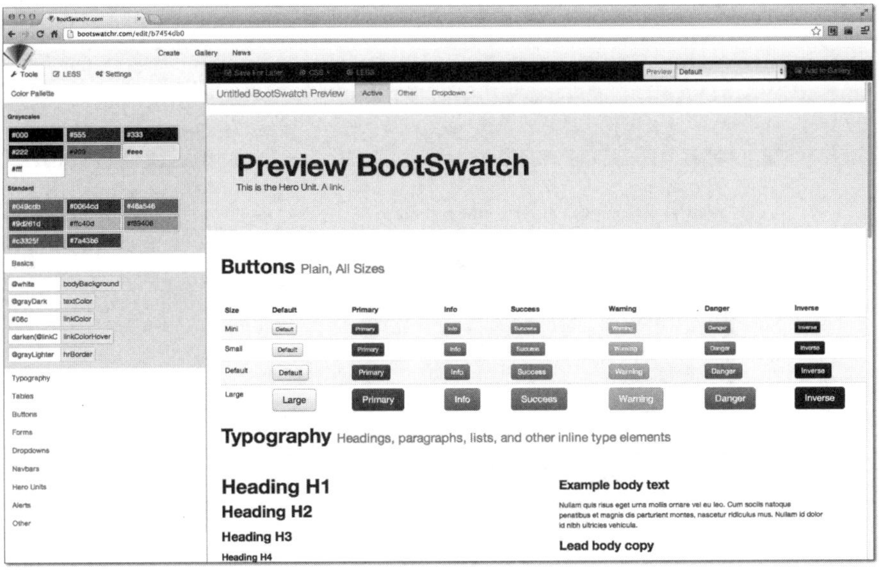

Abbildung 8.52 Eigene Themes in BootSwatchr

Für Experten gibt es *BootSwatchr*. Hier können Sie sich, ohne viel CSS zu schreiben, Ihr eigenes Theme zusammenklicken: *http://bootswatchr.com/*.

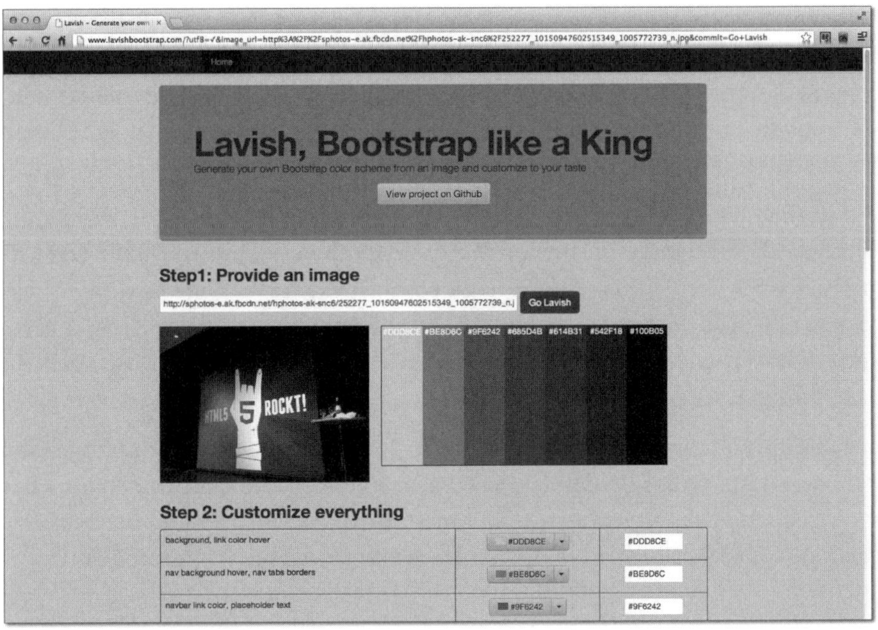

Abbildung 8.53 Themes aus Fotos extrahieren – mit Lavish

Besonders einfach machen können Sie es sich mit *Lavish*, das Sie unter *http://www.lavishbootstrap.com/* erreichen. Hier laden Sie einfach ein Foto hoch; die WebApp extrahiert die Hauptfarben des Bildes und generiert Ihnen daraus ein schickes Theme.

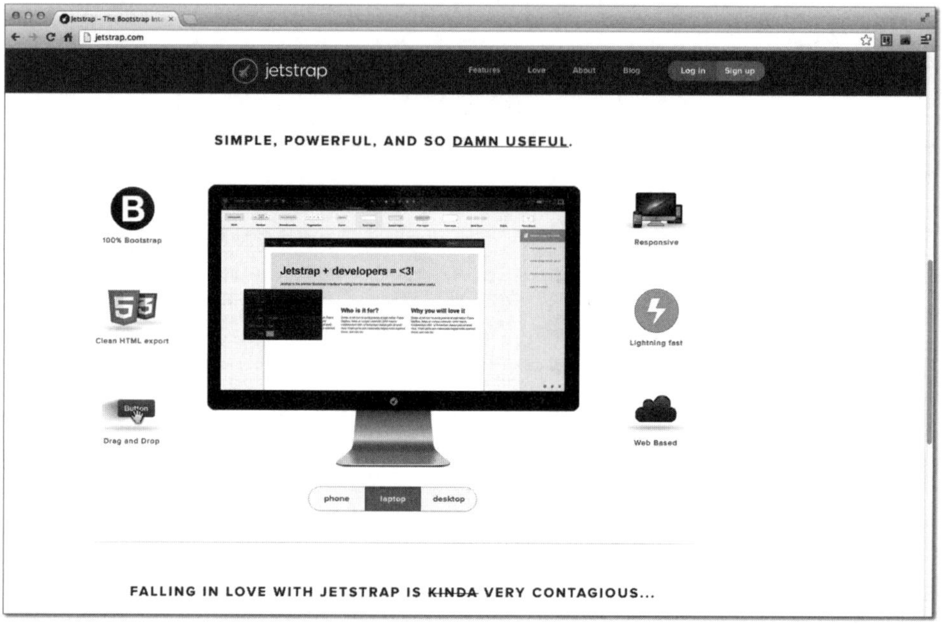

Abbildung 8.54 Der Webeditor »Jetstrap«

Jetstrap ist ein Webeditor, mit dem Sie WebApps und Webseiten in Bootstrap zusammenstellen können. Dafür müssen Sie keine einzige Zeile Code schreiben; hier können Sie einfach per Drag & Drop die Elemente des Frameworks zu einer App zusammenstellen. Jetstrap erreichen Sie über *http://jetstrap.com/*.

Da Sie natürlich jede WebApp vor dem Programmieren als Wireframe skizzieren, wird Ihnen das Bootstrap-Template von Matthew Stephens zugutekommen: Der UX-Designer hat über die Weihnachtsfeiertage eine druckbare Vorlage des Bootstrap-Rasters erstellt und bietet diese unter *http://dribbble.com/shots/873373-Free-Printable-Twitter-Bootstrap-Wireframe-Template* zum kostenlosen Download an (siehe Abbildung 8.55).

Dies ist nur eine kleine Auswahl von nützlichen Seiten und Tools für Bootstrap. Eine ausführlichere Liste ist im *Bootstrap Hero* zusammengestellt. Dort finden Sie über 280 Tools, Themes, Erweiterungen und Anleitungen, unter *http://bootstraphero.com/the-big-badass-list-of-twitter-bootstrap-resources* (siehe Abbildung 8.56).

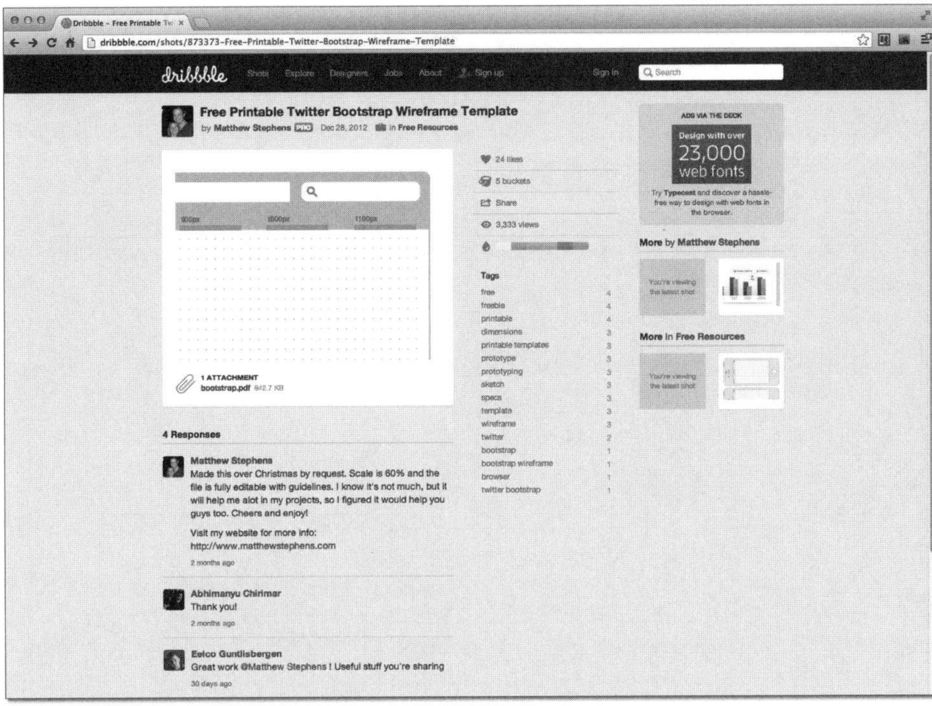

Abbildung 8.55 Der Bootstrap-Wireframe von Matthew Stephens

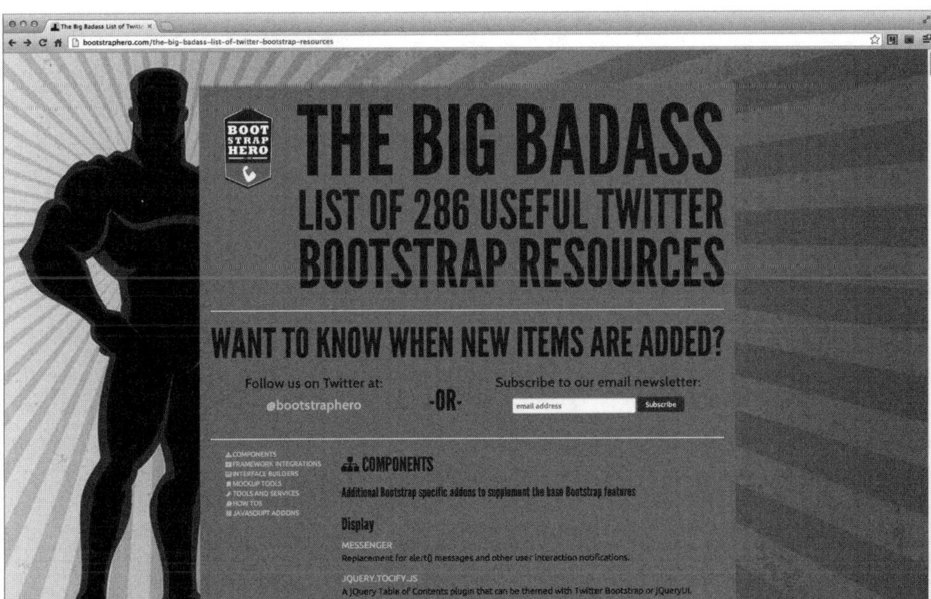

Abbildung 8.56 Der Bootstrap Hero fasst viele Themes, Erweiterungen und Anleitungen zusammen.

Kapitel 9
Native Anwendungen und App-Stores

In Bezug auf WebApps sind Sie jetzt bereits ein richtiger Profi: Sie haben gelernt, WebApps von Hand oder auch mithilfe eines Frameworks zu programmieren. Teilweise sind Sie dabei vielleicht an die Grenzen einer WebApp gestoßen. In diesem Kapitel zeigen wir Ihnen, wie Sie die Vorteile einer nativen App (Performance, Hardwarezugriff, Distribution über einen App-Store) auch für Ihre WebApp nutzen können. Am Ende des Kapitels haben Sie zudem Ihre WebApp in eine native App verpackt und an Apples App Store, Google Play oder aber an einen WebApp-Store übermittelt.

9.1 Eine WebApp wird zur nativen Anwendung

Wie Sie im Verlauf des Buches festgestellt haben, können Sie mit WebApps schon eine ganze Menge erreichen. Ob nun das Auslesen des Bewegungssensors, die Positionsbestimmung via GPS und Wireless LAN oder die Visualisierung von Wetterdaten – hierzu ist HTML5 in vielen Fällen vollkommen ausreichend. Es gibt allerdings Situationen, in denen die Entwicklung einer nativen Anwendung durchaus sinnvoll ist. Überraschenderweise spielen aber auch in nativen Apps HTML5 und CSS3 eine große Rolle. Besonders wenn es um die Gestaltung von Inhalten geht, ist diese Kombination zumeist die erste Wahl. In diesem Kapitel wollen wir Ihnen kurz und prägnant die Vor- und Nachteile einer nativen App vorstellen, eine WebApp mithilfe von *PhoneGap* (auch bekannt als *Apache Cordova*) zu einer nativen App umwandeln und letztendlich einen Einblick in die Veröffentlichung der Apps in den jeweiligen Stores geben.

Bedenken Sie, dass das Themengebiet der nativen Apps sehr umfangreich ist und wir daher die einzelnen Punkte an dieser Stelle nur anreißen können.

9.1.1 Die Vor- und Nachteile einer nativen App

An einigen Stellen dieses Buches haben wir Sie bereits auf die Vor- und Nachteile einer nativen App hingewiesen. Im Folgenden finden Sie nun eine ausführliche Aufstellung hierzu. Dabei geht es nicht nur um technische Unterschiede, sondern es geht auch um »strategische« Differenzen, z. B. hinsichtlich des Vertriebs der App.

Die Vorteile einer nativen App

- **Zugriff auf sämtliche Hardware**
  Eine native App kann neben dem Positions- und Bewegungssensor noch auf weitere Hardwarefunktionen, wie z. B. Mikrofon, Kamerablitz oder Vibrationsalarm, zugreifen.
- **Performance und Hardwarebeschleunigung**
  Die Performance einer nativen App kann unter Umständen um ein Vielfaches besser als die Performance einer WebApp sein. Besonders komplexe 3D-Animationen, wie sie in Spielen benötigt werden, sind nur mithilfe einer nativen App möglich.
- **Einfache Vermarktung**
  Auch wenn die Anbieter der App-Stores einen prozentualen Anteil Ihrer Gewinne einbehalten – der Vertrieb einer nativen App ist einfach. Besonders in Apples App Store haben bereits viele Mio. Benutzer Ihre Kreditkartendaten hinterlegt, weshalb die Hürde, eine App zu kaufen, dort besonders gering ist. Neben den Einnahmen, die Sie aus dem reinen Verkauf Ihrer App generieren können, sind auch die den nativen Apps vorbehaltenen In-App-Purchases interessant. Bei diesem Konzept verkaufen Sie innerhalb der App bestimmte Leistungen, wie weitere Funktionen oder neue Spielelemente, für weiteres Geld. Des Weiteren sind Ihre Nutzer gewohnt, für und in Apps Geld auszugeben.

Die Nachteile einer nativen App

- **Nur auf Plattform funktionstüchtig**
  Während eine WebApp auf allen Plattformen, ob iOS, Android oder Windows Phone, funktioniert, müssen Sie eine native App für jede Plattform separat programmieren. Dies kann unter Umständen sehr zeitaufwendig und damit sehr teuer sein.
- **Regularien der App-Stores**
  Ob Ihre App für den App-Store des jeweiligen Anbieters zugelassen wird, hängt ganz von den Regularien des Betreibers ab. Im schlimmsten Fall wird Ihrer App der Zugang verwehrt, und Sie haben keine andere Möglichkeit, um Ihre App zu vertreiben. So gab es bereits einige Fälle, bei denen Entwickler durch eine flexible Auslegung der Regeln im Regen standen, weil deren App abgelehnt wurde.
- **Langsamer Updatezyklus**
  Sie haben einen Fehler in Ihrer bereits veröffentlichten App entdeckt? Wenn Sie ein Update einreichen, muss auch dieses wieder durch die Regularien des Store-Betreibers – und das kann schon mal ein paar Tage dauern; für einen Benutzer können ein paar Tage mit einer nicht funktionierenden App allerdings sehr lang sein.

- **Neue Programmiersprachen erlernen**
  Als Webentwickler kennen Sie bereits HTML5, CSS3 und JavaScript auswendig wie Ihre Westentasche. Für native Apps brauchen Sie allerdings viel weitreichendere Kenntnisse in ausgewachsenen Programmiersprachen wie *Objective-C*, um nur ein Beispiel zu nennen. Hinzu kommt das Erlernen von neuen Programmen und Entwicklungsumgebungen. Dieser Aufwand ist nicht zu unterschätzen und kann viele Monate in Anspruch nehmen.
- **Einstiegskosten**
  Die Entwicklung einer nativen App kostet zunächst nichts – wenn Sie allerdings die App auf Ihrem Endgerät testen oder sie im Store vertreiben möchten, wird bei vielen Anbietern eine jährliche Gebühr fällig.
- **Kein Einblick in das Nutzerverhalten**
  Während Sie bei WebApps mithilfe eines Statistiktools wie Google Analytics einfach herausfinden können, wie lange und wo sich Ihre Benutzer am häufigsten aufhalten, ist dies bei einer nativen App mit wesentlich mehr Aufwand verbunden.

Eine native App hat viele Vorteile, aber auch Nachteile gegenüber einer WebApp. Wir glauben, dass HTML5 im Laufe der Zeit immer performanter und mächtiger wird, sodass die Grenzen zwischen einer WebApp und einer nativen App zunehmend verschwinden werden. Klar denken wir das, denn sonst hätten wir das Buch nicht geschrieben! Aber Spaß beiseite: Das Web an sich ist immer in Bewegung, und die Entwicklung ist rasant – so sind viele Dinge, die früher nur mit nativer Software möglich waren, wie z. B. aufwendige 3D-Animationen, nun via *WebGL* auch im Browser möglich. Eine WebApp kann genauso gut, wenn nicht sogar besser und auch marktfähiger sein als eine native App. Als prominentes Beispiel haben Sie bereits die WebApp der Financial Times kennengelernt (*http://app.ft.com*). Es geht also, und die Zeit dafür ist da!

9.1.2 Die Erstellung einer nativen App mit PhoneGap (Apache Cordova)

PhoneGap ist ein Open-Source-Framework, mit dem Sie Ihre WebApp innerhalb einer nativen App publizieren können. Zusätzlich bietet das Framework einfachen und erweiterten Zugriff auf Kamera, Mikrofon, Vibrationsalarm und weitere Hardwarekomponenten, die bisher nativen Apps vorenthalten waren. Sie entwickeln Ihre WebApp ganz normal mit HTML5, CSS3 und JavaScript, verpacken sie in PhoneGap und können dann direkt aus HTML und JavaScript heraus auf Kamera und Co. zugreifen. Damit ist eine PhoneGap-App streng genommen keine native App, aber auch keine WebApp, sondern sie versucht, das Beste aus beiden Welten zu kombinieren. PhoneGap ist außerdem für die verschiedensten Plattformen wie iOS, Android,

BlackBerry, Windows Phone usw. ausgelegt, sodass Sie Ihre App mit minimalem Aufwand auf verschiedenen Endgeräten platzieren können.

PhoneGap ist im Oktober 2011 von Adobe aufgekauft worden, weshalb das Framework in die Apache Foundation integriert worden ist und seither unter dem Namen *Apache Cordova* bekannt ist. Der Name *PhoneGap* wird allerdings noch immer weitreichend verwendet, weshalb wir das Framework im weiteren Verlauf des Kapitels weiterhin so bezeichnen.

Um Ihnen einen kleinen Eindruck zu vermitteln, wie Sie eine PhoneGap-App erstellen, passen Sie im Folgenden die App *Shake it like a Polaroid picture* aus Kapitel 6, »Ablesen des Bewegungssensors mit JavaScript«, so an, dass anstelle des Flickr-Bildes ein Foto verwendet wird, das Sie mit der Kamera Ihres Smartphones aufgenommen haben – und dies ohne Einsatz des `input`-Feldes vom Typ `file`. Wir zeigen Ihnen, wie Sie PhoneGap in die WebApp implementieren und diese wiederum mit *PhoneGap Build* in diverse native App-Formate konvertieren – und auf Ihrem Smartphone installieren.

Kostenpflichtige Entwickler-Accounts

Damit Sie die App auf Ihrem iOS-Endgerät testen können, brauchen Sie einen gültigen Apple-Entwickler-Account (99 EUR/Jahr). Wenn Sie auf Android testen, müssen Sie nur einen kostenpflichtigen Account erwerben, wenn Sie Ihre App in Googles App-Store namens Google Play vertreiben möchten.

9.1.3 »Shake it like a Polaroid picture« – die native Version

Die gute Nachricht ist, dass die Anpassung der WebApp sehr einfach ist. Sie werden in kürzester Zeit den Code fertig haben, denn den größten Teil der Arbeit (das Interface und die Animation des Polaroids) haben Sie bereits erledigt. Im Endeffekt ändert sich jetzt nur die Quelle des Bildes. Denn es wird nun nicht mehr aus Flickr geladen, sondern es wird eben das Bild verwendet, das Sie gerade aufgenommen haben. Kopieren Sie hierzu zunächst den gesamten Ordner der App *Shake it like a Polaroid picture* aus Abschnitt 6.3, und öffnen Sie die Datei *index.html*. Als Erstes sollten Sie Zepto fest in das Projekt einbinden, das heißt, Zepto nicht von den Zepto-Servern herunterladen, sondern es im Ordner *js* ablegen. Den folgenden Code platzieren Sie im `head`-Bereich:

```
<script src="js/zepto.min.js"></script>
```

Die aktuelle Zepto-Bibliothek können Sie von *http://zeptojs.com/* herunterladen. Als Nächstes folgt die JavaScript-Bibliothek von PhoneGap, die die Kommunikation zwischen dem nativen Teil der App und dem WebApp-Teil herstellt. Setzen Sie auch diese im `head`-Bereich ein.

```
<script src="phonegap.js"></script>
```

Die JavaScript-Datei *phonegap.js* wird automatisch später vom Framework hinzugefügt. Daher müssen Sie die Datei nicht extra herunterladen.

Sie passen nun die Funktion neuespolaroid() an. Wie Sie sich sicher erinnern können, laden Sie hier das neue Bild aus Flickr. Sie können einige Teile der Funktion wiederverwenden, löschen Sie daher nur die folgenden Zeilen:

```
// Variable für zufälliges Bild festlegen
var randomImage = "";
// Feed über einen JSON-Aufruf laden
$.getJSON("http://api.flickr.com/services/feeds/photos_public.gne?id=
29306403@N07&lang=de-de&format=json&jsoncallback=?", function(data) {
// zufälliges Bild aus dem Flickr-Stream auswählen
randomImage = data.items[Math.floor(Math.random() * data.items.length)].media.m;
// das Bild durch eine größere Version ersetzen
var randomImageCorrect = randomImage.replace("_m.jpg", "_z.jpg");
```

Die Flickr-Abfrage benötigen Sie nicht mehr, da das Bild nun vom Gerät selbst geschossen wird. Achten Sie darauf, auch die geschlossene und geschweifte Klammer sowie das Semikolon zu löschen, das nach der Textänderung des Button-Textes in »Und jetzt, shake it!« steht. Diese Zeichen gehören noch zur .getJSON-Funktion, die Sie ja bereits gelöscht haben. Ihre Funktion neuespolaroid() sollte nun wie folgt aussehen:

```
// neues Polaroid einblenden
var neuespolaroid = function() {

$(".polaroid-rahmen").css('-webkit-transform', 'rotate('+(Math.floor(Math.ran-
dom() * 10)-5)+'deg)');
$('.polaroid-rahmen').toggleClass('sichtbar');

// geschuettelt wieder auf unwahr setzen
geschuettelt = false;

// das Bild als Hintergrundbild des Containers festlegen
$('.flickr-bild').css("background", "url(" + randomImageCorrect + ")");

// Text des Buttons ändern, CSS-Klasse hinzufügen und Button deaktivieren
$('button').text("Und jetzt, shake it!").toggleClass('shakeit');

 };
```

Listing 9.1 Die Funktion neuespolaroid() ohne die Flickr-Abfrage

Sie möchten nun, dass die Kamerafunktion startet, wenn der Benutzer auf den Button drückt. Nachdem er ein Foto geschossen hat, soll das Polaroid ins Bild fahren und der Button-Text soll sich in »Und jetzt, shake it!« ändern. Ein Schütteln des Geräts blendet dann das Bild ein und ändert den Button des Textes in »Neues Foto machen!« Ihnen kommt diese Funktionalität bekannt vor? Stimmt, all das ist zum größten Teil schon eingefügt. Eine ähnliche Vorgehensweise haben Sie bereits in Abschnitt 6.4, »Die Anzeige eigener Bilder mit dem Input-Element«, kennengelernt. Lediglich der Kameraaufruf über PhoneGap und einige textliche Änderungen sind neu. Starten Sie die Kamera mit dem folgenden Code zu Beginn der Funktion `neuespolaroid();`:

```
//Ein Foto aufnehmen
navigator.camera.getPicture(onSuccess, onFail, {
 quality: 40,
 destinationType: Camera.DestinationType.FILE_URI,
 targetWidth: 400,
 targetHeight: 400
});
```

Listing 9.2 Die Kamera mithilfe von PhoneGap starten.

Das Objekt `navigator.camera.getPicture` besteht aus drei Teilen. Ist die Aufnahme erfolgreich, wird die Funktion `onSuccess` ausgeführt. Liegt ein Fehler vor, wird hingehen die Funktion `onFail` gestartet. Der dritte Objektteil besteht aus Parametern, die die Eigenschaften der Aufnahme bestimmen:

- `quality` (0-100)
  Sie können die Aufnahmequalität zwischen 0 und 100 einstellen, wobei 100 die höchste Qualität darstellt. Da moderne Geräte hochauflösende Kameras haben, sollten Sie die Qualität hier gering (auf unter 50) einstellen, damit dem Gerät nicht der Arbeitsspeicher ausgeht und sich die App einfach beendet. In unseren Tests auf einem iPhone 4S läuft der Speicher bereits bei einer Qualität von 50 voll, und die App stürzt ab. Daher ist hier weniger mehr!
- `destinationType`
  Standardmäßig gibt die Funktion das komplette Bild im Base64-Format zurück. Dies ist sinnvoll, wenn Sie die Datei gleich weiterverarbeiten wollen. In Ihrem Fall setzen Sie den Parameter jedoch auf `Camera.DestinationType.FILE_URI`. Damit wird lediglich der Pfad zum Bild im temporären Speicher zurückgegeben, den Sie später in JavaScript für den Hintergrund des Polaroidcontainers festsetzen werden.
- `targetWidth` & `targetHeight`
  Das Bild wird automatisch auf die hier angegebenen Größen verkleinert, wobei das Seitenverhältnis immer beibehalten wird. Sie geben beide Werte mit einem

Maximum von 400 an. Damit ist das Bild entweder maximal 400 Pixel breit *oder* 400 Pixel hoch. Die Limitierung auf 400 Pixel ist auch hier wieder nötig, um Arbeitsspeicher zu sparen und die App vor dem Absturz zu bewahren.

Nachdem das Bild erfolgreich aufgenommen worden ist, soll das Polaroid hineinfahren und der Button-Text geändert werden. Kopieren Sie daher den kompletten Inhalt der Funktion `neuespolaroid()`, mit Ausnahme des eben erstellten Kameraaufrufs, in eine neue Funktion namens `onSuccess()`. Platzieren Sie diese direkt hinter dem Kameraaufruf. Beachten Sie die Variable `imageURI`, die mit der Funktion übergeben wird. Diese Variable beinhaltet die URL zu Ihrem aufgenommenen Bild. Sie müssen daher die veraltete Variable `randomImageCorrect` bei der Festlegung des Hintergrundbildes des Containers mit der Klasse `.flickr-bild` noch durch `imageURI` ersetzen.

Frei nach MC Hammer: Stopp!

Eine Klasse mit dem Namen `flickr-bild`? Sie laden kein Bild mehr aus Flickr; benennen Sie also diese Klasse in HTML- und CSS-Datei in `kamera-bild` um. Ordnung muss sein!

Komplett sieht das Ganze dann so aus:

```
function onSuccess(imageURI) {
$(".polaroid-rahmen").css('-webkit-transform', 'rotate('+(Math.floor(Math.random() * 10)-5)+'deg)');
$('.polaroid-rahmen').toggleClass('sichtbar');

// geschuettelt wieder auf unwahr setzen
geschuettelt = false;

// das Bild als Hintergrundbild des Containers festlegen
$('.kamera-bild').css("background", "url(" + imageURI + ")");

// Text des Buttons ändern, CSS-Klasse hinzufügen und Button deaktivieren
$('button').text("Und jetzt, shake it!").toggleClass('shakeit');
};
```

Listing 9.3 Bei erfolgreicher Aufnahme eines Bildes fliegt das Polaroid ins Bild

Daran schließen Sie nun noch die Funktion an, die ausgeführt werden soll, wenn etwas schiefgegangen ist:

```
function onFail(message) {
 alert('Das Foto konnte aus folgenden Gründen nicht verwendet werden: '+message);
}
```

Da Sie alles, was Sie machen, auch zu 100 % erledigen, folgt nun der Feinschliff. Ändern Sie den Text des Buttons im body-Bereich in »Foto machen!« um. Im Aufruf der Funktion onShake, etwas weiter unten im Code, ändern Sie den Text des Buttons von »Neues Polaroid!« in »Neues Foto machen!«. Somit ist für den Benutzer klar, was passiert, wenn er den Button betätigt.

Auf aktuellen iOS- und Android-Geräten funktioniert dies alles schon wunderbar, aber auf einem älteren Android-Gerät leider noch nicht. Wie Sie sich erinnern, ist das Auslesen des Bewegungssensors unter Android erst mit Version 4.0 via JavaScript möglich (und das auch nur unter der Verwendung des Standardbrowsers). Mit PhoneGap haben Sie allerdings auch nativen Zugriff auf den Bewegungssensor unter Android. Im Endeffekt tauschen Sie nun den JavaScript-Code der Datei *shake.js* gegen den folgenden JavaScript-Code aus Listing 9.4 aus, der den Bewegungssensor unter Android-Versionen, die älter als 4.0 sind, und auch in iOS zuverlässig ausliest. Nach einer kurzen Recherche im Internet sind Sie in einem Forum von PhoneGap auf einen Code gestoßen, der bei einer Schüttelgeste eine Funktion aufruft – Nutzerforen sind oft hervorragende Anlaufstellen für Problemlösungen. Denn viele Menschen bieten dort kostenlos ihre Zeit und Codebeispiele an. Geben Sie aber ab und zu auch etwas zurück – man wird es Ihnen danken! Ersetzen Sie nun den bisherigen Code der Datei *shake.js* durch die folgenden Zeilen:

```
var watchID = null;

var previousReading = { x: null, y: null, z: null };
var changes = { x: null, y: null, z: null };

document.addEventListener("deviceready", loaded, false);

function loaded() {
startWatch();
}

function onSuccess(acceleration) {
var bound = 7;
if (previousReading.x !== null) {
changes.x = Math.abs(previousReading.x, acceleration.x);
changes.y = Math.abs(previousReading.y, acceleration.y);
changes.z = Math.abs(previousReading.z, acceleration.z);
}
if (changes.x > bound && changes.y > bound && changes.z > bound) {
shaken();
}
previousReading = {
x: acceleration.x,
```

```
y: acceleration.y,
z: acceleration.z
};

}

function startWatch() {
watchID = navigator.accelerometer.
watchAcceleration(onSuccess, onError, { frequency: 200 });
}

function shaken() {
stopWatch();
setTimeout(startWatch, 3000);
onShake();
}

function stopWatch() {
if (watchID) {
navigator.accelerometer.clearWatch(watchID);
watchID = null;
}
}

function onError() {
alert('onError!');
}
```

Listing 9.4 Der aktualisierte Inhalt der shake.js-Datei, die den Bewegungssensor mithilfe von PhoneGap ausliest

Für Ihre App sind für Sie im Moment nur zwei Stellen des Codes relevant: Zum einen können Sie den Schwellenwert einer Schüttelgeste in Form einer Zahl unter `var bound = 7` angeben, und zum anderen definieren Sie ca. in der Mitte des Codes, was genau geschehen soll, wenn eine Schüttelgeste erkannt wird. In diesem Fall führen Sie die Funktion `onShake();` aus. Diese Funktion wurde auch in der vorherigen Version mit dem ursprünglichen Shake-Script aufgerufen; insofern müssen Sie weniger Anpassungen vornehmen. Zurück zur Datei *index.html*. Platzieren Sie die Verknüpfung der *shake.js*-Datei direkt unterhalb der Einbindung von *phonegap.js*:

```
<script src="js/shake.js" type="text/javascript"></script>
```

Das Überwachen der Schüttelgeste über einen EventListener in der Datei *window.load* benötigen Sie nun ebenfalls nicht mehr. Kopieren Sie also die Funktion `onShake();` direkt unterhalb der Definition der Variablen `geschuettelt = false`. Den

EventHandler des Buttons setzen Sie dafür in die nun leergewordene `$(function(){`. Ihr Code sollte damit folgendermaßen aussehen:

```
<script>

var geschuettelt = false;

// Eventhandler: Shake
function onShake(){
//Folgender Code wird ausgeführt, wenn eine Schüttelgeste vorliegt.
if(!geschuettelt) {
// CSS-Klasse austauschen und Bild einblenden
$(".kamera-bild").toggleClass('sichtbar');
$('button').text("Neues Foto machen!").toggleClass("shakeit");
geschuettelt = true;
}
}

$(function(){
// Eventhandler: Button
$('button').on('click', function() {
if(geschuettelt) {
polaroidweg();
} else {
neuespolaroid();
}
});
});

// neues Polaroid einblenden
var neuespolaroid = function() {
 ...
```

Listing 9.5 Der aktualisierte Code im Überblick.

Das war's auch schon. Jetzt funktioniert Ihre App auch unter Android. Sie haben mit wenig Aufwand und mit Ihren bestehenden HTML- und JavaScript-Kenntnissen die Kamera aktiviert und das Bild innerhalb der HTML-Datei weiterverarbeitet. So einfach kann es sein!

9.1.4 Die kompilierten App-Dateien mithilfe von PhoneGap Build erstellen

Bisher können Sie Ihre App nirgends testen. Denn im regulären Webbrowser wird der von Ihnen soeben erstellte Code nichts bewirken, weil die PhoneGap-Komponenten fehlen. Sie implementieren den kompletten Inhalt Ihres Ordners der App *Shake it like a Polaroid picture* nun in PhoneGap, wozu es zwei Möglichkeiten gibt: Die erste Möglichkeit ist, dass Sie die gesamten Entwicklungsumgebungen für die jeweiligen Plattformen installieren, die Sie ansprechen möchten, und so die finalen App-Dateien kompilieren. Auf einem Mac für iOS wäre dies Xcode, für Android wäre es Android SDK, das auch für andere Betriebssysteme verfügbar ist. Wenn Sie nun wirklich alle Geräte abdecken möchten, müssen Sie auch noch die Entwicklungsumgebungen von BlackBerry, Symbian und Windows Phone installieren. Puh, alles in allem klingt das nach viel Arbeit. Die zweite Möglichkeit ist um einiges einfacher: Sie lassen einen Webservice die Kompilierung der einzelnen Apps übernehmen. Dieser Webservice von Adobe heißt *PhoneGap Build* (siehe Abbildung 9.1), und Sie finden ihn unter *https://build.phonegap.com*. Über PhoneGap Build können Sie kostenlos eine App verwalten und kompilieren lassen. Möchten Sie mehrere Apps verwalten, müssen Sie für die Nutzung dieses Webservices einen monatlichen Beitrag entrichten.

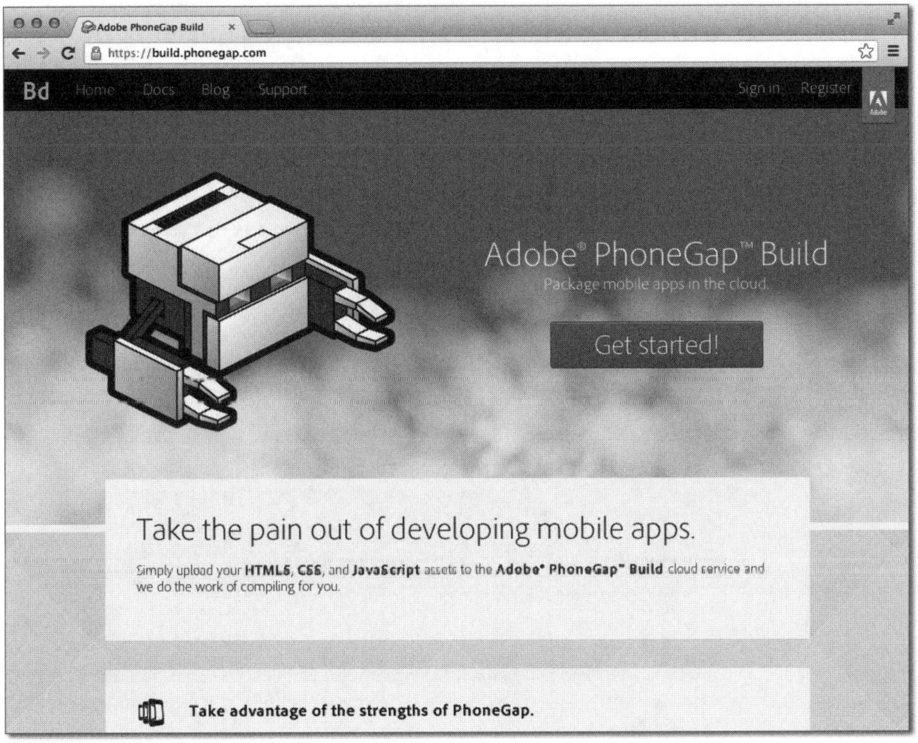

Abbildung 9.1 Die Startseite von PhoneGap Build

Das Prinzip von PhoneGap Build ist einfach: Laden Sie Ihre HTML5-, CSS3- und JavaScript-Dateien hoch, und definieren Sie einen Namen und ein Icon für die App – schon erstellt Ihnen der Service die App-Daten zur Installation auf iOS, Android und BlackBerry, auf dem mittlerweile eingestellten webOS sowie auf Windows Phone und Symbian, dem Betriebssystem vieler Nokia-Geräte.

Doch eins nach dem anderen! Erstellen Sie zunächst einen kostenlosen Account, und melden Sie sich an.

9.1.5 Apple-Zertifikate und Profile

Wenn Sie Ihre App auf einem iOS-Gerät testen möchten, benötigen Sie einen Apple-Entwickler-Account, der jährlich, wie schon erwähnt, mit 99 EUR zu Buche schlägt. Damit PhoneGap Build eine iOS-kompatible App kompilieren kann, benötigt es ein *Entwicklerzertifikat*, das quasi die Berechtigung dafür darstellt, die iOS-Apps überhaupt kompilieren zu dürfen. Um zu verhindern, dass Sie Apps außerhalb des App Stores vertreiben, hat Apple sogenannte *Profile* entwickelt, die in jeder App-Datei beinhaltet sein müssen. Ein Profil enthält Informationen dazu, auf welchem Gerät die App installiert werden darf oder ob die App im App Store vertrieben wird. Zusätzlich zum Profil wird außerdem Ihr Zertifikat als Entwickler in der App hinterlegt. So stellt Apple sicher, dass nur zertifizierte Entwickler und bestimmte Geräte Apps installieren können.

Um Ihre App auf Ihrem iOS-Gerät zu testen, benötigen Sie einen Mac und einen gültigen Entwickler-Account. In PhoneGap Build müssen Sie Ihr Entwicklerzertifikat und ein geeignetes Profil hinterlegen. Um Ihr Entwicklerzertifikat herunterzuladen, loggen Sie sich unter *http://developer.apple.com/devcenter/ios* ein und wechseln in den Bereich Certificates, Identifiers & Profiles. Laden Sie Ihr Zertifikat über Certificates herunter (siehe Abbildung 9.2), und öffnen Sie es anschließend.

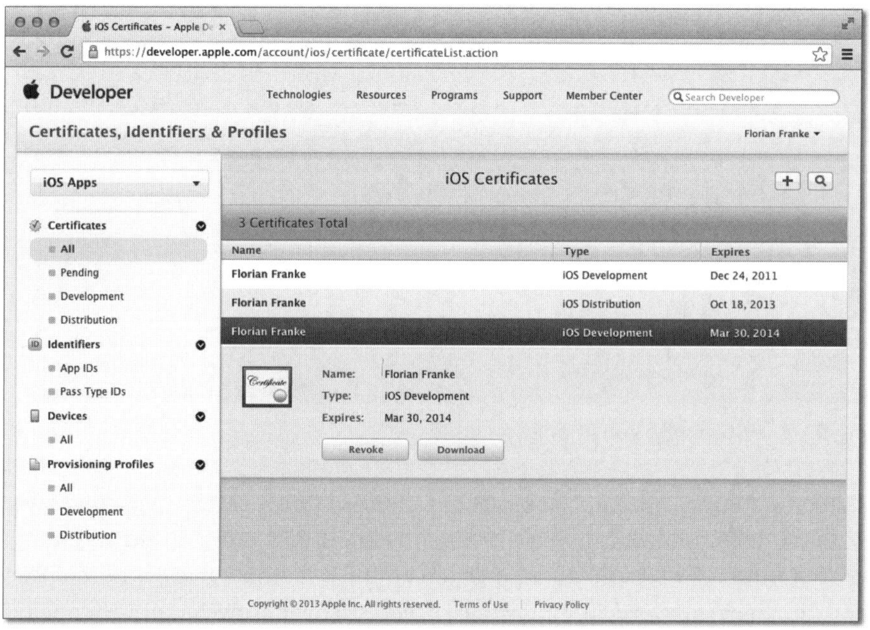

Abbildung 9.2 Ihr Entwicklerzertifikat im Bereich »Certificates, Identifiers & Profiles«

Daraufhin öffnet sich die Schlüsselbundverwaltung. Bestätigen Sie nun das Hinzufügen des Zertifikats zum Schlüsselbund, und suchen Sie anschließend über die Suchmaske innerhalb der Schlüsselbundverwaltung nach IPHONE DEVELOPER.

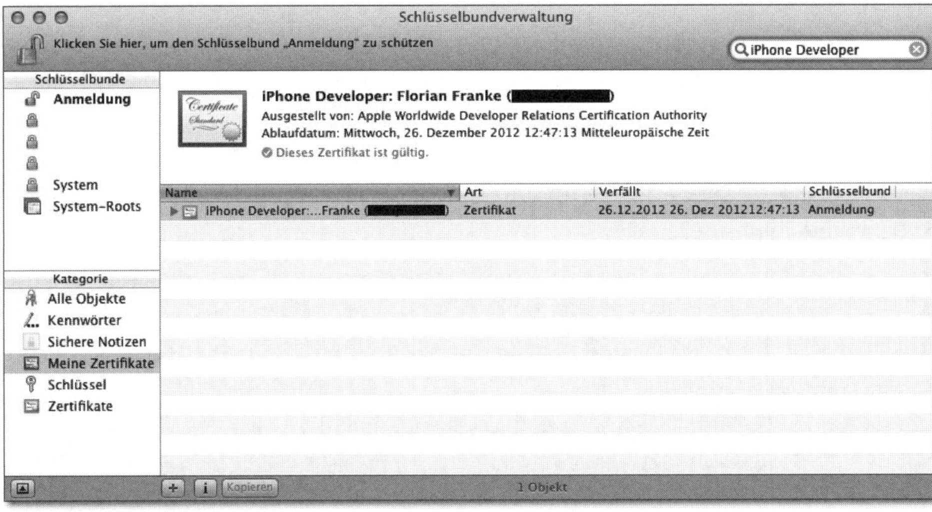

Abbildung 9.3 Ihr Entwicklerschlüssel in der Schlüsselbundverwaltung

Wählen Sie nun im linken Bereich MEINE ZERTIFIKATE aus, und klappen Sie das Zertifikat mithilfe des kleinen Pfeils auf (siehe Abbildung 9.3). Darin sollte sich nun ein *privater Schlüssel* mit Ihrem Namen befinden (siehe Abbildung 9.4).

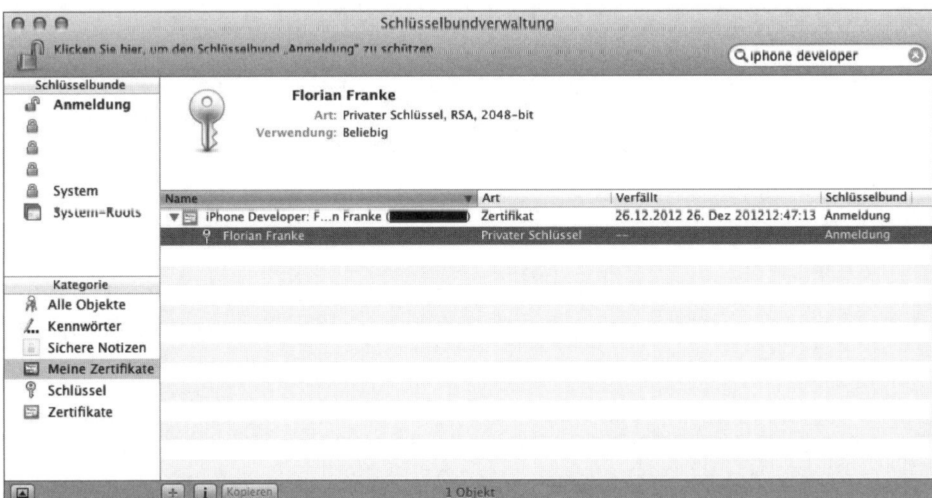

Abbildung 9.4 Exportieren Sie Ihren privaten Schlüssel im P12-Format

Klicken Sie nun mit der rechten Maustaste auf diesen Schlüssel, wählen Sie Exportieren, und speichern Sie den Schlüssel im Dateiformat *.p12* ab. Legen Sie noch ein Kennwort fest, und merken Sie es sich gut, da Sie es später beim Einsatz von PhoneGap Build erneut benötigen.

Dies ist die erste Datei, die Sie für PhoneGap Build benötigen. Nun brauchen Sie noch das Profil. Zunächst müssen Sie im Bereich Certificates, Identifiers & Profiles unter Devices Ihr Gerät registrieren. Jedes iOS-Gerät besitzt eine eindeutige Identifikationsnummer, die UDID. Die UDID finden Sie heraus, indem Sie das Gerät an Ihren Mac anschließen, iTunes öffnen und im Fenster des Geräts auf Seriennummer klicken (siehe Abbildung 9.5).

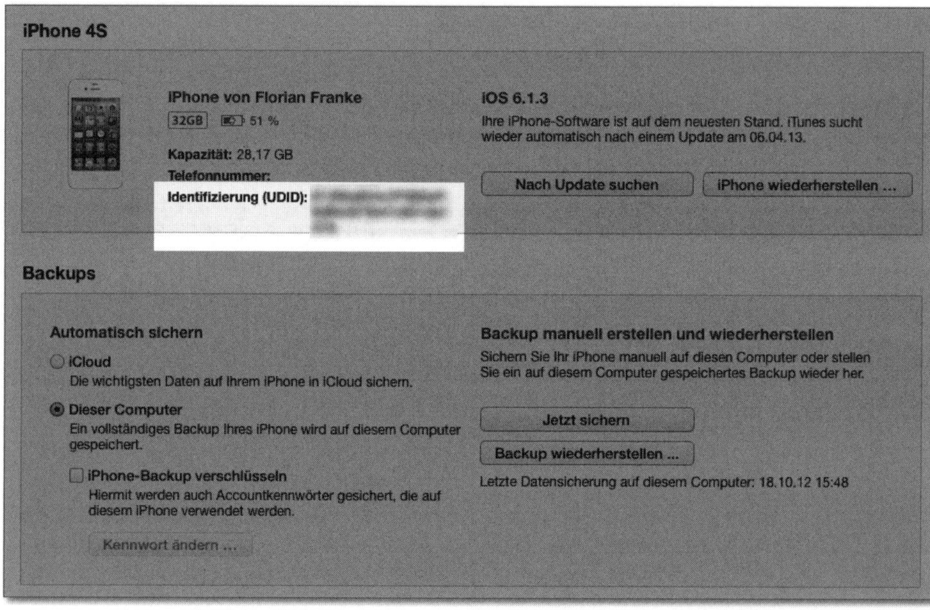

Abbildung 9.5 Unter iTunes finden Sie die UDID Ihres Geräts, indem Sie auf »Seriennummer« klicken.

Zurück in Certificates, Identifiers & Profiles klicken Sie nun auf den Plus-Button im rechten oberen Bereich und fügen Ihr Gerät mit einer eindeutigen Bezeichnung und der UDID hinzu.

Die UDID einfach in die Zwischenablage kopieren

Damit Sie die lange UDID nicht von Hand abtippen müssen, können Sie sie auch einfach in die Zwischenablage kopieren. Klicken Sie hierzu mit der rechten Maustaste auf die UDID in iTunes, und ein Kontextmenü erscheint mit der Option zur Kopie in die Zwischenablage.

Sie haben nun Ihr Gerät hinzugefügt. Als Nächstes erstellen Sie eine *App-ID* für all Ihre kommenden Beta-Apps. Die App-ID ist eine einzigartige Kennzeichnung zur Identifizierung Ihrer Apps. Klicken Sie hierzu im Bereich CERTIFICATES, IDENTIFIERS & PROFILES auf IDENTIFIERS, und fügen Sie über das PLUS-Symbol eine neue ID hinzu. Tragen Sie als Bezeichnung »Beta-Apps« ein. Wenn Sie erweiterte Funktionen, wie iCloud oder Ähnliches verwenden möchten, müssen Sie der jeweiligen App eine eindeutige App-ID zuweisen. In diesem Fall möchten Sie allerdings eine App-ID für mehrere Apps (nämlich für Beta-Apps) festlegen. Wählen Sie hierzu unter APP ID SUFFIX die Option WILDCARD APP ID und geben Sie den danebenstehenden Beispieltext namens »com.domainname.*« ein (siehe Abbildung 9.6).

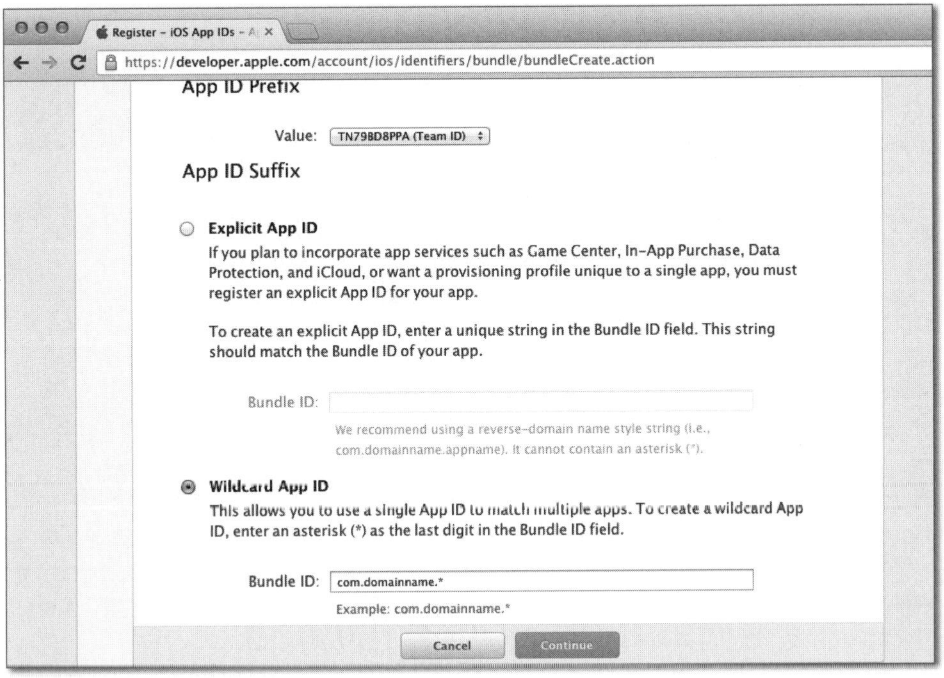

Abbildung 9.6 Eine neue App-ID hinzufügen

Zu guter Letzt legen Sie unter PROVISIONING PROFILES ein neues Profil an (siehe Abbildung 9.7). Die Webseite führt Sie nun Schritt für Schritt durch den Prozess. Zunächst bestimmen Sie, ob Sie ein Profil für die Veröffentlichung im App Store oder zu Entwicklerzwecken benötigen. In diesem Fall benötigen Sie ein Profil für iOS APP DEVELOPMENT. Danach wählen Sie die soeben erstellte App-ID aus und geben im darauffolgenden Schritt Ihr Entwicklerzertifikat an. Weiter geht es nun mit der Liste der Endgeräte: Markieren Sie alle Geräte, auf denen es erlaubt sein soll, Ihre App zu installieren. Um einen kommerziellen Vertrieb über diesen Weg zu unterbinden, hat Apple die Anzahl auf 100 Geräte beschränkt. Wenn Sie allerdings nicht in einem echten Apple Store »wohnen«, sollte diese Limitierung für Sie kein Problem darstellen. Zum Abschluss legen Sie einen Namen für das Profil fest, am besten »Shake it«. Mit einem Klick auf Generate werden Sie auf die Übersicht weitergeleitet und können nun Ihr Profil herunterladen.

Sie haben es geschafft und sind nun im Besitz der beiden Dateien, die Sie bei PhoneGap Build angeben müssen: Entwicklerzertifikat und Profil. Damit geben wir zurück ins Funkhaus, ähm ... zurück zu PhoneGap Build.

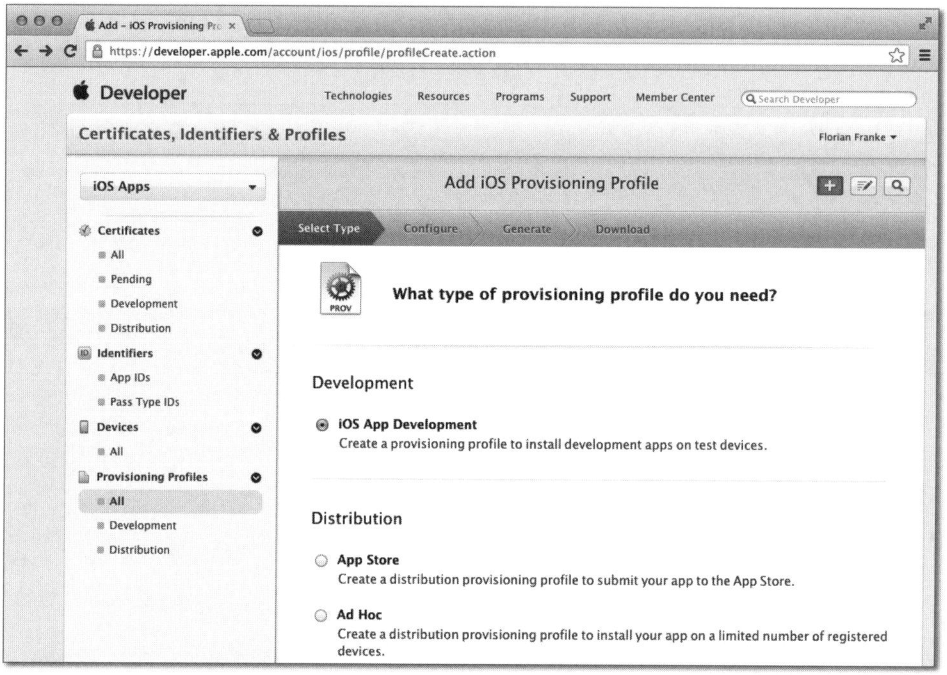

Abbildung 9.7 Erzeugen eines Provisioning-Profils

9.1.6 Einbinden von Zertifikat und Profil in PhoneGap Build

Hinterlegen Sie nun Zertifikat und Profil in PhoneGap Build. Loggen Sie sich dazu ein, und klicken Sie im rechten oberen Bereich auf das Profilsymbol und dann auf Edit Account. Dieser Link führt zu Ihren Basiseinstellungen. Für den nächsten Schritt ist der Bereich Signing Keys relevant. Dort fügen Sie nun unter iOS via Add a Key den Schlüssel hinzu. Geben Sie nun noch den Namen der App, das Zertifikat und das Profil ein, und speichern Sie anschließend den Schlüssel (siehe Abbildung 9.8). Danach müssen Sie den Schlüssel noch freischalten. Klicken Sie hierzu auf das Schlosssymbol des gerade erstellten Schlüssels, und geben Sie Ihr Kennwort ein, das Sie vorhin beim Export festgelegt haben. Setzen Sie den Schlüssel zusätzlich auf Default.

Uff, eine schwere Geburt! Zum Glück müssen Sie dieses Prozedere für Ihre Beta-Apps nur einmal durchlaufen. Möchten Sie die App allerdings auf weiteren Geräten testen oder gar im App Store veröffentlichen, müssen Sie ein neues Profil über das iOS Provisioning Portal erstellen.

Für Android benötigen Sie zum Testen der App auf Ihrem Endgerät weder Schlüssel noch Zertifikat. Erst wenn Sie die App in Google Play (vorher bekannt als *Android Marketplace*) veröffentlichen möchten, benötigen Sie einen Schlüssel und ein Zertifikat.

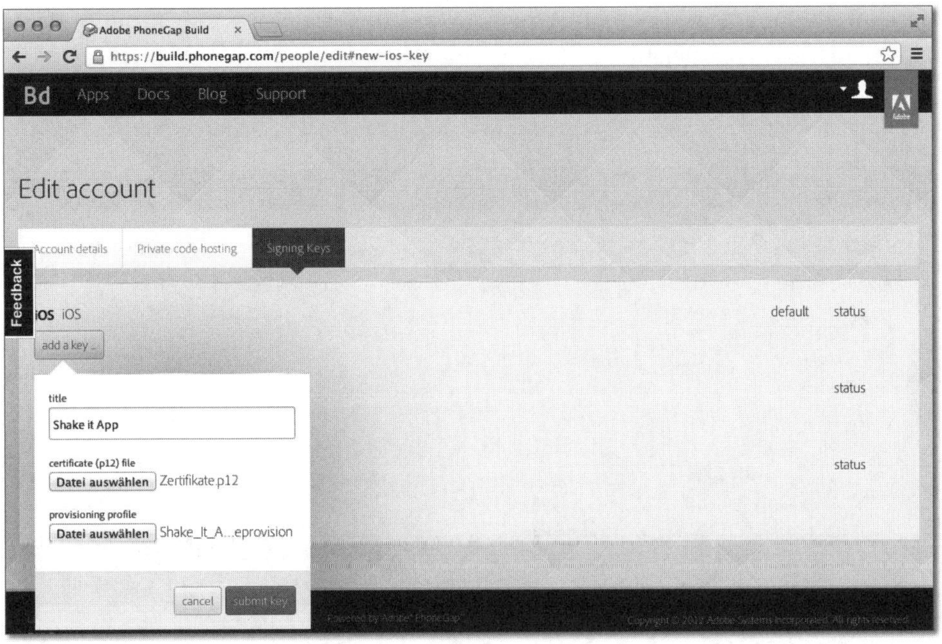

Abbildung 9.8 Das Einstellen des iOS-Zertifikats und des Profils in PhoneGap Build

9.1.7 Endlich! Das Hochladen der Shake-it-like-a-Polaroid-picture-Daten

Nachdem Sie nun den Zertifikats- und Profildschungel erfolgreich gemeistert haben, lassen Sie PhoneGap Build Ihre App kompilieren. Wählen Sie hierzu im oberen Bereich der PhoneGap Build-Seite APPS aus. Nun werden Sie dazu aufgefordert, die App-Dateien hochzuladen (siehe Abbildung 9.9).

Packen Sie nun den Inhalt Ihres Shake-it-like-a-Polaroid-Picture-Ordners als ZIP-Datei. Achten Sie darauf, dass Sie nur den Inhalt des Ordners zippen und nicht den Ordner selbst. Die Datei *index.html* muss immer im Stammverzeichnis der ZIP-Datei liegen. Alternativ haben Sie noch die Möglichkeit, ein sogenanntes *Git Repository* zu verwenden, was allerdings in diesem Fall nicht von Relevanz ist. Für weitere Informationen zu *Git* lohnt sich ein Blick auf *https://github.com/*, allerdings nur, wenn Sie wirklich stark in die Entwicklung mit Versionsspeicherung und Kollaboration einsteigen möchten. Sobald Sie eine ZIP-Datei ausgewählt haben, beginnt der Upload. In einem weiteren Schritt legen Sie nun noch einen Namen für die App fest. Durch einen Klick auf READY TO BUILD erstellt PhoneGap Build die App und beginnt bereits mit der Kompilierung für die verschiedenen Systeme. Bedenken Sie, dass die Kompilierung einen Moment dauern kann. Aktualisieren Sie anschließend die Seite, um zu sehen, ob die Apps nun zur Verfügung stehen. Schlägt die Kompilierung bei iOS fehl? In diesem Fall überprüfen Sie, ob der korrekte Schlüssel ausgewählt ist und starten die Kompilierung gegebenenfalls erneut. Spätestens jetzt ist es Zeit für eine kleine Kaffeepause; also bis gleich!

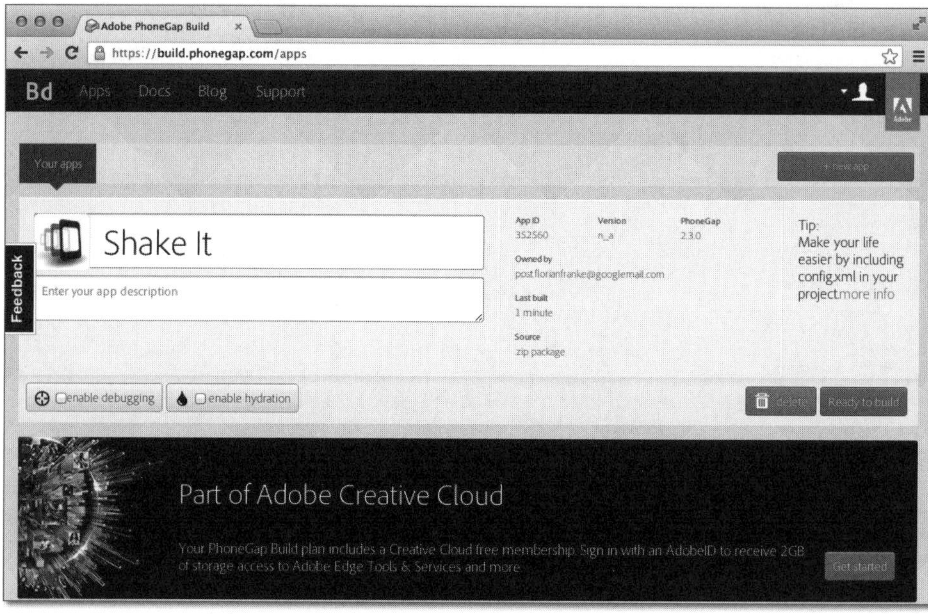

Abbildung 9.9 Eine neue App zu PhoneGap Build hinzufügen

9.1.8 Die App-Datei auf dem Endgerät installieren

Wieder da? Super! Da es den Rahmen des Buches sprengen würde, hier zu erklären, wie Sie die App für jede Plattform auf Ihrem Gerät installieren, beschränken wir uns auf iOS und Android.

Am einfachsten ist es, Apps direkt über die Webseite von PhoneGap Build zu installieren. Rufen Sie hierzu die Adresse *https://build.phonegap.com* auf Ihrem Endgerät auf, und installieren Sie die App mit einem Tap auf das entsprechende Installationspaket (siehe Abbildung 9.10).

Abbildung 9.10 Die Installation einer iOS-App über die Webseite von PhoneGap Build

Sie können eine iOS-App aber auch über iTunes installieren. Laden Sie hierzu die *.ipa*-Datei Ihrer App herunter, und ziehen Sie sie auf das iTunes-Symbol. Schließen Sie nun Ihr iOS-Gerät via USB an, und wechseln Sie in die Rubrik APPS. Wählen Sie anschließend die Option APPS SYNCHRONISIEREN und in der darunterliegenden Liste Ihre Shake-it-App aus (siehe Abbildung 9.11). Synchronisieren Sie dann Ihr iOS-Gerät mit iTunes – und die App wird installiert.

Abbildung 9.11 Wählen Sie unter »Apps« Ihre App zur Synchronisation aus.

Hinweis zur App-Aktualisierung

Wenn Sie die App aktualisieren möchten, löschen Sie zuvor die entsprechende Datei aus Ihrem iOS-Gerät. In iTunes wird damit Ihre App mit einem Button INSTALLIEREN versehen. Schieben Sie nun die aktualisierte *.ipa*-Datei (die Ihnen PhoneGap Build erstellt hat), wieder in iTunes, und ersetzen Sie die alte Version. Daraufhin müssen Sie die App über den Button INSTALLIEREN wieder in die Liste der zu aktualisierenden Apps aufnehmen. Dieser Vorgang ist notwendig, da iTunes ansonsten die neue Datei nicht synchronisiert.

Für Android-Geräte können Sie die App auch einfach über die Webseite von PhoneGap installieren. Alternativ können Sie auch die *.apk*-Datei herunterladen und per E-Mail an sich oder andere Benutzer versenden. Zur Installation reicht es, die Datei einfach auf dem Android-Gerät aufzurufen.

Funktionieren die App und die Kamerafunktion? Ja? Sehr gut! Herzlichen Glückwunsch zu Ihrer ersten nativen App (siehe Abbildung 9.12)!

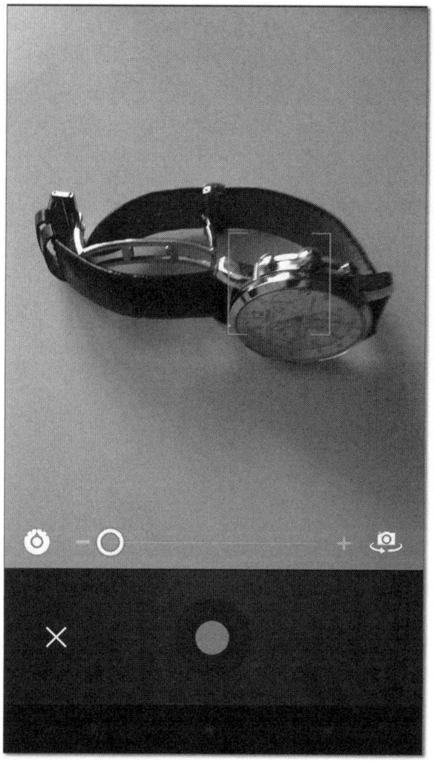

Abbildung 9.12 Ihre App im Kameramodus auf einem Android-Smartphone

9.1.9 Icon- und App-Namen in PhoneGap Build anpassen

Wie Sie vielleicht gemerkt haben, wird das App-Icon, das Sie im HTML-Code definiert haben, nicht übernommen. Dies liegt daran, dass es sich bei Ihrer App nun nicht mehr um eine WebApp, sondern um eine native App handelt. App-Icons werden in nativen Apps separat angelegt. Auf der PhoneGap Build-Webseite können Sie sich Ihre hochgeladene App unter APPS anzeigen lassen und die Details zu Dateinamen und Icon verändern (siehe Abbildung 9.13). Vergessen Sie jedoch nicht, Ihre Änderungen über den Button SAVE am unteren Ende der Seite zu bestätigen; diesen kann man leicht übersehen (jedenfalls war das bei uns einige Male der Fall).

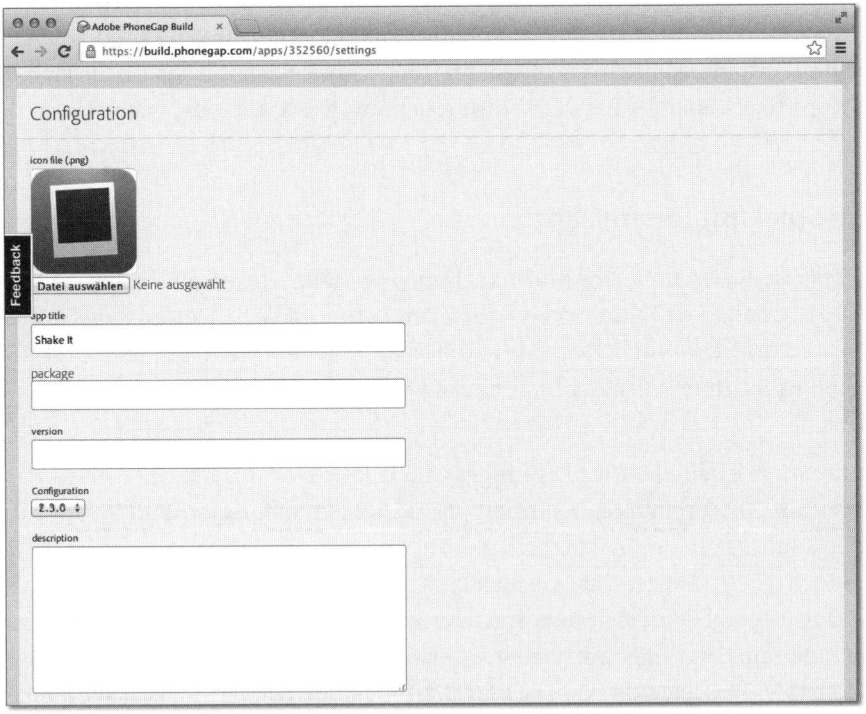

Abbildung 9.13 Die Eigenschaften Ihrer App

9.1.10 Abschließende Worte zu PhoneGap und PhoneGap Build

Wie Sie vielleicht bemerkt haben, ist PhoneGap ein größeres Thema. Die offizielle Dokumentation unter *http://docs.phonegap.com/* ist gut und verständlich geschrieben und mit vielen Beispielen angereichert. Mit Ihren bis hierhin erworbenen Zepto- und JavaScript-Kenntnissen sollten Sie sich dort gut zurechtfinden. Wenn Ihre App darauf angewiesen ist, auf bestimmte Hardwarefunktionen zurückgreifen zu müssen oder Sie sie einfach über die einschlägigen App-Stores vertreiben wollen, ist PhoneGap sicherlich eine gute Wahl. Denn Sie können hierüber mit Ihren bereits erlernten

Fähigkeiten aufwendige und mächtige Apps erstellen, die auf vielen Plattformen gleichermaßen funktionieren. Achten Sie allerdings immer auf die Unterschiede zwischen den verschiedenen Betriebssystemen und Endgeräten. Obwohl PhoneGap viele verschiedene Konfigurationen unterstützt, sind teilweise eben doch einige Dinge unter iOS möglich und unter Android nicht, oder auch umgekehrt. Alle nötigen Informationen sind aber in der offiziellen PhoneGap-Dokumentation hinterlegt.

Mit PhoneGap Build können Sie außerdem schnell die verschiedenen App-Pakete erstellen lassen – auch ohne die jeweiligen Entwicklungsumgebungen. Möchten Sie zusätzliche PhoneGap-Plug-ins wie z. B. einen Barcodescanner nutzen, ist dies mit PhoneGap Build ebenfalls möglich. Auf der Webseite *https://build.phonegap.com/docs/plugins* finden Sie eine Auswahl an Plug-ins, die von PhoneGap Build unterstützt werden. Möchten Sie andere Plug-ins implementieren, sind Sie nach wie vor auf die Erstellung des App-Pakets über die Entwicklungsumgebung, wie z. B. Xcode, angewiesen.

9.2 Ein Spiel mit PhoneGap

Sie haben bis zu dieser Stelle des Buches schon eine Menge geschafft! Teilweise war das geradezu Arbeit, oder? Nun ist es endlich Zeit zum »Spielen«. Getreu dem Motto »Work hard – Play hard« entwickeln Sie in diesem Kapitel ein kleines Spiel in HTML5 und werden es mithilfe der nativen Funktionen von PhoneGap aufs nächste Level bringen!

Auch in diesem Fall haben Sie wahnsinniges Glück! Denn zufällig hat sich gerade der Wild-West-Club Castrop-Rauxel bei Ihnen per E-Mail gemeldet. Der Wild-West-Club feiert jeden Sommer ein original texanisches Fest, bei dem neben einem ordentlichen Barbecue auch der Wild-West-Charme nicht zu kurz kommt. Hierzu treten, in entsprechenden Outfits verkleidete Outlaws und Sheriffs in einem Duell um Leben und Tod gegeneinander an. Okay, das war vielleicht etwas übertrieben. Duelle werden zwar durchgeführt, der Revolver der Wahl ist hier allerdings eine Wasserpistole mit Lebensmittelfarbe. Doch trotzdem! Auch für diese Duelle benötigt man pfeilschnelle Reflexe! Um die Duellanten gebührend auf die schwere Aufgabe vorzubereiten, braucht der Club eine App, die die Reflexe der Mitglieder bis aufs Äußerste schärft (siehe Abbildung 9.14). Ihr Ehrgeiz ist geweckt! Wenn Sie den Job annehmen, werden Sie außerdem zu dem Spektakel eingeladen – und einen gemütlichen Grillnachmittag lassen Sie sich natürlich nicht entgehen. Also, aufsatteln Cowboy; es geht los!

Abbildung 9.14 Der Startbildschirm der App unter iOS (links) und Android (rechts)

9.2.1 Die Welt der Spiele

Spiele sind ein großer Hit in der Welt der Apps. In Googles und Apples App Store sind ca. 17 % aller Apps Spiele (siehe *http://de.wikipedia.org/wiki/Google_Play* und *http://148apps.biz/app-store-metrics/*). Der Spielemarkt ist riesig, und natürlich können Entwickler dementsprechende Preise abrufen. Nicht selten werden in Form von Spielen neue App-Innovationen in Design und Programmierung gefeiert.

Für den Wild-West-Club Castrop-Rauxel haben Sie sich etwas Kleines, aber Feines einfallen lassen: Ein Spiel, mit dem man die Reaktionszeiten des Benutzers messen und somit trainieren kann. Dabei tappt der Benutzer nacheinander auf drei, an zufälligen Stellen auf dem Bildschirm platzierte Schießscheiben. Die App erfasst dabei die Zeit, die der Benutzer dafür benötigt, addiert sie für alle drei Scheiben und zeigt letztendlich das Ergebnis an. Um ein noch authentischeres Spielerlebnis aufkommen zu lassen, möchten Sie, dass das Smartphone beim Start und auch beim Treffer jeder Schießscheibe etwas vibriert – ein Rückstoß eben. Damit das Selbstbewusstsein des Duellanten zusätzlich gesteigert wird, spielen Sie mit der Einblendung der Reaktionszeit eine kleine Fanfare als Sound ab. Danach kann gleich erneut gespielt, ääh trainiert werden. Soweit die Rahmenbedingungen der App (siehe Abbildung 9.15)!

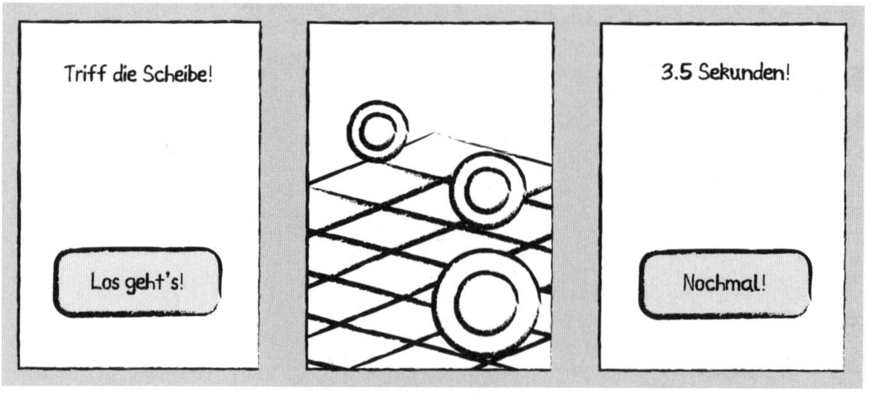

Abbildung 9.15 Der Wireframe der REFLEXO-App

9.2.2 Die Grundausstattung

Zur Grundausstattung Ihrer App gehören wieder die üblichen Verdächtigen: eine HTML-Datei namens *index.html* mit dem bereits bekannten HTML5-Standardgerüst, die Ordner *img* für Bilder, *js* für JavaScript-Dateien und *styles* für CSS-Stile. Neu hinzu kommt noch ein Ordner *sounds*, in dem Sie später die Fanfare hinterlegen.

Ordnung ist das halbe Leben

Unsere Eltern hatten recht: Gewöhnen Sie sich eine saubere und gut sortierte Ordnerstruktur an. So finden Sie schnell alle benötigten Dateien und alles hat seinen Platz. Besonders wenn Sie im Team arbeiten, ist es wichtig, dass Ihre Mitstreiter Dateien und Quellcode leicht identifizieren können.

Im `head`-Bereich verknüpfen Sie die Zepto Bibliothek sowie die CSS-Stile, und über den `viewport`-Tag deaktivieren Sie außerdem die Zoomfunktionalität. Der Benutzer soll die Schießscheiben schließlich nicht vergrößern können. Der `head`-Bereich sollte damit folgendermaßen aussehen:

```
<head>
<title>REFLEXO</title>
<meta name="viewport" content="width=device-width, initial-scale=1, maximum-scale=1">

<link rel="stylesheet" href="styles/styles.css" />

<script src="js/zepto.min.js"></script>
</head>
```

Listing 9.6 Der head-Bereich der index.html

Im body-Bereich benötigen Sie zum Start lediglich zwei div-Container mit den IDs scheibe und box. Die Box wird beim Start der App und die Scheibe erst im Verlauf des Spiels angezeigt. Fügen Sie der Box einen kleinen Erklärungstext und einen START-Button hinzu. Der gesamte Code im body-Bereich:

```
<div id="scheibe"> </div>
<div id="box">
<h1>Triff die Scheibe!</h1>
<button id="start">Start!</button>
</div>
```

Listing 9.7 Der body-Bereich mit Scheibe, Box und Start-Button

Damit sind Sie an dieser Stelle schon fertig mit dem HTML-Teil. Als Nächstes bedienen Sie sich auch für diese App wieder aus dem Creative Commons-Archiv von Flickr. Nach einer kleinen Recherche treffen Sie auf ein Bild, das die weite Graslandschaft des Umlands von Castrop-Rauxel perfekt einfängt. Das Bild des Benutzers Stig Nygaard finden Sie unter der folgenden URL: *http://www.flickr.com/photos/stignygaard/3654106828/sizes/l/in/photostream/*. Speichern Sie das Bild in der Auflösung GROSS im Ordner *img* unter dem Namen *hintergrund.jpg*.

In der CSS-Datei definieren Sie das Bild neben dem charset zunächst als Hintergrund der gesamten Seite. Danach passen Sie den body-Bereich so an, dass er immer die Höhe des Bildschirms umfasst und keine Ränder aufweist. Der START-Button ist ohne Styling auch etwas klein geraten, weshalb Sie ihn in Schriftgröße, Innenabständen und Breite anpassen. Die Hintergrundfläche (box), auf der Einleitung und START-Button zu finden sind, positionieren Sie außerdem immer mittig und fast bildschirmfüllend. Die Ecken runden Sie noch ab, und die Deckkraft konfigurieren Sie Ihren Wünschen entsprechend. Die Schießscheibe an sich könnten Sie als Grafik anlegen. Allerdings bräuchten Sie dann unter Umständen wieder mehrere Grafiken für verschiedene Bildschirmauflösungen. Einfacher ist es, die Scheibe komplett in CSS anzulegen. Hierzu erreichen Sie über einen im Vergleich zum eigentlichen Element recht großen Border-Radius (border-radius) eine Kreisfigur. Die absolute Positionierung stellt sicher, dass Sie die Scheibe später zufällig und einfach auf dem Bildschirm platzieren können. Zum Start der App soll die Scheibe natürlich noch ausgeblendet sein, weshalb Sie die Deckkraft zusätzlich auf 0 setzen. Alles in allem kalter Kaffee für Sie als alter CSS-Hase. Ihr CSS-Code im Überblick:

```
charset "UTF-8";

html {
background: #a1ac3d url(../img/hintergrund.jpg) center center fixed;
background-size:cover;
}
```

```
body {
margin: 0;
min-height: 100%;
}

button {
padding:10px;
font-size:1.2em;
font-weight:bold;
max-width:300px;
}

#box {
position: absolute;
top: 30px;
bottom: 30px;
left: 30px;
right: 30px;
background: rgba(0,0,0,.8);
border-radius: 10px;
text-align: center;
padding: 30px;
color: #fff;
font-family: sans-serif;
font-weight: bold;
}

#scheibe {
position: absolute;
width: 60px;
height: 60px;
border: 10px solid #ac453d;
background: #fff;
border-radius: 140px;
opacity:0;
}
```

Listing 9.8 Der CSS-Code der Datei styles.css

9.2.3 Runde für Runde – JavaScript, die Erste

Jetzt widmen Sie sich der Funktionalität Ihrer App. Schreiben Sie die folgenden JavaScript-Codebausteine innerhalb eines `<script>`-Tags an das Ende des `body`-Bereichs.

Insgesamt gibt es in Ihrem Spiel drei Runden. In jeder Runde taucht eine Scheibe auf. Dabei wird die Zeit gemessen, die vergeht, bis der Benutzer diese tappt. Zunächst legen Sie die folgenden Variablen fest, die Sie für den weiteren Verlauf benötigen:

```
var runden = 3;
var runde = 0;
var zeit = 0;
```

Die Variable runden gibt hier die Anzahl der Runden an. Wenn Sie sich nach einem REFLEXO-Marathon sehnen, setzen Sie hier einfach die Rundenanzahl in astronomische Höhen. Über die Variable runde definieren Sie die aktuelle Rundenzahl. Wenn Sie die App starten, starten Sie bei Runde 0. In der Variablen zeit speichern Sie ebenfalls einen Nullwert, denn diese Variable werden Sie gleich mit der zum Zeitpunkt des Spielstartes aktuellen Zeit befüllen.

Das Fundament haben Sie nun gelegt; jetzt geht es an die Funktion, die die Runden und die Zeiterfassung steuert. Mithilfe der Funktion neueScheibe() möchten Sie nach bestimmten Kriterien entweder eine neue Scheibe oder aber das nach drei Runden erfasste Zeitresultat ausgeben. Am besten erreichen Sie dies über eine switch-Anweisung, die ähnlich wie eine if/else-Anweisung funktioniert. Liegt eine bestimmte Eigenschaft vor, wird ein bestimmter Code ausgeführt. Eine Eigenschaft wird in diesem Fall als case bezeichnet. Die gesamte Funktion neueScheibe() zeigt sich folgendermaßen:

```
var neueScheibe = function(){
switch(runde) {
case 0:
// erste Runde
zeit = Date.now();
$('body').addClass('spielmodus');
positioniereScheibe();
break;

case runden:
// nach der letzten Runde
ergebnisAnzeigen();
return;
break;

default:
positioniereScheibe();
break;
}
runde++;
};
```

Listing 9.9 Der gesamte Code der Funktion neueScheibe();

```
switch(runde) {
```

Zunächst leiten Sie die switch-Anweisung ein. Dabei übergeben Sie den Wert der Variablen runde an die Anweisung.

```
case 0:
 // erste Runde
 zeit = Date.now();
 $('body').addClass('spielmodus');
 positioniereScheibe();
 break;
```

Ist der Wert der Variablen runde null, wird dieser Fall (case) ausgeführt. Die aktuelle Zeit speichern Sie über das Objekt Date.now() in der Variablen zeit. Um nun Startbox und Einleitung auszublenden, fügen Sie dem body-Bereich eine Klasse namens spielmodus hinzu. Mit CSS-Definitionen können Sie nun festlegen, was mit diesen Elementen geschehen soll, wenn sich die App und somit der body-Bereich im Spielmodus befinden. Ergänzen Sie die Datei *styles.css* um die folgenden Zuweisungen:

```
.spielmodus #box {
 display: none;
}
.spielmodus #scheibe {
 opacity: 1;
}
```

Die Startbox wird ausgeblendet und die Sichtbarkeit der Scheibe aktiviert. Jetzt müssen Sie die Scheibe nur noch zufällig ausrichten. Dies geschieht in einer Funktion namens positioniereScheibe(), die Sie nun aufrufen. Die Funktion an sich zeigen wir Ihnen im nächsten Schritt noch genauer. Sie beenden die switch-Anweisung nun noch mit break;, um mehrfache Durchläufe innerhalb einer Runde zu verhindern.

```
case runden:
 // nach der letzten Runde
 ergebnisAnzeigen();
 return;
 break;
```

Der zweite Fall (case) orientiert sich am Wert der Variablen runden. Ist die maximale Rundenzahl erreicht, rufen Sie die Funktion ergebnisAnzeigen() auf, und geben mithilfe des Befehls return; momentan gespeicherte Variablen zurück. In diesem Fall ist der Inhalt der Variable zeit entscheidend. Wie auch schon zuvor, beenden Sie mit break; die Anweisung.

Trifft keine der bereits definierten Eigenschaften zu, wird der Code unter default standardmäßig ausgeführt:

```
default:
 positioniereScheibe();
 break;
}
```

Mithilfe der Funktion `positioniereScheibe()` erstellen Sie eine neue Scheibe. Und auch hier beendet `break;` die Anweisung.

Außerhalb der `switch`-Anweisung, aber noch innerhalb der Funktion erhöhen Sie nun noch die aktuelle Rundenzahl. Durch die Aktion `runde++` wird der Wert der Variablen `runde` um eins erhöht:

```
runde++;
};
```


9.2.4 Die Positionierung einer Schießscheibe

Nachdem Sie nun den Ablauf der App programmiert haben, geht es weiter mit der Funktion `positioniereScheibe()`:

```
var positioniereScheibe = function() {
 var tiefe = Math.random();
 $('#scheibe')
  .css('left',((window.innerWidth-80)*Math.random())+'px')
  .css('height', Math.round((tiefe+0.4)*60)+'px')
  .css('width', Math.round((tiefe+0.4)*60)+'px')
  .css('border-width', Math.round((tiefe+0.4)*10)+'px')
  .css('top',((window.innerHeight-80)*tiefe)+'px');
}
```

Nicht vergessen: Ihre Benutzer sind eingefleischte Wild-West-Fans und damit echte Profis im Umgang mit Schießscheiben. Daher wollen Sie die Scheibe nach jedem »Schuss« zufällig neu im Raum platzieren. Hierzu definieren Sie zunächst die Tiefe, also die Entfernung zur Betrachterebene. Weiter entfernte Objekte erscheinen kleiner und näher am Horizont, also an der oberen Bildschirmkante.

Zunächst speichern Sie eine Zufallszahl zwischen 0 und 1 in der Variablen `tiefe`:

```
var tiefe = Math.random();
```

Dem Container mit der ID `scheibe` weisen Sie fünf neue CSS-Eigenschaften zu: Zunächst legen Sie den linken Abstand über `left` fest und messen dabei zuerst die Breite des Bildschirms (`window.innerWidth`). Damit die Scheibe nicht halb aus dem Bildschirm herausragt, ziehen Sie von diesem Wert 80 Pixel ab und multiplizieren das Ganze dann mit einer Zufallszahl (`(window.innerWidth-80)*Math.random()`). Damit die CSS-Eigenschaft auch korrekt funktioniert, setzen Sie noch die Maßeinheit

Pixel an die Zuweisung (+'px'). Danach legen Sie über die Anpassung der Höhe (height), der Breite und der Randstärke die Größe der Scheibe fest. Dabei addieren Sie zum Wert der Variablen tiefe die Zahl 0,4 und multiplizieren die Summe mit 60 bzw. 10. Experimentieren Sie mit den Werten, um einen anderen Wertebereich und damit andere Minimal- und Maximalgrößen zu konfigurieren.

Als Letztes kalkulieren Sie den oberen Abstand top. Ihre Vorgehensweise ist dabei ähnlich der Festlegung des linken Abstands left. – nur wird hier nicht mit einer Zufallszahl, sondern mit dem Faktor tiefe multipliziert. Dies sorgt dafür, dass kleine Scheiben näher am oberen Bildschirmrand erscheinen. Fertig ist ein einfacher 3D-Effekt! Der Code im Überblick:

```
$('#scheibe')
 .css('left',((window.innerWidth-80)*Math.random())+'px')
 .css('height', Math.round((tiefe+0.4)*60)+'px')
 .css('width', Math.round((tiefe+0.4)*60)+'px')
 .css('border-width', Math.round((tiefe+0.4)*10)+'px')
 .css('top',((window.innerHeight-80)*tiefe)+'px');
```

9.2.5 Das Resultat einblenden

Nachdem der Benutzer drei Runden gespielt und sämtliche Schießscheiben in blitzschneller Zeit weggetappt hat, wird nun das Ergebnis, die kombinierte Reaktionszeit aller Runden, angezeigt.

```
var ergebnisAnzeigen = function(){
 zeit = (Date.now()-zeit)/1000;
 $('body').removeClass('spielmodus');
 $('#box h1').text(zeit+' Sekunden!');
 runde = 0;
 zeit = 0;
};
```

Dabei verarbeiten Sie zunächst die Reaktionszeit der letzten Runde und konvertieren dann mithilfe einer einfachen Division das Ergebnis von Millisekunden zu Sekunden (zeit = (Date.now()-zeit)/1000;). Danach beenden Sie den Spielmodus, um die Startbox wieder anzuzeigen und die Schießscheiben auszublenden ($('body').removeClass('spielmodus');). Die Überschrift h1, die Sie zuvor mit »Triff die Scheibe« betitelt haben, soll nun den Wert der Variablen zeit sowie die Angabe »Sekunden!« beinhalten ($('#box h1').text(zeit+' Sekunden!');). Des Weiteren setzen Sie die Variablen runde und zeit wieder auf 0, um dem Benutzer sofort ein neues Spiel zu ermöglichen.

Damit haben Sie die gesamte Funktionalität programmiert. Ziemlich einfach, oder? Was jetzt noch fehlt, sind einige EventHandler, die die ganzen Funktionen in Gang setzen:

```
$('#start').on('click', neueScheibe);
$('#scheibe').on('touchstart', neueScheibe);
$('body').on('touchmove', function(e){
 e.preventDefault();
});
```

Über den ersten EventHandler `$('#start').on('click', neueScheibe);` starten Sie das Spiel mit dem Aufruf der Funktion `neueScheibe()` und einem Klick auf den START-Button.

Der zweite `EventHandler` ruft ebenfalls die Funktion `neueScheibe()` auf, allerdings erst dann, wenn eine Scheibe angetappt wurde. Sie verwenden in diesem Fall anstatt `click` die Eigenschaft `touchstart`. Damit wird das Ereignis bereits registriert, wenn Sie mit dem Finger die Scheibe berühren und nicht erst, wenn Sie den Finger wieder anheben. Damit der Benutzer nicht aus Versehen den Bildschirm scrollt, deaktivieren Sie dieses Standardverhalten mit dem Ereignis `touchmove` auf dem `body`-Element.

Erhöhen Sie den Schwierigkeitsgrad

Ist Ihnen das Spiel zu einfach? Ersetzen Sie doch einfach mal `touchstart` durch `touchend`. Nun ist es wesentlich schwieriger, den Finger an genau der Stelle vom Display zu heben, an der man ihn aufgesetzt hat.

9.2.6 Hinzufügen der PhoneGap-Funktionen

Bis hierhin funktioniert Ihre WebApp schon astrein! Theoretisch könnten Sie jetzt noch App-Icon und WebApp-spezifische `meta`-Tags ergänzen und die WebApp publizieren. Allerdings möchten Sie in diesem Fall die App über einen App-Store vertreiben. Und dem noch nicht genug: Es fehlt irgendwie noch der letzte Kick. Im Moment bekommt der Benutzer relativ wenig Feedback, wenn er eine Schießscheibe antappt. Schön wäre es doch, wenn er auf Geräten mit Vibrationsalarm einen kleinen Rückschlag spüren könnte. Leider ist der Zugriff auf den Vibrationssensor mit HTML5 nicht möglich, aber zum Glück haben Sie bereits im letzten Kapitel gelernt, auf Hardwarekomponenten via PhoneGap zuzugreifen. Das ist genau das, was Sie jetzt brauchen. Die gute Nachricht ist, dass Sie dazu Ihren Code kaum verändern müssen, denn das Auslösen eines 35er-Colts, oder in diesem Fall des Vibrationsalarms, ist denkbar einfach. Verknüpfen Sie zunächst die PhoneGap-Bibliothek im `head`-Bereich. Sie müssen die JavaScript-Datei hierzu nicht herunterladen, denn Sie kompilieren Ihre App später mit dem Webservice PhoneGap Build, der diese Datei automatisch hinzufügt.

```
<script src="phonegap.js" type="text/javascript" charset="utf-8"></script>
```

Sie können den Vibrationsalarm über eine sogenannte `notification` mit PhoneGap auslösen:

```
navigator.notification.vibrate(20);
```

Dabei beschreibt die Ziffer in der Klammer die Dauer der Vibration in Millisekunden. Beachten Sie, dass es bei unterschiedlichen Endgeräten zu unterschiedlichen Mindestzeiten kommen kann. Probieren Sie doch einfach einmal ein paar Werte aus, um dann zu entscheiden, was Ihnen oder den Cowboys am besten gefällt. Alternativ könnten Sie mit PhoneGap auch einen Beep-Ton abspielen oder eine Nachricht anzeigen lassen. Weitere Informationen zu Hinweisen finden Sie in der PhoneGap-Dokumentation unter *http://docs.phonegap.com/en/2.5.0/cordova_notification_notification.md.html#Notification*.

Fügen Sie nun den `notification`-Code am Anfang der Funktion `neueScheibe()` ein. Dabei wird bei jedem Tap auf eine Scheibe sowie beim Start eine kleine Vibration ausgelöst. Aha! Das ist doch schon etwas ganz anderes; das fühlt sich schon eher nach einem 35er-Colt an!

Mit allen Sinnen genießen

Besonders Spiele profitieren enorm davon, wenn Sie verschiedene Sinne ansprechen. Versuchen Sie den Benutzer mit leichten Vibrationen, Tönen und visuellen Elementen zu überraschen und somit das Spielgefühl zu intensivieren.

Neben dem »Rückschlag« möchten Sie den Benutzer noch für seine erspielte Reaktionszeit feiern. Dabei soll bei Einblendung des Resultats eine kleine Fanfare ertönen. Im Internet gibt es viele Anlaufstellen für kostenlose Soundeffekte, die Sie meist unter Angabe der Quelle kostenlos in Ihren Projekten nutzen können. In diesem Beispiel werden wir auf der Webseite *http://www.freesound.org* fündig. Dort können Sie, nach kostenloser Registrierung, gezielt nach Sounds suchen und diese teilweise kostenlos verwenden. Wir haben eine schöne Fanfare von Benutzer *rdholder* aufgespürt, die Sie unter der folgenden Adresse finden: *http://www.freesound.org/people/rdholder/sounds/177120/*. Laden Sie die Fanfare herunter, und speichern Sie sie im Unterordner *sounds*. Die Fanfare liegt im WAVE-Format vor, das für diesen Zweck gut geeignet ist. Achten Sie darauf, dass Ihre Audiodatei im korrekten Format vorliegt. In Abschnitt 4.3, »Hinzufügen von Audio und Video«, haben Sie bereits die unterstützten Dateiformate kennengelernt. Auch wenn Sie mit PhoneGap den Sound abspielen – die unterstützten Formate sind dieselben wie in HTML.

Das Abspielen eines Sounds mit PhoneGap ist ebenfalls sehr einfach. Aus Übersichtsgründen raten wir Ihnen trotzdem dazu, den Code in eine Funktion `playfanfare()` auszulagern. Die Fanfare soll abgespielt werden, wenn das Ergebnis angezeigt wird. Rufen Sie also die Funktion am Anfang der Funktion `ergebnisAnzeigen()` auf:

```
var ergebnisAnzeigen = function(){
 playfanfare();
 zeit = (Date.now()-zeit)/1000;
 $('body').removeClass('spielmodus');
 $('#box h1').text(zeit+' Sekunden!');
 runde = 0;
 zeit = 0;
};
```

Die Funktion an sich platzieren Sie oberhalb der Funktion `ergebnisAnzeigen()`. Wie schon angerissen, ist das Abspielen eines Sounds mit PhoneGap sehr einfach. Im Grunde bedarf es hierzu nur einer Zeile Code. Die Herausforderung ist dabei, dass lokale Sounds unter Android und iOS an unterschiedlichen Stellen innerhalb der App abgelegt werden und damit der Pfad zur Sounddatei auf beiden Systemen unterschiedlich ist. Unter iOS genügt in Ihrem Quellcode eine relative Angabe zur Datei in Form von `sound/fanfare.wav`. Unter Android benötigen Sie vor dieser Definition noch den folgenden Pfad: `/android_asset/www/`. Sie sollten also noch eine Weiche einbauen, die den Pfad ergänzt, wenn die App auf einem Android-Smartphone aufgerufen wird. Am besten ist es, wenn Sie über die Eigenschaft `device.platform` innerhalb von PhoneGap herausfinden, auf welcher Plattform die App gerade läuft. Ist dies Android, wird der Pfadteil noch angehängt und somit die Sounddatei korrekt verknüpft.

```
var playfanfare = function() {
var src = (device.platform == 'Android' ? '/android_asset/www/' : '');
 var fanfare = new Media(src + 'sounds/fanfare.wav');
 fanfare.play();
}
```

Listing 9.10 Der gesamte Code der Funktion playfanfare() im Überblick

Zunächst erstellen Sie eine Variable `src`, in der der zu ergänzende Pfadteil gespeichert wird, wenn es sich um eine Android-Plattform handelt. Dafür nutzen Sie die konditionale Zuweisungsnotation: Ist die erste Bedingung erfüllt, wird der Variablen der Wert nach dem Fragezeichen zugewiesen, ist sie nicht erfüllt, wird der Wert nach dem Doppelpunkt zugewiesen:

```
var src = (device.platform == 'Android' ? '/android_asset/www/' : '');
```

Handelt es sich also um ein Android-Smartphone, speichern Sie in der Variablen `src` den ergänzenden Pfadteil ab; unter iOS bleibt die Variable leer.

Über den Aufruf `new Media` initialisieren Sie das Soundobjekt von PhoneGap und geben nun den Pfad zur Datei an. Unter iOS ist die Variable `src` leer, das heißt, das System sucht die Sounddatei im Unterordner *sounds*, und unter Android ist in der Variablen `src` die Pfadergänzung gespeichert. Somit sucht ein Android-Smartphone die

Datei über den Pfad */android_asset/www/sounds/*. Zu guter Letzt spielen Sie die Fanfare mit `fanfare.play();` ab.

```
var fanfare = new Media(src + 'sounds/fanfare.wav');
fanfare.play();
```

Damit haben Sie die Programmierung abgeschlossen und wissen bereits, wie Sie die App mit PhoneGap Build kompilieren. Legen Sie zum Abschluss noch ein App-Icon fest, und dann haben Sie es geschafft (siehe Abbildung 9.16)!

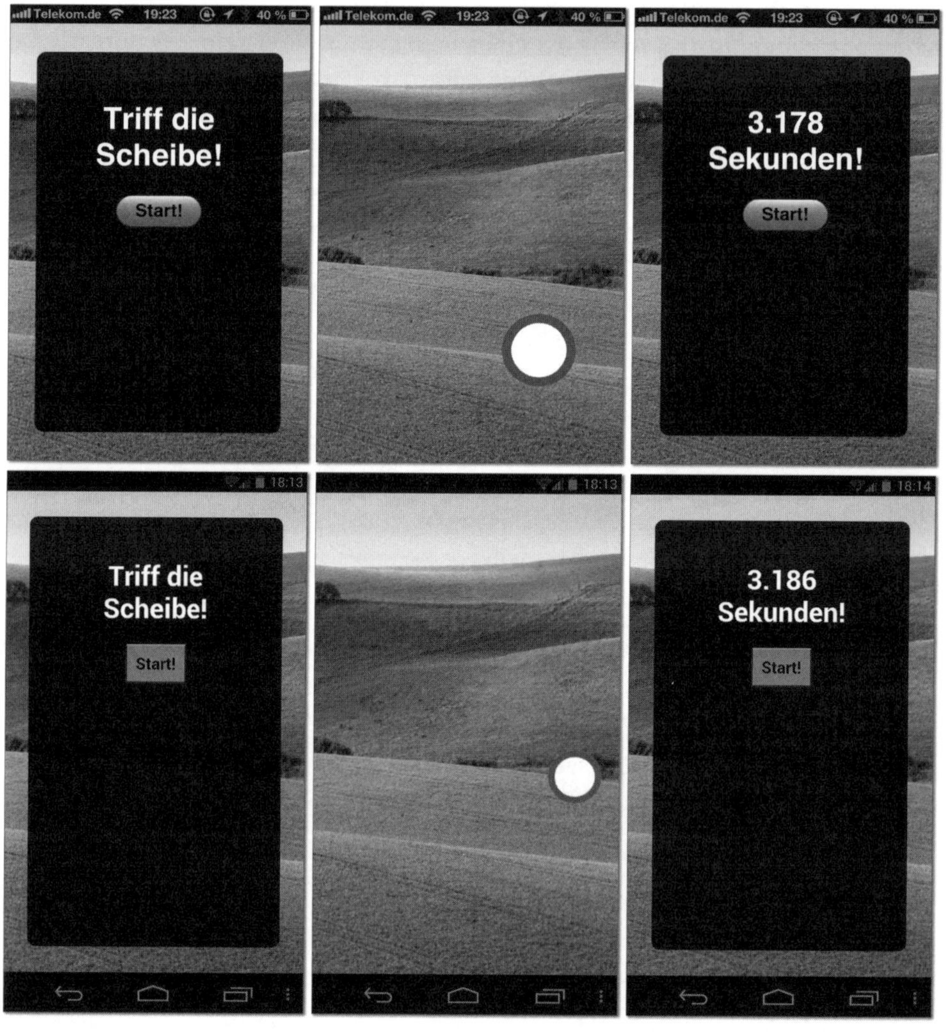

Abbildung 9.16 Die fertige App unter iOS (oben) und Android (unten) in der Übersicht.

9.2.7 Lasset die Duelle beginnen

Sie sehen: Ein Spiel zu programmieren, macht eine Menge Spaß. Dabei muss ein Spiel nicht immer hochkompliziert sein, um den Benutzer zu unterhalten (denken Sie z. B. an *Sudoku*). Die verschiedenen Sensoren Ihres Smartphones können Ihnen außerdem dabei helfen, Ihr Spiel in innovativer Art und Weise zu erweitern. Denken Sie beispielsweise in diesem Zusammenhang an ein Spiel, das je nach Ort, an dem Sie sich befinden, anders aussieht oder andere Spielmechanismen beinhaltet. Das Ganze könnten Sie dann zu einer digitalen Großstadtschnitzeljagd ausbauen, oder Sie nutzen die Positionsdaten, um Highscores an bestimmte Orte zu binden. Somit können Spieler an bestimmten Orten um die besten Ranglistenplatzierungen kämpfen. Lassen Sie Ihrer Kreativität freien Lauf und kombinieren Sie dabei verschiedene Ideen – und denken Sie daran: Die einfachen Ideen sind meistens die besten Ideen.

Zudem haben Sie gerade Post bekommen: Ihre Einladung zum Sommerfest des Wild-West-Clubs mit Ihrem Foto auf einem alten Wild-West-Steckbrief. Sehr schön! Eine handschriftliche Notiz ist ebenfalls dabei: Die Clubmitglieder sind sehr glücklich und trainieren schon fleißig. Wieder ein Kunde zufriedengestellt. Das wird ja bei Ihnen langsam zur Routine...

9.3 Eine native Magazin-App mit Laker

Neben PhoneGap wollen wir Ihnen an dieser Stelle noch ein zweites Framework zur Erstellung einer nativen App vorstellen; im Unterschied zu PhoneGap liegt hier der Fokus aber auf der Gestaltung eines digitalen Magazins.

Das *Laker Compendium* (*http://www.lakercompendium.com*) ist eine Ansammlung von Tipps und Tricks sowie Codeschnipseln, die Ihnen die Gestaltung eines digitalen Magazins erleichtern (siehe Abbildung 9.17). Dabei funktioniert Laker in enger Zusammenarbeit mit dem *BakerFramework*, einem nativen App-Framework für iOS. Es gibt zwar auch eine Version des Frameworks für Android namens *Friar* (*http://www.friarframework.com/*), doch ist dessen Entwicklungsstand lange nicht so weit, wie der des BakerFramworks. Kurz zusammengefasst, gestalten Sie mit Laker Ihre Inhalte, während Baker sich um das Aneinanderreihen der einzelnen Seiten, die Einblendung eines Inhaltsverzeichnisses sowie die Verpackung als native App kümmert. Dabei bietet Ihnen Laker vordefinierte Gestaltungsmodule z. B. Text, Text mit Bild, Video, YouTube-Video, Audio, Slideshow, Karteneffekt und Google Maps-Karte. Die Darstellung der Module wird je nach Hoch- oder Querformat automatisch angepasst. Laker ist so flexibel gestaltet, dass sich die Module sogar auf kleine Bildschirmgrößen, z. B. für die Bildschirme von iPhone oder iPod touch skalieren lassen. Die Kombination aus nativer App und HTML5-Inhalt hat den Vorteil, dass besonders rechenintensive Prozesse (wie der Wechsel einer Seite) vom nativen Teil der App übernommen werden und somit die Performance hoch ist. Die Inhaltsgestaltung erledigen Sie dafür mit Ihren erlernten HTML5-Kenntnissen mit links.

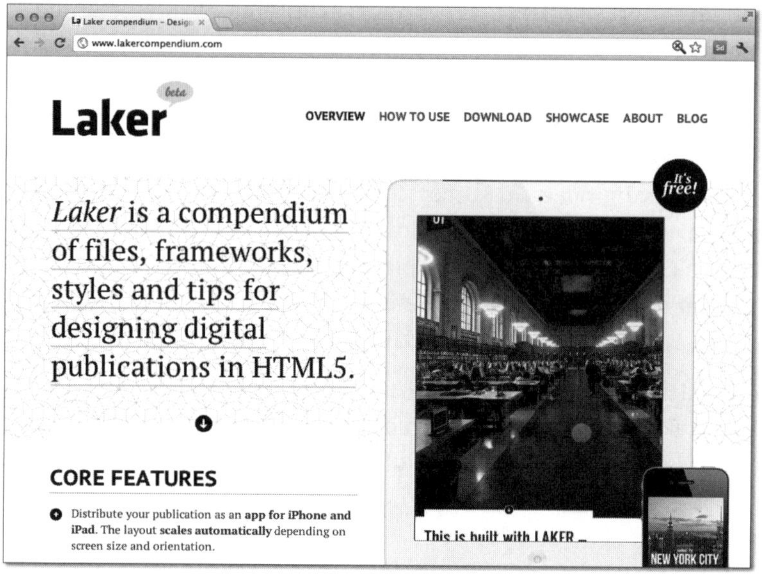

Abbildung 9.17 Die Startseite des Laker Compendiums unter http://www.lakercompendium.com

Vom Prinzip her legen Sie für jede Seite Ihres Magazins eine eigene HTML5-Seite an. In dieser HTML5-Seite, die mit den Laker-eigenen CSS3- und JavaScript-Dateien unterstützt wird, platzieren Sie in Form der bereits genannten Module Ihre Inhalte. Dabei sind Sie nicht auf die Standardmodule beschränkt. Da es sich hier um eine HTML-Seite handelt, können Sie auch leicht weitere Module entwickeln oder HTML- und JavaScript-Code einbinden.

Für die Entwicklung einer Publikation mit Laker benötigen Sie zwei Dinge:

- **Das BakerFramework**
  Im Downloadpaket des BakerFrameworks (*http://www.bakerframework.com*) befinden sich ein Xcode-Projekt sowie einige Unterordner, von denen der Ordner *books* am wichtigsten ist. Denn dort hinein kommen später Ihre Bücher und Inhalte. Sie kennen sich mit Xcode noch nicht so genau aus? Keine Angst, Sie benötigen es nur zum Export Ihrer App. Kenntnisse in Objective-C sind für die Erstellung eines digitalen Magazins mit Laker und Baker nicht erforderlich.
- **Das Laker Starter Pack**
  Auf der Webseite des Laker Compendiums (*http://www.lakercompendium.com*) finden Sie in der Rubrik DOWNLOAD das Laker Starter Pack. Diese Datei beinhaltet alle Laker-Styles und einige Demo-HTML5-Dateien, die Sie gut als Startpunkt verwenden können.

Das ist auch schon alles! Auf der Webseite des Laker Compendiums sind die einzelnen Module ausführlich mit Beispielquellcode erklärt. Um z. B. ein Textmodul einzubinden, bedarf es lediglich zweier Elemente mit bestimmten Klassendefinitionen. Dabei arbeiten Sie in Spaltendefinitionen à la `large-column`, `medium-column` oder `small-column`. Der modulare Aufbau von Laker macht es möglich, auch andere Elemente in den Spalten zu platzieren. Probieren Sie es doch einfach mal aus! Sie können dabei den Quellcode für die einzelnen Module einfach per Copy & Paste von der Laker-Webseite holen und in Ihr Magazin einfügen.

Bevor die Seiten in Ihrer App angezeigt werden, müssen Sie noch die von Baker mitgelieferte Datei *book.json* anpassen. In dieser hinterlegen Sie die Dateinamen (und damit auch die Reihenfolge) der einzelnen Seiten Ihres Magazins sowie einige andere Konfigurationsparameter, die in der Tutorials-Sektion der Baker-Webseite ausführlich erklärt werden (*http://bakerframework.com/tutorials*). Sobald Sie mit der Gestaltung Ihrer Seiten fertig sind, müssen Sie via Xcode nur noch den Namen Ihrer App anpassen, und schon können Sie sie auf Ihrem iOS-Gerät testen.

Auf der Grundlage der Kombination Baker und Laker sind mittlerweile schon einige Magazine und Publikationen gestaltet worden. In der Rubrik SHOWCASE unter *http://www.lakercompendium.com/showcase/* finden Sie einige Beispiele mit den Direktlinks zu Apples App Store. Die App für ein deutsches Automagazin namens *Automotive Agenda*, das mit Baker und Laker entwickelt und gestaltet worden ist, hat Ende 2011 sogar einen Sonderpreis beim von *ERGO Direkt* ausgerichteten *On.Line Medienpreis* erhalten. Neben Videos, Slideshows und sogar einer Zitatesammlung, die beim Schütteln des iPads ein neues Zitat einblendet, finden sich in der App einige Artikel der gedruckten Ausgabe der Automotive Agenda. Die Automotive Agenda ist kostenlos verfügbar (App-Store-Link: *http://itunes.apple.com/de/app/automotive-agenda-magazin/id460041187?mt=8*). Die Kombination aus Baker und Laker ist also auch für größere Projekte produktiv einsetzbar. Schauen Sie doch einfach mal rein (siehe Abbildung 9.18)!

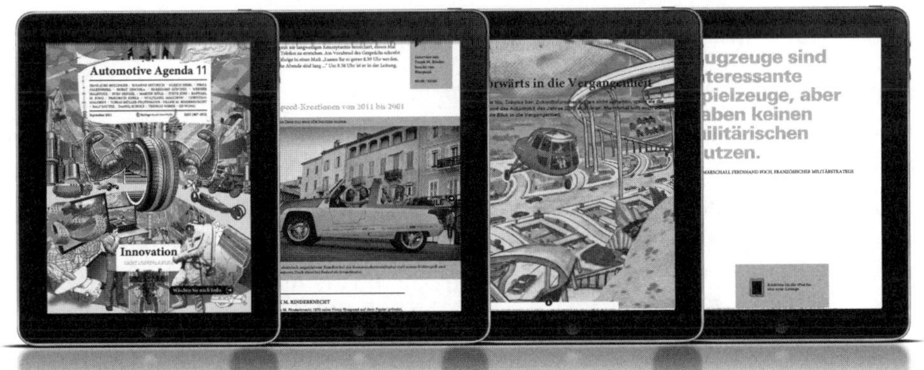

Abbildung 9.18 Einige Impressionen der App »Automotive Agenda«, gestaltet mit Baker und Laker

9.4 Die Veröffentlichung einer App in einem App-Store

Die Veröffentlichung Ihrer App in einem App-Store ist eine komplexe Angelegenheit. In aller Detailgenauigkeit würde die Beschreibung den Rahmen dieses Buches sprengen (wir überziehen sowieso schon seit den letzten fünf Seiten). Um Ihnen trotzdem einen ersten Eindruck zu vermitteln, zeigen wir Ihnen im Folgenden die wichtigsten Schritte für das Einstellen einer App in Apples App Store und in Google Play.

Vom Prinzip her müssen Sie einen kostenpflichtigen Entwickler-Account eröffnen, die richtigen Zertifikate und Profile anlegen und diese in die App-Datei integrieren. Nach einer ausgiebigen Testphase der App übermitteln Sie sie in den jeweiligen App-Store.

Für detaillierte Antworten empfehlen wir Ihnen das bei Galileo Press erschienene Buch »Apps programmieren für iPhone und iPad« von Klaus M. Rodewig und Clemens Wagner.

9.4.1 Das Veröffentlichen einer App in Apples App Store

Damit Ihre App den Weg in Apples App Store findet, sind nachfolgende Schritte nötig.

Einloggen in iTunes Connect

iTunes Connect ist die Webseite, über die Sie Ihre Apps verwalten, Finanzreporte abrufen und Verträge einsehen können – kurzum: hier finden Sie alles, was Ihre App in irgendeiner Form betrifft (siehe Abbildung 9.19).

Loggen Sie sich mit den Zugangsdaten Ihres Entwickler-Accounts unter *https://itunesconnect.apple.com/* ein. Apple stellt außerdem eine iTunes Connect-App für Ihr iOS-Gerät bereit, mit der Sie noch komfortabler Statistiken Ihrer App einsehen können, doch dazu gleich mehr.

App hinzufügen

Um nun eine App hinzuzufügen, klicken Sie auf MANAGE YOUR APPS. In einer Übersicht werden zunächst die Apps angezeigt, die Sie bereits an den App Store übermittelt haben (siehe Abbildung 9.20). Ein farbiges Lämpchen links neben dem Namen zeigt an, ob die App zugelassen wurde (grünes Lämpchen), ob sich die App im Prozess der Zulassung befindet (oranges Lämpchen) oder ob die App abgelehnt wurde (rotes Lämpchen). Über den Button ADD NEW APP im linken oberen Eck fügen Sie eine neue App hinzu.

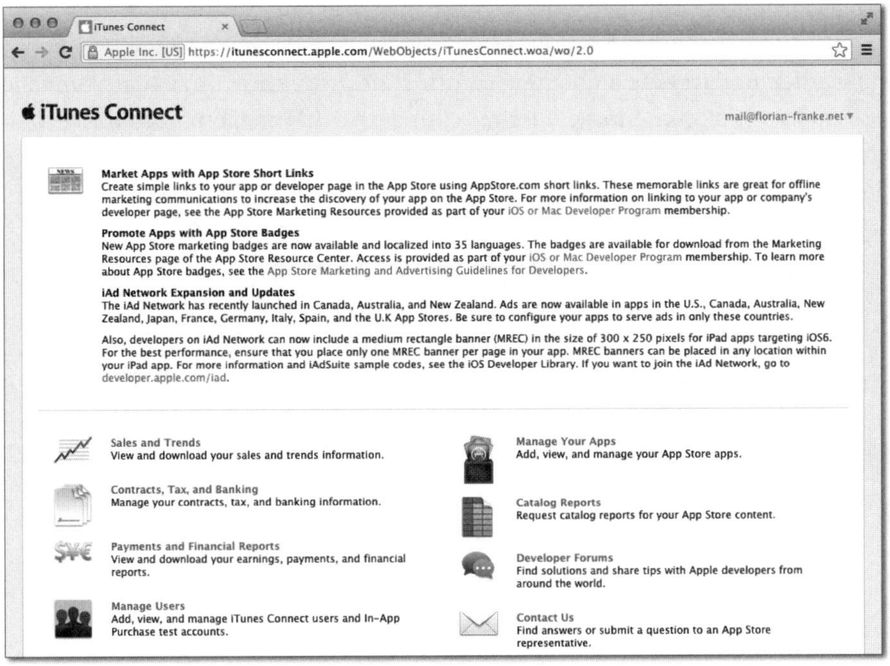

Abbildung 9.19 Die Startseite von iTunes Connect

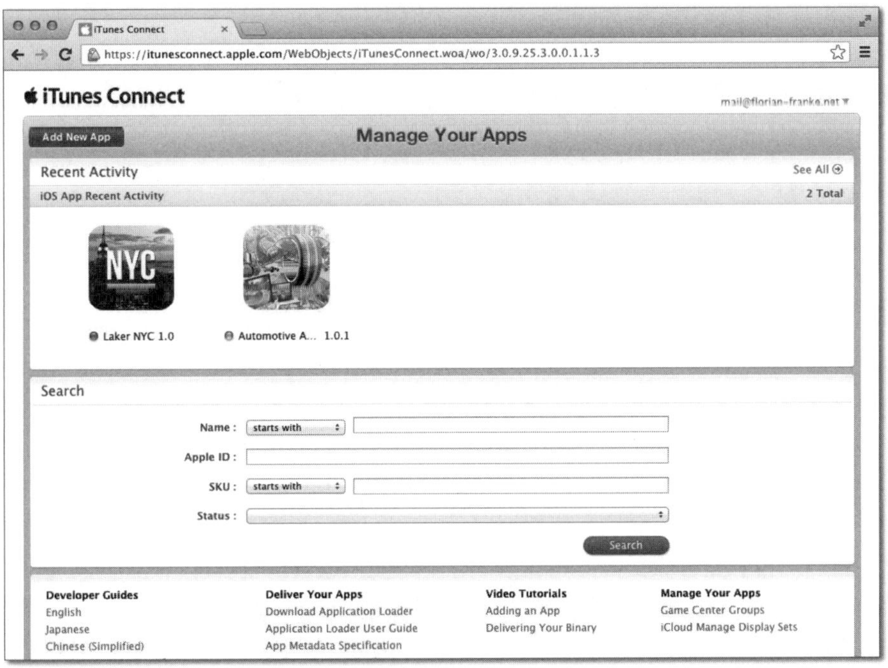

Abbildung 9.20 Die Übersicht Ihrer bereits eingestellten Apps unter »Manage Your Apps«

Im ersten Schritt geben Sie neben der Sprache und dem App-Namen auch eine sogenannte *SKU-Nummer* an (siehe Abbildung 9.21). Die SKU-Nummer kann von Ihnen gewählt werden und ist eine eindeutige Identifikationsnummer Ihrer App. Wenn Sie die Apps mehrerer Unternehmen oder Abteilungen nicht in einem Account verwalten, empfehlen wir hier eine einfache Nummerierung, z. B. 0001, 0002 usw. Die Bundle-ID müssen Sie zunächst speziell im *Provisioning Portal* für Ihre App anlegen. Über diese Bundle-ID wird die App bei Apple eindeutig identifiziert.

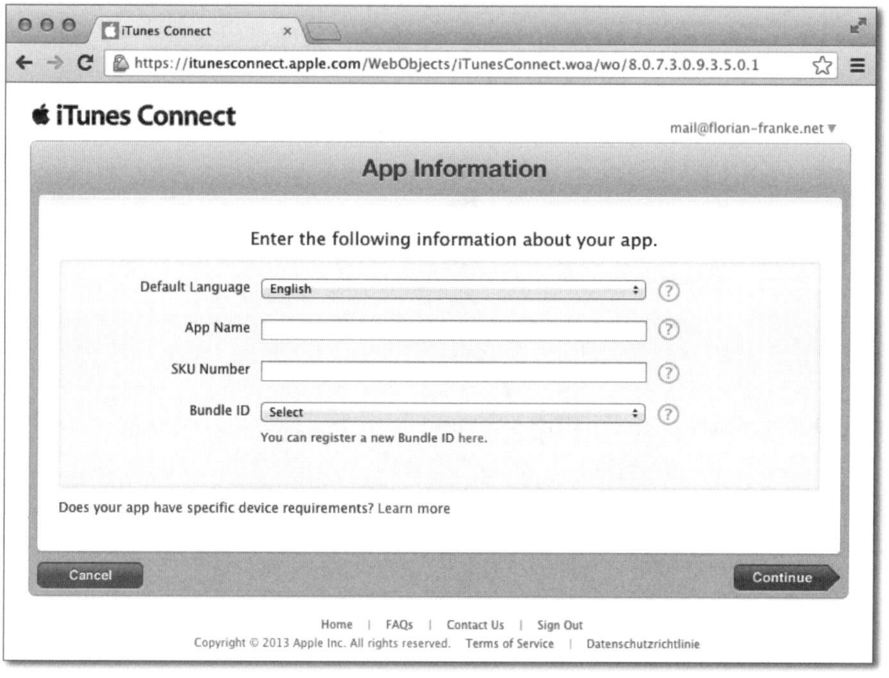

Abbildung 9.21 Die ersten Details Ihrer App

Im zweiten Schritt definieren Sie das Veröffentlichungsdatum sowie den Preis der App (siehe Abbildung 9.22). Zusätzlich können Sie noch angeben, in welchem Store die App erscheinen soll.

Im dritten Schritt werden Sie nach den Eigenschaften der App gefragt. Neben einer Zuordnung zu bestimmten Kategorien sowie Versionshinweisen geben Sie hier außerdem eine Beschreibung und die Screenshots an, die dann später im App Store zu sehen sind.

Wichtig ist hierbei, dass Sie die Beschreibung so genau und ansprechend wie möglich gestalten. Dasselbe gilt für die Screenshots. Stellen Sie sich einfach vor, Sie wären Ihr eigener Kunde und würden die App im App Store finden. Wie müsste diese beschrieben sein, damit Sie sie auch installieren? Denken Sie daran: Niemand kauft gerne die Katze im Sack.

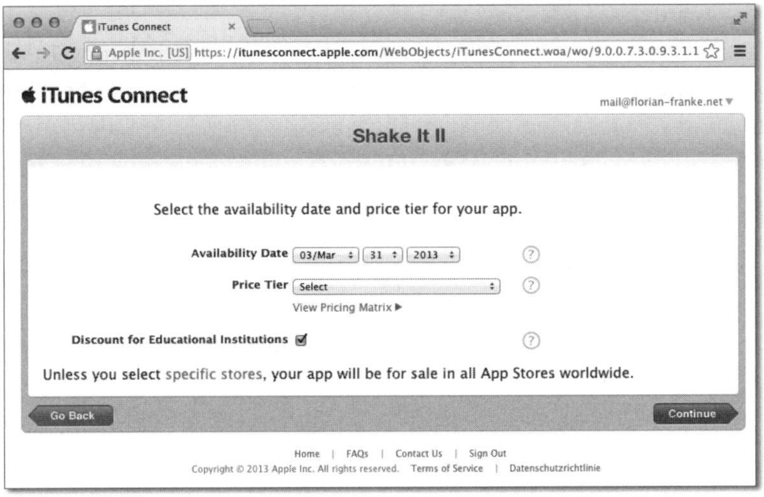

Abbildung 9.22 Schritt 2 – wo und zu welchem Preis soll Ihre App verfügbar sein?

Sie werden nun auf eine Übersichtsseite weitergeleitet und müssen den Upload der App noch freigeben. Klicken Sie hierzu auf VIEW DETAILS unterhalb des App-Icons. Auf der Detailseite befindet sich rechts oben ein Button namens READY TO UPLOAD BINARY, über den Sie eine letzte Frage beantworten müssen, bevor Sie die App-Datei übermitteln können (siehe Abbildung 9.23). Wenn Sie keine App gebaut haben, mit der militärische Verschlüsselungscodes geknackt werden können, sollten Sie hier keine Probleme haben.

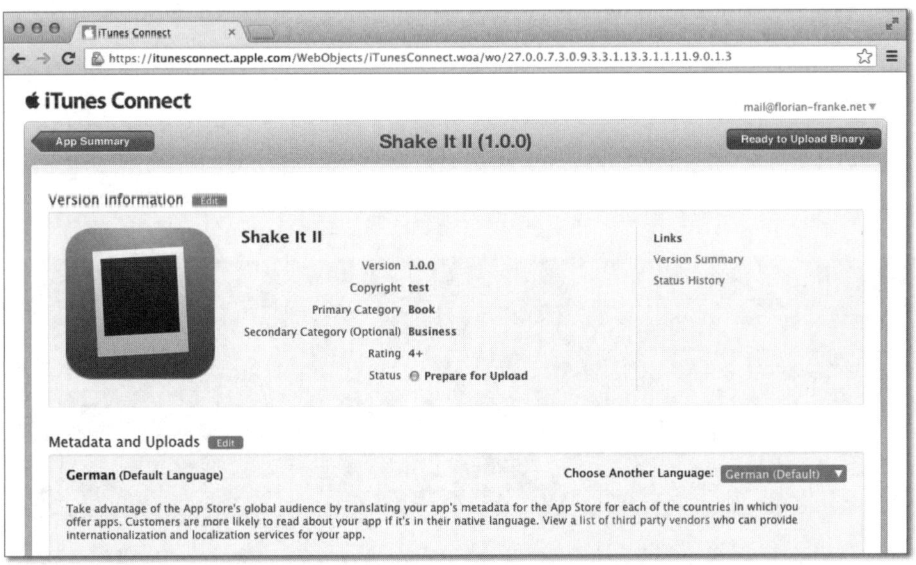

Abbildung 9.23 Haben Sie alle Informationen ausgefüllt, geht es weiter mit einem Klick auf »Ready to Upload Binary«.

Die App-Datei hochladen

Nachdem Sie nun alle Eigenschaften der App für den Store festgelegt haben, geht es nun darum, die App-Datei an Apple zu senden. Bevor Sie jedoch die Datei übermitteln, legen wir Ihnen ans Herz, einen genauen Blick auf die App-Store-Zulassungsrichtlinien unter *https://developer.apple.com/appstore/guidelines.html* zu werfen. Neben den üblichen Hinweisen auf eine absturzfreie App findet sich hier eine große Anzahl weiterer Einschränkungen (z. B. keine Demo- oder Beta-Apps), die aber zum großen Teil leicht erfüllt werden können. Im Groben kann man sagen, dass Ihre App nicht abstürzen, keine Urheberrechte verletzen, offline funktionieren und korrekt betitelt sein sollte. Diese Punkte sind für Sie als Entwickler, der eine WebApp in Form einer nativen App im App Store veröffentlichen möchte, mit Sicherheit am wichtigsten.

Nun aber zurück zur App-Datei. Das Hochladen der Datei geschieht nicht über iTunes Connect, sondern mithilfe einer Mac-App namens *Application Loader* (siehe Abbildung 9.24). Der Application Loader wird automatisch mit Xcode installiert. Sollten Sie Xcode noch nicht installiert haben, können Sie den Download unter *http://developer.apple.com* vornehmen.

> **Ein Hinweis zu Xcode**
>
> Xcode ist lediglich für Mac OS verfügbar; Sie benötigen also einen Mac, um die App-Datei an Apple zu übermitteln.

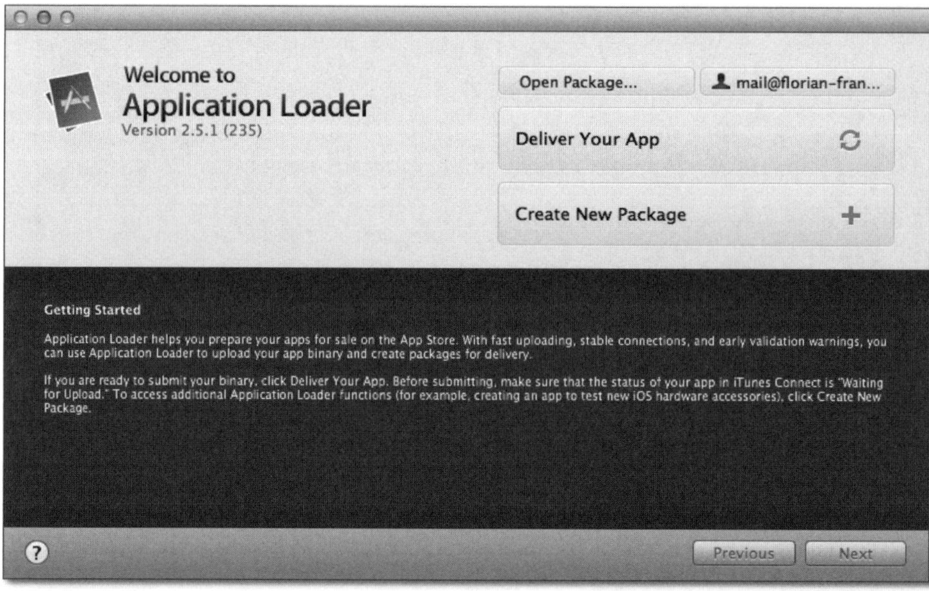

Abbildung 9.24 Der Application Loader von Apple beim Start

Starten Sie den Application Loader am besten über die Spotlight-Suche, denn die App ist in den Tiefen des *Developer*-Ordners unter *Developer/Applications/Utilities* versteckt. Nachdem Sie Ihre Apple-ID eingegeben haben, übermitteln Sie die App-Datei über DELIVER YOUR APP. Dabei überprüft der Application Loader anhand Ihrer Apple-ID, ob eine App-Datei hochgeladen werden kann bzw. ob Sie im Voraus über iTunes Connect bereits die App-Informationen angelegt haben. Wählen Sie nun die App aus, die Sie in Schritt zwei angelegt haben (siehe Abbildung 9.25).

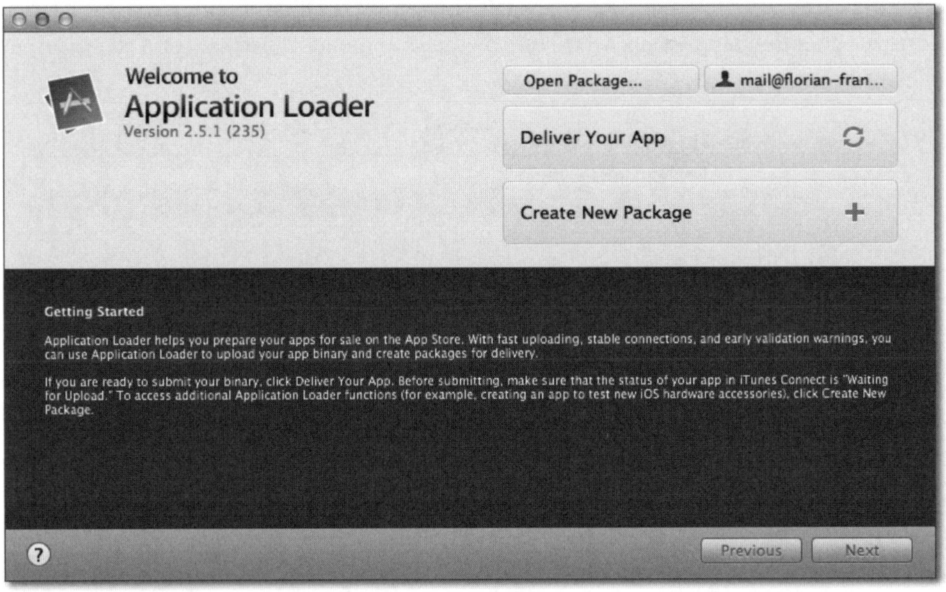

Abbildung 9.25 Die App auswählen, zu der die App-Datei hochgeladen werden soll. Haben Sie Ihre App über iTunes Connect mit »Ready to Upload Binary« freigegeben, erscheint sie hier.

Als Datei wählen Sie nun die *.ipa*-Datei aus, die die App beinhaltet. Die *.ipa*-Datei haben Sie entweder über PhoneGap Build oder via Xcode erzeugt – in beiden Fällen natürlich mit den richtigen Zertifikaten. Beim Upload wird der Application Loader die Richtigkeit der *.ipa*-Datei überprüfen und Sie gegebenenfalls auf einen Fehler hinweisen. Beachten Sie, dass in diesem Schritt lediglich die *.ipa*-Datei auf Struktur und Zertifikate hin überprüft wird. Ob es Ihre App tatsächlich in den App Store schafft, wird erst im nächsten Schritt durch Apple entschieden.

Auf Apple warten – und Tee trinken

Dies ist der Moment, indem Sie sich mit einem Heißgetränk Ihrer Wahl belohnen sollten. Apple wird nun Ihre App überprüfen und innerhalb einiger Tage ein Feedback geben. Bedenken Sie, dass dieser Prozess mal weniger und mal mehr Zeit in Anspruch nehmen kann. Je nach Auslastung ist eine Überprüfung durch Apple innerhalb einer Woche durchaus üblich. Eine Einschätzung der momentanen Überprüfungsdauer finden Sie unter *http://reviewtimes.shinydevelopment.com/*. Ändert sich der Status Ihrer App, erhalten Sie eine E-Mail. Insofern müssen Sie sich nicht ständig in iTunes Connect einloggen und können in aller Ruhe Ihren Earl Grey oder Ihren kolumbianischen Kaffee genießen.

Statistik und Verkaufszahlen

Nachdem Ihre App für den App Store zugelassen worden ist, können Sie via iTunes Connect über den Link SALES AND TRENDS die Downloadstatistik Ihrer App einsehen (siehe Abbildung 9.26).

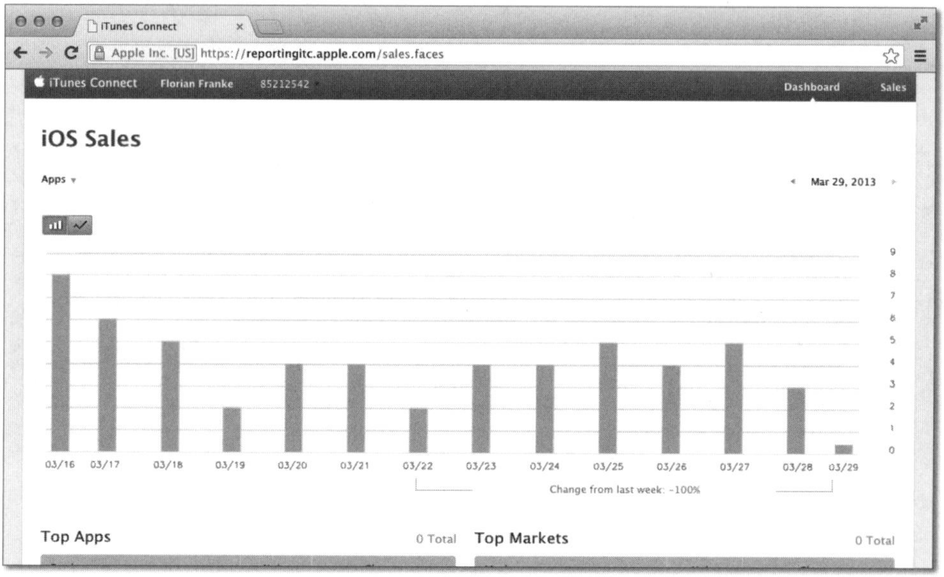

Abbildung 9.26 »iOS Sales« auf der Webseite von iTunes Connect

Tipp: Die iOS-App von iTunes Connect

Über die iOS-App von iTunes Connect (siehe Abbildung 9.27) können Sie einen größeren Zeitrahmen als über die Webseite auswählen. Während über die Webseite maximal nur eine Wochenansicht möglich ist, können Sie innerhalb der App auch monatliche Berichte abrufen.

Für weitere Hinweise hinsichtlich der Übermittlung in Apples App Store haben wir Ihnen noch weitere Links herausgesucht:

auf Deutsch:

- *http://www.ralfebert.de/iphone/distribution/*

auf Englisch:

- *https://developer.apple.com/appstore/resources/submission/index.html*
- *http://www.edumobile.org/iphone/iphone-programming-tutorials/submitting-iphone-apps-to-the-apple-app-store-a-step-by-step-guide/*
- *http://adeem.me/blog/2009/04/04/list-guideline-for-submitting-iphone-application-to-apple-store/*

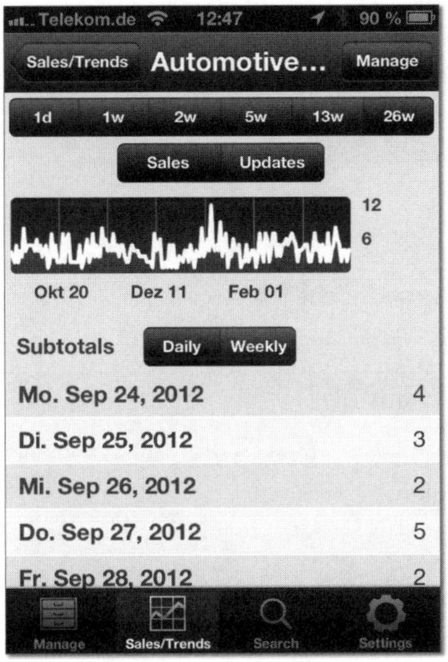

Abbildung 9.27 Die Übersicht Ihrer App-Verkäufe innerhalb der iOS-App von iTunes Connect

9.4.2 Das Veröffentlichen einer App in Google Play

Google Play umfasst im Gegensatz zu Apples App Store nicht nur Apps, sondern auch Filme, Bücher und Musik (siehe Abbildung 9.28). Im Folgenden erläutern wir Ihnen, wie Sie Ihre App zu Google Play hinzufügen. Bedenken Sie, dass Sie natürlich auch hier einen gültigen Entwickler-Account plus die entsprechenden Zertifikate benötigen.

Registrieren und einloggen zur Android Developer Console

Nach Ihrer Registrierung beim Android Developer, haben Sie nun Zugriff zur Android Developer Console (siehe Abbildung 9.29). Über diese erhalten Sie die neuesten Informationen und können außerdem Ihre App hochladen.

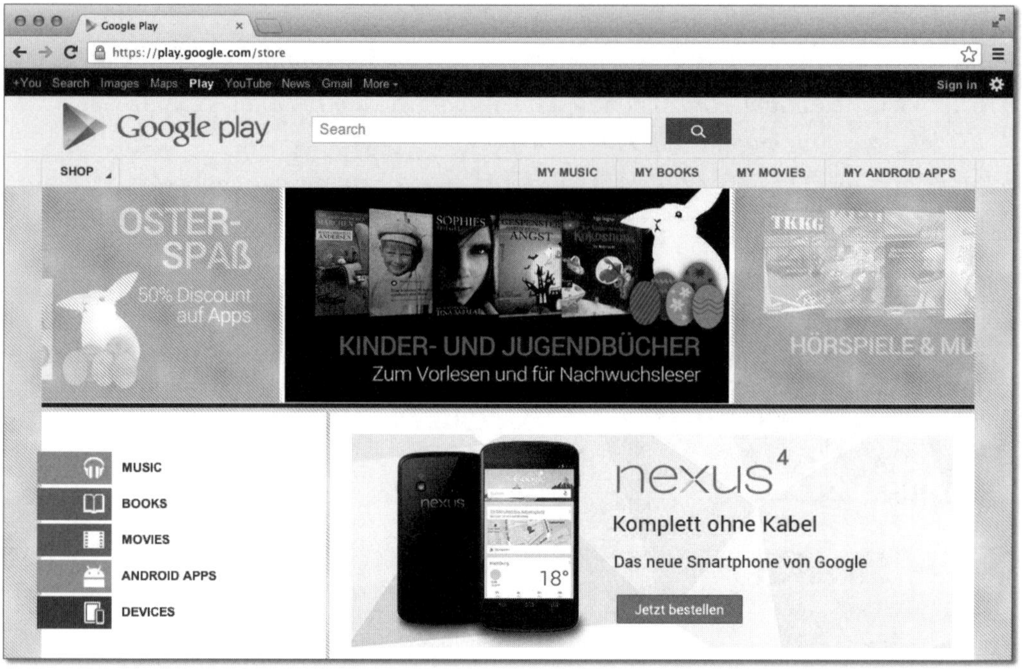

Abbildung 9.28 Google Play – der App-Store von Google

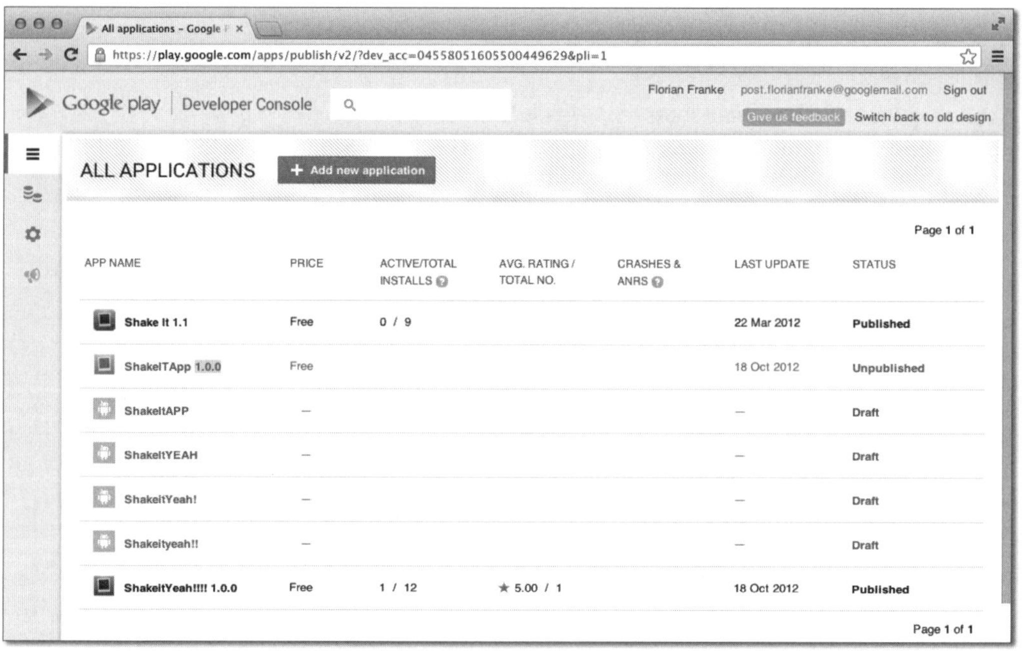

Abbildung 9.29 Die Startseite der Android Developer Console

Das Hochladen Ihrer App

Auf der Startseite der Android Developer Console (*https://play.google.com/apps/publish/*) finden Sie im oberen Bereich einen Button namens ADD NEW APPLICATION. Tragen Sie zunächst Titel und Sprache der App ein, und laden Sie über den Button UPLOAD APK die App-Datei im APK-Format hoch.

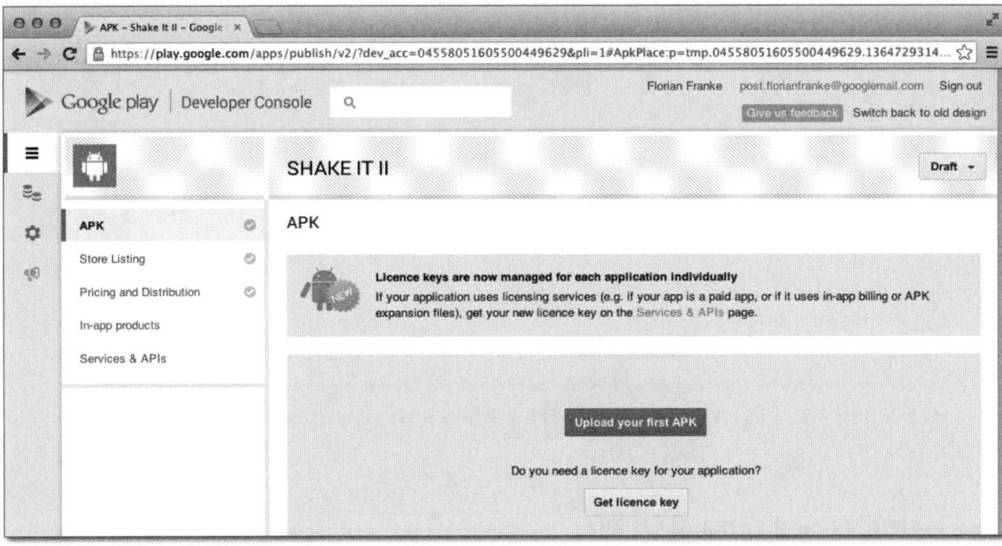

Abbildung 9.30 Das Hochladen Ihrer App über die Android Developer Console

Screenshots, Beschreibungen und Co. hinzufügen

Unter dem Menüpunkt STORE LISTING laden Sie nun Screenshots und das App-Icon hoch (siehe Abbildung 9.31). Fügen Sie außerdem eine aussagekräftige Beschreibung hinzu. Denn auch hier gilt: Je besser die Beschreibung ist, desto wahrscheinlicher ist es, dass Benutzer Ihre App kaufen. Wenn Sie für Ihre App einen Preis festsetzen möchten (unter PRICING AND DISTRIBUTION), benötigen Sie zusätzlich einen Verkäufer-Account bei Google Checkout. Haben Sie alle Details eingefügt, veröffentlichen Sie die App, indem Sie deren Status mithilfe des Buttons in der rechten oberen Ecke verändern.

Kaffeepäuschen

Anders als bei Apple gibt es bei Google kein Zulassungsverfahren. Trotzdem kann es ein paar Stunden dauern, bis Ihre App in Google Play zum Download verfügbar ist, also Zeit für unseren liebsten Punkt – die obligatorische Kaffeepause.

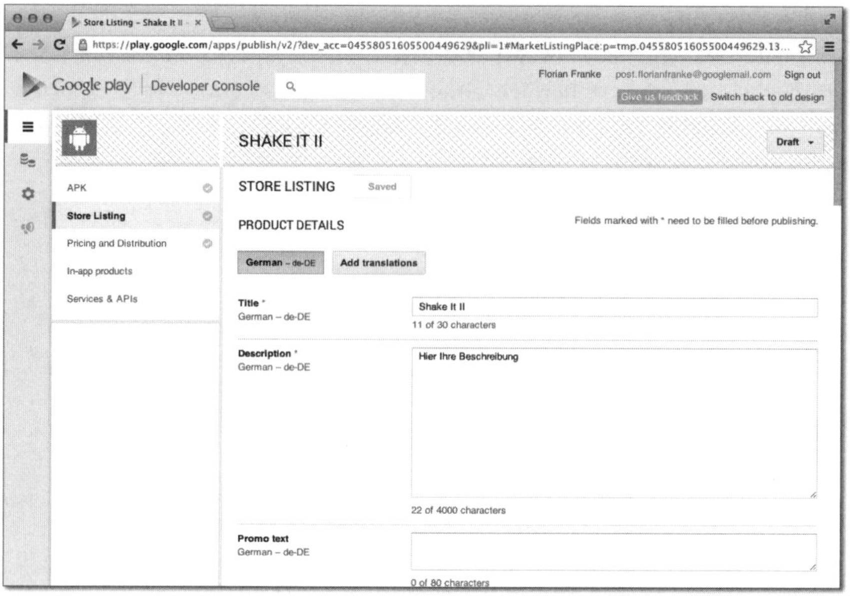

Abbildung 9.31 Fügen Sie der App-Beschreibung Screenshots, Icon und Informationen hinzu.

Statistiken und Verkaufszahlen

Ihre App ist nun bei Google Play gelistet. Über die Android Developer Console können Sie auch hier Statistiken zu Verkaufszahlen und Co. abrufen (siehe Abbildung 9.32).

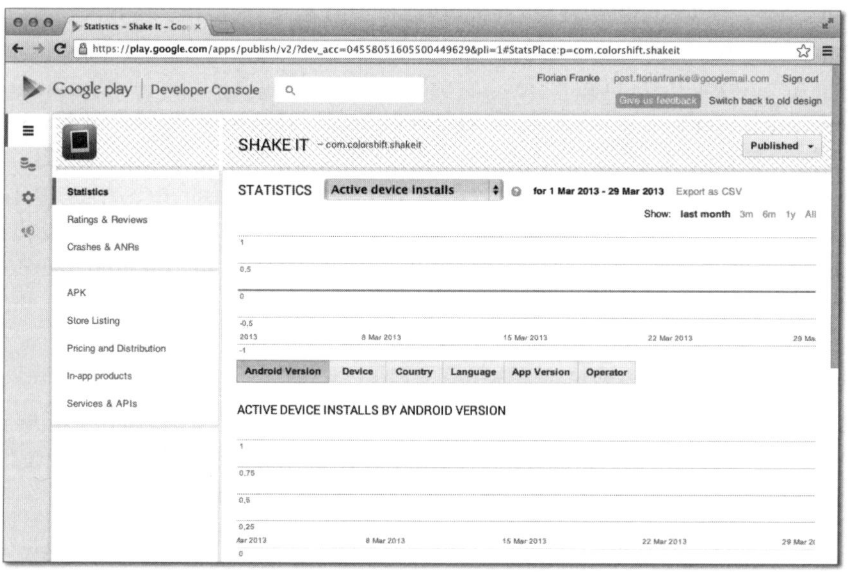

Abbildung 9.32 Über die Statistik können Sie neben den Downloadzahlen auch Kommentare und Bewertungen einsehen.

Im Folgenden finden Sie weiterführende Informationen zum Thema *Veröffentlichen in Google Play*:

auf Deutsch:

- *http://support.google.com/googleplay/android-developer/answer/113469?hl=de*

auf Englisch:

- *http://developer.android.com/distribute/googleplay/publish/preparing.html*
- *http://wiki.yoyogames.com/index.php/Submitting_To_Google_Play*

9.5 Publizieren der WebApp in einem Store oder als Webseite

Im vorigen Abschnitt haben Sie kennengelernt, wie Sie Ihre App in Apples App Store oder in Google Play veröffentlichen können. Es gibt jedoch nicht nur App-Stores für native Apps, sondern auch solche, die nur WebApps vertreiben. Wir stellen Ihnen in diesem Abschnitt vor, wie Sie Ihre WebApp entweder selbst über Ihre Webseite oder über einen WebApp-Store vertreiben können.

9.5.1 Auf den Vollbildmodus hinweisen

So richtig Spaß macht eine HTML5-App nur, wenn Sie im Vollbildmodus geöffnet, also tatsächlich mit einem Symbol auf dem Home-Bildschirm abgespeichert und aufgerufen wird. Wie Sie den Vollbildmodus aktivieren und ein Icon definieren, haben Sie bereits in Kapitel 2, »HTML5 in der mobilen Webentwicklung«, gelernt. Doch wie bringen Sie Ihre Nutzer dazu, ein entsprechendes Bookmark anzulegen?

Leider gibt es keine Möglichkeit, um ein solches Bookmark mit JavaScript oder anderen Tricks automatisiert zu erstellen. Der Nutzer muss die App tatsächlich selbst hinzufügen, sie also installieren. Es ist daher ratsam, in der App einen kleinen Hinweis zu platzieren, der dem Nutzer zeigt, wo er die entsprechende Funktion dafür findet.

Im Aside Magazine befindet sich beispielsweise ein kleiner und relativ dezenter Hinweis am oberen Bildrand, der auf den BOOKMARK-Button verweist (siehe Abbildung 9.33). Dieser unscheinbare Effekt sorgt bereits dafür, dass etwa 62 % der Besucher das Magazin zum Home-Bildschirm hinzufügen. Eine wesentlich bessere Möglichkeit ist das add2home-Skript von Matteo Spinelli: Es fügt per JavaScript einen dynamischen und bei Bedarf animierten Hinweis auf die Funktion in Ihre WebApp ein.

Abbildung 9.33 Hinweis auf asidemag.com

Laden Sie zunächst das Skript von *https://github.com/cubiq/add-to-homescreen* herunter. Speichern Sie dann die Dateien *add2home.js* und *add2home.css* in Ihrem Projektordner ab, und binden Sie sie anschließend in den head-Bereich Ihrer WebApp ein:

```
<link rel="stylesheet" href="styles/add2home.css">
<script type="application/javascript" src="javascript/add2home.js"></script>
```

Starten Sie nun Ihre WebApp im Browser. Nach zwei Sekunden erscheint ein kleiner Tooltip mit dem Text INSTALLIEREN SIE DIESE APP AUF IHREM IPHONE: [SYMBOL] ANTIPPEN UND DANN 'ZUM HOME-BILDSCHIRM' (siehe Abbildung 9.34). Die Nachricht bleibt etwa 20 Sekunden dort stehen und verschwindet dann von alleine.

Zusätzlich können Sie einige Optionen konfigurieren. Fügen Sie diese vor dem Einbindungscode ein:

```
<script>
 var addToHomeConfig = {
  lifespan: 60000,
  touchIcon: true
 };
</script>
<link rel="stylesheet" href="styles/add2home.css">
<script type="application/javascript" src="javascript/add2home.js"></script>
```

Listing 9.11 Code für das add2home-Skript

Abbildung 9.34 add2home-Skript

Sie legen also ein JavaScript-Objekt mit dem Namen `AddToHomeConfig` an, in dem Sie sämtliche Optionen festlegen. In diesem Fall verlängern Sie die Zeit, in der der Hinweis sichtbar ist, auf 60 Sekunden. Über die Option `touchIcon` blenden Sie ein Icon neben dem Hinweis ein. Viele weitere Optionen finden Sie auf *http://cubiq.org/add-to-home-screen*.

Das add2home-Skript funktioniert nur auf iOS-Geräten. Wie Sie Bookmarks auf Android-Telefonen und Tablets anlegen, lesen Sie Abschnitt 2.4.3, »Von der Webseite zur WebApp«.

9.5.2 Die Alternative zu App-Stores – OpenAppMarket

Noch bequemer ist die Veröffentlichung über einen WebApp-Store: Ähnlich wie bei Apples App Store oder dem Android Marketplace können Sie hier Ihre HTML5-Apps in einen Katalog eintragen und vermarkten. Der Betreiber des Stores erleichtert Nutzern das Finden und die Installation einer App. Besonders beliebte Programme werden in Toplisten auf der Startseite zusammengefasst. Besonders bekannt ist der OpenAppMarket.

Apps im OpenAppMarket einstellen

Der kalifornische WebApp-Store *OpenAppMarket* bietet einen gut sortierten Katalog mit über 1.000 HTML5-WebApps an (siehe Abbildung 9.35). Der Vorteil ist, dass Sie hier als Entwickler für Ihre WebApps einen Preis festsetzen und somit etwas Geld verdienen.

Legen Sie zunächst einen kostenlosen Entwickler-Account an. Öffnen Sie anschließend *http://openappmkt.com* in Ihrem Desktopbrowser, und wechseln Sie in die Rubrik DEVELOPERS. Geben Sie noch Ihre E-Mail-Adresse ein, und wählen Sie ein Passwort aus. In einer Bestätigungs-E-Mail wird Ihnen nun einen Aktivierungslink zugeschickt, mit dem Sie Ihr Entwicklerkonto bestätigen. Anschließend können Sie sich mit Ihrer E-Mail-Adresse und dem gewählten Passwort im Entwicklerbereich des OpenAppMarkets anmelden.

Abbildung 9.35 Der OpenAppMarket

Nach dem Login werden Sie von einer Übersicht begrüßt, die Ihnen alle bereits hochgeladenen WebApps anzeigt. Um eine neue WebApp in den Katalog einzustellen, klicken Sie auf SUBMIT AN APP. Hier geben Sie zunächst den Namen, die URL und eine Beschreibung Ihrer WebApp ein (siehe Abbildung 9.36). Laden Sie ein App-Symbol hoch, und legen Sie eine Kategorie fest, in der Ihre WebApp eingestellt werden soll. Im Falle der Where-to-Eat-App soll diese in der Kategorie NAVIGATION zu finden sein.

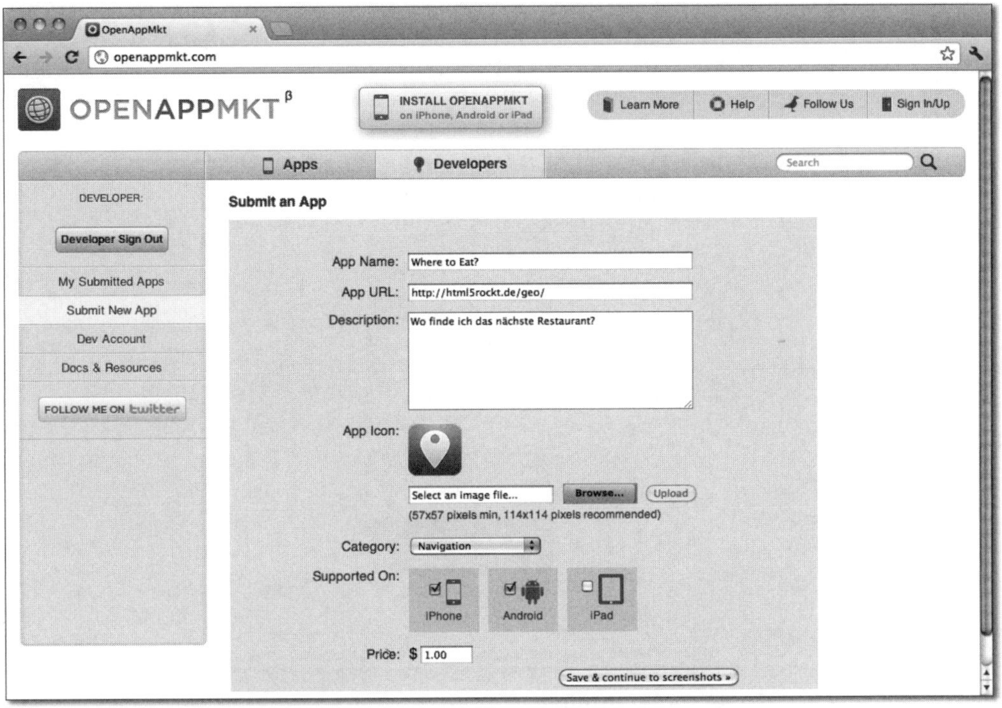

Abbildung 9.36 Das Entwicklermenü

Anschließend können Sie festlegen, für welche Geräte Ihre WebApp verfügbar sein soll. Hier können Sie zwischen iPad und iPhone unterscheiden, Geräte mit dem Android-Betriebssystem lassen sich jedoch nicht genauer differenzieren. Legen Sie nun einen Preis für Ihre WebApp fest: Die Where-to-Eat-App soll für 1 US-Dollar zu haben sein. Die Betreiber des OpenAppMarkets zahlen davon 80 % aus, und 20 % werden für Hosting-Kosten usw. einbehalten. Dies bedeutet, dass Sie von jeder verkauften Where-to-Eat-App 80 Cent ausgezahlt bekommen, was in etwa 0,60 EUR entspricht. Auch wenn das auf den ersten Blick wenig erscheint, verkaufen sich günstigere Apps doch besser und in größeren Mengen als zu teure Apps. Je häufiger eine App verkauft wird, desto wahrscheinlicher ist es, dass sie eine Topplatzierung im Store erhält, was sich natürlich verkaufsfördernd auswirkt.

Klicken Sie nun auf SAVE & CONTINUE TO SCREENSHOTS. Hier können Sie einen oder mehrere Screenshots Ihrer WebApp hochladen, um dem potenziellen Nutzer ein Bild über die WebApp zu vermitteln (siehe Abbildung 9.37). Besonders bei kostenpflichtigen Apps ist dies ratsam, denn auch hier kauft niemand gerne die Katze im Sack. Mit Klick auf DONE speichern Sie die Screenshots und Informationen über die App ab.

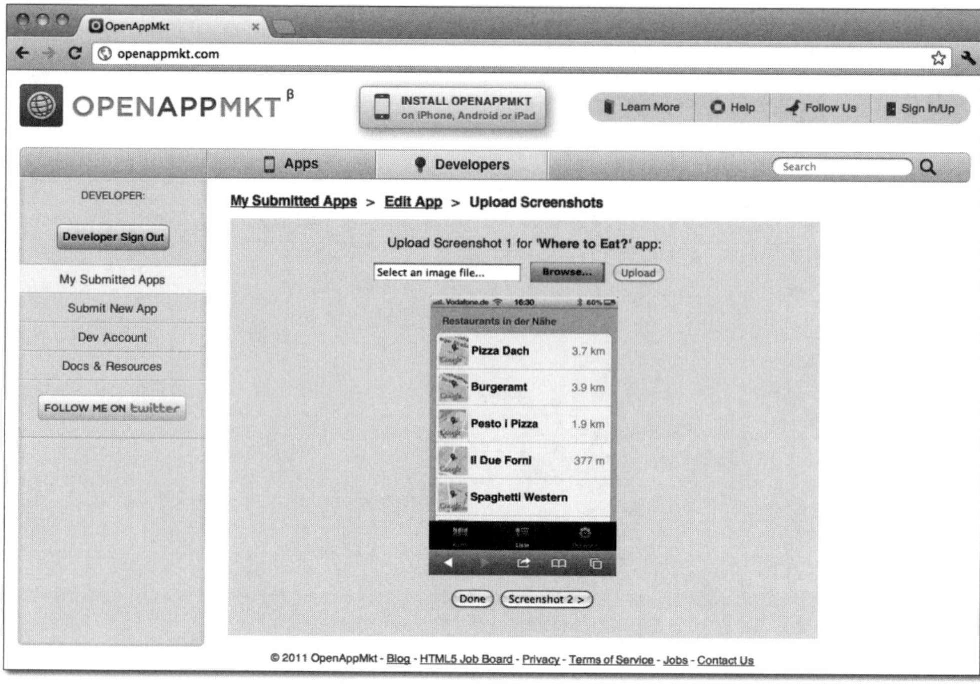

Abbildung 9.37 Screenshots hinzufügen

Ihre App ist nun im Katalog des OpenAppMarkets gespeichert, allerdings noch nicht sichtbar. Klicken Sie auf PUBLISH, um die WebApp freizuschalten (siehe Abbildung 9.38).

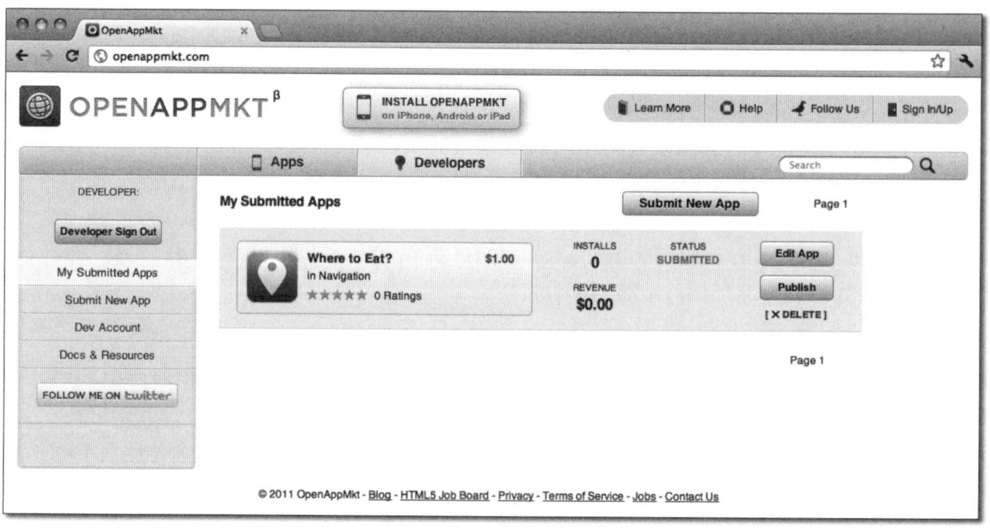

Abbildung 9.38 Das Dashboard

Den OpenAppMarket installieren

Sie können nun den OpenAppMarket als WebApp auf Ihrem Smartphone installieren. Öffnen Sie hierzu *http://openappmkt.com* im Webbrowser auf Ihrem Gerät, und folgen Sie den Anweisungen.

Der Store selbst begrüßt Sie mit einer Übersicht über vorgestellte Spiele und Apps. Mit dem Lupensymbol oben rechts erreichen Sie die Suchfunktion. Suchen Sie nach Ihrer WebApp, und öffnen Sie die Detailseite, auf der die Screenshots und die Beschreibung zu sehen sind. Zusätzlich haben Sie hier die Möglichkeit, Bewertungen und Beurteilungen Ihrer WebApp von anderen Nutzern zu sehen. Um Ihre App zu kaufen, tippen Sie den Preis an. In einem Popup-Fenster werden Sie aufgefordert, Ihre Kreditkartendaten einzugeben oder sich einzuloggen (siehe Abbildung 9.39) – danach wird die App installiert. Wie zuvor erhalten Sie auch hier einige einfache Installationsanweisungen, die erklären, wie Sie das App-Symbol zum Home-Bildschirm hinzufügen. Als WebApp-Experte werden Sie diese Anweisungen aber wahrscheinlich nicht mehr benötigen.

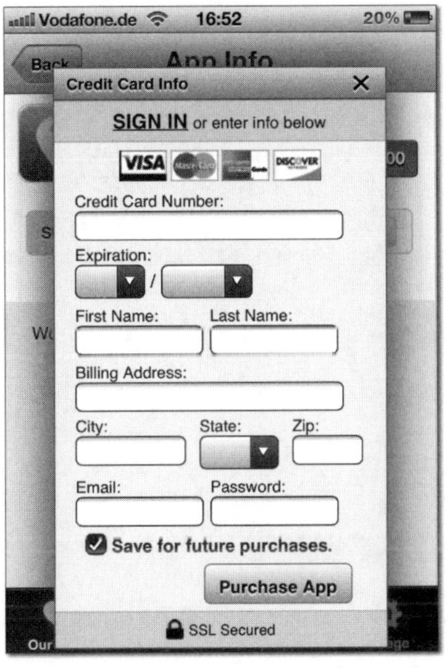

Abbildung 9.39 Kreditkarteninformationen für Bezahl-Apps

Herzlichen Glückwunsch! Ihre HTML5-App ist nun in einem WebApp-Store vertreten. Für Ihre Nutzer ist es nun ähnlich einfach, die Apps zu entdecken wie bei einer nativen Smartphone-App über Apples App Store oder Google Play. Aber vergessen Sie nicht: Der Betreiber des Stores entscheidet darüber, welche Apps er in seinem Katalog führen möchte. Außerdem sind Sie an die Gesetze des Landes gebunden, in dem der Store angemeldet ist. Besonders die Möglichkeit, mit Ihrer WebApp Geld zu verdienen ist ein riesiger Pluspunkt, aber auch hier behält der Store-Betreiber 20 % des Umsatzes ein. Insofern sollten Sie genau kalkulieren, wie viel am Ende für Sie übrig bleibt.

9.5.3 Weitere Möglichkeiten

Der Markt für HTML5-Apps ist noch recht jung und ständig in Bewegung. Ende 2007 war der einzige verfügbare Katalog für WebApps bei Apple zu finden. Wie bitte? Ja, Sie haben richtig gehört. Auf *http://www.apple.com/WebApps/* finden Sie eine Übersicht mit rund 5.000 Programmen für die erste iPhone-Generation. Der Katalog wird aber seit März 2010 nicht mehr weitergepflegt, und daher sind viele Anwendungen schon nicht mehr aktuell.

Kapitel 10
Windows Phone 8

Neben Google und Apple gibt es seit 2012 einen weiteren vielversprechenden Hersteller auf dem Smartphone-Markt: den Softwareriesen Microsoft. Obwohl der Marktanteil, gemessen an den beiden Giganten Google und Apple, eher noch gering ist, machen sowohl Hard- als auch Software schon einen sehr vielversprechenden Eindruck. In diesem Kapitel wollen wir Ihnen einen kleinen Überblick darüber geben, was Sie von der Windows-Welt erwarten können, inwieweit sich das Betriebssystem aus Seattle von seinen Konkurrenten aus dem Silicon Valley unterscheidet, und wie Sie als Entwickler eigene WebApps für Smartphones mit Windows-Oberfläche entwickeln können. Sie werden sich zunächst mit den Grundlagen des Modern UI (vormals Metro UI) vertraut machen und anschließend die Offline-To-do-Liste aus Kapitel 7, »Offline – damit eine App in jedem Winkel der Welt funktioniert«, für Windows Phone anpassen und erweitern.

10.1 Was ist Windows Phone?

Bereits 1996 kam die erste mobile Version des Windows-Betriebssystems auf den Markt. Windows CE wurde damals für sogenannte *Personal Desktop Assistants* (PDA) entwickelt, die man als Vorläufer der modernen Smartphones betrachten kann – nur dass man mit diesen nicht telefonieren, im Internet surfen, Angry Birds spielen oder irgendetwas anderes Spaßiges damit tun konnte, was heute selbstverständlich ist. Eigentlich waren PDAs nur besonders umständliche Kalender mit Notizbuchfunktion, aber hey: Windows CE hat sich über die Jahre hinweg, gemeinsam mit der Hardware, stetig weiterentwickelt und wurde zuletzt als Grundlage für Windows Phone 7 eingesetzt.

Seit Version 8 basiert die Windows Phone-Software, ebenso wie ihr Desktop- und Tablet-Pendant, auf dem Windows NT-Kern 6.2. Und damit kommen wir auch schon zum irreführenden Teil: Auch wenn die Bezeichnung *Windows 8* recht universell klingt, handelt es sich hier je nach Geräteklasse um völlig unterschiedliche Systeme. Kurz gesagt, unterscheiden wir:

- Windows 8 für PCs
- Windows RT für Tablets

- Windows Phone 8 für Smartphones

Wozu diese Unterscheidung? Denn für den Benutzer sehen die Oberflächen sehr ähnlich und die Übergänge fließend aus. Die eigentliche Softwareentwicklung auf den Geräten unterscheidet sich jedoch stark voneinander! In diesem Kapitel betrachten wir ausschließlich die Entwicklung von browserbasierten WebApps für Windows Phone 8. Die gute Nachricht für alle Besitzer eines älteren Nokia Lumia 900 ist, dass die meisten Codebeispiele auch für Windows Phone 7 gelten; unsere Beispiel-App läuft hier anstandslos.

Überhaupt gibt es zurzeit noch sehr wenige Windows Phone-Modelle, in einem Wort: sieben. Im Gegensatz zu Apple stellt Microsoft seine Hardware nicht selbst her, sondern lässt, ähnlich wie Google, Smartphones von erfahrenen Handyherstellern produzieren. Ein starker Partner ist dabei der finnische Handy-Dinosaurier Nokia, der mit drei Geräten Mitte 2013 die meisten Windows Phone-Geräte auf dem Markt präsentieren kann. Aber auch von den Android-Größen HTC, Samsung und Huawei gibt es bereits Smartphones, die mit Windows Phone 8 betrieben werden.

Anfang 2013 ist der Marktanteil von Windows Phone 8 mit etwa 2 % noch recht überschaubar. Tatsache ist jedoch, dass vier der größten Smartphone-Hersteller der Welt Geräte für dieses Betriebssystem bauen, und vor allem die starke Partnerschaft mit Nokia, die exklusiv auf Windows Phone 8 setzt, macht die Plattform zu einer interessanten Alternative, die Sie als Entwickler auf jeden Fall im Auge behalten sollten.

10.1.1 Der Browser

Als Browser wird auf den aktuellen Windows Phone-Geräten der Internet Explorer eingesetzt. Jetzt haben Sie einen Schreck bekommen, richtig? Erfahrene Webentwickler werden sich noch gut an unzählige Stunden erinnern können, in denen Sie abgerundete Ecken und transparente Hintergrundbilder im Internet Explorer 6 optimieren mussten. Keine Sorge, den Internet Explorer 10 kann man durchaus als »erwachsenen« Browser bezeichnen, der mit HTML5 und CSS3 gut umgehen kann. Die mobile Version unterstützt natürlich auch Browser-Tabs und Multitouch-Gesten zum Zoomen; Sie können diese aber auch deaktivieren.

Wie es bereits in Abschnitt 2.4, »Desktop vs. Mobile – die Unterschiede«, beschrieben wird, hilft auch hier das `meta`-Tag `viewport`:

```
<meta name="viewport" content="width=device-width, initial-scale=1, maximum-
scale=1">
```

Fügen Sie dieses Element in den `head`-Bereich Ihres HTML-Dokuments ein, um zu verhindern, dass der Browser Ihre Webseite verkleinert, aber auch, um das Zoomen für den Nutzer zu deaktivieren.

Auch mit den neuen CSS-Eigenschaften aus Abschnitt 2.3, »CSS3 – Grundlagen und Neuerungen«, kann der Internet Explorer bereits gut umgehen. Ebenso können Sie Animationen und Transitions ohne Probleme einsetzen. Hierbei ist nur eine Besonderheit zu beachten: WebKit-basierte Browser benötigen das sogenannten Vendor-Präfix `-webkit` vor einer, noch nicht offiziell in das Standardrepertoire aufgenommenen CSS-Eigenschaft. Microsoft hat sich dazu entschlossen, die neuen CSS3-Features komplett ohne Vendor-Präfix zu implementieren. Aus

```
a:hover {
  -webkit-transition: all 1s ease-in;
}
```

wird also im Internet Explorer 10


```
a:hover {
  transition: all 1s ease-in;
}
```

Soll Ihre App nun sowohl unter Android bzw. iOS als auch unter Windows Phone laufen, können Sie beide Eigenschaften zusammen in einen Selektor schreiben:

```
a:hover {
  -webkit-transition: all 1s ease-in;
  transition: all 1s ease-in;
}
```

Dies ist zwar etwas doppelt gemoppelt, aber immerhin funktioniert Ihre App so auf beiden Plattformen. Mehr Infos zur CSS-Unterstützung im Internet Explorer finden Sie in englischer Sprache im *Internet Explorer Developer Center* unter *http://msdn.microsoft.com/en-us/library/ie/hh673536(v=vs.85).aspx.*

Achtung Nerd-Alarm!

Die Rendering Engine des Internet Explorer heißt übrigens *Trident*, eine Microsoft-eigene Entwicklung, die seit Windows 98 für den Internet Explorer eingesetzt wird. Trident 4.0 war die erste Engine, die den Acid2-Test vollständig bestanden hat. In Windows Phone 8 ist die aktuellste Version Trident 6.0 verbaut. Jetzt sind Sie auch für die »nerdigsten« Gespräche bestens gewappnet.

10.1.2 Gestaltungsprinzipien des Modern UI

Als vor wenigen Jahren Smartphones und Tablets den Markt eroberten, standen Designer vor einem Problem: Wie erklärt man Touchscreen-Neulingen die Funktionsweise einer App?

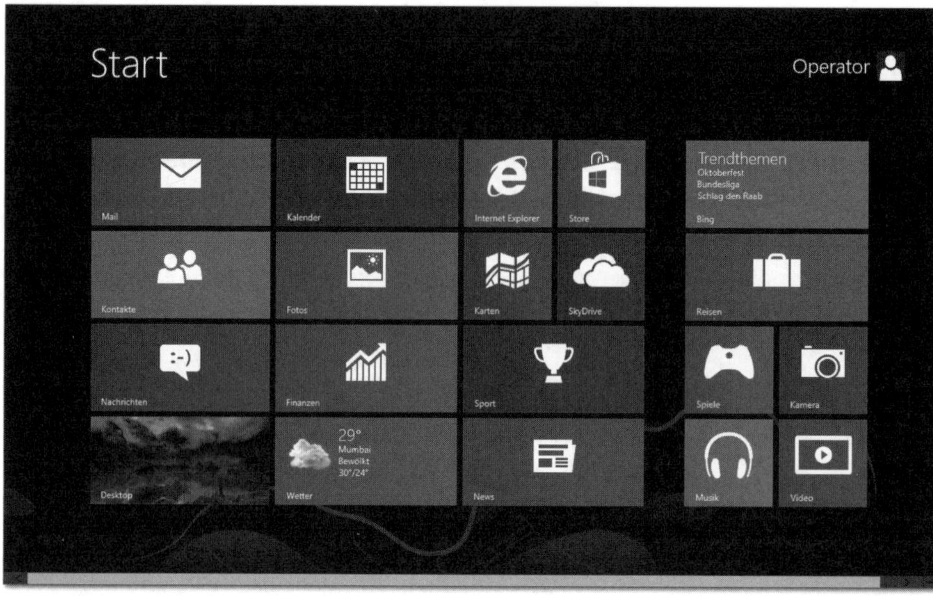

Abbildung 10.1 Der typische Modern-UI-Startbildschirm

Apple hatte eine ziemlich clevere Idee: Mit Metaphern aus der realen Welt werden die Programme der Touch-Geräte bedient. So kann man in iBooks wie in einem echten Buch blättern; in der Notiz-App auf dem iPhone kann man bei genauem hinsehen sogar die Risskante des Notizblocks sehen – bekannt auch als *skeuomorphes Design*.

Microsoft geht mit dem Modern UI einen anderen Weg: Die Firma geht davon aus, dass die Benutzer von Windows Phone in einer digitalen Welt aufgewachsen sind, also von klein auf gelernt haben, wie Displays und digitale Interfaces funktionieren. Die analogen Metaphern schränken die Denk- und Sichtweise auf ein Interface nur ein; die Modern-UI-Benutzeroberfläche will vielmehr die vollen Möglichkeiten des digitalen Mediums ausnutzen.

Besonders auffällig ist zunächst, dass in bester Hacker-Manier weißer Text auf dunklem Untergrund das Erscheinungsbild der Modern-UI-Benutzeroberfläche dominiert (siehe Abbildung 10.1). Was zunächst ein wenig an die guten alten DOS-Zeiten erinnert, ist durchaus sinnvoll: Ein dunkler Bildschirm blendet weniger, und es ist darauf angenehmer zu lesen. Für die Modern-UI-Benutzeroberfläche hat Microsoft auch extra noch einmal seine Schriftart *Segoe UI* aufgefrischt, die unter Windows 8 klarer und prägnanter als noch unter Windows Vista oder Windows 7 ist. Dies hat seinen Grund, denn schließlich steht die Typografie bei der Modern-UI-Benutzeroberfläche im Vordergrund. Bei Apple und Google dominieren farbenfrohe Symbole, Schlagschatten und Farbverläufe das Display, auf der Modern-UI-Benutzeroberfläche liegt der Fokus hingegen auf einer klaren Hierarchie der Schriftarten.

Abbildung 10.2 Der Windows Phone 8-Startbildschirm

Symbole sind ausschließlich einfarbig gehalten und stehen häufig auf farbigen Kacheln, die je nach Funktion und Wichtigkeit unterschiedliche Größen und Farbcodierungen erhalten. Dabei orientieren Sie sich stets an einem festen Raster, das bei allen Bildschirmdarstellungen für eine klare Stringenz und Übersichtlichkeit sorgt.

Doch genug der schwarz-weißen Theorie – jetzt sind Sie an der Reihe.

10.1.3 Grundlagen – Raster

Bevor Sie mit Ihrer ersten richtigen Windows Phone 8-WebApp loslegen, sollen Sie zunächst ein Gefühl für das Gestaltungsraster bekommen. Daher erstellen Sie nun eine kleine Linkliste, die Ihnen später als Startbildschirm für Ihre WebApp dienen wird (siehe Abbildung 10.3).

Erstellen Sie zunächst eine HTML-Datei mit der bekannten Grundstruktur:

```
<!DOCTYPE html>
<html>
<head>
  <title>Meine erste Windows Phone 8-WebApp</title>
  <meta name="viewport" content="width=device-width, initial-scale=1, maximum-
scale=1">
</head>
<body>
```

```
</body>
</html>
```

Listing 10.1 Die typische HTML-Grundstruktur

In das body-Element fügen Sie nun eine Überschrift und einige Links ein:

```
<h1>Meine Lieblingslinks</h1>
<a href="http://html5rockt.de">HTML5 Rockt!</a>
<a href="http://google.de">Suchen</a>
<a href="http://spiegel.de">Lesen</a>
<a href="http://galileo-computing.de">Bücher</a>
<a href="http://mail.com">Email</a>
```

Listing 10.2 Liste mit Lieblingslinks

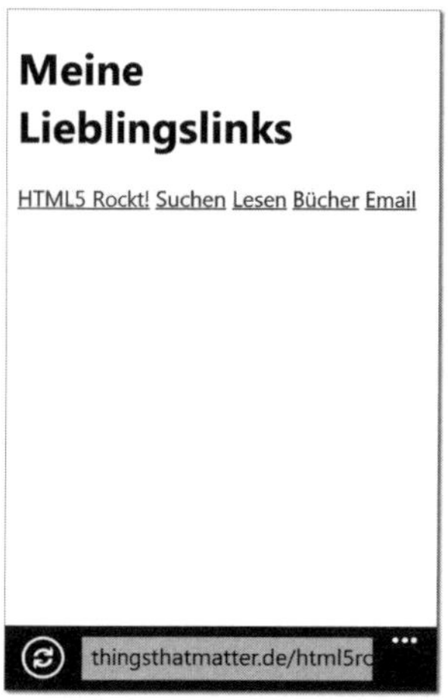

Abbildung 10.3 Links im Internet Explorer

Ziemlich simpel, oder? Nun verpassen Sie Ihrer WebApp noch den richtigen Modern-UI-Look (siehe Abbildung 10.4). Dazu passen Sie im ersten Schritt Schriftarten, Farben und Abstände an:

```
html {
background: #000;
}
body {
margin: 12px;
width: 320px;
font: normal 16px "Segoe UI";
color: #fff;
}
```

```
h1 {
font-size: 48px;
font-weight: 300;
padding-left: 8px;
margin-left: 4px;
}
```

Listing 10.3 Modern UI mit CSS

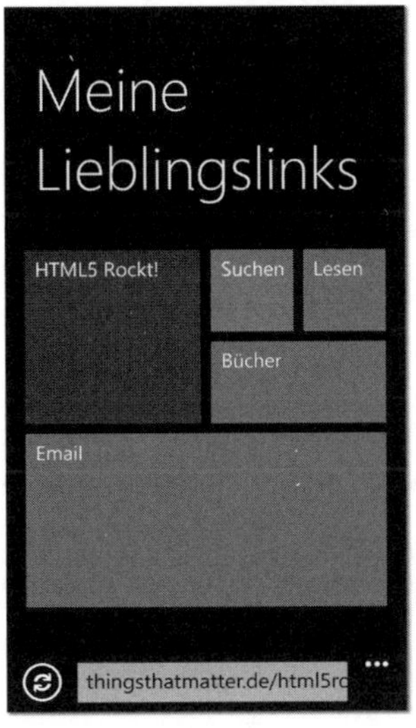

Abbildung 10.4 Das sieht schon mehr nach Windows Phone 8 aus

Ihre Links möchten Sie als Windows-typische Kacheln in Ihrem Internet Explorer gestalten. Fügen Sie Ihren Links daher die entsprechenden Klassen hinzu:

```
<h1>Meine Lieblingslinks</h1>
<a class="kachel x2 y2" href="http://html5rockt.de">HTML5 Rockt!</a>
<a class="kachel x1 y1" href="http://google.de">Suchen</a>
<a class="kachel x1 y1" href="http://spiegel.de">Lesen</a>
<a class="kachel x2 y1" href="http://galileo-computing.de">Bücher</a>
<a class="kachel x4 y2" href="http://mail.com">Email</a>
```

Listing 10.4 Die Kacheln werden über Klassen festgelegt

Die Klasse `kachel` definiert eine Kachel, und die Klassen `x2` und `y2` legen die Größen fest. Das funktioniert so: Ein Screen auf einem Windows Phone 8-Telefon ist in vier Spalten aufgeteilt. Eine Kachel kann mindestens eine Spalte breit sein oder sich über die komplette Bildschirmbreite erstrecken. `x2` bedeutet, dass eine Kachel zwei Spalten breit ist, also passen zwei Kacheln nebeneinander. Gleiches gilt für die Höhe: Hier können Kacheln entweder eine oder zwei Einheiten hoch sein.

Diese Maße definieren Sie im Stylesheet:

```
a.kachel {
  display: block;
  background-color: #01b8c0;
  margin: 12px;
  float: left;
}
a.kachel.x1 {
  width: 66px;
}
a.kachel.x2 {
  width: 140px;
}
a.kachel.x4 {
  width: 288px;
}
a.kachel.y1 {
  height: 66px;
}
a.kachel.y2 {
  height: 140px;
}
```

Listing 10.5 Kachelgrößendefinition in CSS

Die Kacheln erscheinen nun in einem auffälligen Türkis auf Ihrem Gerät. Um mehrere Farben zu vergeben, definieren Sie einfach zwei zusätzliche Klassen:

```
a.kachel.blau {
  background-color: #007094;
}
a.kachel.gruen {
  background-color: #77bb44;
}
```

Listing 10.6 Kachelfarben in CSS

Hier sind Ihrer Fantasie keine Grenzen gesetzt; wählen Sie die Farbtöne jedoch möglichst kräftig und kontrastreich. Ihre Kacheln sehen nun schon ziemlich authentisch aus; es fehlen nur noch die typischen monochromen Symbole. Ein ziemlich gutes Windows Phone 8-Icon-Set erhalten Sie über *http://icons8.com/*. Hier stehen über 1.000 Icons zum Download bereit. Die kleinere PNG-Version ist kostenlos, und für die Vektorvollversion müssen Sie eine Lizenz erwerben. Uns reicht aber zunächst die kleinere Version. Laden Sie das Paket von der Webseite herunter, und verknüpfen Sie ein Icon in Form eines Hintergrundbildes mit einer Kachel:

```
a.kachel.home {
  background-image: url(img/home.png);
  background-repeat: no-repeat;
  background-position: center;
}
```

Natürlich können Sie auch andere Symbole verwenden. Wir empfehlen Ihnen aber, einen möglichst einfarbigen und einfachen Stil zu verwenden.

Sie haben nun quasi Ihren eigenen Startbildschirm für Windows Phone 8 entwickelt. Sie könnten hier noch eine Liste Ihrer Lieblingslinks abspeichern oder auf die wichtigsten Funktionen Ihrer App verlinken.

10.1.4 Die To-do-App

Der große Vorteil von HTML5 ist, dass Sie Ihre WebApp nicht für jede Plattform von Grund auf neu entwickeln müssen, sondern die gleiche Quellcodebasis wiederverwenden können. Genau das wollen Sie nun im folgenden Beispiel machen: Sie werden die To-do-App aus Kapitel 7, »Offline – damit eine App in jedem Winkel der Welt funktioniert«, für Windows Phone 8 anpassen.

Sie erinnern sich bestimmt: Im letzten Teil von Kapitel 7 haben Sie eine *skin.css*-Datei angelegt, die das Aussehen Ihrer To-do-Liste regelt. In diesem Beispiel ändern Sie hauptsächlich den Inhalt dieser Datei, und die eigentliche Programmlogik bleibt dieselbe – ist das nicht nett? Doch kopieren Sie zunächst Ihre WebApp in ein neues Verzeichnis. Bevor es der *skin.css*-Datei an den Kragen geht, sollten Sie noch zwei Kleinigkeiten anpassen: Entfernen Sie zunächst den Link zum Cache-Manifest aus dem öffnenden HTML-Tag. So verhindern Sie, dass Ihre Entwicklungsversion für immer und ewig auf dem Windows Phone-Gerät gecached wird. In der Live-Version können Sie diesen Link wieder einfügen.

Ersetzen Sie außerdem das Zepto-Framework gegen das jQuery-Framework. Obwohl beide JavaScript-Frameworks fast dieselbe Syntax haben, wurde Zepto doch für WebKit-Browser konzipiert und noch nicht für den Internet Explorer 10 optimiert. Am einfachsten geht das Ersetzen des Frameworks, indem Sie die Zeile

```
<script src="js/zepto.min.js"></script>
```

durch

```
<script src="http://ajax.googleapis.com/ajax/libs/jquery/1.7.1/jquery.min.
js"></script>
```

ersetzen. Das war's auch schon mit den Vorbereitungen – jetzt geht es an das Design Ihrer WebApp.

Der Liste neue Kleider

Ihre To-do-App funktioniert jetzt schon auf Ihrem Windows Phone 8-Gerät, sieht aber noch nicht wie eine Windows-Anwendung aus. Dafür erstellen Sie nun einen neuen Skin, zunächst wieder mit den Modern-UI-Standards: weiße Schrift auf schwarzem Hintergrund:

```
html {
  background: #000;
}
body {
  margin: 12px;
  font: normal 18px "Segoe UI","Segoe WP",Calibri,sans-serif;
  color: #fff;
}
h1 {
  font-size: 48px;
  font-weight: 300;
  padding-left: 8px;
  margin-left: 4px;
}
```

Listing 10.7 Modern UI Styles in CSS

Abbildung 10.5 Ihre Offline-To-do-App auf der Windows Phone-Oberfläche

Die Schriftart *Segoe UI* ist die offizielle Interface-Schriftart von Windows Phone 8, UI steht hier für *User Interface*. Unter Windows Phone 7 hieß dies Schrift auch schon *Segoe*. Allerdings handelte es sich damals um die Vorgängerversion WP, also die optimierte Version der Schrift für Windows Phone. Beide Schriftfamilien haben gewisse Ähnlichkeiten mit der *Calibri*, die seit Windows Vista in das Betriebssystem integriert ist. Fassen Sie all diese Schriften zu einem Fontstack zusammen, um sicherzugehen dass Ihre WebApp auch auf älteren Systemen gut aussieht. Die Option `sans-serif` wählt auf anderen Systemen eine serifenlose Standardschrift aus.

Als echter Vollprofi geben Sie der Überschrift noch eine Schriftstärke von 300 Pixeln – dies bedeutet, dass der Light-Schnitt der Schriftart dargestellt wird, also die schmalste Variante.

Nun geht es an die eigentliche Liste: Ähnlich wie bei den Kacheln des Startbildschirms sind die Elemente hier groß und daher einfach antippbar:

```
ul {
  margin: 100px 3px 3px;
  padding: 0;
  list-style: none;
}
li {
  background-color: #017980;
  padding: 0;
  height: 50px;
  margin: 0 0 8px 0;
  padding: 8px;
}
li input {
  width: 18px;
  height: 18px;
  background: #fff;
  border: none;
  border-radius: 0;
  margin: 9px 9px 0 0;
}
```

Listing 10.8 ToDo-Liste im Modern UI Style

Die Listeneinträge sind nun mit 50 Pixeln ordentlich hoch, entsprechend vergrößern Sie auch mit CSS die Größe der Checkboxen. Als Hintergrundfarbe haben Sie ein kräftiges Türkis gewählt, aber Sie können gerne auch mal etwas Neues ausprobieren. Wie wäre es zum Beispiel, wenn die ersten Listeneinträge entsprechend ihrer Priorität etwas heller und leuchtender wären? Das geht ganz einfach mit Pseudoklassen:

```
li:nth-child(1) {
  background-color: #01b8c0;
}
li:nth-child(2) {
  background-color: #02aab3;
}
li:nth-child(3) {
  background-color: #029ea6;
}
li:nth-child(4) {
  background-color: #029199;
}
li:nth-child(5) {
  background-color: #01858c;
}
```

Listing 10.9 Farbverlauf mit CSS-Pseudoklassen

Den ersten fünf Listenelementen wird also mit `:nth-child()` eine individuelle Hintergrundfarbe zugewiesen, die in der Kombination einen subtilen Farbverlauf ergibt. Jetzt müssen Sie nur noch definieren, was passieren soll, wenn eine Aufgabe erledigt ist. Im einfachsten Fall vermindern Sie einfach die Deckkraft bei unerledigten Aufgaben:

```
li.done {
  opacity: 0.4;
}
```

Zum Schluss passen Sie noch das Eingabefeld an. Leider funktioniert die automatische Breitenerkennung im Internet Explorer nicht; der Browser erwartet vielmehr eine definierte Angabe der Breite:

```
#add input[name=add-task] {
  width: 90%;
}
```

Voilà, fertig ist Ihre erste WebApp für Windows Phone (siehe Abbildung 10.6). Dies war ziemlich einfach, oder? Aber was ist mit Vollbild, App-Icons und Ladebildschirmen? Die schlechte Nachricht ist, dass Sie als iOS- und Android-verwöhnter WebApp-Entwickler in dieser Hinsicht zwar von Windows Phone 8 enttäuscht werden, wir aber glücklicherweise die richtigen Tricks für Sie parat haben, um zumindest so etwas Ähnliches wie ein App-Icon zu fabrizieren.

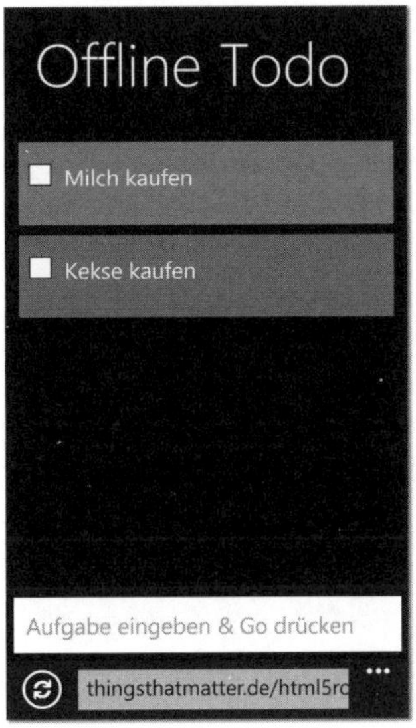

Abbildung 10.6 Die Windows-Variante der To-do-App

10.1.5 Zum Home-Bildschirm hinzufügen

Auch Windows Phone 8 kennt so etwas wie das Hinzufügen einer WebApp zum Home-Bildschirm. Hier heißt die Funktion allerdings AUF STARTSEITE und ist über das kleine ...-Symbol zu erreichen. Vergeben Sie noch einen Titel, und schon befindet sich eine Kachel mit Ihrer WebApp auf dem Home-Bildschirm (siehe Abbildung 10.7).

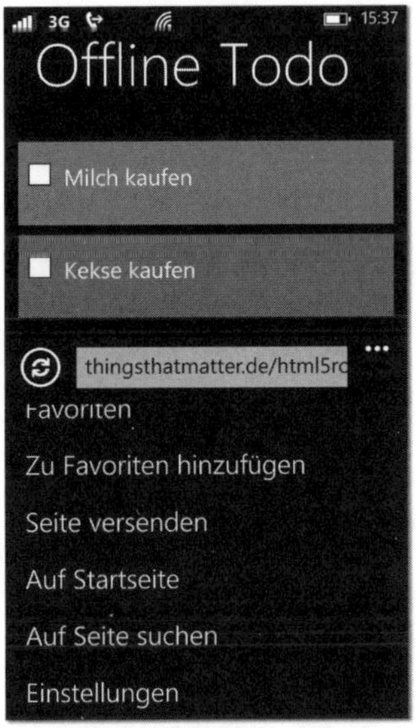

Abbildung 10.7 Zum Startbildschirm

10.1.6 Weiterführende Infos

Sie können also mit relativ einfachen Mitteln aus einer WebApp eine Windows Phone-optimierte Variante machen. Der Internet Explorer 10 steht seinen WebKit-Brüdern von Android und iOS in nichts nach.

Sollten Sie noch kein Windows Phone-Geräte Ihr Eigen nennen, sich aber trotzdem für das Modern UI interessieren: eine sehr gute Demo (siehe Abbildung 10.8) des neuen Systems als WebApp finden Sie auf der offiziellen Webseite von Windows Phone unter *http://www.windowsphone.com/en-us/cmpn/demo.*

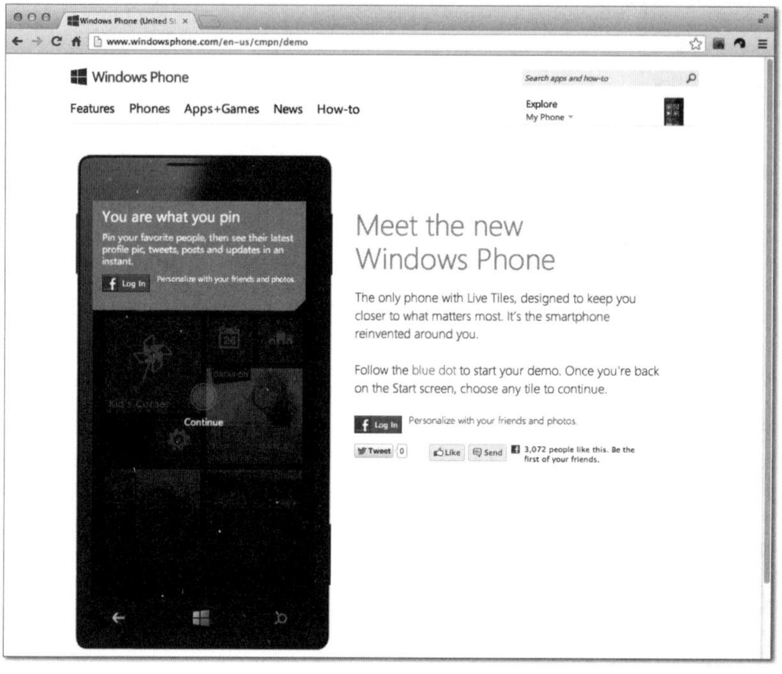

Abbildung 10.8 Windows Phone-Demo

Ebenso interessant für Entwickler sind die zusammengefassten Designprinzipien von Windows Phone 8 (siehe Abbildung 10.9): *http://dev.windowsphone.com/en-us/design.*

Inspiration finden Sie auch im Windows Phone Store (siehe Abbildung 10.10) für native Anwendungen und Spiele unter *http://www.windowsphone.com/de-de/store.*

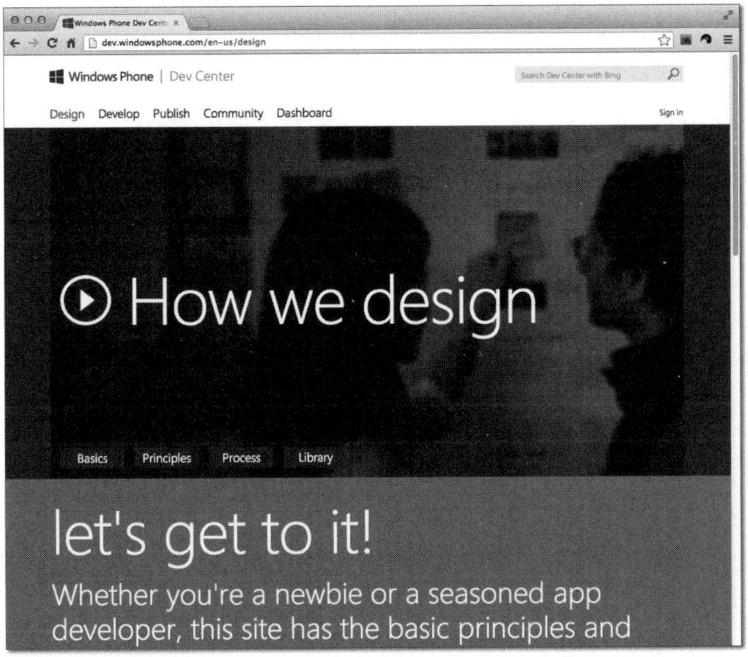

Abbildung 10.9 Windows Phone-Design

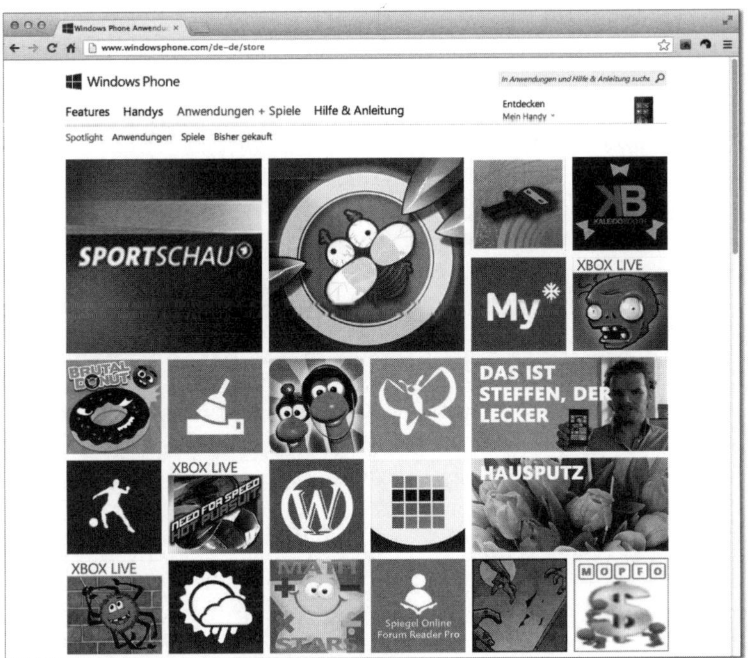

Abbildung 10.10 Windows Phone Store

Anhang A
Weiterführende Informationen

In diesem Buch haben Sie bereits eine Menge verschiedener Techniken, Tipps und Tricks kennengelernt. Damit Sie auch weiterhin auf dem neuesten Stand bleiben und um Ihnen noch weiteres Lese- und Inspirationsfutter zu geben, haben wir Ihnen noch einige nützliche und interessante Links zusammengestellt. Als Erstes möchten wir jedoch auf unsere Website *http://www.html5-rockt.de* hinweisen, auf der wir ebenfalls einen Blog führen und Sie mit allen Neuigkeiten rund ums Buch versorgen. Alle weiteren Links haben wir in Kategorien aufgeteilt.

A.1 HTML5 und CSS3

Adresse	Beschreibung
http://www.smashingmagazine.com/	alles rund um Design und Web
http://thenextweb.com/	topaktuelle Quelle für alle News aus der Webbranche
http://www.alistapart.com/	Blog über moderne Entwicklungen im Web
http://net.tutsplus.com/	viele Tutorials zum Thema *Web & Co.*
http://daneden.me/animate/	viele vordefinierte CSS-Animationen zum einfachen Einbau
http://webplatformtools.org/	viele, viele nützliche Webservices und Tools
http://browserdiet.com/	Tipps und Tricks für das Programmieren

A.2 JavaScript und nützliche Tools

Adresse	Beschreibung
http://www.jsdb.io/?sort=trending	die besten JavaScript-Bibliotheken
http://jquery-jkit.com/	jKit mit vielen nützlichen Funktionen zum »Aufhübschen« Ihrer WebApp
http://usablica.github.com/intro.js/	nützliches Plug-in zum Erklären von Webseiten
http://jshint.com/	Tool zum Überprüfen Ihres JavaScript-Codes auf Fehler
http://usehook.com/	der berühmte *PullTo-Refresh* als Plug-in
http://browserdiet.com/	die ultimative Anleitung zur Performanceoptimierung im Browser
https://github.com/airbnb/javascript	Styleguide, von *Airbnb* zur *JavaScript-Syntax*
http://eightmedia.github.com/hammer.js/	»U can't touch this« – Multitouch mit *Hammer.js*
http://www.frequency-decoder.com/demo/slabText/	jQuery-Plug-in zum Erstellen responsiver Überschriften

A.3 iOS, Apple

Adresse	Beschreibung
http://www.cultofmac.com	Bleiben Sie in Sachen *Apple* mit diesem Blog auf dem neuesten Stand.
http://www.macrumors.com	jede Menge Apple-Gerüchte auf Mac-Rumors
http://www.appleinsider.com	interessante Artikel über Apple-Geräte und Business

Adresse	Beschreibung
http://www.macerkopf.de/	und noch mehr Apple-News
http://appshopper.com/	Apps und App-News
http://www.mobile-patterns.com/	Zusammenstellung ästhetischer und innovativer mobiler Apps
http://pttrns.com/	noch mehr App-Patterns

A.4 Android, Google

Adresse	Beschreibung
http://9to5google.com/	sämtliche News über Google und Android
http://www.talkandroid.com/	Blog für Android-Neuigkeiten
http://androidniceties.tumblr.com/	schöne Android-Apps

A.5 Technologie und Gadgets

Adresse	Beschreibung
http://www.heise.de/	das deutsche Technologiemagazin
http://www.theverge.com	exzellentes Blog rund um Gadgets und Technologie
http://www.engadget.com	ein weiteres Gadget-Blog
http://www.nytimes.com/pages/technology/index.html	der Technologieteil der New York Times – tolle und gut recherchierte Artikel
http://www.theatlantic.com/technology/	Spannende Artikel aus der Technologiesektion des *Atlantic*

A.6 Digital Publishing

Adresse	Beschreibung
http://themagaziner.com/	Neuigkeiten und Berichte über digitale Magazine
http://magapps.com/	Zusammenstellung vieler Magazin-Apps
http://www.frequency-decoder.com/demo/slabText/	gelungene Überschriften und Typografie mit *slab-Text*
http://www.3x4grid.com/	experimentelles Raster-layout
http://losttype.com/browse/	gute Fonts zum Down-loaden und Einbetten – den Preis bestimmen Sie selbst

A.7 Design und Inspiration

Adresse	Beschreibung
http://ffffound.com/	die Mutter aller Inspirationsseiten
http://abduzeedo.com/	ohne Ende Inspiration
http://www.thisiscolossal.com/	ein weiteres Blog voller Design und Inspiration
http://dribbble.com/	und noch mehr Inspiration
http://curiositycounts.com/	Sind Sie neugierig? Dann finden Sie hier eine Menge Inspiration aus den unterschiedlichsten Themenfeldern.
http://www.brainpickings.org/	Sie lesen gerne interessante Bücher? *Brain Pickings* hat immer eins für Sie parat.
http://thisisnthappiness.com/	Bilder, die Sie kreativ anregen
http://www.awwwards.com/	Die schönsten Webseiten der Welt
http://www.uiparade.com/	Inspiration rund um das Thema *Interfaces*
http://littlebigdetails.com/	viele kleine Interface-Details

Adresse	Beschreibung
http://www.losttype.com/	tolle (und zum Teil kostenlose) Schriftarten
http://friendsoftype.com/	typografische Inspiration
http://blokkfont.com/	Sie brauchen eine Schriftart für Ihre Wireframes? Bitte schön!

A.8 Sonstiges

Adresse	Beschreibung
http://www.pinterest.com	Teilen und Entdecken Sie interessante Informationen und Bilder.
http://florian-franke.tumblr.com/	coole Sachen, die Florian über den Weg laufen
http://johannesippen.com	Designtrends und HTML5-Projekte von Johannes

A.9 Interessante Twitter-Kontakte

Über Twitter haben Sie die Möglichkeit, die neuesten Entwicklungen zu verfolgen. Außerdem können Tweets eine tolle Inspirationsquelle darstellen. Im Folgenden haben wir Ihnen einige Twitter-Kontakte zusammengestellt, die häufig interessante Dinge mit Ihren Followern teilen. Folgen Sie uns unter *@html5rockt*.

Twitter-Username	Beschreibung
@khoi	*Khoi Vinh*, der ehemalige Designdirektor von *nytimes.com*
@espiekermann	deutsche Designgröße und Schriftgestalter
@iA	*Oliver Reichenstein*, Schweizer Designer und Philosoph aus Japan
@brainpicker	Die unabhängige Autorin *Maria Popova* twittert häufig – und vor allem gut.
@swissmiss	*Tina Roth Eisenberg*, Schweizerin mit eigenem Designstudio in New York City
@daringfireball	*John Gruber*, Technologiekolumnist

Twitter-Username	Beschreibung
@sdadich	*Scott Dadich*, Chefredakteur des Technologiemagazins *Wired*
@aza	*Aza Raskin*, ehemaliger Kreativdirektor von Mozilla Firefox
@6wunderkinder	eines der interessantesten Startup-Unternehmen in Deutschland
@paperjs	der Account von *paper.js*
@BakerFramework	iOS-Framework zur Gestaltung von digitalen Magazinen
@Tate	die Kunstmuseen von Großbritannien
@MuseumModernArt	das *Museum of Modern Art*, New York City
@apachecordova	der offizielle Twitter-Account von *Apache Cordova* (vormals PhoneGap)
@SErinnerung	Nerd-Comics von *Haiko* und *Marius*
@presskind	Johannes Ippen
@ffranke1985	Florian Franke

Index

B

C

H

I

J

P

Q

R

S

W

X

Y

Z